共和国钢铁脊梁
——庆祝新中国成立70周年主题出版工程

中国中厚钢板70年

（上册）

黄一新　朱金宝　孙决定　著

北　京
冶 金 工 业 出 版 社
2019

内 容 提 要

中厚钢板是我国国民经济重要的关键性基础支撑材料。我国的中厚板产业从无到有，从起步、发展、壮大到今天的举世瞩目经历了漫长的70年，经历了多个历史阶段。中厚钢板的发展是中国基础性工业材料发展的典型缩影。

本书全景式地展现了中国中厚钢板整个历史进程及现状。其主要内容包括：中国中厚板概述、装备的演变与发展、工艺技术的演变与发展、中国中厚板企业的技术改造、中厚板产品的质量控制与检查、21世纪新建4000mm级以上产线的装备特点与先进性、70年发展进程中品种档次的演进与应用实例、中厚板自动化系统的发展与智能化演变及国外中厚板生产历史的追溯。

本书对冶金企业、科研院所从事钢铁材料研究和开发的科技人员具有重要的参考价值，同时也可供高等院校师生阅读、参考。

图书在版编目(CIP)数据

中国中厚钢板70年. 上册/黄一新，朱金宝，孙决定著. —北京：冶金工业出版社，2019. 8

(共和国钢铁脊梁：庆祝新中国成立70周年主题出版工程)

ISBN 978-7-5024-7805-6

Ⅰ. ①中…　Ⅱ. ①黄…　②朱…　③孙…　Ⅲ. ①钢板—钢铁工业—工业史—中国　Ⅳ. ①F426. 31

中国版本图书馆CIP数据核字（2018）第249115号

出 版 人　谭学余

地　　址　北京市东城区嵩祝院北巷39号　邮编　100009　电话　(010)64027926

网　　址　www.cnmip.com.cn　电子信箱　yjcbs@ cnmip. com. cn

策　　划　任静波　责任编辑　卢　敏　李培禄　美术编辑　彭子赫

版式设计　孙跃红　责任校对　李　娜　责任印制　牛晓波

ISBN 978-7-5024-7805-6

冶金工业出版社出版发行；各地新华书店经销；三河市双峰印刷装订有限公司印刷

2019年8月第1版，2019年8月第1次印刷

210mm×297mm；23. 25印张；762千字；355页

158. 00元

冶金工业出版社　投稿电话　(010)64027932　投稿信箱　tougao@cnmip. com. cn

冶金工业出版社营销中心　电话　(010)64044283　传真　(010)64027893

冶金工业出版社天猫旗舰店　yjgycbs. tmall. com

(本书如有印装质量问题，本社营销中心负责退换)

《中国中厚钢板70年》
编写委员会

主　　任　黄一新　祝瑞荣

主　　编　黄一新

技术顾问　王国栋

副主编兼总审　朱金宝

执行主编　孙决定

编　　写　孙决定　张殿华　高　江　张晓雪
　　　　　杨　亮

审　　稿　楚觉非　赵柏杰　龚云芳　李东晖
　　　　　吴俊平　崔　强　党　军　李平和
　　　　　赵晋斌　马　宇　单以刚

序　一

中厚钢板作为我国国民经济建设重要的支撑材料，从新中国成立以来，从无到有，从起步、发展、壮大到今天的举世瞩目已走过了漫长的70年。

1949年中华人民共和国成立之初到21年后的1970年，全国中厚板产量仅152万吨，远远不能满足市场对品种的需求。

1978年开启的改革开放征程，直接推动了我国中厚板的快速发展，20世纪90年代起，老企业的技术改造一波又一波地掀起，装备水平的提高和新工艺的应用为品种结构的逐步提升创造了良好的条件。

进入21世纪，我国以引进发达国家核心装备技术为主，建成了30多条属当今世界装备水平一流的中厚板生产线，在“引进、消化、吸收、创新”方面做出了大量卓有成效的工作，使中厚板的产量和品种结构有了一个量和质的飞跃。

2011年起，我国不仅成为世界上第一大中厚板生产国，也是世界第一大净出口国，2017年产量达7400万吨，是1958年80.8万吨的92倍。

近15年来，许多高端品种作为主要结构材料，托起了一个又一个“国之重器”。如以港珠澳大桥为代表的几十座世界著名的桥梁，以“华龙一号”为代表的第三代核电机组，有“国脉”之称的西气东输一、二、三线，众多超高层著名建筑……这些成就极大地推动着生产大国向强国挺进的步伐。

为了系统地全面总结中国中厚钢板70年的发展历史，需要有一部高水平的著作将每个阶段的情况定格在文字中。为此，南钢作为我国目前最大的中厚板生产基地之一，组织编著了180万字的《中国中厚钢板70年》，全景式系统地描述了我国中厚钢板每个阶段的发展情况，使我们能详细掌握中厚板如何从无到有、从小到大、从弱到强的全过程。

这是一部凝聚了辛勤汗水和智慧的著作，是一部收集历史资料齐全、书写条理清晰、阐述内容很详细、含金量很高的著作，它的出版无疑填补了国内书写中厚板发展史的空白，著作的完成相当于完成了一项浩大而难度极大的系统工程，应给予高度的评价。

70年来，我国中厚钢板生产与品种开发取得了巨大成就，但就目前情况看，要想成为名副其实的生产强国尚有一些工作需进一步拓展，需在差异化上继续下功夫，更需要在绿色制造、智能制造和高品质产品发展上继续不断地努力，争取2035年进入制造强国梯队！

衷心祝贺这部有很强现实意义与指导意义的著作出版，希望全国中厚板工作者继续努力为我国早日进入生产强国贡献智慧和力量！

原冶金工业部副部长
原中国金属学会理事长
中国工程院院士

2018年11月

序　二

中厚钢板（以下简称中厚板）是我国造船（海工）、桥梁、压力容器、输气管线、高层建筑、锅炉等建造行业不可或缺的结构材料。由于众多的历史原因，我国中厚板生产起步比当时的发达国家晚了近50年，新中国成立初期的1949年仅靠日伪时期遗留和极其落后的旧轧机，生产低档次品种1.4万吨。

1958年，中共中央依据政治局决议向全党全国发出了“为1070万吨钢而奋斗”的号召，和其他钢材品种一样，我国才拉开了中厚板轧机建设和生产的序幕。但直到20世纪70年代后期，中厚板装备、工艺技术落后、轧机数量少，处于低速发展期，与当时的发达国家相比差距仍然很大。

1978年，我国开启了改革开放的新征程，中厚板品种的需求日渐增大，推动了中厚板的发展。但直到20世纪90年代仍处于低中速发展期。那个时期虽有20套轧机，但装备和工艺水平仍然较落后，不能生产高档次品种，国民经济急需的高端品种仍然大量依靠国外进口。

进入21世纪，我国在引进发达国家核心装备及工艺技术基础上，陆续投产了近30套先进的中厚板生产线，使中厚板生产进入了高速发展期。同时，在“引进、消化、吸收、创新”方面，全国中厚板研究者辛勤努力作出了杰出的贡献。体现在品种研发上是新工艺新技术不断涌现；体现在装备国产化上是具有自主知识产权的制造技术得以不断应用，如主轧机、第三代超快冷装置、热处理装备技术等不断的移植和创新使我国中厚板的产量和品种结构有了一个量和质的飞跃。

为了梳理我国中厚板70年发展的脉络，总结70年发展的历程，作为目前我国最主要的中厚板生产基地之一和最主要的高端品种研发、应用企业，南钢组织编著了180万字的《中国中厚钢板70年》。此著作全方位系统准确地阐述了每个历史阶段的发展动态，使我们清晰了解到中国中厚板从小到大、从弱到强的全过程。

更难能可贵的是，著作对70年来装备、工艺、技术的演变发展全过程，中厚板各类品种如何从低到中、从中到高甚至成分如何设计、工艺路径如何实现、焊接性能评价、创新点所在、应用案例等都作了大篇幅的准确描述，填补了国内书写中厚板发展历史的空白，具有史诗般的意义。对这部含金量高的著作，应给予高度评价。

经过70年的发展，我国中厚板生产取得了巨大的成就，但要成为真正意义的生产强国还有一些工作需要进一步拓展，如极少数高端品种仍需进口，一些企业的高端品种尚不能完全稳定生产，就行业而言，同质化现象仍然存在，必须依靠工艺创新、技术创新在差异化上下功夫，在培育新的竞争优势上下功夫。

衷心期盼全国中厚板工作者“百尺竿头，更进一步”，为我国早日进入生产大国和生产强国贡献才智！

中国金属学会轧钢学会副理事长
中国工程院院士
2018年11月

前　言

中厚钢板是重要的钢铁材料品种之一，是造船（海工）、压力容器、工程机械、桥梁、管线建造和国防建设中不可或缺的结构材料。它的生产制造水平体现了一个国家钢铁工业的综合水平。

由于众多的历史原因，我国中厚钢板生产起步比当时的发达国家晚了近50年，1949年新中国成立时，全国产量仅为1.4万吨。1958年的“大办钢铁”，拉开了中厚钢板生产的序幕。70年来，中国中厚板经历了基本空白期、初创期、低速发展期、中高速发展期、超常规发展期，经历了从无到有、从小到大、从弱到强的风雨历程。

2017年中国中厚钢板产量7400万吨，是1958年80.8万吨的92倍。目前我国不仅是第一大生产国，也是第一大净出口国。近10年来，我国的中厚板高端品种不仅托起了一个又一个的“国之重器”，受到世界的瞩目，也明显加快了我国生产大国向生产强国迈进的步伐。

为了梳理70年中厚钢板的发展历程，我们编著了《中国中厚钢板70年》一书，全方位、全景式地阐述了每个历史阶段的发展动态，包括装备的演变与发展，工艺技术的演变与发展，中厚板企业在每个历史阶段的技术改造，21世纪新建4000mm级以上生产线的特点与先进性，70年发展进程中品种档次的演进过程和应用实例，中厚钢板产品的质量设计与检查，中厚钢板自动化系统的发展与智能化演变，国外发达国家中厚钢板发展历史及品种应用案例。

由于编者的水平有限，书中难免有不足和遗漏之处，敬请广大读者不吝赐教，给予指正和补充，不胜感激！

致　谢

在编写过程中，原冶金工业部副部长、中国工程院院士翁宇庆先生，中国工程院院士王国栋先生，原北京科技大学校长徐金梧先生，中国钢铁工业协会副秘书长、冶金工作经济发展研究中心主任石洪卫先生，原武钢钢铁公司总经理刘本仁先生，全国著名中厚钢板研究专家陈晓先生，中信金属副总经理郭爱民博士，原上海复星集团钢铁事业部副总经理余志祥先生，山东钢铁集团济钢总经理助理孙玮先生、高级工程师崔凤平先生，宝武集团武钢研究院副院长周桂峰博士、刁天辉博士，中国石油集团石油管工程技术研究院副院长霍春勇先生等给予了悉心指导并提出了宝贵的修改意见。

本书参考或选用了东北大学轧制技术及连轧自动化国家重点实验室、中冶京诚工程技术公司、鞍钢、宝钢、武钢、南钢、济钢、舞钢、兴澄特钢、湘钢、首钢、莱钢、营钢、新余、柳钢等30余家中厚板企业及国外相关企业驻华各办事机构的非保密可以公开的资料或数据，充实和丰富了本书的内容。

对此，深表感谢！

作者

2018年11月

总 目 录

上 册

下 册

目　　录

上　　册

1 中国中厚板发展的几个历史时期

1.1 古代、近代、民国时期及新中国成立初期冶金工业发展历史的简要追溯

1.1.1 古代的冶铁历史

据《新唐书·事货志》记载，春秋战国时期，我国已正式进入铁器时代。随后又经岁月的演进，发明了生铁柔化处理技术，将既硬又脆的生铁加以柔化，使之成为可铸造铁。

在春秋时期，我国出了个著名的铁匠名叫“干将”，他和妻子“莫邪”共同铸造的刀剑锋利无比，一曰雄剑“干将”，二曰雌剑“莫邪”。夫妻二人为楚王铸造宝剑的雕塑见图 1.1。

这个时期，我国的铁资源主要分布在山东临淄（今淄博）和河北邯郸。其中山东淄博的考古活动中发现了有“铁冶”两字的碑刻，见图 1.2。

图 1.1 干将和莫邪铸铁剑的雕塑像

图 1.2 考古发现的“铁冶”两字的碑

两汉时期，据《汉书·地理志》记载：汉武帝刘彻于元狩四年（公元前 119 年）在全国 48 个产铁地区特设了 48 个专管炼铁的官员，主要设在今天的山东、江苏、河南、陕西、河北、四川、北京、辽宁、安徽、湖南、甘肃等地，长江以南的广大地区只有桂阳郡（今湖南郴县）一处设立铁官。铁官设置地域见图 1.3。

此时，我国出现了世界上最早的冶铁高炉。

据考古文献记载，我国最早（也是世界最早）的炼铁高炉建于河南古荥阳，该高炉高 4.5m，容积 $44m^3$，见图 1.4。

东汉时期，设铁官 34 处，分布地区基本承袭了西汉时期，仅云南有两处为新设立。

唐代元和初年（公元 806~810 年）全国铁的收入量约为 200 万斤。

据史料记载，直到唐代初期，我国的冶铁技术还可以傲视群邦，之后却日渐走下坡路，主要原因是：

到了唐朝后期，科举制度兴盛，使工匠群体被边缘化。社会中，人们大都去读书、应考、当官，而去做工匠的往往是被生活所迫的贫寒子弟。他们大都是没有受过教育的体力劳动者，工艺水平的好坏全靠工匠经验和敬业的精神。由于没有受过教育，没有植入科学技术的基因，故很难有进一步的科学技术去拓展，这也是古代没有从冶铁演进到炼钢的原因之一。

另外，由于经年累月的不断开采，铁资源也逐渐枯竭。

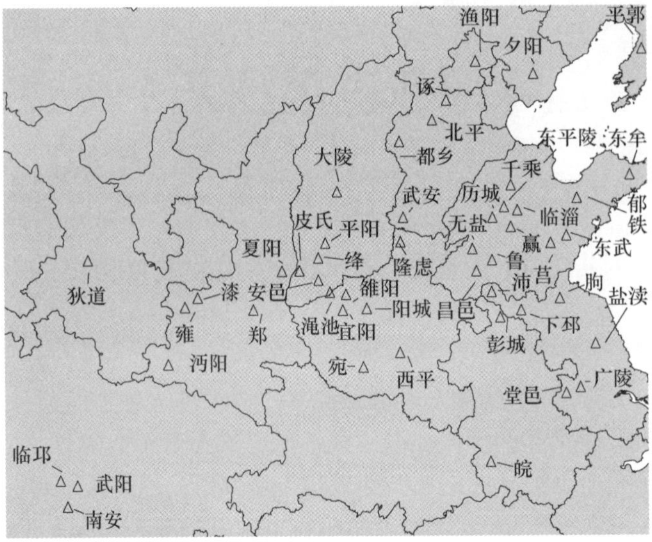

图 1.3　西汉时期设立的 48 个铁官图

北宋时期，主要冶铁分布在邢州（今河北邢台）、磁州（今河北磁县）。

明代时期，著名的冶铁中心，北方在河北遵化，南方则在广东佛山。

另外，古代发达的冶铁技术也逐渐带动了古代金属的铸造技术。其中的失蜡法，又名脱蜡法是古代金属铸造的一种典型方法。

用蜡制成模，外敷造型材料，成为整体铸型。加热后将蜡化去，形成空腔铸范，浇入液态金属，冷却后得到成型铸件。此法属于“熔模铸造”范畴，在古代多用于铸造具有复杂形状的铸件，如狮子铸件、佛像铸件等，如图 1.5 和图 1.6 所示。

图 1.4　河南古荥阳一号高炉遗址

图 1.5　古代的狮子铸件

图 1.6　古代的佛像铸件

查阅了有关文献并向多位研究古代冶金史的专家请教，可以认为，我国古代冶铁术、金属铸造术发达，早于西方发达国家。但在古代，世界任何国家都没有出现炼钢技术，故也谈不上有轧钢的历史，更谈不上有轧制中板的历史。

1.1.2　近代的冶金工业

19 世纪下半叶，清政府开始注意发展近代军事工业，大量输入西方国家生产的钢铁。据文献记载，仅 1882 年就进口了 13 万吨。之后，清政府开始尝试筹建本国的钢铁工业。

据《大百科全书·矿冶卷》记载，1871年福州船政局所属铁厂购置了3t汽锤，锻造出车轴。所属的拉铁（轧钢）厂开始建设轧机，尝试轧制厚15mm以下的造船板和6~120mm的方钢。

就造船板而言，经三个月的尝试，性能质量均相差甚远，根本无法在船舶制造中使用，于是放弃。这是我国近代首次尝试生产中板，尽管最终以失败结束。

1890年，上海江南机械制造总局建成我国第一座3t的炼钢平炉，开创了我国炼钢技术的先河。

同年，湖广总督张之洞在清政府支持下兴建湖北汉阳铁厂和大冶铁矿，后又收购江西萍乡煤矿，1892年组建了中国汉冶萍公司。1898年张之洞视察汉阳铁厂见图1.7。

汉阳铁厂创建之初，雄心勃勃，以开放的心态广聚人才，不仅送本国人员去英国等发达国家学习冶金技术（如英国谢菲尔德大学），还大量聘请外国专家（如卢森堡等）参与公司的运作，甚至任总工程师。汉阳铁厂的中国籍总办和外籍总工见图1.8，聘请的卢森堡籍工程师见图1.9。

图1.7 1898年张之洞视察汉阳铁厂

图1.8 汉阳铁厂总办李维格与总工程师欧仁·吕柏

图1.9 汉阳铁厂卢森堡籍工程师合影（1911年）

史料记载，汉阳铁厂的主要设备有：2座月产75t炼生铁用的高炉；炼熟铁的20座搅炼炉；从德国西门子马丁钢厂引进的12t平炉；从贝塞麦炼钢厂引进的2座5.5t转炉；1条铸锭生产线；1条钢轨生产线；1条型钢生产线；1套拥有1800hp（1342.3kW）的垂直双向轧钢机；但不见有中板生产线的记录。

据《汉冶萍公司与中国近代钢铁技术移植》记载，从1890年一期工程投产到1925年汉阳铁厂停产，其实只存在了35年的历史，但该厂的不少近代冶金技术则在中国近代冶金史上留下了浓重的一笔。

综合起来分析，汉阳铁厂的最大功绩在于是中国近代唯一的钢轨制造企业，承造了京汉、津浦、正太、沪杭、沪甬、粤汉、株萍、南浔、广九等铁路钢轨，统计至1922年，全国铁路通车里程达到19961.56里，其中采用汉阳铁厂钢轨铺设的里程达6695.9里。另外汉阳铁厂还制订了当时国家层面的钢轨制造标准。汉阳铁厂制造的钢轨见图1.10和图1.11。

此外，汉阳铁厂还生产了数量众多的工字钢、槽角、角钢，但唯独没有生产中板的记录。

1.1.3 民国时期的冶金工业发展简述

这个时期除抗战时汉阳铁厂部分装备内迁至陪都重庆继续易名生产之外，还有上海浦东的和兴钢铁厂（上钢三厂的前身）、山西太原的育才钢厂、河北唐山的启新洋灰公司、辽宁沈阳的沈阳兵工厂、河南巩县的巩县兵工厂、天津的天津制造局等支撑着民国时期的冶金工业。

图 1.10　汉阳铁厂制造的钢轨（1904 年），
发现于南宁市造船厂

图 1.11　汉阳铁厂制造的钢轨（1920 年），
现存于中国铁道博物馆

但这一时期战乱频发，1931 年开始我国经历了 14 年的抗日战争和此后 4 年的解放战争。此时，民国政府根本没有精力顾及国家经济建设，使本来就非常薄弱的钢铁工业江河日下、一蹶不振。

20 世纪 50 年代，原冶金工业部在总结这段历史并希冀新中国重振钢铁工业时曾明确提出“我们面临着在战争废墟上励精图治的现实”。

1895~1949 年我国的粗钢、生铁产量见图 1.12。由图中可知：1949 年解放时，我国年粗钢产量仅 15.8 万吨，是国外发达国家的零头。

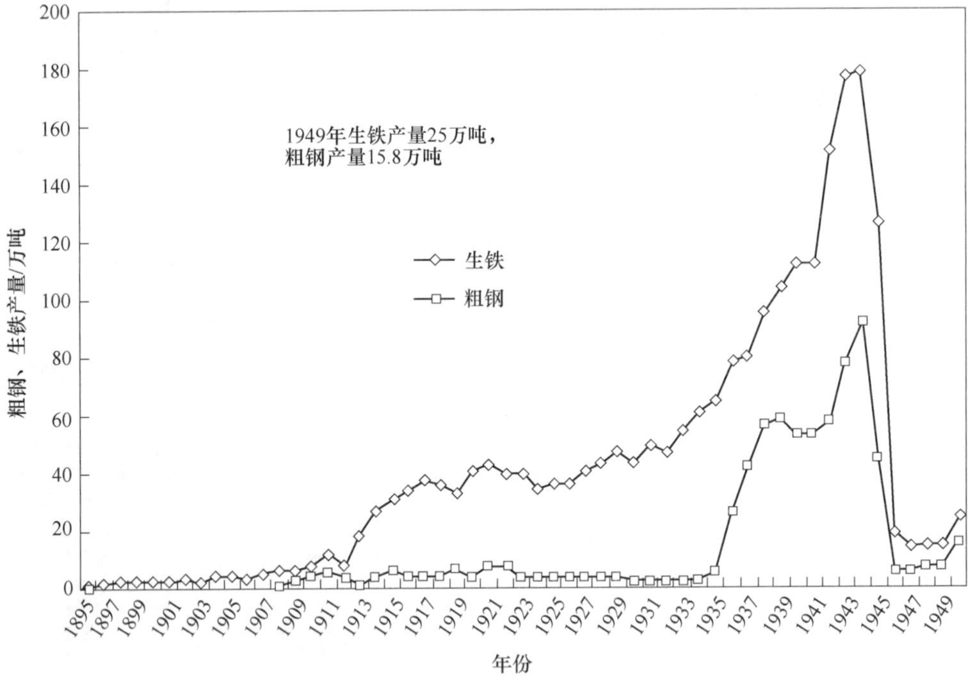

图 1.12　1895~1949 年我国的粗钢、生铁产量

据日本钢铁联盟钢铁统计委员会统计的《钢铁统计要览》1970 年版数据可知，1930~1959 年世界六强粗钢产量统计中没有中国的数据，对应我国 1949 年的产量，其他六国 1949 年的粗钢量见表 1.1。

表 1.1　1949 年世界六国粗钢产量　　（万吨）

国家	美国	日本	苏联	德国	法国	英国	中国自身统计
粗钢产量	7701.3	311.1	2330	915.6	915.6	1500.2	15.8

另外，据原冶金工业部统计民国生产的很有限的钢材产品中，没有中板的记录，主要是线材、钢丝绳、圆钉及型钢。

这里需要指出的是伪满洲国时期，日本在辽宁鞍山独资的昭和制铁所，1937 年开始用三辊劳特式轧机生产中板。1949 年鞍钢中板接管后继续生产，所以原冶金工业部档案资料中出现有 1949 年全国中板产量 1.4 万吨的记录。

1.1.4 新中国成立初期钢铁工业发展简述（1949~1957 年）

新中国成立初期我国的钢铁厂都是从日伪手里继承的和国民党遗留的，有鞍钢、唐钢（只有炼钢）、本钢、石景山钢厂（只有炼钢）、太钢（很小）、宣钢（只有铁矿和炼铁）、汉阳钢厂、北满特钢等。

新中国成立后近十年我国建成的主要钢铁企业：本溪钢铁（集团）有限责任公司，始建于 1905 年。“一五”计划时期，本钢被国家列为重点建设项目，开始了新中国成立后的第一次大规模扩建、改造，生产能力迅速扩大。

鞍山钢铁集团公司，前身是 1916 年动工兴建的南满铁道株式会社，是新中国第一个恢复建设的大型钢铁联合企业和最早建成的钢铁生产基地。

首钢集团，始建于 1919 年，1958 年建起了侧吹转炉，结束了首钢有铁无钢的历史。

太原钢铁集团，前身西北炼钢厂 1932 年建成；1952 年 9 月，炼出我国第一炉不锈钢。

武汉钢铁集团公司是新中国成立后兴建的第一个特大型钢铁联合企业，于 1955 年开始建设，1958 年 9 月 13 日建成投产。

马鞍山铁矿厂，1953 年 2 月成立。1958 年 8 月 11 日，马鞍山钢铁公司正式成立。

1949 年至 1957 年是新中国钢铁产业的起步阶段。由于经历多年的战乱，经济处于严重崩溃状态，中国钢铁产业已是千疮百孔，百废待兴。

新中国成立初期，全国勉强能修复生产的冶炼设备，只有 7 座高炉，13 座平炉，22 座小电炉。1949 年产钢仅 15.8 万吨，主要分布在东北地区，因此这个时期的主要任务就是恢复生产，重新建立起中国钢铁产业的生产体系。经过政府的接管、改造和扩建，到 1952 年底，全国已有高炉 34 座、平炉 26 座，钢、铁、钢材产量分别为 134.9 万吨、192.9 万吨和 112.9 万吨，在 1953 年开始实施的“一五”计划期间（1953~1957 年），政府加大了对钢铁产业的投入，在苏联援助下兴建了鞍山、武汉、包头三大钢铁基地以及其他大中型钢铁企业，形成了所谓的“三大、五中、十八小”的产业格局。“一五”计划期间对私营钢铁企业的社会主义改造进展迅速，到 1956 年，全国私营钢铁企业全部实现了公私合营。1957 年全国生产铁矿石 1937 万吨、生铁 594 万吨、粗钢 535 万吨、钢材 436 万吨。

1.2 新中国成立后中国中厚板生产发展的几个历史时期

1.2.1 新中国成立初期中厚钢板现状简述

新中国成立后的近 10 年时间里，我国除鞍钢接管日本留下的 1 套落后的三辊劳特式中板轧机、重钢原大轧厂从抗战时汉阳钢铁厂搬至重庆的二辊轧机生产少量中板外，全国没有一套新建的中厚板轧机。

新中国成立后的近 10 年时间里，我国不制造核电站、高端机械工程、管线工程、石油储罐、海洋钻井平台、压力容器等，所以也不建设生产这类设备的中板轧机及生产对应品种。

新中国成立初期，为了支撑交通运输业，适应桥梁建设的需求，在无钢质桥梁的情况下，建造了大量的木结构桥梁和石拱桥，见图 1.13 和图 1.14。1957 年建成的武汉长江大桥完全靠进口前苏联的桥梁钢而完成。

图 1.13 河南嵩县的“双曲拱”前河桥

图 1.14 新中国成立初期建造的石拱桥

1951 年，国家成立重工业部船舶工业局，由于没有中厚板轧机生产合格的船舶用钢，此时船舶工业局的主要工作是组织力量打捞抗战及解放战争时的江海沉船，拆用其船板修造在江河内航行的民用船，并接管和改造旧中国的修造船厂。拆用打捞的旧船舶钢板见图 1.15。

图 1.15　拆用打捞的旧船舶钢板

根据当时冶金工业部统计：1958 年全国粗钢产量仅 800 万吨。而根据日本钢铁联盟统计委员会数据，1957 年美国的粗钢产量为 1.02 亿吨，苏联为 0.51 亿吨，日本为 0.13 亿吨，显而易见，当时我国的粗钢产量无法适应国民经济建设的需要。

针对当时国家对钢铁产量的渴望，1958 年 8 月 17 日中央政治局在北戴河召开的扩大会议上通过了《全党全民为生产 1070 万吨钢而奋斗》的决议。

1958 年起，国家在全国布局建设 23 个国有钢企；“1070”这个数字出现在当年公开发行的纪念邮票上；出现在天安门广场游行队伍的旗帜上。毛泽东主席发出了“一个粮食、一个钢铁，有了这两个什么都好办了”的殷切期望和感慨。1958 年国庆游行队伍中出现了“为 1070 万吨钢而奋斗”的照片，见图 1.16。

图 1.16　1958 年国庆游行队伍中出现了“为 1070 万吨钢而奋斗”的标语

伴随着共和国经济建设的铿锵脚步，中厚板也步入了发展期。纵观中厚板发展历程，可以将其归纳为初创期（1949~1970 年）、低速发展期（1971~1980 年）、中速发展期（1981~1990 年）、较高速发展期（1991~2000 年）和超常规高速发展期（2001~2017 年）。

1.2.2　初创期（1949~1970 年）

1.2.2.1　中板轧机建设情况

在 1949~1970 年的 20 余年时间里，日本共有 37 套轧机，德国共有 18 套，美国共有 25 套，前苏联共有 32 套，而我国仅有 9 套。根据当时冶金工业部统计的数据：1950 年我国中厚板产量仅 5 万吨，19 年后的 1969 年产量也仅 115 万吨，落后情况不言而喻。

投入生产的 9 套轧机中，年平均产能 10 万吨左右的三辊劳特式轧机 5 套，抗日战争时从汉阳搬迁到陪都重庆而解放后仅靠蒸汽机组恢复生产的二辊轧机 1 套，从前苏联引进但装备水平落后的 3 套。

归纳起来，20 余年时间里，我国中厚板生产装备水平极其落后，平均轧制力 12000kN 左右，加热能力 40~45t/h，矫直、剪切能力不足，生产方式原始，生产效率低下，产品质量档次低。1949~1970 年全国中厚板轧机建设情况见表 1.2。

表 1.2 1949~1970 年全国中厚板轧机建设情况

序号	厂名	说 明	投产初始轧机状况		初始投产年份	投产初始产能/万吨	备注或目前轧机改造后配置情况
			形式	尺寸/mm			
1	鞍钢中板	此轧机建于 1937 年日本占领鞍山时期，解放后由鞍钢接管	3h 劳特	2300	1950	12	目前 2h 2500mm + 4h 2450mm
2	重钢原大轧厂	此轧机抗战时由汉阳铁厂搬至重庆，解放后由重钢接收，蒸汽机驱动，该厂同时还生产长材	2h	2440	1951	15	1965 年关停中板生产车间
3	鞍钢半连轧中板	从前苏联引进二手设备		2800+1700	1958	20	现已改造成热连轧
4	重钢中板（原重钢五轧）	1943 年，日本在鞍山的昭和制铁所，又从德国克虏伯购进一套 3h 劳特式轧机，但此时抗战胜利在即，到 1945 年日本投降时还未正式生产。解放后由鞍钢第二中板厂接管，1964 年由国家调配给重钢，并成立重钢五轧厂全盘接收	3h 劳特	2300	1965	13	目前 2h 2700mm + 4h 2700mm
5	济钢中板	自建	3h 劳特	2300	1961	12	目前 4h 2500mm + 4h 2500mm
6	原上钢三厂中板	自建	3h 劳特	2300	1959	11	1970 年改成 3h 2300mm+4h 2300mm 2000 年以旧设备出售，工厂关闭
7	天津天盾中板	自建	4h+4h	2400+2400	1960	32	已关闭
8	武钢（轧）中板	从原苏联引进二手设备	2h+4h	2800+2800	1966	56. 8	目前 4h 3000mm + 4h 3000mm
9	太钢五轧中板	从原苏联引进二手设备（炉卷）	4h+4h	2300+1700	1966	52	目前 2h 2300mm + 4h 2300mm（炉卷）

1. 2. 2. 2 产量变化情况

1949~1959 年全国中厚板年产量变化见图 1. 17。

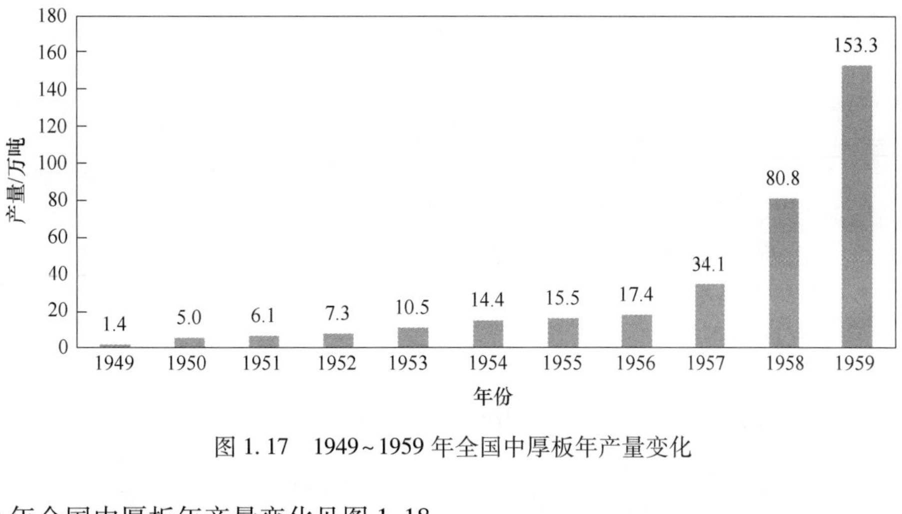

图 1. 17 1949~1959 年全国中厚板年产量变化

1960~1970 年全国中厚板年产量变化见图 1. 18。

1. 2. 2. 3 品种发展情况

A 年代的背景

当时不仅中厚板生产处于初创期，整个钢铁工业也处于初创期。根据保存的原冶金部当年的数据，1957 年我国的粗钢产量为 535 万吨（钢材 436 万吨），而美国已达 1. 01 亿吨，前苏联已达 0. 51 亿吨，日本已达 0. 13 亿吨。1957 年的 436 万吨钢材中，板管比仅为 17. 1%（可知当时主要的钢材产品为长材）。

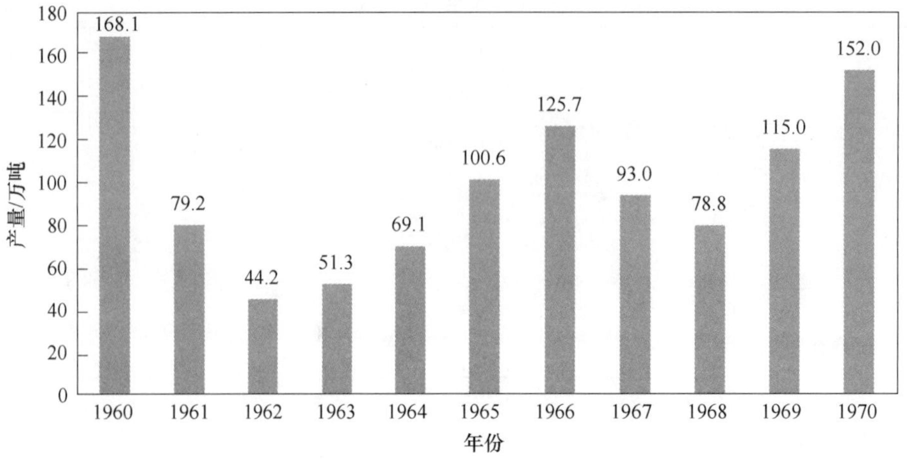

图 1.18　1960~1970 年全国中厚板年产量变化

就中厚板而言许多工业、农业、交通、国防需要的产品都不能生产，如 1955 年我国还不能生产真正意义上的锅炉板；1956 年还不能生产真正意义上的造船板；1965 年还不能生产真正意义上的桥梁板。

1957 年全国的中厚板产量仅为 34.1 万吨，绝大部分为普通碳板，但鞍钢中厚板已开始研制低合金板 16Mn（Q345）。

就 20 世纪 50 年代我国的中厚板轧机而言，虽然可生产或正在建设的有 5 套，但重钢大轧厂生产不顺，天津中板、鞍钢引进的半连轧厂处于调试阶段，济钢中板、原上钢三厂中板都处于建设期。故那个时期只有近 20 年生产历史、1937 年日本昭和制铁在鞍山的独资企业，新中国成立后被鞍钢中板接管的中板成了生产的主力军。

直到 20 世纪 60 年代末期，武钢轧板、原上钢三厂中板、济钢中板、大钢五轧中板、天钢中板才逐渐成了中板生产的主力军。

应当指出的是：20 世纪 60 年代末期已成为生产主力的这些企业的作业方式绝大多数为三辊劳特式，作业方式相当陈旧，装备水平落后，即使从苏联引进的武钢轧板的装备也相当落后，粗、精轧机的轧制力均为 20MN。

所以，1957 年全国中厚板产量 34.1 万吨，10 年后的 1967 年也只有 93 万吨，品种结构较单一。

B　装备情况

详见第 2 章装备的演变与发展。

C　品种情况举例

（1）1956 年，鞍钢、钢铁研究总院、中国船舶科学研究所合作开发了最初的低合金钢 16Mn（相当于目前的 Q345）代替造船板，为 1958 年我国首艘万吨级轮船提供了所需的中板（那个年代我国自造“万吨巨轮”是轰动全国的大事，上了《人民日报》的头条新闻，目前我国造 30 万吨级轮船则轻而易举）。由鞍钢中板供钢 1958 年下水的我国首艘万吨巨轮“跃进号”见图 1.19，这艘轮船退役后现存放在中国船舶博物馆。

（2）20 世纪 60 年代末建成的我国自主设计建造的南京长江大型公铁两用桥，所需钢板为 16Mnq（相当于目前的 Q345q）。原打算全部从苏联进口，但已进口 1.4 万吨后因中苏关系紧张而中断供应。鞍钢临时受命突击研制生产了相同钢种 2 万吨，解决了工程所需。

但该钢种屈服强度只有 320MPa，且板厚效应严重，焊接性能差。面对该桥主跨达 160m 但钢板存在多种缺陷的情况，最终修改设计，被迫放弃了当时国际普遍使用的栓焊工艺，仍采用落后的铆接工艺。1969 年正式通车的南京长江大桥见图 1.20。

（3）1957 年鞍钢生产了 1 万吨低合金钢 16MnL，供长春汽车制造厂制造解放牌汽车大梁，见图 1.21。

（4）20 世纪 60 年代初重钢生产锅炉板 20g，60 年代末济钢也生产了 20g，期间原上钢三厂尝试研发类似的锅炉用钢。

（5）60 年代末，武钢尝试生产船板 2C（当时的标准相当于目前普通船板中的 A 级）。

（6）60 年代末冶金部组织 11 个单位联合攻关，尝试生产 35kg 级且具有一定耐海水腐蚀性能的低合金船板，并使其可以用于低档次的采油平台建设。

图 1.19　1958 年鞍钢生产的 16Mn 用于我国首艘万吨远洋轮“跃进号”

图 1.20　1966 年鞍钢生产的 16Mnq 用于南京长江大桥

（7）原上钢一厂 1967 年利用我国富有资源磷、铜和稀土，自主开发研制成功具有耐候性能且有较好强韧性匹配的 10PCuRE 钢。这种钢适用于对耐大气腐蚀有一定要求的钢结构工程，多年来有着广泛的市场需求。当时是利用模铸锭经初轧开坯后再经轧制生产的，见图 1.22。

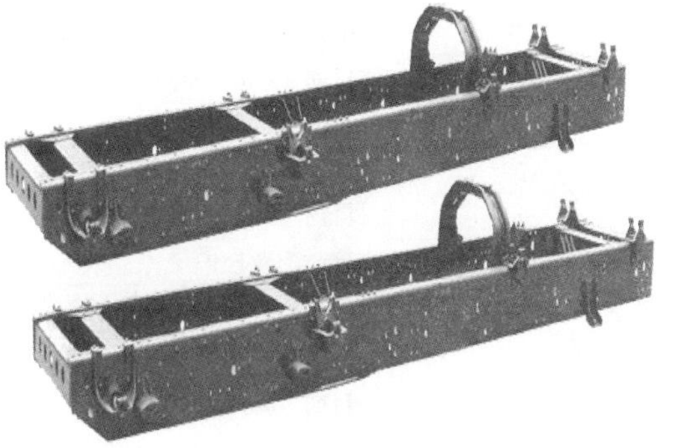

图 1.21　1957 年鞍钢生产的 16MnL

图 1.22　上钢一厂生产的 10PCuRE

20 世纪 90 年代初中期，改用转炉生产连铸坯后，经常发生铸坯表面纵裂缺陷现象，影响产品质量和成材率。后经多次技术攻关，认为纵裂是在结晶器内生成，在二冷区扩展成纵裂。后采用低氧化性、吸收稀土夹杂物能力强，具有良好铺展性、绝热保温性等适合结晶温度和结晶速率的保护渣，保证了保护渣熔化良好，流入均匀，从而较好地解决了纵裂缺陷，保证了产品的内在质量。

此钢种经轧制前工序工艺改进后，继续在市场上得到较广泛认可，改进后的钢种 21 世纪已用于东方明珠电视塔、杨浦大桥、浦东国际会议中心等重大工程。

但不管如何，我国 1969 年中板产量仅为 115 万吨，其中绝大部分是最普通的碳钢 A3（此钢号已改为 Q235），16Mn（此钢号已改为 Q345）低合金钢占量极小。

1.2.3　低速发展期（1971~1980 年）

1.2.3.1　轧机建设情况

这一时期，新建了中厚板轧机 11 套，连同 20 世纪 50~60 年代生产的 9 套轧机共有 19 套在生产（重钢大轧厂于 1986 年改造为 ϕ800mm 的型钢生产线），但新建的轧机中仍然是每套年平均产能太低，国外早已淘汰的三辊劳特式轧机在我国仍唱主角，在新建的 11 套中占了 8 套，产量及产品质量可想而知。

新建的另 2 套为二辊+四辊配置，精、粗轧机的尺寸和轧制力仍然太小，无法应用控制轧制的新工艺，每套平均年生产能力不到 29 万吨（指上钢一厂和马钢中板厂）。另外，就全国而言，与轧机配套的加热能力、矫直能力、剪切水平都不高，造成产品质量差强人意，不仅自动化控制水平低，而且热处理设备数量少、档次低，阻碍了调质品种的生产。

注：图 1.1~图 1.9 摘自《汉冶萍公司与中国近代钢铁技术移植》、李世俊“信息的采集与分析”、孙决定讲稿“中国钢铁的前天、昨天和今天”。

1978年，我国投产了首套自主设计、自主制造的舞钢单机架四辊4200mm大型宽厚板轧机。虽然从当今目光审视，其装备水平仍有不少差距（如轧制力仅为24000kN），主电机功率、轧机刚度水平也不高，轧制前工序无精炼手段，但有九辊矫直机2台，25000kN厚板压平机1台，滚切式双边剪1台，均热炉3组×4坑，推钢式连续炉1台，车底式炉1台，在热处理工序中配备了辊底式常化炉、外机炉、退火炉，4条大型扁锭模铸线可同时作业……所以这个时期舞钢的投产，被认为我国有了自己的王牌轧机，整个20世纪80年代我国中厚板生产的主力企业是舞钢宽厚板、武钢轧板、济钢中板、原上钢三厂、重钢中板、鞍钢中板。

这个时期尽管我国整体中厚板发展仍处于低档次水平，但舞钢的投产使我国开始承担大厚度、大单重、大特厚、中低档品种的生产任务（由于那个年代无精炼、真空脱气等手段）。

1971~1980年全国中厚板轧机建设和生产情况见表1.3。

表1.3　1971~1980年全国中厚板轧机建设和生产情况

序号	厂名	投产初始轧机状况		初始投产年份	投产初始产能/万吨	备注或改造后目前轧机配置情况
		形式	尺寸/mm			
1	昆钢中板	3h劳特	2300	1971	10	已改为炉卷，在生产
2	韶钢中板	3h劳特	2300	1971	13	目前4h 2500mm
3	上钢一厂中板	2h +4h	2350+2350	1972	22	前身为1938年日本在华建的独资企业，抗战结束后关停，新中国成立后由上钢一厂接管，1972年经改造
4	安钢中板	3h劳特	2300	1972	14	目前4h 2800mm+4h 2800mm
5	邯钢中板	3h劳特	2300	1974	10	目前4h 2800mm
6	柳钢中板	3h劳特	2300	1974	12	目前4h 2800mm+4h 2800mm
7	临汾中板	3h劳特	2300	1974	12	目前4h 3000mm+4h 3300mm
8	马钢中板	2h +4h	2350+2350	1975	35	目前配置照旧
9	营口中板	3h劳特	2300	1972	12	目前2h 2800mm+4h 2700mm
10	新余中板	3h劳特	2300	1978	12	目前4h 2690mm+4h 3000mm
11	舞钢厚板	4h	4200	1978	80	目前4h 4200mm多次改造后能力加大

1.2.3.2　产量变化情况

1971~1980年全国中厚板年产量变化情况见图1.23。

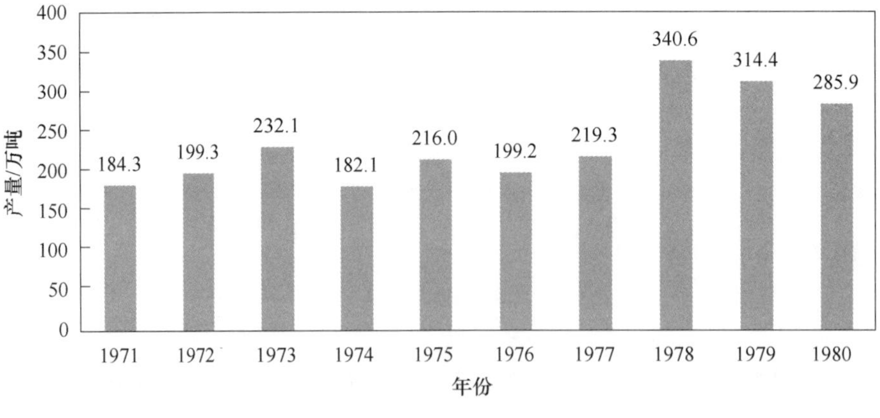

图1.23　1971~1980年全国中厚板年产量变化

1.2.3.3　装备情况

见第2章：装备的演变与发展。

1.2.3.4　品种发展情况

A　年代背景

1970~1976年，处于“文化大革命”的特殊时期，我国中厚板的品种开发受到一定影响，品种质量波动也较大。从20世纪50年代算起，到20世纪70年代能正常生产的中厚板轧机约17套，但落后的三辊劳特式轧机占量比较大，影响了产量的提高及品种档次的提升（1978年投产的舞阳厚板正处于调试期）。

1970年全国中厚板产量为152.0万吨，1976年为199.2万吨。全国的中板产量中仍然是普碳钢（当时叫A3，目前为Q235）占大多数。

但可喜的是，经过10多年的努力，绝大多数企业除了能顺利地生产普碳钢外，还坚持不懈地在以16Mn为主的低合金钢领域拓展，以此钢种为主开发的品种开始逐步在建筑、桥梁、汽车、容器、造船等行业应用。

1979年全国中厚板产量314.4万吨，以16Mn为主的低合金钢占比有所上升。

B　品种开发举例

（1）在冶金部领导的协调下，统一了以16Mn（Q345）为主的低合金钢的称呼。1959年称其为低合金高强钢，1963年称为低合金结构钢，1969年称为普通低合金钢。1979年冶金部在天津召开了全国第二次低合金钢大会，不仅制定了后3年发展规划，还专门将这类钢重新统一命名。

从1979年起这类钢统一称为低合金钢（美国称为低合金高强度钢，日本称为高强力钢，苏、法称为低合金结构钢，西德称为高强度结构钢，英国称为高强度韧性钢）。国外70年代以来出现的控轧微合金钢，对其的称呼也同上。

我国20世纪70年代以16Mn为主的低合金钢应用领域如图1.24、图1.25所示。

图1.24　20世纪70年代低合金钢应用于建筑结构

图1.25　20世纪70年代低合金钢应用于容器结构

（2）重钢开发了16Mn低合金钢板（成分为0.12%~0.20%碳，1.20%~1.60%锰，0.20%~0.60%硅，≤0.045%磷，≤0.050%硫），实践证明此钢种的屈服强度比普碳钢A3高三分之一，每吨钢可顶A3的1.3~1.4t使用。

（3）20世纪70年代武钢、济钢、重钢、原上钢三厂等企业可稳定地生产2C、3C、4C船板（相当于目前普通船板的A、B、D级）。武钢4C船板1980年获湖北省政府奖，1982年获国家银质奖。同时20世纪70年代武钢生产的16MnCu（有一定耐蚀性能的船板）获湖北省政府奖，见图1.26和图1.27。

图1.26　20世纪70年代武钢生产的4C船用板

图1.27　武钢的4C船板制造的船舶

(4) 20 世纪 60 年代初，冶金系统联合了 10 多家单位，广泛开展 35kg 级具有一定耐海水腐蚀性能的低合金钢及采油平台钢的研制工作，但进展缓慢。

1973 年，在原冶金部直接领导下，由钢铁司牵头，联合了上海钢研所、钢铁研究总院、北京钢铁学院、东北工学院、鞍钢、武钢、包钢、山东冶金局等单位，组建了我国第一个海洋腐蚀基地——青岛海洋用钢试验站。

至 1977 年，在 300 多个试验钢种中共保留了 16 个新钢号，且组织对此 16 个钢号进行耐蚀性能统一评定试验。从 20 世纪 60 年代算起至 70 年代，已有 6 个钢号进行了鉴定转产。这些钢种已在石油、化工、港口建设、车辆、造船及滨海电厂等领域进行实物使用。

实践证明，与 A3 钢相比，这些新钢种使用寿命提高了 2~5 倍，取得了较好效果。其中 08PVRE 获部科技成果三等奖，10NiCuAs 获国家经委“飞龙”奖，10CrMoAl 获上海市重大科技成果三等奖。

(5) 1978 年上钢一厂和钢铁研究总院合作，采用控制轧制新技术和金属微合金化原理，研制出 10MnWVNb 钢（此钢种主要特性是抗氢氮氨），已成功试用于化工、炼油等行业。转产鉴定时认为该钢种比 A3、16Mn 等可减薄钢板的设计厚度，减轻构件重量，节约钢材 10%~20%，性能质量不仅与进口的 SG33、SG30 相当，一些指标还具有一定的优势，有推广价值。

该钢种含适量的高温强碳化物形成元素 W、Nb、Mo、V 等，生产工艺无特殊要求且有较好的综合性能和冷热加工性能。该钢种选用特定的热处理工艺制度，以代替传统的正火+回火工艺，可节约一定的资源，并较好地解决了基体组织的碳化物聚集。上钢一厂生产的 10MnWVNb 应用见图 1.28 和图 1.29。

图 1.28　正在生产的 10MnWVNb 用于化肥生产设备

图 1.29　用于化工行业合成氨中置式锅炉热交换器

1.2.4　中速发展期（1981~1990 年）

1.2.4.1　轧机建设情况

10 年时间新建了中厚板轧机仅 2 套。

1986 年南钢中板正式投产。1987 年首钢（本部）中板投产，连同前 20 年，我国共有 21 套中板轧机在生产（已剔除 1965 年停产的重钢大轧厂中板车间），1980 年全国中厚板产量为 285.9 万吨，1990 年为 674.0 万吨。

1986 年和 1987 年投产的 2 套中板轧机，仍然是落后的三辊劳特轧机，整个 20 世纪 80 年代，中厚板轧机的装备水平和工艺水平总体而言，仍然在低水平的层次运转。

值得提及的是，从 20 世纪 80 年代中期开始，市场对中厚板的需求大增，几乎所有企业的经济效益都在大幅提升。这也造成了 20 世纪 90 年代起直至 21 世纪前 10 年中厚板轧机建设高潮一浪高过一浪，带来误判的契机，也为最终的产能过剩埋下伏笔。1981~1990 全国中厚板轧机建设和生产情况见表 1.4。

1.2.4.2　产量变化情况

1981~1990 年全国中厚板产量变化情况见图 1.30。

表1.4 1981~1990年全国中厚板轧机建设和生产情况

序号	厂名	投产初始轧机状况		初始投产年份	投产初始产能/万吨	备注或改造后目前轧机配置情况
		形式	尺寸/mm			
1	南钢中板	3h劳特	2300	1986	12	目前4h 2800mm+4h 2690mm
2	首钢（本部）中板	3h劳特+4h	2300+2300	1987	45	最后一轮改造后为4h 3500mm单机架，2008年北京奥运会前停产，至今未复产，筹划往曹妃甸搬迁

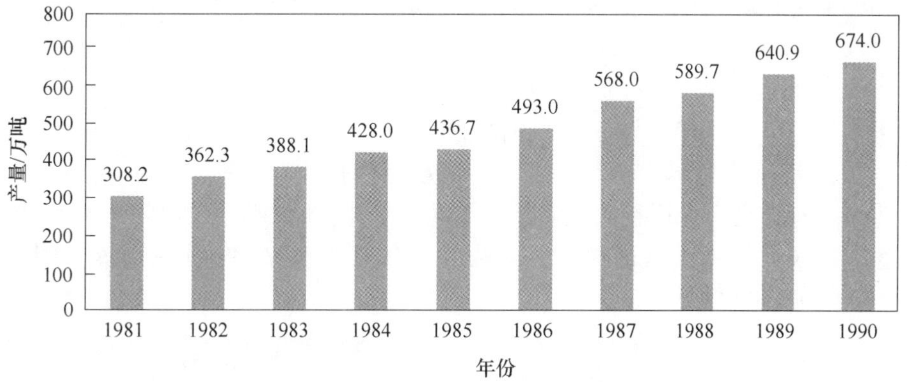

图1.30 1981~1990年全国中厚板产量变化

1.2.4.3 装备情况

详见第2章装备的演变与发展。

1.2.4.4 品种发展情况

A 年代背景

20世纪80年代，我国已进入改革开放的年代，国民经济建设已逐渐迈进快车道，对中厚板有需求的8大领域开始以较快的速度发展，对品种的需求量日渐增大。以中厚板产量增速为例，1980年全国为285.9万吨，1989年即跃升到640.9万吨，但高端的品种仍满足不了市场的需求，主要品种仍以进口解决。

综合分析20世纪80年代中厚板品种以中低档次为主的主要原因：一是靠先进的连铸供坯的比例较低，不能很好地消除模铸钢锭经初轧开坯后造成的先天不足，1980~1989年全国的连铸比见表1.5；二是当时的中厚板企业很少装备了精炼和真空脱气设备，难以保证轧制原料的内在质量，TMCP工艺甚至真正意义上的控轧工艺都未得到推广。

表1.5 1980~1989年我国连铸比的变化情况

年份	1980	1981	1982	1983	1984	1985	1986	1987	1988	1989
全国平均连铸比/%	6.2	7.1	7.4	9.0	10.6	10.8	11.9	12.9	14.7	16.3

总之，20世纪80年代我国中厚板的品种结构虽比70年代有较大进步，但仍在中低档次。

B 品种开发情况综述

（1）造船板：尽管1995年以前我国建造的出口船舶用板仍主要依靠进口，但20世纪80年代绝大多数企业已可生产普通级别的A、B、D、E，少数企业可生产更高级别的AH32、DH32甚至AH36、DH36。

（2）压力容器板：尽管当时还不能生产高级别的容器用钢板，但大多数企业可以生产16MnR。少数企业可生产16MnR（A）、16MnR（CR）、16MnR（B）（A级执行国标，B级保证-20℃低温冲击性能，CR级不仅要保证低温性能还要保证国标Ⅰ级探伤合格）。

（3）锅炉用板：大多数企业都可生产20g和16Mng。

（4）低温容器板：少数企业可生产16MnDR及09MnNiDR。

（5）汽车大梁板：代表钢种为16MnL，大多数企业可生产。

（6）桥梁用板：多数企业可生产16Mnq，少数企业可生产或正在研发15MnVq、15MnVNq。

C　品种研发举例

（1）上海一厂联合钢铁研究总院、华北石油制管厂，1981年起进行X60管线钢的研发。1985年鉴定时，被认为各项性能指标均符合美国石油协会AP1-5LS标准中的性能指标。

（2）新余中板厂于20世纪80年代后期，利用电炉冶炼的扁锭，经初轧开坯后，成功生产出8mm、10mm、13mm三种规格的低合金焊接气瓶用钢16MnHP，90年代初已转产。

（3）20世纪80年代宝钢虽未建5000mm宽厚板，但利用其300t转炉冶炼优质纯净钢和大型初轧机开坯的优势，和舞钢及原上钢三厂宽厚板合作生产出总量达2万多吨的细晶粒高强焊接结构钢。

其中BB502钢用于制造宝钢2号高炉（4063m^3）炉壳，使用后发现板厚在50mm以上时，钢板厚板方向上晶粒尺寸不很均匀，板厚方向上的强度和韧性有差异。

BB503钢用于制造宝钢3号高炉（4350m^3）的炉壳，针对BB502钢存在的一些不足，生产BB503钢时作了两个重要改进。一是全部采用正火交货，使铁素体晶粒得到细化和均匀；二是进行微钛处理。由于采用以上新工艺，不仅大幅提高母材的冲击韧性，也有利于HAZ韧性提高。轧制中的BB503钢见图1.31，用于高炉炉壳的BB503钢见图1.32。

图1.31　轧制中的BB503钢

图1.32　用于高炉炉壳的BB503钢

（4）舞钢和抚顺钢厂、钢铁研究总院、洛阳725所、江南制造厂等于1983年开始试制392MPa级低合金、高强度、耐蚀且韧性好及具有Z向性能、抗脆断能力和可焊性兼优的平台用钢WFG-E40。1988年通过国家级鉴定，认为综合性能达到和接近国外同级钢的实物水平，有些性能还高于国外同类钢种，填补了国内空白，使我国的平台用钢初具系列。

（5）舞钢还开发了采油平台钢E36-Z35（R_m为490~630MPa，R_{eL}为355MPa）。

（6）1985年武钢研发的WX60、WX65级管线钢获冶金部科技进步四等奖。

（7）舞钢研发的超高压锅炉汽包用13MnNiMoNb特厚板获1985年冶金部科技进步二等奖。

（8）1985年上钢一厂研发的用于炼油化工设备制造、具有抗氢功能的10MoWVNb钢获冶金部科技进步四等奖。

D　20世纪80年代的特厚板品种

1978年投产的舞钢4200mm宽厚板轧机，主要是为生产特厚板而建的，而且整个20世纪80年代能生产较高端的特厚板的企业也仅此一家。但投产不久的该企业与轧机配套的装备尚不完善。如没有精炼和真空脱气设备，没有能力生产需要精炼、真空脱气处理的钢锭坯，主要与一些可供应相对优质坯料的企业合作生产，属于相对高档的特厚板品种，见表1.6。

表1.6　20世纪80年代舞钢生产的中低档次特厚板品种

名　称	钢种及最大厚度/mm	抗拉强度 R_m/MPa	屈服强度 R_{eL}/MPa	用　途
锅炉用特厚板	20g（92）	400~570	300	锅炉制造
	19Mn6（70）	510~650	355	锅炉制造
	BHW35（65）	570~740	400	锅炉制造

续表 1.6

名称	钢种及最大厚度/mm	抗拉强度 R_m/MPa	屈服强度 R_{eL}/MPa	用途
容器用特厚板	15CrMoR（80）	450~590	295	容器制造
	16MnR（60）	510~640	345	容器制造
	16MnDR（50）	490~620	315	容器制造

1.2.5 较高速发展期（1991~2000 年）

1.2.5.1 轧机建设情况

到 1999 年，我国共有 26 套中厚板轧机生产线（昆钢 1971 年建的三辊劳特已拆除，1989 年被新建的连轧双炉卷轧机替代），1999 年全国中厚板产量为 1385.3 万吨。

这个时期之所以称为较高速发展期，一是因为我国从此再没有落后的单机架三辊劳特式轧机生产线独立在生产；二是因为这个时期投产的 6 套轧机中，济钢中厚板、原上钢三厂厚板、鞍钢厚板均是较高档次的装备，轧机尺寸都在 3500mm 及以上，轧制力也较高，可以顺利地实现控制轧制，为 2000 年以后 TMCP 工艺的推广奠定了前期的基础，另外，产品档次也有较大提高；三是因为这个时期各企业都进行了较大规模的技术改造，装备和技术水平上了一个新档次。

之所以称之为较高而不是高，是因为新投产的 6 套中，炉卷轧机占去了一半，其轧机尺寸偏小，均在 1800mm 以下。另外，这个时期的整体水平无法和 21 世纪前 15 年的整体水平同等而语。1991~2000 年中厚板轧机投产情况见表 1.7。

表 1.7 1991~2000 年投产的中厚板轧机情况

序号	厂名	投产初始轧机状况		初始投产年份	投产初始产能/万吨	备注或改造后轧机配置情况
		形式	尺寸/mm			
1	原上钢三厂	4h +4h	4200+3500	1991	100	从德国哈延根购二手设备，进入宝钢集团后，调拨给新疆八一钢厂
2.	昆钢板卷	4h +4h	1725+1725	2001	80	双炉卷，1971 年建的 3h 劳特已拆除
3	酒钢板卷	4h +4h	1800+1800	2002	80	双炉卷
4	鞍钢厚板	4h	4300	1993	100	引进日本和歌山厂旧设备进行改造
5	首钢秦皇岛中板	4h	3500+炉卷	1993	60	引进西班牙旧设备进行改造，此首秦中板非首秦抚宁县的 4300mm 双机架中厚板
6	济钢中厚板	4h +4h	3200+3500	1998	100	引进荷兰霍戈文二手设备改造，现轧机配置为 3500mm+3500mm

1.2.5.2 产量变化情况

1991~2000 年全国中厚板年产量变化情况见图 1.33。

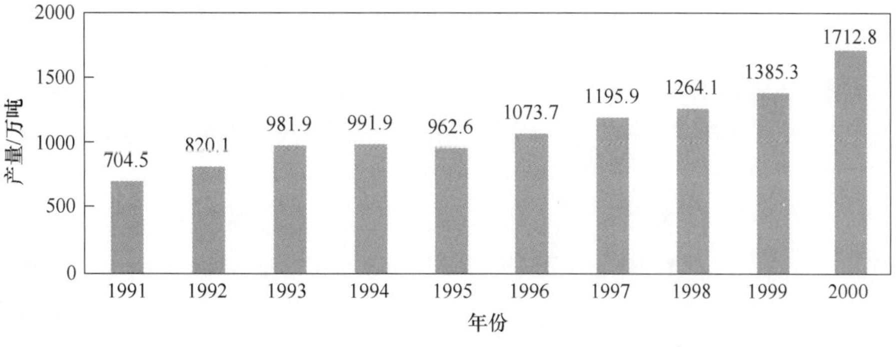

图 1.33 1991~2000 年全国中厚板年产量变化

1.2.5.3　装备情况

详见第2章装备的演变与发展。

1.2.5.4　品种发展情况

A　年代背景

这个时期，从1990年算起，我国改革开放已进入第12个年头，到1997年已经历了近20个年头，此时国民经济建设正处于高速发展期（20世纪90年代中期国内生产总值增长率保持在9.9%左右）。整个经济建设的大发展也推动了市场对中厚板产品需求的较高速增长。

就中厚板行业而言，虽然近20套轧机在生产，而装备档次较高的仅有舞钢宽厚板厂、原上钢三厂、鞍钢宽厚板厂、济钢中厚板厂、武钢轧板厂等，但可喜的是这些企业都已设有精炼和真空脱气装备，使产品的内在质量在轧制前工序中得到较好的保证；重视热处理手段的应用，为提高产品的档次创造了条件；同时，这个时期国外在中国的合资企业及独资企业也开始增多，为国内中厚板企业用国外标准制造产品创造了机会。

但总体而言，直到20世纪90年代中后期，我国中厚板的品种结构还处于较低水平，普碳板占2/3左右。

B　品种情况举例

（1）武钢20世纪90年代初期开始研发原油储罐用钢（学名大线能量焊接调质高强度钢）12MnNiVR（抗拉强度610~730MPa，屈服强度400MPa），1997年开始应用于燕山石化10万立方米原油储罐的建造，为我国21世纪原油战略储备库群建造完全国产化打响了有里程碑意义的第一枪。

该项目在2009年全国科技大会上由国家主席亲自颁奖，获国务院颁发的“国家技术发明”二等奖（一等奖空缺）。该钢种的应用实例见图1.34，国家技术发明奖证书见图1.35。

图1.34　20世纪90年代武钢生产的12MnNiVR用于原油储罐

图1.35　20世纪90年代武钢生产的12MnNiVR获国家技术发明奖

（2）1995年鞍钢为九江长江大桥供桥梁钢板15MnVNq获国家科技进步奖。鞍钢开发的15MnVNq用于九江长江大桥见图1.36。

（3）1993年武钢联合铁道部大桥局研制新型高强度桥梁钢（14MnNbq），1996年通过国家鉴定后即用于芜湖长江大桥，2000年该钢种已纳入桥梁用钢国家标准。武钢开发的14MnNbq用于芜湖长江大桥见图1.37。

（4）20世纪90年代，宝钢无宽厚板轧机，但利用其高水平的300t转炉和完备的精炼装备，20世纪90年代和原上钢三厂合作在原有的炉壳钢BB503的成分中添加Cu和Nb，经Ca处理后生产了上海黄浦江第三座大桥（徐浦大桥）的用钢，钢号为BSTE355，针对该钢种存在的一些缺点，改进后又用于上海卢浦大桥。正在生产的BSTE355钢板见图1.38，徐浦大桥见图1.39。

图 1.36 20 世纪 90 年代鞍钢生产的
15MnVNq 用于九江长江大桥

图 1.37 20 世纪 90 年代武钢生产的
14MnNbq 用于长江芜湖大桥

图 1.38 正在生产供徐浦大桥的 BSTE355 桥梁钢板

图 1.39 宝钢供应坯料原上钢三厂生产的 BSTE355
桥梁钢用于徐浦大桥

（5）针对宝钢三期工程中要建 5 个 650m^{3}大型氧气球罐，1993 年宝钢开始进行了实验室钢种开发和生产试验。在完成多种合金系的筛选试验后形成了 Cu-Nb-V 系的铜时效硬化型钢体系。1994 年 6 月浇铸 28t 钢锭，经初轧开坯后由上海三厂轧制并热处理，后经国家级评审后完成 5 个大型氧气罐的制造。

（6）20 世纪 90 年代中期武钢开发了耐火耐候钢的原型钢种 WGJ510C$_2$（屈服强度 325MPa，抗拉强度 510MPa），20 世纪 90 年代后期经国家鉴定后成功应用于中国残疾人体育艺术培训基地和国家大剧院等著名建筑，见图 1.40、图 1.41。

20 世纪 90 年代，我国中厚板品种的研发和应用进入一个小高峰期，以下用列表方式作介绍。

20 世纪 90 年代我国研发并有应用业绩的其他中厚板品种见表 1.8。

图 1.40 20 世纪 90 年代末武钢生产的耐候钢
用于上海残疾人体育艺术培训基地

图 1.41 20 世纪末武钢生产的耐候钢
用于国家大剧院管韧性柱

表 1.8　20 世纪 90 年代我国研发并应用的中厚板主要品种

序号	品种类别	代表钢种	主要生产企业举例	抗拉强度 R_m/MPa	屈服强度 R_{eL}/MPa	备　注
1	高强度船板	AH32、DH32、EH32（高强度船板）	鞍钢、重钢、舞钢、武钢、上钢三厂	450～570	315	
		AH36、DH36、EH36（高强度船板）	鞍钢、重钢、舞钢、武钢、上钢三厂	490～630	355	
	超高强度船板	EH40～FH690	所有企业都不能生产；普通强度船板 A、B、D、E 多数企业都能生产			
2	海上采油平台钢板	AH36、DH36	鞍钢、舞钢、重钢、武钢、上钢三厂	490～630	355	
		EH36 中的 Z 向性能钢（Z15、Z25、Z35）		490～630	355	
3	桥梁用钢板	12Mnq、12MnVq	鞍钢、舞钢、武钢、上钢三厂	450	约 275	
		15MnVq		490	约 370	
		15MnVNq		510	370	
		Q420q（贝氏体钢）及以上级别所有企业都不能生产；低级别的 Q235q、Q345q 绝大多数企业都能生产				
4	管线用钢板	X60 铁素体+珠光体钢	鞍钢、舞钢、武钢、上钢三厂	520	415	
		X65 铁素体+珠光体钢		535	450	
		X70 骨干企业已开发，但无应用业绩，21 世纪初西气东输时有业绩；X80 及以上级均未开发				
5	压力容器用钢板	09MnNiDR	武钢、舞钢、重钢、鞍钢	440～570	300	
		15MnVR		530～665	390	
		15MnVNR		570～710	440	
		18MnMoNbR		590～740	440	
6	低温容器用钢板	16MnDR	舞钢、鞍钢、武钢	490～620	315	
		09MnTiCuREDR		约 450	约 300	此两钢种在国标中自 1996 年起被取消
		06MnNbDR				
7	多层压力容器钢板	16MnRE	舞钢、武钢、鞍钢、重钢、上钢三厂	510～640	345	
		15MnVRE		530～665	390	
	压力容器钢板	07MnNiVDR、15MnNiNbDR、08Ni3DR、06Ni9DR、Q420R、12Cr2Mo1VR 等钢种均未开发				
8	低中压锅炉钢板	20g 现改名为 Q245R	舞钢、鞍钢、武钢、重钢	400～530	245	大部分企业能生产
		22g		510～655	275	此牌号目前已取消
		12Mng		约 300	约 200	此钢种在国家标准中于 1997 年被取消
		16Mng 现改为 Q345R		510～640	345	
9	高压超高压锅炉用钢板	14MnMoVg	舞钢	约 500	约 350	1996 年新修订的国标中将 GB 6654—86 和 GB 6655—86 标准合并，故目前没有此两钢种
		18MnMoNbg		570～720	400	
		07MnNiVDR、15MnNiNbDR、08Ni3DR、06Ni9DR、Q420R、12Cr2Mo1VR 等钢种均未开发				
10	工程机械用钢板	14MnMo	鞍钢、舞钢、武钢、上钢三厂	约 550	约 400	
		15MnVNRE		约 500	约 370	
		Welten60（相当于新日铁 CF62）		610～730	490	

20 世纪 90 年代我国依照国外标准生产的各类中厚板品种见表 1.9。

表 1.9　20 世纪 90 年代我国依照国外标准生产的各类中厚板品种

序号	品种类别	采用标准国别及钢种	主要生产企业举例	抗拉强度 R_m/MPa	屈服强度 R_{eL}/MPa	备　注
1	压力容器及锅炉用钢板	美标 SA204 A	舞钢、武钢、鞍钢、重钢、原上钢三厂	450~585	255	强度介于中国的 Q245R 和 Q345R 之间，但都必须含约 0.50%Mo
		美标 SA204 B		485~622	275	
		美标 SA204 C		515~655	295	
		美标 SA516 Gr. 55 级		380~515	205	相近于中国的 16MnDR，但冲击强度要求低于 16MnDR
		美标 SA516 Gr. 60 级		415~550	220	
		美标 SA516 Gr. 65 级		450~585	240	
		美标 SA516 Gr. 70 级		485~620	260	
		日标 JISG3115 SPV355		520~640	355	相当于中国的 Q345R
2	中温抗氢钢板	美标 SA387 Cl. 11 级	舞钢、武钢、重钢	415~585	240	相当于中国的 14Cr1MoR
		美标 SA387 Cl. 12 级		380~550	230	相当于中国的 15CrMoR
		美标 SA387 Cl. 22 级		415~585	205	相当于中国的 12Cr2Mo1R
3	锅炉汽包特厚板	美标 SA299 Gr. A	舞钢	515~655	290	相当于中国的 Q345R
		美标 SA299 Gr. B		550~690	325	相当于中国的 Q370R
		德标中的 BHW35 钢		570~740	400	对应中国标准中的 13MnNiMoR
4	模具用钢	瑞典标准中的 P20	舞钢、武钢	硬度 HB270~350		对应中国牌号 3Cr2Mo
		瑞典标准中的 718		硬度 HB280~360		对应中国牌号 3Cr2Ni1Mo
		德国标准中的 2311 钢（预硬塑胶模具用钢）		硬度 HRC28~31		预硬化塑料模具钢
		德国标准中的 2738 钢（预硬化塑料模具钢）		硬度 HRC29~33		抛光性要求良好
		德国标准中的 S45C~S55C 模具钢		只保证成分，无分层缺陷		用户切割成不同的尺寸后再热处理
5	焊接结构钢	日本标准中的 SM400 钢	鞍钢、舞钢	400~510	245	对应中国的 Q235
		SM490 钢		490~610	325	对应中国的 Q345
		SM570 钢		570~720	460	对应中国的 Q460
6	桥梁钢板	德国标准中的 STE355 钢	武钢、鞍钢	490~630	355	对应中国的 Q345q
		STE460 钢		570	460	对应中国的 Q460q
7	核电用钢板	美标中的 A52 钢	武钢、鞍钢	510~620	355	对应中国钢种 20MnHR
		美标中的 A42 钢		410~490	225	对应中国钢种 20HR
8	军用钢板	前苏联等不填写钢种	鞍钢、武钢、舞钢	不填写钢种和强度指标		

1.2.6　超常规高速发展期（2001~2017 年）

1.2.6.1　轧机及配套装备建设的特点

A　特点一

真正掀起了全球中厚板轧机第三次建设浪潮，如果包括其中 6 套靠采购钢坯生产及 10 多套轧机尺寸小于 3000mm 的在内，在短短的 10 年时间里有新建的近 50 套中厚板轧机投入生产，至 2016 年，我国可生产的中厚板轧机约 72 套，这在 100 多年全球中厚板生产历史上是绝无仅有的。

进入 21 世纪后，当国外发达国家如美国、日本、德国等缩减中厚板产能、拆除中厚板轧机时，我国则在大规模地建设新轧机，这也是使世界中厚板界叹为观止的。

除九江中厚板3500mm轧机、重钢中厚板4100mm轧机等少数几套主要依靠国内技术、设备建设之外，期间3800mm及以上级新建的轧机都依靠引进如西马克、奥钢联、达涅利等国外核心技术。这在我国60年中厚板发展的历史进程中也是从未有过的。

B　特点二

目前，正在生产的5000mm级有7套，4000mm级有12套，这些轧机及其匹配的装备无疑是当今世界上最顶尖的。

以5000mm级为例，宝钢1套、沙钢2套、鲅鱼圈1套、湘钢1套、营口1套、南钢1套（以投产的时间为序），主马达功率都已达到2×(10000~10900)kW之间；轧制力达100000~108000kN之间（南钢宽厚板、营口宽厚板120000kN）；轧机刚度系数在10000kN/mm左右；牌坊主柱断面面积在11900cm^{2}左右；整体浇铸的牌坊单重在380~420t之间；拼焊结构的牌坊单重在500~530t之间，充分体现了当今世界现代强力轧机的显著特点。

12套4000mm级轧机（含配有弯辊、窜辊装置的3800mm级、4200mm级和4300mm级）不管是采用西马克核心技术、奥钢联核心技术，还是达涅利核心技术，也都是当今世界最先进的轧机，牌坊单重在420t左右；轧制力在80000~90000kN；主马达功率在2×(8000~9000)kW之间。

C　特点三

这些5000mm级及4000mm级轧机配备水平都超出了日本、德国、俄罗斯、美国的水平。从理论层面上分析，这些轧机都可以生产任何最高端的中厚板品种。配套装备及工艺技术的先进性将在第2章、第3章中作详细描述，以下仅作提示性介绍。

（1）采用第三代强力矫直机。大多采用组合式矫直机和四重式强力热矫直机，矫直力在40000kN左右，矫直钢板厚度范围增至4.5~70mm，热矫多采用预应力主柱和高刚度框架，矫直辊采用液压压下装置，可预设定正负弯辊系统以改善钢板平直度；冷矫直机矫直力在35000kN左右，且有强力、高刚性辊缝全液压调节配备自动控制系统。

（2）采用滚切式剪及圆盘剪。整套装备的剪切线中，这些先进的轧机均不再采用落后的斜刃剪（铡刀剪）而全部采用当今世界最先进的剪切机。厚度大于30mm的用滚切剪，厚度小于30mm的采用圆盘剪。由于采用多轴传动，可剪切极高强度的钢板，剪切速度快，生产效率高。剪切变形小，使钢板不易变形弯曲、毛刺少、剪切质量高。采用自动剪切技术，可根据钢板形状检测装置（PSOT）的测量数据及上位机下达的剪切指令对钢板进行优化剪切。

（3）采用二、三级计算机控制和管理。普遍实现了坯料加热、轧制、精整、物流等的全程自动控制，在线运行大型数字模型，全线自动跟踪及数据采集生产计划管理。宝钢宽厚板等还采用了四级计算机管理及控制。

（4）采用新一代TMCP工艺技术和传统TMCP相结合。这些先进轧机的TMCP技术，主要采用新一代（又称为第三代）TMCP技术（详细描述见第2章），如南钢中板、南钢宽厚板、鞍钢厚板、首秦宽厚板、唐钢厚板、三明厚板、敬业中板、普阳中厚板等采用东北大学研发具有自主知识产权的超快冷技术；济钢厚板、鄂钢宽厚板、沙钢宽厚板、莱钢宽厚板采用奥钢联的MULPIC技术，这些控冷设备都具有在线直接淬火功能。仍有部分企业采用传统的（第一代）TMCP工艺技术。

（5）普遍采用多通道超声波探伤自动化检查技术。与先进轧机相配套的探伤工序普遍采用了在线多通道超声波探伤技术，可对厚度为4.5~40mm、宽度为800~4550mm的钢板进行100%探伤检查，所有探测缺陷均可自动记录在C型扫描图上；采用在线布置，以减小钢板在此工序前后的储存及上下线操作，大大缩短了探伤周期时间；探伤装置控制系统与剪切线计算机控制系统相连，探伤执行标准可由上位机下达。

到2016年我国可生产的中厚板轧机共72套，其中双机架44套，单机架28套。

1.2.6.2　中厚板轧机建设情况

2001~2017年全国中厚板轧机建设情况见表1.10。

表 1.10 2001~2017 年全国中厚板轧机建设情况

序号	厂 名	投产初始轧机状况		初始投产年份	投产初始产能/万吨	备 注
		形式	尺寸/mm			
1	南钢板卷	4h	3500	2004	100	
2	河北文丰中板	2h +4h	2800+3000	2004	80	
3	宝钢宽厚板	4h	5000	2005	140	2008 年改成 4h 5000mm+4h 5000mm
4	安阳永兴厚板	4h	3500	2005	80	已迁往沙钢
5	湘钢 1 号厚板	4h +4h	3800+3800	2005	140	
6	河北普阳中板	4h +4h	3500+3500	2005	80	
7	河南汉冶中板	4h +4h	二手 3200+3500	2005	120	
8	无锡兆顺中板	4h +4h	3300+3300	2005	120	半停产
9	临汾中厚板	4h	3000	2005	100	2007 年改成 4h 3000mm+4h 3300mm
10	新余中厚板	4h +4h	3800+3800	2006	140	
11	河北敬业中板	4h +4h	3000+3000	2006	100	
12	沙钢 1 号宽厚板	4h	5000	2006	140	
13	首秦宽厚板	4h	4300	2006	120	二期改成 4h 4300mm+4h 4300mm
14	天津中厚板（塘沽新建）	4h +4h	3500+3500	2006	130	
15	邯钢二中厚板	4h	3500	2006	100	
16	唐山中厚板	4h +4h	3500+3500	2006	120	
17	上海嘉定中板	4h	2500	2006	40	靠购坯料生产
18	张家港华伟中板	4h	2300	2006	30	靠购坯料生产
19	安钢炼轧炉卷	4h	3450	2006	110	未实现炉卷，全部产品为板
20	韶钢厚板炉卷	4h	3450	2006	110	未实现炉卷，全部产品为板
21	包钢宽厚板	4h	3800	2007	120	4h 3800mm+4h 3800mm
22	舞钢新厚板	4h	4100	2007	100	2008 年改成 4h 4100mm+4h 4100mm
23	福建三明中厚板	4h	3000	2007	80	现改成 4h 3000mm+4h 3000mm
24	江苏丹阳飞达中板	4h +4h	2800+2500	2007	90	
25	天（津）钢中厚板	4h +4h	3500+3500	2007	120	
26	江苏常达中板	4h	2500	2007	50	靠购坯料生产
27	湘钢 2 号宽厚板	4h	3800	2008	100	2012 年起停产、2017 年恢复生产
28	沙钢 2 号宽厚板	4h	5000	2008	160	
29	河南汉冶厚板	4h	3800	2008	120	
30	莱钢宽厚板	4h +4h	4300+4300	2008	140	
31	鄂钢宽厚板	4h	4300	2008	120	
32	宝钢罗泾宽厚板	4h +4h	4290+4290	2008	160	现已搬至广东湛江
33	鞍钢鲅鱼圈宽厚板	4h +4h	5500+5000	2008	200	
34	新疆八一宽厚板	4h +4h	4200+3500	2008	100	原上钢三厂从德国哈延根引进二手设备停产后搬迁乌鲁木齐
35	江苏常熟益城中板	4h	2500	2008	50	靠购坯料生产
36	湘钢 3 号宽厚板	4h +4h	5000+5000	2009	180	
37	营口宽厚板	4h +4h	5000+5000	2009	180	
38	宝钢特钢中厚板	4h	2800	2009	30	
39	兴澄特钢炉卷	4h	3500	2009	100	二期改成 3500mm+3500mm
40	九江中厚板	4h +4h	3500+3500	2009	130	
41	兴澄特钢宽厚板	4h +4h	4300+4300	2010	160	

续表 1.10

序号	厂　名	投产初始轧机状况		初始投产年份	投产初始产能/万吨	备　注
		形式	尺寸/mm			
42	重钢新宽厚板	4h +4h	4100+4100	2010	140	
43	济钢宽厚板	4h +4h	4300+4300	2010	150	
44	南钢宽厚板	4h	5000	2012	160	
45	鞍钢鲅鱼圈中厚板	4h	3800	2012	80	引进日本二手设备，因市场形势未启动生产
46	文丰唐海县宽厚板	4h	4300	2014	120	

21 世纪建成的 7 套 5000mm 级轧机主轧机的详细参数见表 1.11。

表 1.11　21 世纪建成的 7 套 5000mm 级轧机主轧机的详细参数

序号	内容	南钢 5000mm	营口 5000mm		湘钢 5000mm		鞍钢鲅鱼圈 5000mm	
		精轧机	粗轧机	精轧机	粗轧机	精轧机	粗轧机	精轧机
1	最大轧制力/kN	120000	120000	120000	100000	100000	105000	≤100000
2	轧机最大开口度/mm	615	1200	550（新辊时）	1100	400	≤1100	≤550
3	轧制速度/m·s^{-1}	最大 6.3	0~±2.21/5.07（0~±35/80r/min）	0~±3.8/7.6	最大±5.7	最大±7.6	0~±3.35/7.30	0~±3.35/7.30
4	工作辊尺寸/mm×mm	ϕ1210/1110×5300(CVC plus)	ϕ1210/1110×5300	ϕ1210/1110×5300	ϕ1210/1110×5000	ϕ1210/1110×5300	ϕ1240/1140×5500	ϕ1210/1110×5300
5	支撑辊尺寸/mm×mm	ϕ2300/2100×4950	ϕ2300/2100×4950	ϕ2300/2100×4950	ϕ2300/2100×4900	ϕ2300/2100×4900	ϕ2400/2200×5400	ϕ(2100~2300)×4950
6	主电机功率/kW	2×AC10000，0/45/100r/min	2×AC 7000	2×AC 12000	2×8000	2×10000	2×10000	2×10000
7	额定力矩/kN·m	2×2122	2×1910	2×1910	2×1910	2×1910	2×2122	2×1910
8	弯辊力/kN·侧$^{-1}$	最大 4000	—	最大 4000	—	最大 4000	最大 4000	最大 4000
9	窜辊行程/mm	±150	—	±150	—	±150	—	±150
10	牌坊形式	整体式	组合式液压预紧拉杆连接	螺栓连接	螺栓连接	螺栓连接	整体式	整体式
11	轧机模数/kN·mm^{-1}	≥9500（轧制力 60~72MN 时）	≥9500（轧制力 60~72MN 时）	≥9500（轧制力 60~72MN 时）	9000	9000	≥8400（轧制力 50~60MN 时）	≥8400（轧制力 50~60MN 时）
12	立柱断面面积/mm^2	≥1000×1000	1025×1025	1025×1025	1100×1047	1100×1047	985×1025	940×1000

序号	内容	沙钢 1 号 5000mm	沙钢 2 号 5000mm	宝钢 5000mm	
		四辊可逆式	四辊可逆式	粗轧机	精轧机
1	最大轧制力/kN	100000	100000	100000（轧制可用） 108000（轧制控制） 115000（轧制泄压）	108000
2	轧机最大开口度/mm	550	380	1100（新辊时）	550
3	轧制速度/m·s^{-1}	最大 7.3	最大 7.3	0~±2.68/5.36	0/±50/±120r/min
4	工作辊尺寸/mm×mm	ϕ1210/1110×5000	ϕ1210/1110×5000	ϕ1280/1180×5100	ϕ1210/1110×5300
5	支撑辊尺寸/mm×mm	ϕ2300/2110×4900	ϕ2300/2110×4900	ϕ2300/2100×4950	ϕ2300/2100×4950
6	主电机功率/kW	2×AC10000	2×AC10000	2×AC8000（主电机采用 BF 布置）	2×AC10000

续表 1.11

序号	内容	沙钢 1 号 5000mm	沙钢 2 号 5000mm	宝钢 5000mm	
		四辊可逆式	四辊可逆式	粗轧机	精轧机
7	额定力矩/kN·m	2×1910	2×1910	2×1910	2×1910
8	弯辊力/kN·侧$^{-1}$	最大 4000	最大 4000	—	4000
9	窜辊行程/mm	—	—	—	±150
10	牌坊形式	组合式，每片由 4 块构成	组合式，每片由 4 块构成，用键、螺栓连接	整体式	整体式
11	轧机模数/kN·mm^{-1}	约 8820	约 8820	8500（轧制力 60MN 时）	8400（轧制力 60MN 时）
12	立柱断面面积/mm^2	12100	12100	940×1000	940×1000

21 世纪建成的 7 套 5000mm 级轧机控制冷却装置参数见表 1.12。

表 1.12 21 世纪建成的 7 套 5000mm 级轧机控制冷却装置参数

序号	参数内容	南钢 5000mm	营口 5000mm	湘钢 5000mm	鞍钢鲅鱼圈 5000mm	沙钢 1 号 5000mm	沙钢 2 号 5000mm	宝钢 5000mm
1	形式	ADCOS-PM（功能：ACC+DQ）	层流冷却（DQ 预留）	MULPIC 加速冷却系统	ACC+DQ 结合	MULPIC 加速冷却系统（ACC）	MULPIC 加速冷却系统（ACC）	喷射冷却和层流冷却组合式
2	冷却段长度/mm	22000	24000	24000	30400	24000	24000	30400
3	冷却钢板厚度/mm	（8）10~100	10~120	最大 100	10~150	（8）10~100	（8）10~100	10~100
4	冷却钢板宽度/mm	1800~4850	1300~ 4900	最大 4950	1300~5350	最大 4900	最大 4900	1300~4900
5	通过钢板厚度/mm	最大 400	5~420	5~350		最大 300	最大 300	5~250
6	冷却区宽度/mm	3500~5000 可调	4980	5000		5100	5100	5000
7	喷嘴数量/组	24（缝隙喷嘴 4+高密快冷喷嘴 20）	顶部 15（双型）+底部 30	上 24+下 24		（上）24+（下）24	（上）24+（下）24，集管约 59000 个	
8	喷嘴间距/mm	800	800	1000		800	800	800
9	冷却水用水量/m^3·h^{-1}	0.2MPa：13000（瞬时最大）；0.5MPa：15000（瞬时最大）	约 13900	ACC：4774；DQ（0.5MPa）：15513	喷射段（0.5MPa）7600；冷却段（0.1MPa）14500	0.25MPa：约 5900（平均）；0.15MPa：约 15000（尖峰）	0.25MPa：约 5900（平均）；0.15MPa：约 15000（尖峰）	喷射段最大（0.5MPa）：7000；层冷段最大（约 0.11MPa）：13000
10	最大摆动长度/m	15（h≥60mm）	—	24				24
11	最大冷却速度/℃·s^{-1}		55K/s		55	板厚 20mm 时 30；板厚 30mm 时 20；板厚 50mm 时 10	板厚 20mm 时 30；板厚 30mm 时 20；板厚 50mm 时 10	板厚 20mm 时 35
12	钢板通过速度/m·s^{-1}	0.5~2.5	0.5~2.5	0.5~2.5	0.5~2.5	0.5~2.5	0.5~2.5	0.5~2.5

21世纪建成的7套5000mm级轧机的热矫直机参数见表1.13。

表1.13 21世纪建成的7套5000mm级轧机的热矫直机参数

序号	参数内容	南钢5000mm	营口5000mm	湘钢5000mm	鞍钢鲅鱼圈5000mm	沙钢1号5000mm	沙钢2号5000mm	宝钢5000mm
1	形式	四重9辊全液压热矫直机（上4下5）	四重9辊全液压式	四重9辊全液压式		四重9辊全液压可逆式热矫直机	四重9辊全液压可逆式热矫直机	9辊全液压可逆式
2	矫直力/kN	最大44000	最大40000	最大40000	最大44000	35000~40000	35000~40000	44000
3	开口度/mm	450	450	380	最大400	300	300	
4	主电机功率/kW	3×AC850，0/600/1500r/min	3×(0~650r/min)			2×AC850，0/750/1500r/min	2×AC850，0/750/1500r/min	3×AC650，0/600/1500r/min
5	矫直速度/$m \cdot s^{-1}$	0/1/2.5	0~±60/150m/min	0/1/2.0		0/60/120m/min	0/60/120m/min	0~±60/150m/min
6	矫直温度/℃		400~1100	500~800	400~1100	450~1000	450~1000	400~1100
7	换辊装置形式	液压	液压			液压压下，下辊盒可单独更换，或上下辊盒同时更换	下辊盒可单独更换，或上下辊盒同时更换	液压
8	矫直钢板厚度/mm	8~60（100）	10~60（100）	5~60	最小10 最大100	5~100	5~50	0~100
9	矫直钢板宽度/mm	最大4850	1300~4900	最大4900	1300~5300	最大4900	最大4900	1300~4900
10	矫直钢板长度/mm	最大45000	最大56000	最大52000	52000	最大52000	最大52000	最大52000
11	矫直钢板屈服强度/MPa		冷态最大1000	冷态最大800		150~1000	150~1000	冷态最大1000

21世纪建成的7套5000mm级轧机双边剪参数见表1.14。

表1.14 21世纪建成的7套5000mm级轧机双边剪参数

序号	参数内容	南钢5000mm	营口5000mm	湘钢5000mm	鞍钢鲅鱼圈5000mm	沙钢1号5000mm	沙钢2号5000mm	宝钢5000mm
1	形式	三轴三偏心滚切式	三轴三偏心滚切式	三轴三偏心滚切式	三轴三偏心滚切式	三轴三偏心滚切式	三轴三偏心滚切式	三轴三偏心滚切式
2	剪切温度/℃	最高150	最高150	最高150	150	最高150	最高150	最高150
3	剪切力/kN	切边约6500，碎边约3000	切边6500，侧碎边3000	6500	切边剪≤6500，碎边剪≤3000	6500	6500	切边6500，侧碎边3000
4	剪切次数/次·min^{-1}	16~30	16~30	16~30	16~30	最大30	最大30	16~30
5	剪刃开口度/mm	最大100	100	100	100	约180	约180	
6	切边宽度/mm	20~150（钢板厚度大于20mm时最小切边量应等于钢板厚度）	20~150（钢板厚度大于20mm时最小切边量应等于钢板厚度）	20~150	20~150（钢板厚度大于20mm时最小切边量应等于钢板厚度）	最小20（或1~1.5倍钢板厚度），最大150	最小20（或1~1.5倍钢板厚度），最大150	20~150（钢板厚度大于20mm时最小切边量应等于钢板厚度）
7	切边长度/mm	约1300，最大2500（尾部剩余）	约1300，最大2200（尾部剩余）	≤40mm时1300，>40mm时1050	≤2200（板头）	σ_s≤1200MPa时1050，σ_s≤750MPa时1300	σ_s≤1200MPa时1050，σ_s≤750MPa时1300	≤40mm时1300，>40mm时1050

续表 1.14

序号	参数内容	南钢 5000mm	营口 5000mm	湘钢 5000mm	鞍钢鲅鱼圈 5000mm	沙钢 1 号 5000mm	沙钢 2 号 5000mm	宝钢 5000mm
8	主传动电机功率/kW	4×AC350，0～1000r/min	4×AC350，0～1000r/min	4×AC350，0～1000r/min	4×AC350	4×AC375，1000r/min	4×AC375，1000r/min	4×AC350
9	剪刃更换时间/min	约 30（每个剪刃 2 人）	约 30（每个剪刃 2 人）	约 30（每个剪刃 2 人）	约 30（每个剪刃 2 人）	约 30（每个剪刃 2 人）	约 30（每个剪刃 2 人）	约 30（每个剪刃 2 人）
10	剪切钢板厚度/mm	8～50	5～50	5～50	5～50	5～40/50	5～40/50	5～50
11	剪切钢板宽度/mm	1900～4850（轧制后），1800～4700（切边后）	1300～4900（轧制后），1200～4800（切边后）	1300～4900（轧制后），1200～4800（切边后）	1300～4900（不剪边），1200～4800（剪边）	1300～4900（不剪边），1200～4800（剪边）	1300～4900（不剪边），1200～4800（剪边）	1300～4900
12	剪切钢板长度/mm	最大 45000	最大 56000	6500～3800	6000～52000	6000～52000	6000～52000	6000～52000
13	钢板抗拉强度/MPa	1200（最大 40mm），750（最大 50mm）	1200（最大 40mm），750（最大 50mm）	1200（最大 40mm），750（最大 50mm）	1200（最大 40mm），750（最大 50mm）	1200（最大 40mm），750（最大 50mm）	1200（最大 40mm），750（最大 50mm）	1200 最大 40mm），750（最大 50mm）

21 世纪建成的 7 套 5000mm 级轧机定尺剪参数见表 1.15。

表 1.15 21 世纪建成的 7 套 5000mm 级轧机定尺剪参数

序号	参数内容	南钢 5000mm	营口 5000mm	湘钢 5000mm	鞍钢鲅鱼圈 5000mm	沙钢 1 号 5000mm	沙钢 2 号 5000mm	宝钢 5000mm
1	形式	滚切式	滚切式	滚切式	滚切式	滚切式，两根曲柄轴	滚切式，两根曲柄轴	
2	剪切温度/℃	最高 150	最高 150		最高 150	最高 200	最高 200	最高 150
3	剪切力/kN	约 16000	约 16000	约 16000	16000	约 16000	约 16000	约 16000
4	剪切次数/次·min^{-1}	24（连续），18（起停）	18（连续），13（起停）		24（连续），18（起停）	21（连续），15（起停）	21（连续），15（起停）	24（连续），18（起停）
5	剪切开口度/mm	约 255	225	约 200	100	约 210	约 210	约 200
6	主传动电机功率/kW	2×AC800，0/1000r/min	2×（0～600），0～750r/min			2×AC650，750r/min	2×AC650，750r/min	2×AC800，0/1000r/min
7	剪刃更换装置形式	液压式	液压式	液压式		液压式		液压式
8	剪刃更换时间/min	约 30（2 人，不包括吊车吊运时间）	约 30（2 人，不包括吊车吊运时间）	30				30
9	剪切钢板厚度/mm	8～50	5～50	5～50	最大 50（750MPa）	5～40/50	5～40/50	5～50
10	剪切钢板宽度/mm	1800～4700（切边后）	1300～4900（切边后）	1600～4900	最大 4900	900～4900	900～4900	1300～4900
11	剪切钢板长度/mm	6000～45000（定尺前），6000～25000（定尺后）	3000～26000	3000～26000		6000～52000（剪切前），3000～26000（剪切后）	6000～52000（剪切前），3000～26000（剪切后）	3000～26000
12	钢板抗拉强度/MPa	1200（最大 40mm），750（最大 50mm）	1200（最大 40mm），750（最大 50mm）	1200（最大 40mm），750（最大 50mm）	1220	1200（最大 40mm），750（最大 50mm）	1200（最大 40mm），750（最大 50mm）	1200（最大 40mm），750（最大 50mm）

21 世纪建成的 7 套 5000mm 级轧机切头分段剪参数见表 1.16。

表 1.16　21 世纪建成的 7 套 5000mm 级轧机切头分段剪参数

序号	参数内容	南钢 5000mm	营口 5000mm	湘钢 5000mm	鞍钢鲅鱼圈 5000mm	沙钢 1 号 5000mm	沙钢 2 号 5000mm	宝钢 5000mm
1	形式	滚切式	滚切式	滚切式	滚切式	滚切式	滚切式	滚切式
2	剪切温度/℃	最高 150	最高 150	最高 150	≤150	最高 200	最高 200	最高 150
3	剪切力/kN	约 16000	约 16000	约 16000	≤16000	约 16000	约 16000	约 16000
4	剪切次数/次 · min^{-1}	18（连续），13（起停）	18（连续），13（起停）	13（起停）	18（连续），13（起停）	18（连续），13（起停）	18（连续），13（起停）	18（连续），13（起停）
5	剪切周期/s	5.6	5.6（包括压下时间）		5.6			5.6
6	剪刃开口度/mm	约 255	225		≤250	210	约 210	约 200
7	主传动电机功率/kW	2×AC600，0/750r/min	2×（0~600），0~750r/min		0~750r/min	2×AC650，750r/min	2×AC650，750r/min	2×（0~650），0~750r/min
8	剪刃更换装置形式	液压式	液压式	液压式			—	液压式
9	剪刃更换时间/min	约 20（2 人，不包括吊车吊运时间）	约 30（2 人，不包括吊车吊运时间）	30			—	30
10	剪切钢板厚度/mm	8~50	5~50	5~50	5~50	5~40/50	5~40/50	5~50
11	剪切钢板宽度/mm	1800~4850	1300~4900（切边后）	1300~4900	1300~4900	1300~4900	1300~4900	1300~4900
12	钢板抗拉强度/MPa	1200（最大 40mm），750（最大 50mm）	1200（最大 40mm），750（最大 50mm）	1200（最大 40mm），750（最大 50mm）	1200（最大 40mm），750（最大 50mm）	1200（最大 40mm），750（最大 50mm）	1200（最大 40mm），750（最大 50mm）	1200（最大 40mm），750（最大 50mm）

1.2.6.3　产量变化情况

2001~2016 年全国中厚板产量变化情况见图 1.42。

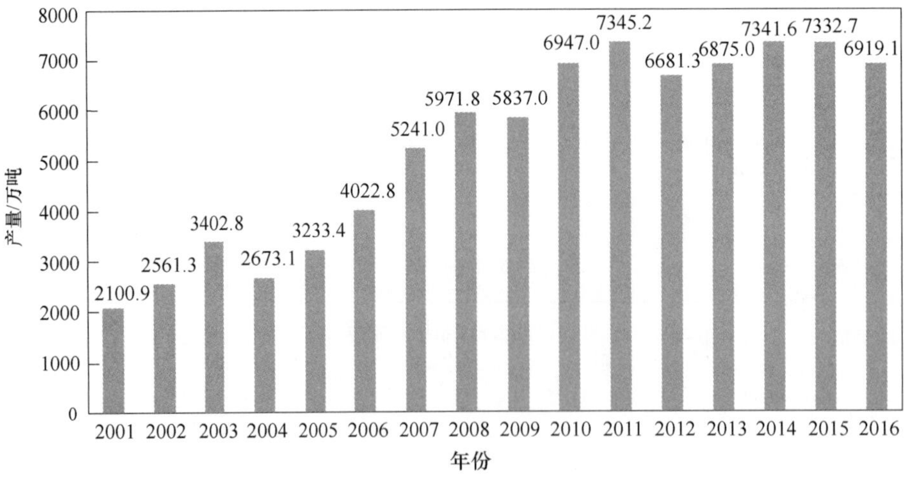

图 1.42　2001~2016 年全国中厚板产量变化

1.2.6.4　品种发展情况

A　年代背景

进入 21 世纪，我国中厚板轧机建设和改造进入超常规发展期，建设速度和套数在全球范围内绝对是无先例的。

建设和改造的特点可归纳为：新建的均按当今世界最先进的装备和工艺水平建，老企业自愿关闭的极少，都在进行技术改造，装备水平大幅度提高。

2004年开始，具有现代装备水平的南钢板卷投产，次年宝钢5000mm投产，2006年沙钢5000mm、首秦4300mm、新余3800mm中厚板相继投产……至2016年我国具有当今先进装备水平的3800mm及以上级中厚板轧机约23套，老轧机经多次改造后也达到较先进的水平。

新轧机及其配套设备的先进性主要体现在大牌坊、大扭矩、大轧制力、大功率和当今最先进的配套设备等方面。如2013年投产的南钢5000mm轧机，轧制力达120000kN，与营口的5000mm轧机一起成为世界之最。

这23套轧机的装备水平为控制轧制和TMCP的顺利实行及高端产品的不断涌现奠定了坚实的基础，也为21世纪品种高度国产化打下了良好的基础。

B 品种情况的几个特点

a 特点一

（1）2002年7月4日开工的西气东输一线用钢最初部分进口，很快国产化；2008年2月10日开工的二线极少量进口，绝大部分国产，2012年9月16日开工的三线已全部国产化。

（2）大罐钢在国家石油战略储备库一期开始时部分靠进口，二期、三期及目前的商用储罐已全部国产化。

（3）大型铁路高等级桥梁用钢已全部国产化。

（4）核电用钢从2012年起国产化率达到95%。

（5）锅炉及压力容器钢绝大部分国产化，仅很少量超超临界火力机组用钢靠进口。

（6）高层建筑用钢已国产化。

（7）除极少特殊用途的船舶和海工制造用钢之外，绝大部分已国产化。

（8）有些企业生产的品种质量指标已超过国家标准中规定的最高值，如南钢开发的工程机械用钢，屈服强度已达1100MPa，超过国家规定的960MPa，用于“三一重工”受到欢迎。

（9）南钢作为中厚板行业的后来者，进入21世纪以来，综合业绩显著，有后来者居上之势。统计资料显示，2012年下半年~2015年上半年，其大罐钢在全国市场占有率约54%，9Ni钢约60%，高强板约35%，特殊管线钢约25%，耐磨板约12%。

b 特点二

进入21世纪，我国中厚板品种与国外先进企业主要的差距体现在：

（1）稳定性生产有差距，不经任何挽救的一次性能合格率有差距。

（2）成材率有差距，落后于先进国家（如日本）1.5%~2%。

（3）大线能量焊接结构钢的档次与国外先进水平比有差距。

（4）对品种机理的深入研究有差距。

（5）部分高端品种的屈服强度值有差距。

（6）我国所称的非计划率，稍高于国外先进企业，有一定差距。

（7）油船货油舱耐蚀板应用情况有差距。

（8）滨海耐蚀板开发速度有差距。

（9）LP板（变截面板）暂无应用业绩，复合板生产技术有差距。

（10）用于化学品船的双相钢已稳定生产的，除太钢之外其他企业偏少。

（11）实际生产中控制水平和检测水平有差距。

（12）海洋工程特殊品种的生产应用有差距，见表1.17和表1.18。齿条板、弦板、支撑管等示意图见图1.43。

表1.17 海洋工程特殊品种国内生产现状

序号	材料类型	国外先进水平	国内现状
1	超高强特厚板	FH420~FH690，厚256mm，易焊接	FH690，厚127mm，国产少，进口多
2	高强支撑管	X100级，最大壁厚80mm	X80级，最大壁厚30mm，X100级靠进口
3	深海管线	X80级，最大壁厚44mm	X70级，最大壁厚32mm，以进口为主
4	深海隔水管	X80级高抗疲劳	全部进口

表 1.18　海洋工程特殊品种以进口为主

序号	品种	典型规格/mm	屈服强度/MPa	国产化与进口情况
1	齿条板	127、150、180、210、259	≥690	150mm 以上以进口为主
2	弦板	25、50、85	≥690	主要靠进口
3	支撑管	(273~406) × (17~60)	≥550、≥690	690MPa 的以进口为主
4	配套焊材	手工焊、埋弧焊	等强	以进口为主

图 1.43　齿条板、弦板、支撑管示意图

c　特点三

近 8 年来，我国的骨干中厚板企业都在倾力开发高端品种，一方面这是好事，可以替代进口；另一方面由于过多的企业参与，所以同质化严重，高端品种是多了，但相同或相近的工艺路线、相同或相近的开发策略加剧了供大于求现象，低价竞争屡禁不止。下面以列表方式举出一些主要品种严重供大于求的情况，见表 1.19。

表 1.19　2016 年统计的我国主要高端品种能生产的企业数量及市场情况

序号	高端品种用途及典型钢种	工艺实现类别	能生产的企业数量	备　注
1	煤矿综采液压支架 HG980、JCT1200D、BHT130 等	控轧控冷或淬火+回火	6	供大于求
2	超临界和超超临界电站锅炉 12Cr1MoVR、12Cr2Mo1R 等	正火或正火+回火	4	供大于求
3	低温压力容器（-196℃） 06Ni9DR 等	淬火+回火	8	供大于求
4	石油储罐和石化压力容器板 08Ni3DR、15MnNiNbDR、07MnNiVDR 等	正火或淬火+回火	9	供大于求
5	耐磨板 NM450~NM500 等	淬火+回火	5	供大于求
6	工程机械用板 Q960~Q1100 等	正火或控轧控冷或 淬火+回火（含 Q-P-T）	6	供大于求
7	海军水面和水下舰艇壳体板 JC590、HY80~100	正火或控轧控冷或 淬火+亚温淬火+回火	4	供大于求
8	大型铁路桥梁和跨海桥梁板 Q370qE~ Q500qE 等	控轧控冷（含 RPC）或 正火或淬火+回火	7	供大于求
9	水电用钢板 60~80kg 级等	控轧控冷或淬火+回火	5	有些企业正在开发 100kg 级水电钢
10	陆地和海底油气输送管线用钢板 X65、X70、X80 等	控轧控冷或控轧控冷 （含高温轧制 HTP）	8	海底管线进口多， 陆地管线供大于求

续表 1. 19

序号	高端品种用途及典型钢种	工艺实现类别	能生产的企业数量	备 注
11	大口径 ϕ1422mm 直缝焊管用宽厚板 X80 等	控轧控冷	理论上 7，实际 6	目前市场暂无需求
12	海洋平台用板及齿条钢板 FH690、A514Gr. Q、A517Gr. Q 等	控轧控冷或淬火+回火或控轧控冷（含 RPC）+回火	7	进口的多
13	第三代核电安全壳、硼注箱、汽水分离器 SA738Gr. B、SA516Gr70、20MnHR 等	正火或淬火+回火	6	供大于求

1949~2016 年每 10 年中厚板产量的变化见图 1. 44。

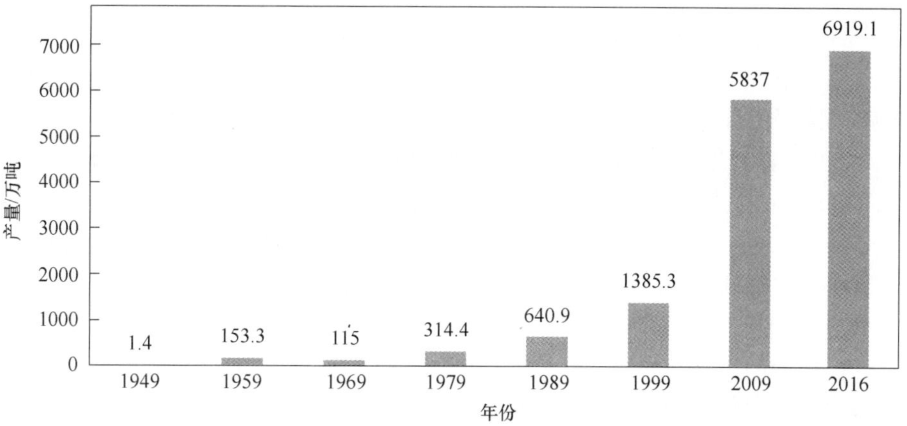

图 1. 44 1949~2016 年每 10 年中厚板产量的变化

参 考 文 献

[1] 方一兵. 汉冶萍公司与中国近代钢铁技术移植［M］. 北京：科学出版社，2011.
[2] 李世俊. 我国钢铁工业的现状与发展［R］. 上海轧钢生产技术交流会，2005.
[3] 孙决定，等. 我国中厚板发展现状研究［R］. 2005.
[4] 中国钢铁工业协会统计部. 中国钢铁工业统计年报［R］. 2005~2016.
[5] 谢仕柜. 我国低合金钢的发展［J］. 轧钢，1986（4）.
[6] 谢仕柜. 海洋用钢耐腐蚀性能统评试验成果显著［J］. 轧钢，1985（1）.
[7] 陈瑛. 上钢三厂中板轧机液压微调通过部级鉴定［J］. 轧钢，1987（3）.
[8] 龙春满. 对我国轧钢技术发展方向的探讨［J］. 轧钢，1991（1）.
[9] 李世俊. 钢材产品结构调整分析［J］. 轧钢，2001（2）.
[10] 中冶京诚工程技术有限公司技术资料［R］. 2008~2011.
[11] 陈瑛. 中厚板发展与技术装备进步的分析［J］. 冶金管理，2005（8）.
[12] 王定武. 我国轧钢技术发展的回顾与剖析［J］. 轧钢，1991（1）.
[13] 荆其臻，等. 浅析中厚板生产现状及发展［J］. 轧钢，1998（4）.
[14] 张永嘉. 宝钢宽厚板开发研制十年回顾［J］. 宝钢技术，1998（3）.
[15] 陈国虞，等. 我国厚板轧机生产船舶及海洋工程用钢适应性［J］. 轧钢，1992（1）.
[16] 王兆国，等. 10MoWVNb 钢的高温抗氢腐蚀研究［J］. 轧钢，1989（6）.
[17] 鞍钢、宝钢、武钢、舞钢、济钢、南钢、湘钢、首秦、首钢、营钢、新余、柳钢、莱钢等 30 家中厚板企业调研交流得到的非保密性资料数据［R］. 2002~2016.
[18] 孙决定，等. 中国钢铁的前天、昨天和今天［R］2014.
[19] 李世俊. 信息的采集与加工［R］. 1985.

2 装备的演变与发展

2.1 加热炉

2.1.1 加热炉的演变

用于坯料加热的加热炉，在我国60年的生产历史中，按其炉型，可分为连续式（含推钢式、步进式）、间歇式（含室状式、车底式）和均热式三种。

均热式炉多用于钢锭加热（也称均热坑），炉型变化不大，目前仅舞钢、汉冶特钢等仍在采用。室状式炉热效率低，热损失很大，目前几乎不再采用。

车底式炉用于加热钢锭及大型坯，炉型从早期到现在也没有根本性变化，目前主要是用钢锭及焊接复合坯生产特厚板的企业在用，因此，本节主要讨论连续式加热炉。

连续式加热炉演变的过程，对于炉子的本身而言，主要是围绕高产、扩容、长寿命、无公害、节能、操作自动化而展开的。对于被加热的钢坯，主要是围绕如何在加热过程中不断提高钢的塑性，降低变形抗力，提高加热质量而展开的。

20世纪60年代以前主要采用上部加热段、下部加热段、上部均热段的三段推钢式加热炉。20世纪70年代后演变成为预热、加热、均热各段上下都可加热，炉子全部成为燃烧区。

为了减小黑印，20世纪90年代起推钢式炉大都演变成热滑轨全架空式，避免了冷却管与板坯的直接接触，提高了坯料加热的均匀性。

针对推钢式炉在加热时板坯下表面容易在推钢前进时被擦伤和存在翻炉及拱钢的可能性，改进后演变成步进式炉后则可完全避免以上缺点。尤其是步进式炉工作过程中板坯被四面加热，有利于消除下表面划伤和适应板坯厚度尺寸的变化。

早期的加热炉主要靠斜坡滑架和缓冲器进行出料，演变后的现代加热炉都采用出钢机出料，很大程度上避免了出炉时板坯表面被划伤。

就炉型结构而言，它的演变过程可归纳为无预热段→短预热段→长预热段。从一段式演变为多段式，目前以三段式为主。

就烧嘴布置方式而言，它的演变过程可归纳为端烧嘴→侧烧嘴→上部端烧嘴或炉顶烧嘴、下部侧烧嘴→上、下部均为端烧嘴。

2.1.1.1 推钢式加热炉炉型的演变

（1）在20世纪50年代使用的室状炉中增加不供热的炉膛，目的是提高炉子燃料的利用系数，成为20世纪50年代我国早期的半连续式加热炉，见图2.1。

（2）后来这种半连续式加热炉增加了预热段，当时称之为一段式推钢式加热炉，见图2.2。

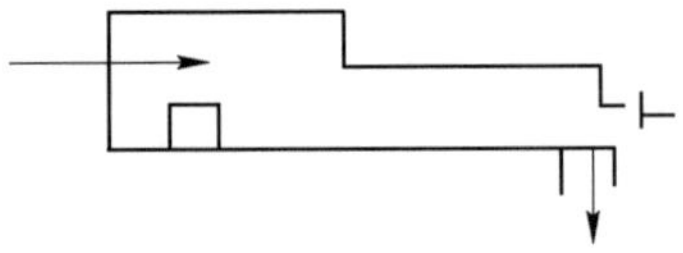

图2.1 半连续式加热炉

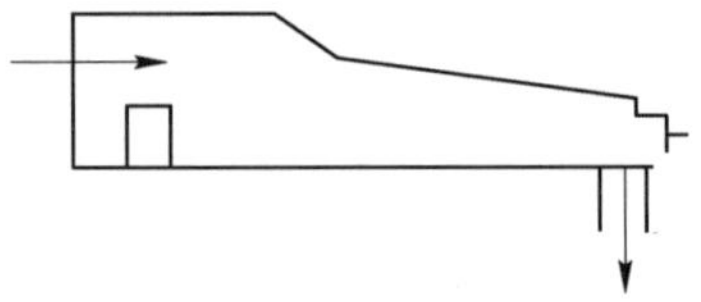

图2.2 一段式推钢式加热炉

（3）在一段式加热炉基础上增设下加热或上加热装置，使之成二段式推钢式加热炉，见图2.3。

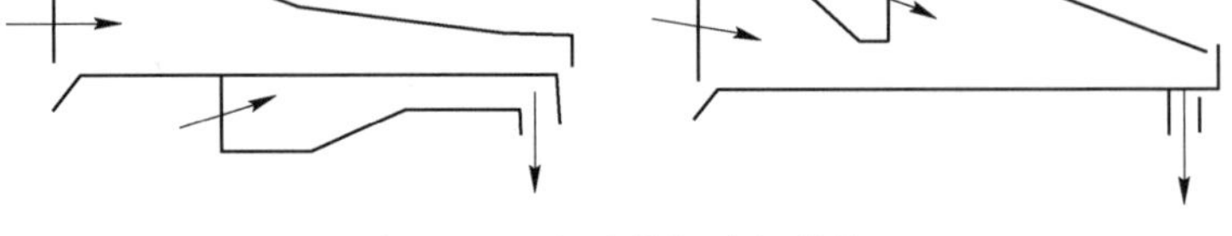

图2.3 二段式推钢式加热炉

（4）在二段式加热炉基础上演变成上下都有加热段，连同均热段一起称为三段式推钢式加热炉，见图 2.4。三段式是目前的主炉型。

（5）在三段式加热炉基础上具有两个加热段的为四段式推钢式加热炉，见图 2.5（通常也称为三段式）。

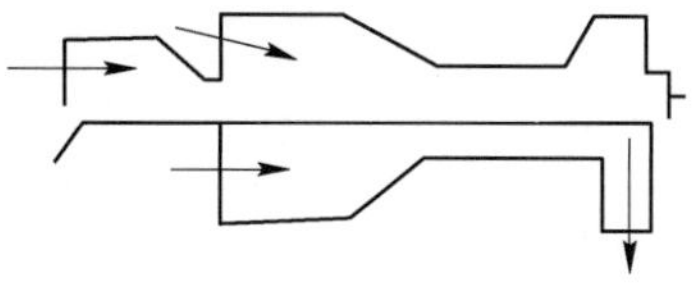

图 2.4　三段式推钢式加热炉

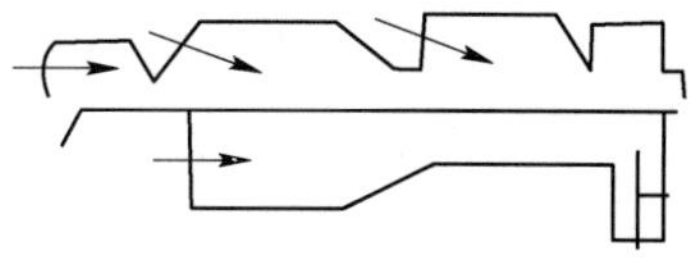

图 2.5　四段式推钢式加热炉

（6）演变成五段式推钢式加热炉，见图 2.6。有的企业除预热段、均热段外，还有加热段 1、加热段 2、加热段 3（通常也称为三段式，只不过加热段增加到 3 个）。

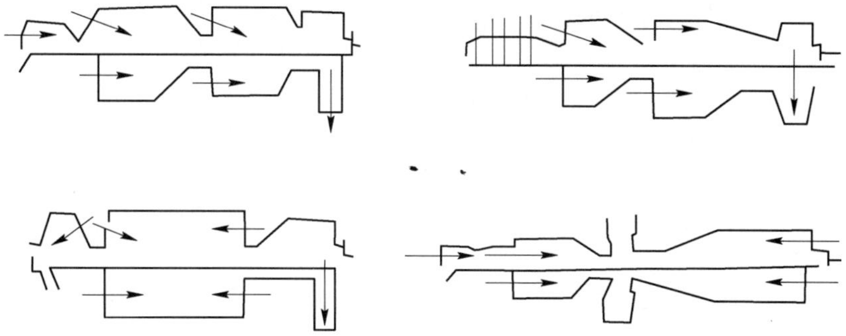

图 2.6　五段式推钢式加热炉

（7）演变成热滑轨全架空式推钢式加热炉，见图 2.7。

（8）演变成全炉顶平焰烧嘴推钢式加热炉，见图 2.8。

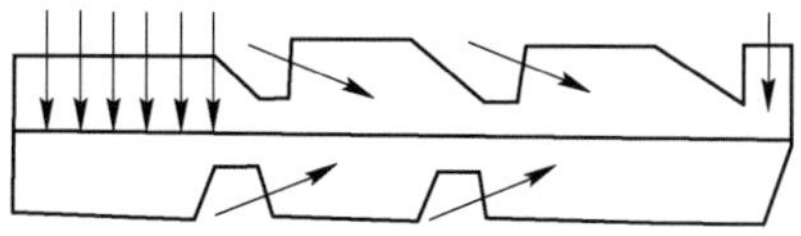

图 2.7　热滑轨全架空式推钢式加热炉

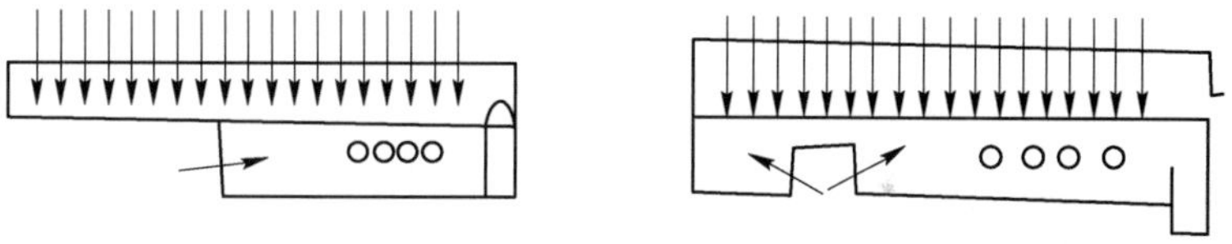

图 2.8　全炉顶平焰烧嘴推钢式加热炉

2.1.1.2　步进式加热炉炉型的演变

（1）上部和下部的烧嘴均成侧面布置，炉膛为平直型的是第一代步进式加热炉，见图 2.9。

（2）上部烧嘴为端烧嘴或布置成炉顶烧嘴，下部烧嘴仍布置成侧烧嘴的为第二代步进式加热炉，见图 2.10。

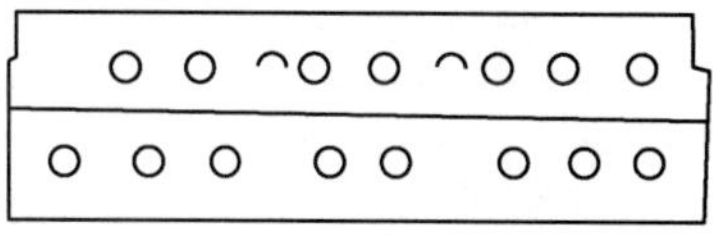

图 2.9　第一代步进式加热炉

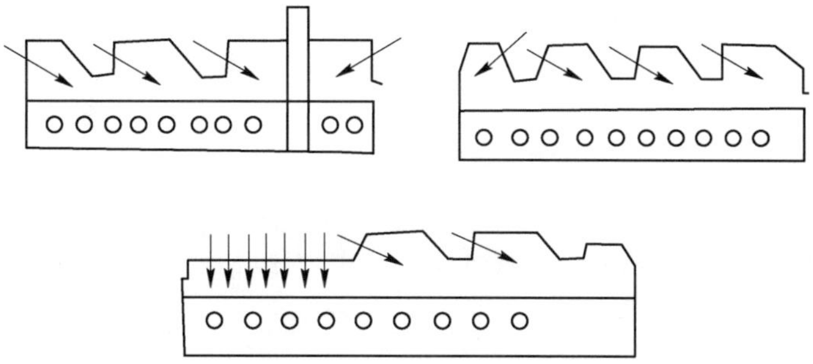

图 2.10　第二代步进式加热炉

（3）上部烧嘴仍为端烧嘴或炉顶烧嘴，但下部烧嘴不再使用侧烧嘴而改为端烧嘴的为第三代步进式加热炉，见图 2.11。

（4）此外，还有将预热段加长的，称为长预热段步进式加热炉，见图 2.12。

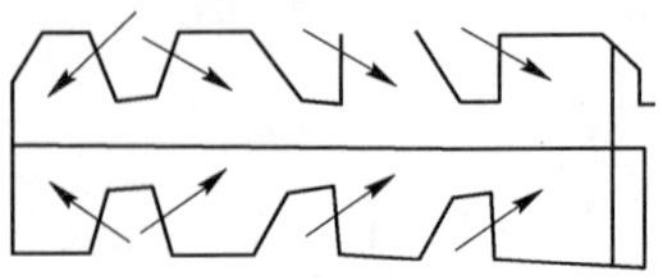

图 2.11　第三代步进式加热炉

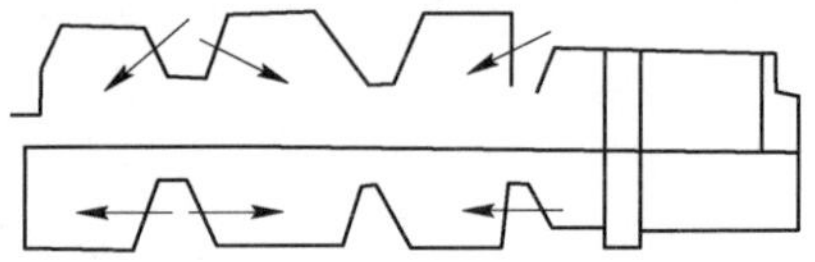

图 2.12　长预热段步进式加热炉

2.1.1.3　燃烧系统的演变

自 20 世纪 90 年代中后期起，在炉型没有根本性变化的情况下，以燃烧系统的不同，又派生出常规燃烧步进式加热炉和蓄热式燃烧步进式加热炉。

所谓常规燃烧，即烧嘴燃烧是连续的，排烟系统多为自然排烟。

所谓蓄热式燃烧就是将烧嘴、蓄热室和换向阀组成一个整体，烧嘴要么处于排烟状态，要么又处于燃烧状态，即烧嘴是处于燃烧排烟交替周期性的工作状态。

高效蓄热式加热炉工作原理见图 2.13。

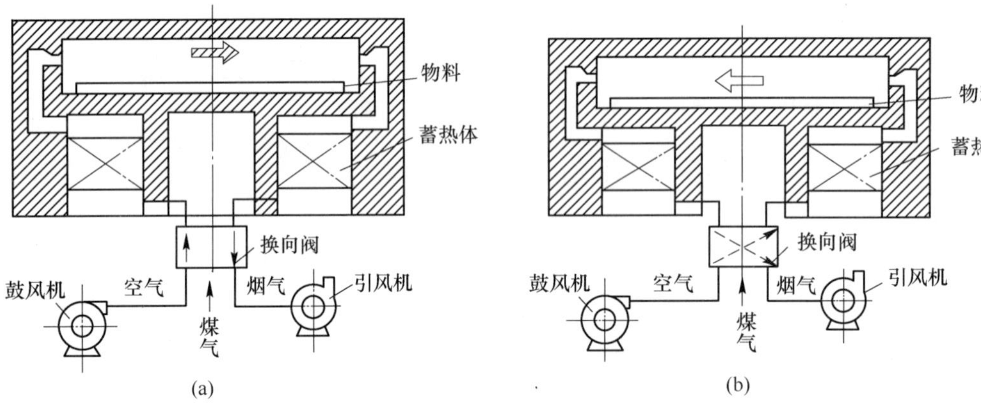

图 2.13　高效蓄热式加热炉工作原理示意图（图中未示出煤气流路）
（a）处于排烟状态；（b）处于燃烧状态

2.1.1.4　推钢式加热炉的局限性

推钢式加热炉在我国 40 多年的生产历史中始终一直被广泛采用，在坯料加热过程中起着主力军的作用，直到 20 世纪 90 年代我国的绝大多数中厚板企业仍在采用。

推钢式加热炉按炉温分布，沿炉膛长度方向可分为预热段、加热段和均热段。

被采用了 40 多年，推钢式加热炉自有存在的优点（目前老企业仍有采用，德国也有采用），但局限性也是显而易见的。

常见的三段式推钢式加热炉示意见图 2.14。

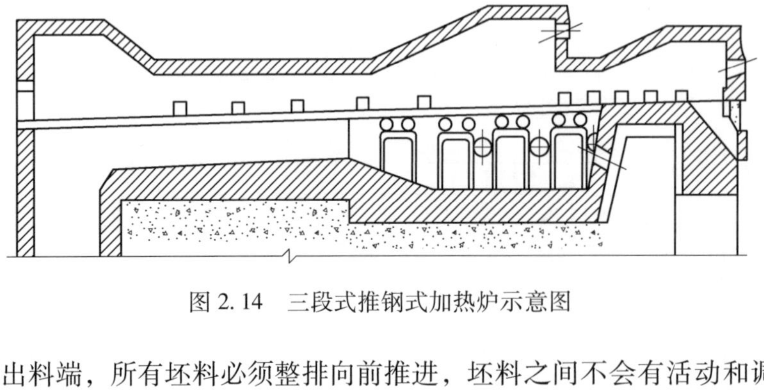

图 2.14　三段式推钢式加热炉示意图

（1）从装料端到出料端，所有坯料必须整排向前推进，坯料之间不会有活动和调整余地，整排装入，整排推出。生产厂在编制轧制计划时，必须首先要缜密考虑坯料厚度的安排次序。

（2）推钢式加热炉是靠推钢机完成原料装炉和原料在炉内运送任务的。推钢式炉的长度受到推钢比（推钢长度与钢坯最小厚度的比值）的限制，炉子长度过长会增加推钢压力，容易发生粘钢。所以推钢式炉的长度一般不会超过40m，而步进式炉长度一般大于60m，产量显而易见高。

（3）生产作业时，如果没有精确掌握推钢比，可能会出现拱钢现象或翻炉事故，拱钢示意见图2.15。

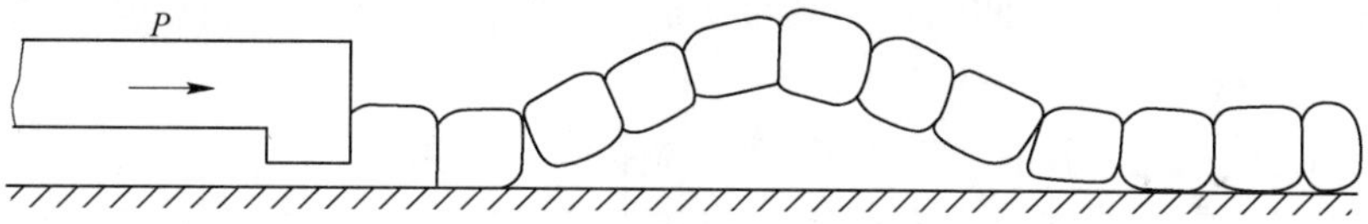

图2.15 拱钢事故简图

（4）由于炉子长度受一定限制，如果坯料长度太长，加之操作稍有不精确，会使推钢推力过大，使原料之间的压力增大，在高温下容易发生难以处理的粘钢事故。

（5）也由于受到推钢比限制，其炉容和产量也相应受到限制。

（6）对于有水冷滑轨的推钢式炉，水管冷却的作用使坯料与水管滑轨接触区域局部温度降低，最终在坯料下面易出现两条黑印并形成上下面的温度差，直接影响轧件的质量。

（7）推钢式炉内的坯料在滑轨上推移，坯料底面易出现擦伤和氧化铁皮压入，与此同时，受加热条件限制，如果不能正确控制炉内气氛和加热制度，则坯料表面易氧化。

（8）为了使炉内坯料能平稳前移，必须将同单重或同规格的坯料先装在一起，不同单重的要后装；单重不同时，小单重优先，大单重靠后，当坯料侧面不平时，一般要塞入铁楔，以防止拱钢或跑偏；由于推钢时产生的振动，造成炉底管隔热层寿命较低，维修费用较高。

正是由于推钢式加热炉存在以上不足，所以21世纪除部分老企业仍沿用外，我国新建的中厚板轧机已不再采用此炉型，取代它的是有现代意义的步进式连续加热炉。

2.1.1.5 步进式加热炉的优势

（1）完全避开了推钢式炉受推钢比限制的现象，绝不会因推钢比较大而发生拱钢或翻钢等事故。

（2）高温作业下不会发生粘钢事故。

（3）原料依靠炉底可移动步进梁作矩形轨迹的往复运动，把固定梁上的原料一步一步地由进料端输送到出料端。图2.16是步进式炉内坯料运动轨迹示意图。

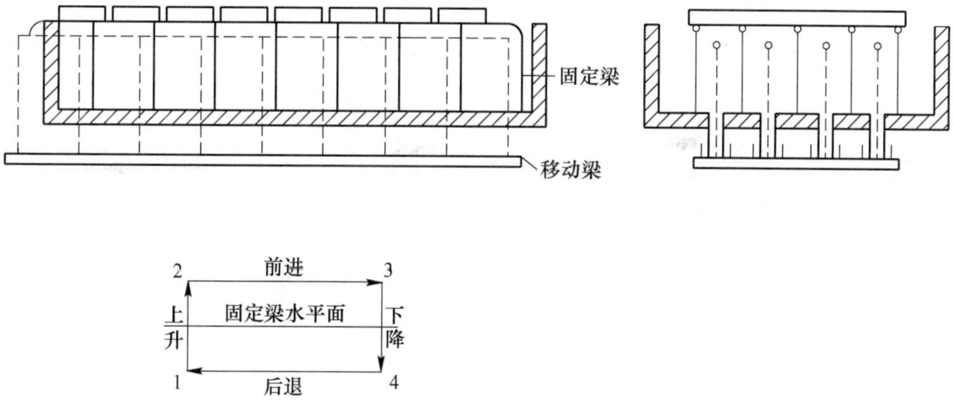

图2.16 步进式炉内坯料运动轨迹示意图

（4）移动梁的运动是可逆的，当轧机或工艺线上其他设备故障要停炉检修，或因其他情况要将原料退出炉子时，移动梁可以逆向工作，把原料由装料端退出炉外。移动梁还可以只作升降运动而没有前进或后退的动作，即原地踏步，以此来延长原料的加热时间。

（5）生产能力大，炉底强度可以达到800～1000kg/(m^2·h)，与推钢式加热炉相比，加热等量的原料，加热炉长度可以缩短10%～15%。

（6）原料在炉内靠步进梁上下往复运动而移动，各原料之间有一定的间隔，原料可以四面受热，因此热效率高、加热时间短、氧化铁皮少、不会产生粘钢、原料的下表面不会产生划伤、有利于消除黑印、加热质量高，特别适合推钢式加热炉不便加热的大型原料。

（7）操作灵活方便。原料在炉内既可前进也可后退，在检修和改换钢种时，利用步进机构可以将原料全部出空或全部退空，减轻了出炉的操作强度，减少原料在炉内的氧化。

（8）适应性强。在炉长不变的情况下，通过改变原料之间的距离，就可以改变炉内原料的数目，适应产量的变化。而且步进周期也是可调的，如果加大每一周期前进的步距，就意味着原料在炉内的时间缩短，从而可以适应不同钢种、多种原料的加热要求。

（9）可以准确控制原料加热时间，为生产过程控制提供了保障。

推钢式加热炉与步进式加热炉有关指标的对比见表 2.1。

表 2.1　推钢式加热炉与步进式加热炉有关指标的对比

对比内容	炉　型		备　注
	推钢式	步进式	
加热速度控制	有困难	容易	
产量调整	较困难	容易	
炉子长度	受限制	不受限制	
炉宽方向温度均匀性控制	较容易	较端部位置控制困难	
坯料温度差造成的黑印	大	小	
坯料底部擦伤	较多	少	
氧化铁皮生成	多	少	
电力消耗	小	大	
单位热耗（同一加热曲线）	100%	约 110%	相差不大
倒回输进的坯料	不可能	可能	
炉内坯料间隔	没有间隔	可以调整间隔	
坯料形状尺寸改变	受限制	少限制	
炉底管及隔热层寿命	短	长	
转动润滑部分	少	多	

为了满足加热大型原料的需要，步进式加热炉也逐步发展到可以下加热的方式，出现了上下加热的步进式加热炉。

这种上下加热的炉型可以实现双面加热。下加热一般只能利用侧烧嘴，因为立柱挡住了端烧嘴，也可以利用炉顶烧嘴供热。考虑到轴向烧嘴火焰沿长度方向的温度分布和各段温度的控制，某些大型步进式加热炉在上加热各段之间设顶层压下或隔墙，而下加热各段之间设有段墙，以免各段之间温度的干扰。

这样布置，步进式加热炉沿长度方向的温度调节具有更大的灵活性。如果加热炉宽度大、火焰长度又较短时，为了保证原料中部的加热效果，通常采用在炉顶安装平焰烧嘴的方法予以解决。

图 2.17 是上下加热板坯的步进式加热炉。这种炉型主要用于大型热连轧和中厚板板坯的加热。

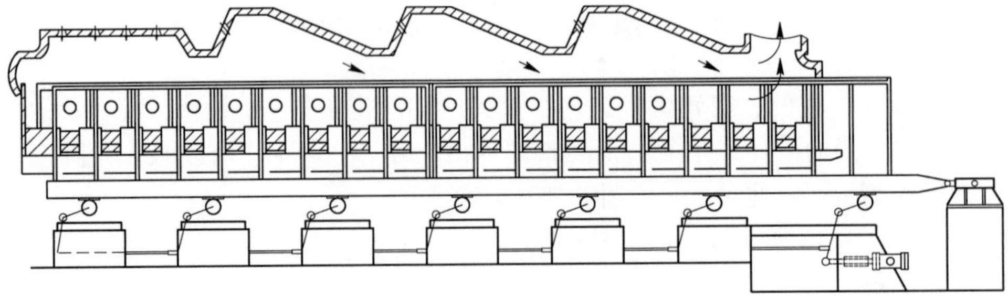

图 2.17　上下加热板坯的步进式加热炉

此炉型的关键设备是步进梁的传动机构，传动方式分机械传动和液压传动两种，目前广泛采用的是液压传动方式。现代大型加热炉的步进梁及上面的原料重达数百吨，有的甚至更高，使用液压传动机构运行稳定，结构简单，运行速度的控制比较准确，占地面积小，设备重量轻，比机械传动有明显的优点。

液压传动机构又分为曲臂杠杆型、倾斜滑块型、偏心轮型三种，目前应用较多的是倾斜滑块型。

步进式连续加热炉采用原料端进端出的方式，出料端基本上为出料机出料。为了减少炉内热量损失，在装料端和出料端安装有升降式炉门。

2.1.2 目前主要应用的几类加热炉

2.1.2.1 步进式加热炉

此炉型能使原料六面受热，热效率高，加热质量好，氧化铁皮少，炉子长度不受限制，单座炉子加热能力大；完全避开了推钢式的缺点；原料的下表面不会划伤，有利于消除黑印，可以加热薄的板坯，便于空炉，特别能满足生产中多品种多规格的要求；此炉型是我国目前应用最广的炉型。

作业中的步进式加热炉见图 2.18。

图 2.18 作业中的步进式加热炉

2.1.2.2 推钢式加热炉

尽管该炉型淘汰的趋势明显，但也自有它的优势（如投资省），一些老企业仍在使用，新建的企业也有推钢式和步进式并存的现象，德国等欧洲国家也有继续在采用推钢式的。

推钢式三段连续加热炉见图 2.19。

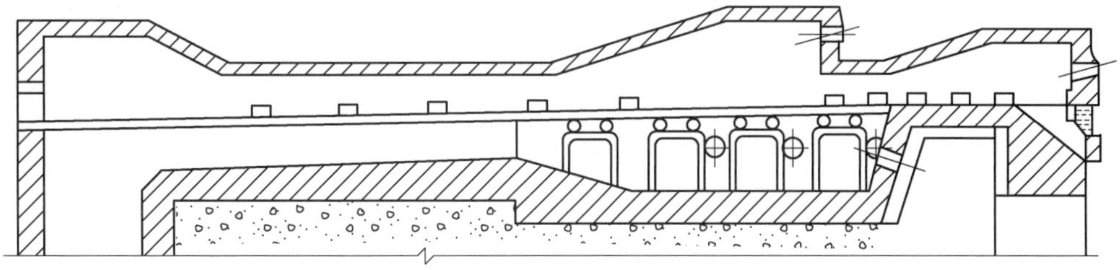

图 2.19 推钢式三段连续加热炉

2.1.2.3 车底式加热炉

车底式炉也称台车式炉，此炉型投资少，但单位燃耗大，产量也低，适用于加热大钢锭、锻坯和近几年出现的焊接复合大厚坯。采用吊车辅助装出炉。

此炉型的炉底是一个台车，依靠车轮在钢轨上滚动出入炉膛，台车的拖拽机构利用绞车或类似的其他设备，拖拽机构摆放在中部。此炉型热效率很低，由于台车本身要吸取大量的热，当它从炉内拖出来后，大量热量散失，无法再利用。

台车上面砌有耐火砖，通常钢锭及复合坯不直接放在耐火砖上，而是放在由耐高温金属制成的特殊支架上，便于原料多面受热。

目前，舞钢、宝钢用扁钢锭生产特厚板，河南汉冶用水冷模铸锭生产特厚板，南钢、济钢、兴澄等用焊接复合坯生产特厚板时均采用此炉型，见图 2.20。

图 2.20 作业中的车底式加热炉

2.1.2.4　均热炉

此炉型也主要用于加热钢锭，因钢锭的使用量日渐减少，故除了个别企业外，21 世纪新建的企业绝大多数都不再建均热炉。

目前，舞钢（第一轧钢厂）和河南汉冶仍保留有预热式均热炉（也称均热坑）。舞钢是 3 组×4 坑共 12 个坑，兴澄特钢也有均热坑。

2.1.2.5　室状加热炉

室状加热炉多是间歇式工作的，可以采取两段式，也可以采取三段式，具体视钢锭的钢种和尺寸而定。与连续式加热炉相比，它的有效利用系数及热效率较低。室状加热炉的废气出炉温度很高（1100～1200℃），所以热损失很大。此外，某些高碳钢与合金钢的加热不能升温太快，不允许立刻进入高温段的炉膛，在连续生产时甚至要把炉子冷却，降低温度后再装料。由于上述原因，原料在炉内待轧时间长，金属烧损大。其特点如下：

（1）炉膛各处的温度基本一致；

（2）加热过程中，炉膛的温度随时间的变化而变化；

（3）结构简单，投资小，适用加热各种形状的原料；

（4）燃耗高，劳动条件差。

目前国内已几乎不再采用此种炉型。

2.1.3　两种燃烧系统的特征

2.1.3.1　常规燃烧

加热炉常规燃烧系统主要设备有平焰烧嘴、直焰烧嘴、调焰烧嘴（带中心风）、换热器、助燃空气鼓风机等。

平焰烧嘴：主要用于加热炉的上均热段和上加热段，其特点就是温度均匀。常规燃烧系统的平焰烧嘴见图 2.21。

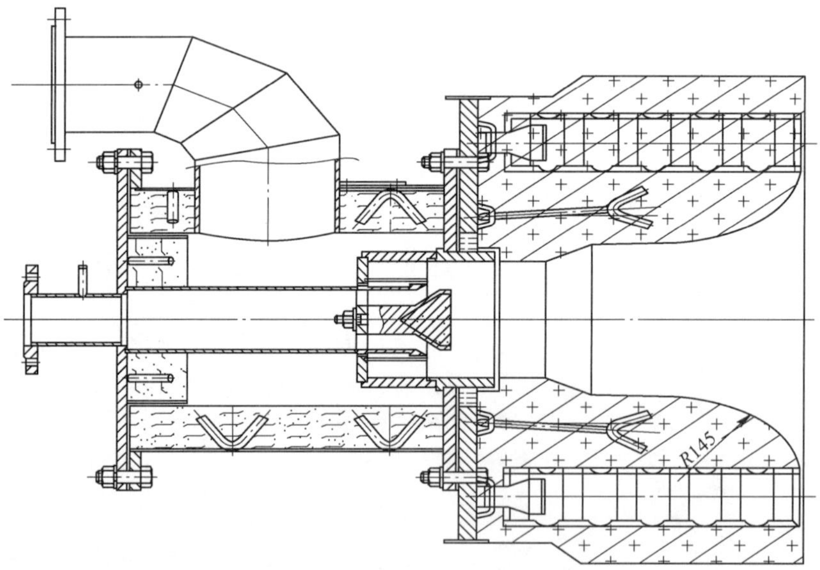

图 2.21　常规燃烧系统平焰烧嘴简图

直焰烧嘴：主要用于加热炉的端烧，由于中厚板加热炉宽度不大很少设置端烧，也就很少设置端烧直焰烧嘴。典型直焰烧嘴简图见图 2.22。

调焰烧嘴：顾名思义其火焰可调，尤其在小能力时因备有中心风，所以仍能获得满意的火焰长度，被中厚板加热炉广泛采用，多用于加热炉各段的下加热和低温段的上加热。

带中心风调焰烧嘴结构示意见图 2.23。

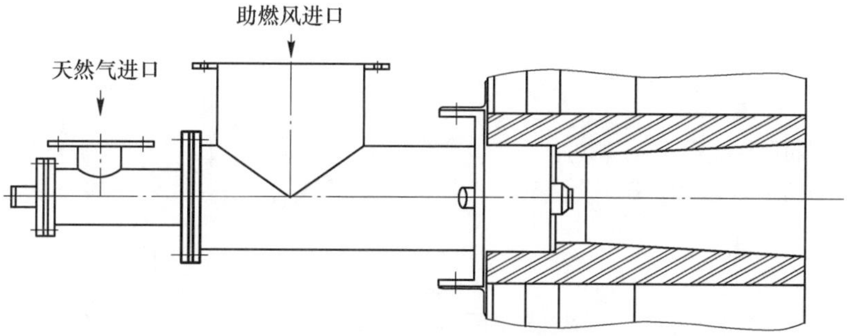

图 2.22 直焰烧嘴简图

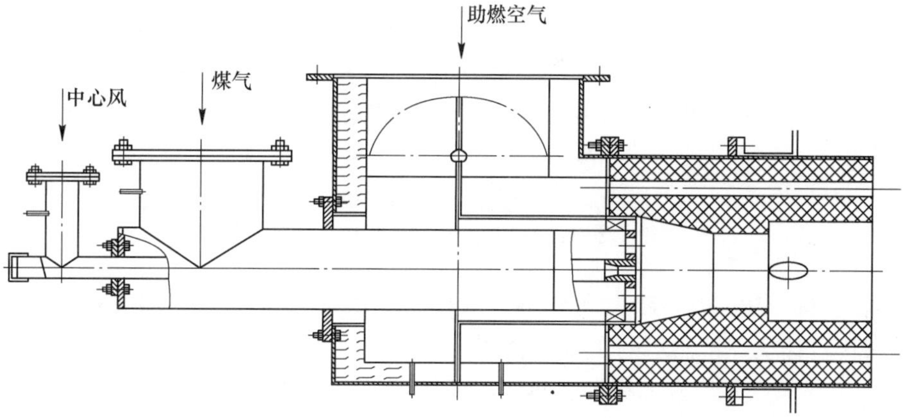

图 2.23 带中心风调焰烧嘴简图

换热器：多数采用带插件或不带插件的金属管状换热器预热空气或煤气。典型带插件的金属管状换热器见图 2.24。

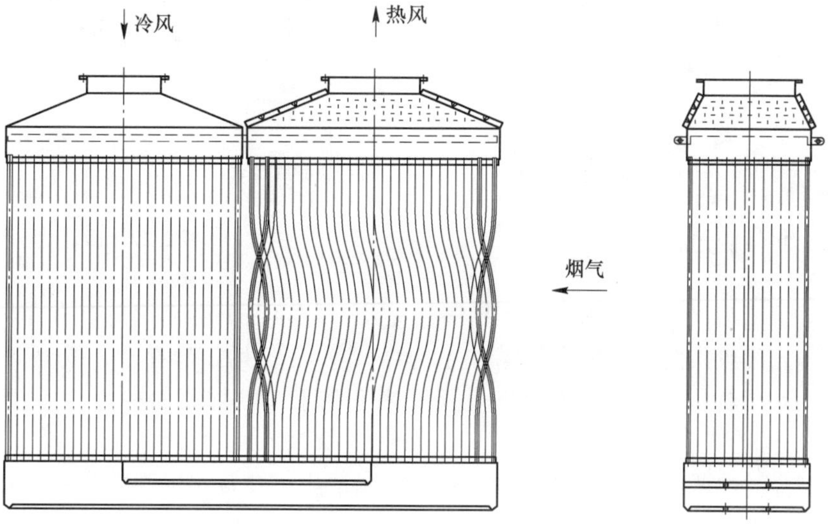

图 2.24 带插件的金属管状换热器图

2.1.3.2 蓄热式燃烧

蓄热式燃烧系统主要由蓄热体、蓄热式烧嘴、换向阀、助燃空气、鼓风机等组成。其结构见图 2.25。

蓄热体：所谓蓄热体是指能在高温下进行蓄热—放热的载体工件。蓄热体是蓄热炉的关键部件之一，它直接影响蓄热室的大小、热效率和加热能力的高低。评价蓄热体的性能，以热效率、温度效率、阻力损失、使用寿命、清灰难易作为重要指标。

蓄热体的形状、尺寸、单位质量对传热过程影响很大，换向时间主要与其有关。目前蓄热体单位体

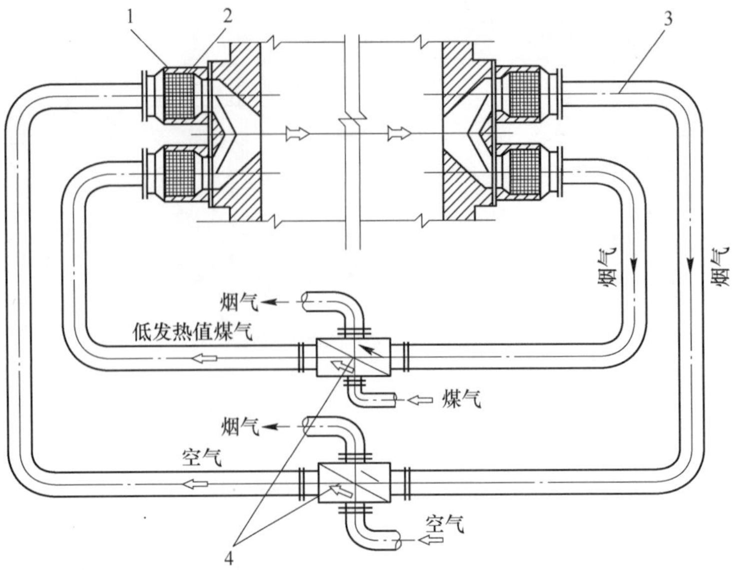

图 2. 25　蓄热式加热炉结构图

1—蓄热式烧嘴壳；2—蓄热体；3—管道；4—集成换向阀

积的传热面积达到了 200~600m^2/m^3，一般换向时间在 30~180s 之间。一般采用耐火陶瓷加工制作，主要形状有球状、蜂窝状、管状。蓄热球的主要优点是蓄热量大、强度高、寿命长、维护性好、成本低，见图 2. 26。蜂窝体的主要优点是比表面积大、热效率高、阻力小，见图 2. 27。

图 2. 26　球状蓄热体

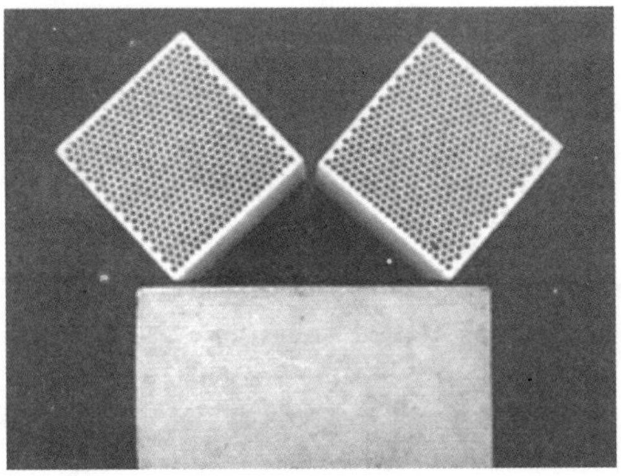

图 2. 27　蜂窝状蓄热体

蓄热式烧嘴：使用蜂窝状蓄热体的蓄热式烧嘴，主要可分为上下组合和左右组合两大类，见图 2. 28。

第一类是上下组合蓄热式烧嘴，即空气蓄热室与煤气蓄热室上下布置，一般上加热是空气蓄热室在上煤气蓄热室在下，下加热是空气蓄热室在下煤气蓄热室在上，其优点是板坯上下表面的烟气空气系数较小，板坯氧化量少。

第二类是左右组合蓄热式烧嘴，即空气蓄热室与煤气蓄热室左右布置，相对而言此类烧嘴能力略大。

换向阀：主要可分为大四通换向阀、大三通换向阀、双关三通换向阀和快切阀。

（1）大四通换向阀适用于集中换向，一个阀共有四个进口或出口，整个控制段烧嘴分成两组，一组燃烧另一组排烟，一定时间后（换向周期）功能互换。每控制段只设一个空气换向阀和一个煤气换向阀就能实现该段蓄热式燃烧控制。其缺点是阀后管道段较长，造成燃气浪费、控制滞后。其优点是设备数量少，事故率低。

大四通换向阀结构示意图见图 2. 29。

（2）大三通换向阀也适用于集中换向，一个阀共有三个进口或出口，两个大三通换向阀代替一个大四通换向阀，每控制段设两个空气换向阀和两个煤气换向阀就能实现该段蓄热式燃烧控制。克服了大四通阀后管道段较长的缺点。设备数量少、事故率低。

大三通换向阀结构示意图见图 2. 30。

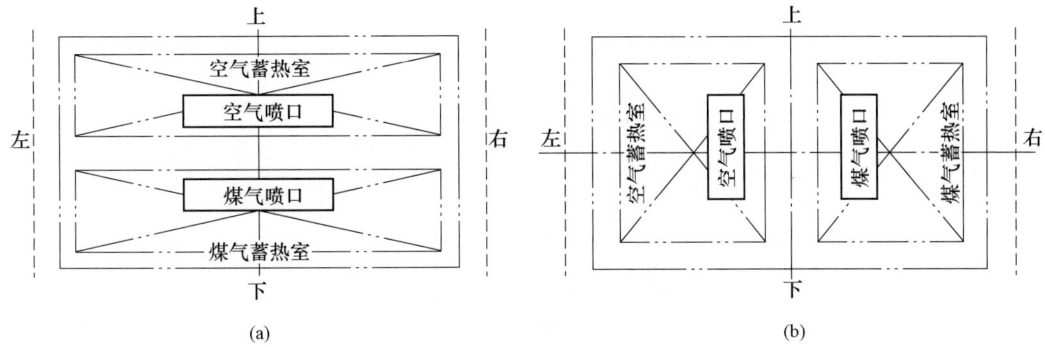

图 2.28 蓄热式烧嘴图

(a) 上下组合式;(b) 左右组合式

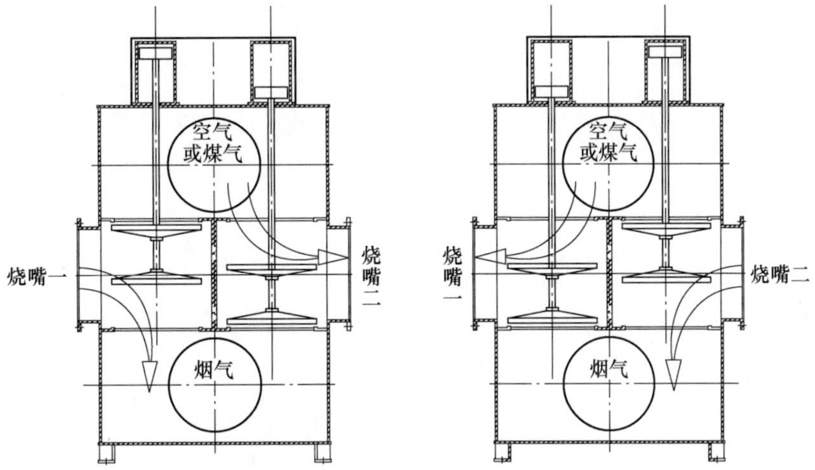

图 2.29 大四通换向阀结构示意图

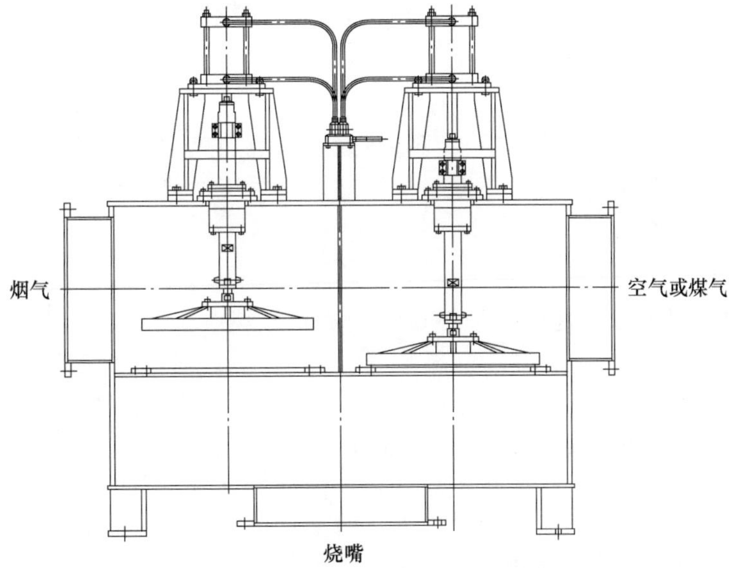

图 2.30 大三通换向阀结构示意图

(3) 双关三通换向阀口径较小，用于分散换向，一个阀共有三个进口或出口，每两个双关三通换向阀（空气一个、煤气一个）只能控制少量烧嘴，甚至只控制一个烧嘴，整个控制段的烧嘴可以由多对双关三通换向阀控制，按顺序、不同时换向，使控制段的温度、压力更加均匀。设备数量多、事故率稍高。

双关三通换向阀结构示意图见图 2.31。

(4) 快切阀也可作为换向阀使用，一个阀有一个进口和一个出口，两个快切阀代替一个三通阀。

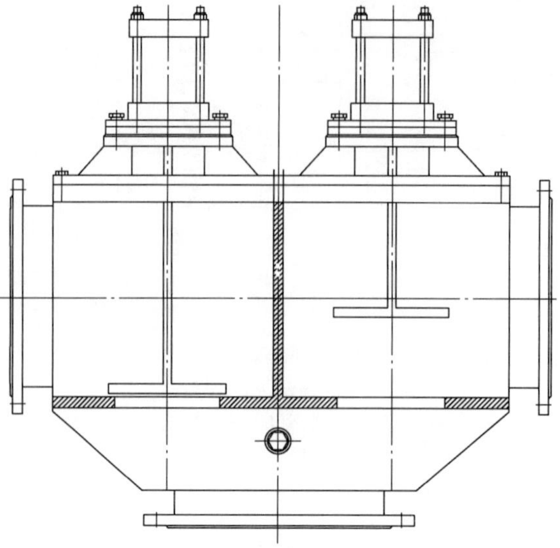

图 2.31　双关三通换向阀结构示意图

2.1.3.3　常规燃烧与蓄热燃烧步进梁式炉的区别

A　加热炉分段及炉顶的区别

对常规燃烧系统，炉子各段之间可以上部设压下、下部设隔墙，各供热段依照不同烧嘴设不同的上炉膛高度，不供热的预热段上炉膛高度下降，考虑步进梁式连续加热炉的结构特点整个下加热炉膛高度不变。

对蓄热式燃烧系统，尤其是双蓄热系统，烟气基本上是横向流动，上下炉膛可以不设压下和隔墙，烟气基本没有纵向流动，烧嘴几乎布满整个炉子侧墙，所以炉膛上下高度不变。对单蓄热燃烧系统，炉子各段之间可以在部分供热段之间上部设压下、下部设隔墙（例如均热段与加热段之间），各供热段侧墙设置烧嘴，所以上下炉膛高度不变，不供热的预热段长度相对较短，上炉膛高度下降，考虑步进梁式连续加热炉的结构特点整个下炉膛高度不变。

B　加热炉能力的区别

燃烧系统对加热炉的能力也有一定影响，双蓄热燃烧系统加热炉与常规燃烧系统加热炉相比供热段的长度所占比例较大，如果板坯加热速度不限，双蓄热燃烧系统加热炉高温段几乎可以是全炉长，其加热能力可以相对增大 5%～10%。

C　排烟系统的区别

加热炉排烟系统的作用主要是把板坯加热过程中燃料燃烧产生的烟气排到大气、保持炉压和余热回收。

加热炉如果采用常规燃烧系统则使用自然排烟方式；如果是双蓄热燃烧系统则使用强制排烟方式；单蓄热燃烧系统既有自然排烟方式又有强制排烟方式。

通过加热炉热平衡计算可以得到炉尾排烟量和排烟温度，以此作为排烟系统的初始数据。排烟系统内部一般为负压，沿途不可避免会吸进一些冷空气，对烟气量和烟气温度都有一定影响，这是不可忽略的，为此也要特别注意排烟系统的气密性。地下排烟时还要注意排水、防水。

D　燃料及燃烧系统的区别

加热炉燃料有固体燃料、液体燃料和气体燃料可选。固体燃料就是煤块或煤粉，由于中厚板加热炉要求生产能力较大，早先有的炉子曾试用过固体燃料（煤粉）但不很成功，后改为重油。所以早期中厚板加热炉绝大部分采用液体燃料和气体燃料，目前中厚板加热炉几乎全部使用气体燃料。

常规燃烧系统就是在烟道中设置换热器，利用烟气余热将助燃空气或燃气预热到一定温度，送往烧嘴进炉燃烧，烧嘴燃烧是连续的。助燃空气可预热到 550℃左右，燃气预热 280℃左右。炉子排烟温度一般在 700～900℃，排烟系统多为自然排烟。

蓄热式燃烧系统就是将烧嘴、蓄热室和换向阀组成一个整体，排烟时烟气将蓄热体加热到一定温度后换向，蓄热体再将助燃空气或燃气预热，空气、燃气进炉后边混合边燃烧。烧嘴有时处于排烟状态，有时处于燃烧状态，所以烧嘴燃烧是周期性工作的。为使炉内温度均匀将烧嘴装在两侧墙上。助燃空气或燃气可以预热到1000℃以上，排烟温度150℃左右，排烟系统为强制排烟。

2.2 除鳞设备

2.2.1 除鳞技术的演变

中厚板生产兴起于欧洲，早期是不进行除鳞的。钢板经用户使用后，发现钢板被氧化铁皮压入后对表面质量损害很大，所以生产企业开始考虑如何去除压入钢板的氧化铁皮。

早期曾用蒸汽来吹刷，结果是一次氧化铁皮可以吹掉大部分，但二次氧化铁皮仍然较厚。

后来改用竹枝及荆条等除鳞，利用其卷入轧机后所产生的爆炸力将铁皮爆碎，又发现撒上一层盐也能消除氧化铁皮。我国 20 世纪 60 年代至 80 年代末不少中厚板企业都是采用这两种方法除鳞的。

后来国外企业尝试在出炉辊道上安装了钢丝刷，将加热好的板坯上下两面用钢丝刷刷去生成的一次氧化铁皮。因钢丝刷寿命短，经常要更换，效果也不好，于是没有继续延用。我国 70 年代也有几个生产厂曾试用，最终放弃。

20 世纪初国外出现了二辊式除鳞机，见图 2.32，方法是将轧辊改成横沟槽式，用小的压下将一次氧化铁皮压碎，但仍存在着无法彻底消除氧化铁皮的致命弱点。后来，出现了立辊除鳞机，用立辊轧两侧挤破上下表面的氧化铁皮，再用高压水冲除，取得一定效果，但主要用于轧制钢锭时使用，效果也不很理想。于是二辊式除鳞机和立辊除鳞机都没有得到发展。立辊除鳞机见图 2.33。

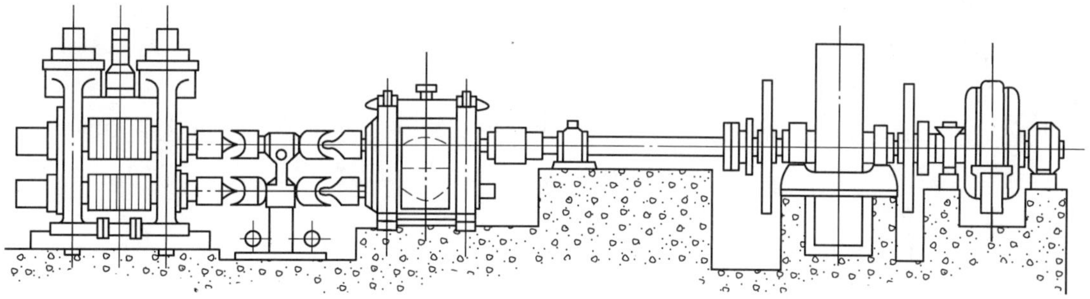

图 2.32　二辊式除鳞机

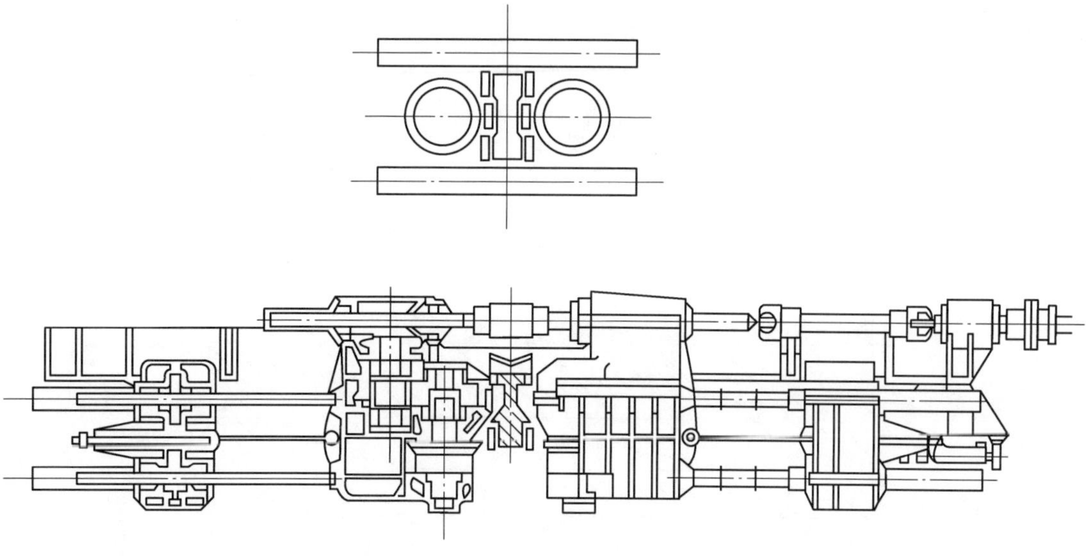

图 2.33　立辊除鳞机

后来在生产实践中发现立辊除鳞机破鳞后，再用高压水冲除的方法能去掉氧化铁皮。于是高压水除鳞技术应运而生。20 世纪 60 年代国外的高压水除鳞时喷嘴压力达 15MPa，但对温度较低的合金钢除鳞效果仍不理想，于是 20 世纪 70 年代已发展到 20MPa 的除鳞压力。

20 世纪 70~80 年代末，我国中厚板企业也曾尝试过控制加热气氛，减少金属在高温下的停留时间，或采用机械的方法在轧制前去氧化铁皮，由于这些方法操作起来较困难，过程不容易控制，作业效率低，效果欠佳，所以没有得到推广。

我国在 20 世纪 90 年代中后期开始推广高压水除鳞，目前此技术已发展到与国外先进企业同步的水平，目前多点多道次除鳞，轧前坯料除鳞、粗轧除鳞、精轧除鳞已成为常态。

2.2.2　除鳞的必要性

钢坯在加热过程中，由于高温氧化的作用，其表面的铁元素与空气中的氧气发生化学反应，会在坯料表面产生较厚、较疏松的一次氧化铁皮或称炉生氧化铁皮。通常情况下这种氧化铁皮由氧化亚铁、四氧化三铁和三氧化二铁组成，其中氧化亚铁的含量最大约占 90%。

在轧制过程中，在轧件表面会产生较为致密的二次氧化铁皮或称再生氧化铁皮。一次氧化铁皮和二次氧化铁皮在轧制前及轧制中如不能有效清除，就会压入轧件表面，从而严重影响钢板的表面质量。

为了改善成品表面质量，高效、快捷、彻底地清除氧化铁皮是必需的。

2.2.3　高压水除鳞原理

（1）冷却效应。高压水除鳞就是利用高压管路系统，将高压水通过除鳞箱中的喷嘴喷射出来，打击在高温的坯料或轧件上。首先是由于高压水对坯料或轧件表面急剧冷却，造成氧化铁皮与坯料或轧件产生强烈温差，使氧化铁皮与坯料或轧件收缩程度不同而产生切向剪力，促使氧化铁皮从坯料或轧件表面脱落，这就是所谓的冷却效应。

（2）破裂效应。在高压水的继续打击下，氧化铁皮从坯料或轧件表面脱落。这时除鳞的效果随高压水的压力成正比，这就是所谓的破裂效应。

（3）冲洗效应。冲洗效应就是把已经破碎的氧化铁皮从板坯上冲洗掉。要想达到冲洗的目的，喷嘴射流方向应与板坯运行方向相反且与板坯垂直方向成一定角度。根据使用经验，这个角度一般为 5°~15°。角度越大冲洗效果越好，同时对氧化铁皮的冲击力越小。

（4）爆破效应。由于氧化铁皮厚度不均、致密度较低，有一定的裂隙和孔隙，高压水能够进入氧化铁皮内部及氧化铁皮与坯料或轧件的间隙，在几乎密闭的空间内受热骤然汽化和爆裂，使氧化铁皮松动或脱落，这就是所谓的爆破效应。

其后，在高压水的继续冲击下，松动、破碎及残留在坯料和轧件上的氧化铁皮就会被冲刷掉。高压水除鳞原理见图 2.34。

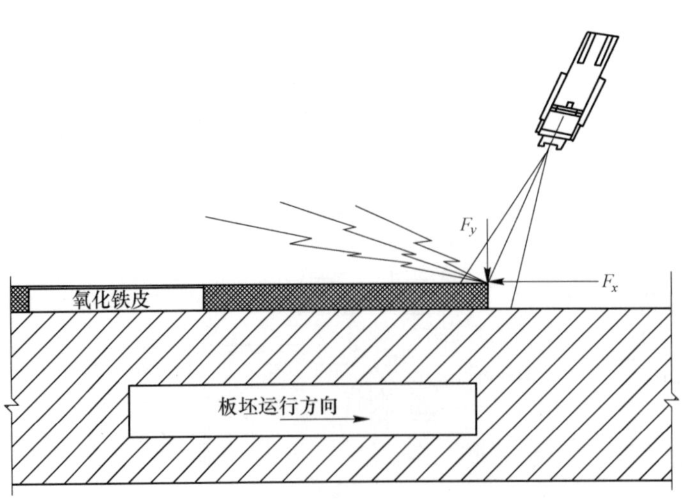

图 2.34　高压水除鳞原理示意图

以上 4 个因素中影响最大的是冷却效应和破裂效应，以单位面积上的水量 Q_a（L/m^2）和破碎效果值

q(N/cm^2)来衡量。根据使用经验：一般选择单位面积上的水量 Q_a 为 10~30L/m^2。去除普碳钢氧化铁皮时，单位面积上的水量 Q_a = 20~30L/m^2，p>16MPa；去除高合金钢的附着鳞黏性氧化铁皮时，Q_a<20L/m^2，p 高达 25MPa。

2.2.4 目前我国的高压水除鳞

2.2.4.1 除鳞位置点的确定

进入 21 世纪以来，新建中厚板轧机除鳞位置点选择，由以往的轧制前的坯料单一除鳞发展到轧制过程中机架前或后的道次间除鳞。目前新建企业中厚板轧机除鳞系统的配置普遍是轧前的坯料除鳞、粗轧机上的单侧或双侧除鳞与精轧双机架上的单侧或双侧除鳞，除鳞点为 3~5 个。

目前除鳞位置点多点配置已是新建中厚板厂装备水平高低的一个体现。在轧制过程中，实现高压水多点、多道次除鳞已是提高钢板表面质量的重要手段，是高压水系统有效发挥作用的重要标志。

2.2.4.2 高压水系统的构成

高压水除鳞系统主要由泵站、高压水输送管路、高压水控制阀组、除鳞箱等几部分构成。

泵站系统由电机、高压离心泵（或柱塞泵）、液力耦合器、储水罐、高压空压机、蓄能器、液压调速控制、联合润滑油站、低压水罐装置及附件、自动反冲洗过滤器、液压站及仪表、各种控制阀门、各种信号传送单元、低压控制柜、PLC 控制柜、泵组控制箱、起重设备、各种连接管路、高压受电系统等组成。

图 2.35 是某企业高压水除鳞系统 HMI 的控制主画面，画面中较清晰地给出了泵站内部系统构成。图 2.36 为高压水除鳞装置外形图。

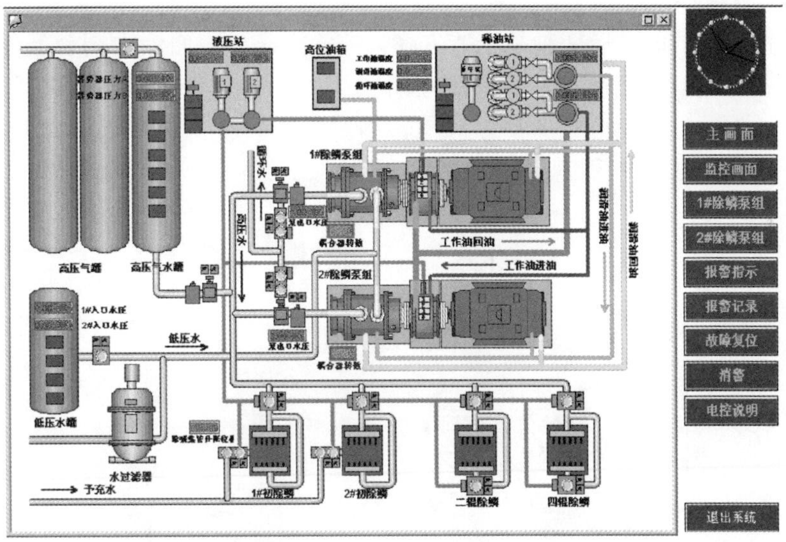

图 2.35 某企业高压水除鳞系统 HMI 的控制主画面

图 2.36 某企业高压水除鳞装置

2.2.4.3　泵站配置方案

某企业高压水除鳞系统泵站设备见图 2.37。

图 2.37　高压水除鳞系统泵站设备照片

随着轧钢工艺的发展、对板坯表面质量要求的提高，以及对建设投资和生产运行成本的要求，中厚板轧钢车间设置的高压水除鳞系统的配置也有了进一步的发展，而关键的区别在于除鳞泵的传动电机及其与除鳞泵之间的连接形式有了很大不同。高压水除鳞系统的配置方式主要有：

（1）电机+除鳞泵+蓄能器；

（2）电机+增速机+除鳞泵+蓄能器；

（3）电机+变频器+除鳞泵+蓄能器；

（4）电机+液力耦合器+除鳞泵+蓄能器。

上述前两种为恒速，不节能；后两种是变速方式，节能效果好。而液力耦合器变速的方式故障率高、响应时间慢，尽管投资比变频器变速小，但应用逐渐减少。而近年来随着节能降耗的提出，变频变速方式得到了发展。

泵的压力流量特性曲线见图 2.38。

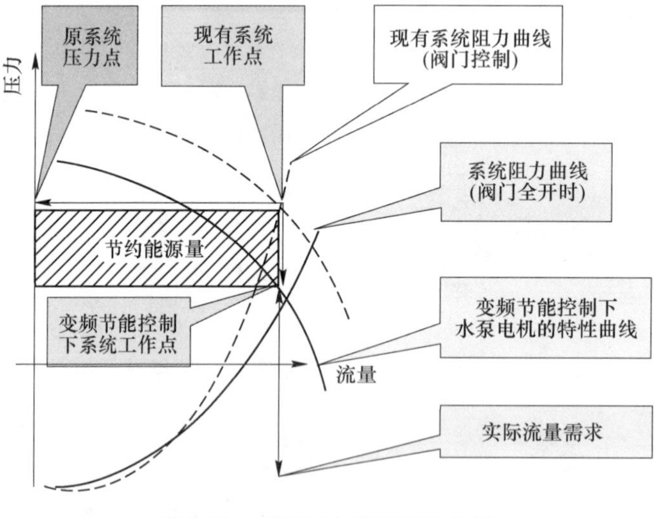

图 2.38　泵的压力流量特性曲线

2.2.4.4　压力的确定

实际作业表明，高压水除鳞的使用效果，除了与氧化铁皮的状况有关外，还取决于除鳞水的压力、喷水量、集管的配置和喷嘴结构等。不同的轧制工艺和一些特殊钢种也会对除鳞效果产生影响，例如，控制轧制工艺要求的加热温度较低，形成的氧化铁皮较黏；一些特殊钢种（如 9%Ni 钢）加热过程产生的氧化铁皮既薄且较黏，不易去除。因此，除鳞水的压力是决定除鳞效果好坏最为关键的技术参数。

正确地选择高压水压力，对保证产品质量、节约能源、降低运行成本有着重要的影响。国外在研究高压水对不同材质、不同压力的效果时，已经得出了较为准确的数据，只要保证喷嘴在坯料或轧件上的必要冲击力，就能得到满意的除鳞效果，见表2.2。

表2.2 碳素结构钢、合金钢对高压水主要部位压力的要求

名称	各主要部位压力/MPa		
材质	泵站压力	水嘴进口压力	水嘴在坯料上的冲击力
碳素钢	13.0~14.0	11.0~12.0	2.3~2.6
低合金钢	16.0~17.0	14.0~15.0	3.1~3.3

另外，处理效果与钢种和喷嘴前的高压水压力有很大的关系。据有关资料介绍，在其他条件不变的情况下仅改变喷嘴前的压力其处理效果如表2.3所示。

表2.3 喷嘴前的高压水压力对除鳞效果的影响

钢种	压力/MPa					
	9.0	10.5	12.0	13.0	16.0	17.0
	效果/%					
碳素结构钢	90	90	100			
低合金钢（16MnCu）			90	95	98	100
不锈钢（1Cr13）			90	93	96	100

从表2.3可以看出，在同样压力下氧化铁皮的清除效果与钢种有明显的关系，碳素结构钢氧化铁皮清除较低合金钢容易，不锈钢较难。

根据生产现场经验，系统工作压力还取决于不同钢种氧化铁皮的状况。根据实验结果和实践经验得出：清除普碳钢和低合金钢在加热过程中产生的氧化铁皮和清除高合金钢的氧化铁皮，特别是含V、Ti、Ni、Cu等元素时，所需的最小打击力是不同的。

2.2.4.5 除鳞阀的选用

目前，常用的除鳞阀有两种，一种是两位两通主阀芯开闭速度可调的插装式阀；另一种是由液压缸或气缸直接驱动主阀芯开闭的阀，主阀芯开闭速度由液压缸或气缸来控制。除鳞阀的口径根据除鳞点所需的水量来选取。

2.2.4.6 喷嘴的结构与选择

喷嘴的结构形式和几何尺寸对喷射水流的各参数及除鳞效果都有显著的影响，喷嘴的选择在高压水除鳞设备中占有十分重要的地位，关系到水泵站的建设投资。

根据相关设计院对锥孔椭圆喷嘴的测试研究，认为喷嘴技术性能的优劣，取决于椭圆形喷口的长轴a和短轴b的比值，取决于喷口内外圆角R_1、R_2，还取决于锥口大圆直径的大小和组合情况。经综合分析，表2.4给出了喷口内径结构主要参数取值范围。

表2.4 喷口内径结构主要参数取值范围

喷嘴用途	R_1/mm	a/b	D/mm	α/(°)
清除炉生氧化铁皮	8.0~9.0	1.39~1.46	7.0~8.7	29~34
清除再生氧化铁皮	7.6~8.6	1.4~1.5	5.8~8.0	30~40

为了得到良好的除鳞效果，喷嘴必须满足下列要求：

（1）喷射水应具有较大的冲击力，作用于钢板表面每单位面积上的力要大而均匀。

（2）喷射水流应具有一定的散射角，散射角α在26°~40°之间较好，α过小，宽度B小，喷嘴在集水管上安装的数量增多，耗水量增加。α过大，喷射宽度B大，虽然能减少喷嘴数量和耗水量，但除鳞效果变差。

（3）安装简单，维护更换方便。

（4）选用耐磨性好的材质，使用寿命长。

喷嘴结构示意见图 2. 39，喷嘴散射角示意见图 2. 40。

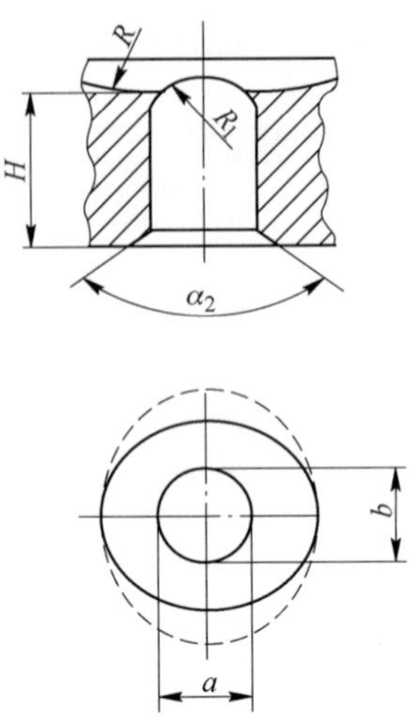

图 2. 39　喷嘴结构示意图

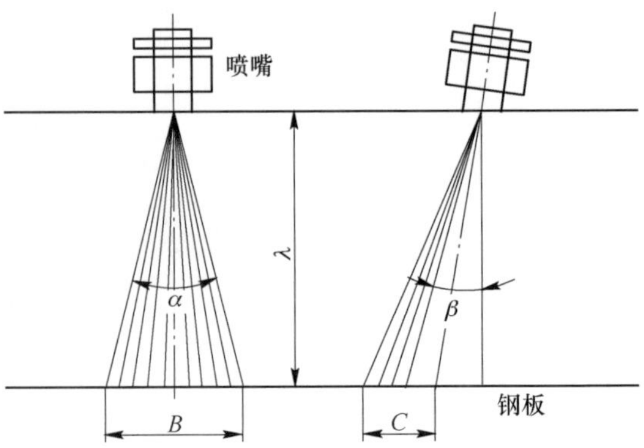

图 2. 40　喷嘴散射角示意图

2. 2. 4. 7　高压水除鳞装置的摆放位置

中厚板轧钢车间的高压水除鳞装置一般位于加热炉出口侧，安装在除鳞辊道区，见图 2. 41。高压水除鳞装置结构示意图见图 2. 42。

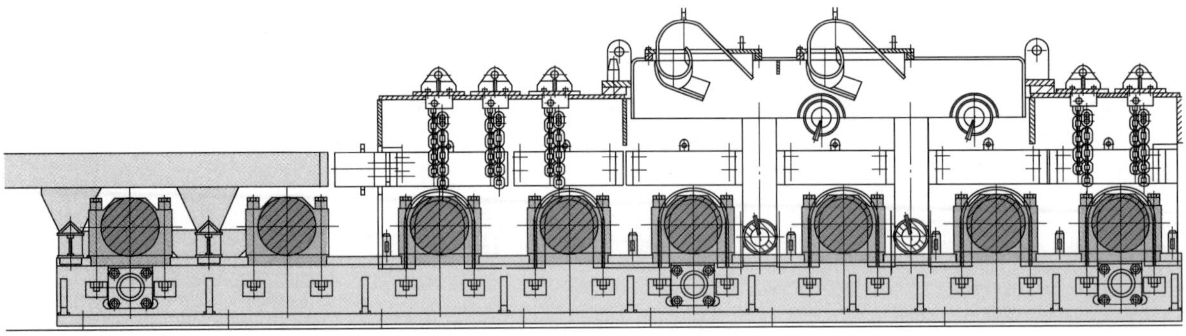

图 2. 41　典型的高压水除鳞装置和除鳞辊道

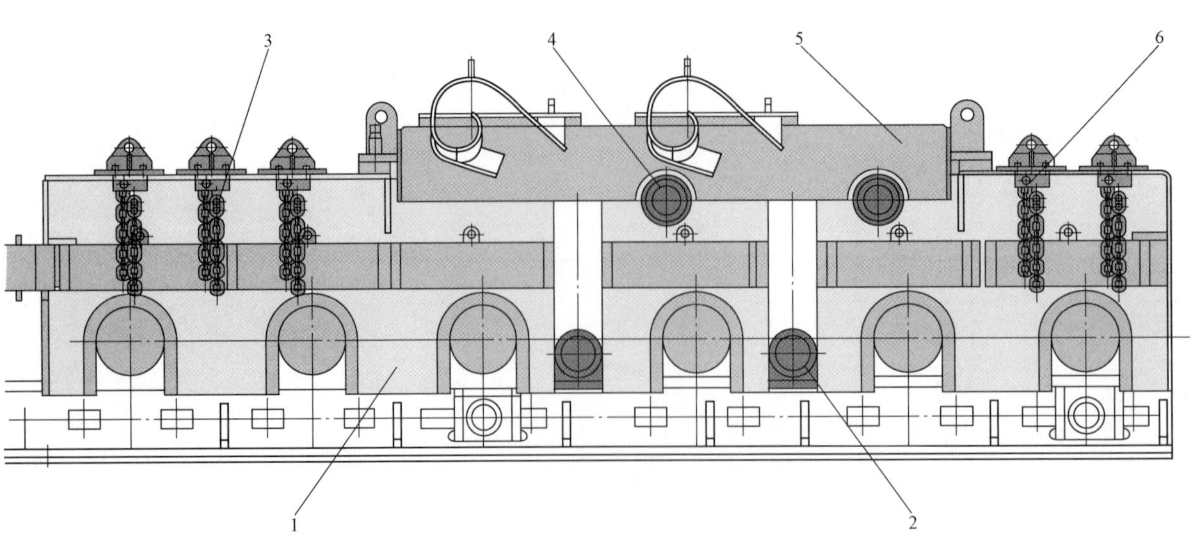

图 2. 42　高压水除鳞装置结构示意图

1—下箱体；2—下集管；3—入口侧挡水幕；4—上集管；5—上箱体；6—出口侧挡水幕

如图2.43所示，高压水除鳞装置为封闭结构，其箱体为焊接结构件。上箱体可快速拆装，下箱体固定安装在除鳞辊道的辊道架上。下箱体内侧设置导向板，用于板坯通过除鳞装置时的导向，以防止板坯因跑偏而撞击除鳞装置。除鳞装置的入、出口都装有可快速拆装的挡水幕，以防止除鳞水和氧化渣外溅。除鳞装置设置两对除鳞集管，既可同时工作又可单独工作。每对集管包括一个上集管和一个下集管。下集管固定安装在除鳞辊道的辊子之间。上集管的高度可调，以保证喷嘴与板坯表面的距离不变，即除鳞水对板坯表面的打击力保持恒定。

2.2.4.8 21世纪新建的部分企业高压水除鳞系统有关参数

21世纪新建的部分企业高压水除鳞系统有关参数见表2.5。

表2.5 21世纪新建的部分企业高压水除鳞系统有关参数

参数项目	某5000mm轧机（先单后双）	某5000mm轧机（双）	某4200mm轧机（双）	某4300mm轧机（单）	某4100mm轧机（含弯辊窜辊，双）	某3800mm轧机（单）
喷嘴处压力	21MPa	21.5MPa	21MPa	20MPa	20MPa	20MPa
除鳞泵	3用1备	3用1备	3用1备	2用1备	3用1备	3用1备
除鳞泵	250m^3/h 22.5MPa	300m^3/h 23.4MPa	250m^3/h 22.5MPa	280m^3/h 25MPa	250m^3/h 24MPa	280m^3/h 225MPa
除鳞电机	2600kW 3000r/min	3000kW 3000r/min	2600kW 3000r/min	3000kW 3000r/min	2800kW 3000r/min	2800kW 3000r/min
除鳞泵厂家	进口	进口	进口	国产	国产	国产
调速方式	恒速	恒速	恒速	变频	变频	变频
反洗过滤器	1200m^3/h 1用1备	1200m^3/h 1用1备	1200m^3/h 1用1备	1200m^3/h 1用1备	1000m^3/h 1用1备	1200m^3/h 1用1备
低压水罐	无	无	无	1个，10m^3	1个，10m^3	1个，10m^3
稀油润滑站	4个	4个	4个	1个	4个	1个
蓄能器水气罐	1个，10m^3/个	2个， 10m^3/个	1个， 10m^3/个	2个， 8m^3/个	1个， 10m^3/个	2个， 8m^3/个
蓄能器气罐	2个， 10m^3/个	2个， 10m^3/个	2个， 10m^3/个	2个， 8m^3/个	2个， 10m^3/个	3个， 8m^3/个
空压机数量	1用1备	1用1备	1用1备	1用1备	1用1备	1用1备
空压机参数（标态）	800L/min 265MPa 1500r/min 22kW	800L/min 28MPa 1500r/min 22kW	800L/min 265MPa 1500r/min 22kW	1100L/min 31.5MPa 1500r/min 15kW	3600L/min 32MPa 1500r/min 30kW	800L/min 28MPa 1500r/min 22kW
最小流量阀	4个DN65	4个DN65	4个DN65	3个DN65	4个DN65	4个DN65
最低液面阀	1个DN150	2个DN150	1个DN150	1个DN200	1个DN200	1个DN200
除鳞箱除鳞喷射阀	2个DN150	2个DN150	2个DN150	2个DN200	4个DN125	2个DN150
粗轧机除鳞喷射阀	4个DN150 4个DN80	4个DN150 4个DN80	4个DN150	预留	4个DN150	4个DN150
精轧机除鳞喷射阀	4个DN150 4个DN100	4个DN150 4个DN80	4个DN150 4个DN80	4个DN200	4个DN150	4个DN150
阀门厂家	进口	进口	进口	国产	国产	国产

2.3 轧机

2.3.1 轧机的演变

我国中厚板生产60年的漫长历史中，经历了二辊可逆式轧机、三辊劳特式轧机和四辊可逆式轧机三种形式，见图2.43~图2.45。

从轧机配置形式上，经历了二辊轧机作为粗轧机与四辊精轧机相配→三辊劳特式轧机单独作业→三辊

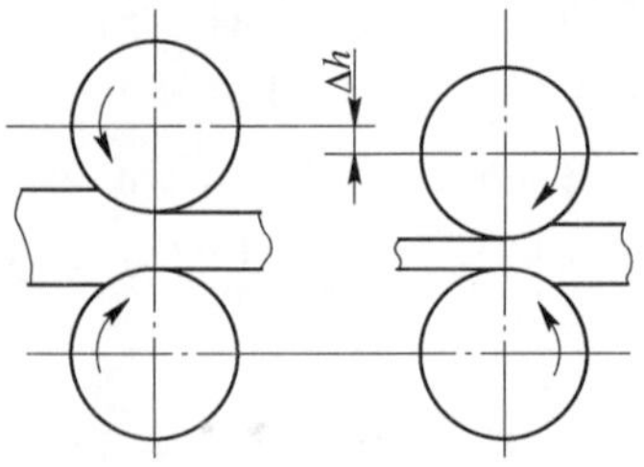

图 2.43　二辊可逆式轧机轧制过程示意图

（a）第 n 道轧制；（b）第 $n+1$ 道轧制

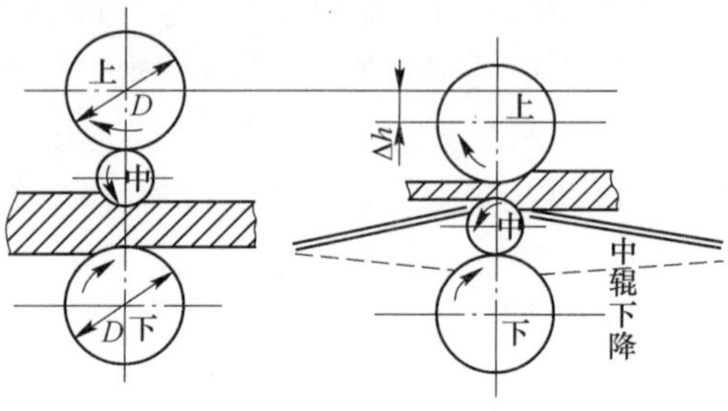

图 2.44　三辊劳特式轧机轧制过程示意图

（a）第 1 道中、下辊过钢；（b）第 2 道中、上辊返回

劳特式轧机作为粗轧机与四辊精轧机相配→二辊轧机作为粗轧机与四辊精轧机相配→全国范围内淘汰所有三辊劳特式轧机→四辊粗轧机与四辊精轧机相配或四辊轧机单机架单独作业的过程。

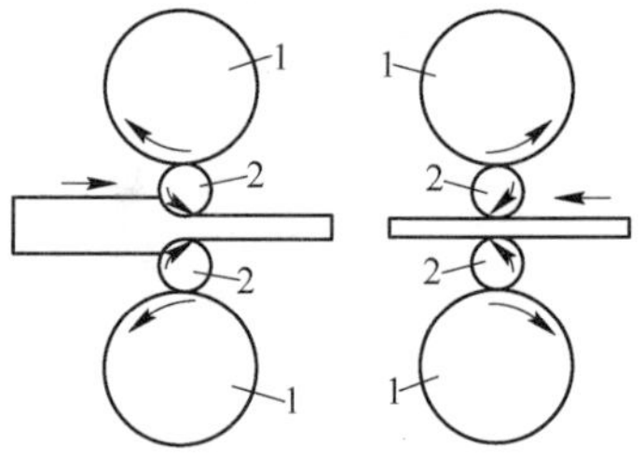

图 2.45　四辊可逆式轧机轧制过程示意图

（a）第 n 道轧制；（b）第 $n+1$ 道轧制

1—支撑辊；2—工作辊

2.3.2　二辊轧机

（1）在我国中厚板发展历史中，没有二辊轧机独立作业的先例。60 年来，全国曾有 6 套轧机是二辊+四辊配置的，随后逐年淘汰二辊改用四辊+四辊配置。到 2017 年，仅有马钢、营口、鞍钢的中板轧机仍采用二辊+四辊的配置方式。

（2）四辊+四辊与二辊+四辊相比，前者钢板产量高、质量好，后者钢板产量不高、表面质量略差。

（3）二辊轧机的工作辊直径比四辊的大，允许咬入的角也大，方便轧机轧制钢锭时的咬入，但自 20 世纪 90 年代末起，大部分中厚板轧机已不再采用钢锭为原料，其原先的优点已不存在。

（4）在主电机功率与轧制力矩相同的条件下，四辊轧机的工作辊直径比二辊的小，而道次压下量比二辊的大，故轧制道次可减少，生产能力可提高。

（5）二辊轧机刚度低，轧辊挠度大，钢板厚度公差大，板凸度大，容易形成较大的舌头、鱼尾及镰刀弯等不规则板形，不但成材率下降，还会给精轧机操作和自动化控制带来负面的影响。

不同观点的讨论：

（1）有行业专家认为：在粗轧阶段，轧制负荷的限制条件是轧辊的扭矩，而轧制力往往不是限制条件。特别在轧制厚板的情况下，相对压下量不是很大，但是绝对压下量很大，所以扭矩负荷也必然很大。采用大直径的工作辊是一个很好的解决方法。

（2）对于四辊轧机而言，工作辊直径增大的情况下，必然导致四辊轧机的支撑辊直径很大，这必然极大地增加轧机的尺寸，导致设备重量大幅增加。

（3）实际上，由于粗轧阶段轧制力负荷不是很大，主要是为了抵抗大的扭矩，所以可采用二辊轧机。

（4）这样一来，设备尺寸可以减小，轧机的承担扭矩能力大幅增加。在轧制厚板和超厚板的过程中，增大压下量，会增大变形深入钢板中心层的深度，对于提高钢材性能、减少心部缺陷、减少表面变形是十分有利的。

（5）这里应当注意的一个问题是电机的尺寸。在轧辊直径增大的情况下，要保持原来的轧制速度，轧辊转速必然要降低。低速电机的尺寸相对较大，对此需要同时考虑到电机制造方面的难度和可能性。

（6）如果电机尺寸允许，二辊粗轧机不失为一种有竞争力的方案。考虑到近年来电工钢材料的发展和电机制造技术的进步，如果与电机制造行业的技术人员进行合作，有可能在此方面取得一定的突破。

2.3.3　三辊劳特式轧机

（1）美国、日本早在 20 世纪 60 年代中期就彻底淘汰了所有的三辊劳特式轧机，而我国 20 世纪 80 年代有 14 套三辊劳特式单机架作业的轧机作为主流轧机，通用设计尺寸为 2300mm，14 套轧机平均年设计生产能力为 10 万吨。

（2）由于其长期存在并成为当时国内的主流中板轧机（20 世纪 90 年代，我国可正常生产的中厚板轧机 20 套，其中三辊劳特式配置 14 套），大大阻碍了我国中厚板产量的提升和品种质量的提高。为此，当时的冶金工业部曾在 1989 年的规划中指出：1991~2000 年期间，将有计划地推动三辊劳特式轧机的改造和淘汰。

（3）淘汰过程中，这 14 套轧机直至 2005 年才完全彻底地退出生产作业。三辊劳特式轧机的轧制过程简图见图 2.46，三辊劳特式轧机的通用式平面布置见图 2.47。

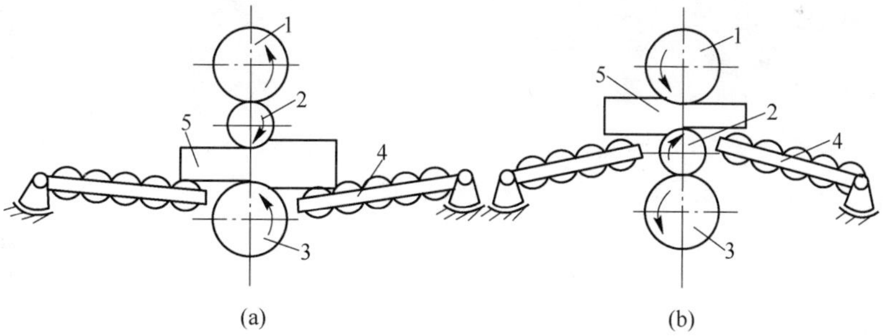

图 2.46　三辊劳特式轧机的轧制过程简图

（a）轧件在下、中辊之间轧制；（b）轧件在上、中辊之间轧制

1—上辊；2—中辊；3—下辊；4—升降台；5—轧件

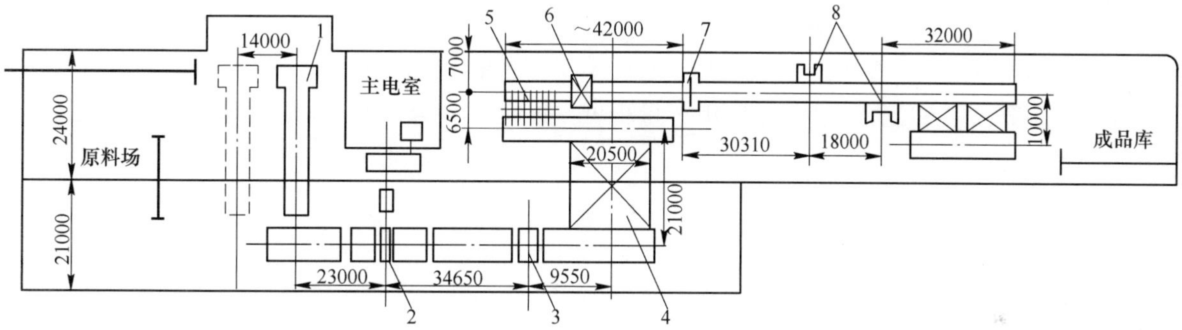

图 2.47　三辊劳特式轧机的通用式平面布置图

1—加热炉；2—轧钢机；3—十一辊矫直机；4—冷床；5—翻板机；6—划线小车；

7—横切铡刀式剪断机；8—纵切铡刀式剪断机

2.3.3.1　三辊劳特式轧机的作业过程

（1）从原料到最终成品都在一架轧机上完成。

（2）共三个轧辊，上下辊的直径较大，由轧机的主传动装置带动旋转，按一个方向转动；较小直径的中辊为被动辊，依靠升降机构带动它依次或上或下贴紧上辊或下辊，钢板从中辊的上面或下面交替地来回轧制。上、下辊与中辊的辊径见图 2.48。

（3）当中辊贴紧上（或）下辊时，其表面离开下（或）上辊表面之间的最小距离称为轧机辊缝，轧机辊缝的大小在轧制过程中是随时变化的。

（4）轧件每通过轧辊一次，就会使钢板变得薄一些，多次进行后，轧件即可得到所需的厚度。

（5）前后升降台的两侧各配有一台拨钢机，用来将钢坯进行导向和角轧。

（6）采用小直径的中辊可以较明显地降低轧制压力和能耗。

（7）与二辊轧机相比，尤其是在可逆传动尚需依赖直流电机调速的那个年代，三辊劳特式轧机可采用造价低的交流电机驱动。

三辊劳特式轧机的实物见图 2.49。

2.3.3.2　三辊劳特式轧机落后的具体表现

（1）这种轧机由于中辊直径小且属从动，轧制速度不能调节。

图 2.48　三辊劳特式轧机的上、下辊（大辊径）与中辊（小辊径）

图 2.49　三辊劳特式轧机

（2）咬入能力太小，轧机前后还需装有升降台，展宽轧制时需采用拨钢机以角轧方式实现，限制了原料单重（一般小于 2500kg）。

（3）所轧的成品钢板长度较短，成材率偏低。

（4）实践证明，不适合轧制厚度大于 20mm 的钢板。

（5）轧机本身刚度小，压下控制精度低，所以产品内外质量都处于较低的水平。

（6）设计年生产能力太低，完全不适应现代企业大生产需要。经统计，当时大多数三辊劳特式轧机的年产能小于有些 3000mm 级中板轧机 2 个月的产量。

（7）整个 20 世纪 80 年代中期，我国只有 19 套中厚板轧机在生产（统计至 1985 年），而其中三辊劳特式轧机占了大部分，所以全国中厚板的年产量很低。以 1986 年为例，全国中厚板产量仅为 493 万吨（含部分用热连轧卷开平的小宽度中板）。

14 套三辊劳特式轧机最终的去向见表 2.6。

表 2.6　我国 14 套三辊劳特式轧机投产及拆除时间

序号	所属企业名称	投产年份	拆除年份
1	鞍钢中板	1937 年日本昭和制铁在鞍山创建，1949 年归鞍钢中板	2003 年改造中拆除已服役 65 年的三辊劳特式轧机，改为二辊 2300mm+四辊 2500mm 轧机双机架运作
2	济钢中板	1961	1989 年在三辊劳特后新建 2500mm 四辊继续服役，2004 年新一轮改造中拆除三辊劳特，改为 2500mm+2500mm 四辊双机架运行
3	原上钢三厂中板	1959	投产之初以三辊劳特 2300mm 作单机架运行，1970 年在其后面增建四辊 2300mm 精轧机，1970 年粗、精轧机以二手设备转让给江苏海门一民企
4	邯钢中板	1974	投产之初以三辊劳特 2400mm 作单机架运行，1993 年四辊 3000mm 投产后即拆除三辊劳特
5	韶钢中板	1971	投产之初以三辊劳特 2300mm 作单机架运行，1997 年四辊 2500mm 投产时即拆除三辊劳特
6	临汾中板	1974	投产之初以三辊劳特 2300mm 作单机架运行，2005 年四辊 3000mm 投产时即拆除三辊劳特
7	南钢中板	1986	投产之初以三辊劳特 2300mm 作单机架运行，1994 年新建的四辊 2500mm 与之匹配，使其继续服役，2005 年启动粗轧机改造，2006 年拆除三辊劳特
8	新余中板	1987	投产之初以三辊劳特 2300mm 作单机架运行，1993 年在其后面增四辊精轧机 2500mm，2007 年将 2500mm 改为 2690mm 作粗轧开坯后拆除三辊劳特
9	首钢中板	1987	投产之初以三辊劳特 3400mm+四辊 3200mm 作双机架运行，2002 年拆除三辊劳特
10	柳钢中板	1974	1998 年 9 月新四辊 2800mm 轧机投产后即拆除三辊劳特

续表 2.6

序号	所属企业名称	投产年份	拆　除　年　份
11	营口中板	1972	投产之初以三辊劳特 2300mm 作单机架运行，1987 年 9 月 2450mm 四辊轧机投产后即拆除三辊劳特
12	安阳中板	1972	投产之初以三辊劳特 2500mm 作单机架运作，1996 年新建四辊 2800mm 轧机后即拆除三辊劳特
13	昆钢中板	1971	投产之初以三辊劳特 2300mm 作单机架运行，1987 年建双炉卷 1750mm 四辊后即拆除
14	重钢中板	1965	投产之初以三辊劳特 2300mm 作单机架运行，1985 年建四辊双机架后即拆除

2.3.4 轧机演变的最终结果

2.3.4.1 主轧机

（1）原有的 14 套三辊劳特式轧机已全部淘汰。

（2）原有作为粗轧机的 6 套二辊可逆式轧机已淘汰 3 套，另 3 套仍在服役。

（3）统计到 2016 年，我国可生产的中厚板轧机共 72 套，其中双机架 44 套，单机架 28 套，见图 2.50。72 套轧机中，69 套全部采用四辊+四辊的双机架布置或四辊单机架作业，仅有马钢、鞍钢中板、营口中板 3 套中板轧机采用二辊+四辊配置。

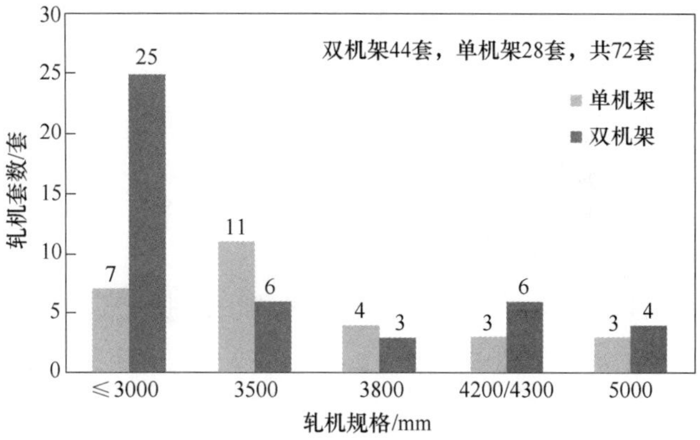

图 2.50　2016 年我国中厚板轧机形式统计

（4）21 世纪前建的四辊轧机，各企业经过多轮技术改造，轧机的各项参数指标都有了较大幅度的提高，其中不少套轧机在全球同级别老轧机中，轧制力居领先水平。如鞍钢 4300mm 轧机的轧制力已达到 80000kN。

（5）21 世纪初建的 11 套 4000~4300mm 级轧机，其牌坊单重在 420t 左右，轧制力在 80000~90000kN，主马达功率在 2×(8000~9000)kW 之间。

（6）21 世纪建的 7 套 5000mm 级轧机，其轧制力在 100000~120000kN 之间（其中南钢 5000mm 轧机和营口 5000mm 轧机的轧制力达到 120000kN，是当今的世界之最），主马达功率在 2×(10000~11000)kW 之间，轧机刚度系数达 100000kN/mm，牌坊主柱断面面积为 11900cm^2左右，整体浇铸的轧机牌坊单重在 350~400t，拼焊结构的牌坊单重在 500~530t，充分体现了当今世界最现代的强力型轧机的特点。

（7）21 世纪新建的所有 3800mm 级轧机都体现了强力型轧机的高刚度、大轧制力矩、大传动电机的特征，为保证控制轧制和控制冷却的顺利实现，保证低温大压下工艺的顺利实现，最终保证高端产品的开发打下了坚实的基础。

2.3.4.2 附设立辊轧机

在主轧机上附设立辊轧机，早在 20 世纪 40 年代国外就有。20 世纪 60~70 年代我国也有，如 20 世纪 60 年代引进的武钢轧板厂及 70 年代末建成的舞钢老厚板厂等。

从轧制技术发展历史而言，立辊轧机在轧线上所起的作用和布置的位置是有所不同的。早期的立辊轧机离主轧机较远，多采用下传动，主要用于钢锭轧制过程中消除锥度、破鳞及齐边。

20 世纪 80 年代后，随着连铸坯逐渐取代钢锭，立辊轧机也明显被冷落，21 世纪前我国新建的轧机已不再附设立辊轧机。

进入 21 世纪以来，人们对立辊轧机的作用又有了新的认识，如宝钢、沙钢、营口、兴澄、宝钢罗泾及舞钢新厚板都在主轧机上附设了立辊轧机。目前立辊轧机的主要作用是：

（1）利用立辊轧边法控制钢板的平面形状，减少切边量，提高成材率。

（2）发挥其齐边功能，使轧件保持既定的宽度并消除凸凹形的板边。

（3）配合四辊轧机实施 MAS 法轧制，从而控制平面形状，实现无切边轧制。

2.3.4.3　四辊轧机

四辊轧机已成为我国中厚板生产中绝对的主力轧机。

目前我国四辊轧机基本上实现了“交-交”变频或“交-直-交”交流变频供电的同步电机传动。由于交流变频电机较直流电机转动惯量小，具有良好的正反转及加减速性能，而且传动效率高，维护量小，所以 21 世纪新建的中厚板轧机广泛采用这种电机作为主传动电机。目前，主传动电机功率越做越大，高达 11200kW。

2.3.4.4　四辊单机架与双机架的对比分析

目前，国内的中厚板轧机基本上只分四辊单机架和四辊双机架两种形式，单机架约占 2/5，双机架约占 3/5。

四辊可逆式轧机轧制过程生产灵活，同时支撑辊使轧机辊系的刚度增大，因此产品的精度提高。工作辊直径较小，在相同轧制压力下能得到更大的压下量，由此提高了产量。

一些企业认为就单机架作业时，作业过程中粗、精轧只能在一个机架上完成，而双机架则在粗轧机和精轧机上分别完成，认为粗轧阶段主要是完成成型和展宽，展宽阶段还需 90°转钢后进行横轧，精轧阶段主要是完成伸长轧制、性能和板形控制。将这两种不同的轧制工艺分配在两个机架上完成是比较合理的，而且粗、精轧机的主电机功率、转速、轧辊材质、压下调整等均可合理科学地匹配。

实践证明，这两种形式轧机作业后的产量、性能和表面质量相差不大，甚至可以做到完全相同。一些企业筹建时，在产量和投资不受限制的条件下，采用了双机架。认为双机架的设备重量虽然比单机架多了 25%～30%，但产量却可增大 30%以上。

目前，装备有各种板形控制技术的四辊可逆式轧机已成为中厚板生产的主流轧机。

2.3.5　四辊轧机的结构

四辊轧机的结构示意见图 2.51。

2.3.5.1　机架装置

机架装置是整个轧机的骨架，其他各个部件基本上都安装在机架上或与之相连，它承受全部的轧制力及轧机的冲击振动。机架的刚性和强度是保证产品精度和设备可靠性的关键。

机架装置主要由操作侧和传动侧牌坊，上、下横梁，工作辊、支撑辊锁紧挡板，接轴抱紧装置，滑板，机内换辊轨道、轨座等组成。牌坊通过上、下横梁连接成闭式机架，安装在轧机轨座上，并通过斜楔与地脚螺栓，将牌坊与轨座紧固于地基上，以保证整体刚性和稳定性。

牌坊窗口内安装有耐磨滑板，利于轧辊的上下运动；牌坊内侧设计有安装轧辊冷却及轧件除鳞装置运动导卫的导向槽。

在操作侧牌坊外侧设置工作辊、支撑辊锁紧挡板，在传动侧牌坊外侧设置轧机接轴定位的抱紧装置，在机架窗口的中部还设有机内换辊轨道等。

机架的上横梁为铸钢件或焊接件，通过螺栓和定位键与两片牌坊相连，其上平面与牌坊上部平面共同用于安装压下装置、平衡装置、平台与走梯等。

机架的下横梁为铸钢件或焊接件，通过定位键卡在两片牌坊下部，其上平面与牌坊下部窗口平面共同用于安装抬升装置、阶梯垫下辊标高调整装置等。近年来，随着轧机 AGC 采用下置式布置方式，由于结构等原因，有些企业取消了机架下横梁。

中厚板轧机牌坊的结构形式一般采用整体铸造式，牌坊刚性好、重量轻、结构尺寸小（如宝钢 5000mm 轧机牌坊外形尺寸为 15200mm×4670mm×2300mm），但是其加工制造难度大，炼钢、铸造、热处理、冷加工对设备的能力要求非常高，而且整体式牌坊还受到运输条件的限制。

在一些大型中厚板轧机中（如沙钢 5000mm 轧机、首秦 4300mm 轧机、营口 5000mm 轧机），为了降低制造和运输难度，采用分体组装式牌坊，将牌坊分别铸造成上横梁、下横梁、左立柱、右立柱 4 个部

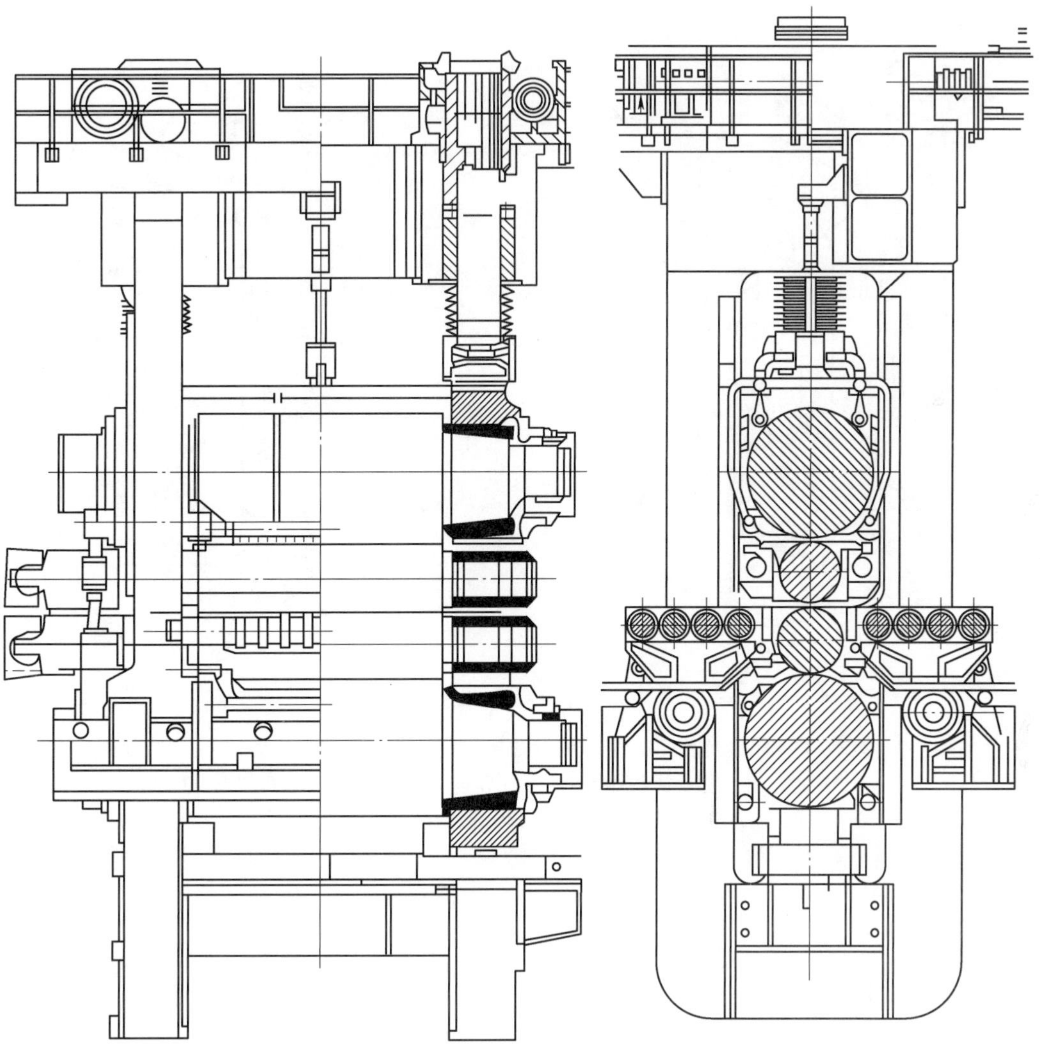

图 2.51　四辊轧机结构示意图

分，装配时用止口（或键）和预应力螺栓组装起来。这种形式的牌坊制造难度小、加工容易、运输方便，但是设备体积庞大、结构尺寸大，现场装配安装要求高，总体吨位比整体式大 30%~40%，如营口 5000mm 轧机牌坊外形尺寸为 16290mm×6100mm×2360mm，牌坊组装重量达 530t。营口 5000mm 双机架的分体式组装牌坊见图 2.52，机架装配图见图 2.53，牌坊外形图见图 2.54。

图 2.52　营口 5000mm 双机架的分体式组装牌坊

综合考虑轧机开口度、机架辊设置、弯辊缸设置等因素，牌坊窗口有腰部带凸台和通窗口两种形式。

一般而言，中厚板轧机精轧机和粗轧机的牌坊结构应尽可能保持一致，这样不仅设计和制造方便，而且更有利于轧机备品备件和操作更换件的统一，便于生产管理。

但是，由于工艺要求的不同，也可能使精轧机和粗轧机牌坊的结构和外形产生较大的变化。例如，采用钢锭轧制时，要求粗轧机开口度大，这就导致粗轧机和精轧机牌坊的外形不同；又例如，板形控制技术（弯辊和窜辊装置）集中在精轧机上使用，这就导致粗轧机和精轧机牌坊的结构有差异。

此外，由于弯辊和窜辊装置的采用，还会导致粗轧机和精轧机在机架辊、主传动接轴及轧辊平衡等方面的差异。

国内近年来比较典型的大型中厚板轧机牌坊参数见表 2.7。

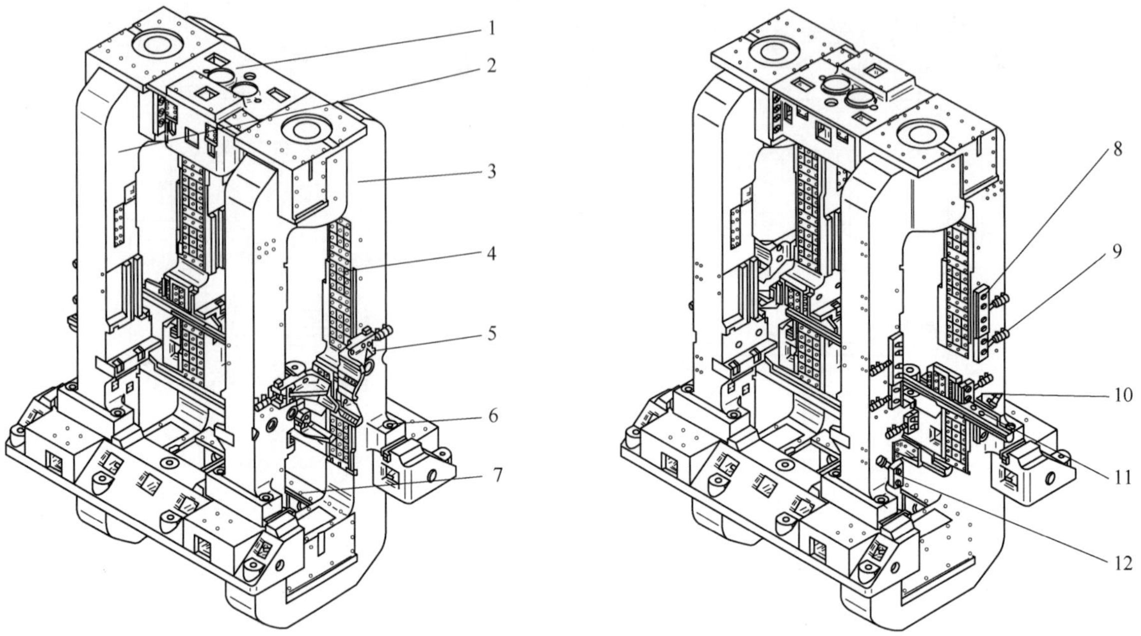

图 2.53　机架装配图

1—上横梁；2—操作侧牌坊；3—传动侧牌坊；4—滑板；5—接轴抱紧装置；6—轧机轨座；7—下横梁；8—上支撑辊锁紧挡板；9—上工作辊锁紧挡板；10—下工作辊锁紧挡板；11—机内换辊轨道：12—下支撑辊锁紧挡板

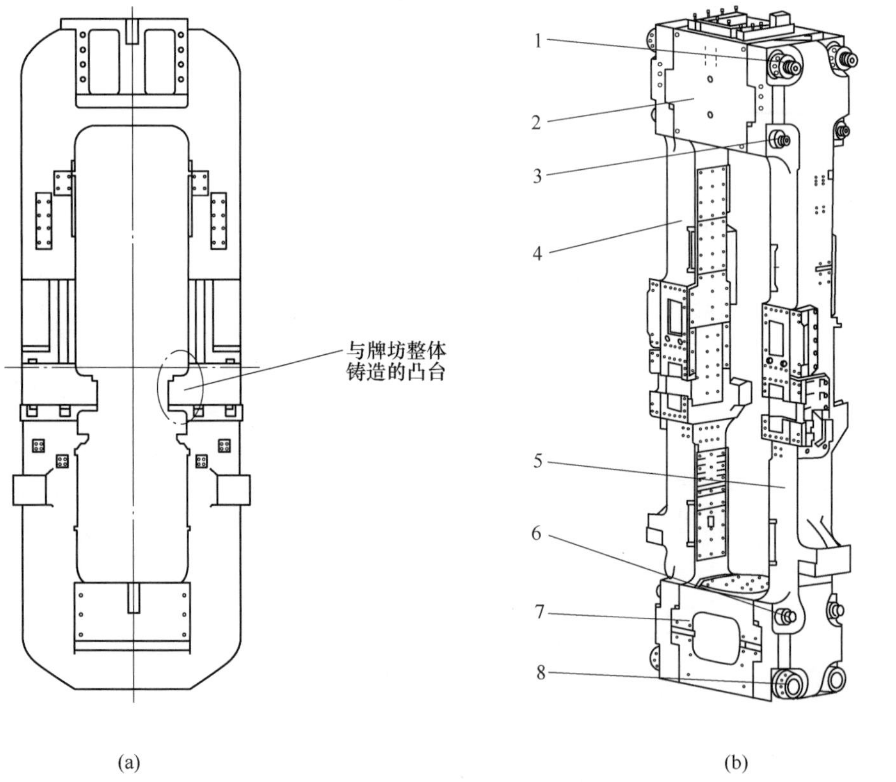

图 2.54　牌坊外形图

（a）整体铸造式牌坊；（b）分体组装式牌坊

1，3—上横梁拉紧螺栓；2—牌坊上横梁；

4，5—牌坊立柱；6，8—下横梁拉紧螺栓；7—牌坊下横梁

表 2.7　国内典型的大型中厚板轧机牌坊参数

序号	设计	二重	奥钢联		西马克		西马克		西马克	
	项目	某 3500mm 轧机	某 3800mm 轧机		某 4200mm 轧机		某 5000mm 轧机		某 5000mm 轧机	
	比较项目	精轧机	粗轧机	精轧机	粗轧机	精轧机	粗轧机	精轧机	粗轧机	精轧机
1	最大轧制力/kN	70000	86000	86000	90000	90000	100000	100000	120000	120000
2	最大开口度/mm	350	400	400	500	500	1100	550	1200	550
3	牌坊中心距/mm	4800	5400	5400	5900	5900	7000	7000	7000	7000
4	牌坊形式	整体式	整体式	整体式	整体式	整体式	整体式	整体式	组合式	组合式
5	牌坊最大单片重量/t	300	操作侧 306 传动侧 310	操作侧 310 传动侧 306	356	操作侧 368 传动侧 359	410	397	操作侧 532 传动侧 534	操作侧 526 传动侧 532
6	轧机刚度 /kN·mm^{-1}	10000	>8500	>8500	>9000	>9000	8400	8400	>9500	>9500
7	牌坊刚度 /kN·mm^{-1}		31637	31637					>42500	>42500
8	牌坊立柱断面（长×宽/面积）/cm×cm/cm^2	95×105 /9975	92×105.5 /9706	92×105.5 /9706	92.5× 103.5/9573	92.5× 103.5/9573	94×100 /9400	94×100 /9400	102.5× 102.5/10506	102.5× 102.5/10506
9	牌坊外形尺寸（长×宽×厚）/mm×mm×mm	13245× 4750× 2000	14560× 5100× 2065	14560× 5100× 2065	14585× 4950× 2200	14375× 4950× 2200	15810× 4670× 2300	15200× 4670× 2300	16290× 6100× 2360	15640× 6100× 2300
10	牌坊横梁厚度（上/下）/mm	2100/ 2100	2400/ 2200	2400/ 2200	2325/ 1950	2325/ 1950	2600/ 2180	2600/ 2180	2600/ 2350	2600/ 2350
11	牌坊窗口腰部形式	与牌坊为整体铸造凸台	通窗口	通窗口	通窗口	通窗口	通窗口	通窗口	通窗口	通窗口
12	牌坊窗口（高度×宽度）/mm×mm	9045× 2240	9960× 2600	9960× 2600	10310× 2600	10100× 2600	11030× 2700	10420× 2700	11340× 2700	10690× 2700
13	牌坊地脚板位置	腰部	腰部	腰部	底部	底部	底部	底部	腰部	腰部
14	牌坊地脚板形式	凸台	双卡箍组合	双卡箍组合	凸台	凸台	凸台	凸台	凸台	凸台
15	地脚板厚度 /mm	600			700	700	700	700	650	650
16	地脚板下底面到轧线距离/mm	2600	3045	3045	6340	6250	6310	6310	4710	4710
17	工作辊平衡/弯辊缸布置	上缸在上支撑辊轴承座内，下缸在牌坊凸台处	在牌坊腰块内	在牌坊腰块内	上缸在支撑辊轴承座内，下缸在牌坊腰块内	在牌坊腰块内	上缸在支撑辊轴承座内，下缸在牌坊腰块内	在牌坊腰块内	上缸在支撑辊轴承座内，下缸在牌坊腰块内	在牌坊腰块内
18	窜辊装置布置	无	无	操作侧外侧支架上	无	操作侧外侧牌坊	无	操作侧外侧牌坊	无	操作侧外侧牌坊
19	机架辊传动布置	全部单独传动	一根单传，两根集体传动	一根单传，两根集体传动	全部单独传动	一根单传，两根集体传动	全部单独传动	一根单传，两根集体传动	全部单独传动	一根单传，两根集体传动

2.3.5.2　轧机主机列

轧机主机列由驱动轧辊转动的系统构成，包括主传动、万向接轴、平衡装置、联轴节（或称联轴器）几个部分。

A　主传动

四辊轧机也有采用人字齿轮座传动方式的，由于工作辊直径受到齿轮直径的限制，难以传递大的功率，所以近年来新建的四辊轧机主传动已取消了减速机及齿轮机座，上、下工作辊分别采用各自的直流电机或交流变频供电的同步电机直接驱动。

两台电机的布置形式为一前一后、一上一下，多数情况采取上电机在后、下电机在前的布置形式，但也有上电机在前、下电机在后的布置形式，但都共同遵守的一个原则为上、下电机输出轴的中心距越小越好。

两个工作辊由电机通过接轴单独传动，上、下轧辊的速度同步及转差率（上、下压力或雪橇轧制，以控制钢板头部的下扣，防止顶撞机架辊）由电气控制系统实现控制和调节。这种主机列没有减速机和齿轮机座，减少了传动系统的飞轮力矩和损耗，缩短了电机起动、加速、制动时间，这对提高可逆式轧机的效率有着重要作用。四辊轧机电机直接传动轧辊的主传动示意见图 2. 55。

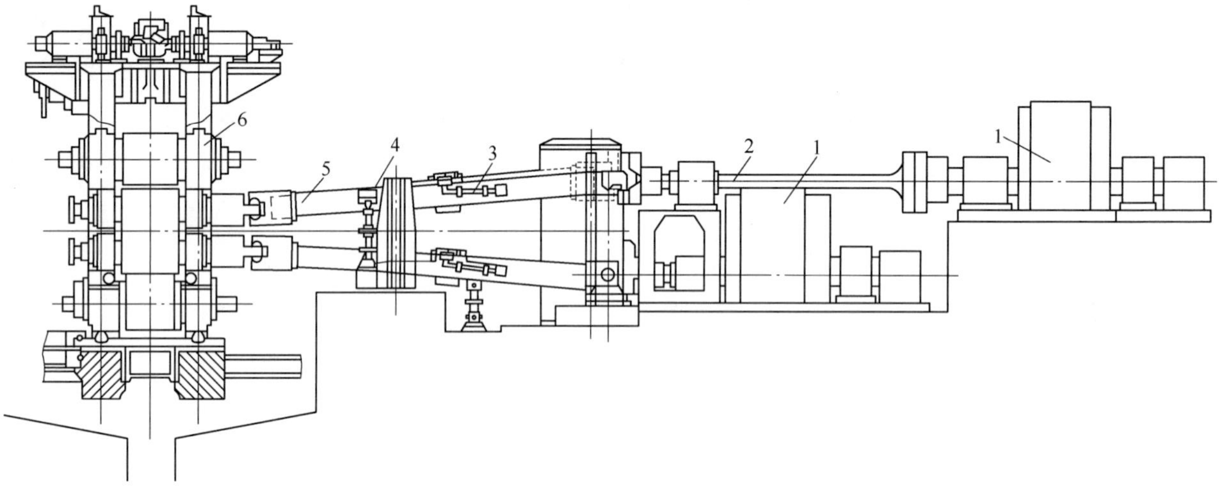

图 2. 55　四辊轧机电机直接传动轧辊的主传动示意图

1—电机；2—传动轴；3—接轴移出缸；4—接轴平衡装置；5—万向接轴；6—工作机座

立辊轧机位于水平轧机的前面，立辊机架与水平机架呈近接布置。立辊轧机主要分为两大类，即一般立辊轧机和有 AWC 功能的重型立辊轧机。

一般立辊轧机是传统的立辊轧机，主要用于板坯宽度齐边、改善边部质量。这类立辊轧机结构简单，主传动电机功率小，侧压能力普遍较小，而且控制水平低，辊缝设定为摆死辊缝，不能在轧制过程中进行调节，宽度控制精度不高。

有 AWC 功能的重型立辊轧机结构先进，主传动电机功率大，侧压能力大，具有 AWC 功能，在轧制过程中对带坯进行调宽、控宽及头尾形状控制，提高宽度精度和减少切损。

有 AWC 功能的重型立辊轧机的结构见图 2. 56。

B　万向接轴与平衡装置

万向接轴是按虎克关节（十字关节）的原理制成的，其结构如图 2. 57 所示。两块带有定位凸肩的月牙滑块 3 装在叉头 2 的径向镗孔中，并由上、下具有轴颈的小方轴 4 固定位置。

通常万向接轴装备有平衡装置，接轴平衡装置用来平衡接轴的重力（量），以消除其对主电机轴承、工作辊、齿轮机座轴承产生的附加载荷，消除工作辊辊缝调节造成的影响，更重要的是消除接轴作用在万向节滑块（十字轴）上的载荷性磨损，保证接轴上、下移动的灵活和稳定，并在换辊和检修时保持正确位置。

目前四辊轧机多采用液压缸式平衡装置，如图 2. 58 所示，接轴平衡装置采用两套液压缸来平衡，上接轴由两个液压缸分别通过两个连杆与上轴承座连接来平衡，下接轴由两个液压缸分别支承下接轴轴承座的下部来平衡。接轴的支承正逐步由剖分式滚动轴承取代传统的滑动轴承，剖分式滚动轴承寿命长、摩擦力矩小、正反转灵活、润滑条件好、维护十分方便。此外，该装置还具有良好的随动性，并且能通过自身实施安全锁定保护。

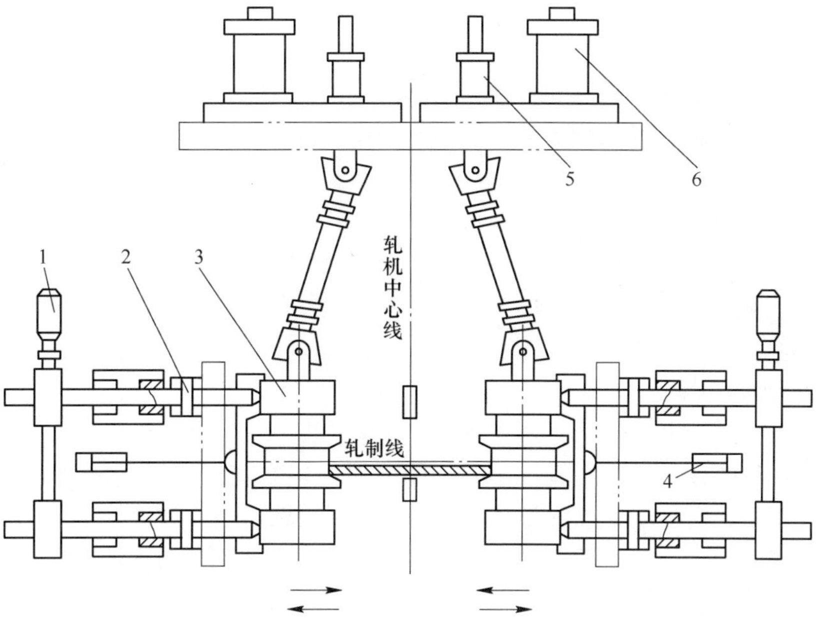

图 2.56 有 AWC 功能的重型立辊轧机

1—电动侧压系统；2—AWC 液压缸；3—立辊轧机；4—回拉缸；5—接轴提升装置；6—主传动电机

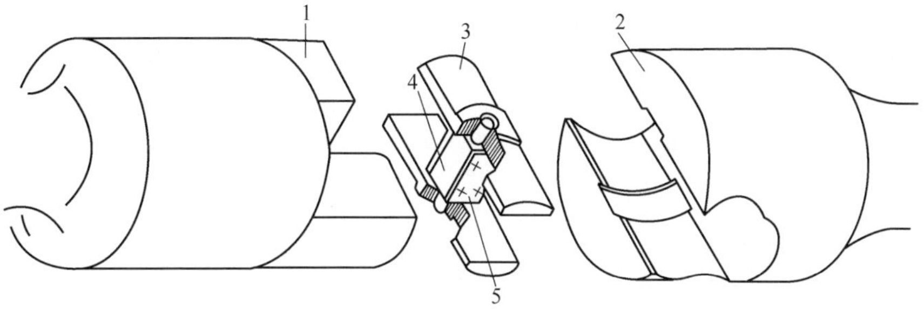

图 2.57 万向接轴的立体简图

1—开口扁头；2—叉头；3—月牙滑块；4—小方轴；5—滑板

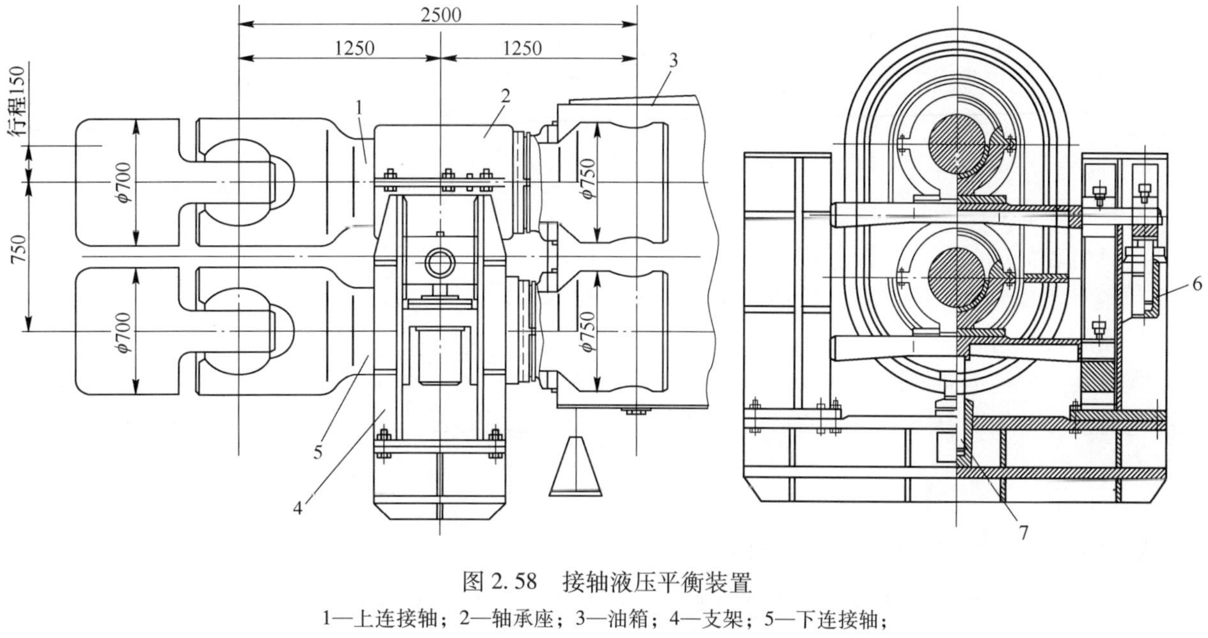

图 2.58 接轴液压平衡装置

1—上连接轴；2—轴承座；3—油箱；4—支架；5—下连接轴；

6—上连接轴液压平衡缸；7—下连接轴液压平衡缸

2.3.5.3　工作机座

21 世纪新建的四辊可逆式中厚板轧机刚度高，采用较大直径的支撑辊，减轻了轧制时工作辊的挠度（轧辊的弹性弯曲），工作辊辊径与支撑辊辊径之比较小，所以道次压量大、轧制效率高，有利于钢板性能的提高。

四辊轧机的工作机座一般包括下列几个组成部分：

（1）轧辊组件，由工作辊、支撑辊、轴承、轴承座等零部件组成；

（2）机架部件，由左右机架、上下连接横梁、轨座等构件组成；

（3）压下平衡装置；

（4）轧辊的轴向调整及固定装置。

A　轧辊

轧辊是实现轧制过程中金属变形的直接工具，因此对轧辊有着严格的质量要求。其质量要求主要有五个方面，即轧辊强度、表面硬度、抗弯韧性、耐热性及耐用性。

轧辊强度是最基本的指标，在满足强度要求的同时，还必须有较高的耐冲击性和抗弯韧性。

要使轧辊有足够的强度、表面硬度和抗弯韧性，一般而言都是从轧辊材质的选择、合理确定轧辊的组织、结构与尺寸等几个方面进行系统的考虑。

硬度通常是指轧辊表面的硬度及硬度层减量后硬度的衰减，它是轧辊的主要质量指标。硬度决定了轧辊的耐磨性，在一定程度上决定着轧辊的使用寿命。

轧辊的硬度可以通过材质的选用及对轧辊表面进行热处理来满足要求。轧辊的耐热性与轧辊材质、轧辊的冷却有着很大的关系，它对保证产品表面质量、减少轧辊的表面修磨量、提高轧辊使用寿命有着重要的作用。

B　工作辊

工作辊是辊系中最关键的部件，是轧机中直接轧制轧件的零件，也是消耗量最大的工件。工作辊接触高温轧件而受剧热，同时又被水冷而受急冷，工作条件极为恶劣，要求工件辊具有很高的耐磨性和耐热性。

目前工作辊主要采用离心复合铸造的合金铸铁轧辊，有高 NiCr 或高 Cr 铁或高 Cr 钢三大类。为了满足耐热性和耐磨性的要求，高 NiCr 工作辊硬度应控制在 68~75HS 之间，高 Cr 铁工作辊硬度应控制在65~73HS 之间。采用离心铸造方法生产，组织更为致密和纯净，抗热裂性和抗剥落性较好。

随着普遍采用控制轧制工艺生产中厚钢板，一种在轧辊心部和辊颈部位具有球墨铸铁组织的控制轧制用工作辊得到开发，其突出的特点是辊颈部位具有较高的强度。

21 世纪初国外有些国家四辊+四辊中厚板轧机的粗轧机和精轧机开始采用同一种材质的工作辊，目的是精轧机更换下来的工作辊还可以在粗轧机上使用，降低了吨钢轧辊消耗。

C　支撑辊

支撑辊应具备下述三个条件：

（1）具有较高的强度、低的弹性压扁和不易产生挠曲；

（2）辊身表面具有高的耐疲劳性能，耐剥落掉皮性能好；

（3）耐磨性能好。

支撑辊有三种基本类型：整体锻钢辊、复合铸钢辊、镶套辊。支撑辊多采用复合铸钢轧辊和整体合金锻钢轧辊，合金轧辊中添加有镍、铬、钼等合金元素，常用的材质为 70Cr3Mo、45Cr4NiMoV 和 Cr5 合金锻钢等。

D　机架辊

机架辊用于向轧机运送轧件和接受轧机出口轧件，它始终与轧机保持同步正反转工作。中厚板轧机机架辊工作在高温、多水、重载、高冲击附加载荷条件下，其寿命非常有限，一般只有 3~6 个月就要更换，它是一组非常特殊的辊道。

机架辊的工作状况和辊面的质量对轧件的下表面质量有着非常重要的影响，机架辊如果与轧机的下工作辊出现较大的速差，或机架辊出现堵转、死辊、辊子跳动、辊子表面粗糙、辊面边缘出现锐角，都会对轧件的表面造成损伤。因此加强机架辊的维护，使其在恶劣的工况下保持良好的状态，是保证钢板表面质量的重要方面。

机架辊由辊子、轴承座或齿轮箱式轴承座、卡紧机构、传动轴、减速机及电机构成，中厚板轧机的机架辊有两种基本形式，即集体传动形式和单独传动形式。图 2.59 为某中厚板厂机架辊的主视图。

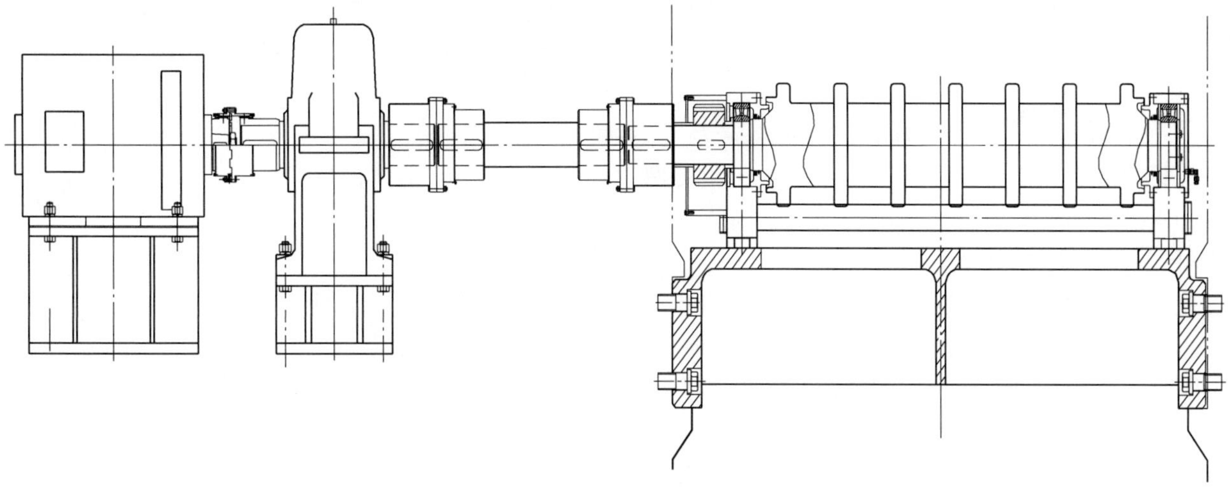

图 2.59　某中厚板厂机架辊的主视图

目前部分中厚板轧机机架辊的参数见表 2.8。

表 2.8　部分中厚板轧机机架辊的参数

序号	轧机名称		某 3500mm 轧机	某 3800mm 轧机	某 4200mm 轧机	某 5000mm 轧机
1	机架辊规格/mm×mm		φ540×3300	φ510×3390	φ500×3940	φ600×4780
2	机架辊材料		42CrMo	34CrNiMo6	34CrNiMo6	34CrNiMo6
3	力学性能	抗拉强度/MPa		850	>920	>920
		屈服强度/MPa		650	>540	>540
		冲击功/J		35	41	41
4	轴承规格/mm×mm		φ280/φ420×140	φ280/φ420×140	φ240/φ400×160	φ300/φ500×200
5	轴承中心距/mm		3580	3670	4270	5150
6	机架辊辊距/mm		640	535	680/600	700/680
7	电机	功率/kW	60	125（集中传动）/100（单传）	206（集中传动）/103（单传）	170（集中传动）/85（单传）
		转速/r·min^{-1}	120/240	299.6	288	156/242
8	备注		全部单独传动	1 号和 2 号集中传动，3 号单独传动	1 号和 2 号集中传动，3 号单独传动	1 号和 2 号集中传动，3 号单独传动

E　弯辊

进入 21 世纪，为了控制板形，广泛采用工作辊液压弯辊控制。中厚板轧机一般采用正弯辊方式，其作用力的作用点和方向与工作辊平衡力一致，只是作用力的大小不同，所以工作辊弯辊与工作辊平衡通常采用同一套装置，弯辊装置即平衡装置。用于平衡时使用较低压力，用于弯辊时使用较高的可变压力。

对于板形控制，由于液压弯辊控制便于在线实时控制，能迅速改变辊缝形状，具有较强的板形控制能力，所以弯辊控制的方法得以广泛应用。

弯辊的基本方式分为工作辊弯辊和支撑辊弯辊两种，工作辊弯辊可以在一定程度上改善宽规格中厚钢板的板形；支撑辊弯辊由于可以承担轧机刚度的绝大部分，所以对调整辊形的作用较大。由于现代中厚板轧机支撑辊的尺寸很大，要实现支撑辊弯辊控制，弯辊力要求很大，装置非常庞大，占用空间大，成本比较高，对轧辊轴承及压下装置产生较大影响，因而新建的现代化厚板轧机很少采用，而采用工作辊弯辊的方式更为普遍。

工作辊弯辊分为正弯辊和负弯辊两种方式。正弯辊的方式是在上下工作辊之间设置液压缸，对工作辊轴承座施加弯辊力，使工作辊的挠度和有载辊缝中部尺寸减小。负弯辊的方式是在工作辊与支撑辊轴承座之间设置液压缸，作用与正弯辊方式相反。对于现代大型中厚板轧机，多采用正弯辊方式。通常工作辊弯辊设置在单机架轧机上，或双机架轧机的精轧机上。

现代中厚板轧机由于窜辊技术的应用，弯辊控制还与窜辊控制结合使用。

弯辊力的计算：根据轧制力变化、窜辊量变化及轧辊温度凸度等由专门的数学模型给出。

2.3.5.4　平衡装置

轧机机座的压下装置和轧辊轴承相配合的零件（如压下螺丝与螺母之间、螺丝端部与球面垫之间、轧辊轴承处的间隙等）存在着配合间隙，因此在轧机空载的情况下，因各零件的自重作用在各配合表面间均可能产生一定的间隙。

这种间隙必然会在轧制过程中产生强烈的冲击现象，其结果使轧机寿命降低、辊缝发生变化、对轧件咬入不利，同时还会造成工作辊及支撑辊之间出现打滑现象，从而引起轧件产生波浪以及擦伤轧辊表面的现象，使板带材的质量大大降低，因此轧机都要有平衡装置。平衡状装置的作用是：

（1）保证上轧辊（或支撑辊）轴承座紧贴着压下螺丝，即当压下螺丝向下移动时，轴承座也向下同步移动；当压下螺丝向上移动时，轴承座也随着向上同步移动。消除压下螺丝与轴承座之间的间隙，以避免轧制时两者间发生撞击，产生冲击载荷。

（2）保证消除压下螺丝与螺母之间的有害间隙，也就是将压下螺丝因自重产生的上间隙转化为托起压下螺丝时压下螺丝与螺母之间产生的下间隙。

（3）对四辊轧机来说，还包括消除工作辊与支撑辊之间的有害间隙，即将轴承中的上间隙转化为下间隙。

目前在中厚板轧机上，普遍采用的是液压平衡装置。液压平衡装置常用的有平衡缸设在轴承座内和平衡缸不设在轴承座内两种形式。

A　压下装置

轧机的压下装置也称为上辊调整机构。它用于调整上轧辊的位置，保证给定每道次的压下量。多数轧机是固定下辊，使上辊逐渐下降来调整辊缝，所以称为压下装置。通过抬起下辊来调整辊缝的装置称为压上装置，原理与压下装置相同，压上装置主要用于当辊径发生变化时进行轧制线的调整。有些轧机不设压上装置，而用平板垫片来调整轧制线。

压下装置的类型按传动方式分为电动压下机构、电动-液压压下机构、全液压压下机构。压下装置一般使用电动螺丝-螺母形式，这种方式只有在轧辊没有咬入钢板时才能调整辊缝。现代中厚板轧机由于钢板高精度轧制要求，对钢板厚度进行自动控制，要求压下机构能带负荷进行调整，而且要求调整的精度和灵敏度要高，近年来采用了板厚自动控制压下装置（AGC 装置）。我国 21 世纪新建中厚板轧机开始配备板厚自动控制装置，同时在老的中厚板轧机上也开始装备板厚自动控制系统。部分中厚板轧机压下机构的参数见表 2.9。

表 2.9　部分中厚板轧机压下机构的参数

轧机规格		某 3000mm 轧机	某 3500mm 轧机	某 3800mm 轧机	某 3800mm 轧机	某 3800mm 轧机	某 4300mm 轧机	某 4300mm 轧机	某 5000mm 轧机	某 5000mm 轧机
设计公司		二重	一重	一重	西马克	奥钢联	西马克	奥钢联	西马克	奥钢联
电机	形式	直流	直流	交流	交流	交流	交流	交流	交流	交流
	功率/kW	250×2	450×2	450×2	325×2	300×2	578×2	300×2	560×2	290×2
	转速 $/r \cdot min^{-1}$	500/1000	630/1000	620/1240	750	960/2150	935	0/960/2140	0/800	0/870/1650
减速比		1667	1667	3104	185	285	185	285	16	285
螺纹副规格		S640×40	S680×40	S850×60	S850×60	S800×40	S900×60	S800×40	S900×60	S900×52
压下速度 $/mm \cdot s^{-1}$		5～25～40	5～25～40	3～20～40	5～40	3～22.5～50	5～50	3～22.5～50	5～50	5～25～50

B　液压压下方式

全液压压下装置是21世纪开始广泛应用的一种新型装置，所谓全液压压下装置，就是取消了传统的电动压下机构，其辊缝的调节是以高压油为动力源，由液压缸来完成。特点是：结构简单、压下位置精度高、压下效率高，并且可以在轧制过程中根据板厚变化的反馈信号进行压下，以调整辊缝，达到修正板厚的目的。液压压下广泛应用于自动位置控制（APC）和自动厚度控制。但一般都配有阶梯垫装置，以适应轧辊直径的变化，可以实现轧辊的快速提升，便于快速换辊，提高了轧机的有效作业率。

采用液压压下可得到较高的轧辊位置精度。电动压下装置的位置分辨率为0.01mm，液压压下装置的位置分辨率可高达0.001mm。另外采用液压压下可保证轧机的安全操作，在液压压下系统中，设有自动快速卸压装置，在轧制过程中出现故障，或当轧制压力超过了限定数值时，轧辊上的载荷可迅速消除，从而防止工作机座各主要承载零件的损坏，保证轧机的正常工作。此种结构形式多被认为是电动压下装置轧机进行改造的最好方式。

液压AGC缸的布置根据AGC缸的安装方式分为上置式和下置式两种。

上置式AGC缸如图2.60（a）所示，液压缸安装在上支撑辊轴承座与压下螺丝之间。上置式液压AGC缸便于维护，工作条件比较好。但是也有一些缺点，例如随压下螺丝上下动作，必须使用多根高压软管供油，这将影响AGC系统的响应频率；漏油时容易引起火灾；增加了上辊系的平衡重量。一般伺服阀直接装在AGC缸体上，此时轧制力传感器安放在轧机机架窗口下部。

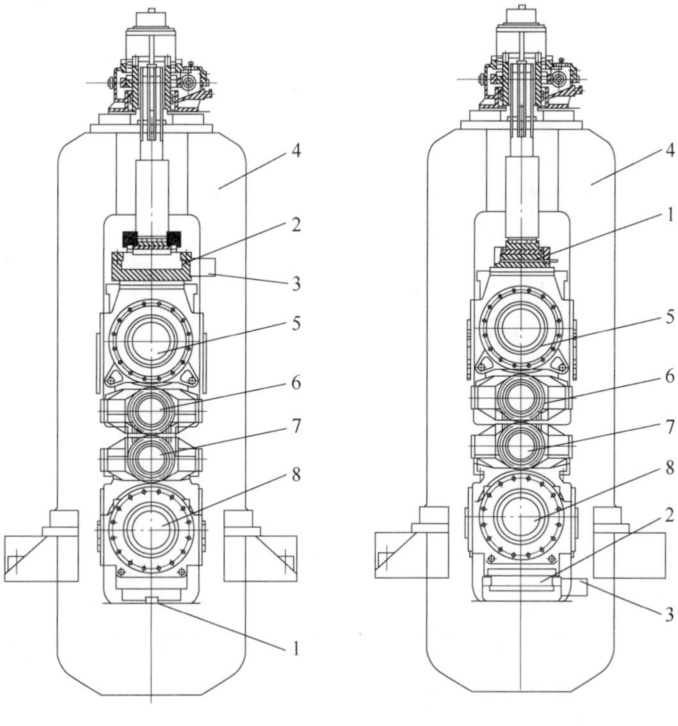

图2.60　上置式AGC缸（a）和下置式AGC缸（b）示意图

1—轧制压力传感器；2—液压缸；3—伺服阀；4—机架；5—上支撑辊；6—上工作辊；7—下工作辊；8—下支撑辊

下置式AGC缸如图2.60（b）所示，液压缸安装在牌坊底部。下置式AGC缸的布置优点是：供油管可以采用钢管，提高了液压AGC系统的响应频率，减少了干扰；轧制力传感器安放在上支撑辊轴承座与球面垫之间，改善了工作条件；AGC缸可以做得很大，提高轧制力；降低了轧机顶部标高。这种布置方式的缺点是：工作环境很恶劣，水、蒸汽以及大量的氧化铁皮，防护比较困难；加深了设备基础。随着技术的进步，下置式AGC缸在恶劣环境下工作的可靠性和稳定性大大提高，维护量大大减少。

C　窜辊装置

轧制钢板时，由于轧制力使支撑辊弯曲变形，支撑辊与工作辊之间的不均匀接触变形使工作辊产生弯曲，从而使轧制的钢板沿板宽方向出现厚度差。为了消除轧辊在轧制力作用下产生的弯曲变形，减小钢板横向板厚公差，通常采用以下方法：

（1）采用带有一定凸度的工作辊。

（2）用调节工作辊温度分布的方法调节轧辊的热凸度。

（3）采用工作辊弯辊或支撑辊弯辊。

（4）采用窜辊或交叉辊的板形控制技术。

21 世纪以来我国引进的中厚板轧机中大多采用了工作辊窜辊和弯辊技术。窜辊技术在冷轧和热连轧领域已经得到了广泛的运用，如西马克公司的窜辊技术（CVC）和奥钢联的窜辊技术（Smart Crown）应用到了我国部分中厚板轧机上。

CVC 技术是将轧辊磨成 S 形状，两根对应的轧辊形状一致，使用时将其互相错位 180°，使上下辊形互相补充，通过安装在牌坊或者支架上的专用窜辊缸移动上下轧辊的轴承座，进而使上下轧辊沿轴向反向移动，通过上下辊 S 曲线相对位置的变化，使上下辊面距离发生变化，形成连续变化的辊缝凸度，能准确有效地使上下工作辊之间空隙曲线与轧件断面曲线相匹配，以适应不同产品规格的变化，从而改善板形质量。图 2.61 为 CVC 凸度控制示意图。

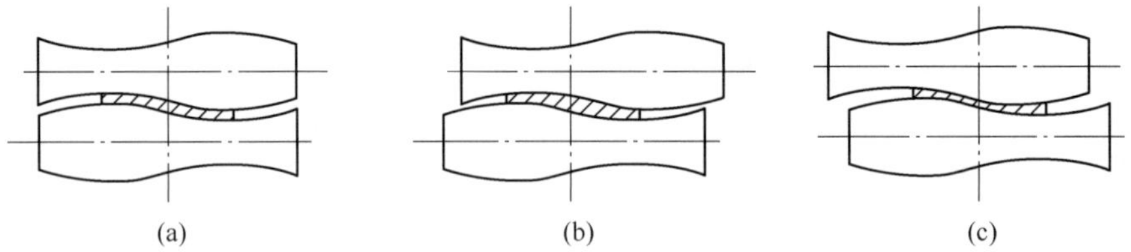

图 2.61　CVC 凸度控制示意图

（a）CVC 零凸度控制图；（b）CVC 负凸度控制图；（c）CVC 正凸度控制图

在中厚板轧机上，尽管窜辊参与板形控制的产品厚度多在 35～40mm 以下，但是由于轧机本身开口度变化特别大，所以窜辊缸的布置与冷轧和热连轧要求不一样。在窜辊装置不进行板形控制，即轧件板厚比较大时，窜辊装置要承担轧辊的轴向锁紧功能。因此，窜辊缸的布置既要满足小开口度轧制时板形控制的需要，又要满足全行程范围轴端锁紧的需要。

2.4　冷却装置

2.4.1　控冷装置和技术的演变

控制冷却工艺起源于 20 世纪 80 年代中后期的日本和欧洲，经过几十年不断的改进和完善，日本经历了层流冷却→射流冲击冷却→在线加速冷却→高级别的超快速冷却等几个阶段，但日本将其超快冷却装置作为核心技术不对外输出。

20 世纪 90 年代，比利时 CRM 研究所开发了超快冷装置，核心技术是加密喷水，增加喷水压力，保证小流量的水流也有足够的冲击力，提高单位时间内单位面积中的换热效率，但此工艺技术在热连轧生产中应用较广。

德国西门子 VAI 公司开发了 MULPIC 多功能间断式超快速冷却系统，已被我国 21 世纪新建的 6 套中厚板生产线所引进。

东北大学自主开发的超快冷工艺装置，2006 年起至今已在 14 套中厚板生产线上应用，达到国际先进水平，是我国今后控冷装置的发展方向。

我国的控冷技术工艺起步较晚，经历了水冷→简易喷淋→传统层流加速冷却（含管层流、水幕、气雾冷却）→超快速冷却四个主要历史阶段。

国内外各个时期冷却技术的核心在于冷却装置的不断演变和优化，本节主要表述冷却装置不断演变并优化的过程。

2.4.2　水冷时期

我国中厚板生产初期就有水冷装置，但这种一般性的水冷和加速冷却是完全不同的两个概念，两者在实际生产中产生的作用也是完全不同的。

水冷的作用仅限于加快钢材降温速度，减少待温时间，抑制氧化铁皮生成的速度和厚度，减少氧化铁皮粉尘的挥发。

而加速冷却（通常称 ACC）在兼具水冷作用的同时，其实质在于冷却水与钢板接触时能够以一定的流速和压力避免钢板和水之间蒸汽膜的形成，且能达到一定的冷速，使被冷却钢板在厚度方向迅速降温、宽度方向均匀降温，从而起到“定相”（如同冲洗胶片过程的定影）和均匀冷却的作用，保持与稳定住控轧后的金相组织状态（所希望的金相组织，如铁素体、珠光体、贝氏体、马氏体或其他两相及多相组织等），抑制再结晶的发生、晶粒的长大和碳化物的析出。

所以 20 世纪 80 年代中期前，我国的水冷与目前所定义的加速冷却（ACC）存在着本质的区别，甚至可以认为那时的水冷称不上是一种工艺。

那个时期，在控冷技术在我国尚未应用之前，钢材的性能控制主要是靠钢的化学成分的调整和添加微合金元素与控温轧制来实现的，有的钢种还必须结合后处理工序（热处理）才能实现达标交货，因此造成生产效率低、成本高的现实。

前面已经表述了一般水冷和加速水冷的区别所在，而这个区别的出现，一是与当时我国钢铁工业总体的技术水平、设备的制造能力不足紧密相关；二是在轧制理论方面的研究与国际上先进国家有着很大的差距，还没深刻认识到水冷与加速水冷对被冷钢板组织影响的行为和机理；三是投入的研究时间较晚且力量不足。这也是我国钢铁生产技术长期落后于发达国家的一个重要原因。

2.4.3 简易喷淋装置时期

20 世纪 80 年代后期，我国加大了对控制冷却工艺的研究，90 年代起随着我国控轧工艺体系的基本完善，开始了控轧控冷工艺的研究。在北京钢铁学院（现为北京科技大学）、东北工学院（现为东北大学）的指导下，重钢中板、原上钢三厂等开始进行加速冷却的工艺试验和实际生产应用。当时称为喷淋水冷装置工艺，目前对当时的工艺大都称为简易喷淋。重钢中板的喷淋装置见图 2.62。

图 2.62 重钢中板的喷淋装置

2.4.3.1 主要特点

（1）它们都是一些非常简易的试验性装置，对冷却钢板的厚度、需要的冷却速度、要求达到的水量、水冷的形式、水量的纵向与横向分布态势、钢板全长对冷却水量的控制等都不太明晰。

（2）缺乏水量快速调节与快速开闭的手段，最关键的还是对冷却的钢板开冷温度、终冷温度，钢板的厚度、移动速度、冷却速度几者之间的数学模型建立与温度场仿真尚在研究和试用时期，冷却过程不能自动化。

（3）那个时期我国的控冷工艺很大程度上尚处在一个概念的解析与探究阶段，控轧控冷的理论体系建立得还不全面，进行所谓的控轧控冷生产基本是试验性的或者是验证性的，在这个阶段对以下方面的机理、路径、控制、方法还没有形成一套较完整且行之有效的体系：

1）细化亚共析钢的晶粒，提高材料综合性能中的强度，尤其是抗拉强度，同时保持钢材韧性不降低。

2）减轻以至消除亚共析钢、过共析钢的网状组织；在保持钢材强度级别的同时可降低碳含量（或碳当量），从而改善钢材的焊接性。

3）利用钢材的合金元素与轧后冷却速度间的关系，可以一种成分的钢生产出不同性能要求的产品，或与控制轧制工艺相配合生产出更高性能的产品（即所谓的柔性轧制技术）。

2.4.3.2 简易喷淋装置应用的局限性

（1）技术手段、技术原理、数学模型建立、计算机技术辅助配合等方面尚未系统化。

（2）试验与应用只是在一些较为基础的检验和分析条件下进行的，金相组织的精细辨识和精量分析、合金化作用机理研究的手段不全面、不深入，缺乏数据和经验的积累，试验研究基本上是在试错的前提下在积累经验。

（3）受缺乏先进的分析方法和手段以及试验装置过于简单和不全面，并且其工况很不稳定，对轧制过程中各种工艺参数控制的不够严格等因素的制约，造成轧制钢种性能波动性较大，试验得出的工艺稳定性较低，使实际控轧控冷钢板的交付率很低，很难用于高级别或者是厚规格专用钢板的批量化生产。这也是我国在很长一段时间内中高级钢板需要大量进口的重要原因之一。

2.4.4　传统加速控冷装置时期

当今业界都知晓控制冷却技术的重要性，它与20世纪90年代初期已初步形成体系的控制轧制技术结合运用，可共同控制钢材组织性能，能极大地细化晶粒及获得相变强化的效果，在不降低力学性能的前提下可提高实物产品的韧性和焊接性能。控制冷却技术的应用首先要依赖于性能优异的控制冷却设备。

20世纪60~90年代中后期，我国中厚板轧机曾被称为世界上最“干旱”的轧机。期间，除酒泉中板引进法国克莱西姆一套气雾喷雾法控制装置（ADCO）、重钢中板等开发了以喷淋为核心的简易冷却装置外，其他中厚板企业几乎不设控冷装置，也不能实行控轧控冷。

我国的东北大学、北京科技大学和相关企业结合，于20世纪90年代末到21世纪初已开始推出第一、二代控冷装置与技术，并应用于相关企业，如秦皇岛中板的水幕冷却，济钢中板的水幕、气雾冷却，鞍钢中板的直管式层流、厚板的U形管层流冷却，南钢中板的直管式层流冷却，舞钢老厚板的U形管层流冷却，武钢中板的U形管层流冷却等。

我们将第一、二代控冷装置与工艺称为传统的控冷技术，其中包括层流冷却、水幕冷却、气雾冷却等。应当指出，这些传统控冷技术在我国中厚板TMCP工艺过程中发挥了重要作用，直至目前仍然有不少老企业在沿用。

下面，先对这类传统控冷技术的优缺点作简单介绍。

2.4.4.1　集管层流冷却

所谓层流，就是使低水压的水从水箱或集水管中通过曲管的作用形成无旋和无脉动的流股，也就是当喷射的出口速度比较低时形成这种流股。这种流股从外观上看如同透明的棒一样，液体质点间无任何混杂现象。这样的流股在一定的高度范围内降落到钢板表面上会平稳地向四周流去（当钢板不动时），从而扩大了冷却水同板材的有效接触，能提高冷却效率。集管层流冷却见图2.63，U形管层流冷却见图2.64。

图2.63　集管层流冷却

图2.64　U形管层流冷却

冷却水是以较低的压力从管状水嘴自然连续流出，形成平滑的柱状水流，水流落到钢板表面后在一段距离内仍保持平滑层流状态，有效击破水在钢板表面形成的稳定蒸汽膜（即所谓的稳定薄膜沸腾），可获得较强的冷却能力。集管层流水嘴有U形集管和直形集管两种设计，按集管的排布又有高密度管层流和低密度管层流两种方式。集管层流冷却的优缺点是：

（1）高密集管层流冷却使管层流的不足得以克服，冷却能力接近水幕层流能力，同时又保持了管层流的优点。

（2）分散布置的冷却集管不像水幕冷却那样冲击区集中，相对来说使板厚方向的冷却较为均匀，冷却较为缓和，不易发生钢板表面的过度冷却。

（3）可以通过冷却集管上U形管或直形管沿宽度上间距的变化、管径的变化、各排U形管或直形管交叉布置等设计，较为容易地改变宽度方向上的冷却均匀性。

（4）横向冷却均匀性不理想，是点状水冲击钢板，不如水幕和气雾。

（5）高位水箱容量偏小，限制了设备冷却能力的发挥；系统稳定运行的供水量大，能耗高；喷水管间距大，管径大，冷却能力虽然高，但强度均匀性受到影响；横向容易产生“斑马线”黑色低温区，钢板的宏观力学性能虽不受影响，但表面质量和表面强度均匀性差。

2.4.4.2 水幕冷却

冷却水以较低的压力从直缝条形状水嘴中自然连续流出，形成平滑连续的幕状水流。由于水幕冷却不存在集管层流冷却各水流之间对钢板冲刷时形成的缝隙和互相干扰，在宽度方向上水幕层流冷却更为均匀和有效。水幕冷却见图2.65。

图2.65 水幕冷却

水幕冷却的优缺点如下：

（1）在冷却效果方面，冷却速度大，冷却能力高，能充分发挥冷却水的冷却效率，从而缩短冷却区长度、节约冷却水，与虹吸管层流冷却相比，可节约冷却水20%~30%。

（2）在装置和系统方面，每个水幕之间的间距大，便于处理事故和设备检修，由于设备简化，占地面积较小，故投资相应较少。

（3）水幕冷却系统中，水幕装置的大流量与小流量配合使用可调水幕系统，可以保证冷却速度和冷却能力的要求，控制灵活，达到钢板控温的准确要求。

（4）喷水口过于窄小（一般宽度3~4m，而日本住友金属的为12m），形状过于复杂，工作时喷口缝隙宽度和工作状况受冷却水中的油脂、悬浮物及钢板硬度、热辐射和机械撞击等影响较严重，容易导致水幕不连续、冷却不均匀等问题。

（5）为了保持长时间的成幕状状态，各个水幕的水量调节范围较小，所以冷却薄规格钢板时，难以采用小水量的低冷速冷却。

水幕冷却后钢板翘曲现象见图2.66。

2.4.4.3 气雾冷却

用加压的空气使水雾化，水和高速空气流一起从喷嘴中喷射出来的冷却方法称作气雾冷却。气雾冷却有两种作用：一是为了提高冷却能力用空气加速液滴；二是为了控制冷却能力用空气使液滴极微细化，而不需给太大的动量。气雾冷却见图2.67。

图2.66 冷却后钢板翘曲现象

图2.67 气雾冷却

该装置的优缺点如下：

（1）具有较宽的冷却流量调节范围。

（2）维修成本低，轧制线作业率高。

（3）易于实现高精度的全过程自动控制，适用于不同钢种的快冷控制软件的开发，从而可与其他控制工艺获得最佳配合。

（4）由于直接使用了空气，造成联合喷嘴结构复杂，配管系统结构也复杂，造价较高，增加设备费用；工作时噪声较大，生产车间雾气也较大。

（5）钢板冷却均匀性差。

2.4.4.4　生产企业实践中的一些反映

（1）生产企业认为：控冷技术应能均匀冷却整个钢板（宽、长、厚），尽量减少冷却过程中产生的应变形状不良和残余应力；能准确地调整冷却速度和冷却温度，但传统装置的冷却工艺经常会发生冷却不均匀现象。

（2）传统控冷+控制轧制的 TMCP 工艺是在较低温度的未结晶区轧制，通常采用的是低温大压下、位错聚集，容易造成应力集中，难以释放。

（3）传统控冷+控制轧制的 TMCP 工艺的相变主要发生在变形后的连续冷却过程中，相变方式比较单一。

（4）传统控冷+控制轧制的 TMCP 工艺是在相变点附近轧制，冷却路径单一且冷却路径不能很好地控制。

（5）钢板轧制过程中头部和尾部比中间部分强度要低，采用恒速输送时，钢板的终止冷却温度从头到尾呈线性降低。为避免此情况发生，进入控冷区常采用加速的速度制度，但速度制度和其他影响控冷因素的机理比较复杂，其中还具有交叉性，现场生产人员不可能有时间对某些机理进行深入研究，从而造成最终冷却效果受影响。

2.4.4.5　研究单位对传统控冷装置局限的认识

东北大学经深入研究后认为：传统 TMCP 控冷装备未能很好地解决钢板冷却不均匀，甚至发生翘曲的主要原因是：

（1）钢板冷却的传统沸腾现象主要是两种状态：一种是钢板直接和水接触，产生气泡，实现热交换，此时冷却能力强，称为核沸腾；另一种是钢板和冷却水之间形成蒸汽膜，通过它进行热交换，被称为膜沸腾。

（2）钢板加速冷却的初始阶段表面温度高，膜沸腾状态处于主导地位。

（3）随后钢板表面温度逐步降低，蒸汽膜就变得不稳定。这时候局部冷却水开始与钢板接触，逐步转变为核沸腾。在膜沸腾、核沸腾之间形成了两种沸腾共存的状态，称为过渡沸腾。

（4）这种状态下钢板有的部位是热交换强烈的核沸腾，有的部位是热交换能力不强的膜沸腾，因而造成钢板冷却不均匀，发生翘曲。

以此观点，我们可以推理：传统控冷装置中，无论是喷射冷却还是层流冷却，在用大水量进行冷却时，很快就进入到核沸腾和膜沸腾共存的过渡沸腾状态，冷却过程是不稳定的，极易造成冷却不均匀。

此外，还有些掉落在钢板上的冷却水会在较宽的范围内引起对钢板的二次冷却，温度的偏差不断增大，会成为引起不均匀冷却的重要原因。

2.4.4.6　传统控制冷却机理的缺陷分析

随着中厚板产品品种工艺开发进一步深入以及低成本减量化工艺实现高性能钢铁材料的开发需求进一步迫切，显示了传统控冷工艺装置在冷却机理上的不足，直观表现在其冷却能力偏低（即冷却速率低）、冷却均匀性差（外在表现为冷却后钢板板形较差）两个方面。结合研究单位的理论和生产实际应用的实践，简要分析如下。

A　冷却能力偏低

（1）原因主要在于其冷却机理主要采用换热强度较低的膜态沸腾换热，如冷却装置采用高位水箱与层流冷却集管配置，冷却水在高位水箱产生的压力作用下自然流出，形成连续水流。冷却水在自重作用下垂直流落在钢板表面，在水流下方和几倍水流宽度的扩展区域内，形成具有层流流动特性的单相强制对流区域（区域Ⅰ），也称为射流冲击区域。

（2）该区域内由于流体直接冲击换热表面，从而大大提高热质传递效率，因此换热强度很高。随着冷却水的径向流动，流体逐渐由层流到湍流过渡，流动边界层和热边界层厚度增加，同时接近平板的冷却水由于被加热开始出现沸腾，形成范围较窄的核沸腾和过渡沸腾区域（区域Ⅱ）。

（3）随着加热面上稳定蒸汽膜层的形成，带钢表面出现薄膜沸腾强制对流区（区域Ⅲ），该区域内由于热量传递必须穿过热阻较大的汽膜导热，而不是液膜，因此其换热强度远小于水与钢板之间的换热强度。

（4）随着流体沸腾汽化，在膜沸腾区之外，冷却水在表面聚集形成不连续的小液态聚集区（区域Ⅳ）。小液态聚集区的水最终或者被汽化，或者从钢板的边缘处流下。钢板层流冷却过程的表面局部换热区描述如图 2.68 所示。

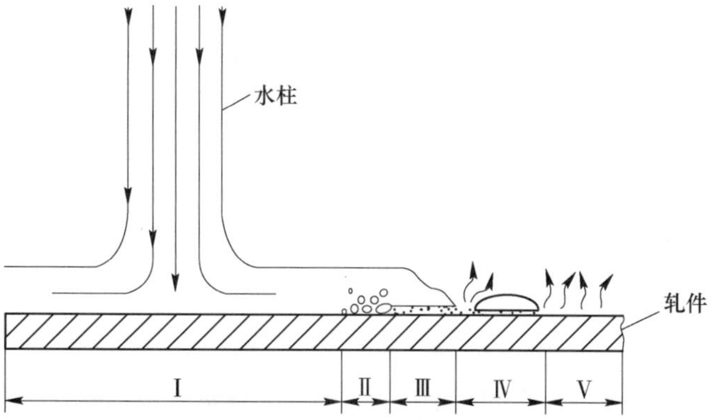

图 2.68 钢板层流冷却过程的表面局部换热区描述

表面形态：Ⅰ—单相强制对流；Ⅱ—核/过渡沸腾区；Ⅲ—膜沸腾区；Ⅳ—小液态聚集区；Ⅴ—向环境辐射和对流散热

（5）实际冷却过程中，由于传统层流冷却装置纵向集管间距较大，冷却水落到热钢板表面以后，在实际冷却过程中，造成膜沸腾换热区域（区域Ⅲ）远大于射流冲击换热区域（区域Ⅰ），由于汽膜阻热，导致冷却强度较低。此即为基于传统控冷设备工艺冷却强度偏低的根本原因。

（6）对于通过加密集管排布提高管层流设备冷却强度技术手段，可以说在一定程度上提高了钢板冷却强度。但实际过程中，由于管层流冷却装置采用无压冷却水自然流向钢板表面，加密集管布置提高钢板表面水流密度必然造成钢板上表面残留积水过多，导致集管流出的冷却水很难穿透残留积水的水层厚度，即新水无法与钢板表面实现直接接触，其结果即为更多的冷却水也并不能提高冷却效果，并往往起到反作用，恶化钢板冷却过程中的板形。

B 冷却均匀性差

（1）均匀性差的原因是由于其冷却过程中钢板表面残留水的无序流动以及由此形成的冷却水的过渡沸腾换热造成的。钢板冷却后的板形实际上是钢板冷却过程中冷却均匀与否的外在表现。

（2）冷却水在自重作用下流落至钢板表面后，受钢板运动惯性作用在较短时间内沿落点径向及钢板运行方向存在一定的有序流动，但随后即表现在残留水的无序流动。随着钢板沿轧线运行，更多的冷却水落至钢板表面，而此时前段流落至钢板表面的冷却水已受高温钢板影响水温升高。在后段新水与前段具有一定温升的残水交互作用影响下，钢板表面即会产生一定程度的冷却不均。

（3）随着冷却过程的进行，钢板表面冷却不均将进一步恶化，进而影响钢板内部组织性能，表现为钢板的板形瓢曲等，同时钢板内部残余应力较大。若钢板内部残余应力太大，钢板热矫后矫平的钢板，运至冷床以及后续工序时会存在板形再次瓢曲。为确保交货质量，很多中厚板企业往往依赖重载冷矫设备，造成工序压力及成本很高。

（4）中厚板在线直接淬火技术的核心也是高强度均匀化冷却技术。结合上述冷却机理分析，结合多年来的开发及应用实践从冷却机理看，传统冷却设备的冷却能力和冷却均匀性并不能满足中厚板的淬火冷却工艺要求。实践也表明，以传统冷却为机理的直接淬火设备，对于薄规格钢板，通常不能保证淬火后的板形，钢板冷却后易瓢曲，大大增加了后续矫直工作的难度；对于厚板（厚度不小于 30mm），难以达到板材淬火所需的冷却速率及淬透层深度，导致板材性能不合格。因此，开发中厚板直接淬火设备所需的高强度均匀化冷却技术必须摒弃传统冷却机理及设备结构模式。

由此可见，传统冷却技术在实践过程中暴露出的冷却速率低、冷却均匀性差等问题已成为制约 TMCP 工艺进一步发展与深入应用的关键因素。

2.4.5　超快速控冷装置时期

超快速控冷是相对于传统控冷的加速冷却而定义的，是东北大学以新一代 TMCP 工艺理论为指导的工业实践，历经近三年的理论探索、实验室原型装置开发、生产厂设备试用，2007 年经河北敬业中厚板试用后，再经不断的改进完善，是一项重点推广的研究成果。

截至 2017 年，此项技术已在全国中厚板、热连轧、H 型钢等 30 多条生产线上得到应用（其中中厚板应用的生产线 14 条）。

东北大学将此超快冷工艺命名为 UFC，将最新一代的 UFC 称作 ADCOS-PM。

企业的实用意义如下：

（1）对生产厂而言，它不同于以层流冷却为主的传统加速冷却技术（ACC），其装置的喷嘴与钢板距离较近，以一定角度将一定压力的冷却水喷射到钢板表面，将板面残存水与钢板之间形成的气膜吹扫掉，从而达到钢板和冷却水之间的完全接触，其装置具有很高的冷却强度，能接近水冷理论极限。东北大学开发的在企业应用的超快冷装置见图 2.69。

图 2.69　东北大学开发的在企业应用的超快冷装置

（2）在钢板冷却过程中，钢板表面与冷却水之间的换热方式以射流冲击换热以及核沸腾换热为主，避免了过渡沸腾与膜沸腾等不稳定换热状态的产生，有效地保证了钢板冷却后的均匀性。

（3）利用开发的一系列具有高冷却能力且可控性强的高性能射流喷嘴，通过优化喷嘴形式、喷射角度，以及“软水封”技术，可实现超快速冷却分区域控制及流场合理分布。

（4）利用其具有冷却速率大范围调整、冷却能力全面覆盖从弱水冷至超快速冷却所有冷却强度的特点，可完全满足产品对不同冷却强度的生产工艺需求。同时，结合预矫直机装置，其系统极大地改善了冷却过程中产品的冷却均匀性，使得冷后板形合格率和钢板表面质量得到大幅改善。

（5）其装备自动化系统实现了冷却速率、终冷温度以及冷却路径的高精度控制，实现 ACC、UFC 及 UFC+ACC 等多种冷却方式的自动控制，以及冷却过程弛豫时间等多元调节功能，满足了中厚板产品品种结构复杂、生产节奏快、冷却工艺窗口狭窄的生产需求。

（6）企业可以综合应用细晶强化、析出强化以及相变强化等多种强化机制，使得低成本高强低合金钢、高强工程机械用钢、管线钢以及低温容器钢等一系列高品质节约型中厚板产品得到了开发和应用。东北大学的超快冷装置工艺在中厚板企业近 10 年的应用效果证明了这一点。

2.4.5.1　超快冷装置的不断优化

从 2007 年开始，到 2017 年我国共有 14 套中厚板轧机用上了东北大学的超快冷系统。如果含热连轧生产线和H型钢生产线，全国共有30多套，这些超快冷系统都发挥了应有的作用。东北大学和有关企业共同完成的这项具有里程碑作用的成果获得了国家科技进步奖，这与超快冷系统能力和作用的不断提升、不断摸索、不断优化有直接的关系。就中厚板领域而言，经历了以下几个阶段：

（1）2007年为试用阶段。由东北大学出资，在河北敬业中厚板试用，UFC原型装置只有4m，保留了敬业中厚板厂原有简易的ACC装置，有效果，但效果不很突出。敬业中厚板的UFC装置见图2.70。

（2）东北大学进行了细节上的完善，后来在河北普阳中厚板1号轧机上使用时，根据厂方的实际条件，将UFC改为前置式，长度为7.2m，加上厂方原有的ACC，最终实现了DQ、UFC、ACC的全部功能。

（3）2012年在南钢中板建设UFC时，根据厂方的实际，拆除了原有的ACC，在预矫直机后面设置UFC，并兼有ACC功能，实现了DQ、UFC、ACC功能的全覆盖（UFC全长20m，实际应用18m）。在轧后辊道区域到矫前辊道区域配置了金属检测器、点式测温仪、气封、水封等辅助检测装置。

东北大学和南钢中板一起多次探索，使UFC成了优化型的结构。全部集管为倾斜式，兼有超快冷和层流冷却功能，从空冷到极限冷速，实现了无级调节和柔性化的冷却路径控制力。南钢中板优化型超快冷装置如图2.71所示。

图2.70 2007年安装在敬业中厚板的UFC装置

图2.71 南钢中板优化型超快冷装置图

（4）2014年南钢宽厚板开始建设的超快冷装置除了继续采用优化型结构，在预矫直后布置了20m长的UFC外，还在轧机前与后布置了长度各6m的具有即时冷功能的装置（IC），使南钢宽厚板具有DQ、UFC、ACC和IC的多种功能。

南钢宽厚板超快冷装置见图2.72。

图2.72 南钢宽厚板超快冷装置

（5）新余中厚板建设超快冷系统时，全面继承了鞍钢、首秦、南钢超快冷系统的优势。同时还根据厂方的实际情况和个性化需求，创新设计了复合角度射流喷嘴、水凸度、边部遮蔽等多种改善冷却均匀性的手段，使得系统功能更具完善。

（6）后来建设的唐山中厚板，沙钢中厚板超快冷系统在粗轧机后布置了24.6m长的UFC装置，在精轧机后布置了6m长的UFC装置，还多设置了即时冷（IC）功能。2017年开始建的山钢日照板卷厂的UFC系统，不仅长度达28m，还同样具备即时冷功能。

(7) 从理论上讲，以超快速冷却为核心的新一代 TMCP 技术，对不同的钢种及规格，开发了不同的冷却工艺制度，但是，由于各使用单位的本身实际条件有差异，与之配套的装备能力和来料的特点也有区别，这些都是有针对性的优化内容。此外新增的超快冷控制系统要完全嵌入原有轧线控制系统之中，往往需要不断地调试、改进和完善。受到工艺布置的限制，在轧机至热矫直机短短几十米的距离内，热轧中厚板先后经历轧制、预矫直、冷却以及热矫直等多个工序。新增的控制系统需要与轧机控制系统、预矫直机控制系统、热矫直机控制系统进行有机融合和无缝衔接。

2.4.5.2　优化后的主要结构特点

A　整体狭缝式喷嘴设计

喷嘴是超快冷装置的核心设备。为获得高温钢板与冷却水之间的高效均匀换热，超快冷装置将倾斜射流冲击冷却技术作为系统的核心换热技术，全新设计了具有冷却均匀性好、冷却效率高等特点的全宽范围均匀高流速的缝隙式冷却喷嘴，并利用有限元软件分析了喷嘴内部以及射流的流动规律。缝隙喷嘴能够产生流量分布均匀的出口射流，是中厚板超快速冷却设备中的核心装置。

为保证中厚板冷却过程中的冷却均匀性和板材平直度，在分析研究同类喷嘴结构特点的基础上，结合上述喷嘴结构对出口射流流量分布的影响作用，同时兼顾喷嘴使用工况，研发设计了具有自主知识产权的缝隙喷嘴。

缝隙喷嘴的开口度为 1.6~5.0mm，喷水角度和喷嘴与钢板之间距离可根据工艺需要进行调节。

0.2MPa 压力条件下，水流密度控制范围为 300~1500L/(m^2 · min)；0.5MPa 压力条件下，水流密度控制范围为 500~2300L/(m^2 · min)。喷嘴喷射情况见图 2.73。

图 2.73　喷嘴喷射情况

B　阵列式高密快冷喷嘴的结构设计

超快速冷却装备全新设计了带一定角度的圆形小口径高密度阵列排布高密快冷喷嘴，以达到高效的换热效果和冷却均匀性。并利用有限元分析软件对喷嘴内部流场和冲击射流流场进行模拟和分析。

C　高密快冷喷嘴设计

高密快冷喷嘴的单位冷却强度低于缝隙喷嘴，用于缝隙喷嘴后以便进一步降低钢板表面温度，保持钢板内部和表面的温度梯度。冷却水经高密快冷喷嘴喷出后形成密集的水柱，均匀地喷射在该喷嘴覆盖区域内。

高密快冷喷嘴的冷却速率调整范围非常大，可以适用于各品种钢板的冷却。在高密度喷嘴中设置水凸度调整装置和节水装置，通过喷嘴合理设计配合控制阀组实现宽板的凸度控制和节水控制。

上喷嘴的水流密度调整范围为 300~1500L/(m^2 · min)，下喷嘴的水流密度调整范围为 100~1875L/(m^2 · min)。高密快冷喷嘴喷水状况见图 2.74。

D　上冷却区域内集管配置

为达到理想的冷却效果，在冷却区域内的各个集管按照特定方向布置，形成特有的“软水封”控制技术，以清除钢板表面残余冷却水，提高冷却水的换热效率，改善钢板的冷却均匀性，同时有助于超快速冷却装置与层流冷却装置之间钢板表面温度的准确测量。

“软水封”技术使得钢板上表面高速流动的冷却水固定在一定的区域之内，避免钢板离开超快冷出口

图 2.74 高密快冷喷嘴喷水状况

后冷却水对钢板上表面的二次冷却作用。

"软水封"技术的设定原则如下：

（1）"软水封"是在超快速冷却区内设置反向集管，即沿水平与正向集管朝向相反地布置集管。

（2）"软水封"作用区域确定原则：1~3 组正向集管+1 组"软水封"。

（3）"软水封"流量确定原则："软水封"集管的流量根据具体冷却工艺进行单独设定，通常情况下设定为 1/2×本区域内所有正向集管流量之和<"软水封"水量<2×本区域内所有正向集管流量之和。

通过缝隙喷嘴、高密快冷集管以及"软水封"的合理布置，冷却水被有效地控制在超快速冷却区内，避免了超快速冷却区出口钢板上表面产生大量残余水，影响钢板的冷却均匀性。同时，"软水封"将超快速冷却区划分为相对独立的冷却单元，这有效地改善了上表面冷却水的流动状态，避免集管间水流的互相干扰，提高了冷却水换热效率。

如图 2.75 所示，在整个冷却区中，每两组集管成对射分布，正向喷射集管与钢板表面呈 θ 夹角，逆向集管与钢板表面呈 $-\theta$ 夹角，在两组集管共同作用下，冷却区内钢板上表面与冷却水之间的换热被分为 A、B 两个区域。

A 区域为射流冲击换热区域、冲刷换热区域以及积聚水换热区域。

B 区域为少量残余水换热区域，此区域通常设置侧喷装置以清除冷却水，减小残余水的影响。集管对称布置，将钢板表面残余水限定在一个小区域内，有效地抑制了残余水无序流动，避免了"软水封"前冷却水的大量积聚，获得了更好的冷却均匀效果。

钢板依次经历 A 区域和 B 区域的交替换热，使得钢板表面能及时接触到更多的新水，获得较高的换热效率。

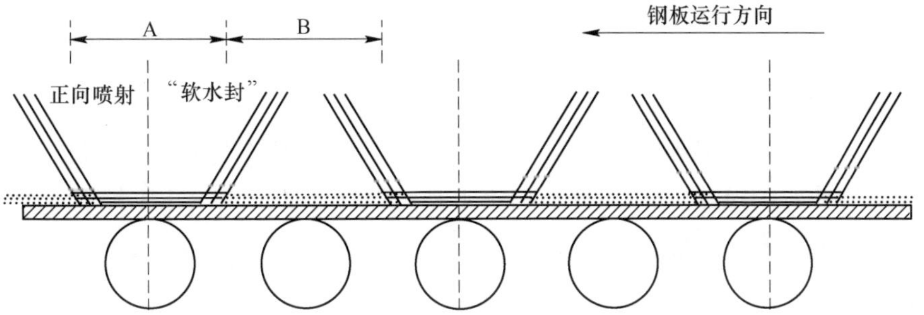

图 2.75 对称射流集管布置

E 上下集管对称布置配置

为满足不同厚度规格钢板的工艺需求，超快冷上集管框架被设计成水平方向相对静止，竖直方向可通过机械丝杠和液压系统进行上、下调整。

如图 2.76 所示，D 为上集管和下集管在竖直方向的中心线间沿轧向的距离，H_d 为下集管喷射出口到辊道上表面的距离，H_u 为上集管喷射出口到辊道上表面的距离，θ 为射流冲击与竖直方向的夹角。通过合理设计使得上述参数满足如式（2.1）所示的条件：

$$H_u \tan\theta = H_d \tan\theta + D \tag{2.1}$$

当对厚度为 h 的钢板进行冷却时，上集管高度 H 设定为：

$$H = H_u + h \tag{2.2}$$

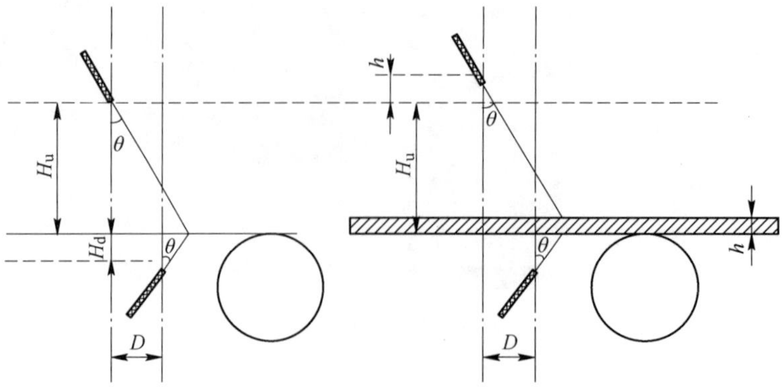

图 2.76　上框架高度调整示意图

F　挡水辊切分冷却单元

由于上集管冷却水不能被及时清除出钢板上表面，大量的冷却水顺着钢板表面溢流堆积，与钢板表面形成较为强烈的换热不均。

为解决上集管残余水对其他集管冷却水所造成的影响，对钢板上表面的水流分布采用挡水辊技术进行分割，使得高速流动的冷却水固定在一定的区域之内，避免钢板离开超快冷出口后冷却水对钢板上表面的二次冷却作用。

冷却区内上挡水辊与输送辊道对称布置，工作时挡水辊距离钢板上表面 2~50mm，其主要作用是避免钢板上表面预激冷，阻止钢板上表面残余水的无序流动，并对冷却过程中钢板的变形起抑制作用。

挡水辊能够充分发挥作用的前提是增设预矫直机装置。预矫直机安装在精轧机和钢板冷却装置之间，用于减轻钢板头或尾翘曲并修正板身平直度缺陷，避免由于原始板形缺陷造成的钢板冷却不均，同时也为挡水辊装置充分发挥作用提供了基本保障。挡水辊布置如图 2.77 所示。

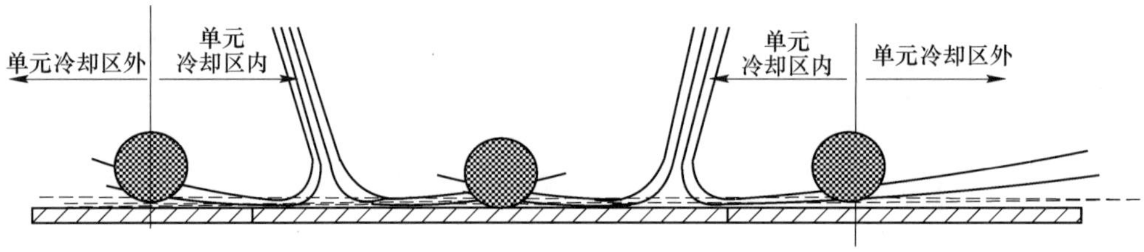

图 2.77　挡水辊布置

G　上下水量配比控制

当下集管冷却水冲击到钢板下表面后，在重力的作用下迅速回落至地沟中排出，而钢板上表面冷却水将沿钢板表面继续流动产生换热。钢板上下表面所经历的换热方式不尽相同，在同等条件下钢板上表面的换热远远大于钢板下表面的换热。

为实现钢板上下表面的对称换热，需要增加下集管流量以对下表面换热能力进行补偿。而上下集管流量的比例与集管射流水流量、辊道运行速度等工艺规程参数以及钢板厚度、宽度等尺寸规格密切相关，合理的上集管与下集管水量比通常在 1∶1.1~1∶2.5 的范围之内。

H　残水控制

残余冷却水在钢板表面的无序流动，与钢板表面发生不均匀的二次换热，同时也影响检测仪表的测量精度。如图 2.78 所示，侧喷、中喷及吹扫等辅助装置被合理布置到冷却区内，用于清除钢板表面的残余冷却水，以提高冷却效率和改善冷却均匀性。

在 1.2MPa 压力作用下，侧喷水以约 40m/s 的流速，冲击钢板上表面残余冷却水，将其清除出钢板上表面。强力吹扫装置清除范围覆盖于整个钢板表面，对于剩余的少量残余冷却水能够起到彻底清除的效果。

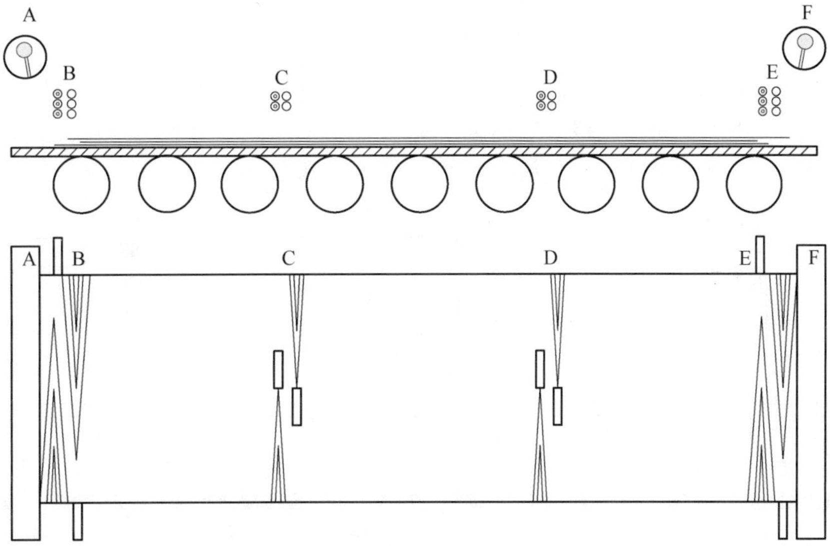

图 2.78 残余冷却水清理措施

A，F—吹扫；B，E—侧喷；C，D—中喷

I 液压多缸同步保护系统设计

安全性和稳定性是检验系统能否适应工业化生产的重要指标。为此，超快冷装置设计了防钢板翘曲保护技术。为了避免来钢的板形不良对距离辊道面较近的超快冷上集管造成破坏性的撞击，所设计的超快冷上集管具有快速抬起到安全位置的功能。

超快速冷却装置的上框架需要被多个液压缸快速、同步地提升。上框架在快速提升过程中，如果各液压缸之间的同步误差较大，将使得框架变形，造成设备卡阻损坏。

因此，为保护设备必须保证各液压缸在提升过程中的高精度同步。为此，将多液压缸同步作为难点问题进行攻关，研制出完全可仿真超快冷框架快速提升装置各种工作状态的多液压缸同步模拟装置，在分析研究液压缸分布及控制回路的基础上，提出一种基于液压同步马达配合比例阀补偿的控制方案，开发出具有自主知识产权的液压系统同步控制技术及控制系统。

实际应用结果表明，快速提升平均速度达到约 110mm/s，多液压缸快速提升同步控制偏差实际已小于 3%。图 2.79 为实测的超快速冷却装置移动框架快速提升过程曲线。

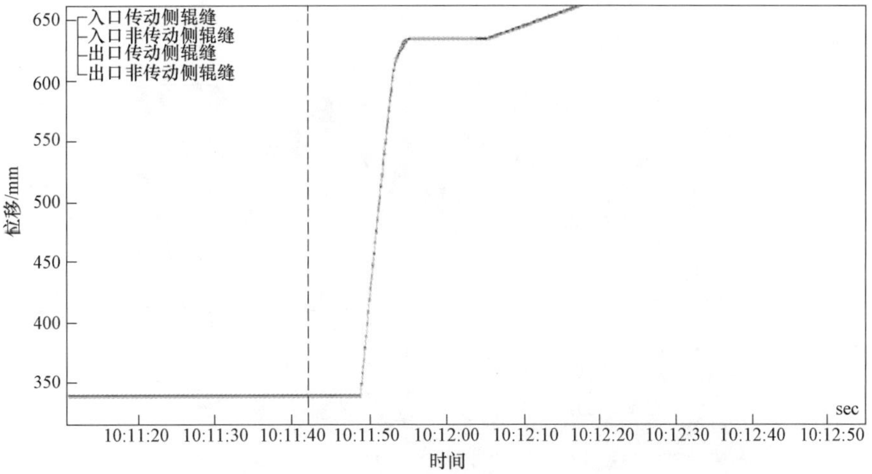

图 2.79 实测的超快速冷却装置移动框架快速提升过程曲线

J 超快速冷却装置的整体集成

在基本功能设计完成的基础上，对超快冷装置进行系统集成。ADCOS-PM 有效冷却长度 18~24m，由倾斜布置的上下对称喷嘴组成，分为 BANK A 和 BANK B 两个分区，分别有可移动上框架，其提升机构由电动螺旋升降系统和液压快速提升系统组成，实现上框架提升及快抬保护上喷水系统功能。

BANK A 区长为 8~12m，上喷嘴间设有挡水辊，工作时挡水辊距离钢板表面 2~50mm；BANK B 区长为 10~12m，喷嘴间未设置挡水辊，工作时喷嘴出口距离钢板表面 300mm。

在线钢板进入超快冷区域时，第一段框架上的挡水辊和下方的辊道保持同步转动。将冷却水射流区域分隔，减弱残留水对在线淬火钢板板形的影响。超快冷各个水封、中喷及侧喷已与开启的各组集管联锁，清除钢板表面残余冷却水。图 2. 80 所示为超快冷设备整体集成。

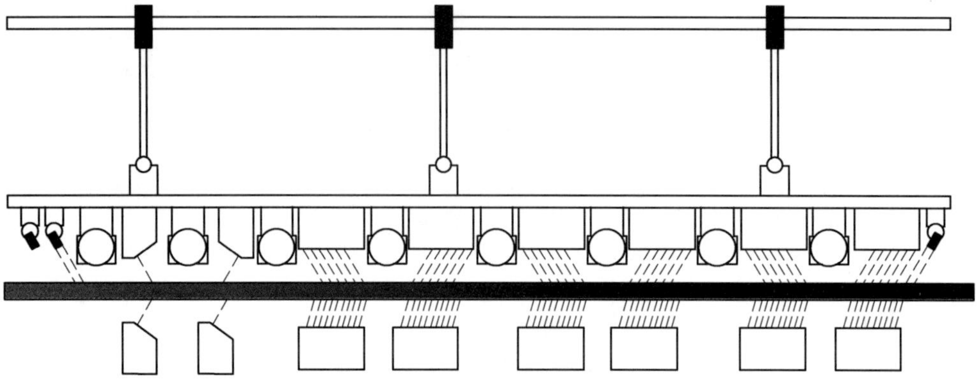

图 2. 80　超快冷设备整体集成示意图

2. 4. 6　超快冷装置的应用实例

就中厚板生产线而言，自 2007 年超快冷装置在河北敬业中厚板厂试用之后，目前已在全国 14 套中厚板生产线推广并应用，取得了良好的预期效果。本节将部分生产线的超快冷装置的功能特点和各类参数及利用其开发的品种情况作简单介绍。

2. 4. 6. 1　鞍钢宽厚板

鞍钢 4300mm 宽厚板轧后超快速冷却系统设计为前段高压水射流冲击冷却（UFC）和后段高密 U 形管层流冷却（ACC）相结合的设备布置形式。

前段高压水射流冲击冷却装置能够实现对钢板的超快速冷却，后段高密 U 形管层流冷却装置能够实现对钢板的加速冷却。

前段超快冷与后段加速冷却的联合使用能够对钢板进行多级温度路径控制，同时也可满足在线淬火（DQ）的工艺需求。

超快速冷却系统装置如图 2. 81 所示。

图 2. 81　鞍钢 4300mm 宽厚板轧机超快冷装置

冷却工艺设备布置在精轧机与矫直机之间的输出辊道上。

轧后冷却设备全长 28m，其中 UFC 为 6m，ACC 为 19. 2m，UFC 与 ACC 间隙为 1m。

射流超快冷却装置每组集管间距 0. 6m，依次沿轧制中心线布置 10 组冷却集管，包括 2 组缝隙集管和 8 组三联集管。

层流冷却装置上集管共计 12 组，每组上集管间距 1.6m；下集管共计 24 组，每组下集管间距 0.8m。该冷却设备的基本技术参数如表 2.10 所示。

表 2.10 鞍钢 4300mm 厚板轧机超快冷装置基本技术参数

主体设备	超快速冷却区	加速冷却区
长度/mm	6000	19200
宽度/mm	4300	4300
瞬时水量/$m^3 \cdot h^{-1}$	6000（0.5MPa）	8500（0.1MPa）
上喷嘴高度/mm	距钢板上表面 300	距辊道上表面 1450
	电动提升系统速度：2	无
上喷水系统提升速度/$mm \cdot s^{-1}$	液压提升系统速度：100	无
下喷嘴高度/mm	辊道上表面下方 100	辊道上表面下方 100

基于以超快速冷却装置为核心的新一代 TMCP 技术，鞍钢中厚板厂已经完成了高强工程机械钢Q460～Q690，石油储备罐钢 08MnNiVR 和 12MnNiVR，水电钢 AY610D，管线钢 X65、X70、X80 以及高强船板 AH32-FH550 等一系列低成本产品的生产及供货。

实践表明，应用该套系统节约了合金元素，钢板冷却均匀性明显改善，产品各项性能良好，生产工艺得以简化，生产效率得到提高，满足了低成本减量化产品的生产需求。

通过该技术开发的产品已应用于船板、水电、管线、桥梁、容器及国防工业工程。

2.4.6.2 南钢中板

南钢 2800mm 中板超快冷系统改造项目包括原 ACC 装置全部拆除，新增预矫直系统、超快冷系统及配套水处理系统。

预矫直机装置长 4m，与精轧机距离为 59m。超快冷装置使用长度 18m，距离预矫直机出口 3m，与热矫直机距离为 50m。

超快冷装备有效冷却长度 18m，约为第一代超快冷装备长度的 3 倍（指 2006 年试用的设备长度一般为 6m），由倾斜布置的 18 组上下对称喷嘴组成。其中缝隙集管 2 组，高密快冷集管 16 组，分为 BANK A 和 BANK B 两个分区，分别有可移动上框架，其提升机构由电动螺旋升降系统和液压快速提升系统组成，实现上框架提升及快抬保护上喷水系统功能。

BANK A 区长为 8m，上喷嘴间设有挡水辊，工作时挡水辊距离钢板表面 2～50mm；BANK B 区长为 10m，喷嘴间未设置挡水辊，工作时喷嘴出口距离钢板表面 300mm。在冷却区内适当位置配置若干中喷、吹扫等辅助装置，用于消除残水，提高换热效率，改善冷却均匀性及提高钢板温度测量精度。冷却系统工艺及仪表布置如图 2.82 所示。

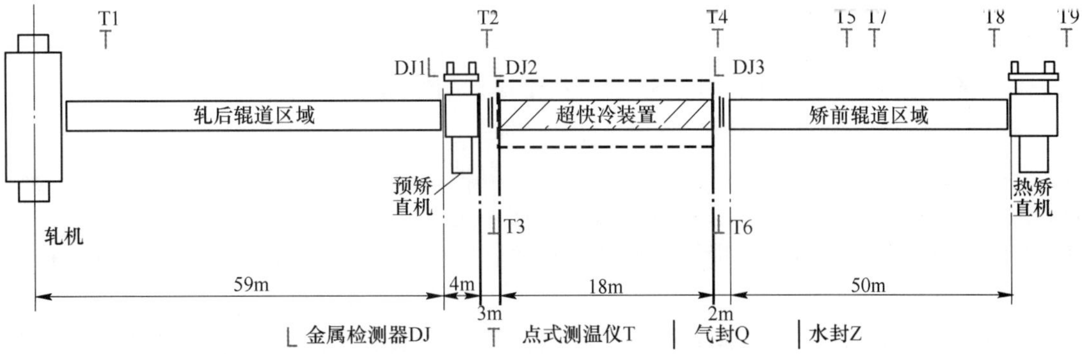

图 2.82 冷却系统工艺及仪表布置

南钢 2800mm 中板超快系统总貌如图 2.83 所示。

超快冷装置基本技术参数见表 2.11。

图 2.83　南钢 2800mm 中板超快速冷却系统

表 2.11　超快冷装置的基本技术参数

主体设备	超快速冷却区
设备长度	全长 20m，有效长度 18m，BANK A 长度 8m，BANK B 长度 10m
冷却区宽度	2800mm
冷却区域	2 个 BANK A/BANK B
集管组数	缝隙 2 组（4 个），高密 8 组（32 个）
工作位及检修位	BANK A 工作位 20mm，BANK A 检修位 1000mm
	BANK B 工作位 300mm，BANK B 检修位 1000mm
瞬时最大水量	6300m^3/h（0.5MPa），4200m^3/h（0.2MPa）

南钢 2800mm 中板的轧后冷却系统为全新的中厚板轧后先进冷却系统（ADCOS-PM），冷却装备全长 20m，达到中厚板常规加速冷却装备长度，全面取代了传统层流冷却系统。

ADCOS-PM 具有冷却速率可大范围调整的特点，冷却能力全面覆盖从弱水冷至超快冷所有冷却强度，极大地满足了产品对不同冷却强度的生产工艺需求。

ADCOS-PM 装备自动化系统实现了冷却速率、终冷温度以及冷却路径的高精度控制，满足了中厚板产品品种结构复杂、生产节奏快、冷却工艺窗口狭窄的生产需求。

结合预矫直机装置，ADCOS-PM 系统极大地改善了冷却过程中的冷却均匀性，冷后板形合格率和钢板表面质量得到大幅改善。充分利用传统加速冷却（ACC）功能、超快速冷却（UFC）功能、直接淬火（DQ）功能的多功能轧后先进冷却装置。该系统综合应用细晶强化、析出强化以及相变强化等多种强化机制，低成本高强低合金钢、高强工程机械用钢、管线钢以及低温容器钢等一系列高品质节约型中厚板产品得到了开发和应用。

2.4.6.3　首秦中厚板

首秦 4300mm 中厚板超快速冷却段主体设备布置在精轧机后与层流冷却设备之间，由 2 组狭缝式喷嘴和 7 组高密快冷喷嘴组成，长 7.2m。图 2.84 为首秦中厚板超快速冷却装置照片。

首秦 4300mm 中厚板生产线利用超快冷装置进行产品开发，取得了明显的效果。经几轮调试后成功地开发出低成本厚规格高强度的 Q370q 级别桥梁用钢板，取消了 Nb 和 Ti 微合金元素的添加，节约 0.03% 的 Nb 和 0.015% 的 Ti，强度、塑性、韧性和焊接性能均完全满足用户的要求。

采用原有的 Q370q 的成分，成功地将钢种级别提高至 Q420q、Q460q，部分产品甚至达到 Q500q 的性能要求。

借助于超快冷系统高冷速和高冷却均匀性的特点，首秦成功开发了低成本高等级的 X65、X70、X80 级别管线钢，21.0mm 以下规格 X70 取消 Mo、Cu、Cr 等合金元素的使用，21.0mmX80 级别无 Mo 低 Ni 化生产，取得了很大的经济效益和社会效益。

此外，利用超快速冷却系统与传统加速冷却系统结合使用，首秦中厚板成功地进行了耐磨钢、海洋工程用钢等 DQ 产品的生产。

2.4.6.4 三钢中板

针对三钢3000mm中板现有ACC冷却装置在开发低成本减量化中厚板生产技术过程中表现出的冷却能力不足及板形合格率低等问题，福建三钢集团股份有限公司决定对3000mm中板现有轧后冷却系统进行升级改造，与东北大学合作开发超快速冷却系统并进行新一代TMCP技术的研发工作。

三钢3000mm中板超快冷系统装置见图2.85。

图2.84 首秦中厚板超快速冷却装置照片

图2.85 三钢3000mm中板超快速冷却装置

三钢3000mm中板超快冷项目是在原层流冷却系统的基础上进行改造，在改造过程中保留了部分原冷却装置（ACC）。

三钢3000mm中板超快冷装置参数见表2.12。

表2.12 三钢3000mm中板超快冷装置参数

项　目	单　位	参　数
有效冷却区长度	m	12
冷却钢板最大宽度	m	2.8
冷却装置最大水量	m^3/h	6000
冷却装置水压	MPa	0.5/0.2/0.1
缝隙喷嘴数量	组	2
高密集管数量	组	10

三钢3000mm中板超快冷系统包括生产线超快速冷却装置及配套水处理系统，原ACC系统部分利旧。

依据轧后不同冷却工艺的要求，喷水系统由缝隙段和高密快冷段组成，实现从常规冷却到超快速冷却的无级调节。

为改善冷却过程中换热、消除残水、提高冷却均匀性及提高钢板温度测量精度，超快冷系统还配置有中喷、吹扫等相关辅助装置。

该系统的电气及自动化控制包含多工艺段钢板跟踪控制、头尾速度及流量联合遮蔽控制、喷水逻辑控制、规程智能制定及新一代通讯平台，实现了“一键式”自动、连续生产。

水处理系统具备水位控制、自水冷控制及供水压力控制等功能，通过合理的模式切换及供水压力、流量调节，以及智能升频、开关水预判、超快冷/ACC自动切换等措施，实现水系统稳定、快速、精确供水。

通过增设超快冷系统，降低了生产能耗，提高了设备利用率及产品成材率，Q345B的减量化调试完成并逐渐扩大生产规模。

2.4.6.5 南钢宽厚板

2011年8月26日，东北大学轧制技术及连轧自动化国家重点实验室（RAL）一举中标南钢宽厚板项目中控制冷却装置的工艺、装备和自动化系统，使超快冷装置推向最宽级。

南钢 5000mm 宽厚板厂超快冷装置的技术参数见表 2.13。

表 2.13　南钢 5000mm 宽厚板厂轧机超快冷装置的基本技术参数

主体设备	超快速冷却区
设备长度	全长 24m，有效长度 22m
冷却区宽度	5000mm
冷却区域	冷却区 ZONE A，分别供应 0.2MPa 和 0.5MPa 压力的冷却水； 冷却区 ZONE B 可供应 0.2MPa 或 0.5MPa 压力的冷却水
集管组数	缝隙喷嘴上下各 4 根，高密快冷喷嘴上下各 20 根
工作位及检修位	ZONE A 工作位 8～100mm，检修位 1000mm； ZONE B 工作位 300mm，检修位 1000mm
瞬时最大水量	0.5MPa：15000m^3/h； 0.2MPa：13000m^3/h

2013 年 9 月 26 日，南钢 5000mm 宽厚板工程超快冷装置顺利完成热负荷试车。

南钢 5000mm 宽厚板工程超快冷装置项目是东北大学 RAL 实验室成功开发的第 7 套中厚板超快冷设备，具备 ACC、UFC+ACC、ACC+UFC、DQ 等多种冷却功能，可满足常规轧后冷却、中间坯冷却等多种工艺需求，冷却钢板厚度最大可达 250mm，最大宽度为 4850mm。南钢 5000mm 宽厚板超快冷装置见图 2.86。

图 2.86　南钢 5000mm 宽厚板超快冷装置

南钢 5000mm 宽厚板已利用该系统成功完成宽度达到 4686mm 的超宽管线钢 X80 的工业生产。终冷温度满足目标控制要求，产品各项性能良好，冷后板形良好，如图 2.87 所示。

图 2.87　未经热矫直的 4686mm 宽 X80 冷后板形

2.4.6.6 新余中厚板

新钢 3800mm 中厚板原有的传统加速冷却系统冷却能力低、冷却均匀性差，已不能满足 TMCP 技术产品的生产需求。

为此，新钢公司决定对其轧后冷却系统进行全面的升级改造，由东北大学设计建造一套集 ACC、UFC、DQ 等多功能于一体的中厚板轧后先进冷却系统，进而进行高品质节约型中厚板产品的研发和生产，提升企业竞争力。

新钢 3800mm 中厚板超快冷系统，全面继承了鞍钢 4300mm、首秦 4300mm、南钢 2800mm 和南钢 5000mm 超快速冷却系统的技术优势，实现了 DQ、UFC、ACC 等多种冷却工艺功能。

同时，全新设计的复合角度射流喷嘴、水凸度、边部遮蔽等多种保证冷却均匀性的手段，使得系统功能更加完善。

该项目为交钥匙工程，东北大学全面承担该项目的土建、机械装备、液压设备、电气自动化和工艺过程控制系统。

经过缜密的安排和艰苦奋战，自 2013 年 5 月合同签订至 2013 年 12 月建成投产，该项目的设计、制造、施工仅仅用了 6 个月时间，并且在短短 11 天内完成所有建设施工和冷调试工作，于 2013 年 12 月 24 日一次性热负荷试车成功，恢复正常生产，创造了建设周期和施工周期的新纪录。

由东北大学设计的这套先进超快速冷却系统，主要解决新钢 3800mm 中厚板在船用钢、海洋平台用钢、管线钢、压力容器用钢、高强度钢、耐磨钢等高品质钢板生产方面存在的工艺、设备难题，提高产品的生产质量和经济技术指标。

目前，该生产线生产的产品已经覆盖升级改造前的所有品种和规格，产品冷却均匀性得到了有效改善。

在此基础上，结合新一代 TMCP 工艺，充分发挥多功能冷却设备的技术优势，进行了 12MnNiVR 直接淬火开发、Q550DTMCP 工艺开发，以及高强船板、Q345B 减量化工艺产品生产，达到了预期效果。

新钢 3800mm 中厚板超快冷装置见图 2.88。

图 2.88 新钢 3800mm 中厚板超快冷装置

2.5 矫直设备

2.5.1 矫直的必要性

中厚板轧制时，由于加热后的原料存在一定的内外温度差、上下表面温度差，以及轧制过程降温的不均匀性、压下控制的不尽合理等，会造成轧件延伸不均匀，其后在辊道停留产生的黑印和冷却等因素的影响下，钢板往往会产生形状缺陷，如图 2.89 所示，主要有纵向弯曲（a）、横向弯曲（b）、边缘浪形（c）、中间浪形（d）等。为了保证钢板的平直度符合产品规定，对热轧后的钢板必须进行矫直。表 2.14 列出了中厚板的板形缺陷及产生原因。矫直机的几种工作状态见图 2.90。

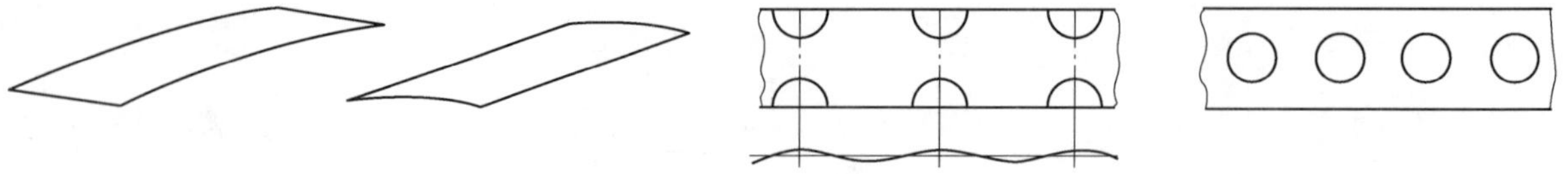

图 2.89　钢板的形状缺陷

表 2.14　中厚板的板形缺陷及产生原因

序号	生产过程	板形缺陷	产　生　原　因
1	轧制	中浪、边浪、浪形、镰刀弯、翘曲	厚度不均、温度不均、变形不均、主传动控制偏差、冷却不均、残余应力大且不均、缺乏平整道次
2	加速冷却	瓢曲、边浪	不均匀冷却、边部过冷
3	热矫直机	原缺陷残余	矫直机能力差、操作不当
4	冷床空冷	瓢曲	不均匀冷却
5	剪切	边部剪弯	剪刃侧隙和重叠量不合适、剪机能力差
6	火焰切割	边波等	热应力
7	热处理	瓢曲等	加热与冷却不均
8	抛丸	翘曲	硬化不均，特别是单面抛丸
9	冷矫	瓢曲等	残余应力大
10	运输和存放	弯曲	运输吊装和放置不当

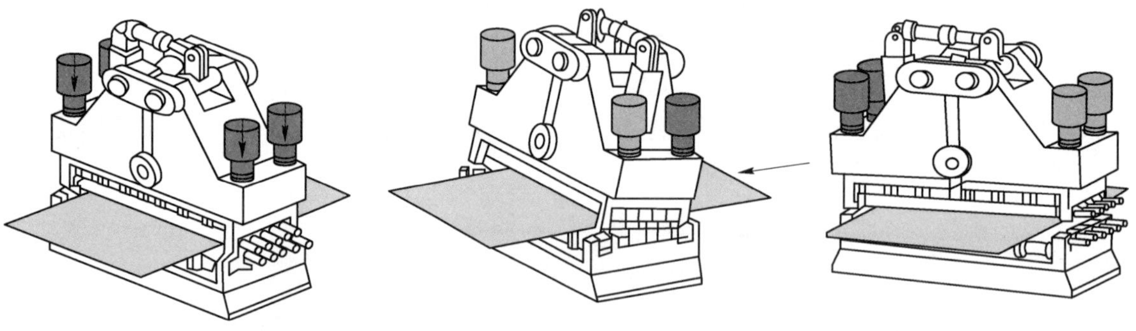

图 2.90　矫直机的几种工作状态
（a）水平矫直；（b）倾斜矫直；（c）侧倾矫直

2.5.2　矫直机的演变

21 世纪前，矫直机按结构可粗略地分为两代。早期的第 1 代大多为 5 辊式，有 3 个上工作辊，2 个下工作辊，以及分别布置在上排中间工作辊之上（作为驱动辊）及 2 个下工作辊之下的 3 个支撑辊共 8 个辊。第 2 代则增加了矫直辊的数量，工作辊从 5 辊、7 辊增加到 9 辊、11 辊。支撑辊由整体式单支撑辊组成。

我国 21 世纪 70 年代末至 90 年代中期绝大多数中厚板企业采用从第 1 代演变过来的第 2 代被称为传统的二重式 9 辊或 11 辊热矫直机。当时使用的二重式热矫直机布置方式见图 2.91。

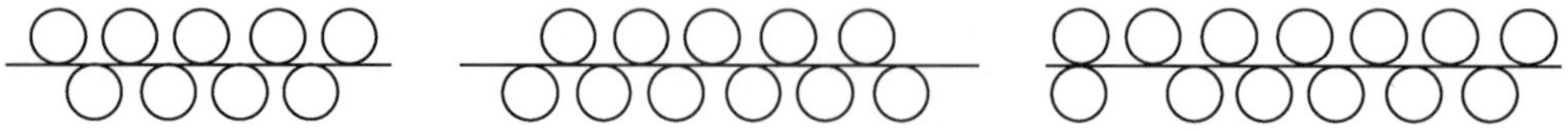

图 2.91　二重式热矫直机布置方式
（a），（b）二重式热矫直机的矫直辊布置；（c）带送料辊的二重式热矫直机的矫直辊布置

2.5.2.1 传统矫直机的局限性

（1）本身刚度低，而且辊系多采用大节距、大工作辊，辊数和辊距是不变的，支撑辊的承载能力较低，致使矫直效果不好，质量低、成材率低、维修不便，尤其是矫厚的和薄的钢板质量不理想。

（2）后来有的企业改变成 5 辊主要用于矫厚的，原 9 辊矫直机则专门用于矫薄的。虽然这样做可以简单地扩大了厚度范围，但仍然因辊径不变且辊距大，有时还需要设置单独的升降装置。

（3）电机调整系统在设定位置时，由于存在精度不高、再现性和动态响应性不理想等不足，很难满足高质量矫直的要求。

（4）上矫直辊通常只能在纵向以楔形方式调整，实践表明，装有该类型调整系统的已很难高水平地满足钢板平直度、残余应力最小化以及从钢板中心到表面残余应力逐渐减小尤其是 1~2 道工序就能矫直的要求。

（5）那个年代，弯辊技术不普及，带有中浪或边浪的钢板纵向纤维长度不一致，需要多个道次才能满足平直度的要求，增加了生产成本。

（6）从矫直效果考虑，要求矫直辊不能变形，尤其是辊距要尽可能小，希望能 1 个道次就能完成理想的结果，但实践表明传统的二重式不能顺畅地达到要求。而随着 TMCP 工艺的逐渐推广，面临着经控冷后的钢板到矫直工序时不仅温度已降低，塑性也降低，于是这类传统的矫直机已不能胜任在低温区对钢板进行大变形量的矫直工作。

统计资料显示，直到 2003 年我国中厚板轧机新一轮大技术改造前，安钢、武钢、邯钢、南钢、新余、韶钢、重钢、营口、济钢、天津、浦钢、马钢、柳钢、昆钢、临钢等当时的骨干企业仍采用二重式的传统矫直机。仅有鞍钢厚板、舞钢厚板、济钢中厚板、浦钢厚板、秦皇岛中板、酒钢中板等采用了先进的四重式 9 辊或 11 辊矫直机，四重式热矫直机布置图见图 2. 92。

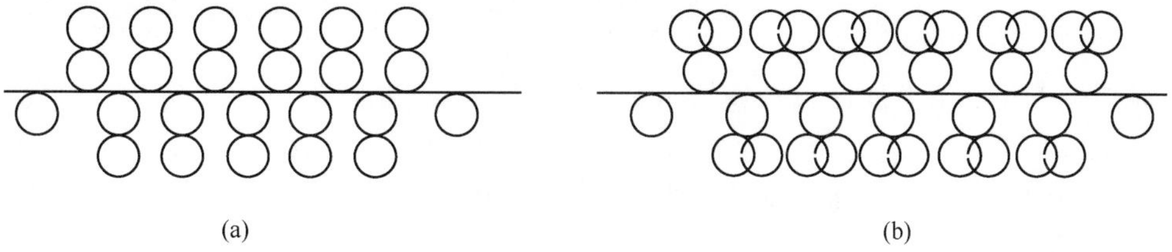

图 2. 92 四重式热矫直机布置图
（a）支撑辊与矫直辊布置在同一垂直轴线上的四重式热矫直机；
（b）支撑辊与矫直辊布置不在同一垂直轴线上的四重式热矫直机

2.5.2.2 21 世纪矫直机类型的多样化

21 世纪以来，随着中厚板生产工艺的发展，中厚板企业对提高中厚板产品质量、降低成本、提高产品附加值的要求越来越高，于是对矫直机的要求也趋于多样化。

目前生产中按钢板在矫直过程中的受力方向分为辊式矫直机和压力矫直机两种，见图 2. 93。

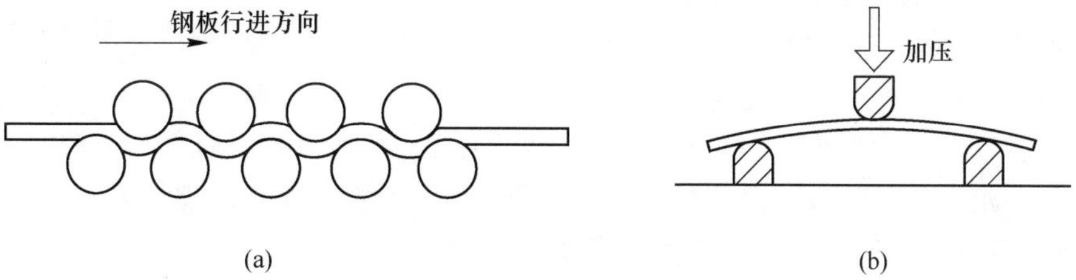

图 2. 93 辊式矫直机、压力矫直机示意图
（a）辊式矫直机；（b）压力矫直机

辊式矫直机主要有预矫直机、热矫直机、冷矫直机、热处理矫直机（温矫）等。压力矫直机主要为压平机。

2.5.3 21世纪矫直机的类型

2.5.3.1 预矫直机

控轧控冷工艺的日趋成熟和广泛应用，致使钢板到热矫工序时的温度进一步降低。而钢板的屈服极限则不断提高，单靠热矫直机无法保证钢板的矫直质量要求，这就促使了预矫直机的应用和发展。

目前，国内在宝钢、南钢、济钢、莱钢、鞍钢、首秦、新余、三明等不少企业的中厚板生产线上，已经进行了新一轮的技术升级，在轧机后，紧靠 ACC 快速冷却入口段，新增了钢板高温预矫直机，以弥补单一热矫直机对控轧控冷工艺适应性的不足。

随着近几年中厚板生产技术的发展，预矫直机不仅逐步开始在国内新建中厚板生产线上应用，许多老中厚板生产线也开始改造，增设预矫直机。预矫直机见图 2.94。

图 2.94　预矫直机

预矫直机通常位于轧机下游加速冷却设备入口处，用于矫直轧制钢板的缺陷，使钢板能够顺利地进入加速冷却设备的上下冷却集管之间。通常预矫直机的矫直温度为 700℃ 以上，矫直钢板厚度为 8～50mm，矫直机速度为 1～2.5m/s，矫直辊数量为 5～7 根，相当于 5～7 辊的热矫直机，2007 年起出现了 9 辊的趋势（上 4 下 5）。

2.5.3.2 热矫直机

热矫直机一般布置在精轧后、冷床前，用于矫直终轧或经过轧后控制冷却的热钢板。为适应不同的钢板厚度及强度的矫直，有些中厚板厂配备有两台热矫直机，分别用来矫直较薄的钢板和较厚的钢板。随着设计水平和设备能力的提高，也有一些厂只配置一台强力矫直机就能满足大部分钢板的矫直。

21 世纪新建的中厚板企业及大部分老企业改造后都不再使用矫直效果不好的二重式热矫直机，而改用四重式热矫直机。

热矫直机作为中厚板生产线上的重要设备之一，为了满足提高热矫直机生产率和高质量钢板矫直的要求，21 世纪的热矫直机大都具有如下特点：

（1）采用高刚度的结构，矫直机的承载能力强，矫直质量高，可矫直钢板厚度范围大。

（2）上矫直辊能横向倾动，并可改变矫直辊的挠曲；采用数字控制系统精确调整上矫直辊位置，上辊系位置及辊形控制精度高，可准确灵活地实现辊缝控制，有效消除钢板的单侧或双侧浪形缺陷。

（3）带有安全自动保护控制和压力监控功能，可随时监控整个矫直过程，并装备液压安全装置和快速松开装置以便在设备过载、卡钢和停电时快速松开矫直辊。

（4）采用高强度机架，机架重量轻，设备精度高，布置紧凑，便于运输和安装。

（5）矫直辊采用内冷，以降低矫直辊温度，保护矫直辊，改善矫直效果。

（6）矫直辊传动采用多输出轴式减速机和齿轮座，用万向接手传动以使全部矫直辊同步运转。矫直机采用直流或交流电机驱动，随矫直辊数的不同，一般采用两台主传动电机。主传动装置能够均衡各矫直辊负载，以减少矫直辊内应力。

（7）电气操作控制系统可自动对辊缝、矫直力及多种力能参数进行调整和实时记录。

（8）利用模型进行预设定，矫直过程可实现全面自动控制。

（9）可实现辊系整体快速换辊。

热矫直机见图 2.95。

图 2.95 热矫直机

2.5.3.3 冷矫直机

冷矫直机布置在剪切线或精整区，用于矫直经热矫没有达到要求或在后部工序产生形状缺陷的钢板。一般来说，冷矫直机的矫直温度为常温~150℃，矫直钢板厚度为 4~25mm，矫直机速度 0.3~1.0~1.5m/s。现代化的冷矫直机与热矫直机的结构形式基本相同，为四重式结构，矫直辊数量一般取 9 根或 11 根。

为配合钢板在不同位置处的不同变形曲率，精确控制各矫直辊的辊面速度，减少辊面与钢板表面的速度差，冷矫直机通常采用各矫直辊单独传动。

为清除冷矫直过程中在钢板表面剥落的氧化铁皮，在冷矫直机的两端往往装有钢板上表面氧化铁皮的吸尘装置，并在矫直机下方设有氧化铁皮的收集和清除系统。

2.5.3.4 热处理矫直机（或称温矫直机）

目前国内外不少中厚板厂都相继建设了各种类型的连续热处理炉，其中部分生产线根据生产实际需要在炉后配置了热矫直机，同时，随着中厚板热处理线的逐步普及，热处理矫直机（温矫直机）也作为必备的关键设备开始大量应用。与热矫直机不同，热处理矫直机的矫直温度更低，适应矫直温度范围更宽。随着热处理工艺的变化，矫直温度降低，钢板的强度增加，变形抗力和加工硬化显著加强。因此，热处理矫直机设计的设备能力已高于热矫直机。如 JFE 3 套厚板厂的热处理回火线后均配备了热处理矫直机。

从国内外部分中厚板厂的使用经验上分析，热处理矫直机主要在以下两种情况下应用：

（1）对于回火钢板，如轧制、在线冷却或淬火工艺及设备控制不当，钢板会出现板形不良的状况。对于高强钢，某些规格和强度的钢板难以在冷矫后得到理想的板形，在回火后直接进行温矫，矫直效果要优于冷矫直，能够提升产品性能，改善板形，降低次品发生率，提高生产效率和产品竞争力，同时为新钢种的开发创造条件。

（2）很多钢板在冷矫后的板形状态通过了质量验收，但其内部应力状态并未达到平衡，应力不均的状态只是被约束在钢板内，当钢板放置一段时间或在下游工厂进行加工时，就会产生应力时效而变形，难以保证使用质量，从而引起质量异议。根据国外生产经验，对这类钢板若采用温矫工艺处理，对保证钢板的平直度将会起到“治本”的作用。

温矫工艺中矫直温度十分重要，应根据钢板的回火温度进行确定，原则上不应高于 450~500℃，一般在 150~350℃之间。钢板在加热过程中充分释放了内应力，在温矫过程中又进一步均匀了内应力，容易获得永久良好的板形。

根据热处理后产品的实际板形状况，一般热处理矫直机布置在回火炉的炉后，主要对回火产品进行矫直。

由于热处理钢板的特点，与轧线热矫直机相比，热处理矫直机的矫直温度范围更宽，一般为 150~

750℃。矫直的钢板强度更高，最高可达 1200MPa（甚至超过 1400MPa），因此要求更高的矫直力。

热处理矫直机见图 2.96。

图 2.96　热处理矫直机

2.5.3.5　压平机

对于厚度大于 50mm 或头尾端局部弯曲的钢板，用矫直机矫直很困难，为此许多厚板厂都设置一台压平机。压平机一般采用油压式结构而且离线布置。实际生产中根据不同的钢板厚度和屈服强度的大小调节两支点距离来适应额定压力的要求。压平机工作时油压缸上压头可沿板宽方向移动，钢板长度方向移动采用辊道或拖拉小车方式。这样，只要纵向移动钢板，即可使钢板整个面上任何位置的不平直部位都能得到压平。目前，压平机主要依靠操作者的熟练技术与经验进行操作，操作时要充分考虑压头的平行度和钢板下面支点坐垫的大小与位置，以免将钢板压出压痕等缺陷。

2.5.4　热矫直机作业特点

热矫直机具有动态辊缝调整、矫直辊横向弯曲补偿、整体倾动、入出辊单独调整等功能，能最大限度地消除可能出现的各种板形缺陷。

（1）根据板厚调整上辊装置的高度。

（2）上辊系纵向倾动调整，使矫直辊的辊缝从入口到出口逐渐增大，如图 2.97 所示。

（3）上辊系沿矫直辊的宽度方向做横向倾动调整，以便钢板在板宽方向做不同的延伸（矫单边浪形钢板），如图 2.98 所示。

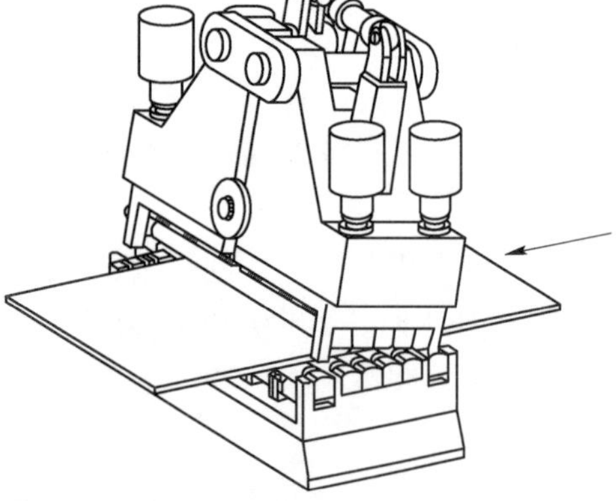

图 2.97　上辊系纵向倾动调整

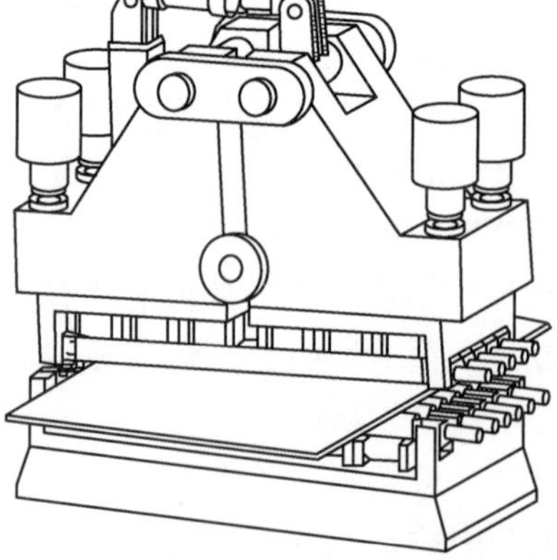

图 2.98　上辊系横向倾动调整

（4）进出口辊可根据板厚和钢板头部情况单独调整，如图 2.99 所示。

（5）矫直辊横向弯曲可矫双边浪和中间浪形钢板，矫直辊横向正弯和横向负弯分别如图 2.100 和图 2.101 所示。

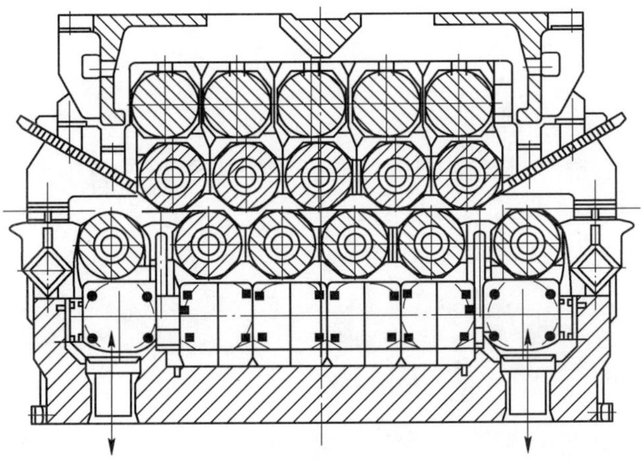

图 2.99 进出口辊的单独调整

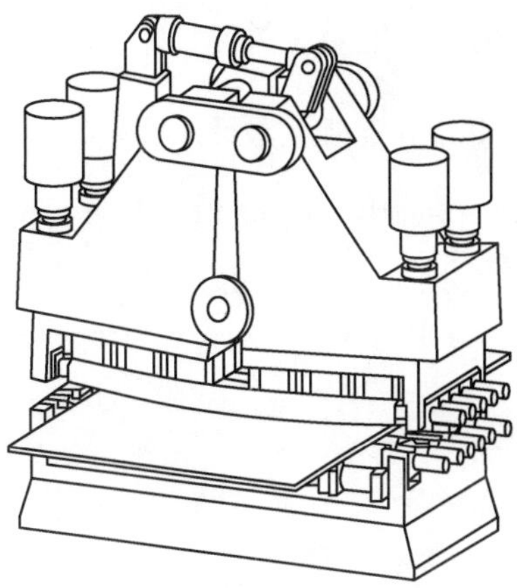

图 2.100 矫直辊横向正弯

（6）过载保护，如果出现矫直辊辊缝设定有误，可通过上辊系的快速打开对设备进行保护。通过装在液压油缸（矫直辊缝调整）上的压力传感器检测矫直负荷情况，防止设备过载工作。

2.5.5 工艺制度

主要是根据矫直钢板的钢种、规格、性能以及钢板外形质量的要求来确定矫直工艺参数，如矫直道次、矫直温度、矫直压下量和矫直速度等。

（1）矫直道次：矫直道次取决于每一道次的矫直效果。在矫直温度和压下量一定的情况下，矫直道次太少钢板矫不平，道次太多可能影响正常的轧制作业。操作人员要根据钢板板形情况、轧制周期、轧件长度和矫直终了温度等因素来确定矫直道次。

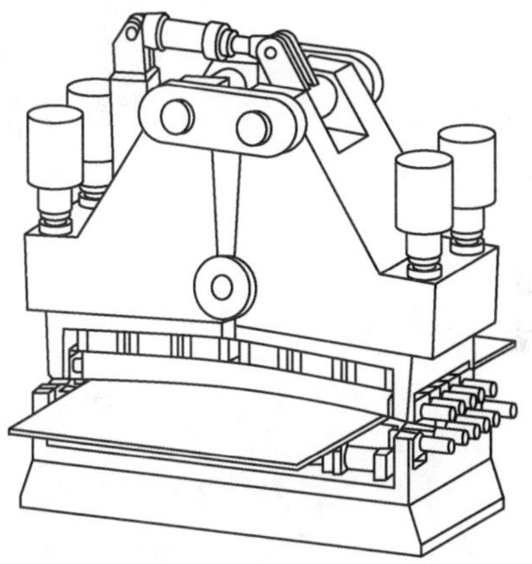

图 2.101 矫直辊横向负弯

（2）矫直温度：矫直后钢板温度过高，钢板到冷床上又会重新产生瓢曲和波浪。矫直温度过低钢的屈服点上升，矫直效果不好，而且矫后钢板的表面残余应力高，降低了钢的性能，特别是冷弯性能。钢板一般在 600~800℃进行热矫，较薄的钢板温度可能降低至 500~550℃，较厚的钢板可能接近 800℃。对于那些超厚钢板，矫直温度将达到 900℃。

（3）矫直压下量：矫直压下量一般在 1.0~5.0mm 的范围内选取。对温度较低的钢板取较小值，对温度较高的钢板取较大值。此外，确定压下量时还要考虑板厚的影响，厚度较薄的钢板压下量大，较厚者压下量小。

（4）矫直速度：根据钢板的矫直温度、厚度及强度性能等因素确定，速度范围为 0~1.0~2.5m/s。

厚度大于 100~250mm 的钢板从矫直机中空过，这时应将上矫直辊抬升至最大开口度位置；厚度大于 250mm 的钢板将从精轧机机后工作辊道直接吊下并送至冷床，不再通过热矫直机。

2.5.6 矫直后易产生的几种缺陷

（1）矫直浪形：矫直浪形是沿钢板长度方向，在整个宽度范围内呈现规则性起伏的小浪形。主要是由钢板的矫直温度过高、矫直辊压下量调整不当等因素造成的。主要应通过严格控制矫直温度、正确调整矫直压下量来预防。

（2）矫直辊压印：矫直辊压印是在钢板表面上的周期性“指甲状”和“条状”压痕，其周期为矫直辊周长。产生的主要原因有两方面：一是矫直辊冷却不匀，辊面温度过高，使矫直辊辊面软化，在喂冷钢板时，钢板端部将矫直辊辊面撞出伤痕，反压印在钢板表面上；二是矫直辊辊面热处理不当（或材质不当），造成辊面偏软，使用初期容易在辊面发生周向不均匀性流变，出现沿矫直辊周向或轴向的条状沟纹，后经加工硬化形成硬度较高的连续或不连续的“条状”凸起，反压印在钢板表面上，形成条状压痕。应主要通过加强辊身维护来解决。

2.5.7　目前发展的几个关键技术

2.5.7.1　多重辊系技术

通过采用高刚度四重式辊系和多重框架结构，提高了矫直机整体刚度。矫直辊下紧密布置多排支撑辊，加强了矫直机的承载能力，矫直质量高，可矫直钢板厚度范围大，见图 2.102。

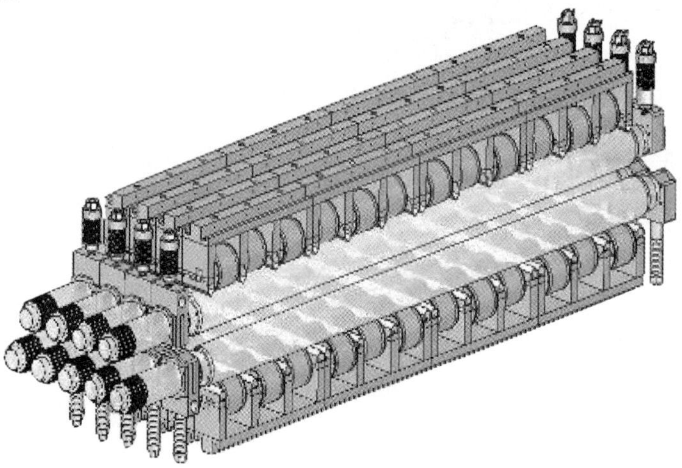

图 2.102　多重辊系

2.5.7.2　全液压辊缝调整技术

全液压辊缝调整装置通过四组压下缸、增压缸、位移传感器、液压控制阀组等调整上排矫直辊，可实现辊缝自动调整、上倾动调整、快速松卡等多项功能，见图 2.103。

图 2.103　全液压辊缝调整装置

2.5.7.3　智能液压弯辊技术

采用伺服液压缸通过控制受力架的挠曲变形和弯曲轨迹，智能调整上辊座变形，控制上矫直辊的辊形。弯曲补偿液压缸由矫直控制模型通过高压伺服系统单独控制，每只弯曲补偿液压缸内置有位移传感器，允许在矫直过程中带负荷在线调整。通过对弯曲补偿缸进行过补偿量微调，使上受力架、斜楔调整框架、上辊座产生凸起或凹下的弹性变形，从而在矫直过程中实现在线弯辊调整的功能。辊形控制精度高，可矫正板材单边浪、双边浪、横弯、纵弯和瓢曲等多种板形缺陷。智能液压弯辊装置见图 2.104。

2.5.7.4　单辊调整技术

采用矫直模型对每个矫直辊压下量进行精确计算，通过斜楔调整装置实现矫直辊的单辊压下量调整。斜楔调整装置内对应每个矫直辊都装有成对的调整斜楔，以及内置有位移传感器的斜楔调整缸；每对斜楔与对应的调整缸由液压比例控制回路单独控制，见图 2.105。

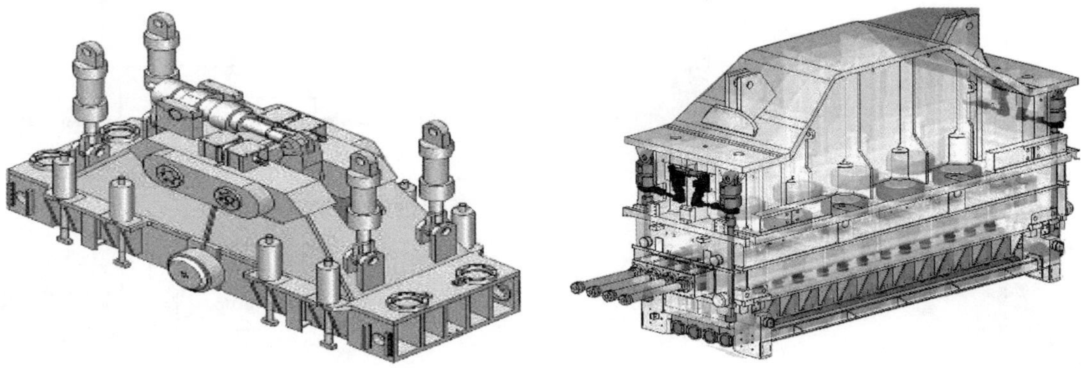

图 2.104 智能液压弯辊装置

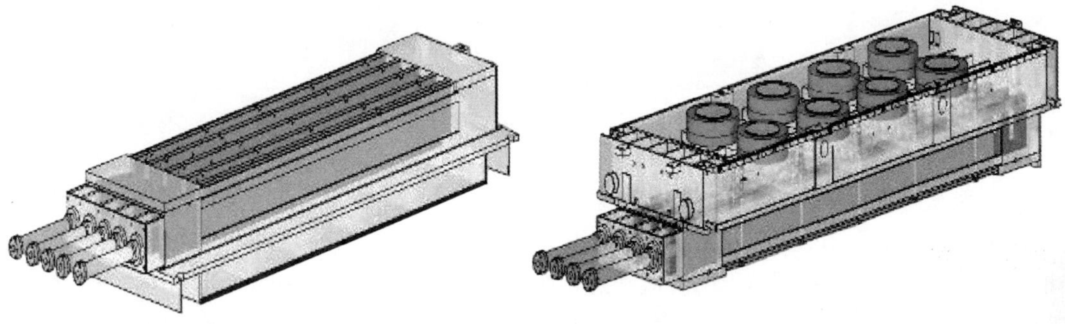

图 2.105 单辊调整技术

2.5.7.5 智能变辊技术

根据矫直板厚和钢板屈服强度的不同，由矫直模型智能判断并控制调整矫直辊的辊距，以适应矫直力、矫直扭矩等的限制。通过调整辊数或调整辊距的方式，从而实现用同一台矫直机满足矫直厚度范围达 10 多倍钢板的需要。智能变辊装置见图 2.106。

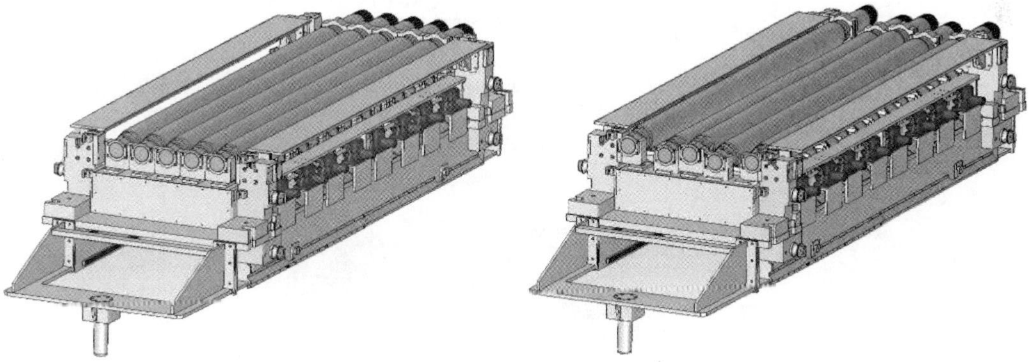

图 2.106 智能变辊装置

2.5.7.6 微张力矫直技术

主传动装置采用分组传动或单独传动方式，均衡各矫直辊负载，减少矫直过程中负转矩，并可对钢板进行微张力矫直，主传动装置还设有传动轴定位检测装置及安全保护装置，见图 2.107。

2.5.7.7 智能矫直模型控制技术

采用智能矫直模型控制系统可以对辊缝开口度、弯辊量、倾动量、边辊调整量等进行预设定、优化，并实时记录和调整，见图 2.108。

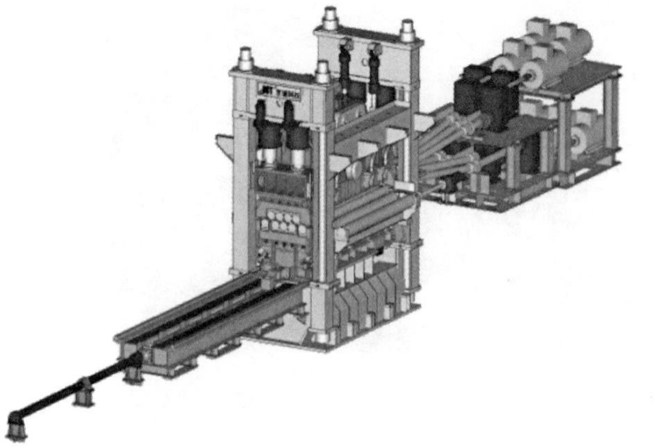

图 2.107　微张力矫直装置

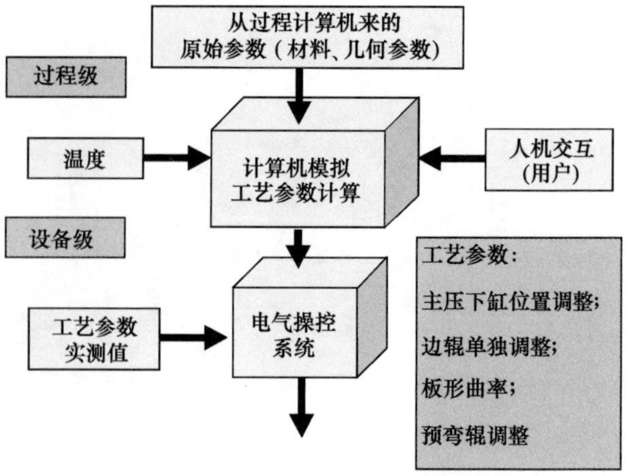

图 2.108　智能矫直模型控制系统

2.5.8　某企业冷矫直机的自动控制

2.5.8.1　系统构成

该企业控制系统选用了西门子 S7-400 可编程控制器，由主控柜、远程控制柜、集中操作台、机旁操作箱、液压润滑操作箱、HMI、PDA、L2 模型等组成。

主控柜为系统控制核心，内置 CPU 模板和通讯模板等。采用 3 条 Profibus 网与电气设备相连。一条网与远程控制柜、集中操作台、就地操作箱等 ET200 站通讯，一条网与矫直机主传动通讯，还有一条网与除主传动以外的辅助传动通讯。通过 MPI 网与 PDA 通讯。通过工业以太网与上下游 PLC、HMI、L2 通讯。某企业冷矫系统网络布置见图 2.109。

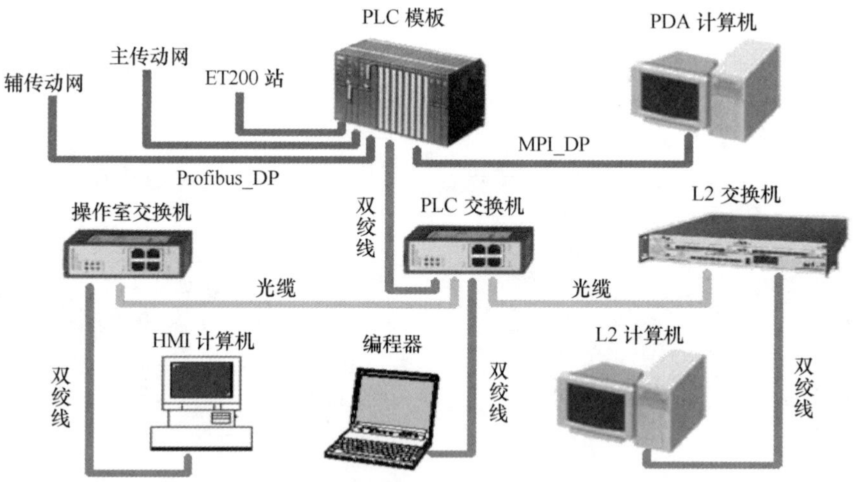

图 2.109　某企业冷矫系统网络布置图

2.5.8.2　控制功能

矫直机各设备有自动控制和手动控制两种方式。自动控制方式下工艺设定参数来源有两个：一个是通过 L2 模型机计算后下发给 PLC，PLC 将实际矫直数据反馈给模型机；另一个是由操作工直接在 HMI 画面上根据经验输入。两个来源可在 HMI 画面上切换。主要的自动控制功能如下：

（1）矫直机压下辊缝位置 APC 及同步控制。

（2）矫直机负载压下压力补偿。

（3）矫直机弯曲补偿控制。

(4) 矫直机入口和出口边辊升降控制。
(5) 辊缝的自动标定。
(6) 矫直机的快捷换辊控制。
(7) 矫直过程控制。
(8) 矫直机主电机速度及负荷平衡控制。
(9) 矫直机主传动速度与输入、输出辊道速度同步控制。
(10) 轧件位置跟踪。
(11) 矫直机主电机接轴定位控制。
(12) 矫直机本体除尘装置控制。
(13) 对中装置控制。
(14) 液压润滑站控制。
(15) HMI 画面。
(16) 故障报警。

2.5.8.3 关键控制技术描述

A 压下辊缝位置 APC 及同步控制

控制系统采用 PID 控制器进行位置闭环控制的模式，在实现矫直机压下辊缝 APC 控制的同时，完成入口侧和出口侧、传动侧和操作侧辊缝之间的同步控制。有效地提高了辊缝调节的快速性且同时减少了对设备的冲击，在外部参数发生变化时仍能可靠稳定地工作。

在辊缝调节过程中，控制系统实时监视各个压下缸的压力、位移。当由于设备卡堵或液压不正常出现严重不同步时，控制系统中联锁保护程序会立即启动，并发出报警，且在 HMI 画面上显示出报警原因。

B 负载压下压力补偿

矫直机在带载矫直过程中，控制系统实时监视各个压下缸的负载压力及变化情况。当某个压下缸的压力过小或超出预设压力值时，会自动切换到带压力补偿的位置控制模式，形成压力闭环与位置闭环同时调节的双环控制。压力补偿控制有助于钢板矫直和保护设备的安全。

C 弯曲补偿控制

系统采用弯曲补偿方式补偿由于矫直力引起的上辊系变形，通过弯辊量的设定来补偿上辊系弯曲变形量。控制系统再根据弯辊量的最终设定值，通过位置闭环控制器进行准确定位控制。

D 辊缝的自动标定

辊缝的自动标定即是对压下液压缸位移传感器的标定。启动自动标定功能后，系统会自动按照标定顺控器逐步执行。辊缝下降，压靠已经放入的标定板，当压靠力达到设定的标定压力且分布均匀后，完成标定，然后辊缝上抬进行设备自检。当标定过程或自检过程发现故障时会自动停止顺控器，发出报警并在 HMI 画面上显示出故障内容。

E 快捷换辊控制

快捷换辊控制是采用顺控器进行换辊步骤控制。每执行完一步后，对下一步将要执行的步骤进行提示，操作工确认本步执行无误后，自动执行下一步。操作工也可根据需要按“跳过”按钮，直接跳过下一步。设备在执行动作的过程中检测到故障时会自动跳转到异常模式，等待操作工进行手动干预，然后再返回到步进控制模式。操作工也可按“异常模式”按钮切换到异常模式下。

F 钢板位置跟踪

某企业主画面跟踪显示见图 2.110，传动控制画面见图 2.111。

控制系统依据钢板传送速度和各相关传动装置的负荷变化情况，实时计算钢板的头部和尾部位置，实现钢板所在坐标中实际位置的微跟踪。

G 主电机速度及负荷平衡控制

由于在矫直过程中钢板会产生塑性变形，钢板的长度将发生变化，同时为保证矫直的顺利进行，各

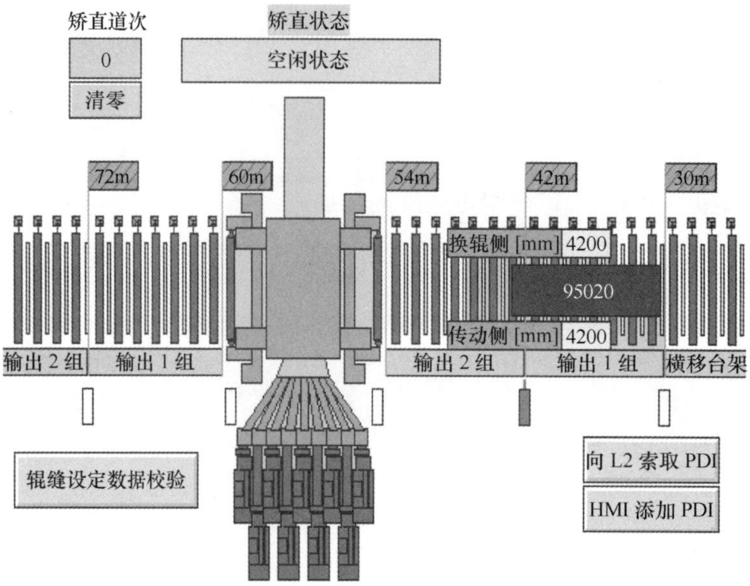

图 2.110　某企业主画面跟踪显示

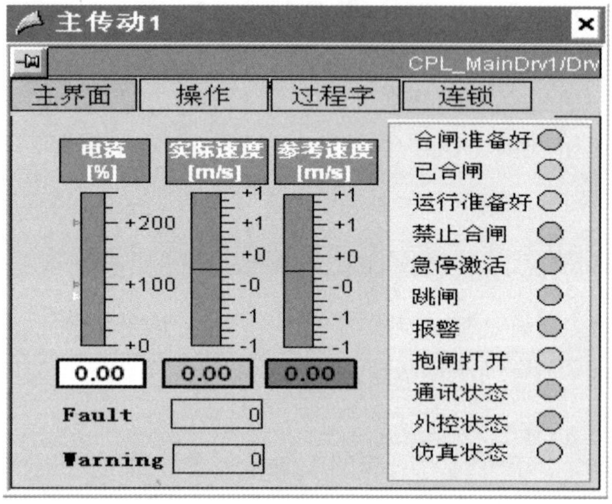

图 2.111　某企业传动控制画面

个矫直辊间需要保持一定的张力。

控制系统通过采用速度控制+负荷平衡控制相结合的方式，依据物料跟踪信息，使得在矫直过程中没有接触钢板的矫直辊处于速度控制模式下，而接触到钢板的矫直辊自动进入负荷平衡控制模式下，保证在矫直过程中各个矫直辊的负荷分配合理，从而实现顺利矫直和节能减排。

H　故障报警

除了传统方法利用检测元器件检测到故障时报警外，控制系统还利用各种算法对检测元器件本身进行监测，当监测到检测元器件读数不正常时，立即报警并启动相应的保护程序。

2.6　冷床

2.6.1　冷床的作用

冷床是中厚板生产中必不可少的基础装备，在冷床上经冷却且达到一定温度要求的钢板才能送到下一工序。

20 世纪 90 年代后期前，我国中厚板生产普遍存在重产量、重轧制工序、轻精整工序的现象（业界有人认为冷床之后称精整，有人认为精整应从冷床工序算起，也有人认为冷床是过渡工序）。对从轧制工序进入精整工序过渡阶段的冷床的设计要求、科学布置、合理操作、有效利用方面存在着一定的局限性。

2.6.2 21世纪前冷床的局限性

2.6.2.1 拉钢式冷床

拉钢式冷床也称为链爪式滑动冷床，这种冷床由带爪的链条式运输机和固定间距的轨道梁组成。作业时依靠链条传动使放置在轨道梁上的钢板运动。

带爪的运输（传动）装置又有两种形式：一种是链条式拨爪运输装置，另一种是钢绳小车运输装置。

这种冷床结构相对简单，造价也相对低。但其缺点和局限性也很明显：钢板下表面与下轨道梁必定有滑动摩擦导致钢板下表面很容易划伤；这种冷床散热不快，冷却效率不高。

在实际生产中，有些企业在固定的滑轨上增加可以滚动的轮子，使滑动摩擦变为滚动摩擦，一定程度上改善了钢板下表面的质量，但面对高温度的钢板，可滚动的轮子不容易润滑，经常卡住。

拉钢式冷床示意见图2.112。拉钢式冷床的实物见图2.113。

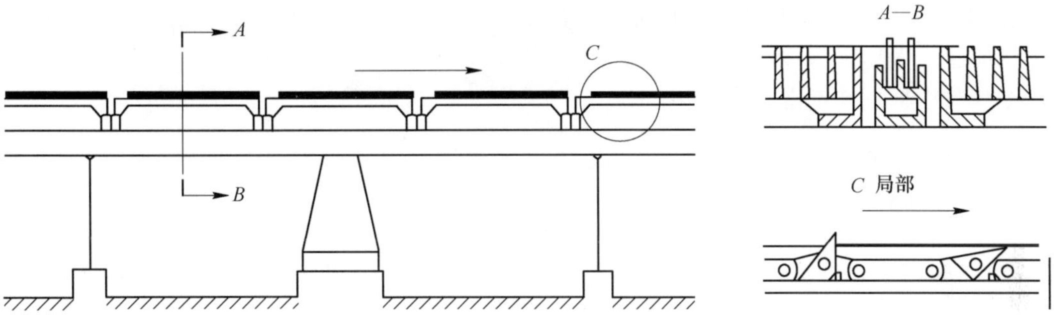

图2.112　拉钢式冷床简图

2.6.2.2 运输链式冷床

图2.113　拉钢式冷床实物

这种冷床是依靠移动台架将链条托起，然后有节奏地在滑槽内顶起钢板向前移动，放在固定的台架上。由于钢板的下表面与轨道完全不接触呈脱离状态，避免了钢板下表面被划伤。

其缺点也是显见的，如冷床的链条呈直接与高温度钢板接触的状态且链条又是在固定的导向滑轨上滑动，导致链条很容易磨损，不仅润滑困难且磨损程度严重，维护量大，经常发生故障。

运输链式冷床示意见图2.114。

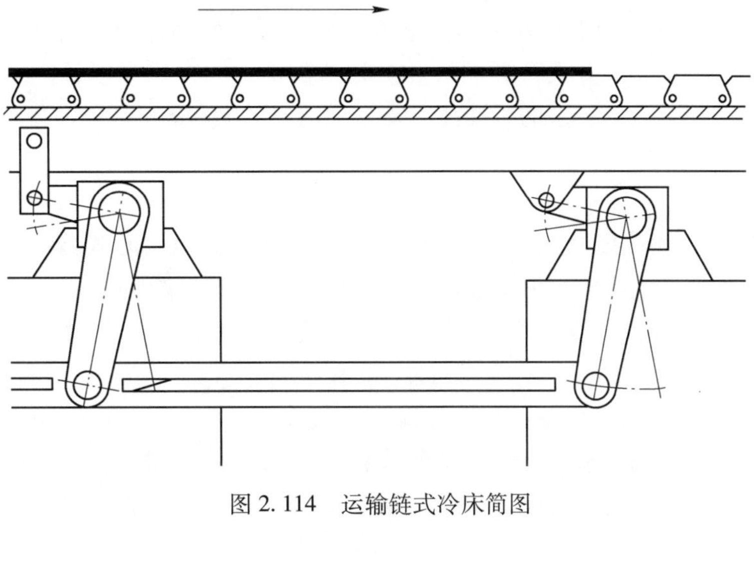

图2.114　运输链式冷床简图

2.6.2.3　滑轨式冷床

这种冷床由间隔一定距离平行排布的多条钢轨和钢轨间带有拨爪的拉钢机组成。拉钢机有钢丝绳式和链条式两种。

钢丝绳式拉钢机是将拨爪由固定在同一轴传动上的卷筒通过钢丝绳牵引进行前行和后行，拨爪安装在滑槽内的链板上。

链条式拉钢机又有单拨爪和多拨爪之分，拨爪安装在滑槽内的链条上，由固定在同一轴传动上的链轮牵引前行和后行。

不论是钢丝绳式还是链条式，拉钢机的牵引机构都安装在冷床的出口侧。

滑轨式冷床的特点是结构简单，造价低廉，20 世纪 90 年代以前的中板厂较多采用这种形式的冷床。由于钢板在滑轨上被拉钢机牵引滑动，钢板下表面的划伤与钢板的重量有很大关系，散热不好，目前已基本被淘汰。

总之，21 世纪前，企业采用的冷床的局限性在于冷床形式落后，面积小，生产效率不高；辐射散热面积不大，冷却速度慢；钢板冷却很难均匀，内应力较大；作业时钢板相互之间常留间隙，冷床面积利用率不高；冷却时钢板划伤情况时有发生。

2.6.3　21 世纪对冷床的要求

（1）21 世纪以来，由于装备能力的大幅提高，工艺水平的不断提升，对冷床的作用提出了更高的要求。钢板出矫直机后，温度仍旧很高，通常在 550℃以上。为了防止矫直后的热态钢板在冷却过程中发生变形，保持钢板平直和满足钢板剪切的要求，钢板需要在冷床上尽可能冷却至规定的温度，一般要求冷床冷却后钢板温度在 150℃以下。

（2）这就要求钢板在冷床冷却过程中，必须要有足够的冷空气从冷床下面进入冷却钢板的下表面，为此在冷床的下部要留有足够的空间，便于空气的流动（对流），还要设有必要的通风散热系统。

（3）在钢板之间要保持足够的间距，以便使钢板下面被加热的空气从间距中流出。

（4）空气的这种对流与车间的厂房结构设计有着密切的关系，如厂房的高度、房顶设置天窗（通风孔）的数量和开孔面积、冷床所在区域的通风条件等（墙壁是封闭还是半封闭）。

（5）测量数据表明，厂房设有天窗时，轧件的热量散发 85% 是通过上升的热气流从天窗散发到大气中的。因此，在有天窗的厂房里，轧件散热冷却时间较短，冷却较为均匀，这种空气的流动情况如图 2.115 所示。

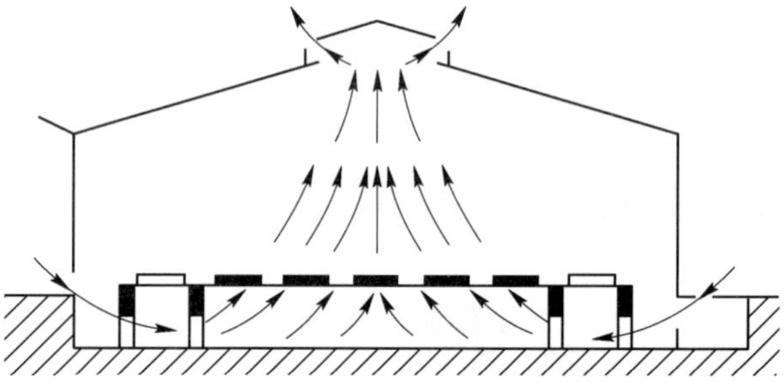

图 2.115　冷床空气流场

（6）冷床的作用除了用来冷却钢板外，还面临着均衡和缓冲轧制作业区与剪切等后部作业区在某一时间内的产能不平衡问题。为了充分发挥轧制线和剪切线的能力，在冷床设计上不仅要提升冷床本身的装备水平，还要充分考虑使其具有一定的缓冲能力，增加适当的面积。

2.6.4　滚盘式及步进式冷床

21 世纪新建的中厚板企业在规划中都不考虑拉钢式、运输链式及滑轨式冷床，骨干老企业在技术改造时大都考虑淘汰此三种形式的冷床，但至今仍有一些小企业在继续采用。

21 世纪冷床的主角是滚盘式和步进式，以及特厚板的专用冷床。

2.6.4.1　滚盘式冷床

滚盘式冷床由若干根靠电动机独立传动的轴组成，每一根轴上又固定有数量一定的大滚盘以减小钢板对支撑托轮和传动轴的热辐射影响，轴与轴上的滚盘为交错分布，以利于钢板下表面的均匀冷却。滚盘下面有支撑托轮托着滚盘，保证轴的正常运转。冷床的移送轨迹示意见图 2.116。

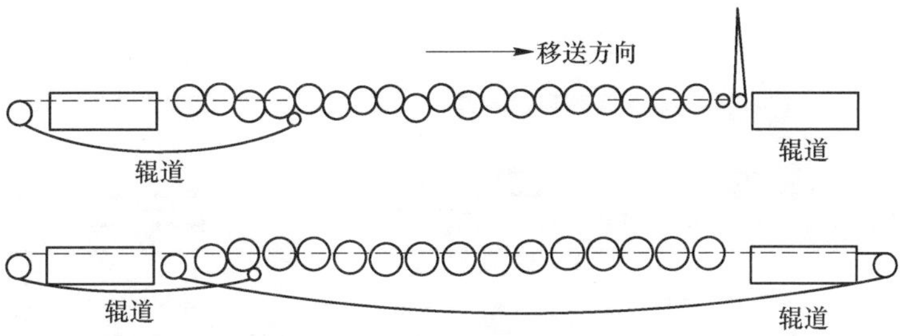

图 2.116 滚盘式冷床的移送轨迹

通常情况下冷却钢板的厚度为 5~50mm。滚盘式冷床适用于中等负荷、冷床面积较小的工况。其结构见图 2.117。生产中的滚盘式冷床见图 2.118。

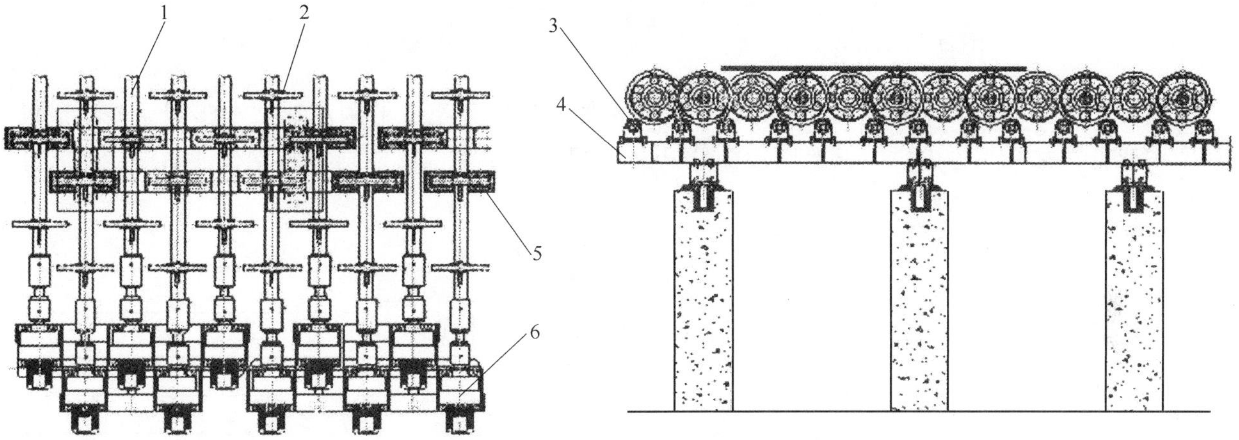

图 2.117 滚盘式冷床结构示意图

1—滚盘轴；2—滚盘；3—托轮；4—支承横梁；5—支撑轮；6—齿轮电机

钢板与滚盘接触点即是钢板的支撑点，其数量取决于滚盘与滚盘、轴与轴的间距。滚盘间距在冷床入口区一般是 750mm，出口区一般是 1000mm，轴距一般是 500mm。滚盘传动轴为实心轴或空心轴，由齿轮电机驱动，通过滚盘转动向前移送钢板，钢板运行速度通常为 0~2.4m/s。为了确保钢板充分冷却，冷床可以正反转。

2.6.4.2 步进式冷床

它由具有良好平面性的多组固定梁及格栅、活动梁及格栅组成。活动梁及格栅可通过液压或电动升降传动装置及移送传动机构使其上下及前后运动，达到冷却钢板和输送钢板的目的。

步进式冷床可冷却的钢板厚度通常是 5~50mm，通过调整钢板间距，也可冷却厚度达到 100~150mm 的钢板。步进式冷床见图 2.119，步进式冷床断面见图 2.120。

图 2.118 滚盘式冷床

图 2.119 步进式冷床

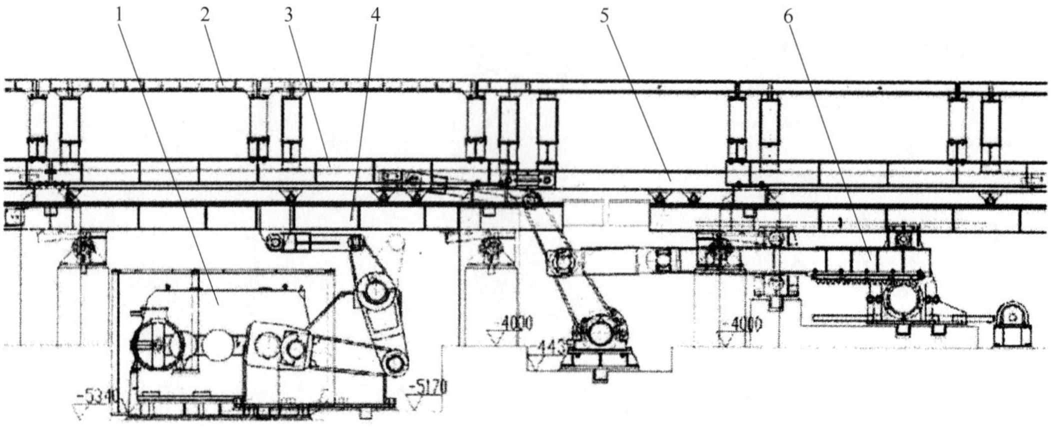

图 2.120　步进式冷床断面

1—升降传动装置；2—顶部格栅；3—固定梁；4—升降梁；5—横移梁；6—横移传动装置

这是一种全新结构的冷床，它由具有良好平面性的多组梁条组成的固定托架和多组梁条组成的活动托架构成，活动托架可由机械或液压传动使其上下和前后运动，以达到输送钢板的目的。其工作方式是：

（1）当钢板在冷床上不运行时，载运活动梁（活动托架）略低于固定梁（固定托架），一般低 20～30mm，如图 2.121（a）所示。

（2）当钢板在冷床上要运行时，载运活动梁将钢板从固定梁上抬起，如图 2.121（b）所示。

（3）然后载运活动梁托着钢板向前移动，如图 2.121（c）所示。

（4）当钢板运送一定距离后，载运活动梁开始下降，把钢板放置在固定梁上，如图 2.121（d）所示。

（5）最后载运活动梁再移回到原始位置，进入下一次动作的预备状态，如图 2.121（e）所示。

图 2.121（b）～（e）这四个动作组成一个运动周期。

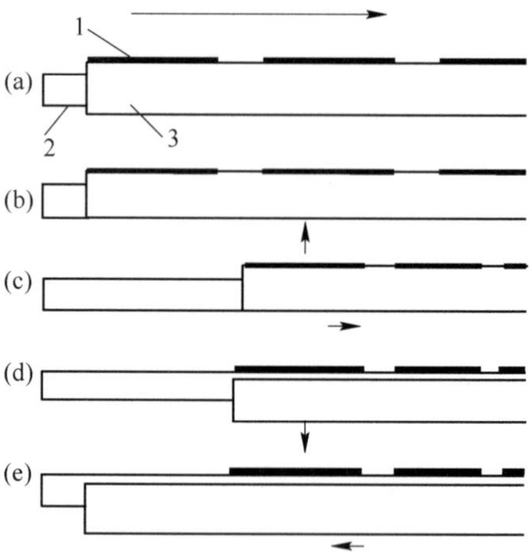

图 2.121　步进式冷床工作原理

（a）活动梁与固定梁通过定量处于同高；（b）载运钢梁将钢板托起；（c）载运梁逐步运送钢板；（d）载运梁下降，将钢板放在固定梁上；（e）载运梁从冷床平面以下移回原位；1—钢板；2—固定冷床架；3—载运活动梁

载运活动梁条是安装在固定梁条之间的，对于活动梁条之间的距离，可以根据生产的需要，视具体情况而定。

由于钢板的上升、前移、下降是分步进行的，因此冷床不仅具有良好的冷却条件，而且能有效地利用冷床的面积，成组地提升和运送钢板。图 2.122 表明了提升和输送钢板时对冷床空缺的利用与钢板间距调整的灵活性。

从图 2.122 中可以看出，由于活动梁在连接处能够上下和前后移动，因此，连接处的两个活动梁既可以同时提升和移动，也可以不同时提升和移动，这样就可以根据被冷却钢板的厚度、冷床的承重等要求进行钢板的间距控制。如果没有这个功能，钢板在冷床上的相互间距将不能调节，冷床面积的有效利用率也就会受到较大影响。

步进式冷床归纳起来主要有以下几个方面的优点：

（1）在运送钢板时，钢板与托架之间没有任何形式的摩擦，因而钢板下表面不会产生划伤。

（2）冷床的冷却面积能适应各种不同宽度钢板的冷却要求，能得到充分利用。

（3）冷床平面是一个结构布置良好的机械平面，因此，钢板冷却后平直度较好，对钢板的剪切非常有利。

（4）不论是固定梁条，还是活动梁条，在与钢板的接触面上，都有大量均匀密布的孔眼，冷空气能够通过这些孔眼冷却钢板的下表面；钢板与固定梁条和活动梁条的接触时间相同，所以钢板不但冷却快，而且冷却较为均匀，从而使钢板有较为均匀的组织和性能。

步进式冷床的工作周期见图 2.123。它是由固定梁、活动梁、升降传动和横移传动装置组成。升降和横移的传动是独立的，运动轨迹为一个矩形周期。升降传动机构驱动活动梁及格栅垂直提升并托起钢板离开固定梁，再通过横移传动带动摆杆机构摆动拉动横移梁向前移送钢板，然后活动梁及格栅垂直下降，并将钢板放到固定梁的格栅上，活动梁及格栅向后退回至原位，完成一个送板周期。

目前滑轨式冷床已基本被淘汰，运输链式冷床、拉钢式冷床也逐步为步进式冷床和滚盘式冷床所替代，冷床输送广泛采用提升送进方式，避免钢板下表面被划伤。为使钢板冷却均匀，减小冷却应力，采用强制通风冷床，冷却能力提高了 50%以上，使厚度大于 15mm 的钢板能够很快地在冷床上冷却至 100℃以下。

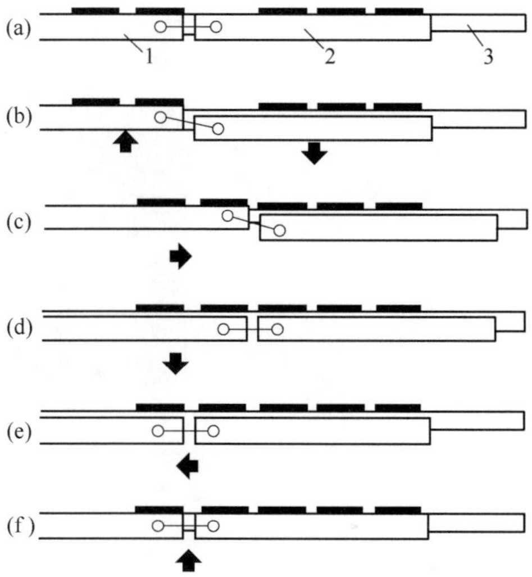

图 2.122　步进式冷床操作方法
（a）活动梁 1 与 2 通过定量处于同高；
（b）活动梁 2 下降，1 与固定梁 3 同高；
（c）活动梁 2 与 1 同向运动移送钢板调整间距；
（d）活动梁 1 下降；（e）活动梁 1 与 2 返回；
（f）活动梁 1 与 2 升高与固定梁 3 同高

2.6.4.3　特厚板步进冷床

特厚板步进冷床的运动也是矩形轨迹，其结构特点如下：

（1）冷床的顶部是铺在固定和活动框架上的支承格栅，格栅结构有利于钢板下表面的冷却及冷却均匀性。

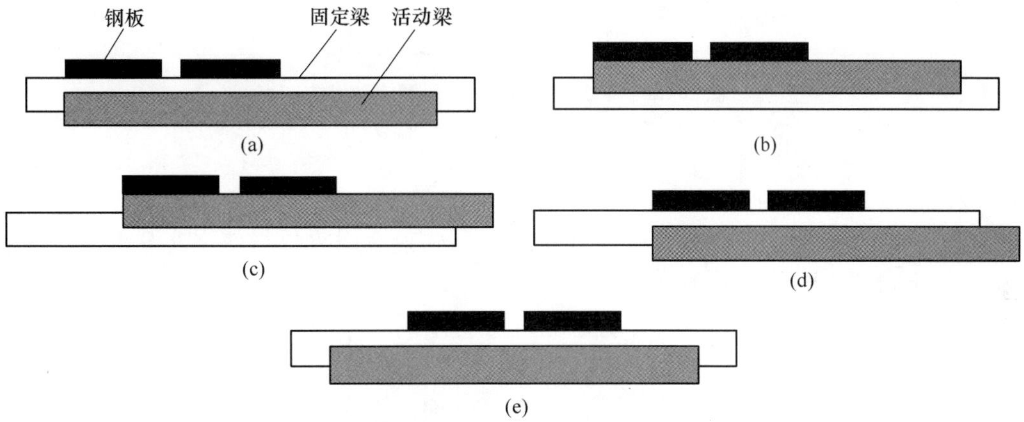

图 2.123　步进式冷床的步进周期
（a）初始位置，活动梁在下位；（b）活动梁上升，托起钢板；
（c）活动梁移动一个步长；（d）活动梁下降至下位；
（e）活动梁移动回到初始位置

（2）在热区（上料侧）格栅一般采用耐热铸铁或铸钢材料制造，防止热变形。

（3）在冷区（下料侧）可直接用钢板制造，以降低制造成本。

（4）因钢板较厚，刚度大，所以格栅间距较大，活动格栅间距为 2000mm 左右，固定格栅之间也是 2000mm 左右，可以确保钢板在冷却过程中平直。特厚板步进冷床典型布置见图 2.124。

（5）活动梁为箱型结构梁，梁的下部有轨道。当活动梁升降或横移运动时，由其下部的滚轮支撑并滚动实现运动。

（6）升降传动装置由电动机通过减速机驱动曲柄连杆机构，带动摆杆摆动。摆杆上端装有滚轮，活动梁下部轨道就支撑在滚轮上，通过摆杆的摆动可实现活动梁的升降，如图 2.125 所示。

2.6.4.4　离线冷床

离线冷床不像在线冷床那样边传送边冷却钢板，而是固定在一个地方冷却钢板。用钢板架或滑轨排列成一个平台，结构简单。钢板用天车和专用吊具吊入吊出。这种冷床主要用于特厚钢板的冷却。

图 2.124　特厚板步进冷床典型布置

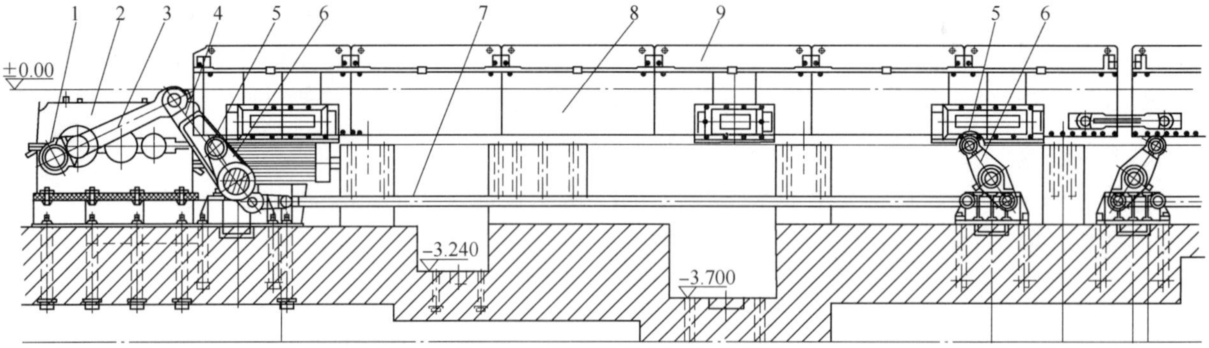

图 2.125　特厚板步进冷床升降传动机构

1—曲柄；2—减速机；3—连杆；4—长摆杆；5—滚轮；6—摆杆；7—长连杆；8—活动梁；9—顶部格栅

特厚板缓冷装置的形式有缓冷坑和缓冷罩两种。

（1）缓冷坑：在地面下修建一个矩形状坑体，其周围砌筑有耐火材料使之充分保温。在其中装进需要缓冷的钢板并盖上带有保温层的盖子，对坑内的钢板进行缓慢冷却。为了便于监视坑内钢板的缓冷状况，通常在坑内装有温度检测探头，在坑外显示温度。为了满足一些特殊钢板的降温要求，有的在坑内还装有无氧化烧嘴和其他升温装置。

（2）缓冷罩：将钢板放在隔热的平台上，然后在其上面盖上缓冷罩。缓冷罩一般是钢板或铸钢制作的，内侧附有可铸耐火材料或耐热纤维等不定形耐火材料来保温。

某些生产厂不设置缓冷装置，需要缓冷时就用珍珠岩、高岭石、矿渣棉等不定型的隔热材料直接覆盖需缓冷的钢板。

2.7　剪切机

2.7.1　剪切机的演变

我国近 60 年的中厚板生产历史中，对于纵向剪切机，经历了从 20 世纪 60 年代起的铡刀剪到后来增添的圆盘剪，到目前提倡使用的滚切剪等几个演变阶段（圆盘剪不能适应横剪）。

其中 20 世纪 60~90 年代普遍采用的是铡刀剪和圆盘剪，21 世纪新建的中厚板企业绝大多数都采用了滚切剪，不少老中厚板企业在改造中也将滚切剪列入改造增建范畴而淘汰铡刀剪，但目前还有一些企业在继续使用铡刀剪。

淘汰铡刀剪自有淘汰的道理，保留铡刀剪也有保留的理由，铡刀剪的优点和不足都表现的比较明显。但从发展趋势而言，铡刀剪会被滚切剪所取代。

2.7.2　21 世纪的主要剪切设备

（1）圆盘剪。圆盘剪的刀片为两个旋转圆盘，可以纵向剪切连续运动的钢板，适用于剪切厚度不大于 30mm 的钢板。由于圆盘剪投资大大低于滚切剪，又适应剪切相对薄的规格，故目前应用仍较多。

（2）滚切剪。滚切剪是通过连杆机构带动上剪刃沿下剪刃滚动，对钢板进行横向或纵向剪切，剪切钢板厚度可达 50mm。根据用途和结构的不同，滚切剪分为双边剪、剖分剪、切头分段剪和定尺剪。再细分后，滚切剪又分为三轴三偏心双边剪、双轴双偏心剖分剪、双轴双偏心定尺剪、横切剪。

（3）铡刀剪。虽然剪切精度不高，是间歇性作业，效率低，但由于其寿命和适应性较广、剪刃安装方便、能耗不高、投资省等优点，目前部分企业还在使用。

铡刀剪按刀片在机架上的位置分为开式和闭式，按剪刃运动特点又分为上切式和下切式，按上刀片运动轨迹又可分为垂直剪和推动剪。

铡刀剪用于剪切厚度不大于 40mm 的钢板，但个别企业也有例外，如武钢轧板厂从前苏联引进的设备中，铡刀剪可剪切到 50mm 的钢板（剪切机由德国制造，传动系统优良）。

（4）液压剪。主要用于试样剪切，部分企业还配有废料及试样处理系统。

滚切剪、圆盘剪、铡刀剪的各项应用指标对比见表 2.15。

表 2.15 滚切剪、圆盘剪、铡刀剪各项应用指标对比

序号	对比内容	滚切式双边剪	圆盘剪	铡刀（斜刃）剪
1	我国广泛采用年代	21 世纪初开始	20 世纪 80 年代至今	20 世纪 60~90 年代 目前少数老企业仍有采用
2	剪切钢板厚度	50mm 左右	约 25mm	武钢轧板厂引进的可 剪厚度不大于 50mm
3	切边质量	最好	较好	较差
4	剪切线长度	短	短	长
5	用其碎边效果	好	好	不好
6	剪切钢板宽度偏差	±1mm	±3mm	±5mm
7	剪切镰刀弯长度	<1.5mm	<2mm	<3mm
8	废边收集	可以	理想	差
9	剪切速度	理想	理想	慢
10	生产能力	高	次高	低
11	设备投资	大	中	小
12	采用情况	21 世纪新建的中厚板 企业绝大部分已采用	新建的中厚板企业在 2 号剪切线中大多被采用	新建中厚板企业已基本不采用，老厂 改造中大都被淘汰，也有继续采用

较典型的剪切线工艺流程见图 2.126。

2.7.3 剪切线工艺布置

图 2.127 是剪切线典型工艺布置图。依次设置有：在线超声波探伤装置、钢板标记装置、切头分段剪、双边剪、剖分剪、定尺剪、定尺机以及废料及试样处理系统等。考虑工序能力的平衡，有些企业预留了第二条剪切线，包括一台双边剪和一台定尺剪及配套辊道等。

2.7.4 剪切过程描述

生产实践表明：剪切过程由压入变形和剪切滑移两个阶段组成，剪切过程的实质是金属塑性变形过程。

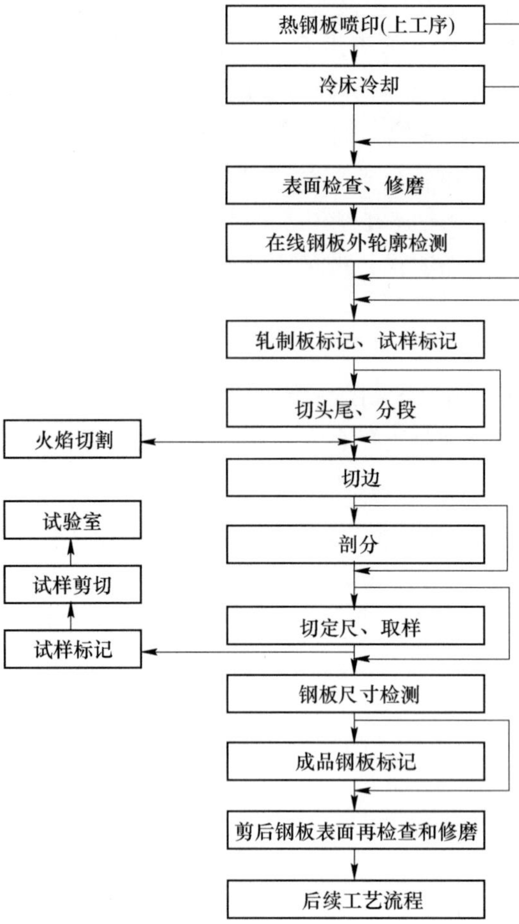

图 2.126　剪切线工艺流程图

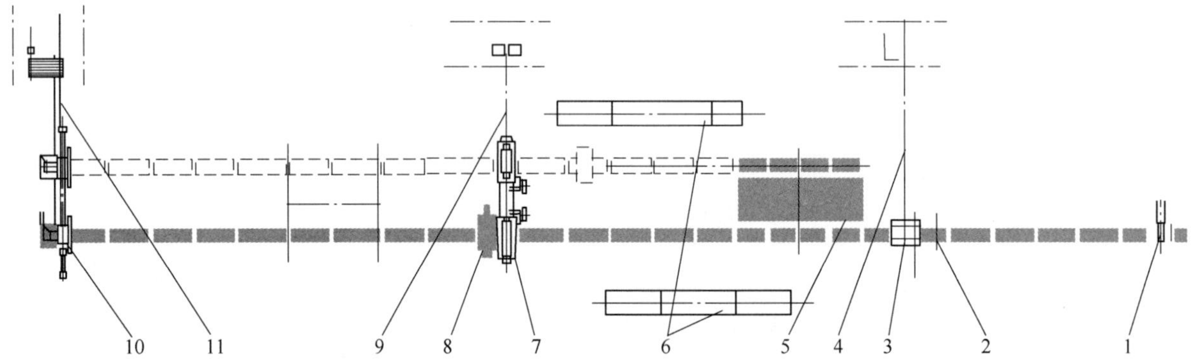

图 2.127　厚板剪切线典型工艺布置图

1—在线超声波探伤装置；2—钢板标记装置；3—切头剪；4—切头剪废料处理系统；5—横移台架；6—火切机；7—双边剪；8—剖分剪；9—双边剪废料处理系统；10—定尺剪；11—定尺剪废料及试样处理系统（含试样剪）

（1）如图 2.128 所示，当上剪刃下移与轧件接触后，剪刃开始压入轧件，由于 P 力在开始阶段比较小，在轧件剪切断面上产生的剪切力小于轧件本身的抗剪能力，因此轧件只发生局部塑性变形，故这一阶段称为压入变形阶段。

（2）随着上剪刃下移量增加，轧件压入变形增大，力 P 也不断增加。当剪刃压入到一定深度，即力 P 增加到一定值时，轧件的局部压入变形阻力与沿剪切断面的剪切力达到相等，剪切过程处于由压入变形阶段过渡到剪切滑移阶段的临界状态。

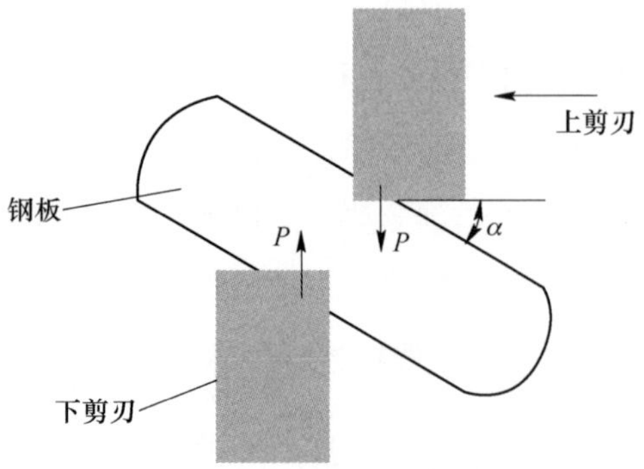

图 2.128　剪切过程示意图

（3）当P大于轧件本身的抗剪能力时，轧件沿剪切面产生相对滑移，开始了真正的剪切，这一阶段称为剪切滑移阶段。

（4）在剪切滑移阶段，由于剪切断面的不断减小，剪切力也不断变小，直至轧件的整个截面被剪断为止，完成整个剪切过程。

（5）由图2.128可知，随着上下剪刃压入钢板深度的增加，钢板转角α会不断增大，导致钢板剪切质量（断面垂直度）的下降；钢板被剪断后，翘起的钢板端部落下会冲击辊道；同时α的增大，剪刃对钢板的水平推力也会不断增大，从而导致刃台与机架的滑道磨损加剧，而且当上下刃台的刚性较差时还会改变剪刃间隙，造成剪切困难。

（6）为了克服钢板在剪切过程中转动带来的缺点，一般在剪切机处装有钢板压紧装置，减小钢板转动。

2.7.5 影响单位剪切抗力的因素

金属性质：金属材料的强度极限越高，剪切抗力越大，塑性越低，对应于剪断时的相对切入深度越小，即金属断的越早。因此单位剪切抗力与金属的强度和塑性有关。

剪切温度：剪切温度越高，单位剪切抗力越小，对应于剪断时相对切入深度则越大。

变形深度：热剪时，单位剪切抗力随变形速度增加而增加；冷剪时，剪切速度对单位剪切抗力影响很小，一般可不考虑。

剪刃侧向间隙：剪刃侧向间隙的变化，可以使剪切时的受力状况发生变化。当侧向间隙由零逐渐增大时，受力状况由压缩→剪切→弯曲等状态依次发生，侧向间隙过小或过大都会使单位剪切抗力增加。因此合理选择和保持剪刃侧向间隙的大小，对于正确使用剪切机十分重要。实验表明，剪刃侧向相对间隙增大，单位剪切抗力减小，对应断裂时的相对切入深度增加。

刀钝半径：刀钝半径的大小直接影响剪切抗力的大小。刀钝半径越大，刀就越不“快”，剪切抗力就越大，同时断裂时的相对切入深度也增加。

除以上因素外，压板、剪刃与轧件的摩擦系数及剪刃几何形状等因素对单位剪切抗力都有一定的影响，但这些因素相对来说影响较小，可以忽略。

此外，为了排除另一些影响因素，达到较好的剪切质量，还应注意：

（1）各种钢板的剪切厚度都应满足剪机剪切力的要求。

（2）剪切钢板时应避开其蓝脆温度。一般钢板的蓝脆温度为300℃左右。

（3）需带温切割的钢板，应抢温剪切，以避免剪裂。

（4）避免两块钢板重叠剪切。

（5）钢板两边的剪切量应尽量一致。

（6）钢板温度较高时，应进行温度补偿，以补偿钢板的热胀冷缩。

2.7.6 圆盘式剪切机

圆盘剪通过具有一定重合量的圆盘状上下剪刃的旋转运动来剪切钢板，能够连续纵向剪切，常用来剪切钢板的侧边，也可用于将钢板纵向剖分。其主要优点是可连续纵向滚动剪切，速度快、产量高、效率较高、质量好。主要缺点是只适用于剪切厚度不大于30mm的钢板。

在中厚板生产线上使用的圆盘剪，随剪切钢板厚度和强度的变化，其相应剪切速度有非常大的变化。钢板厚度为30mm时，最大剪切速度一般不到25m/min；钢板厚度为20mm时，最大剪切速度一般不超过40m/min；但当钢板厚度为6~8mm时，最大剪切速度可高达120m/min。

圆盘剪主要由传动系统、机箱、机座、调整系统、刀片和碎边剪系统构成。图2.129为圆盘剪结构图。圆盘剪的每个刀片均固定在单独的轴上，左右各有一个机箱，其中一个是可以左右调整的，以适应不同的剪切宽度。

碎边剪与圆盘剪采用紧凑式布置，共用圆盘剪的调宽机构进行对中调宽，由左右传动装置、左右刀轴及轴承装置、箱体及导向件、可移动平台、剪刃及刀盘等组成，图2.130为碎边剪结构简图。

左、右传动装置分别由一台交流变频电动机、齿式联轴器、减速机及齿形离合器、花键轴组成。花

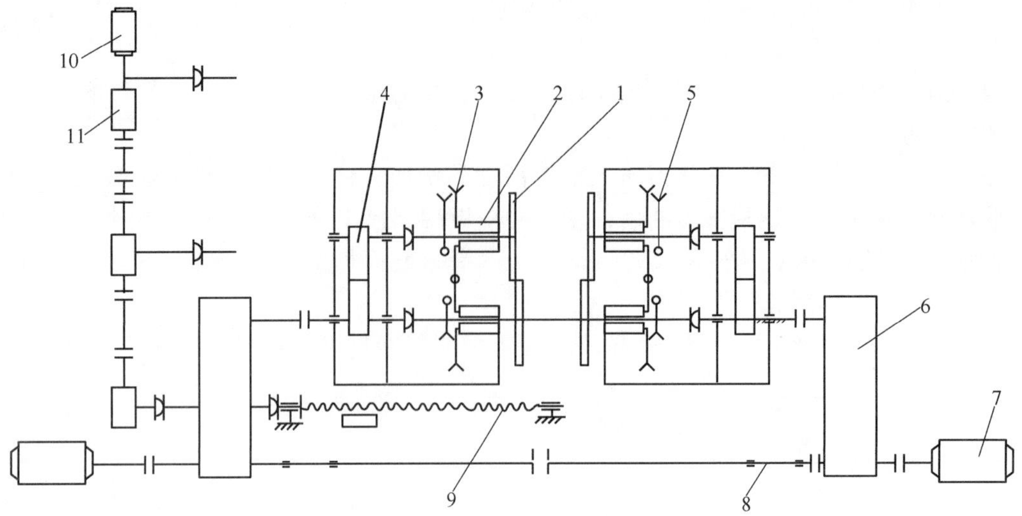

图 2.129　圆盘剪的结构简图

1—刀片；2—偏心轮；3—驱动偏心轴的蜗轮蜗杆；4—减速机构；5—刀片间隙调整机构；6—主减速机；7，10—电动机；8—同步轴；9—传动丝杠；11—减速机

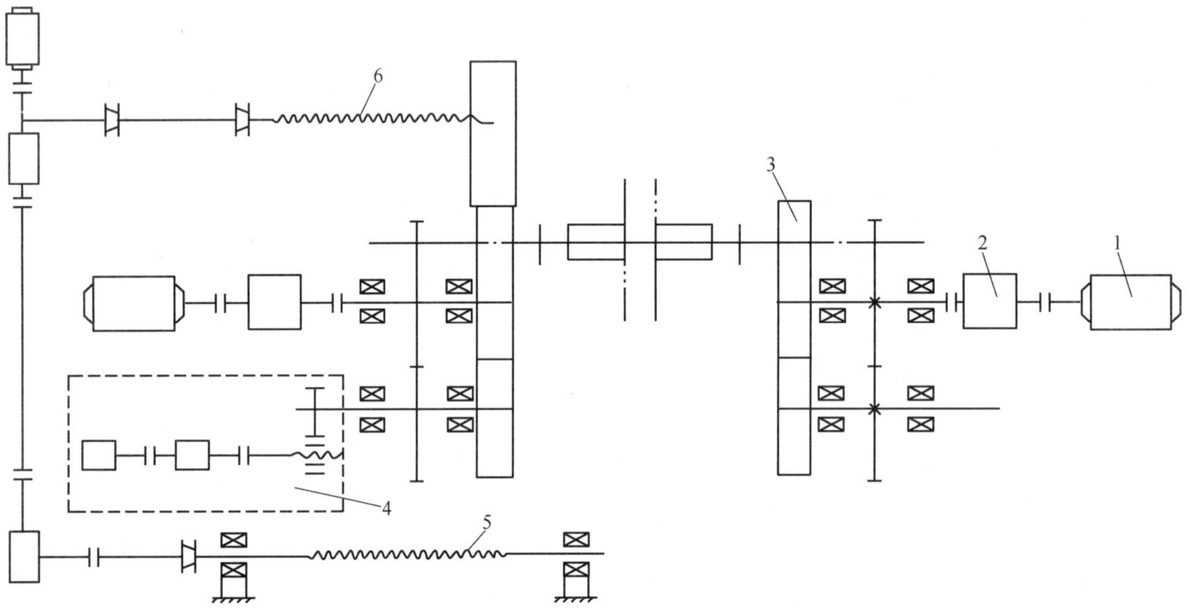

图 2.130　碎边剪结构简图

1—主传动电机；2—主传动减速机；3—刀架；4—间隙调整；5—机架横移丝杠；6—侧导板横移丝杠

键轴可沿轴向通过齿形离合器伸缩移动，齿式联轴器上设有安全销，当扭矩过大时安全销剪断，从而保护设备的安全。

为了使剪刃得到精确的调整和显示，在下刀轴一端还设有剪刃间隙指示器，该指示器由位移传感器和弹簧导向杆以及接近开关等组成。导向杆一端与位移传感器相连，另一端通过双列向心球面球轴承与下刀轴端的齿轮端面接触，在弹簧力的作用下始终保证有一个接触力，使调整剪刃间隙得以显示。装在其上的两个渐进开关是为了限制间隙调节量所设的。

为了使碎边剪与圆盘剪同步剪切，在下刀轴的同一端还设置了测速机构，该机构由齿轮轴、增速器及光电编码器组成。圆盘剪常用的剪切速度见表 2.16。

表 2.16　圆盘剪常用的剪切速度

钢板厚度/mm	2~5	5~10	10~20	20~30
剪切速度/m·s^{-1}	1.0~2.0	0.5~1.0	0.25~0.5	0.2~0.3

圆盘剪的结构特点可归纳为：

（1）利用电动丝杠式的移动机构进行剪切宽度调整，有利于对不同宽度的钢板进行剪切。剪切中厚板时，一般只移动一侧机架即可。

（2）补偿刀盘磨损和重车，可根据被切板厚对重叠量进行调节选择。调节机构一般为电动蜗轮蜗杆偏心机构，为保证良好剪切效果设有电动刀盘间隙调节机构。

（3）主传动多采用直流双电机经中间同步轴传动两对刀盘（也有采用两台交流变频电机传动的例子）。其优点是：能够根据不同钢板厚度和不同钢板的强度极限来灵活选择剪切速度，同时还可以低速爬行处理剪切事故，保证了电机功率的充分利用。

（4）采用螺旋刀刃的滚筒式碎边剪，可提高剪切速度，最高可达 76m/min。碎边剪与圆盘剪采用紧凑布置，与圆盘剪共用一套调宽机构，碎边剪的主传动用两台直流电机驱动（也有采用两台交流变频电机传动的例子）。

2.7.7 滚切式剪切机

圆盘式剪切机虽然剪切效率较高，但只能用于剪切厚度小于 30mm 钢板的两边。随着用户对中厚板剪切厚度和剪切质量要求的提高，滚切式剪切机应运而生。

文献资料显示，滚切剪是 20 世纪 70 年代欧洲在生产中厚板时最先研制和应用的，随后在日本、韩国、德国及其他欧洲国家很快得到推广。

我国进入 21 世纪后，新建的 3500mm 及以上级中厚板轧机几乎都应用了滚切剪，不少老企业在改造时也普遍采用。

2.7.7.1 剪切原理

由两根安装相位角不同的偏心轴通过连杆带动上刀架运动，在导向机构的作用下，装在上刀架上的上剪刃沿下剪刃作滚动运动进行剪切。

由于两根偏心轴安装相位角不同，弧形上剪刃一端首先下降，直到与下剪刃一端相重叠，然后上剪刃沿下剪刃滚动，当滚动到与下剪刃另一端脱离时，完成一次剪切过程。

由于上下剪刃的重叠量很小，减小了剪切时钢板的变形影响区，而且剪刃相对钢板的滑动量小，所以剪刃磨损少，剪切质量高。

与此同时，上下剪刃的间隙可根据钢板厚度进行自动调整，减小或避免剪切的板边产生弯曲，板边得以实现平整光滑。

滚切剪的剪切过程分为 6 个阶段：起始位置→剪切位置→左侧剪切→中部剪切→右侧剪切→结束位置（起始位置），如图 2.131 所示。

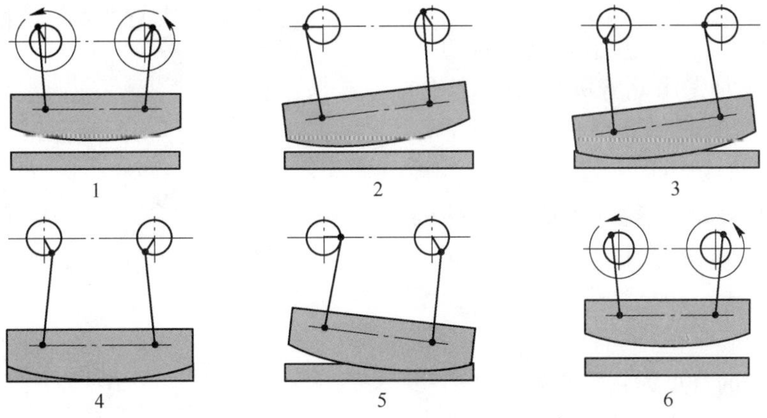

图 2.131 滚切剪的剪切过程

1—起始位置；2—剪切位置；3—左侧剪切；4—中部剪切；5—右侧剪切；6—结束位置（起始位置）

2.7.7.2 滚切剪的主要优点

（1）上剪刃是半径很大的圆弧形状，在剪切过程中，沿钢板剪切方向上下剪刃的重合量变化很小，在开口度相同的情况下，滚切剪上剪刃行程比斜刃剪上剪刃行程小 30%～40%；而且滚切剪的偏心半径小，在剪切力一定时，剪切力矩小。

（2）上剪刃行程小，对被剪切钢板的压弯变形小，避免了钢板端部和棱边的弯曲，剪切质量好。

（3）滚切剪的剪切次数可达 24 次/min，最高可达到 30 次/min，剪切效率高。

（4）有快速换剪刃装置，换刀时间只需 30min。

（5）有上下剪刃间隙调整装置，上下剪刃的间隙可根据钢板厚度进行调整，间隙调整精度高、速度快，并且切口干净、毛刺少。

（6）剪切钢板的厚度最大可达到 50mm，而圆盘剪和斜刃剪的剪切厚度最大只能达到 25mm 和 40mm。

（7）机组采用计算机控制，钢板运送和长度测量由夹送辊和测长辊或激光测长装置完成，定尺系统精度高，使用维修方便。

2.7.7.3　几种滚切剪简介

滚切式双边剪的传动形式有三轴三偏心和单轴三偏心两种。所谓三轴三偏心是指传动轴为上剪刃的两个传动偏心轴和碎边机的一个偏心轴，三个轴的偏心度不同，三轴三偏心可使剪切力分配到三个轴上，而且互不干扰。另一种形式称为单轴三偏心传动，即在一根轴上加工出三段不同的偏心，两个偏心传动上剪刃，一个偏心传动碎边剪。这种单轴三偏心传动形式结构简单，造价低，单传动负荷大。

滚切式剖分剪用于双倍宽度钢板的剖分剪切，只有一个剪刃，传动上剪刃的两个偏心轴有双轴偏心和单轴双偏心两种。

滚切式定尺剪用于钢板的定尺剪切。结构形式也有双轴双偏心和单轴双偏心两种，其剪刃的宽度要大于钢板的宽度。图 2.132 为滚切式双边剪机照片，图 2.133 为滚切式横剪机照片。

图 2.132　滚切式双边剪机

图 2.133　滚切式横剪机

A　滚切式切头分段剪

切头分段剪一般位于自动超声波探伤装置的下游。钢板在进入剪切线时先用此剪机将头部切齐。当钢板出现“镰刀弯”时可用此剪机在适当位置进行分段，以保证钢板的切边量。剪切后的废料通过设在剪机下部的废料运输装置输送到厂外的地坑收集。剪刃更换装置布置在剪机的“非固定侧”。切头剪机架本体为闭口式（无“C”形口），如图 2.134 所示。

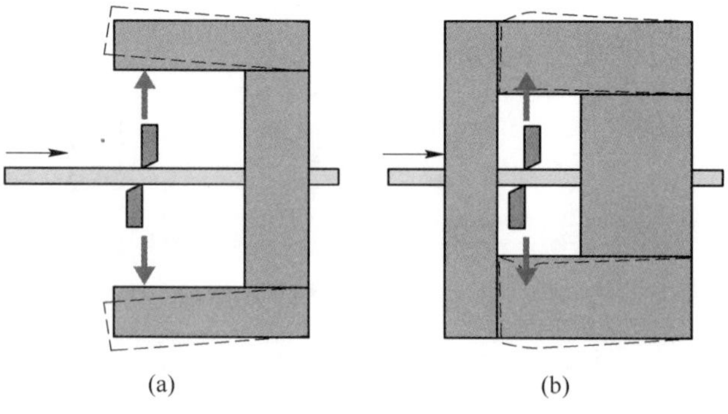

图 2.134　切头剪机架本体为闭口式

（a）传统“C”形结构；（b）新型的封闭型结构

滚切式切头分段剪的特点为：高刚性；高剪切精度；高剪边质量；减少剪刃的磨损；带弧度的上剪刃可以保证剪切无弯曲；剪切时间短，便于提高产量；剪刃自动更换。

切头分段剪弧形上刀刃沿着直线型下刀片滚动实现剪切。主要组成部分有：机架、传动装置、刀架及剪刃固定装置、剪刃间隙调整机构、压紧装置、推尾装置、长度测量装置、摆动辊道、剪刃更换装置等，见图 2.135。

主传动装置由上下可分的主减速机箱体、齿轮、齿轮轴及偏心轴组成，偏心轴的支撑轴承采用滑动

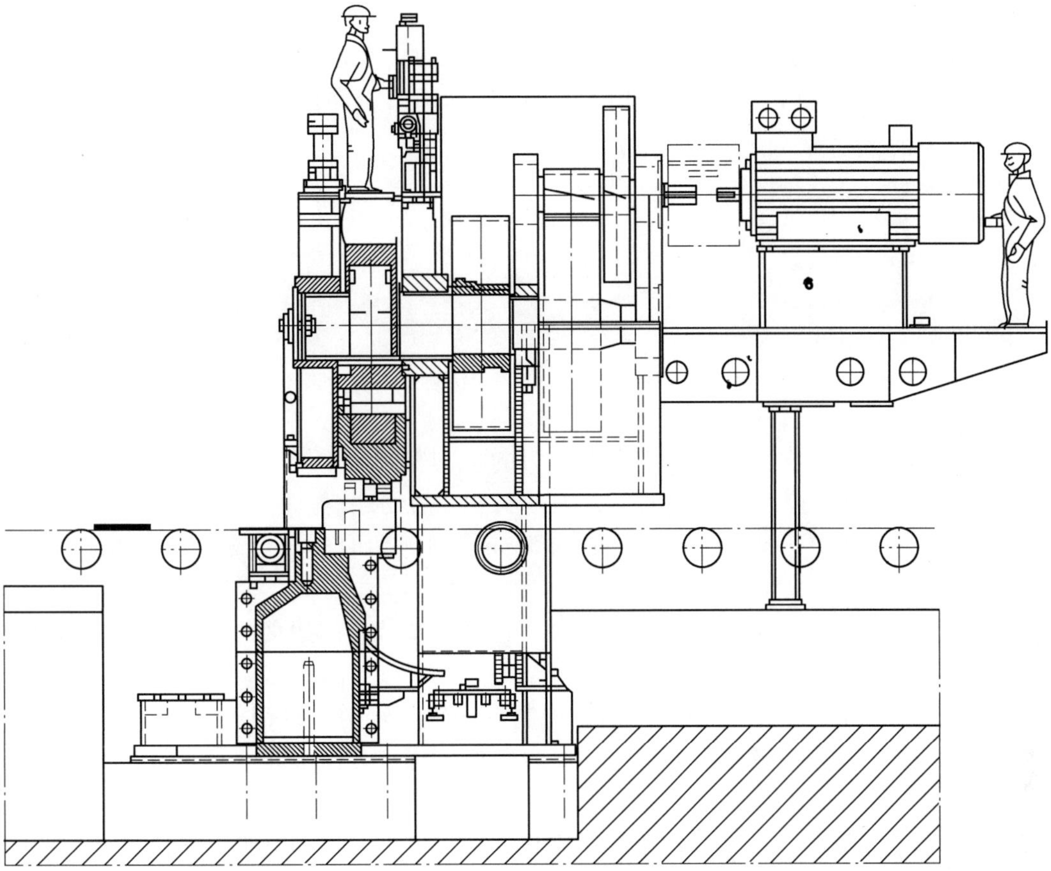

图 2.135 切头分段剪

轴承。主电机安装在剪机上部的平台上，由两台电机驱动，主电机和减速机之间设置有安全离合器。

国内 21 世纪新建的三个级别中厚板切头分段剪主要技术参数见表 2.17。

表 2.17 国内 21 世纪新建的三个级别中厚板切头分段剪主要技术参数

序号	轧机规格/mm		3800	4300	5000
1	形式		滚切式	滚切式	滚切式
2	剪切钢板强度/MPa	厚度≤40mm	1200	1200	1200
		厚度 40~50mm	750	750	750
3	剪切钢板宽度/mm		1200~3700	1000~4200	1200~4900
4	主电机功率/kW		2×450	2×550	2×600
5	主电机转速/r · min^{-1}		0~750	0~750	0~750
6	最大剪切力/kN		12000	14000	16000
7	剪切频率/次 · min^{-1}		12/18	12/18	13/18
8	剪刃开口度/mm		225	200	225
9	剪刃间隙范围/mm		0.5~7	0.4~7	0.5~7
10	剪刃重合度/mm		5~6	5~6	5
11	剪刃半径/m		72	76	80
12	剪刃长度/mm		4000	4400	5200
13	剪刃硬度（HRC）		52+2	52+2	52+2
14	剪切角		2°40′	2°40′	2°40′
15	剪刃更换时间/min		≤30	≤30	≤30
16	推臂数量/个		4	5	5
17	压板装置/组		2	3	3

B　三轴三偏心滚切式双边剪

（1）通常在切头分段剪的下游设置一台三轴三偏心滚切式双边剪，其特点是三轴三偏心可使剪切力分配到三个轴上且互不干扰，滚切方式如图 2.136 所示，用于钢板的切边，使之达到成品所要求的宽度。

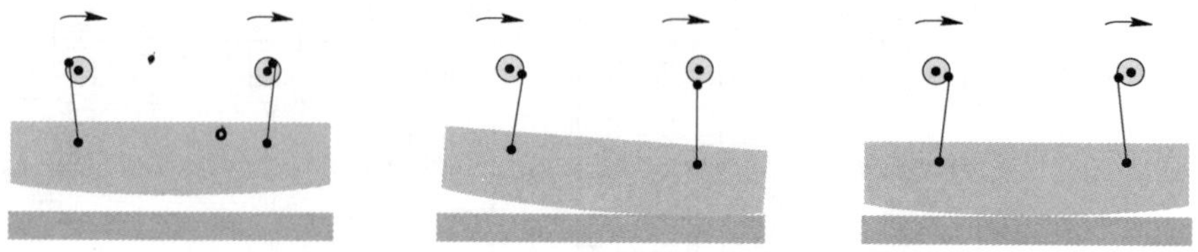

图 2.136　三轴三偏心滚切式双边剪滚切方式示意图

（2）滚切式双边剪装有半径为 R 的弧形上剪刃的上刀架，在具有不同相位角和偏心半径的两个曲轴及连杆的带动下，并在控制杆的约束下，上剪刃沿一个水平基面实现理想的滚动运动，将钢板的两边剪断。水平基准面比下剪刃的刃口一般低 5mm，即剪切时的重合量，在剪切过程中，该值保持不变。

（3）由连续运转的主电机同时带动第三根曲轴、连杆以及装有碎边剪的上刀架，以精确的运动规律完成纵向切边和废边的横向切断。

（4）当切边刀片和碎边刀片离开下刀片时，控制夹送辊及辊道，将钢板送进一个确定的剪切步长。钢板停止后，在三曲轴带动下完成钢板的切边和废边剪切，这一动作不断重复进行，直至完成这块钢板的切割。

（5）双边剪前设有激光划线装置，用于标示钢板的剪切范围，移动侧光束的位置可根据剪切钢板宽度进行调整。当钢板位置需要进行调整时，位于辊道之间的磁力对中装置可调整钢板在辊道上的横向位置。移动剪则与固定剪相对布置，当剪切不同宽度钢板时可调整移动剪的位置以满足钢板切边的需要。双边剪机架前后设有夹送辊，在剪切时输送钢板，移动侧的夹送辊随移动剪一起进行位置调整。双边剪后部与剖分剪相接，两台剪机构成组合剪。

三轴三偏心滚切式双边剪的主要技术特点为：

（1）重型剪机可剪切大厚度和高强度钢板。

（2）剪机为滚切式，剪刃重叠量很小。

（3）剪机为三曲轴式，废料剪刃有独立的曲轴机构。

（4）通过提高剪切步长，获得高生产率。

（5）剪切的钢板具有高宽度精度和平行度。

（6）剪切表面干净而平坦。

（7）钢板无错边和镰刀弯。

（8）剪刃更换快速而方便。

（9）可全自动操作。

C　滚切式双边剪本体

（1）通常由固定剪和移动剪组成，固定剪固定在基板上，移动剪通过电机带动齿轮齿条在静压导轨上根据设定的宽度进行移动。每台剪机都有切边的纵向剪刃和切废边的碎边剪刃，它们各自由两台主电机经过齿轮传动装置及三根平行的偏心轴带动。

（2）它的主要组成部分包括：机架、传动装置、刀架及剪刃固定装置、剪刃间隙调整装置、剪刃后退机构、压紧装置、移动剪的横移装置、支撑辊梁、夹送辊、废料溜槽等。

（3）固定剪和移动剪采用铸焊结构的机架，机架的上方装有主减速机箱体，机架的上方后部与主电机的平台连接在一起，机架的下方后部与换刃装置的横梁连接成一体。

（4）主传动装置由主电机、减速机箱体、齿轮、齿轮轴及偏心轴组成。减速机箱体采用剖分式，两部分由连接杆连接起来，更换方便，偏心轴的支撑轴承采用滑动轴承。主电机安装在机架上部的平台上，主电机与减速机之间设有安全离合器起到过载保护的作用，固定剪和移动剪由电气实现同步。

(5) 为了保证钢板的剪切质量，设有双边剪和碎边剪的剪刃间隙调整机构，均通过电机带动蜗轮蜗杆调节偏心套来实现，剪刃间隙可以根据所要剪切的板厚及材质进行自动调整。

国内 21 世纪新建的三个级别中厚板滚切式双边剪主要技术参数见表 2.18。

表 2.18 国内 21 世纪新建的三个级别中厚板滚切式双边剪主要技术参数

序号	轧机规格/mm		3800	4300	5000
1	形式		滚切式	滚切式	滚切式
2	主电机功率/kW		4×350	4×350	4×350
3	主电机转速/r · min^{-1}		0~1000	0~1000	0~1000
4	最大剪切力/kN	切边剪	6500	6500	6500
		碎边剪	3000	3000	3000
5	剪切钢板最大强度/MPa	厚度≤40mm	1200	1200	1200
		厚度 40~50mm	750	750	750
6	切边量/mm · 边$^{-1}$		20~150	20~150	20~150
7	剪切步长/mm	厚度≤40mm	1300	1300	1300
		厚度 40~50mm	1050	1050	1050
8	剪切频率/次 · min^{-1}		16~30	16~28	16~30
9	剪刃开口度/mm		100	100	100
10	剪刃间隙范围/mm		0.5~4.5	0.5~4.5	0.5~4.5
11	剪刃重合度/mm		5~6	5~6	5~6
12	剪刃半径/mm		9500	9500	9500
13	剪刃长度/mm		2080	2080	2080
14	剪刃硬度（HRC）		52+2	52+2	52+2
15	剪切角（厚度为 40mm 时）/（°）		5.5	5.5	5.5
16	退刀行程/mm		1.4	1.4	1.4
17	剪刃更换时间/min		30	30	30

D 双轴双偏心滚切剖分剪

(1) 由两台电机通过三级齿轮主传动箱驱动两根偏心轴带动弧形上剪刃沿平直下剪刃滚动实现剪切。

(2) 剖分剪用于对倍尺宽度或组合宽度的钢板进行纵向剖分剪切，以获得窄钢板，从而提高钢材收得率和产量，一般在 5000mm 以上轧机的生产线上使用。

(3) 剖分剪采用滚切式，弧形上剪刃缓慢沿着直线下剪刃滚动实现对钢板的剪切。剖分剪主要用于将倍宽轧制的钢板纵向剖分，对于不同宽度的钢板也可进行剖分，即非对称剖分。通过剖分，可以使轧机轧制倍宽或组合宽度的钢板来提高轧机产量。

(4) 如图 2.137 所示，剖分剪近接设置在双边剪后，两剪机配合工作，双边剪为主剪。剪切时，双边剪前后和剖分剪后的夹送辊同步送板，在送板间隙，压板装置下降压紧钢板后剪机切板。以上动作重复进行，直到一块钢板切分完成。

(5) 它的主要组成部分包括：机架、传动装置、刀架及剪刃固定装置、剪刃间隙和重合量调整装置、剪刃后退机构、压紧装置、剪机的横移装置、夹送辊等。

(6) 剖分剪布置如图 2.137 所示，本体如图 2.138 所示。

某 5000mm 宽厚板厂剖分剪的性能参数见表 2.19。

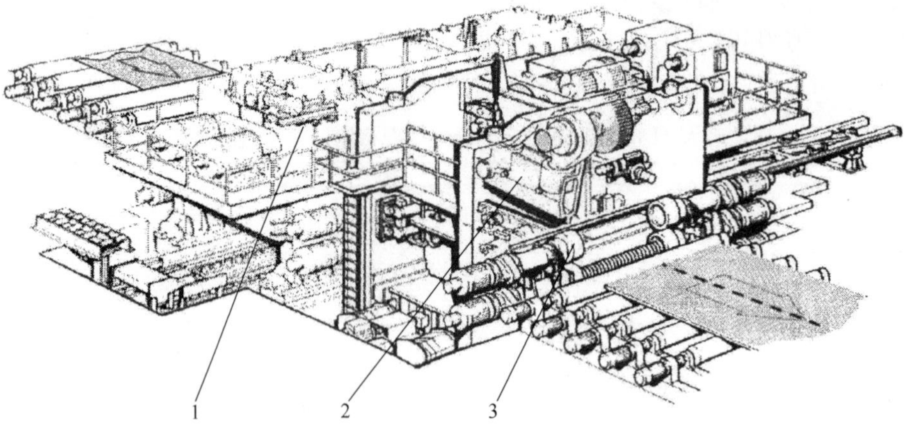

图 2. 137　剖分剪布置图

1—双边剪；2—剖分剪；3—夹送辊

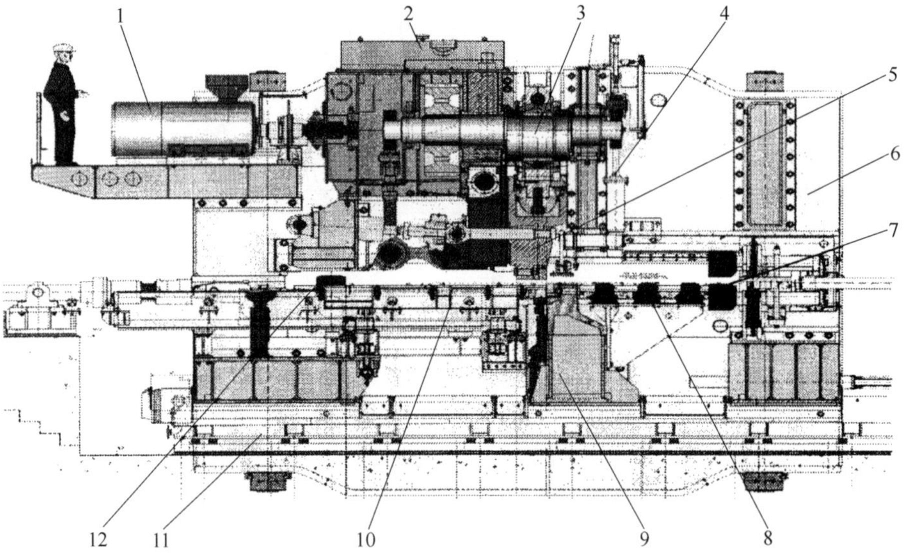

图 2. 138　剖分剪本体

1—主电机；2—主齿轮箱；3—偏心轴；4—压板装置；5—上刀架；6—机架；7—夹送辊；8—固定侧托辊；9—下刀台；10—移动侧托辊；11—静压导轨底座：12—侧立辊

表 2. 19　某 5000mm 宽厚板厂剖分剪的性能参数

1	形　式		滚切式
2	剖分前钢板宽度/mm		1200~4800
3	对称剖分后钢板宽度/mm		900~2400
4	不对称剖分后钢板宽度/mm	固定侧	900~2400
		移动侧	≤3200
5	剪切钢板最大强度/MPa	钢板厚度≤32mm	1200
6		钢板厚度 32~50mm	500
7	主电机功率/kW		2×400
8	主电机转速/$r \cdot min^{-1}$		0~800
9	最大剪切力/kN		11000
10	剪切频率/次 · min^{-1}		16~30

续表 2.19

11	剪刃开口度/mm	100
12	剪刃间隙/mm	0.5~4.5
13	剪刃半径/m	25
14	剪刃长度/mm	2500
15	剪刃硬度（HRC）	52+2
16	剪切角/（°）	3
17	横移行程/mm	1550
18	剪刃更换时间/min	30

E 滚切式横切剪

21 世纪我国中厚板生产中常用滚切式横切剪剪切厚钢板。这种横切剪的剪切原理如图 2.139 所示。具有弧形剪刃的上刀座用两个曲轴带动，两根曲轴的转速及转向相同，但相位不同，因此，弧形剪刃的左端先下降，直到与下剪刃左端相切，再沿下剪刃滚切，当滚到与下剪刃右端相切时，剪切完成，然后升起，恢复到原位。其主要优点如下：

（1）由于弧形的上剪刃在平直的下剪刃上滚动剪切，上剪刃相对钢板的滑动量小，剪刃划伤和磨损小。

（2）上下剪刃重叠量可以根据剪切厚度选择，而且在剪刃全长度上其值一样，保证了钢板的平直度，被切下的头尾弯曲也很小，容易收集处理。

（3）上下剪刃在起始和停止位置时，其开口度大约能达到板厚的 3 倍，显著大于斜刃剪的开口度，因而能使钢板顺利地通过剪子。

（4）虽然滚切式横切剪有较大的开口度，但总的行程比普通斜刃剪还减少了 30%~40%，因此，这种剪子的设备较轻。

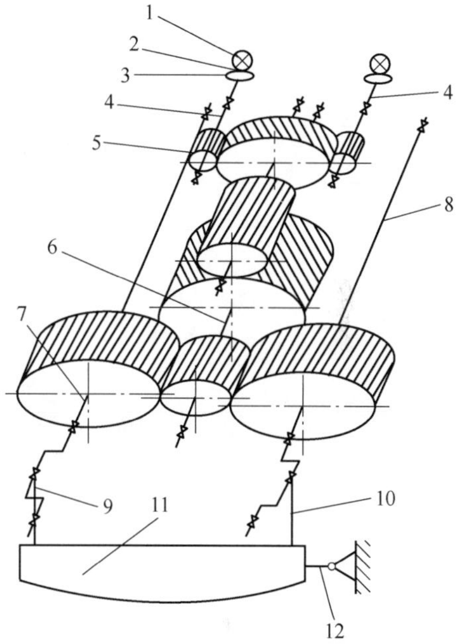

图 2.139 滚切式横切剪原理图

1—主电机；2—带制动轮式联轴器；3—制动器；4—传动轴Ⅰ；5—传动轴Ⅱ；6—传动轴Ⅲ；7—左偏心轴；8—右偏心轴；9—左连杆；10—右连杆；11—上刀架；12—导向杆

F 双轴双偏心滚切式定尺剪

（1）通常布置在双边剪的下方，它的主要作用是将钢板切成所需要的定尺长度，当钢板需要取样检验时，也可由定尺剪切出试样“大样”，再通过试样运输链送至试样剪切区。头尾废料通过输送装置输送到机旁或车间外收集。

（2）钢板切边后送至定尺剪内，首先对钢板前端进行剪切，使之与侧边成直角。然后借助测长辊或定尺机，将钢板剪切成定尺长度。

（3）滚切式定尺剪如图 2.140 所示，与滚切式切头分段剪在结构和组成上有很多相似之处，企业生产实际中甚至有很多零件可以互换使用。不同的是，定尺剪的剪切频率大于切头剪，主传动速度及主电机功率大于切头剪；定尺剪比切头剪增设了剪前夹送辊，其结构与前述剖分剪后夹送辊基本相同。

（4）另外还增设了剪后测量辊，其结构与前述切头剪测量辊基本相同；在夹送辊机架上还安装了两个压辊，用于输送钢板尾部短板，液压缸驱动其压下和升起。

（5）另外，推尾装置不是安装在机架前面板上，而是安装在夹送辊机架上。

（6）定尺剪的两套推尾装置分别安装在固定侧和移动侧夹送辊机架上，用于将尾部废料从下刀台上推入废料溜槽。推头由升降液压缸和推料液压缸分别驱动，升降液压缸驱动平行四连杆机构摆动升降推头，推料液压缸带动推头将尾部废料推入剪刃下方的废料溜槽。定尺剪前推尾装置可处理的尾部废料最大长度为 800mm。

国内 21 世纪新建三个级别的中厚板滚切式定尺剪的主要技术参数见表 2.20。

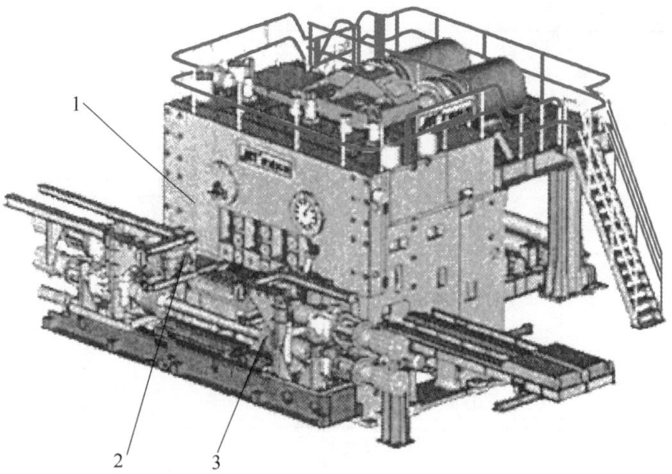

图 2.140　滚切式定尺剪
1—剪机本体；2—推尾装置；3—剪前夹送辊

表 2.20　国内 21 世纪新建三个级别的中厚板滚切式定尺剪的主要技术参数

序号	轧机规格/mm		3800	4300	5000
1	形式		滚切式	滚切式	滚切式
2	剪切钢板强度/MPa	厚度≤40mm	1200	1200	1200
		厚度 40~50mm	750	750	750
3	剪切钢板宽度/mm		1200~3700	1000~4200	1200~4900
4	主电机功率/kW		2×600	2×700	2×800
5	主电机转速/r · min^{-1}		0~1000	0~1000	0~1000
6	最大剪切力/kN		12000	14000	16000
7	剪切频率/次 · min^{-1}		18/24	18/24	18/24
8	剪刃开口度/mm		225	200	225
9	剪刃间隙范围/mm		0.5~7	0.5~7	0.5~7
10	剪刃重合度/mm		5~6	5~6	5~6
11	剪刃半径/m		72	76	80
12	剪刃长度/mm		4000	4400	5200
13	剪刃硬度（HRC）		52+2	52+2	52+2
14	剪切角		2°40′	2°40′	2°40′
15	剪刃更换时间/min		≤30	≤30	≤30
16	推臂数量/个		2	2	2
17	压紧装置/组		2	3	3

2.8　切割设备

2.8.1　切割设备的演变

厚度大于 50mm 的产品，通常不使用各类剪切机，而使用专门的设备进行切断，这种设备不称作剪切机，而称为切割机。

我国中厚板生产历史中，较早就开始使用火焰切割机。早期使用的燃气以乙炔为主，它虽然点火较方便，预热时间也较短，但切割面的质量一般，气体费用成本较高，尤其是操作中安全性不可靠，存在爆炸的危险性。于是 20 世纪 90 年代后期开始，主要由液化石油气、天然气等替代。

切割方式从早期单一的人工火焰切割，演变到目前的多样化，如半自动火焰切割、自动火焰切割、等离子切割、数控切割等。还有一种称为激光切割属于较前沿的切割方式，主要用于加工不锈钢等精密零件，以前在碳钢和低级别的低合金钢加工中基本不用。随着中厚板高强钢薄规格及耐磨钢的推广，少数企业开始尝试使用激光切割，目前此方式切割厚度不大于 20mm。

就切割钢板厚度区分，大致是人工和自动火焰切割基本无限制；等离子切割不大于 200mm；激光切割不大于 20mm。

切割机的布置形式分为在线和离线，在线时根据钢板的剪切位置分为切头、定尺、双边和剖分等多种形式。

2.8.2 切割机的种类

目前钢板行业的切割设备种类较多，主要分类见图 2.141。

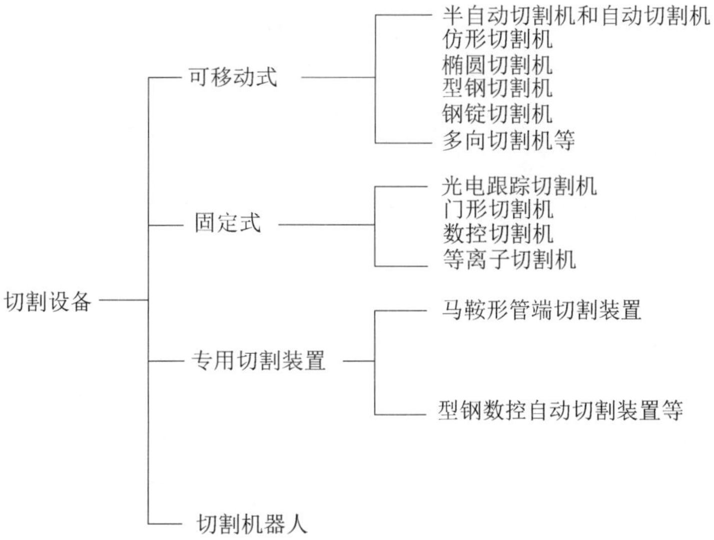

图 2.141 常用切割设备分类

2.8.3 目前常用的几种切割方式介绍

2.8.3.1 火焰切割

火焰切割主要有半自动式、自动式、数控式等，又细分为移动式和固定台架式。移动式和固定式的基本组成是氧气切割器以及安装切割器的电动小车或电动台车。某企业的半自动火焰切割机见图 2.142。

图 2.142 半自动火焰切割机

21 世纪又出现了数控火焰切割机，不但操作自动化程度高，还具有以下优点：

(1) 切割精度高。在正确选择切割参数、切割路线及防止和减少变形措施的条件下，成品的尺寸精度可达 ±0.5mm。

(2) 材料利用率高。通过自动套料系统合理排料，材料利用率可达到 95%。

(3) 生产效率高。可同时使用多个割枪同时切割 2~4 个同形或同形镜像工件，并省去了制作样板和钢板画线，大大提高了切割效率。

(4) 数控火焰切割机虽有较多优点，但设备投资高，且要求熟悉编程和机器性能的技术人员，对操作者的综合技术要求较高。因此主要应用于外形复杂、精度要求高的大尺寸工件的套排料切割。

(5) 一些企业根据其生产复杂、自动化水平高的特点，采用了门形数控火焰切割机。

A 火焰切割基本原理

钢板的氧气火焰切割过程首先是利用气体火焰（即预热火焰）将钢材表层加热到燃点并进入活化状

态，然后送进高纯度、高流速的切割氧，使钢中的铁在氧氛围中燃烧生成氧化铁熔渣同时放出大量的热，借助这些燃烧热和熔渣不断加热钢材的下层和切口前缘使之达到燃点，直至工件的底部。与此同时，切割氧流的动量把熔渣吹除，从而形成切口将钢材割开。

钢板氧气切割时铁与氧的反应有以下几种形式：

$$Fe+1/2O_2 = FeO+267kJ$$

$$3Fe+2O_2 = Fe_3O_4+1120.5kJ$$

$$2Fe+3/2O_2 = Fe_2O_3+823.4kJ$$

钢中各种元素对火焰切割性都有一定的影响，见表 2.21。

表 2.21　各种元素对钢材火焰切割性的影响

元素	各种元素对钢材火焰切割性的影响
C	含量小于 0.45%时无影响；含量大于 0.5%时切割性差（因碳含量高，钢的燃点高），同时切割前需要预热，以防止切割表面硬化和产生裂纹；含量大于 1%~1.2%时难以切割
Mn	含量小于 14%时无明显影响
Si	一般对切割无影响
P	钢中含量较低，无影响
S	钢中含量较低，无影响
Cr	含量小于 5%且钢板表面清洁时，切割不太困难，但因产生高熔点、黏度大的 Cr_2O_3 熔渣，切割速度减慢。含 Cr 较多时，切割前需预热；含量大于 10%的高铬钢需采用氧-溶剂切割
Ni	对切割影响不大
Mo	含量小于 5%时对切割无影响
W	含量小于 14%时对切割无影响；含量大于 14%时难以切割
V	促进切割过程
Ti	对切割无影响

碳钢和低合金钢的切割性见表 2.22。

表 2.22　碳钢和低合金钢的切割性

钢的碳当量/%	切　割　性
<0.6	无工艺上的限制，不需要预热
0.6~0.8	夏季允许无预热情况下切割，冬季在切割厚钢板和复杂零件时需加热到 150℃
0.8~1.1	为防止淬火裂纹，需预热或随同切割加热到 200~300℃
>1.1	为避免出现裂纹，需预热至 300~450℃或更高温度，并随后缓冷。碳的质量分数大于 1.2%的碳钢难以切割

注：碳当量计算公式 $w(Ceq)=w(C)+0.16w(Mn)+0.3w(Si+Mo)+0.4w(Cr)+0.2w(V)+0.04w(Ni+Cu)$。

中厚板产品合金含量一般不超过 10%，所以通常情况下不会由于材质变化造成对切割速度、切割质量的影响。

B　作业要求

(1) 由于切割前的钢板头尾和边部形状可能不规则，故切割前必须测得钢板外部轮廓形状，只有如此才能根据钢板尺寸要求进行作业。

(2) 为提高作业效率，通常要使切割机的多把割炬同时作业，而且需防止相互之间的干扰。

(3) 由于钢板上料时常常还有一定的温度，故切割机对被切割的钢板温度进行实时监测，还需对钢板尺寸进行温度补偿，以保证热态钢板切割后的冷态尺寸精度。

(4) 通常切割作业在厂房内进行，周围可能布置有其他生产线设备和设施，故需要合理安排钢板物流且需充分考虑切割后废弃物的收集和处理措施。

(5) 如是火焰切割机，则要根据钢板的不规则外形进行自动定位切割（包括头尾和边部），通常还需要在一块母板上根据工艺要求进行多块子板的自动套裁或在钢板的规定位置上进行钢板试样的切割。

（6）自动切割的计算机控制需要具备和全厂的计算机控制系统进行数据传动的通讯功能。

C 作业过程及影响因素

（1）根据被切割钢板的厚度选用适当型号的割嘴（主要是割嘴的孔径和形成火焰的长度）。

（2）将氧气和燃气压力调至规定值。

（3）用切割点火器点燃预热火焰（先点火后放气），然后缓慢地旋转打开预热氧气阀，调节火焰的白心长度，使火焰成中性焰，预热切割点。注意观察火焰的形状和颜色。

（4）在切割点上只用预热火焰加热，割嘴垂直于钢板表面，火焰白心距离钢板表面1.5~2.5mm。

（5）当切割点达到燃烧温度（暗红色）时，打开切割氧气阀，瞬间就可以进行切割。

（6）在确认已割至钢板的下表面后，就沿着切割线以适当速度移动割嘴进行钢板的切割。

（7）切割终了时，先关闭切割氧气阀，再关闭预热火焰的氧气阀，最后关闭燃气阀。

（8）影响切割的主要因素有割嘴大小及形状；使用气体的种类、纯度及压力；被切割钢板的材质与厚度；钢板的表面质量（裂纹、结疤、折叠的多少）；钢板的内部质量（如大型夹杂物、气泡、分层的程度）；切割速度、预热火焰强度；被割钢板的温度、割嘴与钢板间的距离及割嘴角度等。

2.8.3.2 等离子切割

进入21世纪，尤其是近10年来，等离子切割机也较广泛地用于中厚板企业的切割工序。等离子切割是高效和高精度切割钢板的另一种重要方式，其整个切割系统是由计算机进行编程控制的。

A 主要优点

（1）切割效率高。切割速度是火焰切割的3~4倍。

（2）切割精度高。钢板尺寸公差和切割质量均保持稳定一致，符合和超过有关的标准规定。

（3）系统可以自行清除切口的熔渣。

（4）切割时无烟尘，污染小。

（5）由于切割速度快，在水中散热，可以充分减小厚钢板切口热影响区的扩散范围，能够满足各种钢板的切割要求。

（6）自动化程度高。可以实现钢板的连续或多块同时切割，操作人员少。

B 操作过程

（1）用桥式磁力吊车将钢板吊装至切割系统的辊道上，在辊道下面有一个框架，它支撑着一个电动钢板对正系统和多个与辊道输送方向成90°的定位轮，框架则由一个气袋系统支撑着。在钢板成直角定位的时候，定位轮顶面高于辊道顶面。

（2）采用这种装置，装料时辊道承受的冲击力传给气袋，定位轮使对正钢板所需的力会降低到最小，同时将避免辊道与钢板摩擦而导致钢板表面损伤。

（3）在PLC给吊车操作人员发出钢板已正确定位信号（采用信号灯或声响）后，吊车移走，系统进行钢板的自动对正，然后气袋放气，将钢板降至辊道面上，然后通过辊道把钢板输送到等离子切割机的辊链上。

（4）装料辊道将钢板向前送入支撑在辊链上的专用平板运输机上，位于辊道缝隙上的U形轭架可使端墙升起并气封，这样形成可浸入钢板的水槽。带有上升管的矩形槽位于运输机的顶面之下。

（5）为了尽快浸入钢板（30s），将压缩空气泵入可升降水槽底部密封的气柜内，使水槽的水面快速淹没钢板，钢板在水下至少508mm深的情况下进行切割。装有切割机小车在龙门架上的运动是由计算机控制的。

（6）钢板具备切割条件后，切割机迅速移至钢板的断面位置，由一个凸轮机构将等离子割枪降至钢板表面所处高度，小车横向移动使割枪与钢板的基准边接触，接着切割小车将等离子割炬定位于预定切割的位置，割炬的定位精度在±0.79mm范围之内。

（7）在割炬的定位全部完成后，将割炬上升到预定离开钢板表面的位置，开始压力吹扫，点着一个高频导炬，该导炬开始运行。一旦导炬接触钢板，主弧就点火，然后切割按规定尺寸进行。割炬的切割速度取决于钢板的厚度、割嘴口的尺寸、切割电流和电压。典型的等离子切割速度见表2.23。

表 2.23　典型的等离子切割速度

钢板厚度/mm	切割速度/m · min^{-1}	喷嘴尺寸/mm	电源	
			电流/A	电压/V
4.76	5.84	3.96	400	164
6.35	3.55	3.96	400	164
9.52	2.64	3.96	400	164
12.7	2.28	3.96	400	164
12.7	2.79	5.08	600	149
19.06	1.39	5.08	600	149
25.4	1.14	5.08	600	149

（8）为了保持切割质量的一致性，通过一个电压-高度控制系统，使割炬在整个切割过程中都与钢板表面保持相同的间隙，切割完成后割炬脱离钢板，等离子弧由于失去基极而熄灭。

（9）切割动作完成以后，切割机对其本身进行重新校准，同时也将割炬和凸轮顶杆提升到安全位置。切割区域辊道内的水迅速下降，然后打开门的密封，水槽两端的门下降，由辊道把已切割的钢板输送到出料端辊道，同时进料段一侧的钢板放置就位。切割完毕到下次钢板切割的时间平均为 3min。

（10）对切割后的钢板进行干燥，为进一步对钢板进行防护，要对切割工艺用水定期添加防锈剂。切割后钢板要进行割口熔渣的清除，清除由两台高速大冲击力的 381mm 直径的圆盘形钢丝刷进行。丝毛由直径为 12.7mm 的特殊材质的钢丝绳制成，钢刷的转速为 3600r/min，钢刷与工件的搭接量约为 0.45mm，这样将钢板切口的熔渣清除干净。毛刷与钢板搭接量和压力由一个电流反馈回路进行控制，使去渣操作的性能稳定可靠。

（11）由于导电介质的不同，可采用等离子空气切割法、氧气切割法、氩-氢气切割法、氨气切割法等，根据切割速度、切割质量要求、切割变形程度、操作成本等选择合适的切割方法。

C　水下切割

等离子切割又分为干式切割和水下切割。干式切割有严重的弧光、烟气及噪声大，通常需采取独立隔离区域作业并应有相应的除尘措施。水下切割近年在有些企业已采用，水下切割的主要优点是：

（1）切割后的钢板变形量较小，对钢板的热影响区较小。

（2）快速将切割生产的热量散去，防止钢板因受热出现瓢曲（等离子的弧温可达 16648～22204℃）。

（3）吸收切割时产生的烟气。

（4）降低切割过程的噪声。

（5）通过水中添加的一种抑制剂（使水变成绿色）将切割时弧光中紫外线的辐射量降到安全水平。

2.9　轧线检测手段

2.9.1　20 世纪 80 年代末之前的轧线检测手段

当时我国中厚板企业整体装备水平普遍较低，体现在检测方面主要是手段较单一，检测内容不丰富，各类仪器、仪表的实用水平不高。

（1）轧机压下多为手动主令控制的电动丝杠，压下为表盘指针式显示，没有数显。在线没有自动检测，厚度多为人工卡量。

（2）温度测量采用的是接触式光电测温仪，信息反馈主要靠手势或跑号工传送工艺卡片转达给操作台。

（3）由于轧机压下系统为单一涡轮螺旋机械式，没有液压系统的加入，要实现压力测量只能是轧辊轴承座和压下丝杠头部的球形垫之间加增压力传感器，但实际使用表明，这种压力测量方式使用的传感器由于在压下系统存在难以消除的间隙，在轧制过程中受到很大的冲击载荷，其故障率很高，耐用性、稳定性、可靠性比较低，经常损坏。

（4）压力的测量在很大程度上是用于设备安全监测，大多未投入到压下控制系统，对生产与工艺的作用性不强。

(5) 钢板表面缺陷主要靠检测人员站在钢板旁边观察是否存在缺陷。如发现缺陷就标出缺陷的位置。由于工作人员不能直接观察其下表面，所以如需检测下表面，还需通过翻板机将钢板翻转180°。

(6) 测温时，主要使用热电偶，它的优点是热敏度高，主要缺点是热电势较弱，使用中必须配有精密的仪表才能准确地指示实际温度。在高温场合易受氢、一氧化碳、硫、硅及其化合物侵蚀而变质。另外热电偶中的铂、铑均属贵金属，造价高。目前逐步被计算机控制的专用高温仪所取代。

(7) 热电偶适用于对固定物体的测温，难以对运动中的物体进行测温，所以当控制轧制等技术出现后，它难以在控轧过程中对钢板温度进行检测。

2.9.2 20世纪90年代的轧线检测手段

(1) 有些企业试验性地应用了X射线测厚仪、激光横向移动的三点测厚仪，其后有的厂还在精整喷号工序前的位置安装了机械式自动测厚仪进行成品钢板的检测。但是作为过程厚度控制的厚度检测却一直没有很好的加入轧制厚度自动系统中，而国外从20世纪80年代末期就广泛采用了γ射线测厚技术。

(2) 对中厚板板形监控，国外采取的是在轧机后部辊道的上方（厂房上）安装有板形形状测量仪，进行板形测量。测量的数据实时回传二级系统，由系统进行压下和齐边压下的调整，而我国在那个年代对板形的监控主要靠经验，而没有高效的现代仪器。

(3) 少数企业的中板轧机在20世纪90年代中期曾与有关研究机构合作开发过一种红外板形图像测量系统，安装在粗轧机前用于坯形的控制和长宽测量，开始使用效果不错，但由于后期维护跟不上等原因，也就弃用了。

(4) 中厚板的板形测量是非接触性的，与板带钢接触性测量是方法不同、方式不同、机理不同。对钢板轧制后的过程中实物跟踪基本上也是由在轧制工艺线上方安装多台图像识别仪进行信息连续采集和跟踪的，它是物流与信息流同步（MES流程控制）的一种信息有效的获取方式。但那个年代信息化水平低，难以实现物流和信息流同步。

(5) 有一种钢板表面质量图像检测系统曾经在国外的生产线上应用过。有关研究机构和企业合作也曾开发有一套类似的系统，但由于图像分辨率低、无专家库数据比对等多种原因，最终弃用了。

2.9.3 目前我国的轧线检测手段

进入21世纪，我国中厚板生产过程中的检测手段有了质的改变和量的提升，可以说是全方位的，对促进中厚板内外质量和精度的提升起到了“侦察兵”和“千里眼”的作用。

为了准确检测必要的工艺参数，以便控制系统及时进行调整控制，提高中厚板自动化作业水平，提高生产的稳定性和产品的质量，从而满足高水平的质量与控制要求，从原料上料至成品收集整个作业线，大部分企业都设置了相应的传感器及检测仪表。主要检测内容包括重量、温度、压力、宽度、长度、厚度、板形、板外轮廓、平直度以及速度、位置等。

2.9.3.1 检测装置的布置及原理

检测仪表的测量装置沿轧线布置，根据需要及实际状况进行布置，如在精轧机入口上方、精轧机出口、热矫直机出口等处。有的企业设立了仪表室，其控制装置设置在仪表室内。仪表测量房、仪表室具有隔热、抗振、防噪功能。典型的中厚板轧线检测仪表布置见图2.143。

带有立辊轧机的某企业轧线检测仪表布置见图2.144。

2.9.3.2 主要检测装置介绍

A 测温仪

红外测温是目前中厚板生产中普遍采用的一种非接触式温度测量方式，其中较为常用的为红外双色测温仪。它通过接收两个相邻波段的红外辐射，并依据两者比值的大小确定物体的温度。

当物体的发射率较低时，两个相邻波段红外辐射的能量相应较低，反之则两个相邻波段红外辐射能

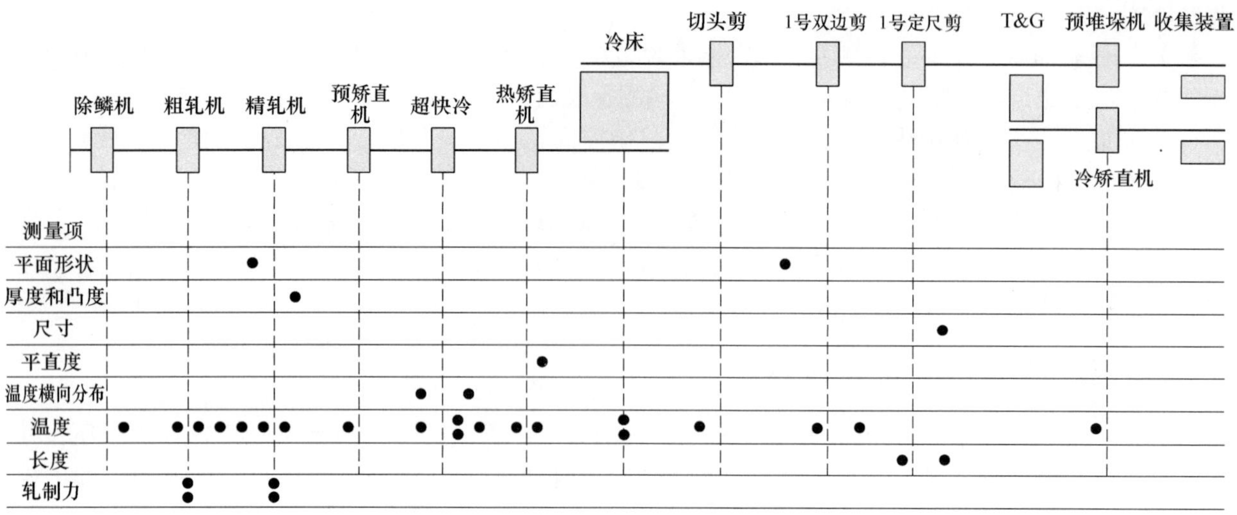

图 2.143　典型的中厚板轧线检测仪表布置

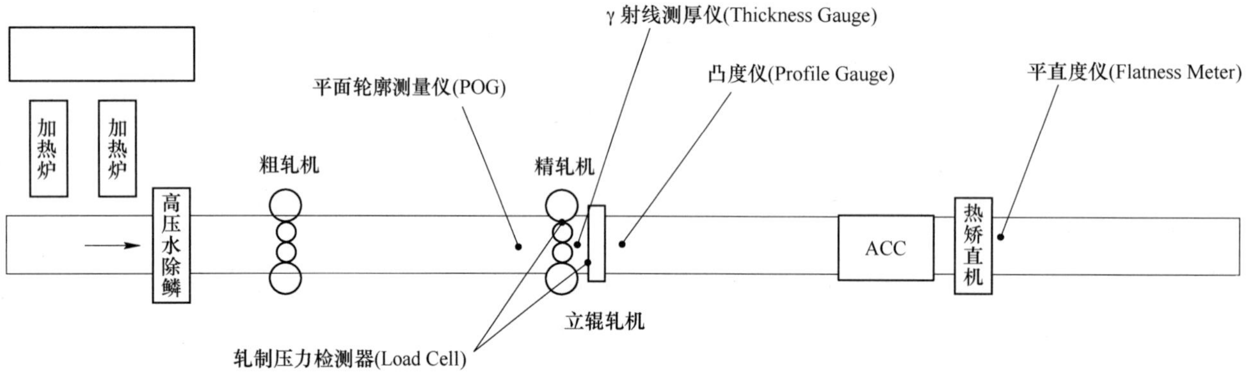

图 2.144　带有立辊轧机的某企业轧线检测仪表布置

量相应提高。

只要物体的温度不变，则其辐射能量的比值保持不变。如果物体温度发生变化，则比值也相应发生变化，物体温度与比值变化呈线性关系（这是由新型叠层光敏器件决定的）。不同材质（金属、非金属）比值斜率不同（一般测温仪都具有斜率调节功能）。当出现烟尘时，由于两波段信号同时减少，其比值并不发生变化。

测温仪通常的配置方位见图 2.145，测温仪通常分为固定式和扫描式两种。

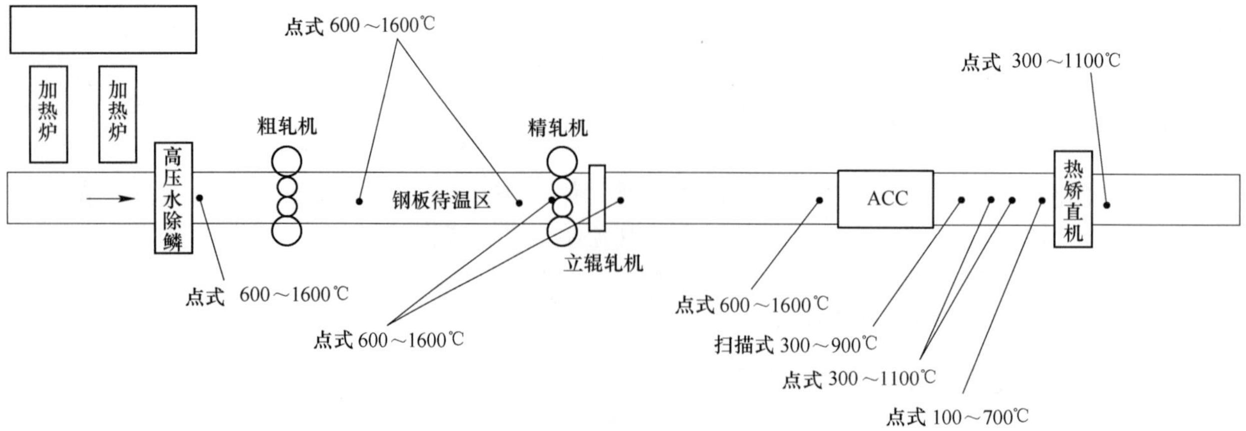

图 2.145　轧线上的测温仪位置

固定式测温仪用于轧制钢板的温度检测及控制，从粗轧机前到冷床沿轧线设置，其控制终端就近放置在操作室中。扫描式高温计用于 ACC 快速冷却钢板的检测及控制，设置在 ACC 快速冷却装置后，其控制终端放置在热矫直机操作室5CS中。

测温仪配备有光学系统，通过聚焦从轧制材料辐射的红外能量到内部探测器来测量温度。一个信号微处理器用来处理和调整该信号，它包括放射补偿、数字线性化、峰值采集、求平均值、跟踪保持和高低限报警等功能。

B 压力检测仪

在轧制中，压力检测仪的主要部件就是压力传感器，压力传感器也叫做测压头，简称为压头。目前广泛采用两种测量轧制压力的方法。第一种是通过测量机架立柱的拉伸应变来测量轧制压力，又称应力测量法；第二种是用专门设计的测力传感器直接测量轧制压力。

至于所用的变换原理或传感器形式，则有电阻应变式、压磁式、电容式及电感式等，而当前应用最广的主要是前两种。

（1）电阻应变式测力传感器主要由弹性元件和应变片构成。外力作用在弹性元件上，使其产生弹性变形（应变），由贴在弹性元件上的应变片将应变转换成电阻变化。再利用电桥将电阻变化转换成电压变化，然后送入放大器放大，由记录器记录。最后利用标定曲线将测得的应变值推算出外力大小，或直接由测力计上的刻度盘读出力的大小。

（2）压磁式测力传感器是利用钢的磁化特性受作用于其上的机械力影响的原理研制的。即某些铁磁材料受到外力作用时，引起磁导率发生变化的物理现象。传感器由大量已加工好的不锈钢片制成。每个不锈钢片的测量区有四个孔，穿入两组互成直角的线圈。

（3）其中一个线圈（初级线圈）中通以交流电流，另一个线圈（次级线圈）作为测量线圈。由于初级和次级线圈互成直角，在传感器未加负荷时，二者之间不产生磁耦合。

（4）当外力作用于传感器时磁场模式发生变化，钢材料的磁导率沿受力方向减小，与其垂直的方向上磁导率增加。结果是磁通的对称性发生变化，部分磁通使次级线圈产生感生交流电压。控制单元将该交流电压转换成与所加负载值成正比关系的直流电压，从而可以测出力的大小。

C 扭矩仪

扭矩仪的种类有很多，主要有电位计式扭矩传感器、金属电阻应变片扭矩传感器、非接触式扭矩传感器等，目前应用较为广泛的为金属电阻应变片式扭矩仪。它将专用的测扭应变片用应变胶粘贴在被测弹性轴上并组成应变桥，向应变桥提供电源即可测得该弹性轴受扭的电信号。将该应变信号放大后，经过压/频转换，变成与扭应变成正比的频率信号。

扭矩测量的主要功能是解决扭矩信号的传递问题。因粘贴在旋转轴上的应变片和导线随着轴一起转动，而测量仪表是固定的，因此一种专门的信号传送装置把应变信号从旋转轴上传递给固定的测量仪表，供放大、显示或纪录。这种装置叫做信号传递装置。

D 平面轮廓测量仪

（1）某企业采用光学成像系统作为探测器，安装在精轧机入口侧，距离精轧机中心线大约9m，轧制中心线上方20m左右的测量房内。利用检测热钢板本身的热辐射来测量钢板的几何信息，包括：长度、宽度、钢板外轮廓、镰刀弯等。

（2）其探头既可以一次成像得到较短尺寸静止钢板的几何尺寸，也可以连续扫描，在较长尺寸钢板连续通过后得到其几何尺寸。通常仪表控制柜放置在主电室3ER中。测量结果将反馈于数学模型，作用于AWC控制等。

E 平面形状检测仪

平面形状检测仪主要安装在轧机前后或者剪切线上。安装在轧机前后的检测仪用于将平面形状信号反馈给轧机过程机设定规程，从而控制轧件矩形度。安装在剪切线上的检测仪用于计算最佳剪切量。

从检测原理上来讲以上两种平面形状检测仪基本相同，由于在轧机前后轧件温度非常高，本身发光，而剪切线上的钢板温度较低，本身不能发光，需要在辊道下安装光源。

F 轧机后部的形状检测仪

（1）这种钢板平面形状检测仪是一个依靠计算机进行控制的综合系统。它主要由辐射高温计、冷金属检测器、脉冲发生器、光电开关、板头识别仪、光幕检测器、测宽仪、测长仪、微处理机及过程计算机组成。

(2) 辐射高温计安装在板形测量装置的最前端，用于对钢板测长、测宽时的温度补正。

(3) 冷金属检测器为电磁感应式，主要用于检测钢板是否通过，并向其他装置发出动作指令。

(4) 光电开关设置的目的与冷金属检测器相同，区别仅为可快速检测出钢板是否通过，并向其他装置发出动作指令。

(5) 板头识别仪主要对钢板头尾的平面形状进行检测，识别切头（舌状、鱼尾状）形状，并按切头形状、凹凸位置、面积定量化计算出最小的切头尾位置。

(6) 光幕检测器能自动起动并发出幕状光束，可以不受钢板变形的影响，准确而快速地检测出通过光幕的钢板，然后向计算机和测长仪发出动作指令。

(7) 光电测宽仪依靠设在钢板输送辊道上方的两个扫描器对行进中的钢板进行扫描，两个扫描器各自输出扫描数据，供计算机计算钢板宽度，测量精度可达±3mm。

(8) 脉冲式测长仪依靠接触滚轮对钢板进行测长，测定范围为40~50m，精度可达±20mm，数据输入给微处理机供初次计算板形使用。

(9) 微处理机主要用于测宽仪扫描器的宽度设定、钢板前后端的跟踪及数据处理，并进行初次钢板板形计算。

(10) 过程计算机主要用于全精整线的过程控制，兼顾处理板形测量装置中辐射高温计输入的温度讯号，修正微处理机第一次板形计算，确定划线、中切及最佳切头、切尾、切边量。

G　剪切线上的平面形状检测仪

图2.146为有代表性的某企业平面形状检测仪的基本构成图。测量单元光学系统由钢板上侧安装的CCD摄像头测量单元（头部）和钢板下侧背光照明用下部光源构成。钢板边部位置分别设置2只摄像头，呈三角方式测量，用于修正钢板的上下变动量。钢板速度测量仪与其上方安装的激光测速仪或测量辊的脉冲信号输入相对应，可载速度测量仪发生故障时切换为辊道脉冲信号后测量。

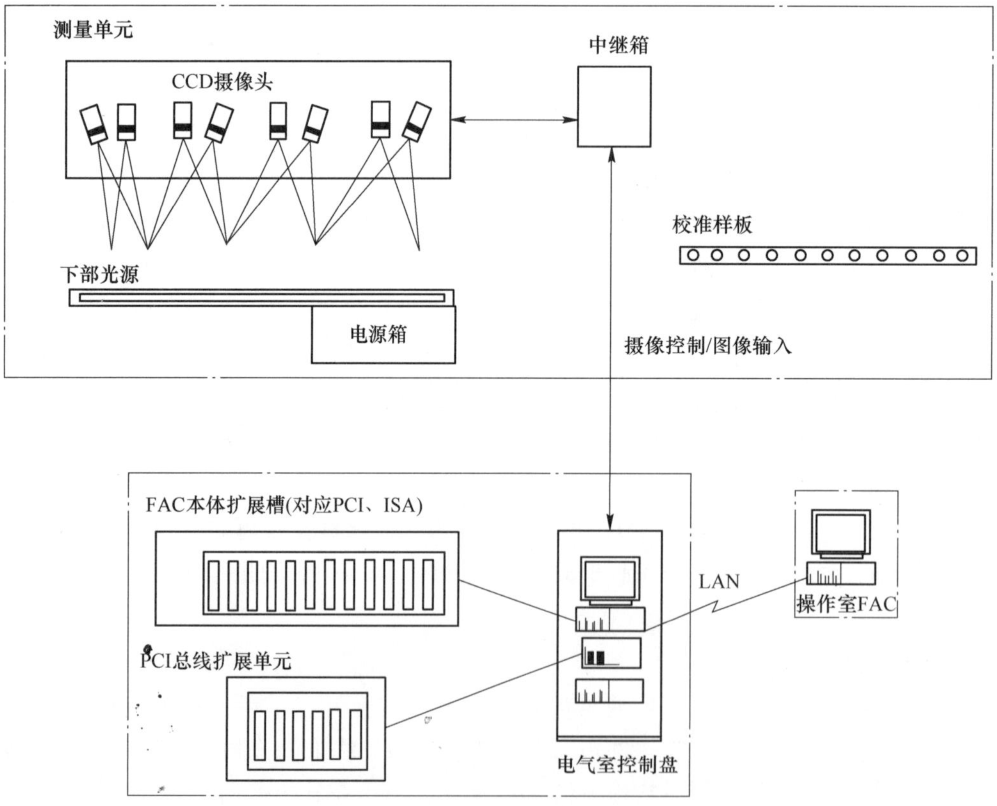

图2.146　某企业平面形状检测仪的基本构成

对于该检测仪来说，安装于测量单元的CCD摄像头数量根据所测钢板的宽度而定。所有的摄像头需设置在能同时测到同一位置的钢板行走方向上。

H 轧件形状图像识别

轧制技术及连轧自动化国家重点实验室（东北大学）开发了基于图像识别技术的中厚板平面形状测量装置，并进行了现场试验。其工作原理是：利用安装在轧机前后工作辊道上方的工业用 CCD 摄像头采集轧件的平面图像，通过高速图像数据采集卡将图像数字化后送入计算机。对数字化图像进行处理，提取边缘信息，得到轧件形状。其工作原理如图 2.147 所示。

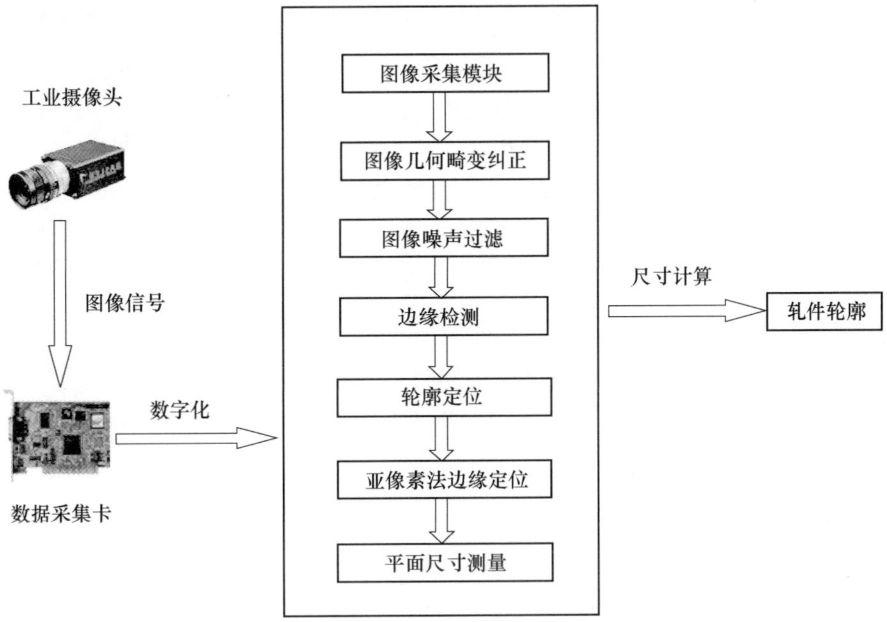

图 2.147 图像识别法的工作原理

为了保证轧件轮廓尺寸的测量精度，该装置采用了亚像素边缘检测技术。它首先利用被噪声污染的边缘低频信息重建边缘的连续图像，然后从连续图像中提取亚像素边缘位置。

根据所重建的连续图像不同，将亚像素边缘检测技术归为两类。一类是重建理想边缘图像，即建立理想边缘的参数化模型，并假设在理想边缘灰度分布和离散图像灰度分布之间存在一些统计特征不变量，这些不变量是理想边缘参数的函数，由不变关系建立方程可确定理想边缘的参数。另一类是重建空间离散采样前的连续图像，即用具有解析表达式的光滑曲面来拟和离散边缘图像的灰度分布，并假设任何连续图像的灰度分布均可通过对离散图像的灰度分布进行曲面拟和精确重建，利用连续图像边缘特性即可确定亚像素边缘位置。

I 外形尺寸的合成照相法

该方法多用于实验室实验，其工作原理如图 2.148 所示。首先在确定并调整好变焦拍摄比例后，分别拍摄辊道上的目标刻度板、轧前轧件形状；再对轧制过程中轧件形状进行拍摄；最后将目标刻度板与轧件在底片上合成成相。拍摄完成后，从合成的相片上读出所需要的板坯尺寸，再加入拍摄比例修正量，即可确定出实际轧件的外形尺寸。

因为实验室实验一般是在室温下用铅件模拟钢的高温变形过程，所以在应用合成照相法时，不会受到高温限制，可以直接将轧件放到目标刻度板上进行照相。已有国内学者利用合成照相法，研究了热轧碳素结构钢在轧制过程中的形状变化规律，并依此建立了数学模型。

J γ 射线测厚仪

目前有的中厚板企业布置的是 γ 射线测厚仪，有的企业使用的是 X 射线测厚仪。两者相比，前者射线源稳定，后者有更高的稳定性能量。与 X 射线测厚仪相比，γ 射线使用要经过有关部门许可，就两者的射线源而言，前者使用费用较低廉。

图 2.149 是一种既能检测钢板厚度，又能同时检测钢板凸度的 γ 射线自动测厚仪。它由母子机架、射线源、检测器、温度补偿、测量控制及显示记录 6 个部分构成。

母子机架是一种专门为同时检测钢板边部和中部凸度而设计的 C 形机架。在机架本体上分别装有两套 γ 射线源自动开放装置，以便于母子机架分别停在钢板的边部和中部。

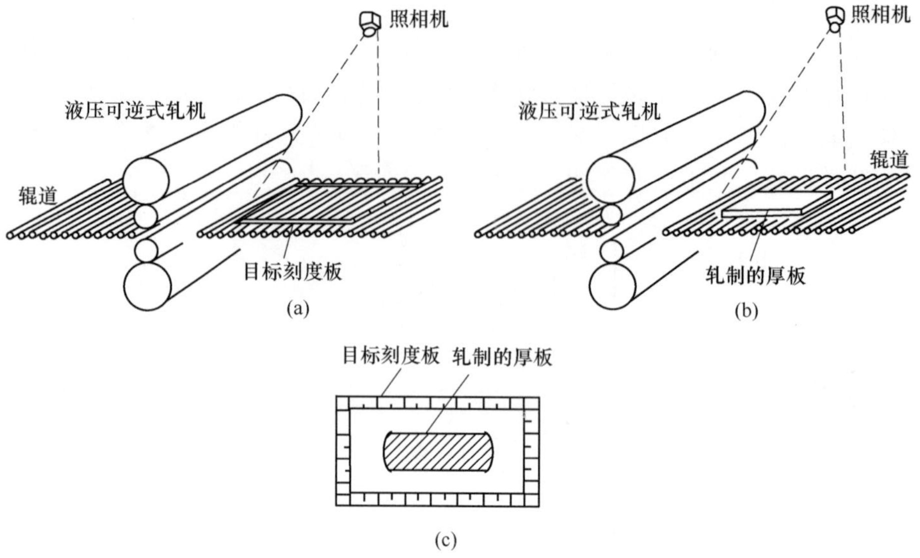

图 2.148　合成照相法工作原理

（a）获取测量刻度尺图像；（b）获取所轧钢板图像；（c）将（a）与（b）的图像合成

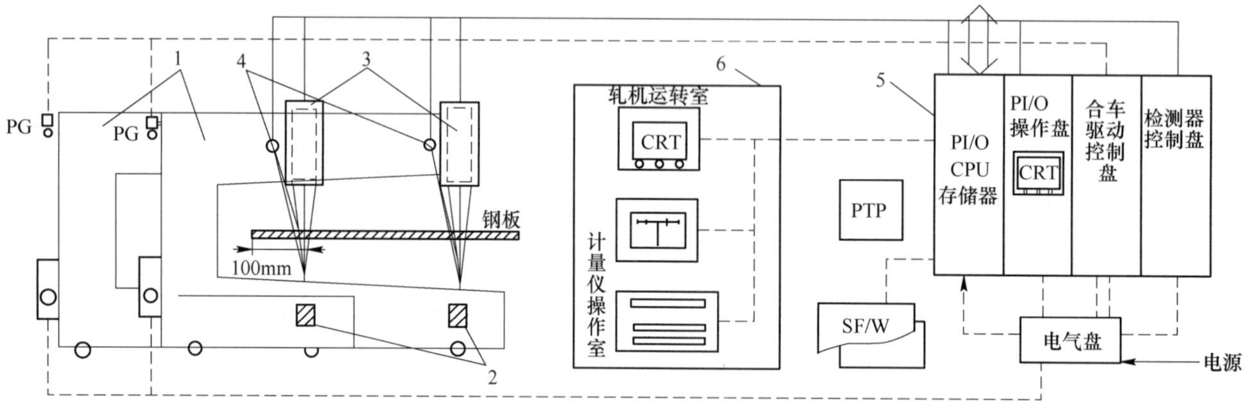

图 2.149　双机架 γ 射线测厚仪

1—母子机架；2—γ 射线源；3—控制器；4—红外线辐射测温仪；5—测量控制电路；6—显示记录

（1）射线源为 Cs137，放射性活度为 111×10^{10}Bq（30Ci）。两个射线源分别安装在母子机架的下部。

（2）射线检出器是一种把 γ 射线的强度变化转换成脉冲电流变化的装置。它由闪烁计数器、光电倍增管、前置放大器和保证检测器不受外界温度影响的恒温控制装置组成。

（3）温度补偿对保证钢板厚度的测量精度非常重要。它是由红外线辐射高温计在检测钢板厚度的同时，检测钢板瞬间温度，用于对测得厚度的修正。

（4）测量控制部分由台车控制电路、电子转换部件和 DSC-23A 微机组成。电子转换部件包括：甄别器、分频器、脉冲计数器和调制器。显示记录部分可分别置于轧机操作室和 γ 射线测厚操作室内，同时供有关人员参考。

（5）γ 射线测厚仪的工作过程如下：当射线源的光闸由控制电路打开后，射线源发出的 γ 射线开始穿透钢板。其中一部分被钢板本身吸收，另一部分则透过钢板到达检测器的闪烁体上，使闪烁体在单位时间内做 N 次发光。甄别器只让高度一定的脉冲数值通过，分频器也只允许一定频率的脉冲通过，使其他干扰信号中止。脉冲计数器负责计算 0.1s 内通过的闪光次数，再经过 DSC-23A 微机进行处理，把闪烁体连续检测到的 γ 射线强度转换成被测钢板的厚度，并计算出钢板的中凸度，供显示和记录。

K　接触式测厚仪

接触式测厚仪一般用于低速运行钢板的测量。该测量方法需要与被测钢板接触，测量周期长，测量精度低。如图 2.150 所示，在带钢上下各装一个位移传感器 1、2（例如差动变压器式传感器）并由 C 形架 3 固定，其左右各装一对随动压辊 4，以保证在测量时带钢与传感器垂直。当带钢厚度改变时，上下与带钢接触的差动式位移传感器同时测出位移变化量，从而形成厚度偏差信号输出。

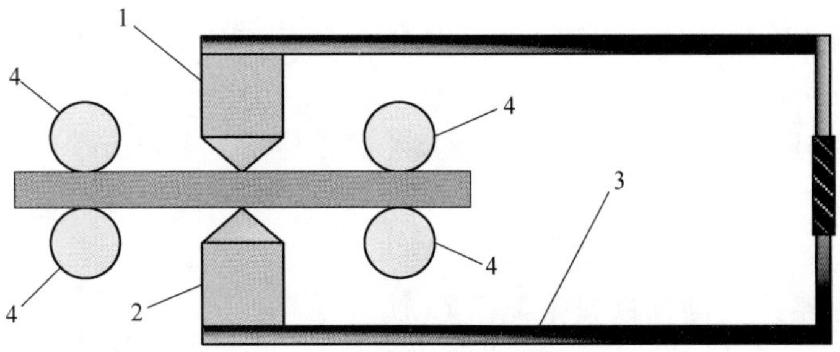

图 2.150 接触式测厚仪测厚原理
1—上传感器；2—下传感器；3—C 形架；4—随动压辊

L 非接触式测厚仪

目前中厚板生产线的自动测厚装置一般采用非接触式测厚仪。它的组成主要有射线、激光、超声波、红外线测厚等。

（1）非接触式测厚仪不会造成对钢板表面的划伤和其他缺陷，而且具有测量速度快、测量精度高、可以实现连续检测等优点。

（2）由于中厚板厚度一般在 6mm 以上，目前普遍采用的测厚仪是放射性同位素测厚仪和 X 射线测厚仪。它是基于无线电发射的原理设计的，X 射线或同位素放射源置于钢板的一侧，在钢板的另一侧安装一个探测器用于检测辐射的能量。

（3）当射线通过钢板时，一部分被钢板吸收（吸收能量的多少与钢板的厚度和材质有关），探测器接收剩余的射线能量。

（4）由于剩余的射线能量与钢板厚度存在一定的关系，可以通过剩余能量计算得到钢板的厚度。通过测厚仪控制系统可与轧机控制系统实现数据通信，有利于轧机实现自动厚度控制。

（5）有的企业使用的另一种非接触式测厚仪是基于 Transmission Radiation 的原理设计的，见图 2.151。γ 射线是从原子核内部放出的不带电的光子流，穿透力强，如果放射线源的半衰期足够长，那么在单位时间内放射出的射线量是一定的。

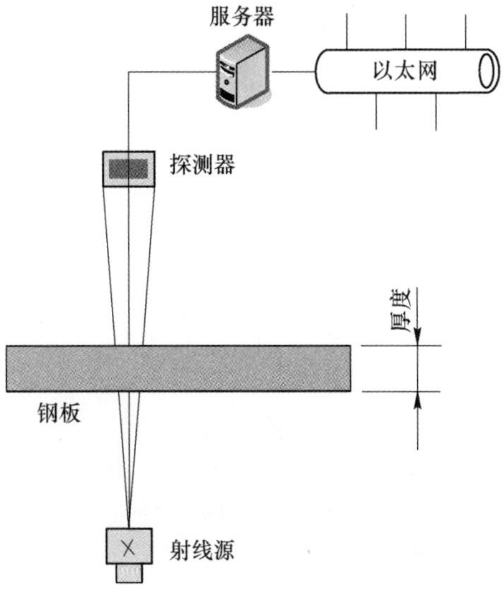

图 2.151 射线测厚仪原理示意图

M 冷、热金属检测器

（1）热金属检测器主要用于探测其温度高于 550℃ 的物体，它接收由高温物体放射出来的近红外线，经光学部件进行聚焦，直接成像到光敏器件上，光敏器件把光信号转换成电信号，由控制器处理，输出一开关信号给控制机构，实现自动控制的目的。

（2）冷金属检测器一般用于检测低于 600℃ 不透明的物体。一般有两种形式：反射式和对射式。反射式冷金属检测器由检测器和反射镜组成。检测器由发射装置和接收装置组成。

（3）当无钢坯时，检测器中发射装置发出的红外光被对面的反射镜反射到接收装置；当有钢坯时，检测器中发射装置发射的红外光被钢坯阻挡，接收装置无法接收到红外光。

（4）对射式冷金属检测器也是由发射装置和接收装置组成的。当无钢坯时发射装置发出的红外光直接被接收装置接收到，当有钢坯时发射装置发射的红外光被钢坯阻挡接收装置无法接收到红外光。

（5）接收装置接收到红外光为“有钢”信号，接收装置未接收到红外光为“无钢”信号，从而实现钢坯位置的检测和物料跟踪。

N 凸度仪

采用 Cs137 同位素为放射源，通常安装在精轧机后大约 21m 处的测量房内。利用 γ 射线穿过不同厚度钢板时的不同衰减来测量厚度。三个独立的放射源发出的 γ 射线分别由安装在轧制中心线及工作侧、传动侧的三个独立探测器接收。三点的厚度值将通过合金补偿、温度补偿和辊道速度补偿，经过计算分别得到。

由于工作侧、传动侧的探测器是可以移动的，所以经过凸度仪的一次扫描即可得到钢板宽度方向的凸度信息。由于采用放射性同位素进行测量，为了便于维护以及安全，有的企业在轧线上设置有测量房。仪表控制柜放置在主电室 3ER 中。其测量结果将反馈于数学模型，参与凸度控制和质量控制。

O　表面缺陷成像检测集成

钢板表面缺陷自动检测一般是基于机器视觉，采用模块化设计。自动检测系统的硬件框架主要由 CCD 摄像头、图像处理计算机、服务器及局域网等组成，见图 2.152，CCD 行扫描摄像机组横向排列在带钢生产线上，摄像头的横向及纵向可视范围相互重叠，以确保不出现漏检。

CCD 摄像头采集的图像经光纤传至图像处理计算机组，进行图像处理及模式识别。识别结果连同生产线相关信息被送入服务器数据库进一步处理及存档，并生成各种现场生产信息统计报告。

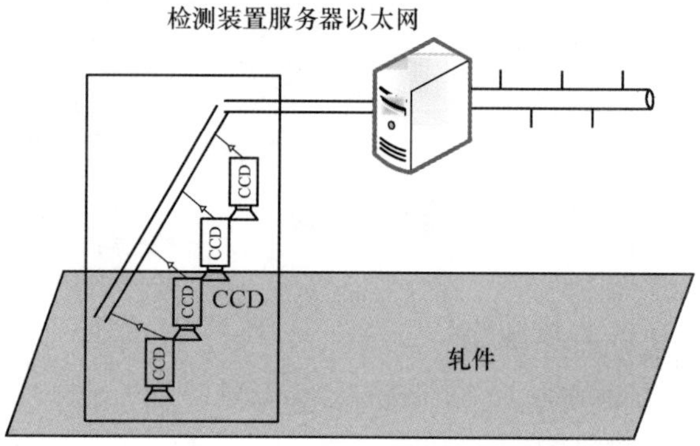

图 2.152　钢板表面缺陷检测系统组成

可根据这些报告评估轧件质量等级，或者分析生产线异常原因，实现生产线的实时监控。

根据缺陷检测的光学特性，通过调控摄像头的角度，分别采用多套光学检测装置同时对带钢表面的同一块待测区域进行明域及暗域的图像采集，这样可以获得更丰富的图像信息。

摄像机组由安装在服务器上的软件进行控制，以满足图像采集的技术要求。光源与待测目标表面及摄像头与待测目标表面的距离被限制在一个狭窄的范围内，光源与摄像头的角度可用软件调控。

摄像机镜头前安装了一个光学滤波器以消除生产线现场环境的红外线干扰。

P　平直度仪

平直度仪通常安装在热矫直机出口侧，距离矫直机中心线 6~8m。以激光束为光源，CMOS/CCD 感光装置为传感器，利用激光束在钢板上反射的偏差来测量平直度。

平直度仪主要由传感器箱、冷却器、风机、控制柜、稳压变压器、电源分配箱、警示灯箱、现场控制盒等构成。

传感器箱可以安装在轧机出口支架上的空调房内，传感器箱中主要包含多组激光器及对应的激光驱动器、CCD 摄像头及计算机、激光器组件和步进电机及驱动板、网络集线器、调度计算机等部件。

计算机负责摄像头信号的采集处理，所有计算机都联网到负责其信号同步并控制步进电机的调度计算机。

控制柜内含一台服务器，用于与传感器箱中的调度计算机联网，将摄像头的光点位置信号转换为带钢纤维高度，计算出对应的纤维长度及平直度。同时提供用户对系统的维护接口，并用于对环境温度的监控、对轧机信号（如咬钢、轧制速度等）的响应、对标定工具的控制。

Q　板形检测仪

目前中厚板生产中较为常用的板形检测仪一般是基于光学原理开发的。根据光学投影原理，光线通过遮光板沿钢板纵向投射到钢板表面，会形成界限分明的明暗两个区域，而明暗的分界线会因钢板表面形状的变化而异。利用这样的装置，运动钢板的板形可以通过分界线所呈现的变化而间接得到反映。使用激光三角法、激光莫尔法、激光光切法等激光检测方法进行检测成为该类板形仪的主流。

（1）激光三角法的原理是通过测量钢板上不同位置的多条纵向纤维长度来计算平直度指标。首先测量出钢板速度并计算出一定时间间隔内各条纤维的长度，然后根据各条纤维的长度计算出不同的平直度指标。

（2）激光莫尔法的原理是从点光源发出的光把格栅投射到被测钢板上，随着钢板形状的变化，轧件表面形成的格栅影像会变形为不同的“变形格栅”，测量格栅的变形即可得到轧件的平直度信息。

（3）激光光切法实质上是一种激光扫描测量技术，利用方向性强和高能量密度的激光束对被测钢板表面扫描，当钢板无平直度不良等板形缺陷时，激光扫描线为空间直线，当钢板出现平直度不良等波浪形状时，激光扫描线为空间曲线，找出曲线与浪形之间的关系，即可用该方法测量板形。

目前使用较多的是激光三角法，其测量原理见图 2.153。

R 测宽仪

测宽仪主要安装在轧机前后或者圆盘剪前。

(1) 目前常用的宽度检测手段有推床测宽和光电测宽仪。推床测宽是推床夹紧钢板时，由压力传感器发出信号，测出轧件宽度。

(2) 目前使用的以 CCD 测宽仪较为常见，见图 2.154。CCD 光电测宽仪采用光学成像的原理测量带钢宽度。对位于轧机后的 CCD 测宽仪来说，由于钢板温度较高（700℃以上），钢板发射出较强的红外光，可以利用近红外 CCD 摄像头摄取热钢板的红外图像，通过图像处理得到钢板的宽度值。

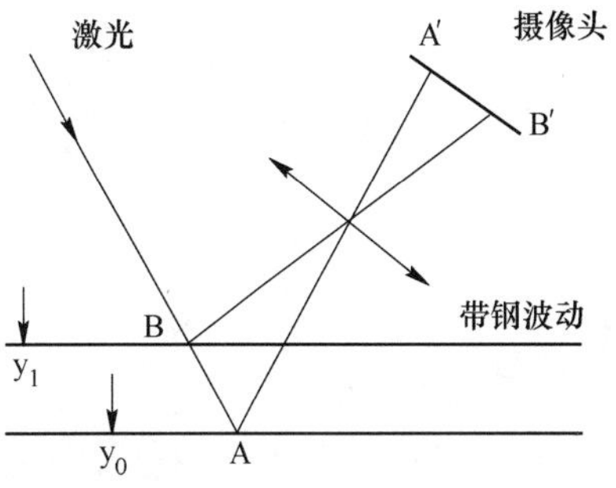

图 2.153 激光三角法测量原理

(3) 对位于圆盘剪前的测宽仪，由于此时钢板温度较低，钢板的红外辐射较小，需要在钢板下面安装光源，在钢板上面安装 CCD 摄像头，根据钢板的遮光成像确定钢板宽度。

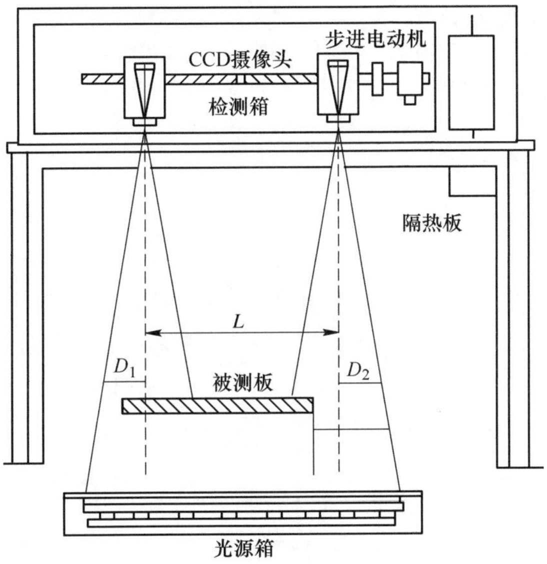

图 2.154 CCD 测宽仪测量原理图

S 轧机上检测仪表的集成

为实现高精度的中厚板轧机液压 AGC 控制，目前大多数企业在轧机上及轧机两侧配置必要的检测仪表如图 2.155 所示。这些检测装置主要为了厚度控制而展开，并根据液压 AGC 的功能，兼顾了其他多种形状和尺寸的控制。

(1) 图中采用了 AGC 液压缸上置的方式，即轧机牌坊窗口内安装的设备从上到下的顺序为：压下螺丝、AGC 液压缸、上支撑辊、上下工作辊、下支撑辊、阶梯垫和轧制力传感器。

(2) 目前宽厚板多采用 AGC 液压缸下置的方式，即轧机牌坊窗口内安装的设备从上到下的顺序为：压下螺丝、上支撑辊、上下工作辊、下支撑辊、AGC 液压缸和阶梯垫。

(3) 这两种方式的仪表安装所不同的地方在于轧制力测量传感器的安装位置：AGC 液压缸上置的方式，轧制力测量传感器安装在阶梯垫下方，采用矩形压头；AGC 液压缸下置的方式，轧制力测量传感器安装在压下螺丝下方，采用圆柱形压头。

从图 2.155 可知，中厚板轧机上厚度控制系统安装的检测仪表主要有：

(1) 在轧机入口和出口各安装有红外测温仪（见图 2.155 中 2），它们主要用于测量钢板的温度，用于轧制规程计算和液压 AGC 控制量的计算。

(2) 在轧机入口和出口侧各安装有热金属检测仪 HMD（见图 2.155 中 3），它们主要用于轧制过程中钢板位置跟踪检测。

(3) 在轧机传动侧和操作侧压下螺丝的顶端各安装一台测量精度为 1μm 的磁致伸缩数字式绝对位移传感器的压下辊缝仪（见图 2.155 中 10）。

电动压下辊缝仪的结构如图 2.156 所示。与压下电动机端部安装旋转编码器间接测量辊缝的方法相比，这种测量方法可以直接测量压下螺丝的静态和动态位移，有很高的精度。测量值可参与辊缝计算，并可兼顾电动压下螺丝的限位保护。

东北大学 RAL 国家重点实验室研制开发的 DGMI-500 型直线式辊缝测量仪，已在冶金轧制设备中得到应用，在实际生产过程中取得了良好的经济效益。

(4) 在传动侧和操作侧，AGC 液压管路上各安装一台油压传感器（见图 2.155 中 13），它用于测量液压缸无杆腔的压力，用于对液压 APC 闭环控制放大倍数的非线性补偿和轧制力的间接测量（将液压缸的背压平衡作用考虑在内，根据液压缸有杆腔和无杆腔的直径等数据，可以计算出轧制压力）。

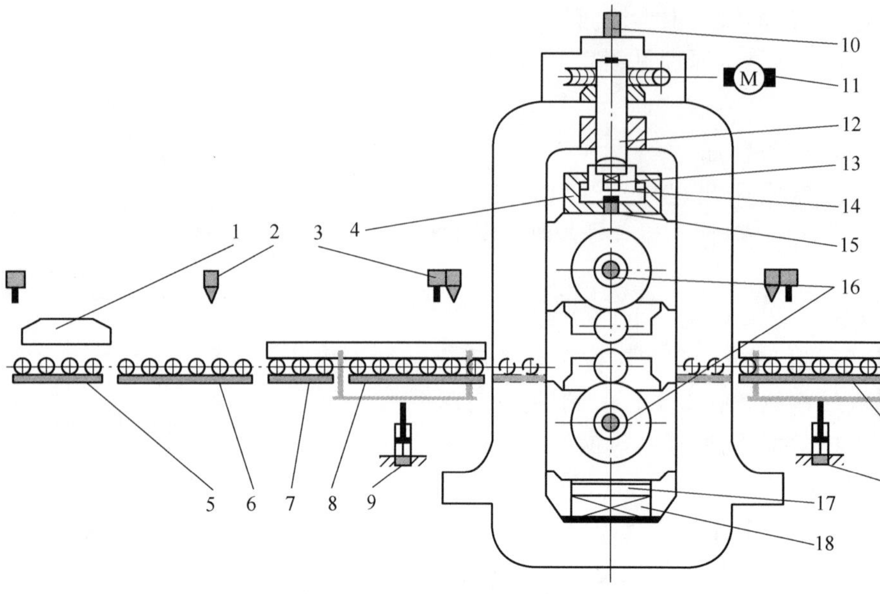

图 2.155　中厚板轧机主要检查仪表布置

1—除鳞箱；2—红外测温仪；3—HMD；4—伺服油缸；5—除鳞辊道；6—机前输入（待温）辊道；7—转钢辊道；8—机前工作辊道；9—机前对中位移传感器；10—压下辊缝仪；11—压下电机；12—压下丝杠；13—油压传感器；14—电液伺服器；15—伺服油缸磁尺；16—偏心测量仪；17—阶梯垫；18—压头；19—机后对中位移传感器；20—机后工作辊道；21—X 射线测厚仪；22—机后输入辊道；23—机后待温辊道

（5）在传动侧和操作侧 AGC 液压缸中心各安装一台测量精度为 1μm 的磁致伸缩数字式绝对位移传感器，即图 2.155 中的 15 伺服油缸磁尺。该液压缸位移传感器用于测量液压缸的静态、动态位移，参与辊缝计算并兼顾液压缸限位保护。

（6）X 射线测厚仪（见图 2.155 中 21）主要用于钢板厚度测量，用于液压 AGC 模型的自学习和厚度控制修正。

（7）在传动侧和操作侧下辊系轴承座与压头（见图 2.155 中 18）之间各安装有阶梯垫（见图 2.155 中 17）。在换辊后因辊径不同，将它用于将下工作辊表面调节到与轧制线相应的高度。

（8）在传动侧和操作侧下辊系下面，各安装一个轧制力测量传感器（图 2.155 中 18 为矩形压头），用于对轧制压力的测量。由于它是直接测量，精度高于使用油压传感器信号计算得出的轧制压力，从而提高了液压 AGC 模型精度。

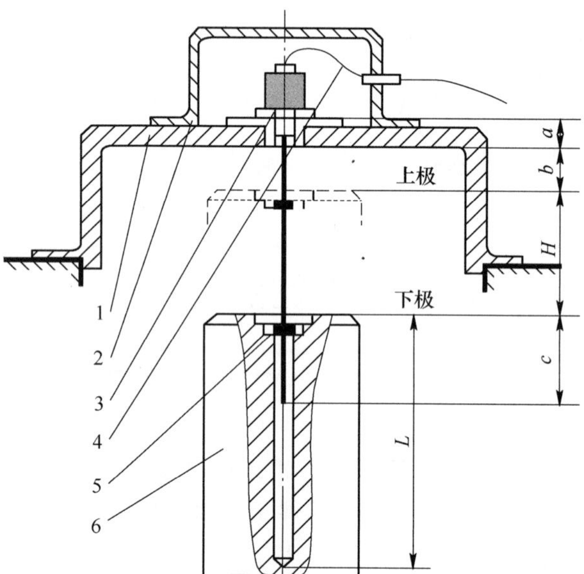

图 2.156　电动压下辊缝仪结构

1—顶罩；2—保护罩；3—磁尺；4—导线；5—磁环；6—压下丝杠

（9）在上下支撑辊的操作侧各安装一台偏心测量仪（见图 2.155 中 16），用于上下支撑辊的偏心测量，以供液压 AGC 进行偏心补偿。

T　仪表数据采集系统

在传统的中厚板生产过程中，使用滚筒式笔录仪来连续记录仪表测得的生产工艺参数，用于质量管理和质量跟踪。由于数据记录量相当大，导致了在长期生产过程中的运行成本相当高（历史档案管理、耗材等）。为此，有的企业使用仪表数据采集系统（MVCS）来代替传统的滚筒式笔录仪。

以某企业为例：MVCS 是数据库计算机的一部分，3 台 PC 和打印机将放置在钢板表面检查站（1JC、2JC）、调度室以及其他必要的地点，每一块钢板的监测数据和其他一些必要数据将通过 L1、L2 网络传送到 MVCS 中，并在 MVCS 中生成报表和曲线，可以根据需要进行打印。某企业 MVCS 系统的配置图见图 2.157。

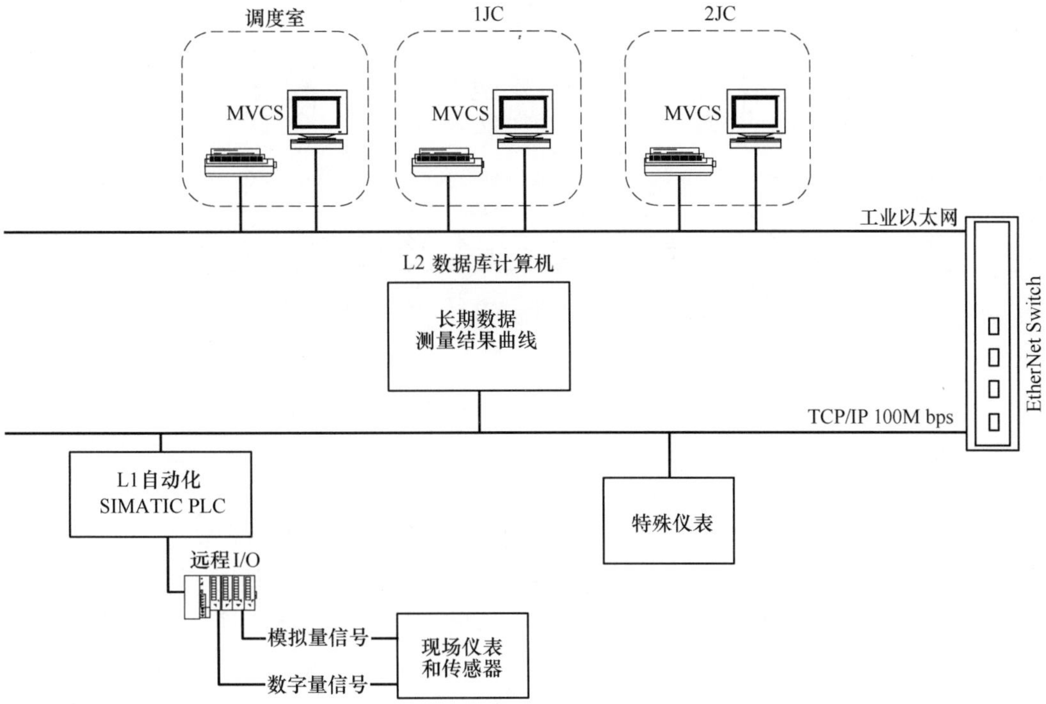

图 2.157 某企业 MVCS 系统的配置图

2.9.4 产品质量分析手段

(1) 在产品质量分析手段上，新建的中厚板厂大都建有试样自动加工中心，增设了许多现代化的检测分析仪器，常规的力学性能检验、工艺性能评定、硬度测定都实现了计算机控制下的数据自动采集和处理。

(2) 在金相等组织检验和分析方面，光学金相显微镜增设了数字影像摄制、计算机图像分析仪的功能外，扫描电子显微镜、透射电子显微镜等先进观测分析设备得到了较广泛的应用，使高倍率观察、亚显微结构显示、晶体缺陷分析、高分辨显微等技术也逐步成为钢材检验分析的常用手段，将钢板显微结构的观察与研究提高到一个很高的层次，大大提升了钢板组织的深层次的分析能力，为产品质量的评价和工序改进提供了准确的指向。

2.10 热处理设备

2.10.1 概述

我国中厚板热处理工序中用过及正在用的热处理炉大致分为以下几种形式：

(1) 连续式，包括辊底式炉（含明火加热的辊底式炉、氮气保护无氧化辐射管加热的辊底式炉）和步进式炉。

(2) 周期式间歇性，包括车底式炉、外部机械化炉、罩式炉。

(3) 以加热方式区分，可分为直焰式（属明火式）和辐射管加热式，直焰式加热的辊底式炉、步进式炉属于明火加热，氮气保护无氧化辐射管加热的辊底式炉属于无氧化式。

目前广泛采用的是氮气保护无氧化辐射管加热的辊底式炉，示意图见图 2.158。

2.10.2 热处理炉炉型的演变

2.10.2.1 20 世纪 90 年代前的热处理炉炉型

那个时期我国建设的热处理炉数量很少，由于受投资和当时的技术水平限制，产品质量要求不高（主要是表面质量要求不高），不论使用的是何种炉型采用的加热方式均为直焰式，如武钢轧板厂 1 号、2

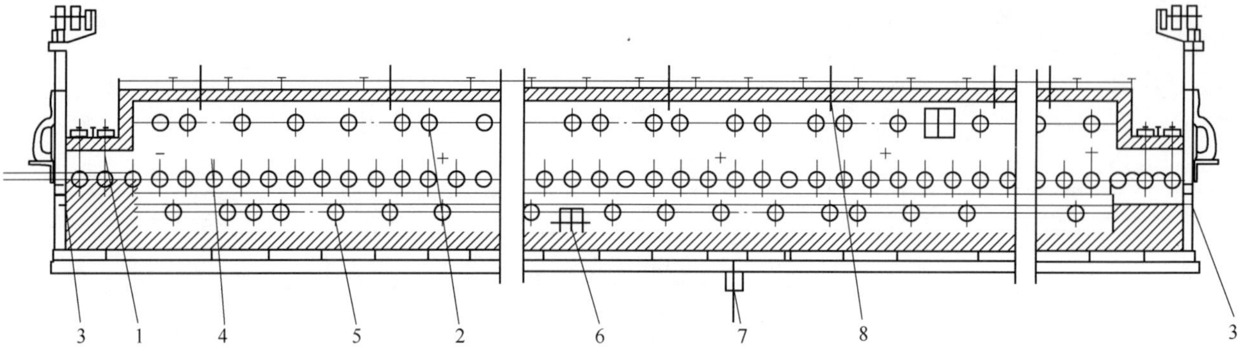

图 2.158　氮气保护无氧化辐射管加热的辊底式炉示意图
1—门帘；2—上辐射管；3—炉门；4—辊道；5—下辐射管；6—检修门；7—固定点；8—热电偶

号连续式热处理炉、罩式炉，舞钢 4200mm 宽厚板厂的 1 号、2 号连续式热处理炉、罩式炉，重钢中板的连续式热处理炉，上钢三厂的中板连续式热处理炉等均属于直焰式热处理炉。

直焰式是直接利用烧嘴火焰通过辐射、对流、传导的方式对炉内钢板进行加热。由于这种加热方式炉温波动较大、各段温度控制精度不高（这与加热方式本身无关，主要是那个时期还没有热处理炉计算机自动控制技术的应用或者说没有控制模型），最大的不足是将钢板置于氧化环境中进行直接加热，造成钢板表面氧化现象较为严重，炉底辊结瘤现象较多，使处理后的钢板表面质量较差，无法满足对表面脱碳层有控制要求的低合金钢、中高碳结构钢等的要求。

从应用结果上讲，不论直焰加热，还是辐射管氮气保护加热，对钢板综合力学性能改良和调质而言，其作用都是一样的。但实际上钢板交货状态的要求却不只是性能，还有表面质量、尺寸精度等。要求热处理状态交货的钢板大多是性能要求严格、用途重要、使用环境苛刻，且对表面质量也有着很高的要求。

这种直焰加热的各种热处理炉，对钢板的处理只能是顾此失彼，也就是顾了性能，失了表面质量，这是其致命的不足之处，也是那个时代技术水平低和产品质量水平不高的体现。

直焰辊底式热处理炉示意图见图 2.159。

图 2.159　直焰辊底式热处理炉示意图

2.10.2.2　20 世纪 90 年代后的热处理炉炉型

20 世纪 90 年代后，用户对热处理板的要求不断提高，在注重内部质量的同时，也对表面质量提出了很高的要求，国内主体中厚板厂逐渐将目光投向先进的氮气保护无氧化辐射管加热的热处理炉及连续辊式淬火机，如：

（1）鞍钢厚板厂 1993 年引进设备（日本）同时引进了辊底式无氧化辐射管式热处理炉和辊式淬火机。

（2）1996 年武钢轧板厂引进氮气保护无氧化辐射管加热连续辊底式热处理炉及连续辊式淬火机，为武钢生产优质钢板发挥了重要作用。

（3）2004 年宝钢宽厚板厂引进了氮气保护无氧化辐射管加热连续辊底式热处理炉。

（4）2006 年建的舞阳宽厚板厂引进了辐射管式加热无氧化热处理炉，炉长 70m，年产能 20 万吨，采用脉冲燃烧控制、自身预热式低 NO_x 烧嘴、计算机数学模型优化控制系统，处理钢板厚度 7～120mm、宽度 1600～4000mm、长度 4000～16000mm、最大单重 30t。

（5）2005年济钢3500mm宽厚板厂先后引进两座辐射管式加热无氧化热处理炉及1座连续辊式淬火机、两座罩式和两座车底式热处理炉。

（6）进入21世纪，我国陆续建成的3800mm、4300mm、5000mm宽厚板厂都全部设置有辐射管式加热无氧化热处理炉及连续辊式淬火机热处理生产线。辐射管式加热无氧化热处理炉及连续辊式淬火机热处理生产线已是现代宽厚板厂的标准配置。

热处理交货状态的产品有很大一部分是其他方式生产不能取代的，尤其是产品内部组织达到“均匀性、连续性、一致性”要求、内部无应力或低应力要求的钢板生产，则是其他生产方式所不能胜任的。目前各厂热处理产品的交付占比都在不断提高，有的厂已达到20%以上。

2.10.3 辊底式热处理炉的先进性

辊底式热处理炉全称为氮气保护无氧化辐射管加热辊底式热处理炉。其先进性主要体现在以下几方面：

（1）连续生产，机械化程度高。在炉内设置一定数量的输送辊道，钢板在输送辊道上运行并进行加热。一般来说，随着钢板厚度的增加，其加热时间延长，就要降低辊子的输送速度；而钢板厚度减小则反之。整个运行过程由计算机自动控制。

（2）采用无氧化加热。火焰不直接接触钢板，而是通过在烧嘴内混合煤气燃烧加热辐射管，再由辐射管间接地向钢板传热，同时炉内通入高纯度的氮气形成惰性保护气氛。炉体采用气密性设计、微正压操作，做到炉膛与外部环境的有效隔断。

钢板在装出炉的过程中自动打开专门设置在炉门外的氮气气幕，减少了外界空气进入炉膛的可能性，最大程度地降低了钢板的表面氧化，从而有效地保证了钢板的表面质量，实现对钢板的无氧化加热。

（3）高精度的温度控制技术。炉膛内烧嘴（辐射管或明火烧嘴）分别布置在炉辊的上方和下方。根据辊底式炉的长度，沿炉体长度方向将炉膛划分为若干个温度控制区，每个控制区内的烧嘴通过ON/OFF脉冲进行控制，通过调节烧嘴开关的数量和时间来控制总供热量，使得炉温的控制精度满足要求。并且还可以根据热电偶的数量划分更多的虚拟控制分区，炉子温度的均匀性可控制在±2℃以内。

（4）精确的跟踪技术。钢板在辊底式炉内的整个处理过程采用计算机全自动控制：钢板在入炉前就对其位置进行跟踪；钢板入炉后，控制系统根据钢板的厚度、长度、目标温度和保温时间，确定钢板在炉内的运行速度。根据各区炉辊所带的编码器及实物信号检测，可以计算任一时刻钢板在炉内的准确位置。

2.10.4 辊底式热处理炉的主体结构

2.10.4.1 炉壳

炉壳的焊接结构件由型钢和8～10mm厚的钢板组合成气密性的焊接构件。为了减少炉体的热损失，墙体按不同的部位分别用隔热性良好的耐火纤维、轻质耐火材料与绝热板复合而成。

炉子的钢结构为分段预制模块式结构，采用现场施工的方法将各模块之间焊接连接，并将每个模块的中间立柱固定在基础上，使炉壳的膨胀量可直接被每段炉壳两端的膨胀节所吸收。

2.10.4.2 炉顶与炉门

炉顶有拱顶与吊顶两种形式，目前基本上采用吊顶式炉顶，炉底辊穿过两侧炉墙伸到炉体外部，炉墙砌有与辊端形状相适应的辊颈砖。砖孔与辊颈之间的间隙有合理的设定，保证了当炉底和辊颈砖受热膨胀时，不妨碍炉底辊的传动。

炉门用钢绳或液压装置进行升降，设计施工中，做到了关闭严密，升降能顺畅快捷。炉子入口端装有前室，出口端有后室，前后室的前后端有一对电动升降式的炉门，使炉门仅可以在钢板装、出料时方能打开及关闭。

通常炉门与炉喉中间有3道挂帘，用于减少炉内氮保护气体的溢出和外部空气渗入炉内。炉门关闭后均有氮气缸压紧插板或专用装置将炉门压紧封闭，炉喉的上端则采用水封方法进行封闭。

2.10.4.3　辐射管

用于辊底式炉的辐射管有U形、P形、双P形、W形和直套管式等多种类型，见图2.160。对宽厚板辊底式炉来说，直套管式辐射管在温度均匀性、单位炉长的供热能力、余热回收性能、可操作性、易更换性及辐射管使用寿命等方面都有明显的优点，因此得到了广泛的应用。

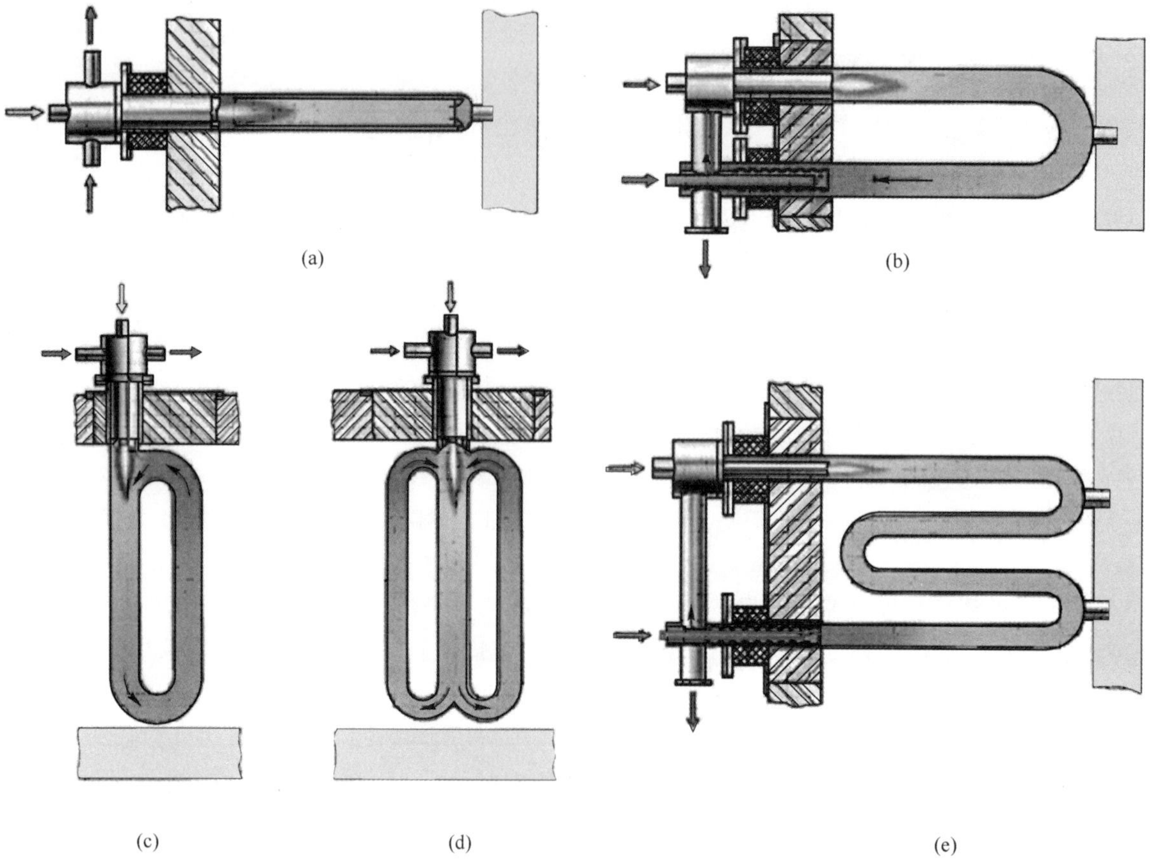

图2.160　辐射管的各种类型

(a) 直套管式；(b) U形；(c) P形；(d) 双P形；(e) W形

辐射管的外管采用高牌号耐热钢离心浇铸制成，内管用SiC管组合而成。在内管中燃烧生成的烟气，经内外管间的环形空间，流经烧嘴出口前的助燃空气换热器后，排往炉外集中烟管。

脉冲式低NO_x辐射管布置在炉子两侧，炉辊的上、下方，且在炉辊传动侧和非传动侧对应双向布置。每根辐射管均配备有空气换热器、火焰监测器、电子点火器及电磁阀。

2.10.4.4　炉底辊

炉底辊常用结构有空腹辊和带水冷通轴两种。空腹辊有圆筒形和可拆卸盘式之分。

带水冷通轴的炉底辊负荷由水冷轴来承担，如图2.161所示。腹腔内填入耐火混凝土，起绝热和承重作用。带水冷通轴多数用一端进水，另一端出水的形式，其效果良好。在带水冷通轴上套有若干个耐热钢圆盘，圆盘焊接在轴上，盘间由耐火材料进行填充并捣实，如图2.162所示。为了减少隔热耐火材料内外温差，在其轴上缠裹有绝热层。这种方式可减少投资，但隔热材料在高温下容易剥落。

炉底辊根据不同的使用条件，采用不同材质。每根炉底辊均由1台交流变频电动机经减速机和中间接轴联轴器驱动。

炉底辊结构由耐热钢空心辊身及两端辊头（带轴）组合而成，炉底辊两端轴上装有调心滚子轴承，轴承座安装在热处理炉钢结构上的支架处，炉底辊、传动装置（电动机、减速机）安装固定在基础上的

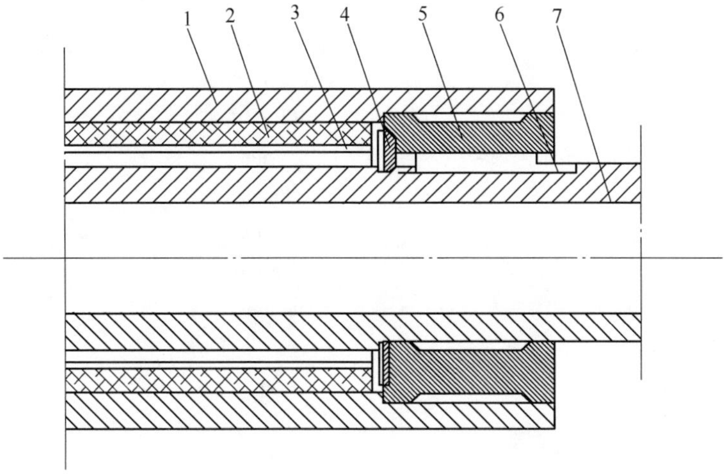

图 2.161 带水冷通轴的炉底辊

1—辊套；2—耐热混凝土；3—空气层；4—石棉挡；5—塞头；6—合金层；7—水冷轴

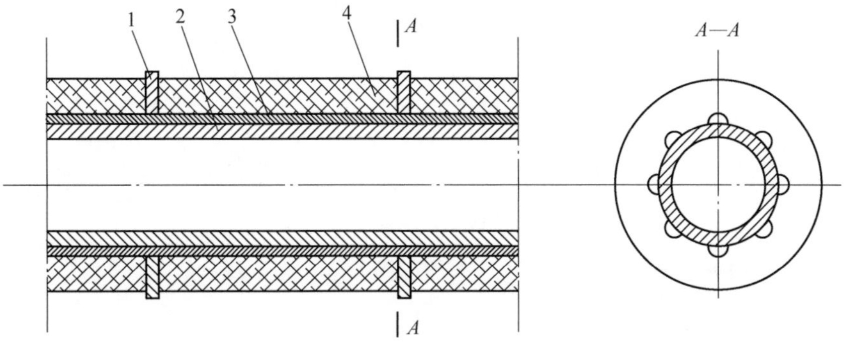

图 2.162 圆盘式水冷辊

1—圆盘；2—水冷轴；3—隔热层；4—耐火材料

钢制底座上，并远离热处理炉外壁以减少辐射热和便于检修。

在辊头和炉墙钢板间设有密封砖和密封耐火纤维毡及金属密封箱，防止炉气外逸。炉辊轴承，在非传动侧为自由式，防止炉辊受热膨胀。

炉底辊的传动方式分为单独传动和分组传动两种。电机分交流和直流两种，由于钢板在炉内调速的要求，交流传动为变频供电。

2.10.5 某企业辊底式热处理炉的有关参数

（1）该热处理炉是上下加热的常化和回火辊底式热处理炉，用自带换热器辐射管加热，热处理炉最大炉温为 1000℃。

（2）热处理炉总长约 63.22m，在氮气保护气氛下加热。

（3）气密性热处理炉炉壳是具有结构加强件的焊接钢板结构。在热处理炉入口和出口，安装有钢帘隔离室。

（4）热处理炉上面采用纤维块、下面采用硬质耐材隔热。

（5）热处理炉参数如下：

热处理炉炉型	辊底式上下加热热处理炉
应用	奥氏体化和回火
热处理炉主要尺寸	全长 63220mm
	有效长度 60.11m
	内宽 5100mm
	内高 3025mm

传输方式	齿轮电机单独传动辊道
输送速度	0.25～20m/min（热处理炉主区）
	0.25～40m/min（热处理炉出口区）
辊道数量	109 根
辊道外径	380mm
辊道壁厚	30mm
辊道长度	6915mm
辊道有效长度	5100mm
辊道间距	580mm
操作模式	连续或摆动
控制系统	Level Ⅰ/Ⅱ，DCS，PLC
控制区数量	20
区构造	上和下
烧嘴形式	自换热烧嘴，安装辐射管
烟囱形式	强制抽风
出料温度	
常化	920～950℃
淬火	920～950℃
回火	450～750℃
加热速率	
常化	1.4～1.6min/mm
淬火	1.4～1.6min/mm
回火 650℃	2.3～2.5min/mm
回火 450℃	3.6～3.8min/mm
保温时间	
常化	10min
淬火	5min
回火 650℃	20min
回火 450℃	30min

2.10.6　淬火机的演变

（1）淬火方式有浸淬式和喷淬式两种。浸淬是把钢板浸入水中或油中进行淬火，因冷却速度不均匀，容易瓢曲，主要用于厚板的淬火。喷淬是对钢板上下面进行喷水淬火，用水量比较大。

（2）淬火机有压力式和辊式两种，20 世纪 90 年代以前，我国所用的以压力淬火机为主，压力淬火机是将钢板用许多压头压住，然后上下喷水冷却，压力淬火机的压力为 1～25MN，多数用 10MN 左右。由于压头处钢板淬火容易造成死区，淬火不均匀，且容易瓢曲，目前已很少采用。

（3）辊式淬火机是将加热好的钢板先经两对大辊子加以定位，然后送入高压喷淬段使钢板宽度和长度方向均匀淬火，再送入低压喷淬段淬火以确保钢板性能。辊子速度根据板厚和品种的不同进行调整，必要时还可进行摆动操作。这种辊式喷淬生产钢板性能比较均匀，瓢曲度也比较小。

（4）目前供中厚板厂使用的淬火设备主要为辊式淬火机，如南钢、营口、宝钢、鲅鱼圈、沙钢、湘钢、鄂钢、芜钢、济钢、兴澄、舞钢新厚板等。

辊式淬火机是一种连续式淬火装置，它是将经过热处理炉加热后（900℃）的钢板先经过机前检测定位，然后送入高压喷淬段使钢板宽度和长度方向均匀淬火，再送入低压喷淬段以保证钢板的性能。辊道速度根据钢板的厚度和品种的不同进行调整，必要时还可以进行摆动操作。这种辊式喷淬生产的钢板性能比较均匀，瓢曲度较小。现已很少采用的中厚板压力淬火装置的示意图见图 2.163。

辊式淬火机由美国 Drever 公司于 20 世纪 60 年代开发，针对碳钢淬火和不锈钢固溶处理用水喷射冷却，通过重约 35t 上框架施加抑制力使得钢板处于一个平直的状态；淬火时，向钢板的上下表面喷射大约每分钟 128000m^3的水，保证有一个快速和均匀的冷却过程。

辊式淬火机与压力淬火机的特点见表 2.24。

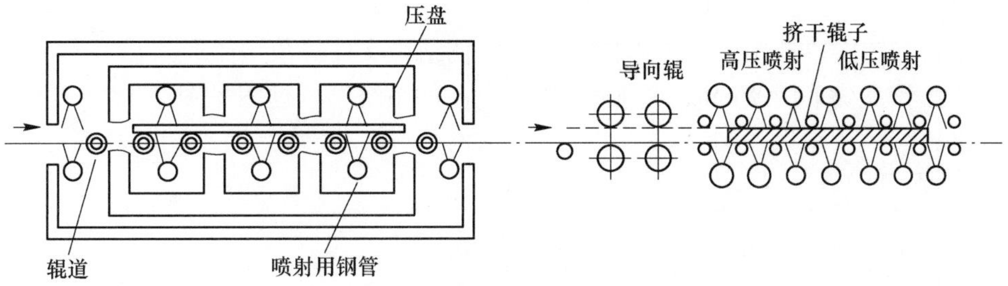

图 2.163 中厚板压力淬火装置示意图

表 2.24 辊式淬火机与压力淬火机的比较

序号	比较内容	压力式	辊式	说 明
1	淬火时钢板的状态	钢板静止	钢板连续移动	对于超厚钢板的淬火，辊式还可以选择摆动冷却方式
2	处理钢板最大规格 厚度/mm 宽度/mm 长度/mm	3~100 约 4000 约 16000	8~150 5300 25000	（1）厚度越大的钢板，采用压力淬火机淬后的性能越不均匀； （2）压力淬火机由于结构原因和使用的经济性原因对处理钢板的长度有限制
3	冷却速度	高	高	
4	淬后钢板组织均匀性	较差	好	（1）压力淬火机从钢板出炉到淬火开始的延时时间平均约 45s； （2）辊式淬火机从钢板出炉到淬后开始的延时时间平均约 8s； （3）延时时间长对薄钢板和低淬硬性钢板容易在淬火前产生非马氏体组织
5	钢板头尾温差/℃	无	40~100	
6	淬后钢板性能均匀性	较差	好	压力淬火机除第 4 项造成的性能不均外，对较厚的钢板，淬火后有压头“阴影”即软点产生
7	淬后钢板平直度	较好	好	（1）对薄板淬火，压力淬火机淬后钢板的平直度好于辊式淬火机； （2）对厚板淬火，辊式容易保证淬后钢板的平直度
8	淬后钢板表面质量	较好	好	压力淬火机的压头容易在钢板表面产生压痕
9	淬火效率	较高	高	辊式淬火机采用连续方式
10	设备结构	较简单	较复杂	
11	热处理炉出炉操作对辊道调速的要求	简单	复杂	（1）压力淬火机只要求钢板快速出炉，对淬火机辊道只有简单的调速要求，对热处理炉出炉辊道没有另增调速要求； （2）辊式淬火机要求钢板的出炉速度与淬火机辊道速度匹配，调速要求高； （3）辊式淬火机对热处理炉出炉辊道的调速要求高
12	淬火水压力消耗量/%	低压 60~70	高压、中压 100	（1）压力淬火机对供水系统的要求相对较低； （2）有的辊式淬火机还采用高、中、低三段压力
13	用户情况/%	10~15	100	

2.10.7 淬火机主要设备结构

目前广泛应用的辊式淬火机由供水系统、固定框架、移动上框架、升降系统、辊道驱动和检测装置等组成。辊式淬火机横剖面见图 2.164。

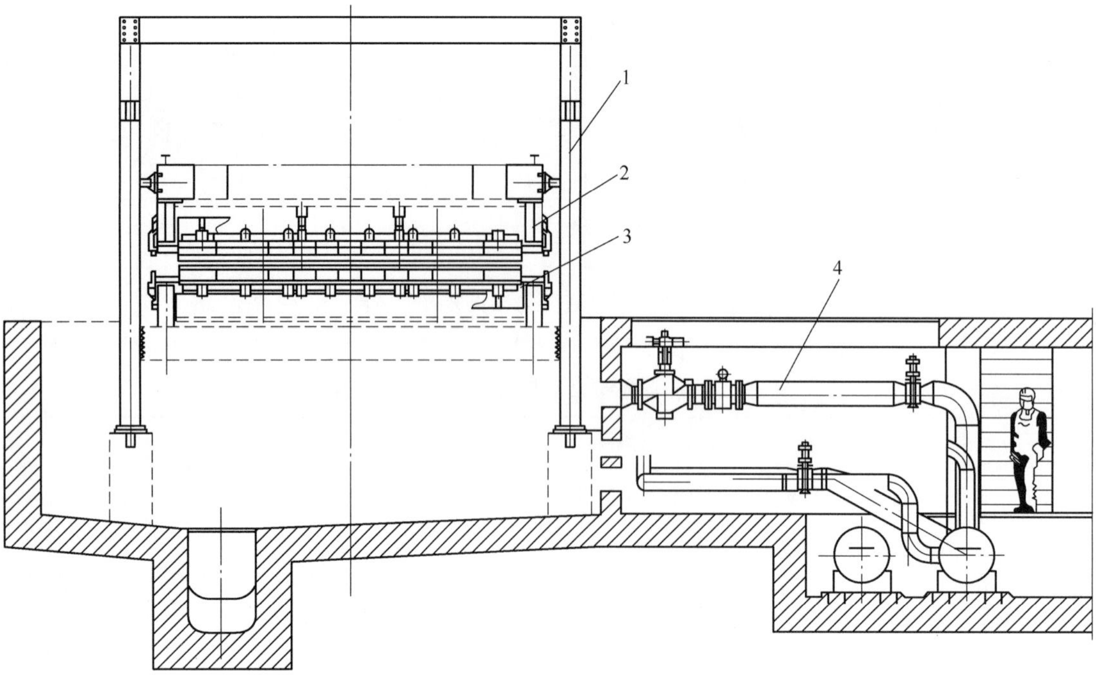

图 2.164　辊式淬火机横剖面图
1—固定框架；2—移动上框架；3—缝隙喷头；4—供水管

2.10.7.1　供水系统

供水系统分为高压和低压两部分，高压水（0.8MPa）直接由高压泵送到淬火机；低压水（0.4MPa）则由水塔供给。同时，水塔在设备出现事故或热处理车间突然停电时，能够为淬火机提供至少冷却一块钢板的冷却水。

供水系统第一段为高压冷却段，通常由三组冷却集管组成。第一组为 1 对上下水帘，第二组为 2 对三排喷嘴集管，第三组为 6 对单排喷嘴集管。高压段冷却的目的是通过大流量的紊态射流以超过临界冷却速度的速度冷却钢板。

第二段为低压冷却段，由三段各 17 对孔式喷管组成。低压段冷却的目的是以较低的冷却速率进一步冷却钢板，以减小马氏体转变所产生的组织应力和热应力，并防止钢板的自回火。钢板在淬火过程中，为了达到钢板与上辊道接触的效果，上框架需降低，从而保证钢板顺利通过淬火机。

2.10.7.2　固定框架

固定框架的作用是支撑供水系统、辊道、移动上框架、升降系统和检测装置等部件。

移动上框架用于安装上部的喷水集管和上部辊道。移动上框架安装在固定框架内，两侧有导轮可在固定框架内上下移动。

上框架安装在垂直导向架中，通常由安装在横梁上的液压缸（移动速度为 100mm/s）和其上的电动螺旋升降机（移动速度为 1.2mm/s）传动来升降，传动电机通常是带机械联动的三相齿轮电机。螺旋传动根据钢板厚度来调节上下辊道间隙。

螺旋传动系统安装在水分配系统之上的上框架最高位置，传动电机安装在框架区中间位置。矩形边连接两根万向节轴和斜齿轮箱，斜齿轮箱连接左右螺旋传动件。

2.10.7.3　检测装置

检测装置位于淬火机入口处，固定在淬火机的上框架上。钢板出炉后，首先进入检测辊道，如果头部翘曲量大于淬火机上部压辊的设定高度，钢板触碰检测辊后，上框架将快速提升，以防止钢板损坏辊道或喷嘴。

2.10.7.4 辊道驱动

上下框架根据其在钢板运输线的不同位置安装有不同设计和直径的辊道。

辊道由三相电机，通过斜齿轮箱驱动上下主轴和链条传动。变频控制使淬火炉出口和淬火机的两个速度传感器保持同步，两个速度传感器分别安装在淬火炉最后辊道和淬火机一根辊道上。淬火机辊道装有双链轮，安装短链和涨紧装置。双链传动特别适合高速和高减速比传动，允许滑动和有良好的反转特性。

2.10.7.5 水刮板和气吹扫系统

为了使钢板从淬火机出来得到干板，在淬火机出口侧安装有橡胶刮板和风机，吹扫钢板上表面的水。该系统安装在淬火机可动的上框架内。空气用风机提供。

2.10.8 淬火机的工作原理

（1）需要工作时，为了保证上喷嘴到钢板上表面的距离与下喷嘴到钢板下表面的距离相同，首先外部水处理系统需要准备到位，然后通过螺旋升降机构将上辊系及冷却集管下降到设定位置。

（2）淬火机的水冷区分两大部分，第一部分为高压部分（水压 0.8MPa），第二部分为低压部分（0.4MPa），其中高压段又分三段进行控制。钢板形成马氏体组织是在高压段内完成的，低压段主要是控制钢板温度，使钢板温度降到 200℃以下。

（3）高压段冷却集管的形式分三种：一是缝隙喷嘴，冷却水形成一道水幕，冷却能力最强；二是双联和单联的喷嘴结构，水量也较大，冷却能力较强；三是普通集管，即在不锈钢管道上钻孔，水量和压力较小，冷却能力一般。

（4）辊压式淬火机布置在热处理炉后面，钢板出热处理炉后紧接着进入淬火机。淬火机的入口处设置防撞辊道，当钢板厚度超过设定厚度时，防撞辊检测到信号后，液压升降机构快速将上辊系抬起，从而保护淬火机。在淬火机的出口部位设置空气吹扫机构，用于将钢板表面残留的冷却水吹扫干净。

（5）主要功能：用于热处理钢板的冷却，以得到不同的综合性能。将热处理炉加热后的钢板通过淬火机喷水快速冷却，形成马氏体/贝氏体组织。根据钢板的厚度不同，形成马氏体组织的比例或含量不同。

（6）工作模式：连续冷却通过模式、在淬火机内摆动冷却模式、连续+摆动冷却模式、钢板空过不淬火模式。

二级控制：淬火机的二级自动化控制，主要是由经验积累形成的数据库，不同的产品调用不同的数据，在设备调试期间可以根据厂家自身情况确定，在以后实际生产过程中可以应用；同时该数据库根据产品开发的需要可以完善修改。

其冷却过程主要是调整两个参数：喷水量和钢板在淬火机内运输的速度。

2.10.9 淬火机的工作模式

连续淬火模式：在连续淬火模式下，钢板从炉内输出辊道以工艺速度连续通过淬火机冷却各段并运输到淬火机输出辊道上。速度取决于钢板的厚度。高压段包括一对水幕，一个撞击钢板上表面，另一个撞击钢板下表面。通过水幕后，钢板经过有双联和单联喷嘴的喷管水箱区域。接下来的区域在钢板表面有较强的水湍流，以保证在水幕上获得第一次强烈淬火。

高压段后面钢板将经过低压区域，低压区域的目的是为了继续散发来自钢板中心的热量。通过低压水冷却段后，钢板卸料温度为 100℃以下。在连续淬火时，淬火机顶部辊下降，以便压紧钢板保证钢板在平直调节下进行淬火。

摆动模式：在这种模式下，当钢板离开炉子时水断开而且上部框架处于相对高位。钢板以最高的速度从炉子移动到低压段。一旦钢板完全进入低压段，上部框架下降，水打开，钢板摆动直至冷却到常温。这种模式对于淬火钢板来讲，其长度受淬火机低压段长度的限制，这种模式只限于在低压区冷却钢板，模式进行前上框架须在高位。

连续+摆动冷却模式：这种模式是钢板连续通过高压段强冷后，进入低压段进行摆动冷却的方式，是连续冷却与摆动冷却两种模式的有机结合。

常化和回火空过模式：在常化和回火时钢板以最快的速度通过淬火机以缩小钢板热辐射淬火机的时间。另外，上框架将设定在最高位置。上喷嘴不同于下部喷嘴，由于水系统阀关闭而缺少水冷却特别危险。5~15 块钢板通过后，低压区到高压区的保护旁通阀打开，上喷嘴用水冷却。下部喷嘴由填充水冷却。

2.10.10　某企业辊式淬火机技术参数

该企业的辊底式淬火机为了使离开淬火炉的钢板获得均匀的淬火效果，淬火机分为高压段和低压段。长度小于 18 m 的钢板在淬火机内可以在低压段内摆动。该设备没有夹紧装置，从而不会在钢板表面上留下淬火软点或破坏钢板表面。

其特性之一是快速冷却段（高压段）使用合适压力的水量冲击钢板表面以最大限度地吸收钢板热量。为避免翘曲变形，系统设计以保持钢板上下表面相同的冷却速率。

该企业淬火机技术参数见表 2.25。

表 2.25　淬火机技术参数

淬火机主要尺寸		
淬火炉最后辊道到狭缝喷嘴中间距离		约 2433mm
狭缝喷嘴中间到高压段最后一根辊道中间距离（约为高压段）		约 3273mm
高压段最后一根辊道中间到低压段最后一根辊道中间距离（约为低压段）		约 19431mm
总长		约 25137mm
淬火炉最后辊道到输出辊道光栅距离		约 26200mm
内宽		5100mm
产量（与淬火炉最大产量一致）		最大 58t/h
速度		0.5~40m/min
控制区		
长度方向		高压/低压
宽度方向		3 区（900mm/3000mm/900mm） 仅狭缝喷嘴和喷嘴箱
水流量		
高压段		$90m^3/min$（0.8MPa）
低压段		$150m^3/min$（0.4MPa）
上框架传动	高速时间（液压 300mm）	3s
	低速时间（螺旋 700mm）	350s

2.10.11　目前热处理设备常见配置的几种形式

（1）1 座辊底式正火炉。除了正火处理以外，可进行正火加回火的调质处理，另外还可进行单独的回火处理，但不能做正火后立即回火处理，故不适用有回火脆性的钢板。重钢中板采用此形式，国外有许多厂只用于正火处理，不设淬火机，产品受到一定限制。但这种配置比较经济，产量比较小，必要时也可建在轧机作业线上或旁侧，冷却比较充分，且可省去一台矫直机。

（2）1座淬火正火（回火）炉。情况与（1）相似，只是多了一台淬火机，可以做淬火处理，生产淬火回火的调质钢板。

（3）1座淬火正火炉和1座回火正火炉两座炉子组成，可设有连接辊道。可生产淬火加回火有回火脆性的调质钢板。正火处理时，产能比较大，而且能够充分冷却。如德国迪林根厂采用此配置与轧机作业线相连，省去许多设备，一炉多用，经济且灵活。在实现控轧控冷条件下这种配置形式被认为是最理想的办法，无论产能还是品种都可达到圆满的要求。

（4）正火、淬火及回火3座炉子组成。鞍钢、宝钢、武钢、舞钢等厚板厂均采用此配置，将调质线和正火线分开，调质板产量高，质量有保证，但投资比较大。国外这种配置也不少，特别是对一些特殊钢板生产厂更为有利。

部分新建中厚板厂、热处理设备名称及其主要用途见表2.26。

表2.26　部分新建中厚板厂热处理设备名称及其主要用途

序号	生产厂名称	热处理设备名称	用途	主要设备	备注
1	宝钢5000mm	2号炉	正火、回火	辐射管加热氮气保护辊底式炉	
2	南钢三套中厚板（宽）共用	3座具有淬火、回火、正火功能的连续辊底式无氧化热处理炉	淬火、回火正火	1座连续式明火加热辊底式专用回火炉	
3	湘钢5000mm	3号炉	回火	明火加热辊底式炉	3号炉预留
4	济钢4300mm	1号炉	正火、回火、淬火	（1）辐射管加热氮气保护辊底式炉；（2）辊压式淬火机	
5	鄂钢4300mm				
6	鲅鱼圈5000mm				
7	莱钢4300mm				
8	兴澄4300mm	1号炉	正火、回火	氮气保护辐射管加热辊底式炉	
		2号炉	正火、回火、淬火	（1）氮气保护辐射管加热辊底式炉；（2）辊压式淬火机	
		3号炉	正火、回火	明火加热双步进梁炉	
9	营口5000mm	1号炉	正火、回火、淬火	（1）辐射管加热氮气保护辊底式炉；（2）辊压式淬火机	3号炉预留
10	舞钢4100mm	1号炉	正火、回火	明火加热辊底式炉	
		2号炉	回火	明火加热辊底式炉	
		3号炉	正火、回火、淬火	（1）辐射管加热氮气保护辊底式炉；（2）辊压式淬火机	
11	包钢3800mm	1号炉	正火、回火	辐射管加热氮气保护辊底式炉	
		2号炉	回火	辐射管加热氮气保护辊底式炉	
		3号炉	正火、回火、淬火	（1）辐射管加热氮气保护辊底式炉；（2）辊压式淬火机	
12	湘钢3800mm	1号炉	正火、回火	辐射管加热氮气保护辊底式炉	
		2号炉	淬火、正火、回火	（1）辐射管加热氮气保护辊底式炉；（2）辊压式淬火机	
		3号炉	回火	明火加热辊底式炉	
		2号炉	回火、正火	明火加热辊底式炉	
13	沙钢2套5000mm轧机共用4座热处理炉，其中1座为德国进口，另3座为无锡拓邦炉业制造				
14	新余1座淬火炉，1座回火炉，4座正火炉				

2.10.12　目前已少采用的几种炉型

2.10.12.1　步进式热处理炉

步进式炉如图 2.165 所示，其运动轨迹如图 2.166 所示，步进梁处在下面最低位置 A 点，此时钢板处在固定梁 2 上。然后步进梁 1 垂直上升超过固定梁时，将钢板托起到 B 点，并水平位移到 C 点。步进梁垂直下降至 D 点，将钢板放在固定梁上，步进梁后移回到 A 点。如此循环步移，钢板达到热处理制度要求后，由出料机运出。步进式炉主要优点是没有黑印和划伤，但投资大、维护要求高。步进梁有耐热钢梁和耐火材料梁两种。耐热钢一般为 Cr25Ni20Si2，使用炉温低于 1150℃。耐火材料梁是在型钢框架上砌绝热砖和耐火材料，这样虽经济，但寿命低。步进式炉用于特厚板热处理有一定的优点，目前使用很少。

图 2.165　步进式热处理炉

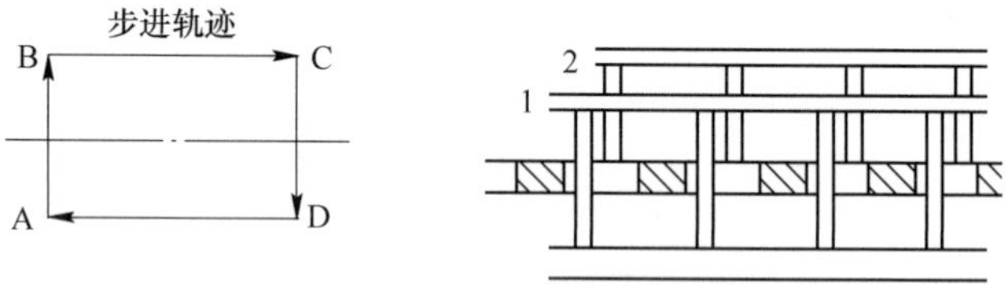

图 2.166　步进式热处理炉运动轨迹
1—步进梁；2—固定梁

2.10.12.2　双步进梁式热处理炉

还有一种双步进梁式热处理炉，与上述步进式炉不同，没有固定梁，而由两组步进梁组成。第一组步进梁将钢板抬起前进中，第二组步进梁升起从第一组步进梁上接过钢板并送进。如此循环工作，钢板如同炉底辊运输一般，可保持不变的作业中心线，以一定速度连续平滑地运送。在运送中不会划伤钢板下表面，并可与装出料辊道完全同步，其运送速度可自由调整，不但可逆送，且能停下。早期曾用于特厚板热处理，由于步进机构影响烧嘴布置，加热均匀性差，目前基本已淘汰。

2.10.12.3　车底式热处理炉

车底式热处理炉也称活底式炉，是周期性间歇工作的，传动台车进炉和出炉，用吊车装卸钢板，属于间断式周期性生产的热处理炉。这种炉子多数用煤气和油作为燃料，也有用电加热的。台车周围用砂密封，以防空气进入。车底式炉主要用于退火及大单重特厚板的热处理。如用于碳钢、低合金钢及合金结构钢等钢板退火的车底式炉，典型的台车尺寸一般为 9.512m×2.65m，台车面积为 24.21m^2，用齿轮齿条牵引，用煤气做燃料，烧嘴为高压喷射式，炉温可达 600~900℃，处理钢板尺寸（6~150）mm×(750~1800)mm×(1500~8000)mm，装炉量达 100t。这种炉子的燃耗大，目前除大单重的坯料热处理仍用它外，其他已很少采用。车底式热处理炉示意见图 2.167。

2.10.12.4　罩式热处理炉

钢板装于炉座上，用吊车将罩子扣盖上加热处理，对于厚板采用保护气体，适用于大量生产中厚板的退火和高温回火等热处理，也可作为缓冷用。投资少、产能大、吊运炉罩要求吊车吨位大，同一跨内设置多座时比较经济。装料量过大时，加热时间长，容易产生脱碳与板形瓢曲，且氧化也比较严重。

每个炉座装料量为 150t 左右，但生产周期比车底式炉长，达到 30h，小时产能为 5t 左右，每个炉座年产量为 3.5 万吨。年处理量为 15 万吨，需要设置 5 座炉子，用一台大吊车是合理的，如炉子在 3 座以下时，大吊车高厂房就不经济了。

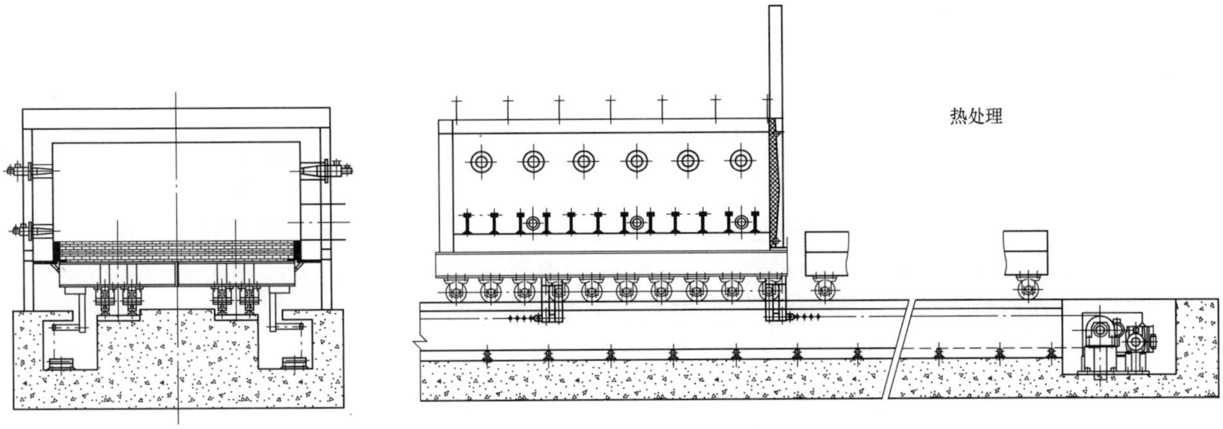

图 2.167 车底式热处理炉

目前武钢、鞍钢、济钢等还保留了罩式炉，见图 2.168。

图 2.168 热处理罩式热处理炉

2.10.12.5 外部机械化热处理炉

此炉型采用装、出料机装出钢板，早期多用于正火、退火及厚板的热处理。

外部机械化热处理炉（见图 2.169）是带有固定热炉底的室式炉，有专门的装出料机械进行装出料。通常3~5座外部机械化炉至少配置 1 台装出料机。由于生产能力较低，目前已很少采用。

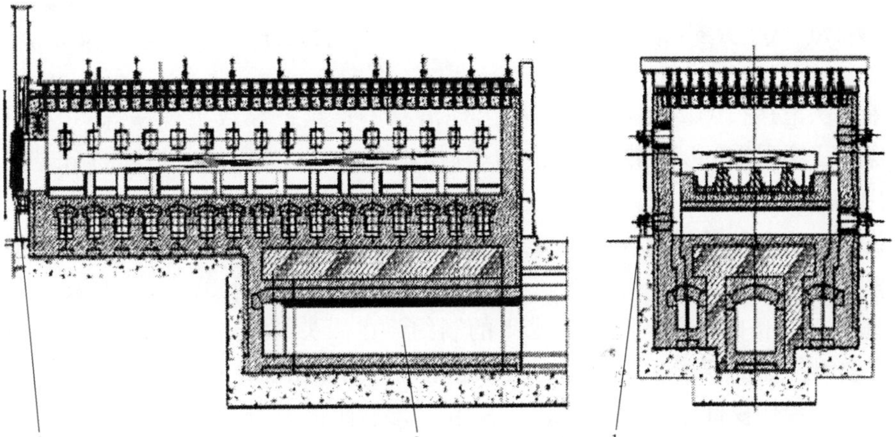

图 2.169 外部机械化热处理炉示意图
1—烧嘴；2—烟道；3—炉门

2.11　超声波探伤设备

2.11.1　概述

300 多年前，国外就开始对声学进行了研究，但是直到 19 世纪中后期人类才知道存在自己听不到的高频声音（即超声波）。第一次世界大战后期，为了探测水下障碍物——潜水艇，超声波技术的实际应用得到了推动，当时所使用的压电超声发生装置和石英晶体换能器等一直是超声检测的技术基础。

超声波应用于材料的无损检测领域起源于 20 世纪 20 年代末 30 年代初，苏联和德国的科学家几乎同时报道了超声波在材料检测方面的应用，从此开创了一个全新的领域。

第二次世界大战后，随着对超声波探伤原理和特性的不断深入了解，超声波在无损检测方面的优点也得以充分体现，因此在 20 世纪 40 年代末超声波探伤开始得到实际应用。尤其对产品质量有严格要求的航空航天、原子能工业、石油化工业、锅炉和压力容器行业、冶金制造业以及建筑业等，成为广泛应用无损检测方法最为重要的行业。

2.11.2　我国超声波探伤装备的演变

超声波探伤就是利用仪器对钢板内部质量进行检查，其主要手段是探伤，此处的“伤”即为缺陷，探测出“缺陷”才能采取应对措施。

20 世纪 80 年代中期以前，我国中厚板探伤方式主要为离线人工手动探伤。手动探伤有投资低、使用较灵活的优点，但存在探伤作业时间长、生产效率低、劳动强度大、占用生产场地多和钢板需要重复搬运等缺点，尤其是容易出现漏探和误探。

人工手动探伤就是将探头固定在探杆前端，探伤仪挂在探伤工胸部，在钢板上喷水之后，探头在工件上进行之字形移动探测。人工离线手动探伤作业见图 2.170，人工离线手动探伤仪见图 2.171。

图 2.170　人工离线手动探伤作业

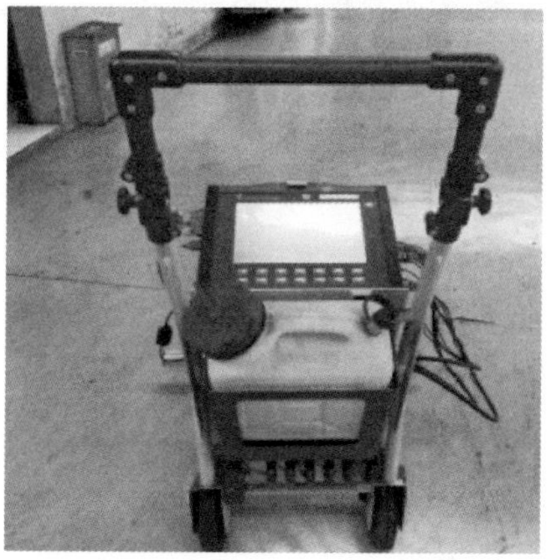

图 2.171　人工离线手动探伤仪

作业方式为单探头滑移扫测，效率低，容易出现滑移不连续，导致出现漏探点。有时，为了人为地提高探伤速度，探伤工会采取间隙式滑动扫测。这种作业方式是不连续的，很容易出现缺陷点的漏探。

20 世纪 80 年代后期，柳钢中板、原上钢三厂等和国内有关科研机构联合开发了简易的机械移动式超声波探伤系统，将人工之字移动扫测改为机械式往复移动扫射，虽然其不具有任何探测结果自动显示或判定功能，但效率明显高于人工。

21 世纪前，超声波装备由于受本身技术水平的制约，在探头结构、数据处理和系统的可靠性、稳定性等方面不能满足自动探伤的要求，尤其是不能满足在线自动探伤的要求。

另外，那时的手动探伤仪尚未实现数字化，显示主要靠阴极射线管，尚未采用液晶显示屏，探伤质量受限制。

进入 21 世纪，随着品种结构的多样化，必须要探伤的高端品种越来越多。下游用户对成品内部质量的要求越来越高，从而推动了超声波装备技术的发展。

目前，21 世纪新建的中厚板产线都配备了先进的装备，老企业在改造中大多也提升了超声波探伤装备的水平等级。

就探伤方式而言，有的企业采用了在线，有的企业采用了离线（也有的称之为半在线）。21 世纪新建的企业大都引进德国、美国、加拿大等的设备，如德国的 NDT 公司、美国的 GE 公司等。不管离线、在线的自动探伤，企业都保留了人工离线手动探伤仪，因为它在复探过程中发挥着很大的、甚至是不可替代的作用。所不同的是，目前生产的人工手动设备的水平等级，如灵敏度、稳定性、显示功能、可靠性等，均比 21 世纪前所用的有很大程度的提高。

2.11.3 超声波的基本概念

超声波是声波的一种，是机械振动在弹性介质中传播而形成的波动，通常以其波动频率 f 和人的可闻频率加以区分超声波与其他声波种类：

次声波	$f<20\text{Hz}$	人耳不可闻
声波	$20\text{Hz}\leqslant f\leqslant 20\text{kHz}$	人耳可闻
超声波	$20\text{kHz}\leqslant f\leqslant 10^3\text{MHz}$	人耳不可闻
特超声波	$f>10^3\text{MHz}$	人耳不可闻

超声波探伤用的频率为 0.25～15MHz，金属材料超声波探伤常用频率为 0.5～10MHz，其波长为 10～0.5mm。

由于超声波频率比可闻声波高得多，因此其波长短，加上它在固体中传播时传递能量较大，这样使得超声波传播时具有某些与光波类似的特性，为此也常常借用光学原理来研究和解释超声波的物理现象。

超声波的几个特性：

（1）束射特性。超声波波长短，声束指向性好，可以使超声能量向一定方向集中辐射。

（2）反射特性。超声波在弹性介质中传播时，遇到异质界面会产生反射、透射或折射，而反射特性正是脉冲反射法的探伤基础。

（3）传播特性。超声波在弹性介质中传播时，质点振动位移小、振速高，因此其声压、声强均比可闻声波大，传播距离远，可检测范围大。

（4）波型转换特性。超声波在两个声速不同的异质界面上容易实现波型转换，从而为各种波型（纵波、横波、板波、表面波）探伤提供了方便。

人们正是利用了超声波的这些特性，发展和应用了超声波探伤技术。

2.11.4 超声波的波型

（1）纵波 L。当弹性介质受到交替变化的拉伸、压缩应力作用时，受力质点间距就会相应产生交替的疏密变形，此时质点振动方向与波动传播方向相同，这种波型称为纵波。目前中厚板成品主要依靠纵波脉冲反射法进行探伤，纵波用来测定钢板内部缺陷如分层、夹杂和球状裂纹等。纵波用符号 L 表示。图 2.172 为纵波波型示意图。

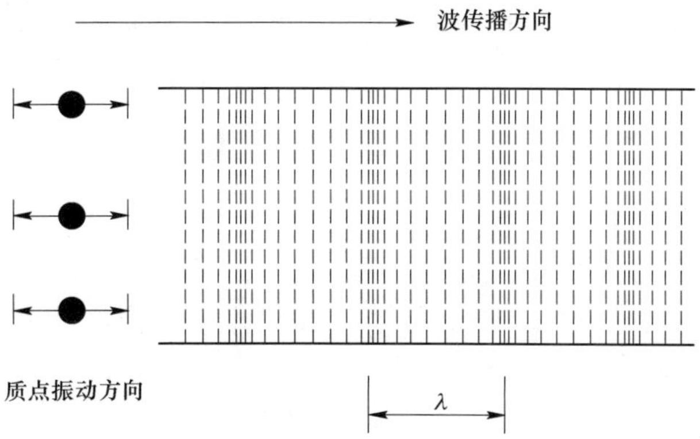

图 2.172 纵波

凡是能发生拉伸或压缩变形的介质都能够传播纵波。固体能够产生拉伸和压缩变形，所以纵波能够在固体中传播。液体和气体在压力作用下能产生相应的体积变化，因此纵波也能在液体和气体中传播。

（2）横波 S。当固体弹性介质受到交变的剪切应力作用时，介质质点就会产生相应的横向振动，介质发生剪切变形。此时质点的振动方向与波动的传播方向垂直，这种波型称为横波，也可叫做剪切波，用符号 S 表示。图 2.173 为横波波型示意图。

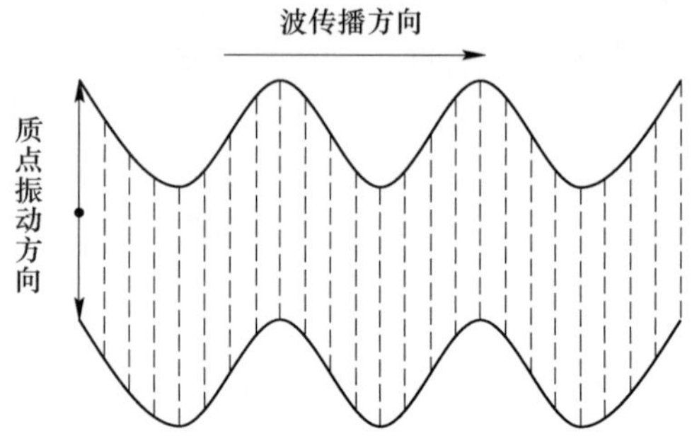

图 2.173　横波

在横波传播过程中，介质的层与层之间发生相应的位移，即剪切变形，因此能传播横波的介质应是能产生剪切弹性变形的介质。自然界中，只有固体弹性介质具有剪切弹性力，而液体和气体介质各相邻层间可以自由滑动，不具有剪切弹性力（即剪切弹性模量 $G=0$），所以横波只能在固体中传播，气体和液体中不能传播横波和具有横向振动分量的其他波型。横波用来检测钢板表面和内部的纵向线状缺陷。

（3）板波。板波又称兰姆波，它是板厚与波长相当的弹性薄板状固体中传播的声波。在板波传播过程中，质点的振动遍及整个板厚，板波沿着板的两个表面和中部传播，按板中振动波节的形式可分为对称型（S 型）和非对称型（A 型）两种。实际探伤中，板波主要用于探测薄规格，如薄壁管内的分层、裂纹等缺陷以及检测复合材料的结合状况等。

2.11.5　超声波探伤原理

（1）将声波以脉冲方式通过探头（超声发生器和接收器）用耦合剂与被测物体进行无气隙接触。对于不同频率和波形的声波，从材料返回的波形是不同的，当声波进入被测材料后，将在材料中产生机械振动，由于材料内部的差异，超声波的反射也具有了不同的变化，使检测材料的缺陷与其特性得到显示。

（2）检测过程是通过使用一种压电晶片形材料内部发射超声波进行的，这种压电晶片被称为探头或传感器。根据不同条件，可以方便地选择使用不同的探头。在材料超声探伤中，使用的探头主要为单晶和双晶两种。

（3）基于脉冲反射原理，超声波进入材料中遇到缺陷或界面时，声波将反射回探头，通过观察回波波形中反射回的能量多少可以知道缺陷的大小。大的缺陷反射回的能量比小的缺陷多。

（4）超声波进入材料中产生机械振动，返回波将产生电子脉冲。电子脉冲随后被电子系统放大和存储，从缺陷反射过来的总能量与吸收到的电子脉冲成正比。

（5）为了遵照测定标准测定钢板，必须以脉冲方式进行工作。检测过程是通过纵波和横波两种波型完成的。超声波探伤仪原理见图 2.174。

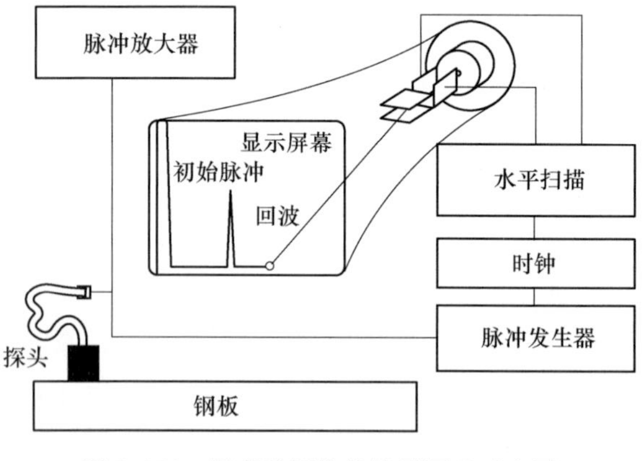

图 2.174　超声波探伤仪简易原理示意图

（6）在实际应用时，脉冲反射法又根据探头形式分为纵波单晶直探头法、纵波双晶直探头法和横波单探头法。纵波双晶直探头法由于在其声束覆盖区有聚焦作用而灵敏度高，且其可以用廉价的水做耦合剂，因而被广泛用于板材的无损检测。

（7）根据反射波的表示方式不同，脉冲发射法又分为 A 型显示法、B 型显示法、C 型显示法、立体显示法、超声波电视法等。其中的 A 型显示法是指探伤仪能够在屏幕上实时显示探头的模拟动态缺陷反射信号幅值和缺陷深度。B 型显示法则能够在计算机屏幕上，沿钢板厚度方向显示缺陷的分布和缺陷的深度。而 C 型显示法可以在计算机屏幕上显示检测期间，计算机系统对反射信号评估及评判后所产生的缺陷长度和宽度的彩色平面图形。

（8）基本的超声波检测系统一般由脉冲发生器、脉冲接收器、换能器和示波器等几个主要部分组成。其中脉冲发生器产生电脉冲信号，而脉冲接收器则接收脉冲信号。换能器用来在电能和声能之间做能量转换并产生高频超声波。显示器则能够直观地显示超声波回波信号的振幅大小和位置。

（9）检测时，探头发射的超声波束将以恒定的速度垂直或以一定的角度被发射进被检测物体，无缺陷情况下，波束将在被检测物体的另一个表面被反射。当被检物体中有缺陷时，一部分波束能量会被提前反射回来，根据反射回的波束传播时间和回波振幅大小就能够检测出物体中缺陷的位置和大小。图2.175为超声波在钢板中检测的原理图。

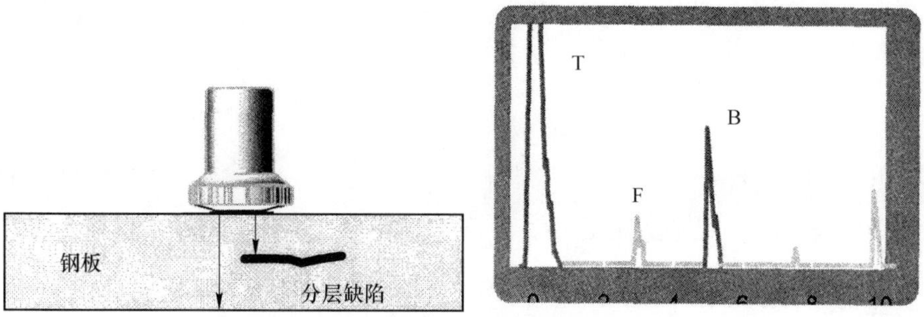

图2.175　超声波在钢板中检测的原理图

T—初始脉冲；F—缺陷回波；B—板底回波

2.11.6　在线自动探伤设备的基本组成

图2.176是A型脉冲反射式探伤仪的基本电路方框图。由图可知，它主要由同步电路、时基电路（扫描电路）、发射电路、接收放大电路四个部分和示波管、电源、探头等组成。

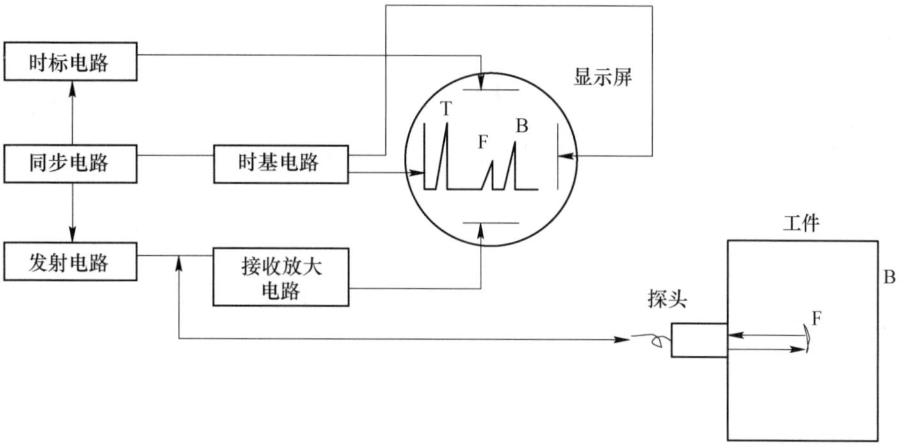

图2.176　超声探伤仪电路方框图

2.11.6.1　四个电路的主要作用

同步电路：超声波探伤仪的指挥中心，它产生周期性的脉冲，控制发射电路、接收放大电路、时基电路协调一致地工作。同步电路每秒钟的工作次数就是探伤仪的重复频率。

发射电路：在同步电路产生的正触发脉冲作用下，在极短的时间内产生上升时间短、脉冲窄、能量高的高频电脉冲，送往探头晶片经电声转换后产生超声波。

时基电路：在同步脉冲的控制下产生锯齿波电信号，送往示波管的水平偏转线圈，产生从左至右的匀速水平扫描线，也称为时基线。

接收放大电路：包括高频放大器、衰减器、检波器、视频放大器和深度补偿等。接收放大的主要作用是将微弱的从探头晶片处送来的电信号经数级放大后加至示波管的垂直偏转线圈上，使回波信号能以一定幅度显示。

2.11.6.2　超声波探头

超声波探伤是用超声波探头实现电声转换的，因此超声波探头又称为超声波换能器，其电声转换是可逆的。产生超声波的方法很多，但用得最为普遍的还是压电材料制成的超声波探头。

超声波探头一般由晶片、阻尼块、保护膜（对于水浸探头和斜探头则是有机玻璃）组成。其主要结构如图 2. 177 所示。

A　晶片

晶片是超声波探头的核心，晶片的材料就是压电材料，常用的晶片材料有压电单晶和压电陶瓷两种，单晶压电材料常用的有石英，而压电陶瓷常用的有钛酸钡、锆钛酸铅、钛酸铅等。

晶片本身大多不导电，因此通常在其两面均镀上导电材料作为电极，并在电极上引出接线。

晶片的振动频率取决于晶片的厚度和超声波在晶片材料中的声速。

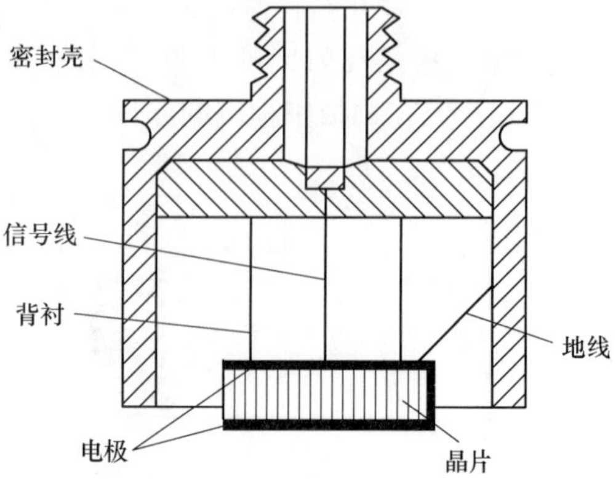

图 2. 177　超声波探头的主要结构

B　直探头保护膜

保护膜的作用是保护晶片不与工件直接接触以免磨损。常用保护膜有硬性和软性两类。硬性保护膜适用于工件表面光洁且平整的情况，用于粗糙表面时声能损失较大；软性保护膜用于表面光洁性不好或有一定曲率的表面时，可改善耦合条件。

C　背衬吸收块

为提高晶片发射效率，其厚度均应保证晶片在共振状态下工作，但共振周期过长或晶片背面的振动干扰都会导致脉冲变宽、盲区增大。因此在晶片背面填充吸收这类噪声能量的吸收材料，可使干扰声能迅速耗散，降低探头本身杂乱的信号。

D　透声楔

双晶直探头和斜探头常用有机玻璃或环氧树脂作为透声楔，一是形成一定的声波入射角；二是延迟声束的入射距离，避开探头近场区，减少探伤盲区。

E　分割式双晶探头

在中厚板超声波探伤中，对于板厚 60mm 以下的钢板常用分割式双晶直探头（又称为 TR 探头）进行探伤，其特点是可以使声能聚焦，提高检测灵敏度，尤其是近表面的检测灵敏度。其结构如图 2. 178 所示。

双晶探头的距离幅度曲线（DAC 曲线）与普通直探头不同，原因是其声束存在一个聚焦点，在焦点处的声能最为集中，检测灵敏度最高。过了焦点以后检测灵敏度将显著下降。焦点位置与两个晶片的夹角有关。

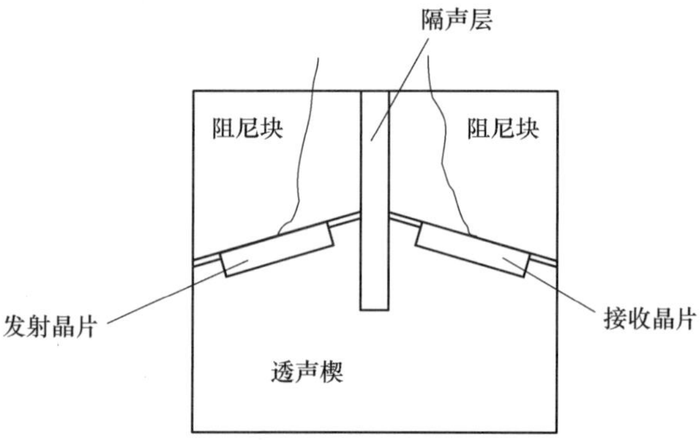

图 2. 178　双晶直探头结构

F　探伤用试块

超声波探伤用试块可以分为标准试块、对比试块两种。标准试块是由国际、国家有关组织部门推荐、确定后使用的。国际上通用的标准试块有 ASTM 系列试块、IIW 试块（又称荷兰试块）等，我国的标准试块有 CS-1、CS-2 系列等。对比试块则是使用者根据需要自行设计和制造的试块，其用途比较单一。

2. 11. 6. 3　设备本体组成

自动超声波探伤设备可以划分为探伤设备本体和辅助装置两大部分，其中设备本体可分为机械、电气和仪表三个部分，而辅助装置则包括供水系统、供气系统、预湿及预冷装置、除水装置和压下辊装置等。

A　板体探伤单元（小车）

目前，我国中厚板企业板体探伤单元机械设备（装有探头）分别有三个活动单元、两个活动单元、一个活动单元。有的企业将探伤的机械设备单元称之为板体探伤小车。探伤活动单元（小车）的多少，取决于成品的板宽。宽的多，窄的少。

如有的企业探伤机械设备共有三个活动小单元，就称为有三辆板体探伤小车，小车装在辊道之间，位于辊道面之下。板体探伤小车由电机驱动进入维护工位，或由维护工位移入探伤工位。单元（小车）上安装有好几十个（数量不等）由气缸驱动的探伤支架、现场仪表柜和电缆、供水、供气管线等，其示意图如图2.179所示。

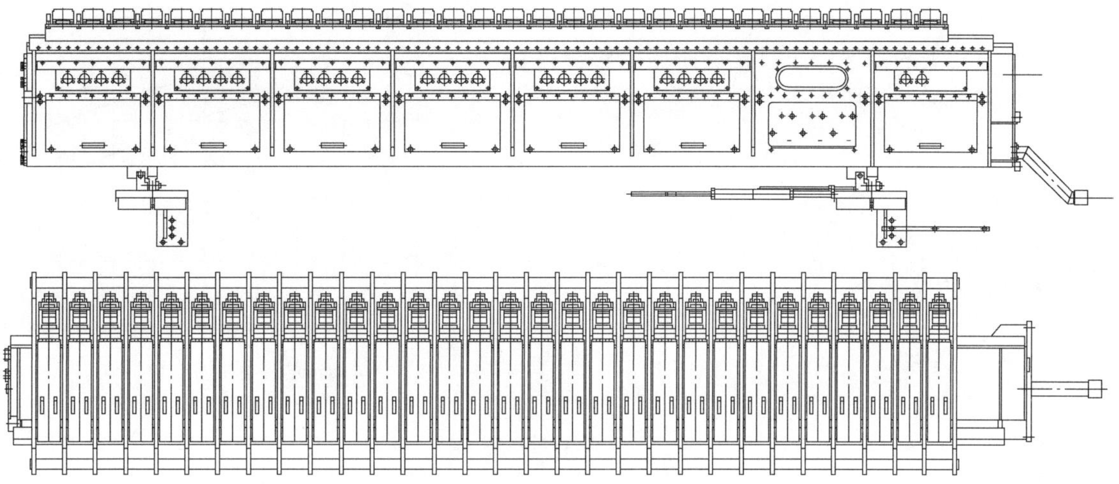

图2.179 板体探伤小车示意图

单元（小车）由限位开关和机械销自动精确定位，而且三个单元（小车）上的探头支架交叉布置，实现钢板板面的100%覆盖扫查，如图2.180所示。

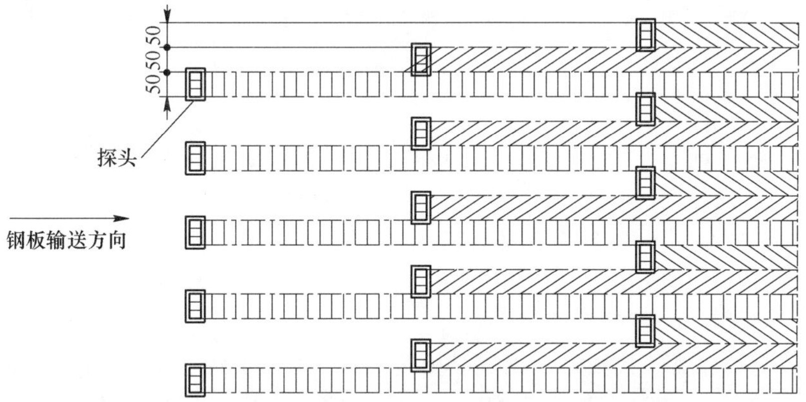

图2.180 活动单元（小车）探头交叉覆盖示意图

探头支架前安装有栅格型的安全框架，可以防止钢板头部下垂而撞击并损坏探头。

B 板边探伤单元（小车）

有的企业板边探伤有两个活动单元，称其为有两个探伤小车。每单元安装一个探头支架，每个探头支架内安装两个与板体探伤相同的超声波探头，因此单元可以覆盖两个板边各100mm的宽度。板边探伤单元（小车）由同步伺服电机驱动，可以在板宽方向精确定位。板边探伤单元（小车）也可以移出探伤工位，移向剪切线传动侧进入维护工位进行离线检修。

板边探伤单元（小车）具有随动功能，采用板边位置传感器和伺服电机使小车能快速精确地沿板边随动。

C 探头

超声波探头是探伤设备的核心元件。一般而言，德国、加拿大、美国等进口的探头与国产的探头相比具有检测灵敏度高、近场盲区小、DGS曲线特性平坦、检测范围大等优点。探头的外形示意图及其特性曲线如图2.181所示。

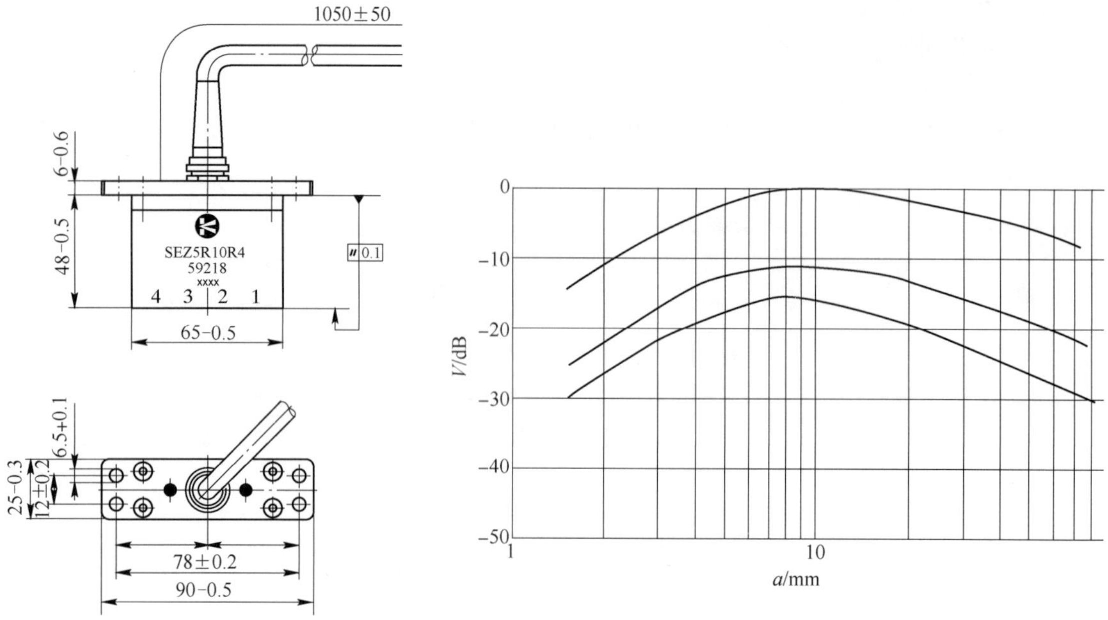

图 2.181　探头外形示意图及特性曲线

D　测长装置

在探伤设备本体前后各安装了一个测长装置，动态跟踪钢板速度和位置。测长装置也安装在辊面以下，采用气缸驱动升降。为了减少测长辊轮与钢板间的滑动摩擦，测长装置采用了磁性辊轮。

E　喷标装置

在探伤设备的后部安装了喷标装置，对于有缺陷的部位，由喷标装置实时在钢板基准侧边部喷上白色条状标记。

F　设备的平面布置

在线超声波探伤设备（简称 UST）通常位于冷床后剪切线的入口处，安装于 PSG（板形测量仪）之后、切头剪前的喷印装置之前。UST 主要由预湿及预冷装置、探伤设备本体（包括板体和板边探伤装置）、压下辊装置、除水装置、喷标装置和公辅介质供应装置等组成。典型的 UST 平面布置如图 2.182 所示。

离线和半离线的探伤设备布置在成品工序后。

根据我国的实际情况，探头的数量是根据成品板宽的尺寸而定的。一般而言，5000mm 级的宽厚板轧机探头的数量为 100 个左右，4300mm 级的为 60~80 个，3000mm 及以下级为 20 个左右，板体单元的探头数量要多于板边单元。

某 5000mm 级宽厚板厂在线探伤设备本体由三个板体探伤单元（小车）和两个板边探伤单元（小车）组成，板体探伤单元（小车）分别安装于三组辊道之间，各安装有沿板宽方向布置的 32 个探头，三个探伤单元（小车）总计 96 个探头，加上 4 个板边探头，整套设备共计 100 个探头，每个探头的有效覆盖范围为 50mm，因此可覆盖 5000mm 宽度。所有探头均从下表面进行探伤。具体布置如图 2.183 所示。当探伤设备不投入使用或需要维护和维修时，所有探伤单元（小车）都可以向 D 列线一侧移动，进入维护工位。

2.11.6.4　探伤装置的结构形式

按照探头设置位置的不同，中厚板在线自动超声波探伤装置可分为上置式和下置式两种形式。主要由探伤装置本体、探头、仪表系统、计算机评估系统、电气控制系统和辅助装置系统等多个单元组成。

以下以国内有典型特点的 A 厂和 B 厂的在线自动超声波探伤装置为例，简要介绍各个单元的作用以及其结构形式。

自动超声波探伤装置因制造厂商、结构形式和布置位置的不同，其本体结构不尽相同。但探伤装置

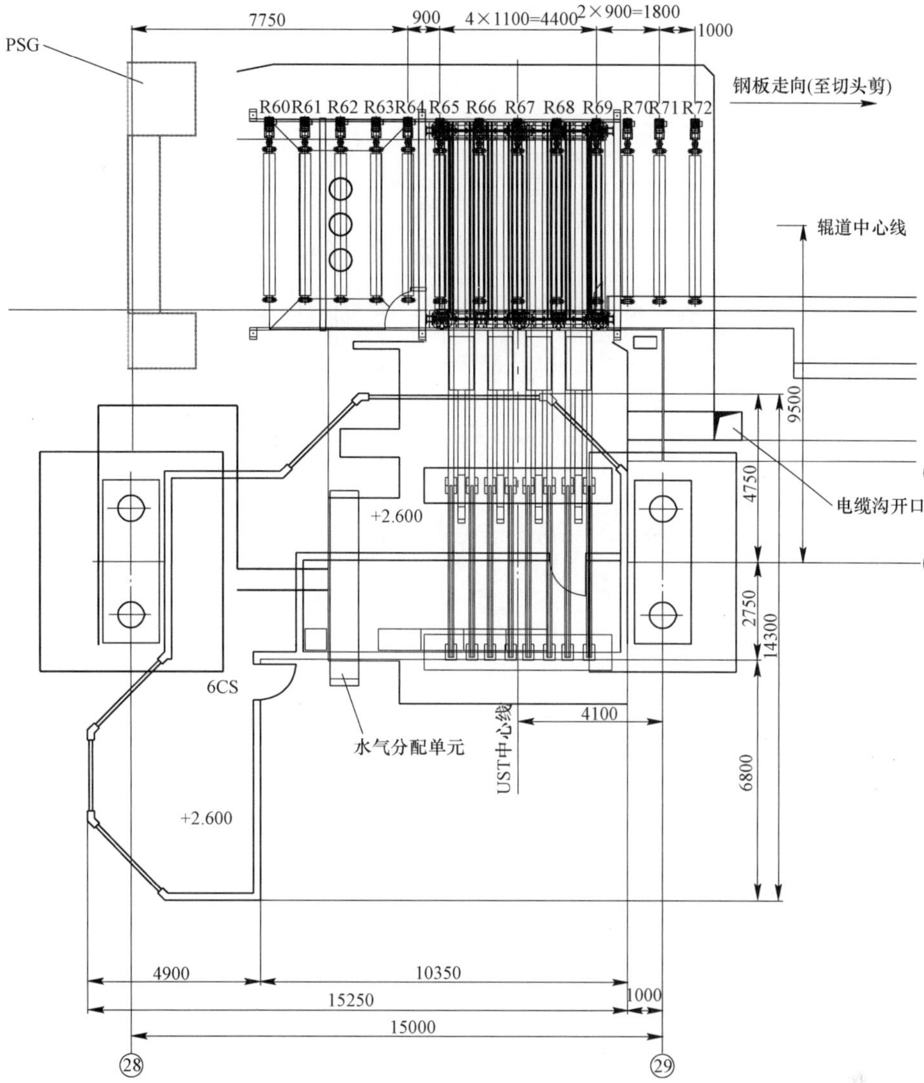

图 2.182 典型的 UST 平面布置图

均由本体探头单元（小车）和边部探头单元（小车）组成。

A 上置式

该形式为下表面反射式，即探伤装置设置在运输辊道正上方。该结构的特点是装置本体设置在一个横跨辊道的钢结构框架内，钢结构框架内安装了探伤单元（小车），而探头则安装在探伤单元（小车）内的探头支架上。要根据探头结构和最大板宽来决定探头数量和小车的台数，各台小车上的探头交错布置，从而实现最大板宽方向的全覆盖扫查。这种结构形式以 A 厂的探伤装置最具代表性，见图 2.184。

该厂探伤装置的探伤单元（小车）共有两台，小车可沿钢结构框架内的轨道横向移动，工作时小车处于运输辊道正上方，而维修时则停止在辊道外侧的维修区域。每台小车上安装有 37 个钢板本体探头支架，每个支架上安装了一个探头。每个探头支架通过单独的气缸驱动使探头垂直升降，探头顶部安装有雪橇形耐磨保护靴，以防止翘头钢板撞击探头，见图 2.185。除此之外，探头支架上还装有压缩空气和耦合水管路，以便在探伤时能在探头和钢板之间形成耦合水膜。

B 下置式

该形式为上表面反射式，即探伤装置一般设置在运输辊道正下方。该结构的特点是探伤单元（小车）安装在固定轨道上且能沿固定轨道前后移动，而探头则安装在探伤单元（小车）内的探头支架上。根据探头结构和最大板宽来决定探头数量和单元（小车）的台数，各台小车上的探头交错布置，从而实现最大板宽方向的全覆盖扫查。这种布置形式以 B 厂的探伤装置最具代表性。

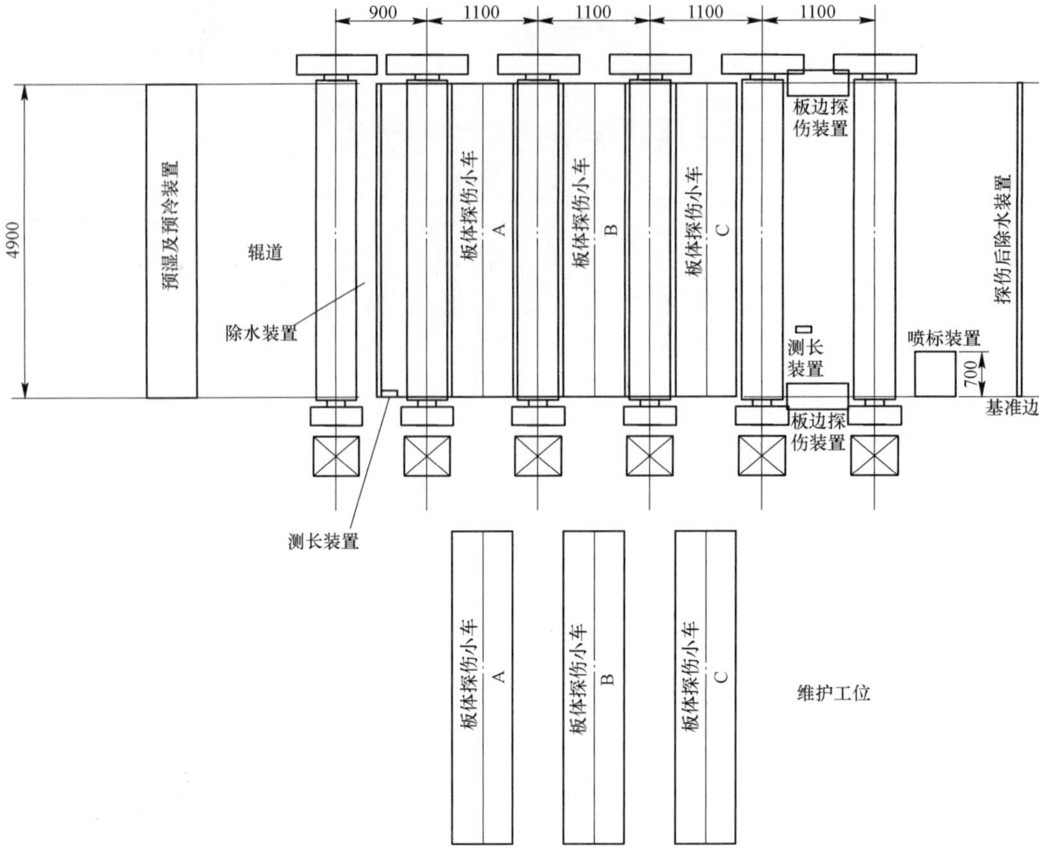

图 2.183　某 5000mm 宽厚板厂超声波探伤设备本体平面布置图

图 2.184　A 厂探伤单元（小车）

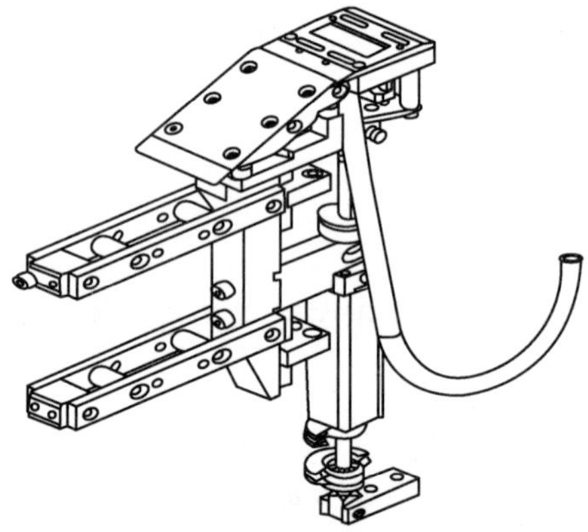

图 2.185　A 厂探头支架示意图

该厂水平探伤单元（小车）共计三台，每个单元（小车）上面安装有 32 个探头支架，探头支架的结构形式与 A 厂的基本相同。

探伤单元（小车）由电机驱动沿固定轨道运行，能停留在辊道之间的探伤位置以及辊道外的维修位置。运行轨道上安装有车挡和限位开关以及专门的单元（小车）夹紧装置，以便让探伤单元（小车）准确定位并将其固定。

边部探头主要用于探测钢板两侧边部分的缺陷分布和大小，其布置形式可为上反射式，也可为下反射式，即探伤装置可设置在辊道上方或下方。探头位置可按被探测钢板的宽度和钢板运行时的偏斜情况进行自动定位调节。B 厂采用的是上反射式边部探伤装置，而国内 A 厂采用的则是下反射式边部探伤装置。

B 厂的上反射式边部探伤装置布置在运输辊道下方，由两台单元（小车）组成。探伤单元（小车）具有板边随动功能，主要用于减少钢板边部的检测盲区，探测钢板边部区域的缺陷。

A 厂的反射式布置是在辊道上方安装钢结构支架，而边部探头分别安装在两台边部探头小车上，单元

（小车）则可以沿钢结构框架内的轨道横向移动。两台边部单元（小车）分布在辊道的两侧，既能够沿同一轨道单独移动，也可以共同移动。

2.11.6.5 辅助系统介绍

以某5000mm宽厚板厂为例，介绍在线超声波探伤的辅助系统中的电气、仪表、计算机系统。

A 电气部分

在线探伤设备采用Siemens S7 PLC，用于对探伤设备本体进行自动顺序控制、位置控制和速度控制等，同时通过与辊道PLC的通讯，实现与辊道的联锁控制。

B 仪表系统

该厂从德国NDT公司进口的超声波探伤设备采用厚板探伤专用的VMUS模块化微型仪表，包括可扩展的发射单元、16个接收放大单元、A/D模数转换单元、FPGA可编程数字处理和控制单元以及相应的接口。

VMUS仪表系统具有产生探头激励脉冲、接收放大从探头返回的模拟信号、A/D转换、初步的数字信号处理四大功能。

整个仪表系统分为现场仪表和室内仪表两大部分，其间的通讯采用光纤数字信号传送，这种方式可以最大限度地缩短模拟弱信号在现场的传输距离，减少信号衰减、畸变和电磁干扰。

VMUS仪表系统的结构方框图如图2.186所示。

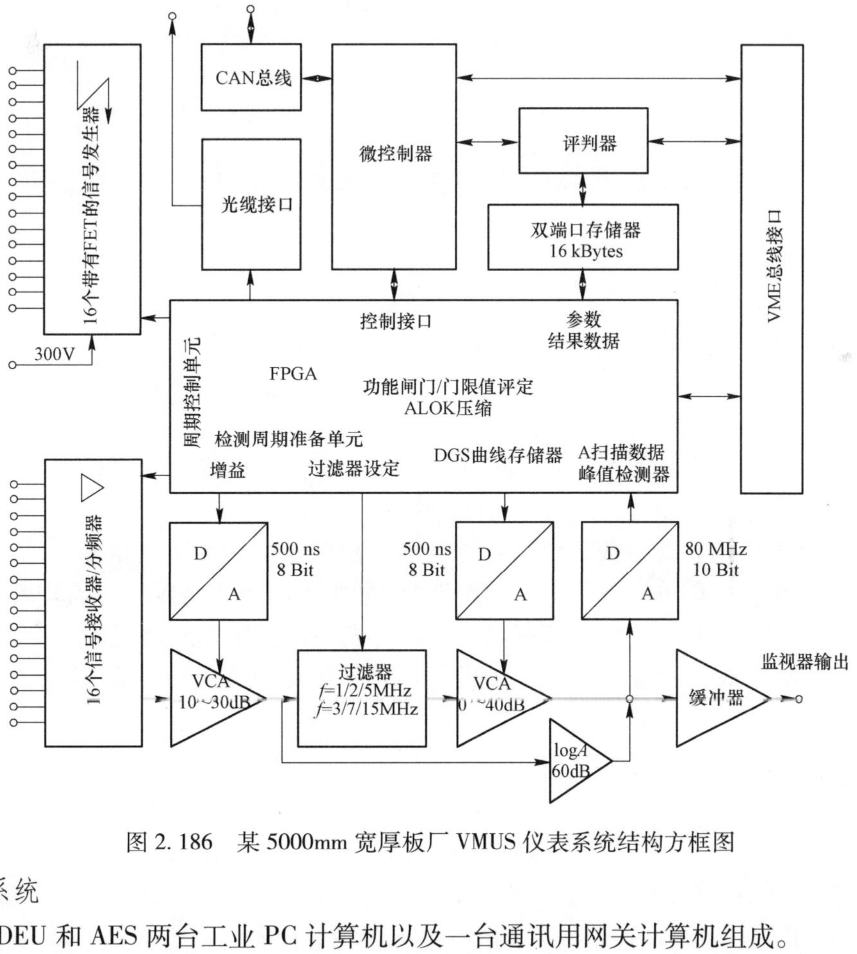

图2.186 某5000mm宽厚板厂VMUS仪表系统结构方框图

C 计算机系统

系统主要由DEU和AES两台工业PC计算机以及一台通讯用网关计算机组成。

DEU为数据处理计算机，也是整个超声波探伤设备的主计算机，具有负责与L2、L1进行通讯，对探伤仪表系统进行设定和控制，对从仪表系统收集到的数据进一步评判，用C扫描图和A扫描图显示探伤结果，保存设备校准结果，保存设备设定参数，生成探伤报告等功能。

AES为自动质量评判计算机，它根据从DEU处获得的探伤结果数据、母板中子板的划分计划、子板探伤标准规定等自动完成整张母板的质量评估功能，同时它还具有探伤标准数据管理、探伤结果数据保存等功能。

Gateway 计算机主要负责协调 DEU 与 AES 两台主计算机间的数据通讯、协调 L2 计算机的通讯、完成通讯协议和数据格式的转换以及相关探伤指令文件、探伤结果文件等数据的保存。

所有计算机的操作系统采用 Windows 2000。探伤设备的系统结构框图见图 2. 187。

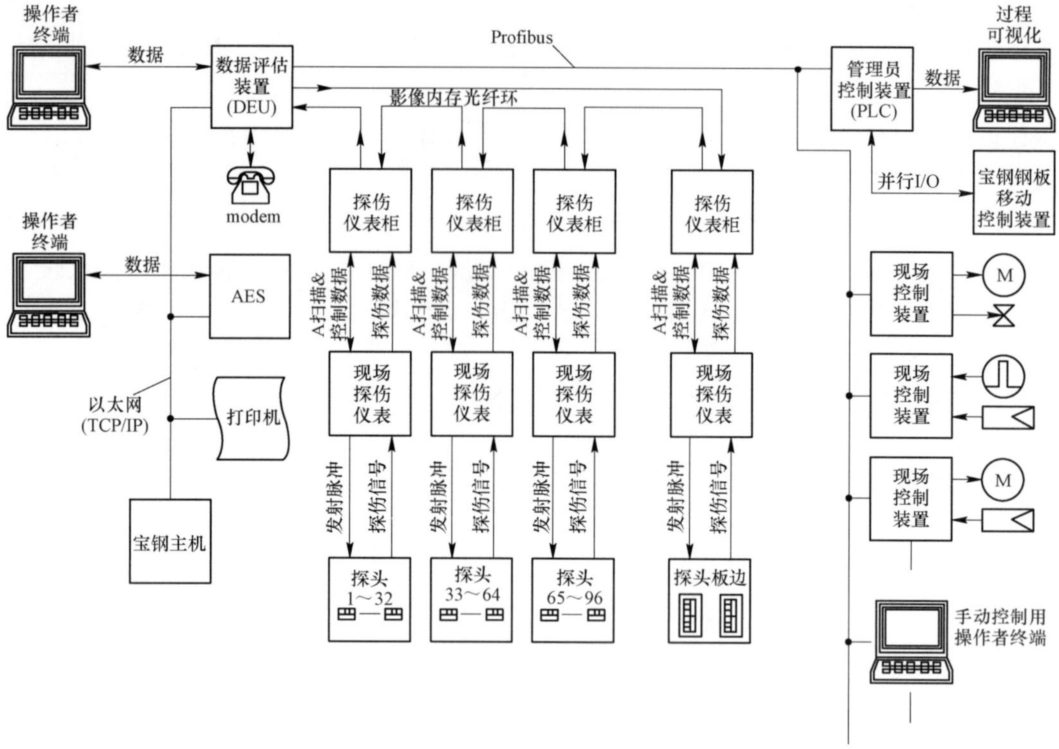

图 2. 187　某 5000mm 宽厚板厂探伤设备的系统结构框图

2. 11. 6. 6　其他辅助系统

辅助系统的供水、供气、预湿预冷、除水等属于基础性共性系统，各企业的设置原理基本相同，以下作共性介绍。

A　供水系统

稳定的耦合水是超声波探伤是否可靠的关键环节。由于在线探伤氧化铁屑较多，为此设备采用开放式供水系统，以保证耦合水的洁净度、水温等均符合探伤的需要。

耦合水系统采用工业用水直接供应，经变频控制的增压装置后，使整个供水压力稳定在 0. 6MPa 左右，再经过滤装置后供给各探伤单元（小车）。使用以后的废水由收集装置集中后排入全厂的大循环中，作为浊循环的补充水。同时耦合水系统还具有对探头前的光栅进行定期水清洗的功能，保证光栅功能正常，防止探头不上升而造成的漏检。供水系统还将负责为预湿及预冷系统供水。供水系统原理见图 2. 188。

B　供气系统

超声波探伤设备的平均耗气量并不大，但是由于探头支架以及压下辊的气缸同时动作，因此峰值耗量还是非常可观的。为了保证瞬间的供气稳定，同时保证探伤过程中探头与板面接触压力的稳定，在探伤单元（小车）上安装了具有一定容积的压缩空气缓冲器，并且在设备旁安装超声波探伤设备专用的空压机，在工厂供气不稳定时能够保证 UST 局部区域供气和工作正常。UST 的供气系统原理图如图 2. 189 所示。

同时供气系统还对探伤区域的光栅进行定期的吹扫，去除表面的氧化铁皮，保证光栅工作正常。

C　预湿预冷装置

安装于探伤设备本体之前，由上下两排喷嘴组成。板温较低不需要冷却时只开启下面一排喷嘴对钢板下表面预湿处理，需要冷却时同时开启上下两排喷嘴，防止上下板面温度不均而造成钢板变形。

预湿预冷装置在整个宽度上分为多组控制，可根据不同板宽自动开启不同数量的喷嘴。经过预湿处

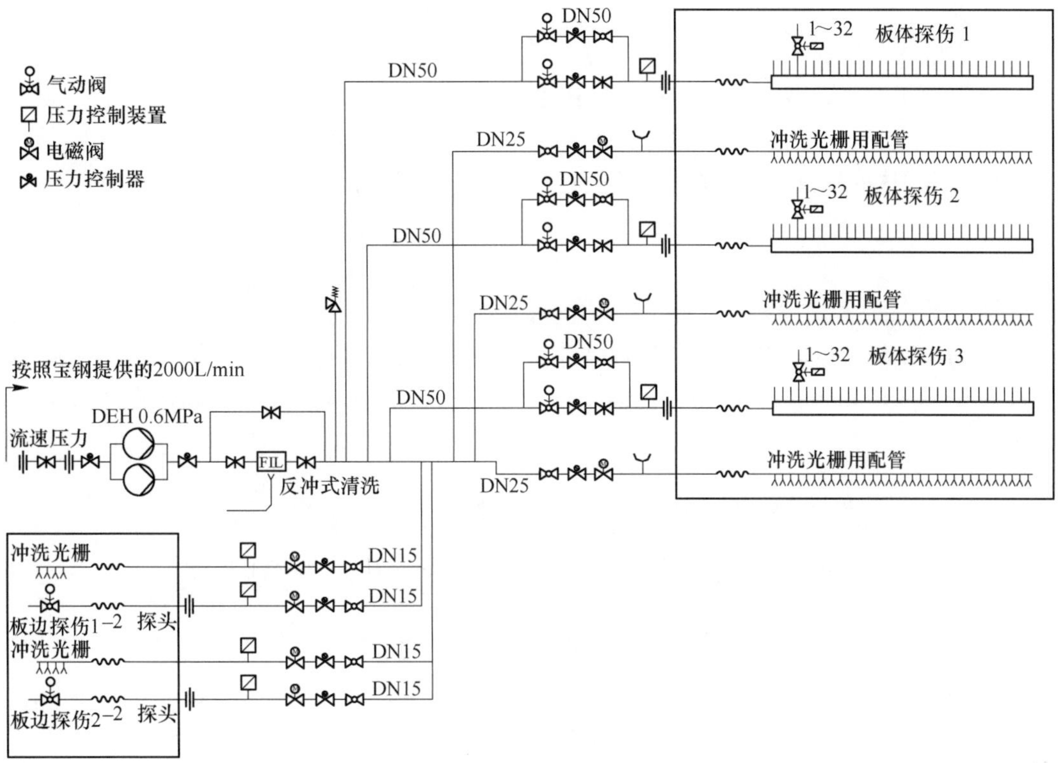

图 2.188 供水系统原理图

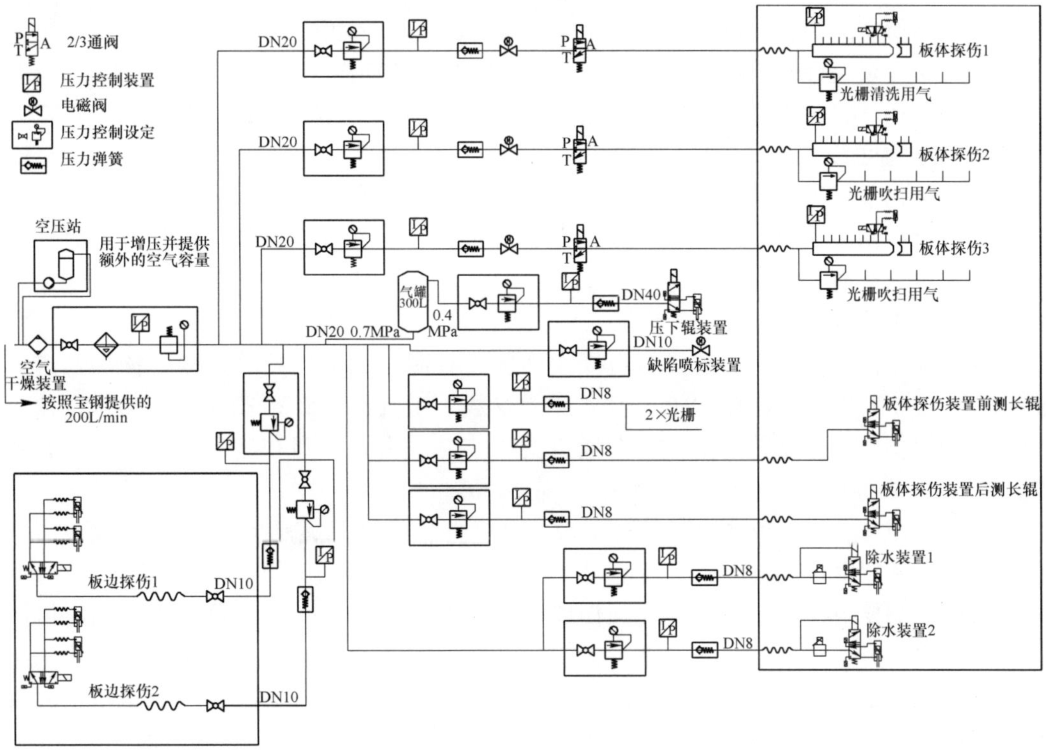

图 2.189 UST 供气系统原理图

理的钢板表面可以明显改善其耦合条件。

由于在对带温钢板的预湿预冷过程中会产生大量水蒸气，对于各探头支架前用于检测钢板是否到达的光栅传感器会产生一定的干扰，而正如前面所讲的，这些传感器对于保证探伤的有效性和设备工作的安全性有重要的影响，因此在预湿预冷装置上方安装了蒸汽抽吸装置。

D　除水装置

通常共有两套除水装置，一套安装于探伤设备之前，用于去除钢板上表面的残留水，去除其对探伤的干扰；另一套安装于探伤设备之后，用于去除钢板下表面的残留水，防止这些残留水造成钢板生锈或影响下道工序。

通常除水装置采用橡皮刮水器的方式，其位置可根据板厚自动调整。不用时橡皮刮水器处于水平位置，使用时采用气缸驱动翻转 90°与钢板接触。由于板温可能较高，刮水器将采用耐高温和耐磨材料制作。

E　压下辊装置

探头向上运动与钢板接触时将产生较大的提升力，较薄的钢板将因此而被抬起，影响探头跟随和耦合稳定。因此对于厚度在 8mm 以下的薄钢板需采用压下辊从上部对钢板施压，确保探伤过程中钢板不产生跳动和变形。

2.11.6.7　手动超声波探伤

目前，我国中厚板先进企业不管是采用在线超声波探伤还是离线（含半离线）超声波探伤，都配有手动超声波探伤装置。

在线自动探伤的可疑材将用人工复探的方法最终确认其质量，因此人工手动超声波探伤也是必备的。

与自动探伤相比，人工手动探伤的设备要简单得多，但是对于操作人员的技能、经验和责任心等的要求反而却高得多，需要操作人员全面掌握超声波探伤的理论，并具有准确判断钢板质量的经验和能力。这些不是短期培训所能学会的，而是要在长期的工作实践中领会和摸索。

A　手动超声波探伤设备

板材手动超声波探伤经常使用推车式探伤设备，在推车上安装有探头组件、供水装置、供电装置和探伤仪表等所有探伤所需的装备，以提高探伤速度和效率，减轻劳动强度。

超声波探伤设备必须经计量检定合格，并在设备使用的有效期内方可使用。

中厚板的手动探伤一般采用便携式超声波探伤仪，一般采用 A 扫描图显示方式，采用充电电池供电。探伤仪的内部电路结构可参见图 2.176。

便携式超声波探伤仪也可分为单通道和多通道两种，一般情况下单通道仪器就足以满足手动探伤的要求，但是对于板材探伤，采用多通道（一般可为 4~8 通道）分频式探伤仪可以使在一辆探伤小车上连接多个探头成为可能，从而大大提高探伤的效率。目前国内使用的大多还是单通道探伤小车，而国外多通道小车的应用已经十分普遍。

与单通道探伤仪相比，多通道探伤仪的前操作面板没有明显的区别，只是多了探伤通道和工作模式的选择功能，并且多了若干探头连接端子。但从性能参数上说其重复频率较一般手动探伤仪高，这样分频后仍可满足手动探伤扫查速度的需要。所有通道共用一套放大、评判和显示装置，并带有缺陷自动声光报警功能。

另外，便携式超声波探伤仪也已逐渐实现了数字化，并采用液晶显示屏取代了原先的 CRT 阴极射线管，使探伤仪的重量和耗电量均大大减小，使用探伤仪内置的充电电池，可以连续工作 7 个小时以上，也就是说一个班次内不需要更换电池。数字式探伤仪采用微电脑控制，探伤参数将不再采用传统的机械旋钮或开关，而是通过屏幕功能菜单的方式进行设定或调节，因此仪器面板非常简洁。一些先进的数字式探伤仪还具有探伤数据记录功能，不需要操作人员边探伤边作记录。某企业人工手动超声波探伤仪实物见图 2.190。

B　探头

（1）可以采用各种超声波探头，包括单直探头、双晶直探头或者斜探头。作为中厚板探伤应以直探头为主。

（2）探头的选用与被探钢板的厚度、缺陷性质和钢板表面状况等均有关系，一般来说厚度在 50mm 以下的中厚板可采用双晶探头以提高检测灵敏度，探头晶片的有效直径一般为 20mm 左右，频率采用 2.25~5MHz 为宜。

（3）厚度在 200mm 以下的厚板应采用有效直径更大的单直探头，并应根据实际情况选用频率较低的探头，200mm 以上的特厚板应采用 2MHz 甚至更低的检测频率和较大尺寸的单直探头，同时应适当提高仪器发射器的功率。

（4）斜探头只在用户有特殊要求、检测表面缺陷或与表面呈较大角度的缺陷时有用。

（5）使用前应检查探头的完好性，观察探头有无严重划伤、气泡等影响使用和性能的缺陷。超声波探头是影响探伤效果的关键部件，也是易损的消耗件，而且价格昂贵，因此需要专门加以管理。每个探头都必须编号，并建立档案。报废的探头应当登记并隔离。

C　推车

手动超声波探伤作业时通常采用手推车式探伤设备，图 2.191 所示为多通道中厚板专用推车式探伤设备。在推车上安装有多通道便携式超声波探伤仪、水箱、配水装置和探头设定装置等。

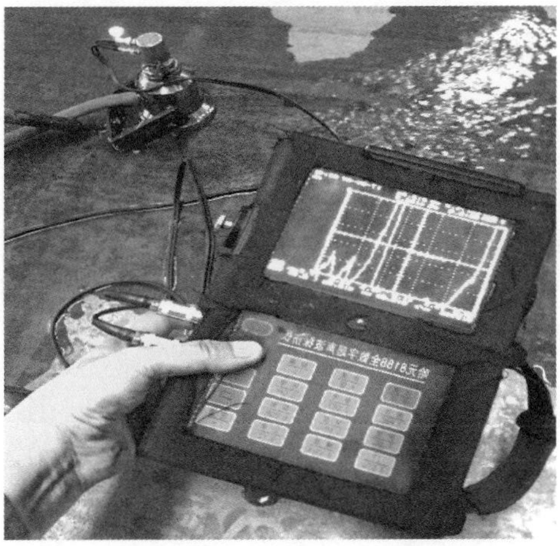

图 2.190　某企业人工手动超声波探伤仪实物

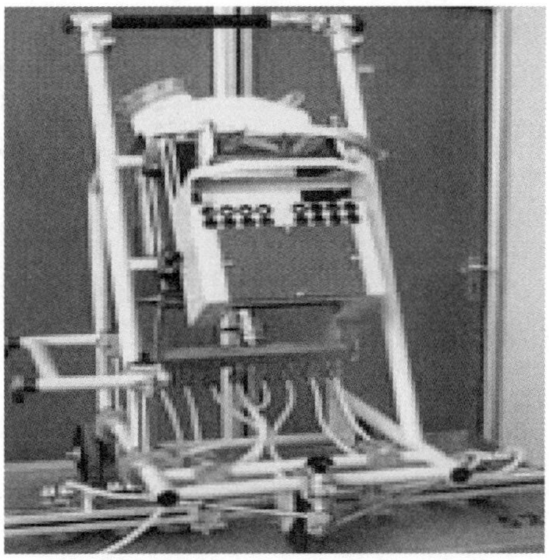

图 2.191　探伤小车简图

对于多通道探伤小车，探头的设定可以有多种方式，可以设置为无间隙 100%覆盖式，可以是 50mm、100mm 间隔等多种列线扫查方式。

探伤方式主要采用间隙耦合法，也可根据需要采用多次重合法。

对比试块的表面粗糙度要求很高，因此每次使用完以后应当去除表面的耦合剂，防止腐蚀生锈，长期不用时应涂上防锈油。

2.12　钢板标识系统

2.12.1　标识的作用和演变

自我国有中厚板的生产以来，生产过程中就有对产品（钢板）进行标识的工序。

标识的作用在于使产品具有了特定的印记，使用户在使用时能够完全掌握生产过程的全部信息，保证产品质量的可追溯性。

有标记的产品，也便于生产厂的出入库管理，防止产品在储运过程中出现差错，避免混号，实现按炉送钢，当发生质量异议时可进行追溯。

我国中厚板产品标识经历了从早期的人工喷印、钢字辊压、钢针打印、目前已发展到全自动喷印的演变；从简单的信息标识发展到全方位的信息标识，目前已处于与国际先进企业同步的水平。

根据国家标准规定：标识的内容应有生产厂名称、标准号、规格、牌号、批号、专用产品的认证标记或许可证等，要求标识要牢固、醒目、规范、不褪色、字迹清晰等。

目前广泛采用的是喷印、打印、端面喷印的一体化自动标识机。这种先进的设备有国产的，也有进口的，如武钢轧板厂、济钢中厚板厂等企业的标识机是从丹麦引进的。

2.12.2　上下表面喷印的标识系统

通常这种标识系统的喷印机设置在主轧线热矫直机的出口辊道上，对需喷印的钢板进行上下表面动态喷印，一般喷印机包括两套喷印装置。

2.12.2.1　上表面喷印装置

上表面喷印装置布置在热矫直机出口辊道的上方，用于在钢板的上表面中间喷印字符，见图 2.192。

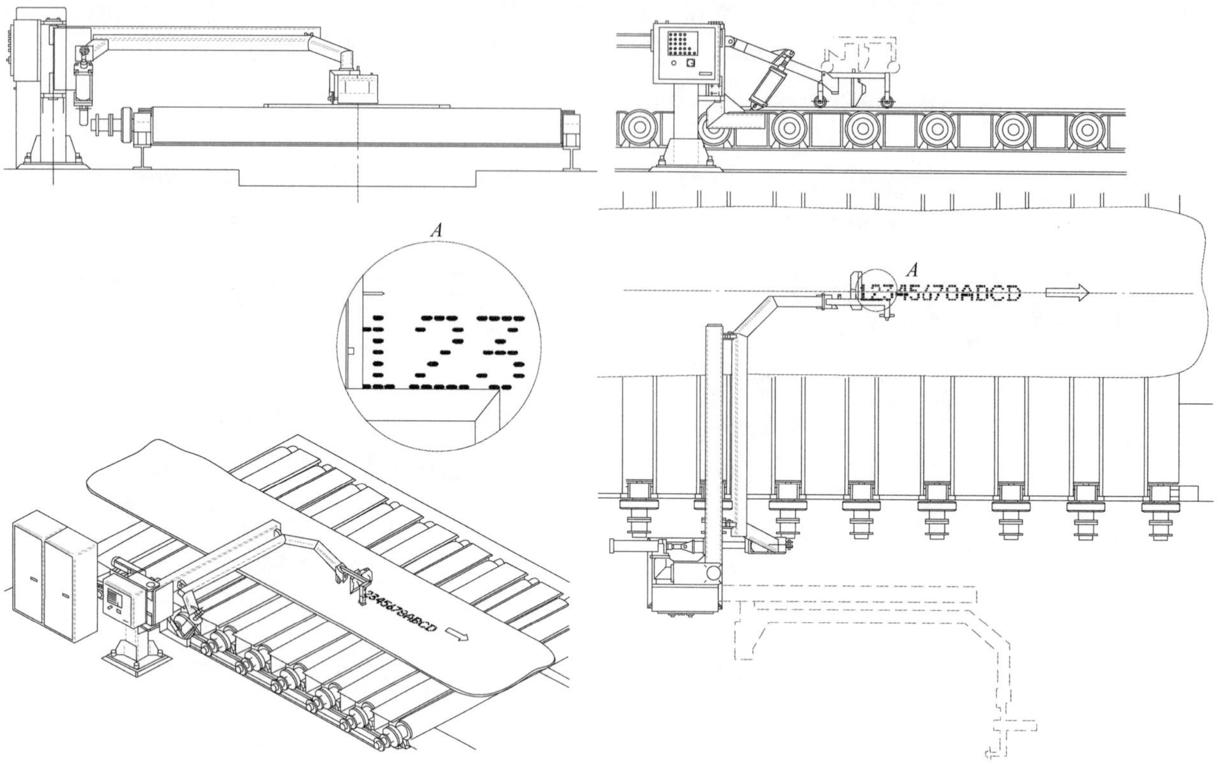

图 2.192　钢板上表面喷印装置

2.12.2.2　下表面喷印装置

下表面喷印装置布置在热矫直机出口辊道内，用于在钢板的下表面中间喷印字符，见图 2.193。

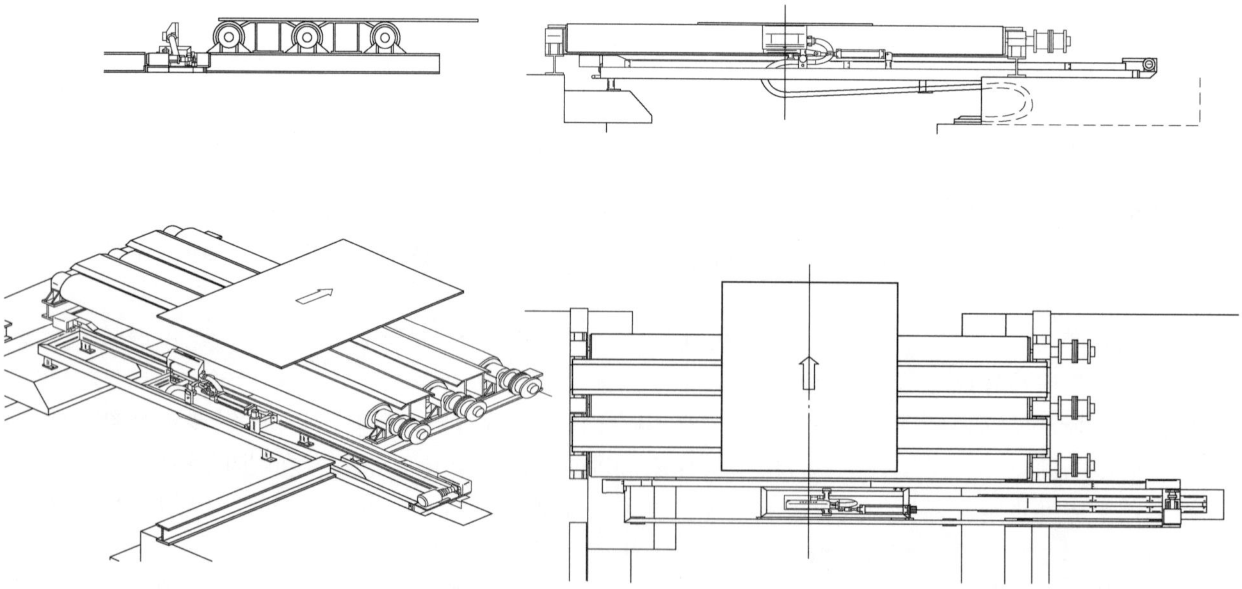

图 2.193　钢板下表面喷印装置

上、下表面喷印装置在辊道上接近布置，上表面喷印装置布置在下表面喷印装置的前方，上表面的喷印头在下表面喷印头前方约半个辊道间距。当执行喷印操作时，钢板在辊道上沿辊道中心运行，并先后通过上、下表面喷印装置。

如果两次喷印间隔时间充分时，上表面喷印装置可以旋转90°离线进行自动清洗。下表面喷印装置在完成一次喷印后，喷头可旋转回位，以避免高温钢板直接烘烤。

钢板上下表面都喷印还是只喷印一面以及钢板两端都喷印还是只喷印一端都可以根据需要选择设定。

2.12.2.3 设备的主体结构

（1）上表面喷印支撑轮结构包括一个安装在辊道地基上的支撑柱，并有双铰接梁以便定位喷印头。安装在喷印头两侧的支撑轮确保在喷印过程中喷印头与钢板表面的距离。

（2）横梁可以使喷印头在喷印时接近钢板表面，在喷印间隙抬高喷印头（汽缸带动喷印头升降）。喷印头有一个低位喷印点，从而允许喷印头在钢板到达喷印位置后快速接触钢板表面。

（3）下表面喷印装置位于辊道下，喷印头安装在电动台车上的横梁轨道支撑装置上。电动台车可以使喷印头喷印时位于钢板下方，维修时位于离线位置。下部喷印头有一个倾斜机构，从而使喷枪在喷印时头部向上，在喷印间隙进行清洗程序时向下旋转一个角度。

（4）下部喷印头与辊道水平保持固定距离。辊道之间有开口的护板，开口处放置下表面喷印头，喷印头比辊道水平低10mm，从而实现对喷印头的保护。

（5）在喷印位置前的光电传感器与一个和辊道相连的编码器共同实现对钢板头部的检测和定位，同时也可检测定位钢板尾部。

（6）一个光电传感器安装在喷印位置前，用来检测翘头钢板，以快速抬起喷印头防止其被损害。

某企业喷印机表面喷印效果图见图2.194。

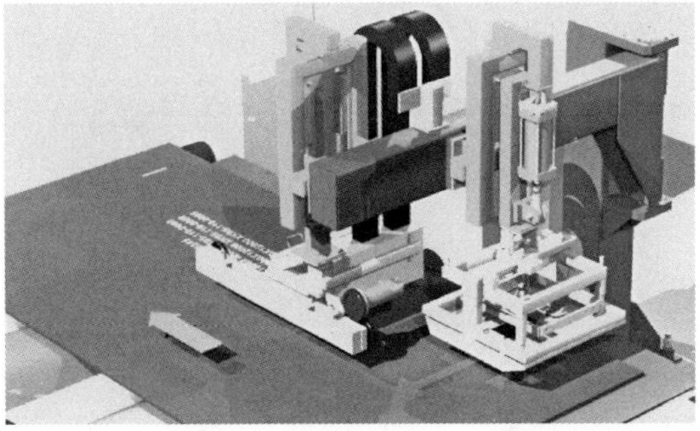

图2.194 某企业喷印机表面喷印效果图

2.12.2.4 上表面喷印工作要求

工作要求如下：

工作方式	沿钢板通过方向在上表面动态喷印
喷印位置	钢板上表面头部和/或尾部的中心
距钢板头部距离	约2000mm
距钢板尾部距离	约1000mm
喷印方式	点阵式
喷印时钢板速度	最大2.5m/s
喷印内容	钢板号等，由英文字母和阿拉伯数字组成
喷印定位信息	一般为固定值，可通过热矫直机的PLC提供，也可通过HMI人工输入
钢板及喷印信息	由热矫直机的PLC提供，也可通过HMI人工输入
字符方向	90°、270°
字符颜色	白色
喷印字符数	1排，最多10个
喷印字符高度	约120mm（在不同喷印速度下）

（1）钢板头部和尾部的字符方向可相同，即同时为90°或270°；也可相反，即一端为90°，另一端为270°。

（2）喷枪组（Marking Section）水平布置角度应手动可调。

（3）喷枪组水平布置角度只在调试及维修时进行调整，在实际生产时该角度固定，此时钢板在0~±2.5m/s的喷印速度下均应满足字符高度的要求（约120mm高）。

2.12.2.5 下表面喷印工作要求

工作要求如下：

工作方式	沿钢板通过在下表面动态喷印
喷印位置	钢板上表面头部和/或尾部的中心，与上表面喷印位置相对应

喷印方式	点阵式
喷印时钢板速度	最大 2.5m/s
喷印内容	钢板号等，由英文字母和阿拉伯数字组成，与上表面对应位置的喷印内容相同
喷印定位信息	与上表面喷印装置相同
钢板及喷印信息	与上表面喷印装置相同
字符方向	90°、270°（将钢板上表面对应位置的字符镜像喷印在下表面）
喷印字符数	与上表面喷印装置相同
喷印字符高度	与上表面喷印装置相同
字符颜色	与上表面喷印装置相同

2.12.3　联合喷漆/冲压自动标识系统

21 世纪以来，有些企业引进了国外先进的联合喷漆/冲压自动标记系统，如济钢等引进的是丹麦麦迪麦格公司的设备。其主要设备结构布置见图 2.195。

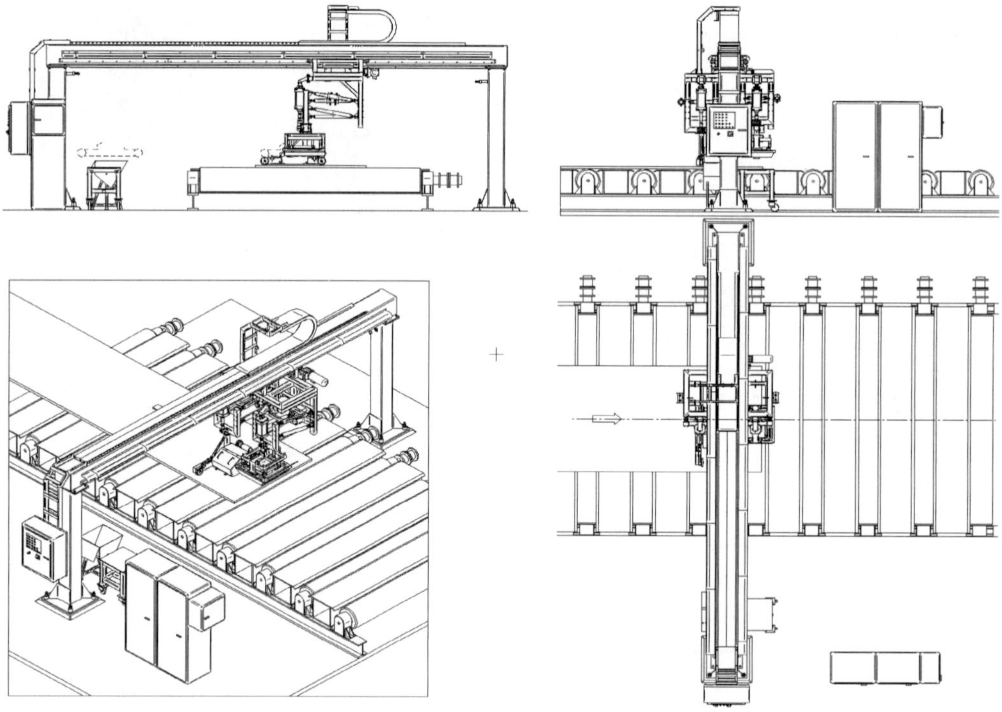

图 2.195　联合喷漆/冲压打号机布置图

2.12.3.1　喷头与喷号装置

喷头包含旁通喷漆支撑件和保护罩。

喷号装置包括一个喷枪，安装在一个集管上。喷枪部分有单独的受控喷枪，每个喷枪有一个喷漆嘴和一个空气雾化喷嘴。

喷枪单独传动一个针头开合，用电磁控制。

当一个喷枪被启动时，有少量漆为每一个需要喷号的点配送到雾化空气中。

喷号装置及喷印字头组件如图 2.196 所示。

2.12.3.2　冲头与控制装置

冲头用于固定冲床并为冲床及冲床定位传动机构提供支撑和保护，见图 2.197。

磁体控制装置包括冲床传动和移动机构，是专门为冲号而设计的。

冲床为电磁控制，专用的传动电子元件在 1s 内使冲床内的能量达到高水平，确保高的冲击力，同时保持高的冲压频率，保证冲号速度。工作时冲头及冲床在冲号过程中顶住钢板表面使钢板停下来冲号。

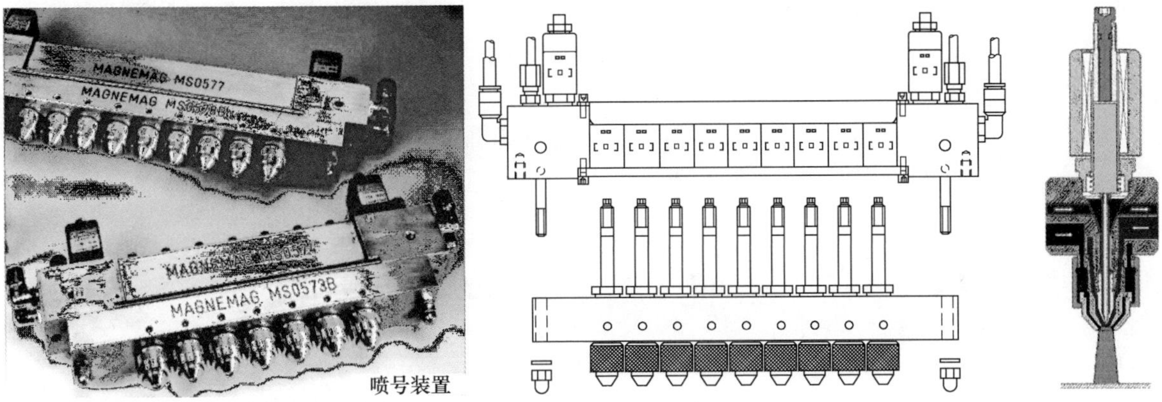

图 2.196 喷号装置及喷印字头组件

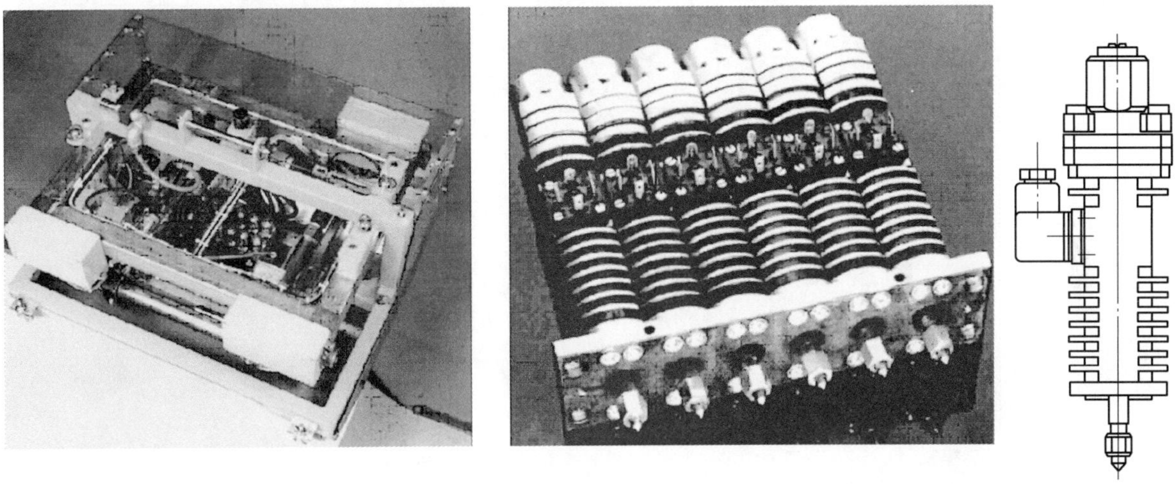

图 2.197 冲头装置及冲床组件

冲头内有一个步进马达传动，在冲号过程中根据形成字符的冲号方式在一个 *X-Y* 坐标系统内移动冲床。冲床的 *X-Y* 坐标移动见图 2.198。

钢板接触传感器安装在冲头内，确保在冲号过程中将冲头安全地与钢板接触。

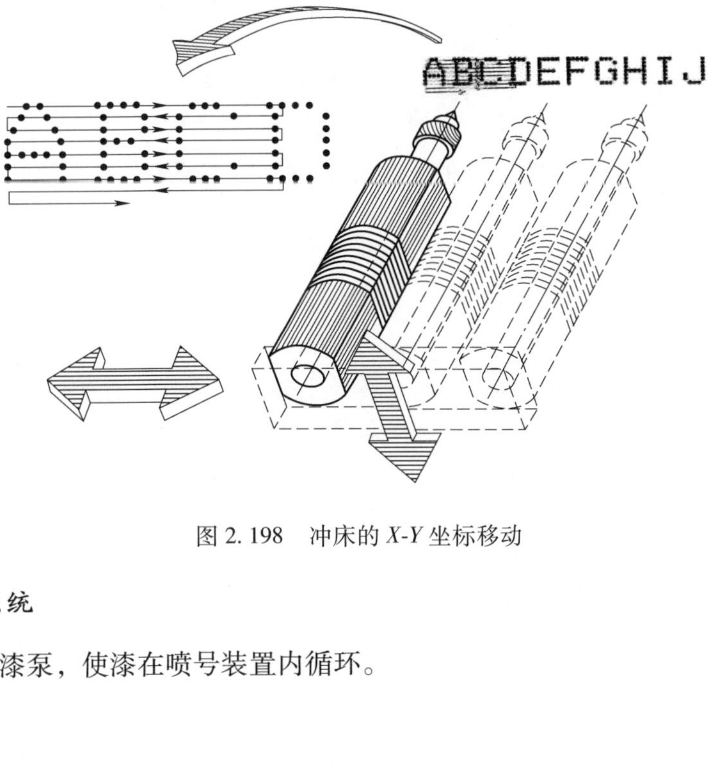

图 2.198 冲床的 *X-Y* 坐标移动

2.12.3.3 供漆系统

供漆系统包括一个漆泵，使漆在喷号装置内循环。

漆的循环在喷号过程中被短时间中断，这就是说在喷号过程中漆泵要把静态压力保持在要求的水平。喷号过程中，用一个电动控制截止阀停止循环。在喷号程序之间，截止阀完全打开，漆流量相对高并且不受限制，而且漆的压力低。

这样泵就在一个减小了很多的压力下运行，与额定值相比流量也低，这样就保证了每天 24h 连续运行。为了清洗喷枪，还为清洗液提供了一个泵。某企业漆/气动供应系统构成示意见图 2.199。

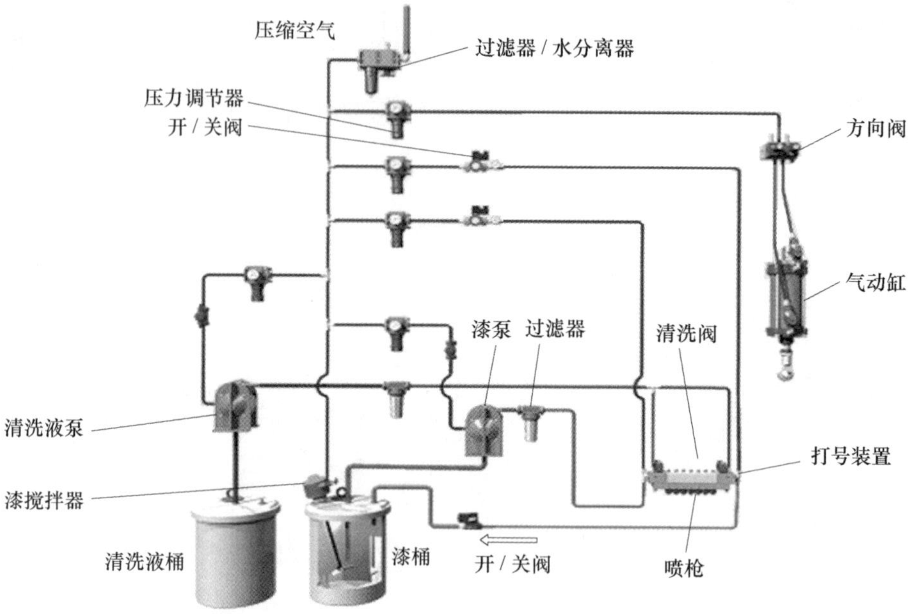

图 2.199　某企业漆/气动供应系统构成示意图

2.12.3.4　漆/气动供应系统

（1）漆/气动供应系统由一个漆泵、一个清洗液泵、空气供应装置三大部分组成，系统构成见图 2.200。

（2）用一个漆泵和一个清洗液泵气动，双隔膜型。飞车安全阀用于泵旁通球形阀是为了方便供漆系统和漆泵的维修。泵配备了可更换筒式过滤器。

（3）漆桶盖固定在箱内，内有气动搅拌器、进漆和回漆管道。漆和清洗液桶低位指示灯和低位信号在操作工终端上监控。

（4）空气供应装置包括过滤器、水分离器、空气润滑器、喷枪空气压力控制阀、气动缸、漆泵和漆搅拌器。

（5）上述组件安装在一个箱内。为了漆桶安装和更换方便，还安装了滑道，用气动提升机把漆桶提升到位。

2.12.3.5　工作过程

A　喷印

（1）当钢板进入到第一个光电传感器位置时，传感器检测到钢板，给 PLC 发出信号，喷印字头下落到钢板上，同时喷印字头下部钢板接触臂上的位移编码器开始工作。

（2）钢板此时继续行进，当钢板运行到第二个光电传感器的位置时，传感器向 PLC 控制系统发出喷字字符开始位置的信号，位移编码器确定此时的喷字位置，并使字头的喷印速度与钢板的移动速度保持同步，执行系统发出的指令。

（3）在 CPU1-5 卡的控制下，喷头组件形成喷字序列，进行钢板的喷印，喷字完成后，字头架自动回升到原位。某企业现场喷印作业见图 2.201。

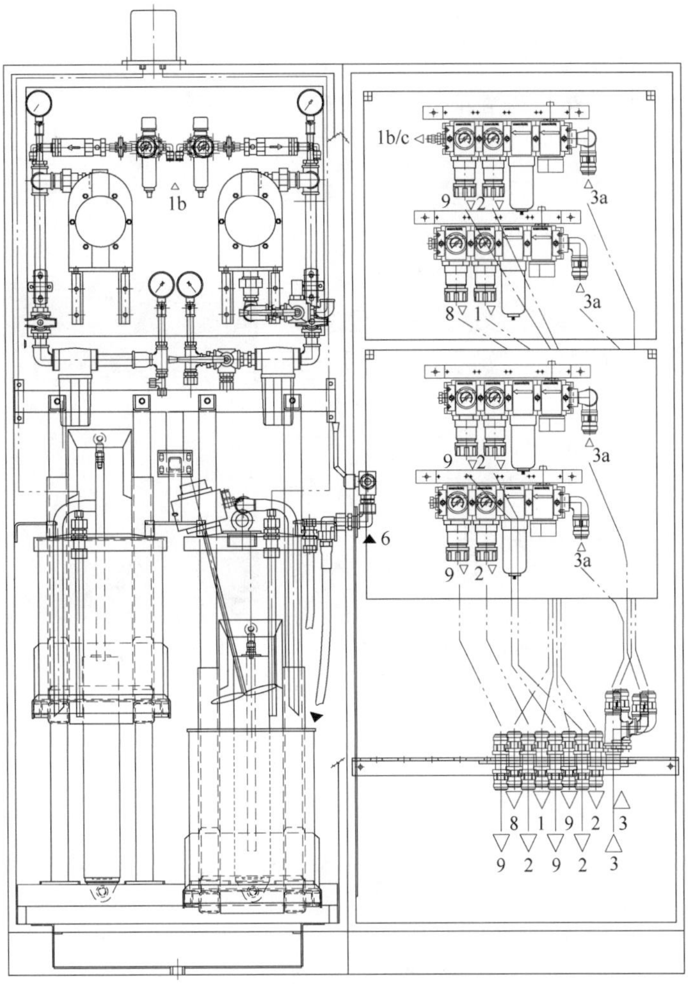

图 2.200 漆/气动供应系统

B 钢字打印

（1）钢字打印是在喷字结束后，钢板运行到钢字打印位置时，被钢字打印光电传感器检测到，光电传感器通过 PLC 控制系统向钢板输送电控系统发出停止行进信号，将钢板停在指定的位置。

（2）这时钢字打印自动下落到钢板表面，打印完钢字后，自动回升到原位。

（3）此时系统自动解除钢板行进控制，钢板允许继续前行。

图 2.201 某企业现场喷印作业图

（4）值得注意的是，钢字打印是在钢板静止状态下进行的，因此钢板的停止、字头的下落、字头的回升、钢板的行进是一个连锁顺序控制，以确保钢字头架不被损坏。

C 工作方式与要求

（1）钢板冲号和“横向”喷号要定位和停止。如果选择纵向打号，喷号就在冲号后钢板运送过程中进行。

（2）打号机还可专用于冲号或仅用于喷号。

（3）打号机安装在交叉输送机后面的辊式输送机上。

（4）联合喷漆/冲号机的钢结构是一个连接输送机的龙门，由输送机每侧的接地立柱支撑。

（5）打号头从一个滑轮上单独悬挂，滑轮的辊子在龙门的轨道上行走。

（6）滑轮的传动由一个 AC 齿轮变频电机通过小齿轮和齿条传动。

（7）打号头的悬挂布置允许头部下落，在打号过程中与钢板接触。打号头的下落和提升由气缸传动。

打号系统有一个编码器，它在喷号过程中与钢板接触。

（8）在操作工模式下，打号完成后，编辑的打号数据可上载到主机上。

（9）打号系统有一个编码器安装在滑轮上，测量打号头部位置并提供喷枪控制反馈信号。

D　边部条形码的喷印

（1）是与表面喷、打印系统共用同一电控系统，喷印字头架单独设置在钢板侧面的一套设备。

（2）喷印字头架的动作也是由光电传感器控制的，它既可以在钢板的纵向断面，也可以在钢板横断面沿钢板的行进方向由前向后顺序进行条形码的标识。

（3）条形码是按照国际编码规定，由喷在白色底漆上宽窄不一、间距不等的数十条黑色条纹组成。边部条形码为输入的 40 个字符大写字母信息生成的 12 个数字的编码，喷印一行，喷印高度为 6～15mm。

（4）由于条形码标识较为精细，并在钢板的侧面喷印，因此要求喷头与钢板之间的距离控制在 200mm 以内，钢板沿行进方向的倾斜角度小于±10°。这就要求对钢板移动过程有较准确的位置控制，这是实现边部条形码良好喷印的重要条件之一。某企业喷印的效果见图 2. 202。

图 2. 202　某企业喷印的效果图

参 考 文 献

[1] 张进云. 压力 AGC 数学模型的改进 [J]. 冶金自动化，1982（3）.

[2] 邹家祥. 轧钢机械 [M]. 北京：冶金工业出版社，1999.

[3] 崔风平，孙玮，等. 中厚板生产与质量控制 [M]. 北京：冶金工业出版社，2008.

[4] 周建南. 轧钢机械知识问答 [M]. 北京：冶金工业出版社，2007.

[5] 中国金属学会中厚板学术委员会. 中国中厚板轧制技术与装备 [M]. 北京：冶金工业出版社，2009.

[6] 赵昆，等. 现代宽厚板的生产工艺及技术装备特征 [C]//中国金属学会轧钢分会中厚板学术委员会. 世界中厚板技术进步译文集. 1999.

[7] 楠原佑司. 日本厚板生产技术的进步 [C]//中国金属学会轧钢分会中厚板学术委员会. 世界中厚板技术进步译文集. 1999.

[8] 李东晖. 中厚板热处理淬火机及应用技术概述 [J]. 轧钢，2015（5）.

[9] 陈瑛. 宽厚钢板轧机概论 [M]. 北京：冶金工业出版社，2011.

[10] 孙本荣，等. 中厚钢板生产 [M]. 北京：冶金工业出版社，1993.

[11] 东北大学. 热轧中厚板新一代 TMCP 技术研究和应用 [R]. 科研工作总结材料，2014.

[12] 张玉华，等. 滚切剪剪切力的计算 [J]. 天津理工学院学报，1998（3）.

[13] 张景进. 中厚板生产 [M]. 北京：冶金工业出版社，2005.

[14] 胡元祥，等. 国内中厚板热处理设备概况 [J]. 重型机械科技，2007（1）.

[15] 王有铭. 中厚板轧制新工艺的开发与应用 [J]. 轧钢，1991（6）.

[16] 孙决定. 中国中厚板生产与发展状况研究 [R]. 2006.

[17] 王国栋. 新一代 TMCP 的实践和工业应用 [J]. 上海金属，2008（3）.

[18] 中冶京诚工程技术有限公司技术资料 [R]. 2008～2011.

[19] 王生朝. 中厚板生产实用技术 [M]. 北京：冶金工业出版社，2009.

[20] 陈瑛. 中厚板发展与技术装备进步的分析 [J]. 冶金管理，2005（8）.

[21] 谢仕柜. 我国宽厚板轧机现状及品种需求 [J]. 轧钢，1996（3）.

[22] 孙决定，等. 国外宽厚板轧机发展状况研究 [R]. 2005.

[23] 孙决定，等. 国内中厚板热处理装备的特点及处理的主要品种 [J]. 钢铁研究，2011（6）.

[24] 董逵. 中厚板生产线冷矫直机自动控制系统 [C]//中厚板学术委员会六届一次会议论文集. 2011.

[25] 马晓明. 现代中厚板矫直机技术及应用 [C]//中厚板学术委员会六届一次会议论文集. 2011.

[26] 鞍钢、宝钢、武钢、舞钢、济钢、南钢、湘钢、首秦、首钢、新余、营钢、柳钢、莱钢等 30 家中厚板企业调研交流的非保密性资料数据 [R]. 2002～2016.

3 工艺技术的演变与发展

3.1 原料

3.1.1 原料种类的演变

20 世纪 60~80 年代，我国中厚板生产的原料绝大部分采用普通模铸钢锭或者钢锭经初轧工序开坯后的初轧坯；20 世纪 80 年代后期，少数企业开始尝试用连铸坯作原料，但所占比例仍很低；90 年代起国家大力推广连铸技术，使连铸坯占比逐年提高，但初轧坯仍有一定用量；进入 21 世纪，连铸坯已成主角，得到广泛应用（仅少数特厚板企业仍保留钢锭初轧坯）。

21 世纪初，舞钢等少数企业已掌握电渣重熔技术，使原料家族增加了电渣重熔钢锭，之后又出现了焊接复合连铸坯、特厚连铸坯，目前国内有些企业正在研究单向凝固钢锭。所以 21 世纪以来，我国中厚板生产的原料呈现出多样性特点，但连铸坯仍然是主要原料。

3.1.1.1 普通模铸钢锭

尽管 20 世纪 90 年代有些规模较大的钢铁企业连铸比已达到甚至超过 80%，但从冶金部当时公布的数据可知，直到 1998 年全国平均连铸比也只有 68.8%。可以说 20 世纪 90 年代我国不少中厚板企业仍以钢锭初轧开坯作原料。

A 钢锭的局限

（1）生产效率低。一般而言钢锭需凝固 24h 以上才能割掉冒口再使用，如果钢水结晶凝固时间不足，钢中的夹杂物不能充分上浮，很容易产生中心疏松、缩孔、中心偏析、纵裂和横裂等缺陷。钢锭的常见缺陷见图 3.1。

图 3.1 钢锭的常见缺陷

（a）中心疏松；（b）中心偏析；（c）气泡/夹杂；（d）粗大柱状晶；（e）横裂/纵裂

（2）钢锭生产占地大，生产周期长，各种耗材用量大，生产成本高，产生的废弃物较多，成材率低（一般成材率平均在 69%左右，连铸坯在 90%以上）。

（3）由于钢锭的一些固有的缺陷，再加上轧制压缩比较小，很难通过轧制变形予以消除，故最终产品实物表面质量较差，内部性能也不理想。

（4）如采用大型扁锭，则易造成凝固组织粗大，偏析严重，裂纹敏感性增强。

（5）由于厚度较大，加热和冷却时温度梯度大，热应力大，内在组织应力也大，因此脱模后钢锭炸裂的现象时有发生，另外，快速加热时易产生穿孔。

（6）钢锭具有一定的锥度，在轧制过程中，额外地增加因消除锥度所需要的轧制道次，最终影响轧钢生产能力。

（7）基于当时我国三辊劳特式轧机居多的事实，由于钢锭厚度较大，轧制时不容易顺利咬入，也常受到升降台及附属设备的限制，给操作带来诸多不便。

B　初轧开坯的局限

针对钢锭直接轧制钢板的生产方式还受咬入条件的限制，不能轧制断面较大的钢坯，于是初始阶段由钢锭经初轧开坯后再轧制钢板的两阶段生产工序应运而生。

这种生产方式成为20世纪60~80年代末我国中厚板生产的主要方式。目前，中厚板生产企业极少再有初轧厂，但当时依靠初轧厂开坯几乎是最常见的。

初轧开坯初看起来解决了一些问题，但由于增加了初轧开坯工序，增加了生产成本。初轧机开坯为中厚板轧机供原料见图3.2。

图3.2　初轧机开坯为中厚板轧机供原料

3.1.1.2　连铸板坯

连铸作为冶金的浇铸工艺，在实现工业规模化之前，经历了漫长的孕育期。在20世纪50年代之前，其发展的动力来源于非铁金属的浇铸。德国人容汉斯于1933年建成第一台结晶器可以振动的立式连铸机，并成功地用于浇铸黄铜，后又用于铝合金的工业生产，为钢液的连铸奠定了基础。

之后，连铸生产技术在不断的完善中日益成熟。由于连铸存在诸多比较优势，淘汰模铸工艺、发展连铸生产成为世界各钢铁企业提高市场竞争力的必然选择。

20世纪70年代后期，国外连铸技术日趋成熟，出现了盛钢桶精炼、电磁搅拌、小方坯多级结晶器、钢液钙处理、结晶器液面检测和漏钢预报、粒状保护渣、中间包冶金、结晶器在线调宽等一系列技术，以及连铸坯的热送和直接轧制及其无缺陷铸坯生产工艺，使连铸技术得到迅速发展，连铸比迅速增加。

我国20世纪70年代开始研究连铸技术，80年代得以应用，90年代全面推广，到21世纪除少数特厚板仍采用模铸锭和后来发展的电渣重熔钢锭之外，国内绝大部分轧钢厂均采用连铸板坯，连铸技术被称为具有里程碑意义的技术。

连铸坯的优势如下：

（1）省去了模铸生产工艺中的脱模、整模、均热和初轧等生产工序，起到了简化工艺流程、节省投资降低成本的效果。与模铸生产相比其中基建投资和操作费用可节省40%左右，通常认为占地面积减少50%左右，设备费用也大大降低，耐火材料消耗减少15%左右。

（2）提高了金属收得率和轧钢过程成材率。连铸工艺从根本上消除了模铸工艺中的注管和汤道残钢损失，省去了钢锭的保温帽，并因减少一次加热而减少了氧化烧损。由于上述原因，成材率提高10%~20%。

（3）降低了能源消耗。由于省去了钢锭在均热炉内的加热过程和初轧开坯过程，能源消耗可减少四分之一到三分之一。

（4）提高了钢坯质量，为钢材质量的提高创造了条件。由于连铸冷却强度较大，凝固较快，所以连铸钢坯的组织结构致密，化学成分偏析较轻，低倍缺陷有所降低，特别是对钢水采取精炼措施后，钢中的有害元素、夹杂和气体含量均有明显降低。因此，连铸工艺所生产的钢坯，纯净度较高，质量较好。

（5）采用连铸技术还可起到减轻劳动强度、提高生产率、改善操作环境等方面的作用，同时也有助于浇铸的连续化和自动化，为炼钢生产实现高产、优质、低耗创造了条件。

3.1.1.3　电渣重熔钢锭

电渣重熔设备及工艺是乌克兰国家研究院巴顿电焊研究所的学者和工程师发明的，1958年在其新克拉马托尔斯克重型机械厂首先采用了电渣重熔炉。

20世纪70~80年代在全世界推广，开始生产特大锻造钢锭。

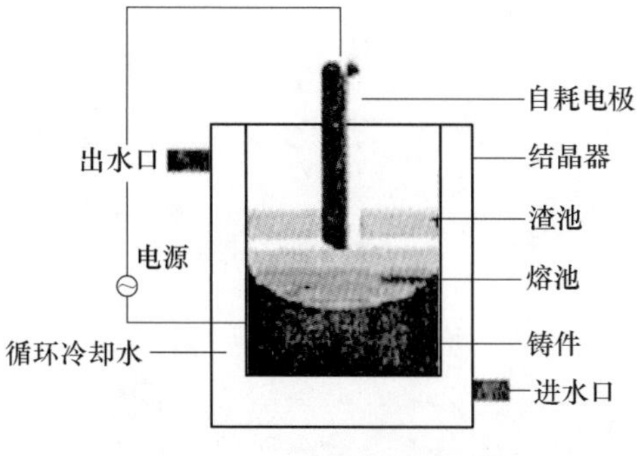

图 3.3　电渣重熔工艺示意图

20 世纪 80 年代末~90 年代，出现了压力电渣重熔，广泛推行配有保护气氛的电渣重熔。

20 世纪 90 年代末~21 世纪初，出现了液态钢水重熔、双回路电路焊重熔、真空电弧重熔及电渣重熔+控制喷雾沉积等。

我国是 21 世纪初开始应用的，就钢铁企业而言，主要使用单位是舞钢，一些重型机械制造企业也有电渣重熔钢锭，用于锻造，如上海重型机械厂等。

电渣重熔钢锭是利用电流产生的电阻热作为热源进行二次重熔的精炼工艺（属液态钢水重熔），其原理如图 3.3 所示。

该工艺是把电渣重熔精炼与铸件凝固成型两道工序相结合，一次完成铸件成型的铸造工艺。当接通电源的自耗电极浸入熔渣层中时，在渣池中形成强大的电流，产生的热量使熔渣的温度升高。当熔渣温度超过自耗电极的熔点时，自耗电极被熔化，熔化的钢水以液滴的形式从电极表面依靠重力穿过渣池。在这一过程中，渣池将金属材料中的有害元素及夹杂物吸附，净化后的钢水在渣池底部汇成熔池，在循环水的强制冷却下凝固，形成铸件本体。在该工艺中，电极可以使用转炉、电弧炉或感应炉冶炼的钢铸件或者锻件。

电渣重熔钢锭的优势：尽管电渣重熔工艺电耗高，成本高，加工周期长，易污染环境，但其生产特厚板时的优势仍很明显。

（1）容易去除大型非金属夹杂物，提高钢的纯净度。塑性和韧性比其他方法好。因钢液在水冷结晶器内凝固，冷却速度快，使钢锭成分偏析小，组织均匀，没有疏松和缩孔。

（2）组织致密，成分均匀。在宽阔的温度区间内，具有良好的加工塑性，可以允许更小的加工压缩比。例如，用 700mm 厚的电渣扁锭可以生产出 350mm 厚板。

（3）轧成的钢板性能优良。和普通钢板比较，横向塑性、韧性大幅提高，各向异性、断裂韧性、缺口敏感性和低周期疲劳指标显著改善。

（4）轧制的钢板可焊性良好。焊接接头热影响区缩小，可以省去大型焊接结构件焊接后的正火处理。

（5）良好的使用性能。采用电渣重熔钢锭轧制的钢板具有良好的低温抗冷脆性。

（6）成材率高。制造同样规格的大单重特厚板，电渣钢锭比一般模铸钢锭的质量小。大单重特厚板的吨位越大，电渣重熔钢锭比普通钢锭的利用率优势越大。电渣重熔钢锭生产装备如图 3.4 所示。

图 3.4　电渣重熔钢锭生产现场

3.1.1.4　焊接复合连铸坯

焊接复合连铸坯用来轧制极厚钢板，主要是利用连铸坯作为原料，将表面清理后的两块或多块铸坯叠放在一起，然后对铸坯周边进行焊接密封，同时保证铸坯复合面内部空间一定的真空度，最后将复合好的板坯加热并轧制成材的一种特厚板生产工艺。利用该工艺可以解决特厚钢板用大厚度原料制备产出率低、能耗高等一系列技术难点，可生产 500~900mm 厚的优质坯料。

焊接复合连铸坯的优势如下：

（1）目前复合坯的主流焊接工艺是电子束焊接。焊接是在高真空中进行，焊接热变形小，焊缝的化学成分稳定且纯净，接头强度高，焊缝质量高，可获得深宽比大的焊缝，焊接厚件时可以不开坡口一次成型，只要焊接工艺得当，不会造成金属氧化。

（2）具有原料来源稳定、生产组织灵活、效率高、成材率高、能耗低、符合环保要求等优点。

（3）只要工艺到位，复合界面处结合致密，比原始中心偏析位置缺陷更容易焊合，并且原始中心偏析位置调整到整个坯厚的 1/4 处对称双坯复合，轧制时变形更容易消除铸坯原始缺陷。

由于受材料本身的焊接性等影响，一些难焊接铸坯生产难度较大。焊接复合连铸坯形貌见图 3.5。

图 3.5　焊接复合连铸坯形貌

3.1.1.5　单向凝固钢锭

目前国内有关单位正在试验研究单向凝固钢锭生产技术，但暂无工业化生产。和普通钢锭一样，单向凝固钢锭也是由钢水浇铸在钢锭模内凝固而成的，采用下铸法浇铸。图 3.6 为单向凝固钢锭的生产示意图。为生产出从模底开始单向凝固的钢锭，适当降低了锭模高度（高宽比小于 1），加厚了底板。锭模内侧衬有绝热套，注入钢水后再在钢水表面加上一层膨胀发热剂，这些措施能降低钢水的凝固速度，让柱状晶组织充分生长。

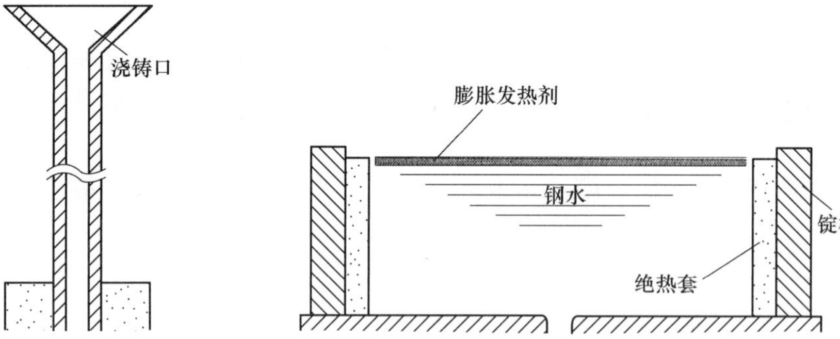

图 3.6　单向凝固钢锭生产简图

图 3.7 为单向凝固钢锭的凝固过程示意图，显然与普通钢锭的凝固过程完全不同。表 3.1 对单向凝固钢锭与普通钢锭的凝固组织及内部质量加以对比。与普通钢锭相比，单向凝固钢锭的内部疏松和倒 V 形偏析明显减少，密集偏析区限制在钢锭头部的狭窄区域。

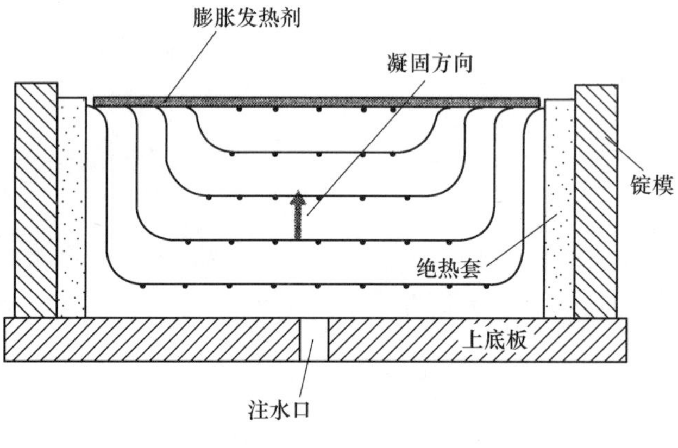

图 3.7　单向凝固钢锭凝固过程示意图

表 3.1　单向凝固钢锭与普通钢锭的内部质量比较

项目	偏析	疏松组织	倒 V 形偏析	沉淀
单向凝固钢锭	只存在于冒口	不存在	轻微	不存在
普通钢锭	存在于冒口及沿中心区域	存在	存在	存在

根据国外厚板工厂的试验及实际应用，单向凝固钢锭有如下优势：

（1）内部质量优异，因为凝固几乎单向进行，故疏松组织很少出现。

（2）钢锭头部区域有轻微的倒 V 形偏析，整个钢锭成分非常均匀。

（3）和普通钢锭相比，采用该技术所生产出具有优异内部质量的钢锭，不用预锻或自开坯，一火轧制即可生产出优质厚板。

（4）对有关文献分析可知，通过在钢锭模上加一特制的保温盖强化头部保温性能，即能改善偏析区和倒 V 形偏析。

3.1.2 典型原料的缺陷及产生机理

由于目前中厚板企业所用的原料中，连铸坯占绝大多数，同时还存在少量的钢锭，所以本节主要介绍连铸坯和钢锭存在的缺陷及其产生原因。

3.1.2.1 连铸坯的表面缺陷

表面缺陷：主要有表面纵裂或角部纵裂、表面横裂或角部横裂、星裂和热脆、纵向和横向凹陷、振痕处的溶质偏析、夹杂物群、表面夹渣、气孔、气泡、针孔等，典型的表面缺陷见图 3.8。

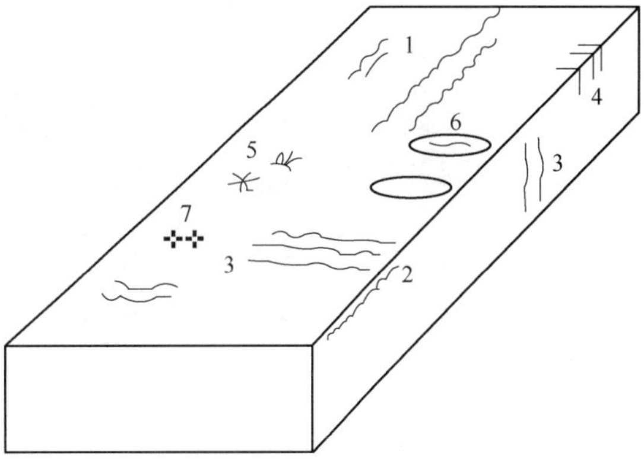

图 3.8 钢坯各种表面缺陷

1—表面纵裂；2—角部纵裂；3—表面横裂；4—角部横裂；5—星裂；6—横向凹陷；7—夹杂物聚集

A 表面纵裂纹

表面纵裂纹是指连铸坯宽面或角部附近沿其长度方向形成的裂纹，是钢水在结晶器内生成凝固壳时因厚度不均匀，致使应力集中在某一薄弱部位而产生的，在二冷区有进一步扩展。

表面纵裂纹按形状特点可分为：深表纵裂纹、浅表纵裂纹和角部纵裂纹。

深表纵裂纹主要在板坯宽面的中部形成，深度较深，往往呈现凹陷形状，有时会延伸到板坯全长。产生的原因是结晶器内壁形状不良（如铜板翘曲）或结晶器未准确对中，造成冷却不均匀，使铸坯壳的厚度不均匀，当坯壳的较薄部分难以承受较大拉力时，就会出现横向应力，纵向裂纹就是在该应力作用下产生的；当坯壳和结晶器壁之间因润滑不良，或由于结晶器铜板上出现划痕或凹坑时，铸坯在结晶器中的收缩受到阻碍，也会产生纵向裂纹。

浅表纵裂纹长度较短，在 100mm 以下，深度较浅，小于 5mm，裂纹能够在整个表面上扩散。这种裂纹产生的原因是浇铸温度过高，导致坯壳厚度较薄且坯壳厚度的生长不均匀，从而产生表面热应力。在这个应力的作用下，坯壳表面产生了纵向裂纹。

角部纵裂纹位于连铸坯的宽面或窄面靠近角部的部位。裂纹的长度和深度各不相同，通常伴随有鼓肚和内裂纹发生。产生这种裂纹的原因是结晶器窄面的锥度不足，引起坯壳在这些窄面板上过早的收缩。此外，窄边的冷却不足或浇铸速度过快也能产生角部纵裂纹。

纵向大裂纹、中长裂纹、小裂纹见图 3.9。

B 表面横裂纹

表面横裂纹是指连铸坯表面或角部沿其宽度方向形成的裂纹。

横裂纹出现在连铸坯宽面上时，可扩散到整个表面，或富集成纵向带。连铸坯与结晶器或与支撑辊之间的摩擦、连铸坯在弯曲或矫直时坯壳的变形等引起的纵向拉应力是产生表面横裂纹的主要原因。连铸坯表面振动波纹中的凹坑可加剧横裂纹的产生。

角部横裂纹产生的原因是，连铸坯角部因过冷引起的纵向冷却和收缩应力作用；或导辊和拉矫辊调整不当，连铸坯因弯曲过度而引起的应力作用。

表面横裂纹多出现在铸坯的内弧侧振痕波谷处，裂纹长度 10~100mm，深度 0.5~4mm，没有检测仪器很难在红坯上看出，横裂的评估是在铸坯冷却以后进行的，检查是在铸坯宽面对角线方向用火焰割一条。经金相检查表明，表面横裂纹多处于铁素体网状区，也正好是初生奥氏体晶界。晶界处有细小质点［如 AlN、Nb（CN）］的沉淀，降低了晶界的结合力，诱发了横向裂纹的产生。

横裂纹产生的原因：

（1）结晶器内热流密度不均匀及振痕太深是横裂纹形成的主要原因。

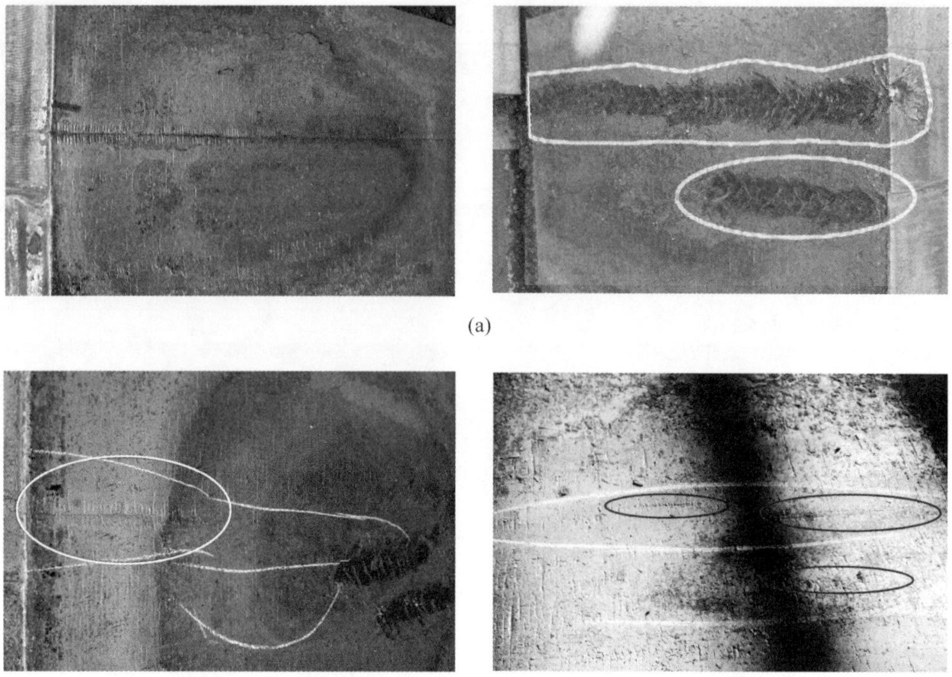

(a)

(b)　(c)

图 3.9　表面纵裂纹

(a) 纵向大裂纹；(b) 纵向中长裂纹；(c) 纵向小裂纹

(2) 铸坯矫直温度在700~900℃的脆性温度区。在该温度区其脆性是由于细小（长）的 AlN、Nb（CN）、V（CN）或 V_4C_3 的沉淀硬化引起的，或者由 γ 向 α 转变过程中铁素体膜沿奥氏体晶界的沉淀引起的。

(3) 包晶钢中 C、N、Al、Nb 和 V 超过了产品表面的溶解度［根据钢种确定，Al、N 的溶解度为 $(3\sim5)\times10^{-4}$］。包晶钢由于其包晶反应析出应力增大和粗大晶粒形成而呈现脆性。另外，在二冷区含有上述元素的钢在坯壳表面晶粒的晶界处形成细小而长的沉淀，使得铸坯表面在770~900℃之间呈现脆性。这个区域通常是不能矫直的。

(4) 喷水冷却过强，造成冷却不均匀和冷却强度过大。在支撑辊上喷水区铸坯表面温度下降到 A_3 以下，经过支撑辊后温度又回到 A_3 以上。在冷却时，细小的 AlN 沉淀在 800℃形成。而在加热时其形成温度在约 1000℃。因此在二冷区铸坯通过关键温度区域的反复冷却和加热，促进了沉淀的发生，加重了晶界脆性。

(5) 如果钢中含 Ni，在二次强冷却条件下进行矫直，会增加横向裂纹的敏感性。研究表明是由于两个原因造成的：一是 Ni 的加入，使脆性温度区的低温界限变得更低；二是含 Ni 钢的一个特点是黏结的氧化铁皮较为紧密，它加强了二冷区沸腾温度的减弱，换句话说，就是瞬变沸腾发生在较高的温度，阻碍了冷却的均匀性。

(6) 当弯月面下发生流动扰动、弯月面波动、弯月面温度低或保护渣黏度太大时，易造成保护渣流入结晶器或卷入坯壳振痕的底部，从而导致初生坯壳的不均匀性，造成横向裂纹的产生。

(7) 高于脆性区矫直时，矫直拉力促进了裂纹的扩展。因此，对弧形连铸机而言，铸坯内弧面的裂纹明显多于外弧面。另外结晶器润滑不充分、弧形不对中、扇形段开度不一致、支撑辊弯曲或磨损，都可能造成裂纹的产生。

钢坯表面横裂纹见图 3.10。

C　角部横裂纹

角部横裂纹的出现如同表面横裂纹，是沿着深的振痕和粗大的奥氏体晶界产生的，只是发生在铸坯的角部。大部分的底部振痕和裂纹，成为角裂的机会比成为表面横裂的机会大。

形成原因：

(1) 在连铸板坯中，角部冷却快，因此，由于矫直拉力的作用，更容易在脆性温度区形成裂纹。

(2) 深的振痕促进了裂纹的发生。

（3）如果废钢中带入的 Cu 和 Sn 的含量增加，削弱了钢的高温延展性，裂纹产生几率增加。

图 3.10　表面横裂纹

D　星状裂纹

星状裂纹是指连铸坯表面呈星状的裂纹。这种裂纹在氧化铁皮覆盖下难以发现，但表面经火焰清理后能够发现。

星状裂纹是由于连铸坯局部过冷或冷却间歇过大或局部再加热（如在黏着的氧化铁皮或渣的下边）等原因产生的热应力作用造成的。

结晶器铜板镀层磨损后，铜渗入晶间引起晶界脆化，也可在连铸坯的表面产生细微的星状裂纹。

星状裂纹一般为发生在晶间的细小裂纹，呈星状或网状，一般深度小于 10mm，通常掩藏在氧化铁皮之下难于发现，经酸洗或喷丸后才出现在铸坯表面。星裂可能引发钢板表面生成横向裂纹、表面龟裂、表面星裂等形式的裂纹。经过仔细的精整可能去除，但是如果精整不当会引起轧制缺陷。星状裂纹见图 3.11。

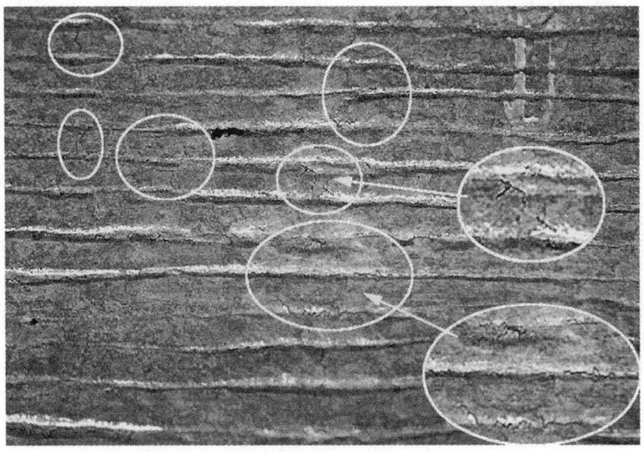

图 3.11　钢坯表面星状裂纹

形成原因：在摩擦力作用下，高温凝固坯壳与裸露的结晶器铜板接触，铜元素吸附在高温坯壳上，并在坯壳表面氧化铁皮下的某一区域铜元素富集，在 1100℃下，其中有一部分形成液体。

（1）铜液体沿着开裂的奥氏体晶界渗入，即使铸坯出结晶器后受到较小的热应力和机械应力也会被其脆化。

（2）结晶器内和出结晶器后的强冷却会产生热应力，使裂纹更加严重。观察发现，即使没有铜元素，保护渣的变化也会导致相同的裂纹。

（3）高强度钢中含有 Al、Nb 和 V 等元素，形成氮化物等在晶界的偏聚。

上述几点降低了晶界的强度、引起晶界脆化，导致星状裂纹产生。

E　表面凹陷

所谓凹陷是指连铸板坯表面呈现的不规则的凹坑。多为横向凹坑，也有纵向凹坑。横向凹陷易产生在铸坯宽面角部或宽面任何部位。严重的凹陷处有裂纹，裂纹深者出现表面渗钢结疤、重皮甚至引发漏钢。

连铸坯所形成的凹陷主要出现在连铸坯内弧侧距边部 1/3~1/2 宽度处，断面多呈凹弧面状，一般上口宽 50~100mm，深 2~10mm，底部有裂纹，长度 100~300mm。

铸坯表面凹陷的产生是多种因素综合作用的结果。其形成的基本条件是：初生坯壳厚度的不均匀，在坯壳薄弱处产生局部应力集中；沿树枝晶元素（C、Mn、S、P）的局部偏析，裂纹的开口和扩展总在偏析严重之处。

一般来讲，表面凹陷的形成是由于初生坯壳发生包晶转换时的不均匀收缩和结晶器锥度太小造成的机械压力引起的。流动的结晶器保护渣凝固成玻璃态，在某种程度上也加速了凹陷的发生。其原因有：

（1）由于减少了微气体间隙与结晶器和保护渣膜边界的热阻，增加了穿过保护渣膜的热流，从而加重了局部不均匀的快速冷却，引起了坯壳的不均匀收缩。

（2）在结晶器壁和凹陷之间的浅凹中流入过多的保护渣。对于用油保护浇铸的，油流动的不均匀和不可控，引起气体形成的中断，推动薄而软的坯壳离开结晶器而形成凹陷。

在任何情况下，冷却速率在凹陷处被延缓了，凝固延缓了，坯壳温度变得比其他部位高，表面晶粒变得粗大，沿晶界发生裂纹的危险性增大。然而，横向凹陷和纵向凹陷具有一些不同的特征。

F　角部凹陷

连铸坯角部凹陷位于铸坯宽面角部棱边附近，大部分纵向分布，主要是冷却或收缩不均所致。连铸坯角部凹陷被认为是由于坯壳局部收缩时，刚性非常强的角部断面稍微“转动”离开表面引起的，这也是该缺陷常常发生在角部的原因。

铸坯角部凹陷（及纵裂纹）产生的主要原因是连铸操作（拉速）不稳定造成液面激烈扰动，使凝固坯壳厚度不均，凹陷处铸坯内柱状晶组织粗大，钢液硫含量较高，形成晶间硫偏析，冷却时产生过大应力，易使角部纵裂纹发生。因此，生产中要严格控制钢液中的硫含量，稳定操作工艺，防止拉速突然变化而导致渣液面不稳定，造成铸坯卷渣及渣膜不均的情况出现。

G　横向凹陷

横向凹陷常常沿着铸坯纵向连续产生，见图 3.12。表面组织结构不规则，且经常带有夹渣，宽度为 10～50mm，深度 10mm，在红坯上可识别出来。浇铸过程中使用粉末保护渣，凹陷长度明显小于铸坯宽度；浇铸过程中使用油保护，凹陷长度是铸坯的整个宽度。横向凹陷处可以观察到深的振痕和溶质偏析，因此需要精整。包晶钢、低碳高锰钢和奥氏体不锈钢对横向凹陷的发生具有敏感性。

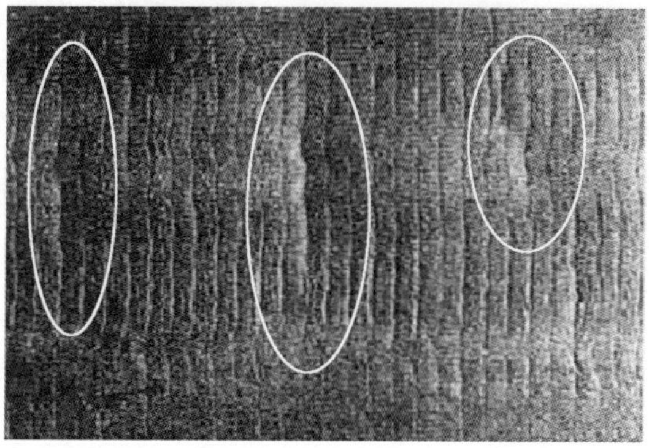

图 3.12　横向凹陷

形成原因：

（1）横向凹陷基本发生在浇铸的开始阶段，当钢水的温度偏低时，结晶器下部弯月面渣膜形成不充分，结晶器液面波动，引起结晶器弯月面过冷，造成了初生坯壳的快速形成，影响了负滑脱，在弯月面周围形成了不均匀的坚硬初生坯壳，朝着收缩方向不规则的发展形成凹陷。

（2）在浇铸操作的瞬变阶段，结晶器液面在短时间内下降，液面的突然波动引起浅的横向凹陷和短的纵向裂纹。它的产生是由于结晶器液面下降，使得坯壳朝着弯月面低的方向弯曲，当液面恢复到以前的水平时，钢液流过坯壳顶部形成新的坯壳。液面下降得越深，坯壳弯曲越严重，钢液溢流越多，产生的凹陷越深，它常常伴随着溶质偏析。

（3）凹陷的形成不只局限在瞬变阶段。在稳态浇铸时，只要局部弯月面波动，就存在着产生凹陷的危险。因此，钢液温度低和弯月面热流高时都是特殊时刻。

H　皮下气孔和夹杂

皮下气孔和夹杂是指连铸坯表面不规则分布的皮下气孔和夹杂，通常只能在无氧化铁皮覆盖或经火焰清理的表面上才能见到。

结晶器中钢液面的波动卷入保护渣或有缺陷的浸入式水口在钢液内破损是造成这种缺陷的原因之一。此外，当钢水脱氧不充分时会在整个板坯表面上形成皮下气孔；当钢水温度过低或中间罐及引锭杆头部潮湿时会在最先浇铸的板坯部分出现皮下气孔。

I　鼓肚

鼓肚是指板坯厚度在宽度方向上的中部增大。产生鼓肚的原因是支撑辊对连铸坯的支撑不充分或没有支撑，板坯心部钢水对连铸坯壳的静压力作用而使坯壳鼓胀。

J　表面夹渣

表面夹渣指在铸坯表皮下 2～10mm 镶嵌有大块的渣子，因而也称为皮下夹渣。就其夹渣的组成来看，锰-硅盐系夹杂物的外观颗粒大而浅，Al_2O_3系夹杂物细小而深，若不清除，会造成成品表面缺陷，增加制品的废品率。

夹渣的导热性低于钢，致使夹渣处坯壳生长缓慢，凝固壳薄弱，往往是拉漏的起因。一般渣子的熔点高易形成表面夹渣。

夹渣一般发生在开浇初期和换包后第一段铸坯，有时也会在铸坯长度方向上的更大范围内产生夹渣，尺寸为 1～5mm，有时会更长，皮下可达 10mm。红坯表面不能识别夹渣，当铸坯冷却后酸洗或火焰清理后可观察到，图 3.13、图 3.14 为钢坯酸洗后观察发现的振痕底部的夹渣和振痕底部裂纹。

对产品质量的影响：表面夹渣若不清除，会造成成品表面缺陷，增加成品的废品率。夹渣的导热性低于钢，致使夹渣处坯壳生长缓慢，凝固壳薄弱，往往是拉漏的起因。皮下夹渣深度小于 2mm 时，铸坯在加热过程中可以消除；皮下夹渣深度在 2~5mm 时，热加工前必须进行铸坯表面清理。

图 3.13 卷渣在铸坯表面形成的渣槽

图 3.14 卷渣清除后在铸坯表面形成的裂纹

3.1.2.2 连铸坯的内部缺陷

铸坯的内部质量是指铸坯是否具有正确的凝固结构、偏析程度、内部裂纹、夹杂物含量及分布状况等。凝固结构是铸坯的低倍组织，即钢液凝固过程中所形成的等轴晶和柱状晶的比例。铸坯的内部质量与二冷区的冷却及支撑系统是密切相关的。铸坯的内部缺陷主要有：内部裂纹、中心偏析、中心疏松、缩孔等。

A 内部裂纹

内部裂纹是指矫直、弯曲或辊子压下时，产生的压应力作用在脆弱的凝固界面上而使板坯表面产生的裂纹。由于它发生在凝固界面上，而且是在成分富集的钢液渗入裂纹部位凝固后产生的，所以通过硫印或低倍酸浸就可以显示出这些裂纹。对于凝壳内或完全凝固后发生的内部裂纹，断面经研磨后用肉眼就可观察到，硫印后它变成深色的痕迹。

B 中心偏析

连铸坯心部碳、磷、硫等元素的富集成为中心偏析。可以在硫印上观察到中心偏析。连铸坯中心附近存在着许多微小的孔隙，这些小孔隙就是中心疏松。

浇铸温度过高，以及连铸坯液心末端区域内夹持辊的开口度调整不当，都可能加重中心偏析和中心疏松。采用电磁搅拌或轻压下可以减轻中心偏析和中心疏松。

钢液在凝固过程中，由于溶质元素在固液相中的再分配造成了铸坯化学成分的不均匀性，中心部位C、S、P 含量明显高于其他部位，这就是中心偏析。

中心偏析往往与中心疏松和缩孔相伴存在，恶化钢的性能，降低钢的韧性和耐蚀性，严重影响钢的质量。

中心偏析是由于铸坯凝固末期，尚未凝固富集偏析元素的钢液流动造成的。铸坯的柱状晶比较发达，凝固过程常有“搭桥”发生。板坯的凝固末端液相穴宽平，尽管有柱状晶“搭桥”，钢液仍能进行补充；当板坯发生鼓肚变形时，也会引起液相穴内富集溶质元素的钢液流动，从而形成中心偏析。

C 中心疏松

疏松是指在铸坯的断面上分布有细微的孔隙，分布于整个铸坯断面的孔隙称为一般疏松，在树枝晶间的小孔隙称为枝晶疏松，铸坯中心线部位的疏松即为中心疏松，见图 3.15。一般疏松和枝晶疏松在轧制过程中均能被焊合，唯有中心疏松伴有明显的偏析，在轧制后不能完全焊合。如果中心疏松和中心偏析严重时，还会导致中心线裂纹；中心疏松还影响着铸坯的致密度。

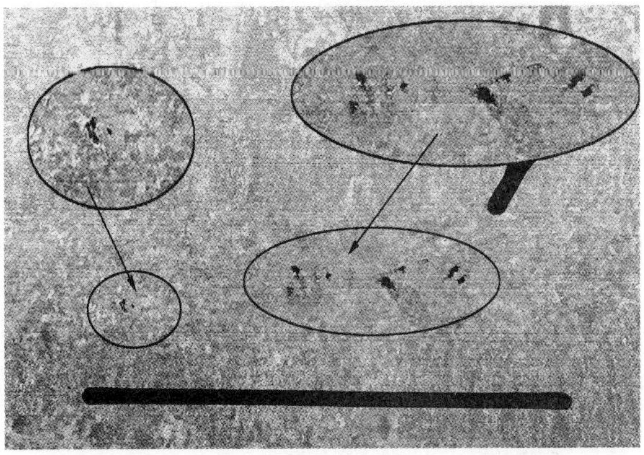

图 3.15 铸坯内部疏松产生的孔隙与缝隙

形貌特征：在铸坯酸蚀试面中心区域内呈现的暗点、空隙和开口裂纹。

产生原因：由于浇铸温度高，柱状晶生长较快而引起的组织不致密以及铸坯鼓肚或液心状态下矫直等原因而产生。

3.1.2.3　钢锭的缺陷

一般说来，用钢锭作原料存在以下缺点：

（1）钢锭生产占用的场地较大、周期较长、耗材用量很大、成材率较低。

（2）生产效率低、生产成本高、产生的废弃物多，大大地限制了钢铁企业的生产规模。

（3）常规工艺生产的钢锭，由于钢水结晶凝固的时间比较短，钢中的夹杂物不能充分上浮，因此钢锭中的夹杂、疏松较为严重，缩孔较深，且容易形成二次缩孔。

（4）由于轧制过程的压缩比较小，钢锭中存在的上述问题很难通过轧制变形予以消除，因此用该方式生产的钢板不仅表面质量较差，而且其内部质量也是较差的，难以达到标准的规定和顾客的要求。

钢锭的表面缺陷主要表现为：

（1）表面裂纹：钢锭表面有时会出现横裂纹和纵裂纹。横裂纹是由于冷却时铸锭在模内“悬挂”，在拉应力的作用下产生的。纵裂纹一般出现在铸锭角部，是在浇铸速度过快、浇铸温度过高和钢锭脱模过早而缓冷不当等异常情况下，因钢液压力和冷凝过程中产生的横向收缩应力的作用而生成的。

（2）结疤：上注普通钢锭时由于钢水飞溅于锭模内壁等原因，飞溅的钢水不能与铸模形成一体，使浇铸后的钢锭表面形成结疤。结疤严重时会使轧件报废，轻微的结疤人工清除后基本不会影响钢锭成材后的表面质量。

（3）重皮：钢液浇铸时由于钢水激荡，贴在锭模内壁上的金属或者氧化膜翻卷到钢锭内部会造成重皮，其影响与结疤类似。

（4）飞边：因沸腾钢的锭模底部与底盘接触处的间隙，或因镇静钢的钢保温帽与锭模接口处的缝隙，两处缝隙在浇铸时都容易流入钢水而形成飞边。飞边会影响辊道输送钢锭，同时也会影响轧件的咬入。轧制时飞边还可能造成折叠而影响轧件的表面质量。

（5）水纹：由于整模不当或钢锭模内壁不平整，在钢锭表面可能会形成成片的小裂纹（水纹）。水纹严重时可能导致轧后钢板的表面也出现小裂纹。

可见，由于浇铸不当等原因，不仅容易形成表面缺陷，而且容易产生内部缺陷，如缩孔、偏析、气泡等。因此，为保证轧材质量，需要对钢锭提出严格的质量要求。这是钢锭作为大批量中厚板材生产用料被逐步淘汰的主要原因。

大型扁钢锭与一般小钢锭不同，主要表现在以下几方面：

（1）比表面积相对小，冷却强度低，凝固时间长。这就造成大型钢锭的铸造组织粗大、偏析严重、对“白点”的敏感性强、裂纹敏感性较强。

（2）由于钢锭厚度大，加热和冷却时内外温差大，热应力大，组织应力也大，因此脱模后钢锭易炸裂，快速加热时易产生“穿孔”。

（3）由于厚度大，轧制时变形不易渗透，因此易造成钢锭侧边双鼓、头尾凹陷，切头尾和切边量较大，成材率较低。

（4）由于变形不渗透，轧制道次多，因此造成对钢锭心部不利的拉应力积累，易使心部原有缺陷，如中心疏松、气泡等扩展。

（5）由于凝固时间长，模壁又较厚，因此造成钢模热应力大，热疲劳寿命降低，从而使模耗增加。

上述问题必须采用特殊的锭型设计和系统优化的工艺方法才能解决，因此厚板的锭型设计和工艺制度制定是一个系统工程，必须从冶炼、浇铸、整脱模、均热、轧制、轧后控制冷却等各个工艺环节加以控制，才能生产出优质产品。

3.1.2.4　焊接复合连铸坯轧制的难点

（1）目前国内用复合连铸坯生产的特厚板品种大都属 Q345 级别的（供货业绩属 Q420 级别的极少）。

（2）由于坯料是由多块连铸坯复合而成，故最终的产品在论证过程中会遇到困难，尤其是在压力容器和海工行业，其中包含了认识和技术两个层面。

（3）真空电子束焊接组合制坯技术需要不断地实践与精准控制。

（4）加热工艺有别于通常单块连铸坯的加热工艺，需要精确确定复合坯的加热系数和适应加热炉温度场特点进行温度控制，做到加热不开裂。

（5）在轧制工序中需要全面熟练地掌握道次压下率与轧制变形渗透的关系；熟知高温低速大压下的原理和现实意义，尤其是如何准确地应用于实践。

3.1.3 典型原料的工艺控制特点

3.1.3.1 电渣重熔钢锭

电渣重熔（熔铸）是一种二次精炼技术，是集钢水二次精炼与单向凝固的综合冶金铸造工艺。

重熔过程是把转炉、电弧炉或感应炉冶炼出来的钢用铸造或锻压等方法加工成自耗电极，然后通过熔渣电阻热进行二次重熔精炼，最后生产出重熔钢锭。

电渣重熔基本过程如图 3.16 所示。

（1）在铜制水冷结晶器内盛有熔融的炉渣，自耗电极一端插入熔渣内。

（2）自耗电极、渣池、金属熔池、钢锭、底水箱通过短网导线和变压器形成回路。

（3）在通电过程中，渣池放出焦耳热，将自耗电极端头逐渐熔化，熔融金属汇聚成液滴，穿过渣池，落入结晶器，形成金属熔池，受水冷作用迅速凝固形成钢锭。

（4）在电极端头液滴形成阶段，以及液滴穿过渣池的滴落阶段，使钢、渣充分接触，钢中非金属夹杂物为炉渣所吸收。

（5）通过钢-渣反应和高温气化，可较有效地去除钢中的有害元素（硫、铅、锑、铋、锡）。液态金属在渣池覆盖下，基本上避免了再氧化。

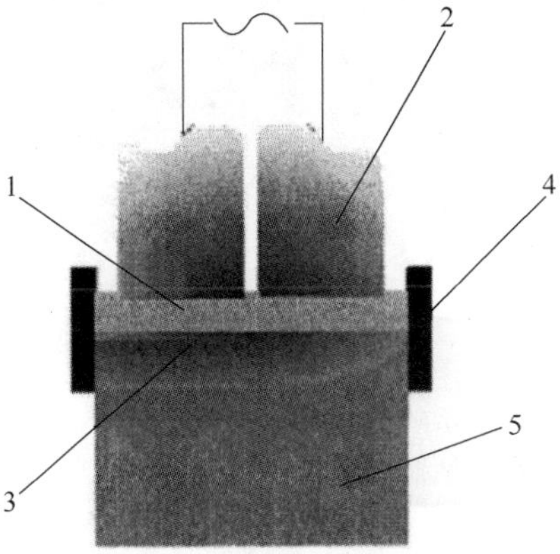

图 3.16　电渣炉的重熔原理图
1—渣池；2—电极；3—熔池；
4—结晶器；5—钢锭

（6）由于熔化、精炼和凝固是在铜制的水冷结晶器内进行，杜绝了耐火材料对钢液的污染。钢锭凝固前，在它的上端有金属熔池和渣池，起到了保温和补缩作用，保证了钢锭的致密性。

（7）上升的渣池在结晶器内壁上形成一层薄渣壳，不仅能使钢锭表面光洁，还能起到绝缘和隔热作用，使更多的热量向下部传导，有利于钢锭自下而上定向结晶。

（8）板坯电渣炉使用的自耗电极为中厚规格的连铸坯。连铸坯厚度一般在 200~300mm，宽度在 1700~2300mm。为使钢锭内部组织更加优良，应尽量让电极断面与钢锭端面相似，可以将连铸坯切开后再重叠焊合在一起，如断面为 250mm×2200mm 的连铸坯，加工成电极后的断面为 500mm×1100mm。

（9）由于渣液的去夹杂作用和良好的结晶条件，电渣重熔钢锭具有良好的纯净度：铸态组织精细、致密、均匀；无白点、疏松及年轮状偏析；成分均匀、表面光洁、硫含量极低；夹杂物细小而弥散，没有传统铸锭内部的重大偏析。

（10）但是，这种生产工艺电耗高（吨钢电耗在 1100kW · h 以上），加工周期长，生产效率低。而且目前通用的渣料中含 CaF 熔渣剂，在重熔过程中易造成环境污染，需限制使用，此外还要设置专门的除尘装置。因此，重熔锭的综合成本大大高于传统模铸锭和单向凝固锭，须根据钢材的使用要求有选择地采用。

3.1.3.2 连铸坯

（1）要控制钢中夹杂物的含量、形态和分布，以及裂纹、偏析、疏松等缺陷的程度。减少影响钢水洁净度的因素，应选择合适的精炼方式，采用全保护浇铸，降低钢中夹杂物含量。

（2）要控制好浇铸温度、拉坯速度、各扇形段冷却温度，确保对弧精度和开口度，选用合适的保护渣，稳定结晶器液面；控制好铸坯的表面质量，连铸坯表面不得存在裂纹、夹渣及皮下气泡等缺陷。

（3）控制好结晶器内腔尺寸和表面状态及冷却均匀性，连铸坯的外观形状、尺寸偏差应符合规定要求。

（4）连铸与模铸相比，虽然具有工艺流程短、系统节能、成材率高等优点，但受到技术和装备方面的限制，生产特厚板时压缩比不够。近年来，为了适应 100mm 以上的特厚板材生产，国际上研发了多台厚度达 400mm 的超厚板坯连铸机，如德国迪林根厚板轧机使用的连铸坯厚度可达到 440mm，最大宽度 2200mm，坯料的最大单重可达到 37t；日本新日铁的名古屋厚板厂则使用了最大厚度 400mm、最大宽度 2360mm 的连铸坯，该厂还预留有可生产最大厚度 600mm 连铸坯的能力。在我国，首秦、兴澄特钢、新余等企业近两年都建设了大厚度连铸坯生产线，设计可生产坯料最大厚度都达到了 450mm 左右。新余的大厚度连铸坯生产线见图 3. 17。

(a)

(b)

图 3. 17　新余的大厚度连铸坯生产线

（a）国内自主研制的特厚板坯连铸机于 2011 年 3 月 10 日在新余钢铁公司建成投产；

（b）自主研制的特厚板坯连铸机生产的特厚板坯

（5）大厚度连铸板坯主要采用立式、立弯式、垂直弯曲型、全弧型等形式连铸机生产。

（6）立式连铸机设备垂直布置，结晶器为直形，铸坯在垂直状态下完全凝固，然后切割，用提升设备将铸坯提升至地面。该机型需要的场地高度方向延伸较大，但铸坯厚度可以保证。

（7）立弯式连铸机的铸坯凝固区设备垂直于地面布置，拉坯矫直、切割及出坯设备水平布置。铸坯在垂直状态全部凝固后，弯曲至水平状态进行切割，最后完成出坯。该布置方式对弯曲矫直段的设备要求比较苛刻，需要将完全凝固的板坯弯曲再矫直，设备受力较大，但相对于立式布置方式生产场地高度能够大大降低。另外，立式和立弯式连铸机相对于其他连铸机布置方式，钢水中的非金属夹杂物颗粒更容易上升至结晶器渣金界面去除，有利于净化钢液。铸坯凝固过程中仅有因鼓肚造成的坯壳变形，不易产生内部裂纹，其生产的铸坯截面质量如图 3. 18 所示。

图 3. 18　420mm 厚大厚度连铸坯形貌

（8）垂直弯曲型连铸机主机设备呈直弧形布置状态，结晶器为直形，铸坯带液心弯曲，全凝固或者带液心矫直进入水平段，切割出坯。该机型的场地高度明显降低，但是随着生产铸坯最大厚度的增加，需要增加连铸机弧形段半径，铸机高度相对会增加。铸坯内外弧的凝固组织有所差异。

（9）全弧型连铸机的主机设备沿 1/4 圆弧布置，采用弧形结晶器，铸坯在弧形状态下凝固，没有弯曲变形，带液心矫直至水平段全凝固，切割出坯。该布置方式的场地高度最低。铸坯在凝固过程中没有带液心弯曲过程，避免了铸坯因弯曲而产生裂纹的可能性。机长和拉速都不受限制，可以使铸坯矫直时避开脆性温度区。但是全弧型连铸机的夹杂物上浮条件最差，夹杂物向铸坯内弧侧 1/4 处偏聚现象严重。

3.1.3.3 焊接复合连铸坯

理论上分析，根据压下率的变化，将特厚钢板界面的结合分为四个过程，如图 3.19 所示。

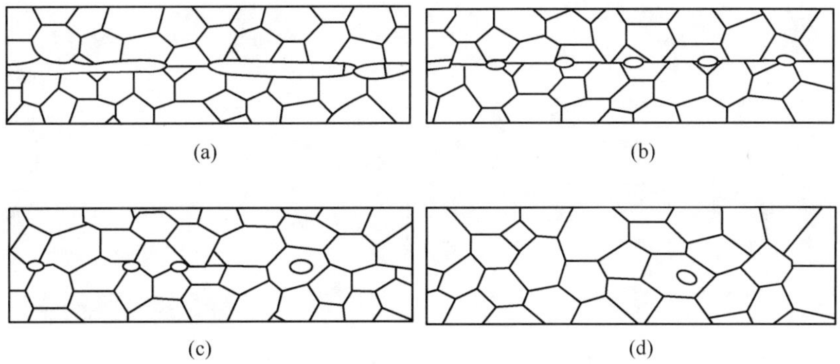

图 3.19 轧制过程金属面结合示意图
(a) 轧制前状态；(b) 第一阶段；(c) 第二阶段；(d) 第三阶段

(1) 坯料结合前：如图 3.19 (a) 所示，由于金属表面的凹凸不平，两块处理好的钢板表面接触时就会出现三种情况：凸峰与凸峰接触、凸峰与凹谷接触、凹谷和凹谷接触。这就导致两块钢板接触表面在微观上并不是紧密接触，而是存在很多的微小间隙。轧制之前，在加热和保温的作用下，扩散和相变的共同作用形成了初步的冶金结合。

(2) 叠轧第一阶段：如图 3.19 (b) 所示，轧制过程中，当累计压下率很小时，由于轧制压力仅施加在极少部分初始接触的凸起处，压力不大即可使这些凸起处的压应力达到很高的数值，超过材料的屈服而发生塑性变形，从而使界面处紧密接触的新鲜金属面积增大，也就是能够形成牢固冶金连接的面积变大。一方面凸峰被压平，另一方面由于界面在轧制过程中会发生相对的滑动，大量凸峰嵌入凹谷。这样两个界面更加接近，导致界面的间隙空间迅速减小，部分间隙裂纹被压合，但此时界面处仍会存在微裂纹。

(3) 叠轧第二阶段：如图 3.19 (c) 所示，随着累计压下率的不断增大，界面处裂纹逐渐被压缩并最终消失，界面处紧密接触的金属逐渐增多，在再结晶过程中，这些部位生成了新的完整晶粒，形成牢固的冶金结合。界面处残留有微量氧化物夹杂。图 3.20 为实际累计压下率为 20%时结合界面的组织形态。

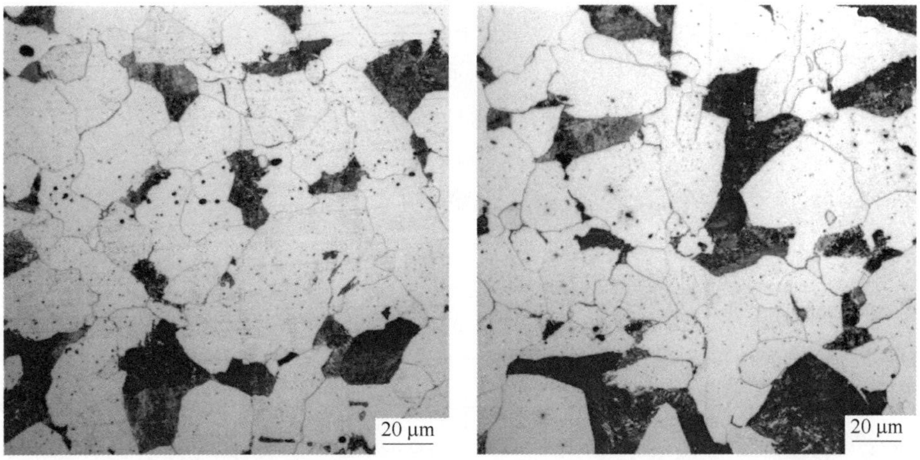

图 3.20 实际累计压下率为 20%时结合界面的组织形态

(4) 叠轧第三阶段：如图 3.19 (d) 所示，累计压下率继续增大，这时界面已经紧密接触，裂口机制发生作用。由于界面处氧化物属于脆相，随着轧制过程中金属的变形延伸，这些脆相首先发生破裂，新鲜金属从这些裂口中露出，并通过扩散和再结晶形成完整的晶粒。最终氧化物被压至很小的尺寸，对界面的性能不再产生影响。图 3.21 为实际累计压下率为 50%时不同放大倍数下结合界面的组织形态。

图 3.21　实际累计压下率为 50%时不同放大倍数下结合界面的组织形态

3.2　加热工艺

3.2.1　加热的目的

原料加热是中厚板生产中的一个重要环节，对原料进行加热的目的在于提高钢的塑性，降低变形抗力，消除原料原有的某些组织缺陷和应力，以及改善金属内部组织和非金属夹杂物形态与分布。

通常将原料加热到奥氏体单相固溶组织温度范围内，并使其具有较高的温度和足够的时间以均化组织和溶解碳化物，从而得到塑性高、变形抗力低、加工性能好的金属组织。

不同的钢种有不同的塑性，同一钢种若温度不同，塑性也不同。

3.2.2　加热工艺的发展

第二章表述加热设备（炉）形式的变化过程中已用演变表示，演变后的原有形式往往不再存在而被新的形式代替。例如，即使是已呈淘汰趋势的推钢式炉，最早也是冷却管与板坯直接接触的。演变后才改用热滑轨全架空形式，之后冷却管与板坯不再直接接触。早期的加热炉采用斜坡滑架和缓冲器进行出料，后来为减少出炉时板坯表面损伤改用出钢机，演变后斜坡滑架和缓冲器就不存在了。

本节所要表述的内容是加热工艺，应该用发展来表述。原因是几十年实践形成的热工制度主体没有被演变，仍然是加热温度、加热速度、加热时间、炉温制度及炉内气氛控制等。

之所以称之为发展是因为进入 21 世纪后，早期相对单一的品种和规格发展到很多的品种和规格，导致炉内板坯温度变化频繁，于是丰富了加热温度、时间、速度及制度的内涵和要求。例如：

（1）相对于普碳钢，低合金钢对温度、速度、时间的精准控制要更严格。

（2）对于高合金钢，入炉后在预热段的温度控制、速度控制要更精准。

（3）合金钢在加热过程中，有的元素会使钢的导热系数降低，预热、加热过程中的温度、速度更应控制到位。

21 世纪某中厚板企业部分钢种的加热温度见表 3.2。

表 3.2　某中厚板企业部分钢种的加热温度　　（℃）

管线钢	加热温度	大罐钢	加热温度	低温钢	加热温度	压力容器钢	加热温度	水电钢	加热温度	风塔钢	加热温度
X65	1180~1210	12MnNiVR	1170~1190	S355ML	1100~1210	Q345R	1100~1230	N610CF	1180~1220	S355J0	1100~1250
X70	1180~1210			S355NL	1170~1210	A516Gr70	1160~1240	N800CF	1180~1220	S355J2	1100~1250
造船用钢	加热温度	桥梁用钢	加热温度	耐磨钢	加热温度	工程机械用钢	加热温度	其他用钢	加热温度		
A36	1100~1250	Q345q	1160~1230	NM400	1180~1250	1E0170	1100~1140	Q690	1190~1210		
E36	1160~1250	Q370q	1160~1230	NM450	1180~1250	1E1863	1100~1140	Q960	1190~1240		

另外，随着热装热送工艺的推广应用，板坯的预热时间缩短、在炉时间减少等，所以采用热装热送工艺时，加热制度也要跟着变化。

采用热装热送工艺时，入炉温度也要避开脆性温度区，需要科学合理地控制加热温度和速度。

3.2.3 加热的基本要求和工艺内容

（1）根据不同钢种制定出合理的行之有效的加热制度。

（2）要求加热后的原料既无组织应力（或应力小），又有良好塑性。

（3）加热温度要达到均匀，有利于获得形状、尺寸精确的产品。

（4）尽量在加热过程中减少氧化烧损，并防止产生加热缺陷。不正确的加热制度会导致许多加热缺陷的产生，如过热、过烧、裂纹、氧化、炉底划伤、脱碳、粘钢等。

（5）加热完成后获得理想的铸坯加热组织状态，为后续轧制冷却等提供条件。

（6）节约能源、降低能耗。

加热工艺包括加热温度、加热速度、加热时间、炉温制度及炉内气氛的控制。由于加热的钢种、化学成分、料型等的不同，所以采用的加热工艺也不同。用合理的加热工艺制度，能有效地防止加热缺陷的产生，确保加热质量，提高加热炉的效率。

3.2.4 加热温度

3.2.4.1 一般原则

通常，坯料加热温度越高，塑性越好，变形抗力越低，对热轧中厚板越有利。但过高的加热温度会使坯料表面在加热过程中氧化脱碳、过热或过烧；过低的加热温度又不利于轧制。

确定钢的加热温度范围，通常要考虑以下几点：

（1）钢的化学成分和组织状态的影响。

（2）坯料的组织缺陷对加热温度的影响。

（3）氧化和脱碳对加热温度的影响。

（4）断面尺寸大小、轧制道次多少对加热温度的影响。

碳素和低合金结构钢的加热温度通常采用铁碳平衡图确定。由于钢内偏析、非金属夹杂促使其熔点降低，其最高加热温度应比固相线低100~150℃。

优质碳素结构钢的加热温度通常同时考虑铁碳平衡图和表面脱碳问题。为使脱碳层处在标准范围内，通常适当降低坯料的加热温度。

低合金钢的加热温度主要依据碳含量来确定。高合金钢的加热温度不仅参照相图，还应考虑塑性图、变形抗力曲线和金相组织加以确定。钢的最低加热温度应由终轧温度并考虑坯料出炉及轧制过程的热损失来确定。铁碳平衡图见图3.22。

3.2.4.2 加热温度与轧制工艺的关系

上面讨论的仅是确定加热温度的一般原则。实际生产中，钢的加热温度还需结合轧制工艺的要求来确定。如轧制薄规格时为满足产品厚度均匀的要求，比轧制厚规格时的加热温度要高一些；坯料大加工道次多要求加热温度高些，反之小坯料加工道次少则要求加热温度低些等。这些都是轧制工艺特点决定的。

高合金钢的加热温度则必须考虑合金元素及生成碳化物的影响，要参考相图，根据塑性图、变形抗力曲线和金相组织来确定。

目前，国内外有一种意见，认为应该在低温下轧制，因为低温轧制所消耗的电能，比提高加热温度所消耗的热能要少，在经济上更合理。

3.2.5 加热速度

单位时间内，钢在加热时的温度变化称为钢的加热速度，单位为℃/h或℃/min。有时用单位时间内加热坯料的厚度或单位厚度坯料加热所需的时间来表示其加热速度，单位分别为cm/min或min/cm。

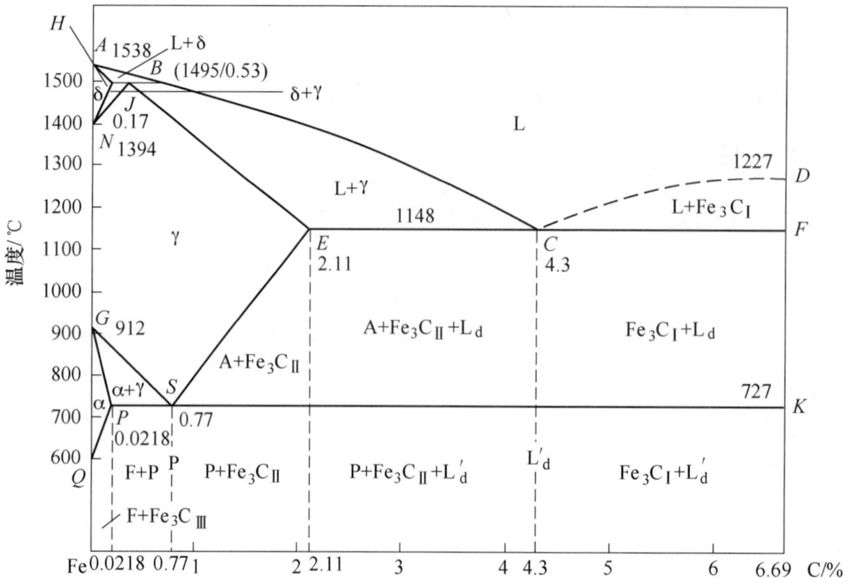

图 3.22　铁碳平衡图

（1）由于金属的热阻，坯料在加热过程中表面温度总比中心温度升得快，即表面热膨胀大于中心热膨胀，从而在坯料内部产生热应力（或温度应力），该应力取决于温度梯度。

（2）加热速度越快，温度梯度越大，其热应力就越大。当热应力超过钢的破裂强度极限时，坯料内部将产生裂纹或断裂。因此，要严格控制钢的加热速度，使热应力在所允许的范围内。对于合金钢与高碳钢尤为如此。

（3）在加热开始至 500~550℃内须控制加热速度，不宜过快。在连续加热炉内，装料端低温段的加热速度通常是靠控制炉尾部燃气量来实现的。

通常碳钢和合金钢的加热速度见表 3.3。

表 3.3　通常碳素钢和合金钢的加热速度

钢　种	钢　号	钢坯厚度/mm	
		175~300	100~200
		单位厚度的加热时间/min · cm^{-1}	
碳含量不大于 0.25%的碳素钢和低合金钢	Q215~Q255，08~25，16Mn，15Mn~20Mn	7~8	6~7.5
碳含量不大于 0.45%的碳素钢和低合金钢	Q275，30~45，30Mn~40Mn，25CrMnSiA	7.8~9	8~8.5
碳含量不大于 0.75%的碳素钢和低合金钢	60，65，50Mn~60Mn，65Mn，35CrMnSiA		11~12
碳素工具钢	T7~T10，T8Mn		12~13

3.2.5.1　影响加热速度的因素

加热速度的选择和控制，必须考虑到钢的导热性，这一点对高合金钢来说尤为重要。另外，原料的种类、尺寸和形状对加热速度的选择和控制也有较大的影响。显然，断面尺寸越小，允许的加热速度就越高。如果被加热坯料的断面尺寸较小，则加热时形成的内外温差也较小；断面尺寸大的钢坯，因加热时形成较大的内外温差，容易因温度应力而导致钢坯变形或断裂。

应当指出，快的加热速度不仅可以提高生产能力，而且可以防止某些缺陷的产生或减轻其产生的程度，如氧化、脱碳、过热等。但是钢的加热速度越快，温度梯度就越大，其热应力就越大，当热应力超过钢的破裂强度极限时，坯料将产生内裂纹或断裂。因此，加热时要结合坯料的具体情况，有针对性地控制钢的加热速度，既要有合理的加热能力，又要防止坯料裂纹的产生。

3.2.5.2 加热速度与加热时期的关系

A 加热初期

在加热初期，钢坯表面与中心产生温度差。表面的温度高，热膨胀较大，中心的温度低，热膨胀较小。而表面与中心是一块不可分割的金属整体，所以膨胀较小的中心部分将限制表面的膨胀，使钢坯表面部分受到压应力。同时，膨胀较大的表面部分将强迫中心部分和它一起膨胀，使中心受到拉应力。这种应力称为“温度应力”或“热应力”。显然，从断面上的应力分布来看，表面与中心处的温度应力都是最大的，而在表面与中心之间的某层金属则既不受压应力也不受拉应力。可以证明，钢坯加热时的温度应力曲线与温度曲线一样，也是呈抛物线分布。

加热速度越大，内外温差越大，产生的温度应力也越大。当温度应力在钢的弹性极限以内时，对钢的质量没有影响，因为随着温度差的减小和消除，应力会自然消失。当温度应力超过钢的弹性极限时，则钢坯将发生塑性变形，在温度差消除后所产生的应力将不能完全消失，即生成所谓的残存应力。如果温度应力再大，超过了钢的强度极限时，则在加热过程中就会破裂。这时温度应力对于钢坯中心的危害性更大，因为中心受的是拉应力。一般钢的抗拉强度远低于其抗压强度，所以中心的温度应力易造成内裂。

如果钢的塑性很好，即使在加热过程中形成很大的内外温差，也只能引起塑性变形，以任意速度加热，都不会因温度应力而引起钢坯断裂。如果钢的导热性好（或导热系数高），则在加热过程中形成的内外温度差就小［因 $\Delta t=qS/(2\lambda)$］，因而加热时温度应力所引起的塑性变形或断裂的可能性较小。

低碳钢的导热系数大，高碳钢和合金钢的导热系数小，因而高碳钢和合金钢在加热时容易形成较大的内外温差，而且这些钢在低温时塑性差、硬而脆，所以它们在刚入炉加热时，容易发生因温度应力而引起的断裂。

根据上述分析，可概括得出下列结论：

（1）在加热初期，限制加热速度的实质是减小温度应力。加热速度越快，表面与中心的温度差越大，温度应力越大，这种应力可能超过钢的强度极限，而造成钢坯的破裂。

（2）对于塑性好的金属，温度应力只能引起塑性变形，危害不大。因此，对于软钢在 500～600℃以上时可以不考虑温度应力的影响。

（3）允许的加热速度还与金属的物理性质（特别是导热性）、几何形状和尺寸有关，因此，对厚的高碳钢和合金钢加热要特别小心，而对薄材则可以任意速度加热而不致发生断裂的危险。

B 加热末期

在加热末期，钢坯断面同样具有温度差。加热速度越大，则形成的内外温度差越大。这种温度差越大，可能超过所要求的烧透程度，而造成压力加工上的困难。因此，所要求的烧透程度往往限制了钢坯加热末期的加热速度。

但是，实践和理论都说明，为了保证所要求的最终温度差而降低整个加热过程的加热速度是不合算的。因此，往往是在比较快的速度加热以后，为了减少这一温差而降低它的加热速度或执行均热，以求得内外温度均匀。这个过程称为“均热过程”。

钢坯表面的温度是和炉温相联系的。炉温过高给准确地控制钢坯表面温度带来困难。特别是待轧时，会因炉温过高而造成严重氧化、脱碳、粘钢、过烧等。在连续加热炉上这通常是限制快速加热的主要因素。

上述的两个温度差（加热初期为避免裂纹和断裂所允许的内外温差和加热末期因烧透程度要求的内外温差）都对加热速度有所限制，以及准确地控制钢坯达到所要求的加热温度所需要的加热时间，这三个要素构成了制定加热制度的主要基础。

一般低碳钢大都可以进行快速加热而不会给产品质量带来什么影响。但是，加热高碳钢和合金钢时，其加热速度就要受到一些限制，高碳钢和合金钢坯在 500～600℃以下时易产生裂纹，所以加热速度限制是重要的措施。

3.2.6 加热时间

钢的加热时间是指钢坯在炉内加热至达到轧制所要求的温度时所必需的最少时间，通常，总加热时间为钢坯预热、加热和均热三个阶段时间的总和。

要精确地确定钢的加热时间是比较困难的，因为它受很多因素影响，目前大都根据现有炉子的实践大致估计，也可以根据推荐的经验公式计算。

钢的加热时间采用理论计算很复杂，并且准确性也不大，所以在生产实践中，一般连续式加热炉加热钢坯常采用以下经验公式计算：

$$T = CS \tag{3.1}$$

式中　T——加热时间，h；

S——钢料厚度，cm；

C——每厘米厚的钢料加热所需的时间，h/cm，不同钢种取值范围如下：

低碳钢	$C=0.1\sim0.15$
中碳钢和低中合金钢	$C=0.15\sim0.2$
高碳钢和高合金钢	$C=0.2\sim0.3$
高级工具钢	$C=0.3\sim0.4$

在实际生产中，钢坯的加热时间往往是变化的。这是因为加热炉必须很好地与轧机配合。在生产某些产品的过程中，炉子生产率小于轧机的产量时，常常为了赶上轧机的产量而造成加热不均、内外温差大，甚至有时为了提高出炉温度而将钢表面烧化，而其中间温度尚很低，造成加热质量很差。若炉子生产率大于轧机的产量时，则钢在炉内的停留时间大于所需要的加热时间，造成较大的氧化烧损量，这些情况均不符合加热要求。如遇到上述情况，应对炉子结构及操作方式作合理的改造或调整，使炉子产量和轧机产量相适应。

3.2.7　加热制度

加热制度是指在保证实现加热条件的要求下所采取的加热方法。具体地说，加热制度包括温度制度和供热制度两个方面。

对连续式加热炉来说，温度制度是指炉内各段的温度分布，供热制度是指炉内各段的供热分配。

从加热工艺的角度来看，温度制度是基本的，供热制度是保证实现温度制度的条件，一般加热炉操作规程上规定的都是温度制度。

具体的加热制度不仅决定于钢种、钢坯的形状尺寸、装炉条件，而且依炉型而异。加热炉的加热制度大体分为：两段式加热制度、三段式加热制度及多段式加热制度。这里重点介绍三段式加热制度和多段式加热制度。

三段式加热制度见图 3.23。

三段式加热制度是把钢坯放在 3 个温度条件不同的区域（或时期）内加热，依次是预热段、加热段、均热段（或称应力期、快速加热期、均热期）。

这种加热制度是比较完善的加热制度，钢料首先在低温区域进行预热，这时加热速度比较慢，温度应力小，不会造成危险。当钢温度超过 500～600℃以后，进入塑性范围，这时就可以快速加热，直到表面温度迅速升高到出炉所要求的温度。加热期结束时，钢坯断面上还有较大的温度差，需要进入均热期进行均热，此时钢的表面温度不再升高，而使中心温度逐渐上升，缩小断面上的温度差。

三段式加热制度既考虑了加热初期温度应力的危险，又考虑了中期快速加热和最后温度的均匀性，兼顾了产量和质量两方面。

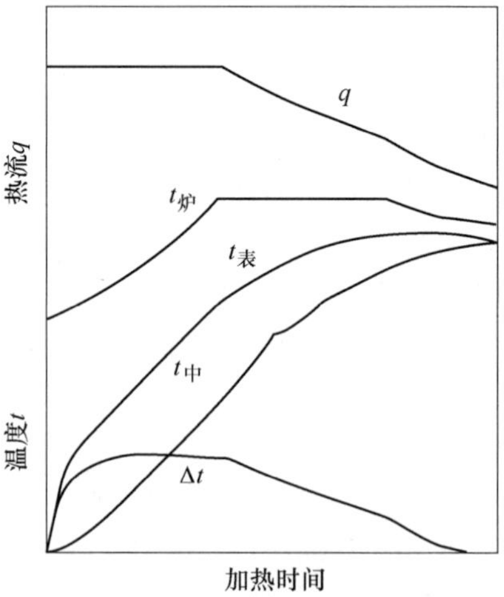

图 3.23　三段式加热制度

通常将坯料先后在多个加热、均热和冷却期温度区域内加热的制度称为多段式加热制度。

由于有一些钢种相变的需要，要改变加热速度或过程中增加均热保温时间。炉型结构和燃料分配应保证该温度制度。

在目前现代中厚板连续式加热炉应用过程中，炉型已向多点供热发展，加长加热段，增加供热强度。改用炉顶平焰烧嘴，使均热段的温度更加均匀，出现了新一代步进式多段式加热炉。如有的步进式炉有预热段、加热段1、加热段2、加热段3。典型的多段式加热制度见图3.24。

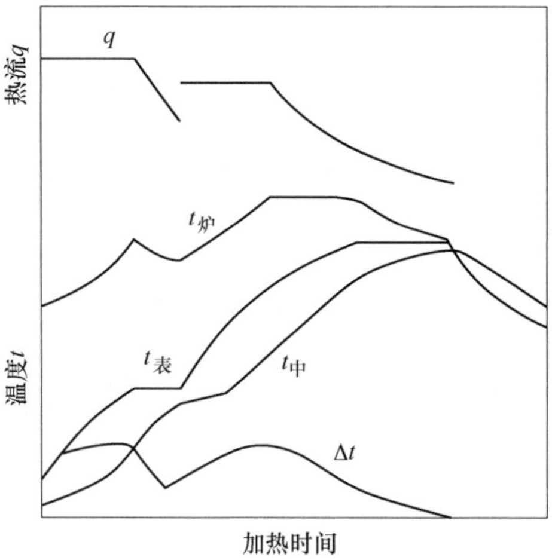

图3.24 多段式加热制度

3.2.8 加热工艺中的物理变化及组织变化

3.2.8.1 物理变化

加热时，钢的导热性、热容量和密度都会发生变化。

(1) 导热性的变化。导热性的好坏用导热系数的高低来表示。钢的导热系数就是钢在单位时间内温度每变化1℃在单位长度上传过来的热量，其计量单位为W/(m·℃)。

通常钢种的导热系数在相变点（700~800℃）之前都随温度的升高而降低，相变点之后随温度的升高而升高。

(2) 热容量的变化。钢的热容量与钢的化学成分、组织结构、温度等因素有关。热容量随温度的增高而增加，在800℃，即在相变温度区域时，热容量有较大的变化。

(3) 密度的变化。单位体积的质量称为密度。当温度升高时，钢的密度因体积膨胀而减小。碳素钢及合金钢的密度取决于化学成分，即合金元素种类和含量，同时与钢的组织状态有关。钢的密度按奥氏体→珠光体→索氏体→屈氏体→马氏体的顺序依次降低。

3.2.8.2 组织变化

亚共析钢加热温度高于临界点A_{c1}(PSK线）后，珠光体转变成奥氏体，即形成铁素体+奥氏体组织。温度继续升高，则铁素体逐渐溶于奥氏体内，而当温度高于A_{c3}(GS线）时，则钢的组织将完全是奥氏体。

共析钢加热时，当温度达到临界点A_{c1}(PSK线）时，即完成珠光体向奥氏体的全部转变。

过共析钢加热时，将发生与亚共析钢相似的转变，只是其过剩（余）相不是铁素体，而是渗碳体，而且当温度达到临界温度点A_{cm}(SE线）时，渗碳体将全部溶解于奥氏体。一般奥氏体形成过程分为形核、长大、剩余渗碳体（或铁素体）溶解和奥氏体均匀化4个阶段，如图3.25所示。

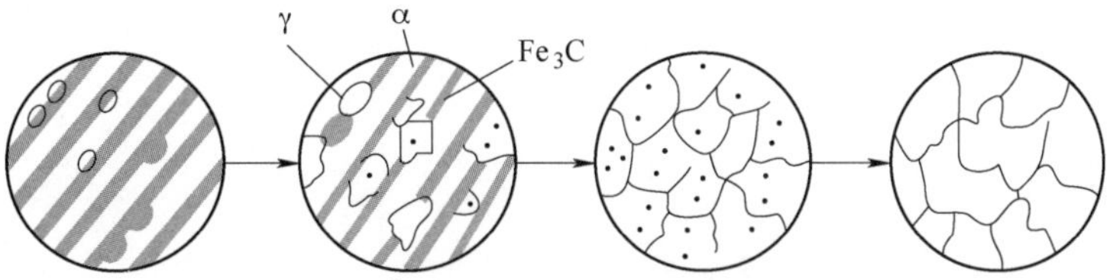

图3.25 高温奥氏体形成过程示意图

加热温度与加热速度对珠光体转变成奥氏体是有影响的。加热温度越高，由珠光体转变成奥氏体及成分均匀化的总时间越短，或者说转变速度越快；加热速度越快，珠光体向奥氏体开始转变的温度越高。

钢在加热过程中的主要结果之一是晶粒的粗化。控制钢中的晶粒粗化行为是努力达到形变热处理设计的一个重要步骤。

对于微合金钢，加热温度应该高到足以提供稳定质点的溶解度。如果稳定质点仍不能溶解，就不能得到有利的沉淀硬化效果。

添加铝、铌、钒、钛等元素会引起非正常的晶粒长大，其中包括在相对没有变化的细晶基体中的少量晶粒长大。这种非正常晶粒长大发生在比微合金溶解温度低得多的温度。相应于非正常晶粒长大开始的温度有时被看作晶粒粗化温度。

加热温度也影响在随后的晶粒回复过程中占重要地位的所谓变形带的形状。在相同的压下后，加热温度越高，形成的变形带的数量越少，而且细小、均匀。

3.2.9　连续式炉自动控制

燃烧控制主要是指炉温与燃烧质量控制，以适应负荷变化，补偿外部干扰，而使燃烧始终保持高效率的手段。炉况通过计算机自动控制才能实现高质量燃烧的要求。连续式加热炉自动燃烧控制主要由炉温自动控制、炉气成分自动控制、炉膛压力自动控制、燃烧安全自动控制以及承载运行结构冷却系统自动控制构成。

炉温自动控制：根据轧制节奏控制炉膛温度，根据加热工艺要求钢坯出炉温度是恒定的，视轧制节奏不同，调整炉膛温度达到钢坯加热温度要求。炉膛温度的调节为恒定调节。

一般的温度调节主要以控制流量的单回路反馈系统为基本回路（由温度检测、变送器、调节器、执行器组成）进行。为调节精确，调节器为 PID 调节。对于燃烧温度调节，调节燃料流量，势必调节助燃空气量，温度调节实际上是较为复杂的燃烧控制的综合调节系统。

燃烧气氛控制：燃烧气氛控制是实现高燃烧质量的前提。通过检测燃烧产物的氧含量（1%～3%较佳），调节控制燃料燃烧所需要的空气，使之在较佳配比下完成燃烧，这对于节约燃料、减少氧化烧损、改善加热质量及减少环境污染十分重要。

连续加热炉炉温与燃烧质量的精确控制，应首先使主要参数恒定，然后再调节其中相关的参数，才能收到良好效果。例如：

（1）燃料的压力要恒定；

（2）燃料的热值要恒定，最好选用高热值气体燃料，易于调节灵敏、响应快速；

（3）空气压力恒定，预热空气温度恒定；

（4）炉体密封及保温良好；

（5）炉膛压力保持恒定。

炉压控制：为防止低温气体进入高温炉膛和高温炉气溢出炉膛，达到节约能源和提高加热能力的要求，轧钢加热炉一般以出料口为基准，采用微正压操作（出料口炉压一般为 1.9～4.9Pa）。取压管一般设在炉顶，经微差压变送器、调节器而带动执行机构调节烟闸开启度，达到调节炉膛压力的目的。此外，调节各段热负荷亦可调节炉压。

安全燃烧自动控制：在使用工业煤气加热的炉子上，为防止空气被吸入煤气管道内或煤气被吸入空气管道内，形成爆炸混合气体而产生爆炸的可能性，必须安装煤气低压检测和自动切断装置。

炉筋管冷却系统控制：主要是汽化压力和水位的检测与控制，使汽化压力和汽包水位恒定，保证汽化系统的正常运行。

3.2.10　连铸坯的热送热装

连铸坯加热送坯工艺主要有连铸坯直接轧制、连铸坯直接热装轧制、连铸坯热装轧制、连铸坯冷装炉加热后轧制，其主要工艺要点和特征如表 3.4 所示。

表 3.4　连铸坯主要加热送坯工艺分类和特征

形式	名　称	热送热装温度	工艺流程特征
Ⅰ	连铸坯直接轧制（CC-DR）	A_3～1100℃	输送过程中边角补热和均热后直接轧制
Ⅱ	连铸坯直接热装轧制（CC-DHCR）	A_1～A_3	热坯直接装加热炉加热后轧制
Ⅲ	连铸坯热装轧制（CC-HCR）	400℃～A_1	热坯经保温缓冲装加热炉加热后轧制
Ⅳ	连铸坯冷装炉加热后轧制（CC-CCR）	室温	连铸坯冷却至室温重新加热后轧制

3.2.10.1　连铸坯的热装

为了提高加热炉的生产效能、降低能源消耗、减少污染排放，不少生产厂已广泛采取连铸坯的热送热装（简称 CC-HDR）和直接热装轧制（简称 CC-DHCR）工艺。

热送热装轧制一般将铸坯温度达 400℃作为热装的低温界限，400℃以下热装节能效果小，且此时表面已不再氧化，所以通常不再称作热装。直接热装轧制铸坯温度在 A_3 以下、A_1 以上，此时铸坯的温度处于 γ+α 两相区。

铸坯组织部分经过 γ→α→γ 相变，既有原始粗大的奥氏体晶粒，又有经相变的奥氏体细晶粒。这样，经加热后的铸坯为混晶组织，微量元素的析出和溶解程度不同，需采取相应的轧制工艺，以获得质量优良的最终产品。

热送热装和直接热装轧制多适用于低碳钢和低合金钢，一般情况下，入炉时的坯料温度高低对钢板的质量没有影响，但有时会因铸坯出现晶间裂纹，造成钢板表面缺陷的出现。对于铝镇静钢和一些碳锰钢、碳-铬-钼钢，在采用连铸坯热送热装工艺时，最终轧制产品质量取决于装炉前连铸坯的表面质量。

对中、高碳钢和合金钢及部分低合金钢，特别是电炉钢等，由于 N 的含量较高，还须注意因 AlN 析出而形成的表面裂纹，导致表面质量变坏而不能直接热装。

根据钢的高温延塑性可将含铌、钒、钛微合金化钢分为两类：一类是含碳较低的含铌、钒、钛钢种，此类钢在温度降低到 825℃后延塑性能够快速恢复；另一类是含碳较高或含铌、钒较高的钢种，此类钢的脆化可延伸至 725℃。连铸工艺中要通过提高恒拉速率、液面自动控制投入率和铸机对弧精度，并根据钢的高温延塑性特点采用合理的二冷工艺和矫直温度，避开脆性温度区，降低产生裂纹的几率。

为了抑制铸坯表面热裂纹的产生，首先要严格控制冶炼终点钢水成分，减少钢中杂质元素与气体的含量，争取做到无渣或低渣出钢；二是根据连铸坯热送热装的目标值，选用利于改善最终产品质量的冷却方式和制度；三是如果连铸坯热送热装温度在 500~600℃，应选用较快的冷却速度，限制铸坯粗晶的发展，抑制硫、铜、锌、锑有害元素在晶界偏析造成的热脆倾向。经热送热装后的钢坯见图 3.26。

图 3.26 经热送热装后的钢坯

连铸坯热送热装和直接轧制连铸坯热送热装的优点是：

（1）降低燃耗。连铸坯热送热装入炉温度每提高 100℃，轧钢加热炉可节约燃料 5%~6%；加热炉能力可提高 10%~15%（如热装温度为 600~1000℃）。

（2）减少烧损。一般冷坯装炉的烧损为 1.5%~2.0%，有的甚至达到 2.5%。而在热装条件下，氧化烧损可降低到 0.5%~0.7%。

（3）提高加热速度。热装时由于减少了冷却和加热过程中的温度变化，降低了钢坯中的内应力，有利于加热速度的提高。

（4）降低费用。采用连铸坯热送热装，炼钢车间和轧钢车间可以布置为相邻的紧凑式布置，坯料可由辊道或保温车辆直接送入轧钢加热炉或钢坯库［基本上用于少量需缓冷或控制入炉温度坯料的缓存，例如济钢三炼钢厂铸坯（红坯）多数通过连接辊道直接进入中厚板厂的加热炉］，运输距离短、快捷，钢坯库存面积小，由此减低了大量的运输和存放周转费用。

（5）缩短生产周期。从接收用户订单到向用户交货可以缩短到几小时，从而加快资金周转。

实现连铸坯热送热装的先决条件是坯料缺陷的检测与清理、坯料运输以及热装条件下的加热制度。其支撑技术主要有：

（1）无缺陷连铸坯的生产技术。

（2）在线热探伤检测技术。

（3）热态连铸坯保温技术。

（4）质量一贯制管理制度。

（5）现代化的生产管理技术。

连铸坯的质量至关重要，要生产无缺陷坯，首先要能够检查出缺陷坯，才能真正为轧钢生产提供无缺陷坯。

我国新建的中厚板厂匹配的连铸机，其出坯辊道大部分都直接与轧钢车间的原料库相连，连铸坯可通过辊道直接从连铸车间输送到轧钢车间。如果两个车间相距较远，一般可采用大型保温运送车加以解决，以保证坯料的入炉温度和运输节奏。

热装坯料的加热制度可根据装炉温度进行调节。

热送热装可分阶段实现。首先可在低温段进行热送热装，随着热送热装技术的不断成熟和连铸坯料质量的提高，可逐步提高装炉温度。

炼钢、连铸与轧钢各工序应协调配合，在生产计划、工作制度上相互协调，按冶炼生产、连铸机浇铸以及轧机轧制，编制出严密的生产调度计划、检修计划和换辊计划等作业计划。同时，提高炼钢、连铸与轧钢各工序的机械设备、电控设备及辅助设备的可靠性，降低故障发生率，也是保障热送热装的先决条件。

3.2.10.2　热送热装操作

热送热装时不仅要求连铸与轧机工序间的小时生产能力、品种和规格按计划组织生产，而且应在热送热装操作中解决生产节奏的匹配关系。

连铸坯的质量是热送热装的先决条件，应确保连铸坯的表面和内在质量，基本上具备不经火焰清理便达到热送热装的质量要求。

尽可能做到坯料热送和直接热装入炉，对不能直接热装的坯料，可根据生产计划安排，决定是否先装入保温坑中保温，缓冲一定时间后再温装入炉。

中厚板的钢种从材质性能上看，原则上大都可以热送。但有些特殊钢种容易出现表面缺陷，不宜热送，表 3.5 列出了部分不宜热送的钢种。

表 3.5　不宜热送钢种

序号	1	2	3	4	5	6
成分条件	w(Ni) ≥1.0%且 w(Mo) ≥0.5%	w(V+Nb+Ti) ≥ 0.20%	w(B) ≥ 20×10^{-4}%	w(Cu) ≥ 0.5%	w(Ni) ≥ 2.75%	w(Ceq) ≥ 1.0%

3.2.10.3　热送热装时对原料的要求

（1）对中、高碳钢和合金钢及部分微合金化钢，特别是电炉钢等，这些钢种热装时容易出现表面裂纹等各种缺陷。部分由于精炼等原因导致氮含量较高的钢种，还须注意因 AlN 析出而形成的表面裂纹，也不宜热装。

（2）含 Nb 钢在热送热装轧制过程中，易出现沿轧制方向分布的表面小纵裂纹，这主要与含 Nb 钢的第 3 区脆性区及连铸凝固过程中 Nb 的碳、氮化物析出有直接的关系。研究发现铸坯表面的碳、氮化物析出非常明显。析出物成分主要含有 Nb 和 Ti，显示的大量的 C 和 Cu 主要来自复形的实验过程，可以不加考虑，析出物粗大，大小均在 80nm 以上，为典型的铸态析出物。连铸坯热送温度一般都在 600～750℃之间。

（3）含 Nb 钢热送热装过程中，正是 Nb 钢中碳、氮化物大量析出时期，而且铸坯表面没有或很少发生奥氏体向铁素体的相变，这使得原始奥氏体晶粒粗大。

（4）如果这些碳、氮化物在奥氏体晶界或连铸坯柱状晶界上析出，加上生产节奏快及加热温度、保温时间不够，上述碳、氮化物不能充分回熔到奥氏体里去，则在轧制时便会以脆性相的形式引起钢板开裂。

（5）当冷态铸坯送加热炉加热时，常温下的铁素体和珠光体会转变成奥氏体，而此状态下的奥氏体同热送时相比，晶粒度较小，而且重新分布的奥氏体晶界上的碳、氮化物大幅降低，因此大大提高了坯材的热塑性。

3.2.11 加热的缺陷

由于加热操作或加热工艺不当等方面原因造成的待轧时间较长，可能造成受热原料的过热、过烧、脱碳、氧化铁皮严重、加热不均等缺陷，从而导致钢板缺陷的产生，严重的造成钢板判废，不仅增加了原料的损失，也给轧钢带来了困难。

（1）过热。由于加热温度过高，或在高温阶段停留时间过长，会使钢的晶粒过分长大，从而引起晶粒之间的结合力减弱，钢的力学性能变坏，这种缺陷称为过热。过热的原料轧制时会出现裂纹，导致钢板的力学性能变坏，韧性减低。

（2）过烧。加热温度过高，或在高温状态下原料停留时间过长，除金属晶粒增大外，还会使偏析与夹杂富集的晶粒边界发生氧化或熔化，破坏了晶粒之间的结合力，在轧制时金属经受不住变形，往往发生碎裂或崩裂，有时甚至一碰撞就会碎裂，这种缺陷称为过烧。原料的棱角部由于受热面积较大，受热较多，在这些地方最容易发生过烧，再经轧制就会在角部产生类似结疤的缺陷。

（3）脱碳。加热时原料表层所含的碳被氧化而减少的现象称为脱碳。原料脱碳与加热炉炉内的气氛有关（氧化气氛），造成原料表面脱碳的气体有 O_2、H_2、CO_2、H_2O。脱碳对不同碳结钢板的力学性能影响不显著，但对钢板的加工性能有一定的影响，容易在拉伸或弯曲时出现表面裂纹。

（4）氧化铁皮。金属表面的氧化膜称为氧化铁皮。对碳素钢而言，氧化铁皮的层次有三层，如图 3.27 所示，最外一层为 Fe_2O_3，约占整个氧化铁皮厚度的 2%；第二层是 Fe_2O_3 与 FeO 的混合体；通常写为 Fe_3O_4，约占全部厚度的 18%；与金属本体相连的第三层是 FeO，约占氧化铁皮厚度的 80%。若为合金钢板或低合金钢板，各层厚度及结构依加入不同合金及加入量而不同。

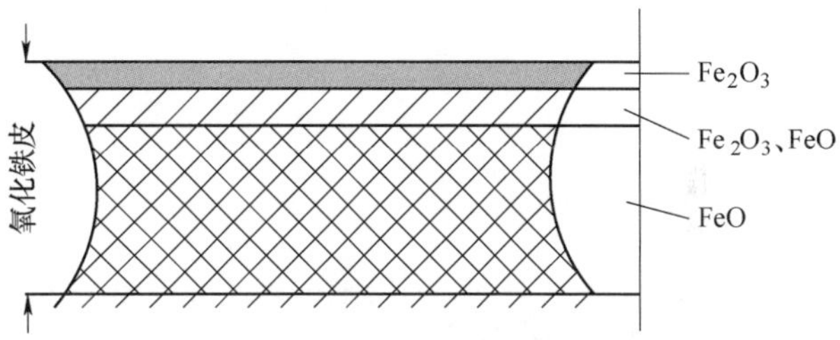

图 3.27 氧化铁皮的层次

（5）氧化。坯料在加热过程中产生氧化是不可避免的。但是氧化严重时，不仅造成金属消耗大，而且容易在轧材表面形成麻点。影响坯料氧化的原因主要有加热温度、加热时间、炉内气氛及坯料形状等。加热温度越高、加热时间越长、炉内氧化性气氛越强、坯料与炉气接触的面积越大，则氧化铁皮生成量就越多。

为了减少氧化，应合理选择加热速度，尽量缩短坯料在高温下停留的时间，控制炉压以防止冷空气进入炉膛，同时控制炉气成分，减少氧化性气氛。

（6）加热温度不均。加热温度不均包括沿坯料长度方向的温度不均和坯料断面的温度不均。加热温度不均会使坯料在轧制时产生弯曲和扭转等不均匀变形。均匀加热与加热设备有关，同时也与操作有关。钢坯在步进式加热炉内，比在推钢式加热炉内加热，温度均匀性要好。

3.3 轧制规程编制

3.3.1 轧制规程的基本含义

轧制规程就是根据设备条件和所要生产产品的尺寸与技术标准要求，确定所用原料的尺寸、轧制方法，计算总变形量，确定轧制道次，合理分配各道次的压下量等。

在完成上述工作后，还必须根据工艺设备条件，进行设备强度验算和电机能力校核并检查工艺参数是否合理。

3.3.2 规程编制的条件

轧制规程的编制基本上是受原料条件、产品要求、设备条件、工艺制度（生产方式）四个方面的限制。设备条件主要指轧制电机的能力（最大功率、最大力矩）、轧机的最大轧制力、轧辊的强度。产品要求主要指钢板性能和尺寸精度的要求。在这些限制条件下，确定压下规程并计算出轧机的辊缝及轧辊转速的设定值，缩短轧制周期，提高板形的矩形度，确保成品钢板的尺寸精度。轧制规程的编制与有关几方面的相互关系见图 3.28。

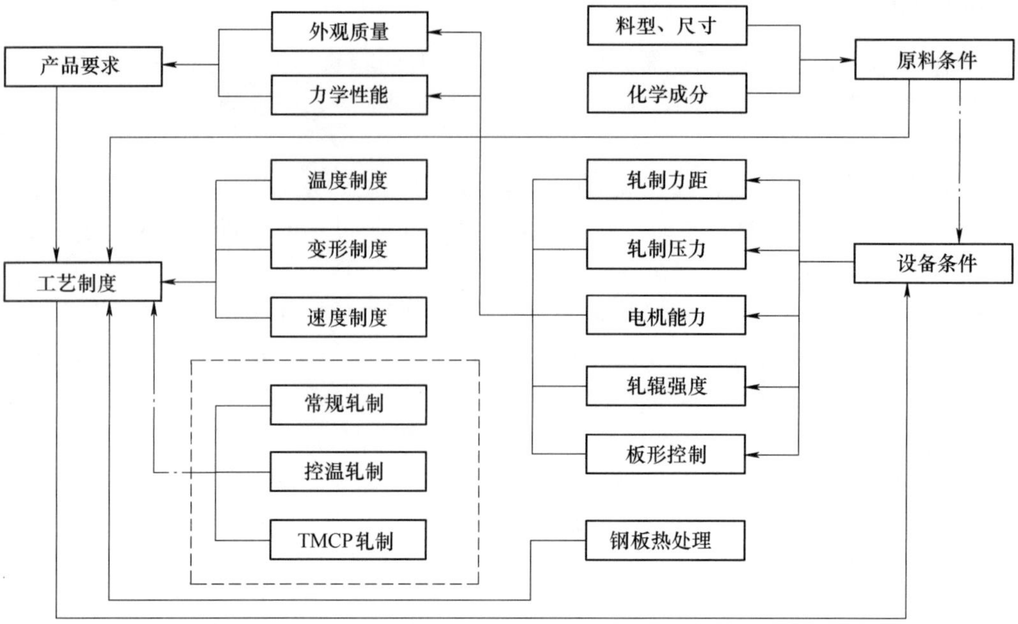

图 3.28　轧制规程编制与有关方面的相互关系

3.3.3　规程编制的目标

轧制规程编制的目标是轧制道次最少，轧制负荷均匀，板形良好，达到目标厚度和目标宽度，满足轧制工艺要求，平面形状良好。

3.3.4　轧制规程编制方法的演变

3.3.4.1　20 世纪 90 年代

当时计算机技术尚未全面普及，在此条件下一般可以概括为理论方法和经验方法两大类。

理论方法就是从充分满足上述制定轧制规程的原则要求出发，按预设的条件、目标值的要求、通过不同的理论（各种先决条件的数学计算方法）计算或图标方法制定出优化的轧制规程。

由于在人工操作的条件下，理论计算方法比较复杂，应用起来较为困难，因此生产中往往多参照过去行之有效的实际压下规程，也就是根据经验资料进行压下分配即能力校核计算，也称为经验方法。

前苏联的采利柯夫公式是广泛应用的公式之一，但其计算式较复杂，运算时费时费力，且易出错；若利用图表曲线查取，虽简便，但受曲线本身绘制精度和读数估值准确性的限制，计算结果的精度受到影响。

尤其当考虑轧辊的弹性压扁时，尚需多次反复试算，极为不便。因此，企业认为有必要在保持必要精度的前提下，摸索出一种形式简单又近似于采利柯夫公式的计算方式。

规程编制主要是以坯料厚度、成品厚度、轧机的主要参数、轧制周期、产品的交付状态等条件为边界条件，根据等负荷（等压力）、等凸度、等力矩、厚度精度控制几个方面的要求进行轧制道次设定和各道次压下量的分配计算，但人工编制规程在很大程度上多限于传统那几种轧制压力的计算方法，规程计算工作量大，计算周期长，计算精度低。

当时，有些企业采用的恒比例凸度法实际上是借鉴热连轧规程分配的思想。最初的几个道次采用满负荷道次，尽量在轧机能力允许的范围内加大压下量，减少轧制道次，降低热损失。后几个道次，特别是后三个道次为成型道次，需要满足比例凸度恒定的原则。

恒比例凸度法一般采用分段控制策略，如图 3.29 所示，即在前面道次不考虑板凸度和板形的影响，而只在后几个道次严格遵循比例凸度恒定原则，使轧件出口板形稳定。这种算法应用比较早，对早期中厚板压下规程制定有较大影响。

3.3.4.2 21世纪

进入21世纪，计算机轧制过程控制技术已应用在中厚板生产线上，以多种优化方法为前提的轧制规程在线自动计算与编制方法结合了不同方式的压下定位技术、厚度自动控制技术、板形控制技术，已广泛地应用在中厚板轧机上，实现了轧制规程的实时设定，使规程编制摆脱了以前主要靠经验编制的方法。

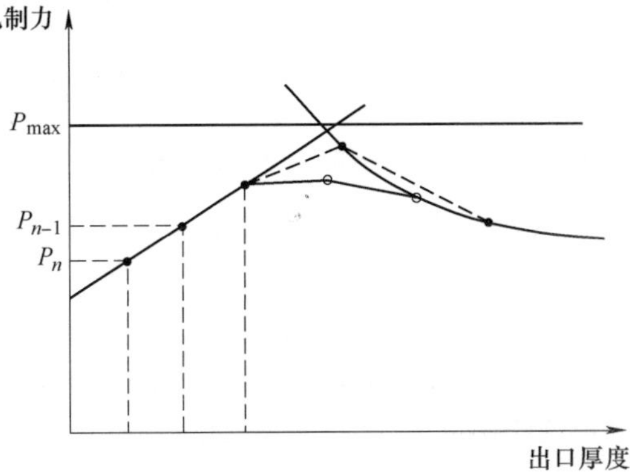

图3.29 中厚板压下规程分配的恒比例凸度法

3.3.5 计算机规程编制

计算机规程编制的核心是通过人工编程建立数学模型，使计算机按照给定的算法进行规程编制计算，计算机能对等负荷（等压力）、等凸度、等力矩计算结果进行比较，将控温与高轧制精度很好地结合起来，实现数据寻优迭代计算，合理地进行轧制过程优化配置，并将实测轧制压力和温度等数据及时用于计算结果的补偿和修正，同时还会将以往轧制数据存储，形成数据库，用于更为复杂的模糊数学计算、神经元法等人工智能计算的自学习和自适应。

3.3.5.1 编制原则

（1）负荷优化的原则：就是要充分、深入地分析和掌握各种因素在不同条件下对各机架轧制规程编排的影响，尽量地做到双机架轧制负荷均衡化及轧制节奏的紧凑化，使双机架的能力得到充分的发挥。

（2）料型选择的原则：要有助于轧制道次的减少，尤其是展宽道次的减少，并以较适宜的坯料厚度进行横轧以减少对轧机的冲击，确保展宽轧制的稳定性和准确性。

在轧制专用钢和品种板时，要根据双机架变形率分配及四辊轧机控温轧制的要求，给出控温方式和控轧工艺。

（3）双机轧制的原则：利用动态规划法进行单机的规程优化。比较两个轧机轧制周期的长短，通过迭代计算使轧制周期尽量相等，然后对各道次的力能参数进行平衡。

（4）单机轧制的原则：在编排双机架轧制规程时，要均衡各道次负荷，避免和减少尖峰负荷的出现，同时留有一定的余量确保主机设备的安全运行。

轧制规程的编制要在设备能力允许和能稳定操作的前提下，尽可能地减少道次、提高质量、提高产量。

3.3.5.2 规程编制时对几个轧制阶段作用的考虑

轧制过程中，成型轧制阶段、展宽阶段、展宽轧制后的延伸阶段的任务和作用是不尽相同的，编程时要考虑不同的策略。

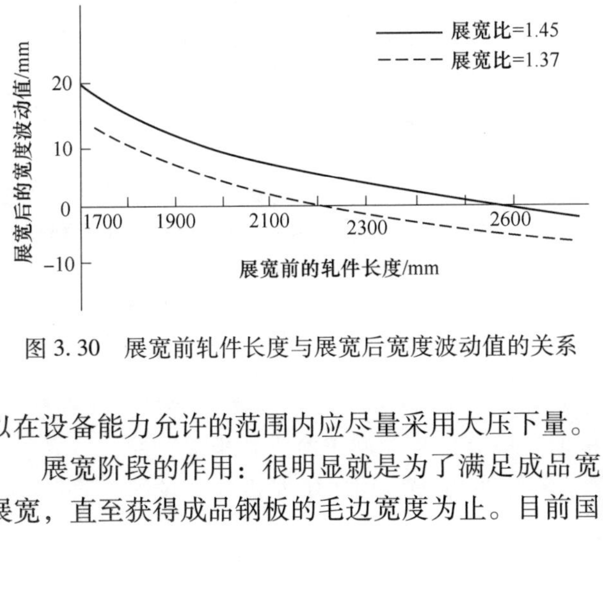

图3.30 展宽前轧件长度与展宽后宽度波动值的关系

成型轧制的作用：一是消除板坯表面不平或由于剪断引起的端部压扁的影响；二是保证展宽轧制前获得适宜的坯料厚度，减少横轧时的桶形，为提高展宽轧制阶段的板厚精度和展宽精度打下良好的基础。成型阶段轧件最终长度受到辊身长度的影响，轧制道次不宜过多。成型阶段还有一个重要作用，就是它可以改善最后产品的平面形状。实践证明展宽比越大时，要想获得良好的板形和平面形状，必须增加展宽前轧件的长度，如图3.30所示。成型阶段轧件温度比较高，轧件比较厚，板形不是制约轧制规程的因素，所以在设备能力允许的范围内应尽量采用大压下量。

展宽阶段的作用：很明显就是为了满足成品宽度的要求，将成型后的轧件在宽度或长度方向上得到展宽，直至获得成品钢板的毛边宽度为止。目前国内的中厚板生产过程主要采用横向展宽或纵向展宽法进行展宽轧制（对应轧制策略中的横-纵轧和纵-横轧）。展宽轧制使得轧件在纵、横两个方向上都得到变形，有助于改善钢板的各向异性。但是如果纵向变形和横向变形的分配比不合适，会造成轧件成材率降低。

展宽轧制时钢板展宽量的变化受板坯形状、展宽量、展宽比和成型轧制的影响，展宽量变化与展宽比（展宽轧制后的板宽与坯料宽的比值）之间的关系如图 3.31 所示。总体来说，展宽阶段轧件温度比较高，轧件厚度值也较大，板形已不是制约轧制规程的因素，所以在设备能力允许的范围内应尽量采用大压下量。

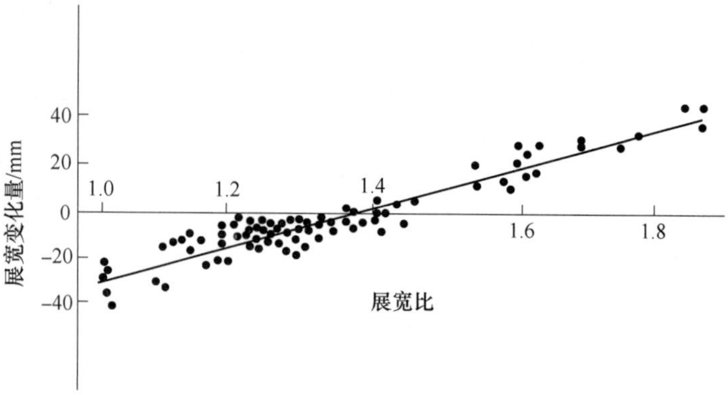

图 3.31　展宽变化量与展宽比的关系

延伸轧制作用：展宽轧制后，板坯需要旋转 90°进行延伸轧制，直至满足成品钢板的厚度、板形和性能要求。延伸轧制直接涉及产品最终的厚度精度、板形精度和综合性能，所以该阶段轧制规程的分配至关重要。

综合考虑中厚板坯料尺寸、成品尺寸以及成材率的要求，纵-横-纵的轧制策略是优先考虑的轧制策略，同时还要兼顾展宽比接近 1.4 时展宽变化量最小的条件。

21 世纪以来，由于连铸坯已经普及，为了增加坯料的单重，增大产量，很多厂家尽量加大坯料的长度，所以只要条件允许，一般不进行成型轧制，直接进行横-纵轧制。

3.3.6　国内外轧制规程编制的其他几种方法

3.3.6.1　联合控制凸度-板形法

上文提到的过去有些企业采用的恒比例凸度控制法，由于需要的精轧道次较多，而且忽略了中厚板轧制过程中的金属横向流动，所以开发出联合控制凸度-板形压下规程编制法。

这种方法在压下规程中考虑轧制过程金属横向流动的影响。据文献记载，板形与板凸度有如图 3.32 所示的关系。联合控制凸度-板形压下规程设计法允许在中间道次偏离等比例凸度线，实行一定程度的大压下轧制，只对末道次严格控制。由于厚板轧制过程中金属有较大的横向流动，偏离恒比例凸度线对板形不会产生太大的影响，但可以显著提高轧机的生产能力。其压下规程分配的示意图如图 3.33 所示。

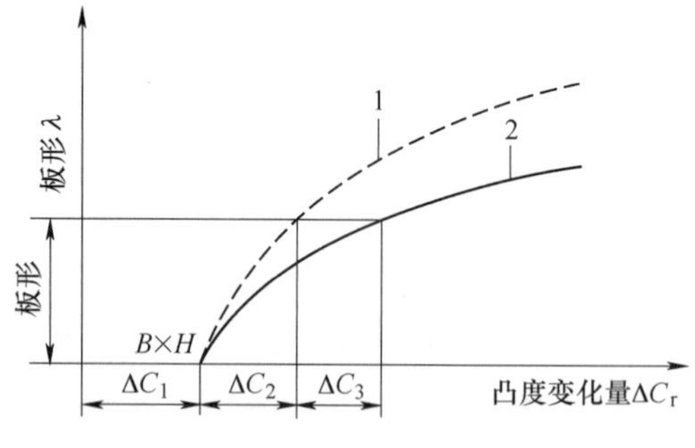

图 3.32　板凸度与板形之间的关系

1—不考虑横向流动时的板凸度-板形关系，$\lambda = \frac{2}{\pi}\sqrt{\frac{\Delta C_r}{H}}$；

2—考虑横向流动时的板凸度-板形关系，$\lambda = a\sqrt{\frac{\Delta C_r}{H}} - b$

ΔC_1，ΔC_3—金属流动产生的凸度变化；ΔC_2—纵向流动产生的凸度变化

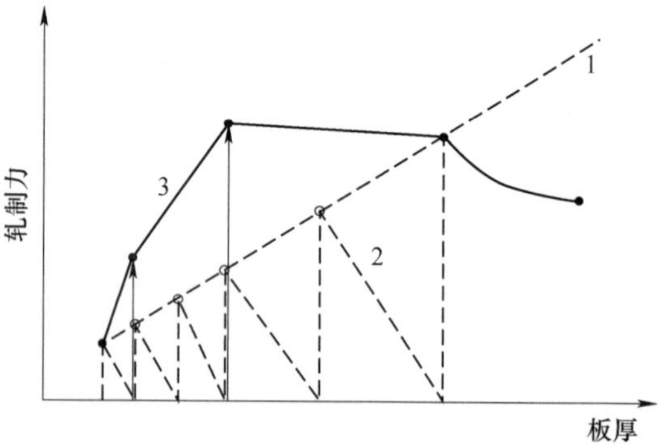

图 3.33　中厚板压下规程分配的联合控制凸度-板形法

1—恒比例凸度线；2—恒比例凸度法确定的压下规程；

3—联合控制凸度-板形法确定的压下规程

后来日本的 Nakajima K 等人在此基础上提出凸度-板形矢量分析法并用于冷连轧规程分配，该方法对轧件的板形控制有非常好的效果。后来 Pekka Mantyla 等人将这种方法应用于中厚板轧制过程，通过在线应用，该方法对于轧制宽薄中厚板有较好的板形控制效果。

3.3.6.2 带有板形控制的轧制规程分配方法

通常老式中厚板轧机缺少板凸度控制手段，所以在制定后部精轧道次的轧制规程时，需要遵循比例凸度恒定的原则，这必然限制轧机能力的发挥。随着大凸度控制轧机（如 PC 轧机、CVC 轧机）的出现，轧机具有了强有力的板凸度控制手段，因而中厚板压下规程的分配方法发生了变化。

这些新型轧机板凸度控制范围足够宽，所以它采用一种全新的压下规程分配法——带有板形控制的满负荷道次分配方法。该方法根据终轧厚度、终轧凸度的要求，在保证各个道次满负荷的条件下，制定相应的轧制规程。比例凸度恒定的原则可以通过强力板形控制手段调整进行补偿。图 3.34 是其中使用 PC 轧机的情况下，某一个道次的压下量和交叉角的确定方法示意图。

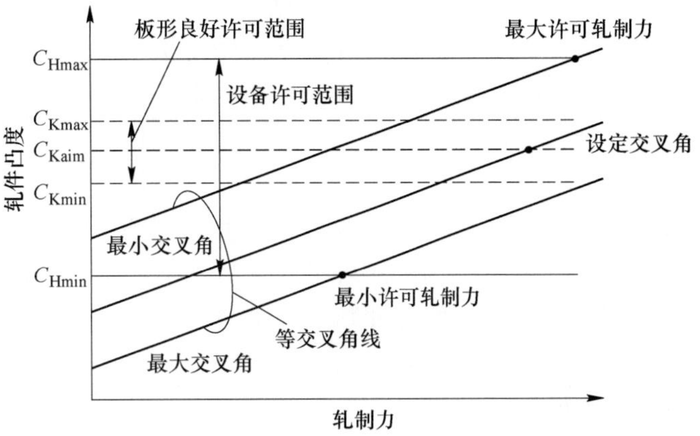

图 3.34 PC 轧机道次压下量和交叉角确定方法

由于出口板厚与板凸度已知，则根据恒比例凸度原则可以计算出入口比例凸度，然后计算出入口板凸度以及板形良好对应的凸度控制范围。采用该方法可以最大幅度地减少轧制道次，同时保持板形良好。

3.3.6.3 综合等负荷算法

综合等负荷的概念在 20 世纪 80 年代初提出，并在热连轧上得到应用，20 世纪 90 年代开始在中厚板上得到应用。这种算法的基本思想是将轧制力 P_i、轧制力矩 M_i、轧件凸度 C_i 等参数看成是道次入口厚度 h_{i-1} 或出口厚度 h_i 的单调函数。这些函数称为负荷函数。取综合负荷函数 $f_i(h_{i-1}, h_i)$ 的表达形式为式（3.2）：

$$f_i(h_{i-1},\ h_i) = \min\left\{\alpha_{Pi}\frac{P_{i\max} - P_i}{P_{i\max}},\ \alpha_{Mi}\frac{M_{i\max} - M_i}{M_{i\max}},\ \alpha_{Ci}\frac{C_{i\max} - C_i}{C_{i\max}}\right\} \tag{3.2}$$

式中，$P_{i\max}$、$M_{i\max}$、$C_{i\max}$ 分别表示 i 道次对应的最大轧制力、最大轧制力矩、最大板凸度限制；α_{Pi}、α_{Mi}、α_{Ci} 分别表示 i 道次对应的轧制力、轧制力矩、板凸度分配系数。

取目标函数为公式（3.3）：

$$\min_{h_0,\ h_1,\ \cdots,\ h_n}\ \max_i\{f_i(h_{i-1},\ h_i)\,|\,i = 1,\ 2,\ \cdots,\ n\} = \max_{h_0,\ h_1,\ \cdots,\ h_n}\ \min_i\{f_i(h_{i-1},\ h_i)\,|\,i = 1,\ 2,\ \cdots,\ n\} \tag{3.3}$$

该目标函数存在且唯一存在最优解，并满足式（3.4）：

$$f_1(h_0,\ h_1) = f_2(h_1,\ h_2) = \cdots = f_n(h_{n-1},\ h_n) \tag{3.4}$$

该算法适应性强，能够根据需要添加或删除约束条件。对于不同工艺要求，可以很灵活地选取分配系数来满足。同时其求解过程可以简化为求单调函数的最优解，所以容易求解。

为了克服该算法迭代过程中出现的导数不连续和初值选取困难等问题，我国白埃民、周和敏等提出了逆向算法。为了进一步简化计算，我国胡贤磊、矫志杰等又提出了可变道次的正向算法，这些改进措施拓展了该算法的应用范围。

3.3.6.4 带弯辊的逼近满负荷分配法

随着轧机能力和轧制宽度的不断增大，工作辊弯辊系统逐渐得到应用，有关文献中提出逼近满负荷分配法。

分析中厚板轧制过程可知，对轧件板形和板凸度起决定性影响的道次主要是后三四个道次，前面道次轧件厚度比较厚，凸度遗传效应小，所以不必对一块钢所有轧制道次全部采用弯辊进行板形控制，只需要在后几个关键道次采用弯辊进行板形和板凸度调整即可满足相应的精度要求。

结合这个特点，该方法充分考虑中厚板的横向流动，只在最后三或四个道次进行弯辊控制，各道次允许比例凸度在板形良好范围内波动，而前面道次不采用弯辊，并尽量发挥轧机的能力采取大压下量。

弯辊力最大设定值是一个关键参数。目前一些有弯辊装置的轧机通常弯辊力不大，有的最大值只有2000kN，这意味弯辊力的有效控制凸度是有限的。

弯辊力的设定需要考虑最后三～四个道次的比例凸度变化量。假定只对最后三个道次采用弯辊控制，如图3.35所示，目标凸度是C_n，倒数第四个道次的轧件出口比例凸度是C_{n-4}，对于倒数第三和第二道次，首先在不考虑板形要求的条件下计算最大压下量，并计算出口板形和板凸度，然后设定弯辊力，尽量使其出口板凸度位于恒比例凸度线，如果弯辊力设定值达到上限，而出口板凸度仍不能达到恒比例凸度线，则适当减小该道次许可最大轧制力，并重新设定弯辊力，如果通过调整许可最大轧制力还不能满足恒比例凸度要求，则弯辊力取上限值。对于最后一个道次，当道次许可最大轧制力调整完毕且弯辊力设定值达到上限时，如果出口板凸度仍不能满足目标凸度时，需要再次调整目标凸度，使之满足恒比例凸度要求。

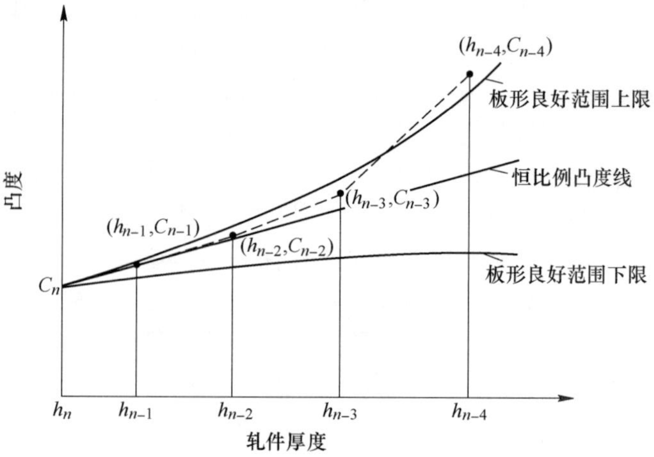

图3.35　板凸度变化与厚度的关系

3.3.7　规程编制步骤和流程

目前中厚板轧制规程的编制步骤通常如下：

（1）根据原料尺寸和生产的钢板品种规格，在满足轧件顺利咬入的条件下，确定轧制道次，分配各道次的压下量，并得出各道次压下量分配率。

（2）制定速度制度，计算轧制时间，并确定各道次的轧制温度。

（3）按上述确定的参数，计算轧制压力、轧制力矩和主电机传动力矩。

（4）校核轧辊以及传动系统强度，验算主电机能力。

（5）对于不合适的某些部分进行修正而得到比较理想可行的压下规程。

这种设计方法，一个很重要的前提是设计者要有一定的生产经验，并且要有参考对象，才能设计出可行的压下规程。这样得到的轧制规程虽然可行，但是从某些方面来说不是最优的。我们希望制定的轧制规程既可行，又要对我们所追求的目标是最优的，这样的轧制规程，我们称为优化轧制规程。某企业轧制规程制定流程见图3.36。

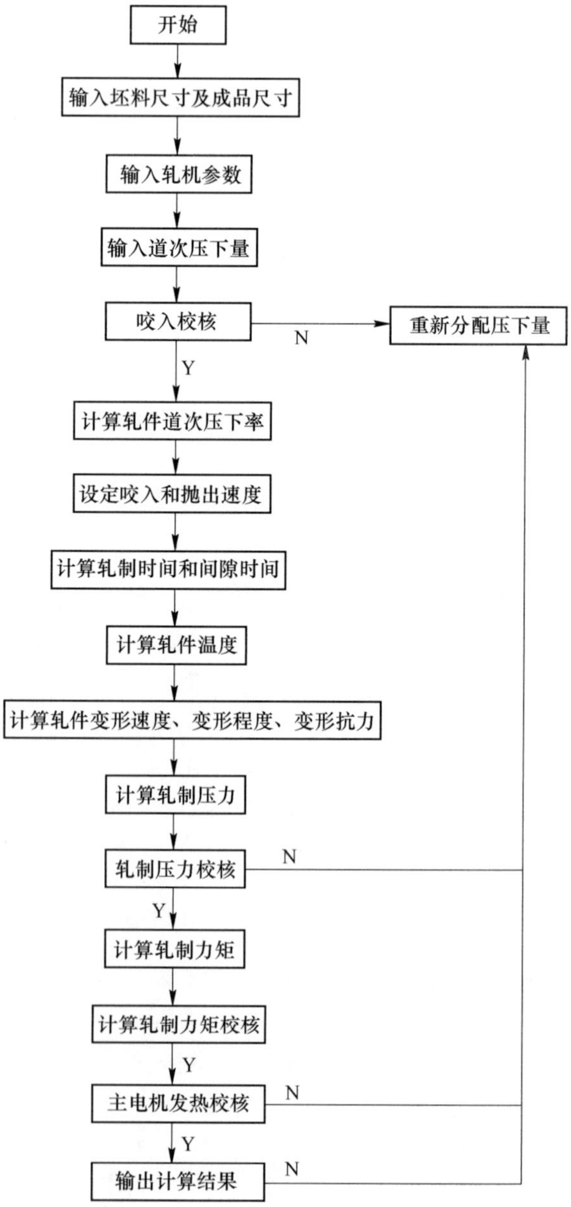

图3.36　某企业轧制规程制定流程图

3.3.8　规程设定计算

轧制规程设定计算是轧制模型的主体内容，目的是在线为粗轧、精轧实时计算轧制规程。通常设计有两次在线设定计算：

（1）当板坯出炉时，根据数据通信传过来的轧件PDI数据和板坯出炉温度进行第1次设定计算，为基础自动化输出初步的基准值。

（2）当板坯到达粗轧入口时，根据实测的板坯温度进行第 2 次设定计算，修正前次计算的结果，以提高规程的预报精度。同时设计有操作工离线请求计算功能，操作工可选择加热炉内任一板坯进行模拟计算，分析规程的可行性与合理性。

（3）轧件温度计算是根据板坯出炉温度计算轧件在轧线上不同位置的温度，如粗轧各道次温度、精轧各道次温度、热机轧制待温时间计算等，主要模型有：热辐射温降模型、高压水除鳞温降模型、热传导温降模型、对流温降模型和轧制变形热计算模型等。

（4）力能参数计算包括各道次变形抗力计算、轧制力计算、轧制力矩计算、残余应力计算等。

（5）辊缝计算包括轧机弹跳计算、轧件宽度补偿计算、辊径补偿计算、轧辊热膨胀计算、轧辊磨损计算等。

（6）轧制时间（节奏）计算包括钢板运输时间、各道次纯轧时间、间歇时间、转钢时间、待温时间等的计算，为各道次的温降计算准备数据，并最终计算出粗轧、精轧的轧制节奏。

（7）规程优化计算是用迭代计算等方法，按不同阶段的工艺要求优化各阶段轧制负荷，如按最少道次原则优化各阶段道次数，按板形良好原则优化后三个道次的轧制负荷等。

（8）轧制规程计算模型采用了集成化设计理念，将粗轧和精轧两个工艺过程看成一个整体，统一考虑定尺、宽展和延伸三个轧制阶段的轧制过程，同时计算粗轧和精轧的轧制规程，通过改变中间坯的厚度，能有效控制粗轧和精轧的轧制负荷与生产节奏。

某企业轧制规程设定计算监控画面如图 3.37 所示。

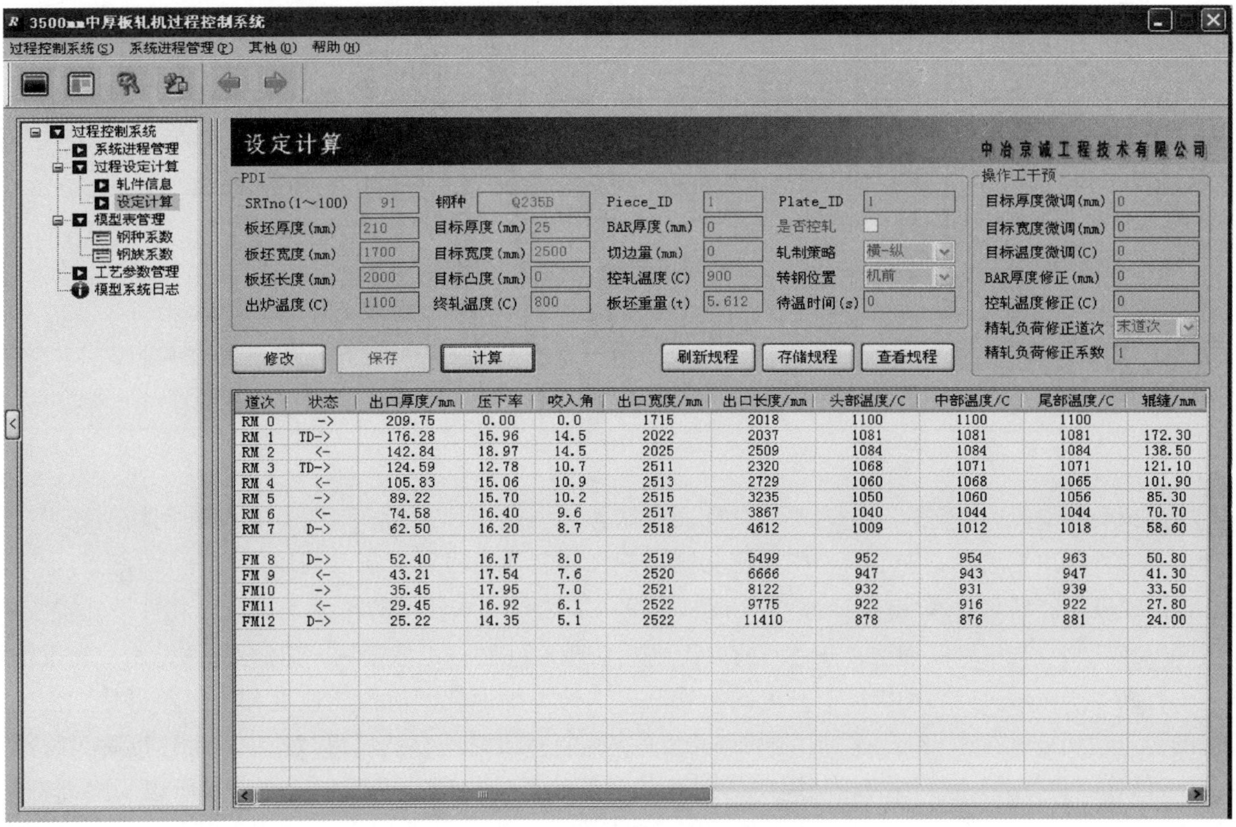

图 3.37 某企业轧制规程设定计算监控画面

3.3.9 需关注的有关事项

3.3.9.1 保证板形良好

保证板形良好的主要条件是轧制力要达到要求。因为在精轧过程使板形良好，也就是使钢板在轧制时沿横向延伸均匀，轧制力的波动会引起轧辊弹性弯曲变形的变化，这样会使轧辊辊缝凸度变化，因而钢板沿横向延伸不均。这种不均匀延伸，容易在钢板内部产生残余应力，而破坏板形形状。当由于延伸不均产生的残余应力大于一定值时，就会使钢板产生瓢曲、波浪等缺陷。

在中厚板轧制过程中，由板形所提出的条件就是要使轧制力逐道次减小，也就是要使轧辊的弹性弯曲变形逐道次减小，这样能保证辊缝凸度逐道次减小，使轧制出的钢板尺寸精度高、横向厚差小。比例凸度一定的压下规程编制方法，是在所选用的原料和成品钢板尺寸确定之后，在考虑到各道次的咬入条件、轧制力、轧制力矩的限制条件的同时，还要考虑到成品钢板的凸度，也就是要使成品钢板的板凸度限制在一定的范围之内，并由成品钢板的板凸度来确定轧制各道次达到成品钢板板凸度所需要的压下量。

按比例凸度一定的原则设计压下规程时，由成品道次逆向计算各道次钢板厚度，即确定了各道次的压下量，如图 3. 38 所示。在伸长阶段，前几个道次是按最大力矩和最大轧制力限制来确定压下量。为防止轧制力变化急剧影响板形，中间作过渡处理而得到各轧制道次的钢板厚度，从而构成按板凸度一定的压下规程。

由于钢板在轧制过程中存在一定的横向流动，因此为提高轧机的生产能力，充分发挥设备的作用，减少轧制道次，可适当加大压下量。这样就不一定完全遵循“比例凸度一定”的原则，而是尽量采用较大的压下量。这种制定压下规程的方法如图 3. 39 所示。其目的是在板凸度较小的情况下提高轧机的生产能力。

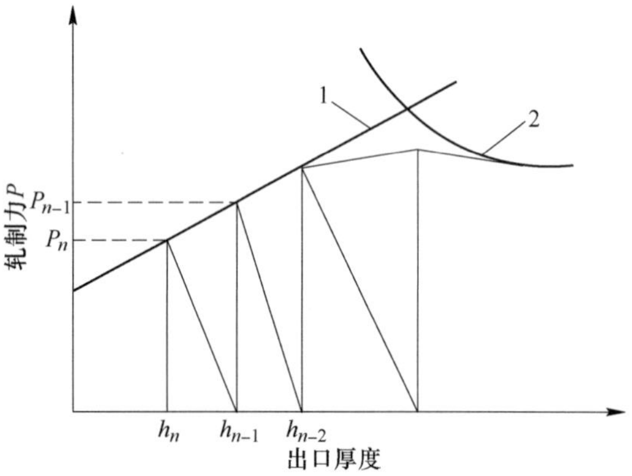

图 3. 38　厚板轧制压下规程计算顺序
1—按板凸度一定原则确定 Δh；
2—轧制扭矩限定线；h_n—成品板厚

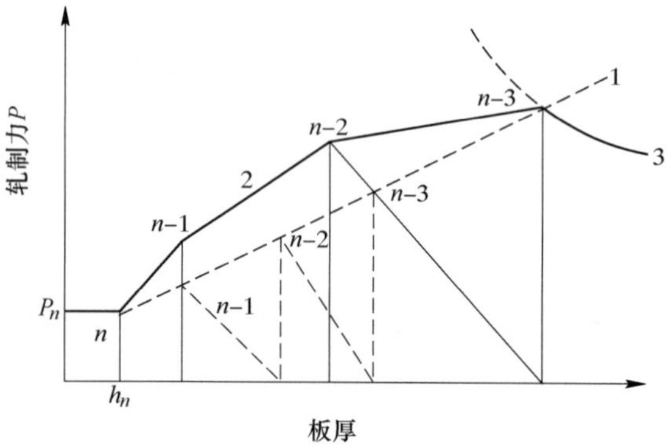

图 3. 39　确定厚板轧制压下规程的新方案
1—按板凸度一定原则确定 Δh；
2—新的压下方案；3—轧制扭矩限定线

3. 3. 9. 2　保证轧机的产量高

中厚板轧制要提高产量，一是需要减少轧制道次，加大道次压下量；二是如何使轧制周期缩短，确定合理的咬入和出钢速度。中厚板采用可逆轧制，并且轧制速度可调。按其速度制度可分为三角形速度图和梯形速度图。轧辊咬入轧件之前，其转速从零空载加速到咬入轧件的转速 n_y，此时轧件被轧辊咬入；而后轧辊在轧制过程中继续加速，并达到最大转速 n_d后减速轧制；当减速到 n_p 时将轧件抛出，轧辊继续减速一直到零。然后反向启动继续下一道次的轧制。这种不等速轧制阶段的速度称为三角形速度图。当轧辊的转速达到最大转速 n_d时，以 n_d的转速进行等速轧制一段时间，然后再减速，这种速度称为梯形速度图。可以证明三角形速度图的轧制周期与同等轧制条件下的梯形速度图相比要短。所以为提高产量，应尽量采用三角形速度图。只有当主电机能力不足或轧件较长时，才采用梯形速度图。

3. 3. 9. 3　保证钢板性能好

要保证钢板的力学性能、工艺性能和某些特殊的物理化学性能，则需要合理确定工艺制度，以保证轧制后的钢板组织达到要求。所以需要控制好开轧温度、终轧温度以及变形量。控制轧制和控制冷却则能显著提高钢板的综合力学性能。保证钢板的性能，对轧制规程的制定主要是确定温度制度。对于控制轧制来说则是确定温度和变形量间的关系。压缩比对保证钢板的性能也是至关重要的，尤其是以连铸坯为原料时必须要保证压缩比的要求。图 3. 40 给出了中厚板压下规程设计流程图。

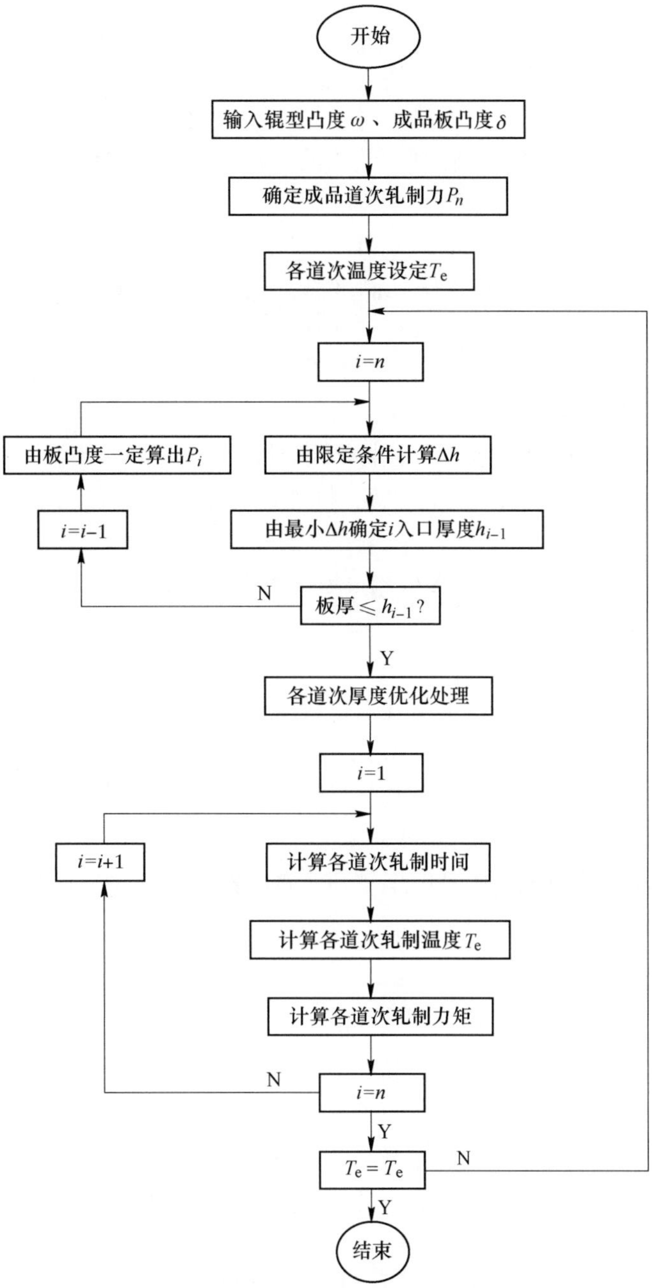

图 3.40　中厚板压下规程设计流程图

3.4　轧制工艺与轧制方式

3.4.1　轧制工艺的分类

国际上，通常将轧制工艺分为传统轧制工艺和热机轧制工艺两种。传统轧制工艺又可分为普通轧制（AR）和控制轧制（CR）。热机轧制工艺又可分为非水冷热机轧制和水冷热机轧制。

我国目前通常将只需在奥氏体再结晶区完成轧制，终轧温度高于1000℃，轧制方式只采用一个阶段轧制，主要通过控制开轧温度、道次压下量和道次数来完成钢板轧制的归为普通轧制（AR）。将需要两个阶段或三个阶段完成轧制，并使所有的热轧条件如加热温度、各轧制道次的温度、压下量都达到最佳化，最终能使奥氏体状态相变为微细铁素体组织的轧制工艺归为控制轧制（CR）。将控制轧制和加速冷却工艺结合在一起，不单纯依靠合金元素，能使铁素体晶粒细化，能使钢材强度提高的同时而不降低其韧性，能提高焊接性能的工艺归为控轧控冷（TMCP）。目前国内一些骨干企业，在完成TMCP工艺的同时还能完成热处理工序中的淬火工艺（DQ）。

3.4.2　轧制工艺的演变

3.4.2.1　国外轧制工艺的演变

综合分析国外的有关文献，可将国外轧制工艺的演变按年代并以管线钢为例分为以下几个阶段：

（1）20 世纪 40 年代后期~50 年代中期，是传统轧制（普通轧制）生产碳-锰钢时期（生产了低级别的管线钢）。

（2）20 世纪 50 年代中期~末期，是传统轧制（普通轧制）+正火处理生产碳-锰钢时期（生产出管线钢 X52）。

（3）20 世纪 60 年代，是传统轧制（普通轧制）生产正火处理的微合金碳-锰钢以及温控轧制生产微合金碳-锰钢时期（开发了管线钢 X65）。

（4）20 世纪 70~80 年代初期，是热机轧制生产低碳微合金锰和锰-钼钢时期（开发了管线钢 X70）。

（5）20 世纪 80 年代中期~21 世纪，是热机轧制+加速冷却时期，在这个时期开发出高等级的管线钢 X80、X90、X100、X120。

（6）21 世纪日本等国家还开发出在线淬火+在线回火工艺（HOP）。

3.4.2.2　国内轧制工艺的演变

我国中厚板生产起步较晚，所以轧制工艺开发也较晚，简单归纳为 20 世纪 60~80 年代中期，以传统轧制（国内称普通轧制）为主。20 世纪 80 年代中期开始尝试控制轧制工艺，直到 20 世纪 90 年代才形成完善的控制轧制体系。20 世纪 90 年代末期~21 世纪初期开始尝试控轧控冷工艺，尤其是 2007 年起推广控轧+新一代超快冷工艺后，我国的轧制工艺才有了一个质的飞跃。

目前除极少数特殊品种的轧制工艺还有待挖掘和完善之外，绝大部分品种的轧制工艺与国际同步。

3.4.3　演变中各种轧制工艺的特点

3.4.3.1　普通轧制

这种轧制工艺在性能上只可获得适中的抗拉强度，但不能满足韧性的要求，多数情况下在提高强度的同时会降低韧性和焊接性能。

普通轧制通常是在奥氏体再结晶区完成，终轧温度在 1000℃ 以上。轧制方式仅采用一个阶段轧制，主要通过调整开轧温度、道次压下量和道次数来完成成品钢板轧制。该工艺的特点在于轧制温度高并且轧制时间短。

对一般用途的普通碳素钢、中高碳钢等，可采用普通轧制工艺。这些钢种的特点是具有适中的抗拉强度并且没有或具有较少的韧性要求。

3.4.3.2　控制轧制

控制轧制的主要特点是打破了普通轧制只求钢板成型的传统观念，不仅通过轧制使钢板得到所规定的形状和尺寸，而且要通过钢的高温变形充分细化晶粒并改善其组织，以获得通常需经常化处理后才能达到的综合性能。经过不断发展，目前已成为一项科学的形变热处理技术和节省能源的工艺技术。

控制轧制工艺主要是通过加热温度、轧制过程中各个道次的轧制温度、压下量等轧制参数的控制与优化来进行奥氏体状态的控制，为随后冷却过程中得到细小相变组织积累条件。也可简单归纳为：使所有的热轧条件最佳化（含加热温度、各轧制道次的温度、压下量），使奥氏体状态相变成微细铁素体组织的控制调整工艺。

目前，通常将控制轧制工艺分为奥氏体再结晶区控制轧制、奥氏体未再结晶区控制轧制、两相区控制轧制三种工艺方法，示意见图 3.41。

3.4.3.3　控轧控冷

控轧控冷的主要特点是它不单纯依赖合金元素，而是通过形变过程中对再结晶和相变行为的有效控

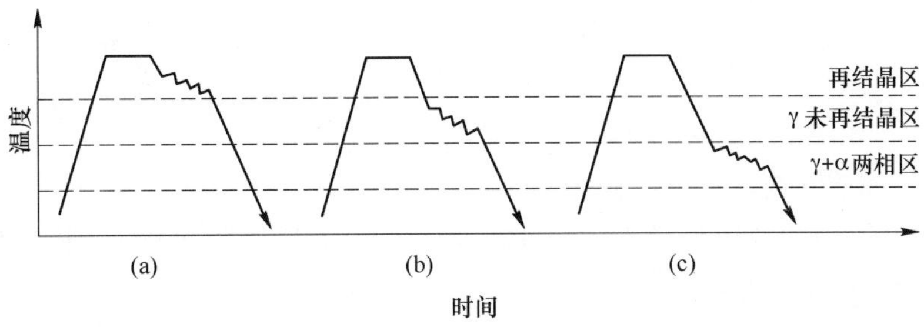

图 3.41 控制轧制的类型
（a）再结晶区控轧；（b）未再结晶区控轧；（c）两相区控轧

制，结合轧后快速冷却工艺，达到细化铁素体晶粒组织、使钢板强度和韧性同时都提高的目的，而且在降低碳当量的情况下能够生产出相同强度级别的钢材，从而使焊接性能也大大提高。控轧控冷奥氏体和铁素体的组织变化模式见图 3.42。

在实际生产操作中，由于控轧控冷工艺中有许多参数可以调节，如轧制中的温度制度、压下制度，冷却制度中的开冷温度、加速冷却前的冷却方式等，都是重要的控制参数。所以控轧控冷工艺在具体实施过程中有非常多的可变性和控制方式，但所有的控制方式都是围绕控制产品最终的组织和性能。

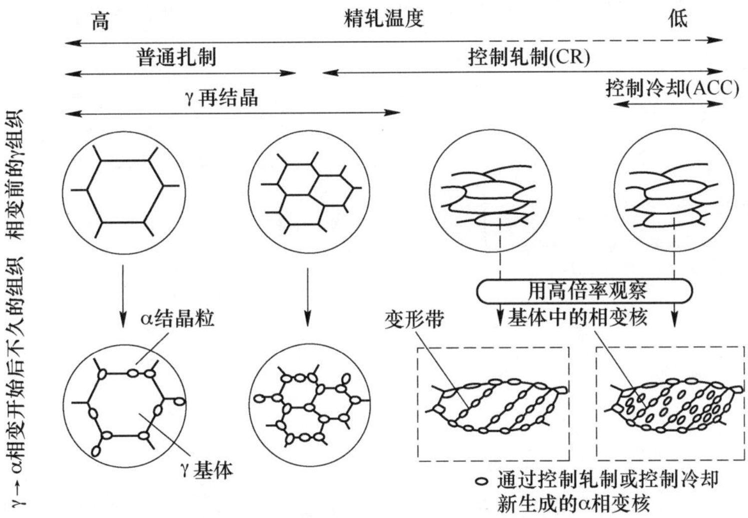

图 3.42 控轧控冷奥氏体和铁素体的组织变化模式图

3.4.3.4 其他工艺

进入 21 世纪，中厚板的高端品种不断涌现，产生了不少新的轧制工艺，以下列出其中一些工艺的名称，如：

（1）特厚船板轧制中的低速大压下工艺。

（2）大厚度钢板的常化+NAC 工艺。

（3）焊接复合坯轧制中的高温低速大压下工艺。

（4）抗延迟断裂的工艺。

（5）低温轧制工艺。

（6）终轧后增加一个弛豫阶段的弛豫-析出-控制相变工艺。

（7）在线直接淬火工艺。

（8）管线钢中的 HTP 工艺。

（9）碳分配钢的 QPT 工艺。

（10）变截面板轧制工艺。

（11）正在探索中的在线 HOP 工艺等。

3.4.4　轧制方式的演变

3.4.4.1　粗轧阶段

粗轧阶段的主要任务是展宽和延伸轧制。

展宽轧制主要是为了得到既定的轧制宽度，将成型轧制后的轧件转动 90°，沿轧件延伸方向与原料纵轴方向垂直进行轧制至所要求的宽度。

延伸轧制是指将展宽到既定宽度的轧件，再一次旋转 90°，回到原料的长度方向，轧制到要求的中间坯厚度。

中间坯对成品钢板有着重要的影响，粗轧阶段不仅要为精轧阶段提供厚度准确、平面形状矩形的中间坯，而且要减少中间坯的凸度，从而才能适应钢板高精度的精轧要求。

我国的中厚板生产历史中，由于轧机型式的不同，所用原料的不同，曾派生出粗轧阶段的多种轧制方法，如角轧-纵轧法、咬边返回轧制法、全横轧法、全纵轧法、留尾轧制法、横轧-纵轧法等，经过不同历史时期的演变，目前使用最广泛的只剩横轧-纵轧法（也称综合轧制法）。

A　角轧-纵轧法

所谓角轧就是将轧件纵轴与轧辊线成一定角度送入轧辊进行轧制的方法，见图 3.43。其送入角在 15°~45°范围内变化，每一对角线轧制 1~2 道后即更换到另一对角线进行轧制。

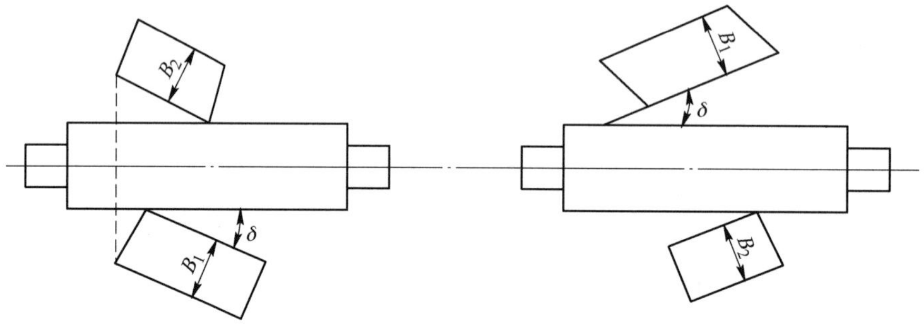

图 3.43　角轧-纵轧法

轧件在角轧时每轧一道都会使轧件在原宽度方向得到一定的延伸而使宽度加大，同时轧件会变成平行四边形。当轧件转向另一对角线轧制时，轧件宽度继续加大，而轧件从平行四边形回到矩形。

角轧的优点是可以改善咬入条件、减少咬入时产生的巨大冲击力，而且角轧时轧件和轧辊的接触宽度小于横轧，因而也使轧制压力减小，从而改善了板形，提高了产量。

对于过窄的板坯采用角轧法可以防止轧件在导板上“横搁”。角轧-纵轧法由于使轧件在纵、横两个方向上都得到变形，因而能改善轧件的各向异性。

缺点是需要拨钢，因而使轧制周期延长，降低了产量，而且送入角及钢板形状难以控制，使切损增大，成材率降低，劳动强度大，操作复杂，难以实现自动化。因此角轧-纵轧法主要用在以钢锭作原料的三辊劳特式轧机上。

我国中厚板 60 年的生产历史中，曾有 14 套三辊劳特式中板轧机，到 21 世纪初已全部淘汰，所以角轧-纵轧法已不采用。

B　咬边返回轧制法

过去采用钢锭作为原料时，在展宽轧制完成后，如果按照正常情况转钢 90°，进行终轧，容易造成最终产品的头尾产生较大的燕尾形（或称鱼尾形），造成切损增加。

为此在展宽阶段完成后，将钢板头尾各轧薄一定长度，即根据设定的咬边压下量确定辊缝值，将轧件一个侧边送入轧辊并咬入一定长度，轧辊反转退出轧件，然后轧件转过 180°将另一侧送入轧辊并咬入相同长度，轧辊反转退出轧件，最后轧件转过 90°进行纵轧，消除轧件边部凹边，得到头尾两段都是平齐的端部。其原理见图 3.44。

目前很少出现直接用钢锭作原料的，所以咬边返回轧制法也很少采用。

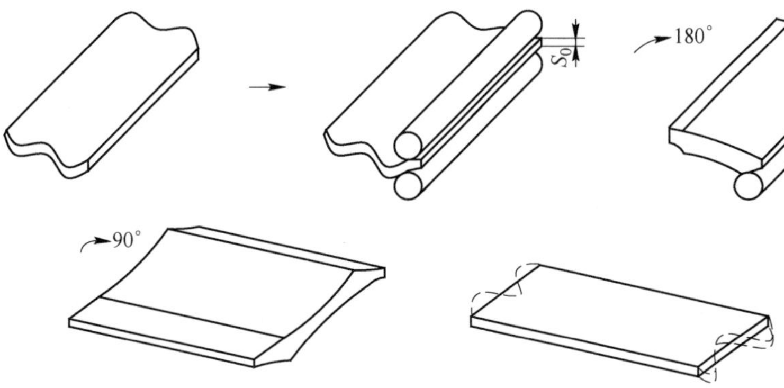

图 3.44　咬边返回轧制法

C　全横轧法

全横轧法即将板坯进行横轧直至轧成成品。此法只能用于板坯长度大于或等于钢板宽度时。当用连铸板坯作原料时，采用全横轧法与采用全纵轧法一样会造成钢板组织性能明显的各向异性。

但如果用初轧板坯作原料，由于初轧时轧件的延伸方向与厚板轧制时的延伸方向相垂直，因而改善了钢板的各向异性，改善钢板的横向性能。

为使钢板性能较为均匀，通常在由钢锭算起的总变形中使其纵向和横向的压下率相等。根据这一原则就可以确定中厚板轧制所需的板坯厚度。即从 $H_0/h_1 = h_1/h_2$ 的原则出发选择板坯厚度，得 $h_1 = (H_0 h_2)^{1/2}$（式中 H_0为钢锭平均厚度，h_1为板坯厚度，h_2为钢板厚度）。

此外全横轧法比综合轧制法可以得到更整齐的边部，钢板不易成桶形，见图 3.45，因而减少了切损。还由于全横轧法比综合轧制法减少一次转钢时间，使产量有所提高。因此全横轧法经常用于以初轧坯为原料的中厚板生产。但由于受到钢坯长度规格数量的限制，调整钢板宽度的灵活性小。

目前在以连铸坯为主的原料条件下，基本上不再采用全横轧法。

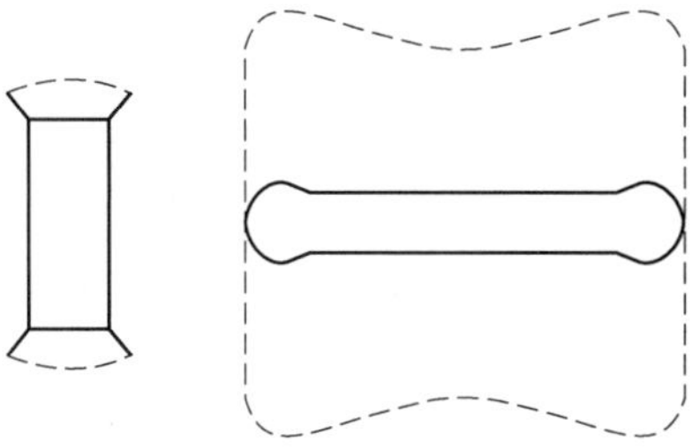

图 3.45　横轧变形情况

D　全纵轧法

纵轧法就是钢板的延伸方向与原料（钢锭或钢坯）纵轴方向相一致的轧制方法。

当原料的宽度稍大于或等于成品钢板的宽度时就可不用展宽轧制，而直接纵轧轧成成品，所以称全纵轧法。

全纵轧法由于操作简单所以产量高，轧制钢锭时钢锭头部的缺陷不致扩展到钢板的全长上去。

全纵轧法由于在轧制中（包括在初轧开坯时）轧件始终沿着一个方面延伸，使钢中偏析和夹杂等呈明显的带状分布，带来钢板组织和性能的各向异性，使横向性能（尤其是冲击性能）降低。全纵轧法由于无法用轧制方法调整原料的宽度和钢板组织性能的各向异性，因此在过去的实际生产中用得不多，目前生产中更是基本不用。

E　留尾轧制法

留尾轧制法是我国舞钢第一轧钢厂（4200mm 单机架轧机）等少数厂采用的轧制方法，由于原料为模铸和电渣重熔钢锭，锭身有锥度，尾部有圆角，所以成品钢板尾部较窄，增大了切边量。留尾轧制法示意见图 3.46。在成型阶段最后一个道次，将钢锭沿长度方向轧制，快到尾部时，快速抬起轧辊，留一段尾部不轧，然后将轧件转过 90°进行展宽轧制，增大尾部宽展量，使切边损失减小。采用咬边返回轧制法和留尾轧制法可使成材率提高 2%~4%。国内大部分中厚板厂以连铸坯为原料，轧制时不需采用留尾轧制法。

F　综合轧制法

综合轧制法即横轧-纵轧法。横轧是钢板的延伸方向与原料的纵轴方向成垂直的轧制方法，见图 3.47。

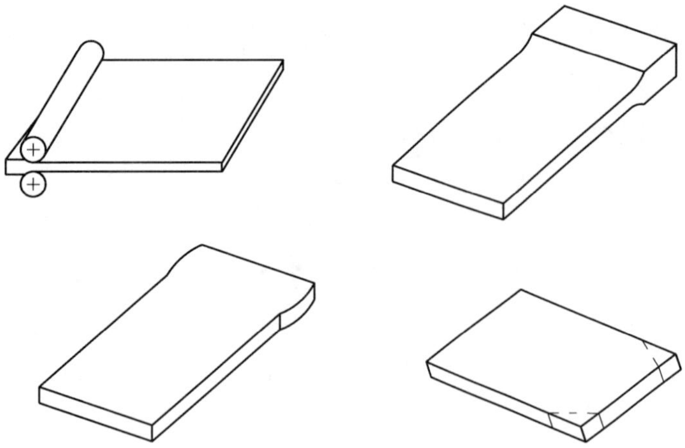

图 3.46　留尾轧制法

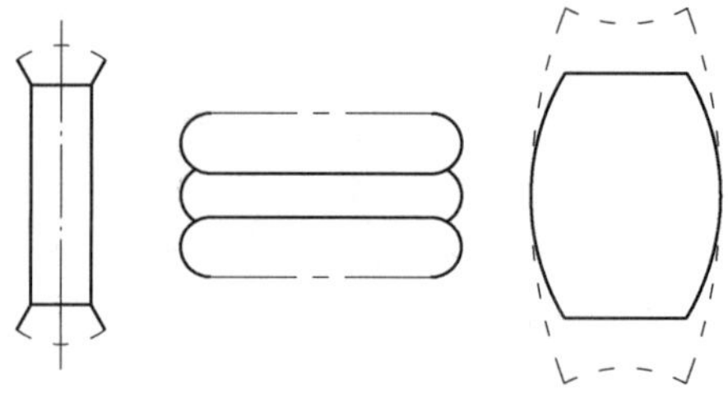

图 3.47　综合轧制的变形情况

综合轧制法一般分为三步：首先纵轧 1~2 道次平整板坯，称为成型轧制；然后转 90°进行横轧展宽，使板坯的宽度延伸到所需的板宽，称为展宽轧制；最后再转 90°进行纵轧成材，称为延伸轧制。

综合轧制法是目前轧制中厚板中最广泛、最常用的方法。其优点是：板坯宽度不受钢板宽度的限制，可以根据原料情况任意选择，比较灵活；由于轧件在横向有一定的延伸，改善了钢板的横向性能。

通常连铸坯的规格尺寸比较少，因此更适合采用综合轧制法。

3.4.4.2　立辊轧制法

立辊轧制法是日本新日铁名古屋厚板厂开发的技术，在采用 MAS 轧制法的基础上，辅之立辊轧边，用立辊改善平面形状的模式，见图 3.48。其主要功能是：使平面形状接近矩形；控制边部形状，减少重叠；提高宽度精度。特点是：在轧件的长度方向修正头尾板形，在轧件的宽度方向修正边部板形。它与 MAS 法配合使用，可以很好地控制钢板的平面形状，实现无切边轧制。

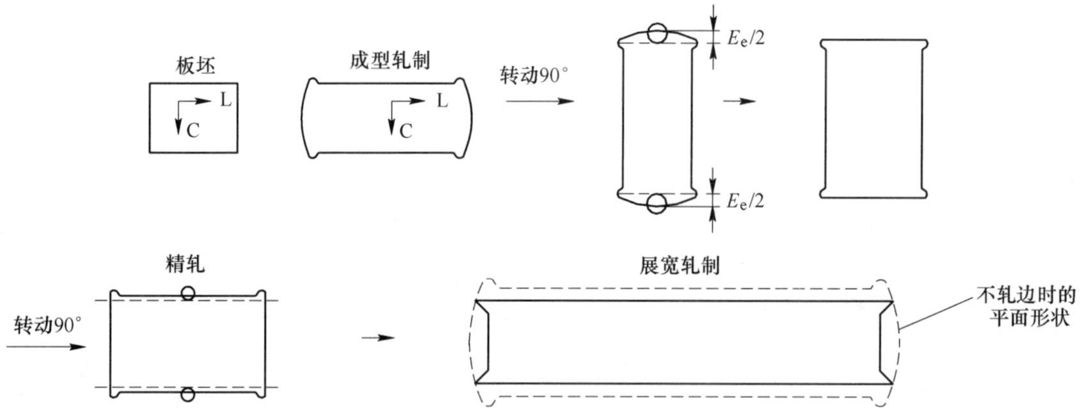

图 3.48　附属立辊轧制法

3.4.4.3　目前精轧阶段的主要任务

精轧阶段的主要任务就是质量控制，包括厚度、板形、表面质量、性能控制。轧制的第二阶段粗轧与第三阶段精轧间并无明显的界限。通常把双机架布置的第一架轧机称为粗轧机，第二架轧机称为精轧机。

对两架轧机轧制节奏要求尽量相等，这样才能提高轧机的生产能力。而在压下量分配方面粗轧机约占 80%，精轧机约占 20%。

精轧阶段主要是对中间坯（或中间厚度的坯料）继续进行延伸轧制，此阶段的轧制重点是保证钢板的平直度、控制钢板的性能、进一步提高钢板的表面质量（光洁度）、完成钢板尺寸的精确控制。精轧阶段在对中间坯（或中间厚度的坯料）继续延伸轧制成成品钢板的过程中，钢板的性能控制、平直度控制、厚度精度控制等几个方面是密不可分的，是有机地联系在一起的，是对以温度控制和形变控制为前提的轧制过程的细化。

3.4.4.4　精轧阶段与粗轧阶段的划分

精轧阶段与粗轧阶段的划分通常与机架的布置有关：单机布置时，精轧阶段与粗轧阶段划分不明显；双机架布置时，第一机架称为粗轧机——粗轧阶段，第二机架称为精轧机——精轧阶段，双机架布置见图3.49。

图3.49　粗、精轧机双机架布置

粗轧机和精轧机之间的阶段划分与负荷（压下量）的分配是中厚生产系统中较为系统、复杂的技术问题。它涉及工艺布置、主机设备能力、原料尺寸、产品规格、控制轧制等多方面的因素，而且各种因素在不同的生产方式或条件下，其作用的先决性和相互关联性将发生不同的变化，有的因素及条件将被强化，有的因素及条件将被淡化或忽略。

因此，双机架的负荷分配与优化要充分、深入地分析和掌握各种因素在不同条件下对各机架轧制规程编排的影响。在编排双机架轧制规程时，一是要均衡各道次负荷，避免和减少尖峰负荷的出现，同时留有一定的余量，确保主机设备的安全运行；二是要尽可能地做到双机架轧制负荷均衡化及轧制节奏的紧凑化，使双机架的轧制能力与其他在线主要设备能力相匹配，从而实现生产效能的最大化。一般的经验是粗轧机负荷量约为总变形（压下量）的80%，精轧机的负荷量约为总压下量的20%。

3.4.4.5　分阶段轧制和多块钢轧制

控制轧制非常普及的情况下，轧制工艺又派生出一块钢轧制、多块钢轧制和交叉轧制的工艺。

根据生产钢种、规格以及成品性能的不同要求，控制轧制需考虑分阶段轧制，一般分为两阶段轧制和三阶段轧制。

由于控制轧制要控制不同轧制阶段的开轧温度，因此在轧制过程中势必存在中间坯的待温过程。

对于单机架，如果中间坯的待温时间大于其上一个阶段的轧制时间，则可以在这段时间内安排下一块钢的轧制。

对于双机架，如果中间坯的待温时间大于其在粗轧机和精轧机各自的轧制时间，则在中间坯待温时间内也可考虑进行下一块钢的轧制。根据生产工艺的要求，可按照各阶段的压下率以及开轧温度和终轧温度等，计算出每个轧件的轧制时间和中间坯的待温时间，进行合理的节奏安排，确定采用几块钢在一段时间内同时进行轧制以提高轧制产量，这就是所谓的“多块钢轧制”。

采用单机架配置时，两阶段轧制或三阶段轧制全部在单机架上完成，两阶段轧制采用多块钢顺序轧制方式，三阶段轧制则可采用多块钢顺序轧制方式或多块钢交叉轧制方式。

采用双机架配置时，两阶段轧制在粗轧机上完成第一阶段轧制，在精轧机上完成第二阶段轧制。三阶段轧制时，为了尽可能保持双机架的负荷平衡，同时兼顾双机架的轧制节奏，大多采用粗轧机完成两个阶段轧制，精轧机完成第三阶段轧制。图3.50~图3.53分别为单机架轧机和双机架轧机的两阶段和三阶段轧制示意图。

多块钢顺序轧制和交叉轧制是多块钢轧制的两种方法。多块钢顺序轧制主要在两阶段或三阶段轧制时采用，多块钢交叉轧制主要在三阶段轧制时采用，单机架的两阶段多块钢顺序轧制和三阶段交叉轧制比较如图3.54和图3.55所示。

如图3.54所示，单机架两阶段顺序轧制通常能够同时轧制两块以上的坯料，中间坯待温冷却的位置是在机前和机后。第一阶段轧制坯料全部按奇数道次完成并送至轧机出口区域，在轧机出口区域冷却一段时间后，所有的中间坯再通过空过道次运送回机前，在达到开轧温度后，再按顺序进行精轧（第二阶段）轧制。

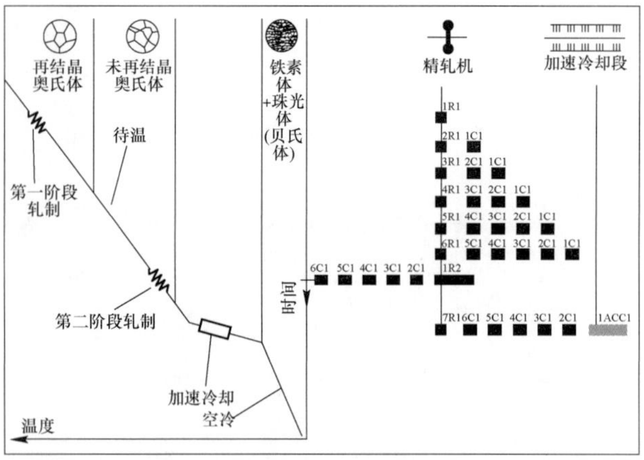

图 3.50　单机架轧机两阶段轧制

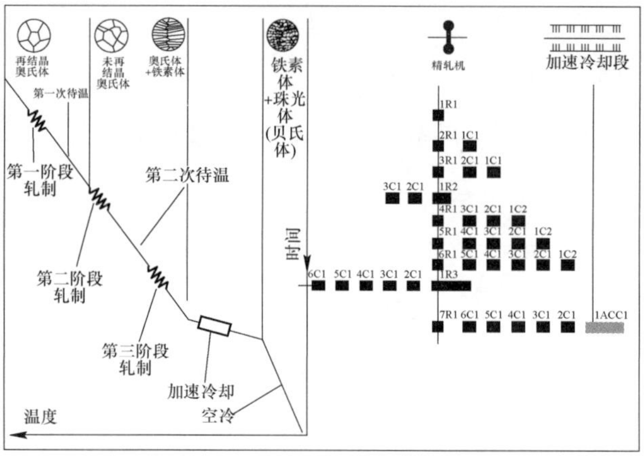

图 3.51　单机架轧机三阶段轧制

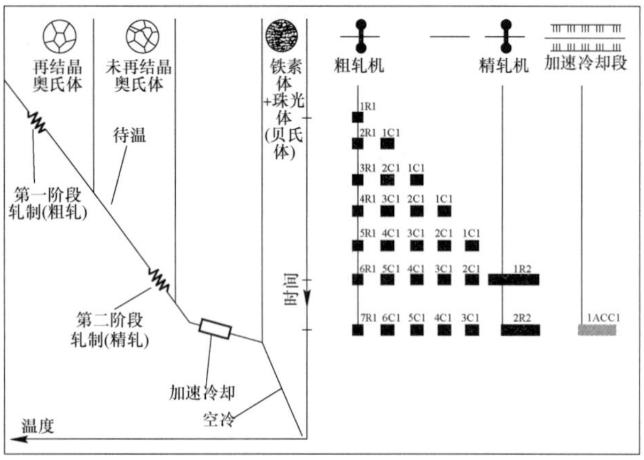

图 3.52　双机架轧机两阶段轧制

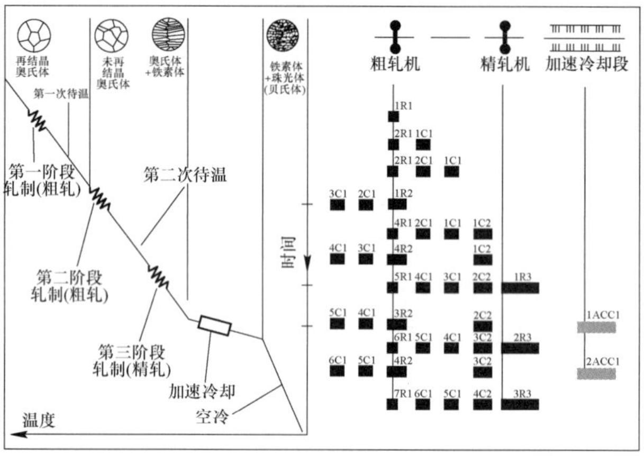

图 3.53　双机架轧机三阶段轧制

如图 3.55 所示，单机架三阶段交叉轧制总是选择两块坯料进行轧制，中间坯的待温冷却位置是不同的，第一阶段中间坯在机前冷却，第二个阶段中间坯在机后冷却。第一阶段至第二阶段的冷却位置变化是通过常规道次或空过道次（假道次）来实现的，在第一块坯料的第二个冷却阶段将进行第二块中间坯的轧制，然后在第二块中间坯的第一次冷却期间，第一块坯料完成精轧轧制。

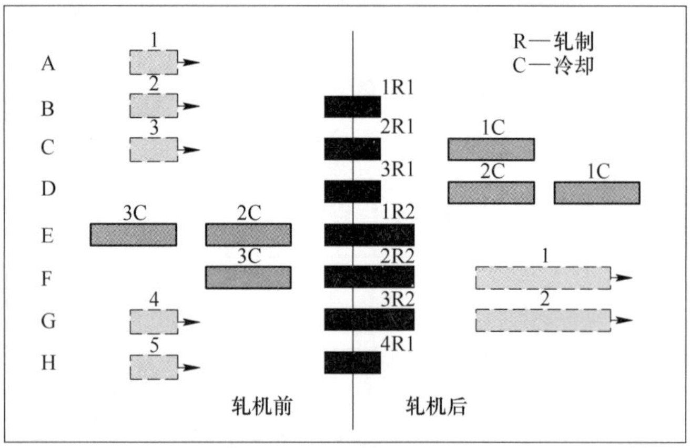

图 3.54　单机架两阶段多块钢顺序轧制

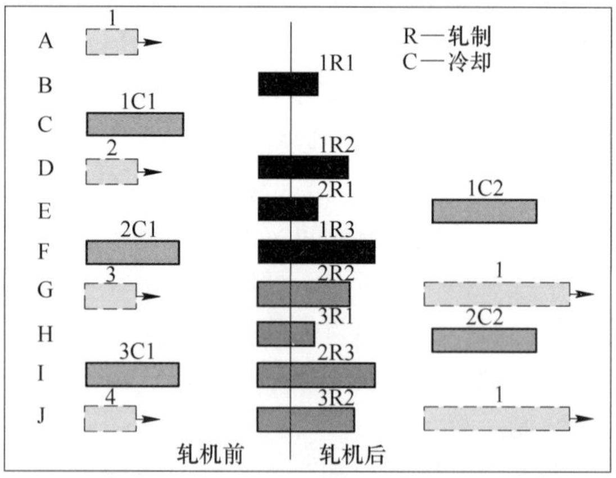

图 3.55　单机架三阶段多块钢交叉轧制

由图 3.54 和图 3.55 可以看出，单机架的交叉轧制对于加热炉的出炉节奏和轧制节奏是匹配的，顺序轧制的出炉节奏和轧制节奏是不匹配的（要求加热炉一次要出炉多块坯料）。交叉轧制只能在三阶段轧制时采用，而且对轧制块数有所限制（只能是两块），而顺序轧制能够同时轧制两块以上的钢板，对于轧线产能的发挥更加有利。

仅对单机架的三阶段轧制而言，如果轧制时间和中间坯待温冷却时间的关系只能维持两块钢板轧制时，通常选用交叉轧制，否则应尽量选用顺序轧制。

3.5 控制轧制与控轧控冷

3.5.1 控制轧制理论的发展过程

20 世纪中期前，人们有种习惯上的共识，认为中厚板轧制过程中热轧工艺主要是解决钢板的板形、尺寸和表面质量，往往在较大程度上忽视了轧制工艺参数与钢板组织和性能的关系，将钢板的组织性能放到后续的热处理去解决。

而那个时期，热处理工艺手段尚不完善，往往处理后钢板的塑性和韧性得到改善而强度下降较多，或是强度提高而塑性和韧性却下降较多。

20 世纪 40 年代，西欧国家在生产过程中首先打破了通常的终轧温度制度，在 900℃以下采用 20%～30%的变形量用 3～6 道次轧制，达到了钢板的各种性能要求，代替了钢板的正火处理，其工艺的最大特点即是“低温大压下”，这种工艺被认为形成控制轧制最早最原始的概念。

20 世纪中后期欧洲及日本对加入铌、钒等元素提高钢的强度、改善其韧性和可焊接性以及对奥氏体再结晶状态下的影响开展了一系列研究，并对热变形过程中组织状态、力学性能、焊接性能的变化规律进行了深入的探讨，逐步形成了一套完善的控制轧制理论。

根据有关文献记录，我国对控制轧制的机理和理论研究始于 20 世纪 60 年代初，但真正进行系统性的研究则是在 1978 年由当时的国家科委和冶金工业部主持下开始的。经过 20 多年的努力，20 世纪 90 年代后期已形成一套较完整的理论和实际应用体系。

3.5.2 目前控制轧制的定义和本质

控制轧制可简明扼要地归纳为：使所有的热轧条件最佳化（含加热温度、各轧制道次的温度、压下量），人为地使奥氏体状态相变成微细铁素体组织的控制调整技术。

也可归纳为：在调整钢的化学成分的基础上，通过控制加热温度、变形制度等工艺参数，控制奥氏体状态和相变产物的组织状态，从而最终达到控制钢材组织性能的工艺技术。

3.5.3 技术要点

控制轧制技术要点可归纳为如下几点：

（1）尽可能降低加热温度，即将开始轧制前的奥氏体晶粒微细化。

（2）使中间温度区（例如 900℃以上）的轧制规程最佳化，通过反复再结晶使奥氏体晶粒微细化。

（3）加大奥氏体未再结晶区的累积压下量，增加奥氏体单位体积的晶粒界面面积和变形带面积。

（4）从机理上考虑，关于铁素体晶粒的微细化，上述的效果可以认为是叠加的。对铁素体晶粒直径与力学性能之间的关系，可根据经验和某种程度的理论来确立。

3.5.4 加热、粗轧、精轧阶段的任务

实际作业中因轧机的组成（单机架或双机架）、能力等不同，一般分为加热、粗轧、精轧 3 个阶段。运用控制轧制时，精轧是指在特定的轧制温度下给出所需要的总压下量，然后在指定的温度下完成轧制。粗轧是进入精轧前的轧制，通常需要粗轧后在达到开始精轧温度的这一段时间内延迟冷却。加热和轧制各阶段的主要任务如下。

3.5.4.1 加热

加热温度决定了轧制前奥氏体晶粒的大小，温度越低晶粒越细。为了降低变形阻力通常轧制时加热温度为 1250℃左右，当要求性能不太高时，该加热温度也要确保精轧的条件，经途中延迟冷却可发挥控制轧制的效果。但是，如果对低温韧性要求高时，按通常轧制的加热温度，奥氏体晶粒将变粗大对相变组织不利，而且进入精轧前的延迟冷却时间也变得很长。在这种情况下，生产企业在实践中总结的经验是有必要将加热温度降低到 1150℃左右，必要时降低到 950℃左右，以消除上述不利因素。如果用 950℃的低加热温度，粗轧和精轧几乎可以连续进行。

3.5.4.2　粗轧

粗轧对奥氏体组织的影响表现在通过各个轧制道次的再结晶渐进地将晶粒细化，轧制前的结晶晶粒越细，再结晶后的奥氏体晶粒也就越细，而且，轧制温度越低再结晶后的晶粒成长越慢。实际上，该阶段的轧制道次压下率由于受轧机的转矩、容量的限制而多数被限制在5%~15%，1个道次的压下量难以完全进行再结晶，有时会发生部分再结晶。但是，通过未再结晶部分加工硬化的累积，最终可以完全再结晶。简而言之，在该温度区域，在降低平均轧制温度和增加压下量的同时，奥氏体晶粒被细化。

3.5.4.3　精轧

实际操作经验证明，精轧的开始温度不能一概而定，一般设定在950~850℃附近。在此温度以下时，通常再结晶不是大规模地进行，轧制是在奥氏体未再结晶状态下进行。奥氏体再结晶的晶粒细化和未结晶状态下的加工，对铁素体的晶粒细化都有促进作用，但是未再结晶状态下加工的作用更大。该效果可通过在未再结晶温度以下的累积压下率得以加强。总之，低温区产生的变形阻力非常大，从轧制负荷和钢板的应变来看，1个道次要达到15%以上压下率是很困难的。因此认为铁素体晶粒细化的效果与1个道次的压下量无关，累积压下量对铁素体晶粒的细化是有效的，这堪称工艺方面的一个重要优势。

3.5.5　控制轧制中合金成分的影响

控制轧制逐渐适用于铁素体-珠光体或铁素体-贝氏体钢。在设计这些钢的合金成分时，需要考虑以下两点，即对应于普通合金元素C、Mn、Cu、Ni、Cr、Mo的最佳化和微量添加元素Nb、Ti、V的有效利用。普通合金元素降低了从奥氏体到铁素体的相变温度（A_{r3}）。A_{r3}的降低还抑制了相变后铁素体的生长，因此对铁素体晶粒细化也有利。碳会降低焊接性，因此要尽可能地降低碳的含量。但由此会引起A_{r3}的上升，因此要依靠添加Mn、Ni、Cu等来控制。

微量添加元素在控制轧制中对加热时的奥氏体晶粒、再结晶的抑制、相变行为及析出硬化有很大影响。加热时奥氏体的晶粒大小因温度而异，加热温度越高晶粒越大，但通过微细的Nb(CN)、TiN、VN等析出物可阻止晶粒进一步长大，而且，添加微量TiN析出物可以有效控制再结晶后的晶粒成长。

固溶在奥氏体中的Nb、Ti能很好地控制加工后的再结晶，还能将再结晶温度提高100℃以上。这一作用使一般程度的控制轧制效果在较高温度下也可以获得。另外，固溶在奥氏体中的Nb，如果相变前奥氏体晶粒足够细的话，则相变时有促使铁素体晶粒细化的附加作用。

固溶在奥氏体中的Nb、Ti、V在相变时或相变后作为极其细微的碳化物、碳氮化物析出，使铁素体的强度提高。如上所述，添加微量元素是控制轧制所不可缺少的。

3.5.6　控制轧制的三种类型

一般将控制轧制分为奥氏体再结晶区控制轧制（又称为Ⅰ型控制轧制）、奥氏体未再结晶区控制轧制（又称为Ⅱ型控制轧制）和（γ+α）两相区控制轧制，参见图3.41。将这三种控制轧制方式描述如下。

3.5.6.1　奥氏体再结晶区控制轧制

其主要目的是通过对加热时粗化的初始γ晶粒反复进行轧制-再结晶使之得到细化，从而使γ→α相变后得到细小的α晶粒。相变前γ的晶粒越细，相变后的α晶粒也变得越细。把钢相变前的γ晶粒直径和相变后的α晶粒直径之比称为γ/α变换比。当γ晶粒粗大时此比值远远大于1，即由1个γ晶粒可以产生几个α晶粒。

当相变前的γ晶粒细小时，该γ/α变换比接近于1，所以，在仅仅由于再结晶γ晶粒细化而引起α的晶粒细化方面存在一个极限。γ再结晶区域轧制是通过再结晶使γ晶粒细化，从这种意义上说，它实际上是控制轧制的准备阶段。γ再结晶区域通常是在约950℃以上的温度范围。

3.5.6.2　奥氏体未再结晶区控制轧制

在奥氏体未再结晶区进行控制轧制时，γ晶粒沿轧制方向被压扁、伸长，在γ晶粒内部产生形变带。

此时不仅由于晶粒的扁平化效应使晶界有效面积增加，提高了 α 的形核率，而且在晶内的形变带上也会出现大量的 α 晶核。这样就显著增加了 α 晶粒的形核频度。

以伸长 γ 晶粒在板厚方向的短直径作为 γ 晶粒的直径，则 γ/α 变换比将随未再结晶区总压下率的上升而变大，若取极限值，其极大值将接近于 2。可见，随未再结晶区总压下率的增加，伸长的 γ 晶粒在厚度方向的尺寸变小，相变后获得的 α 晶粒越细。

如果钢材相变前的 γ 晶粒和未再结晶 γ 晶粒的伸长程度相同，则 γ/α 相变时的温度越低，相变后所能得到的 α 晶粒越细。钢材 γ 未再结晶的温度范围通常在 950℃ ~ A_{r3}之间，在中厚板生产中，精轧阶段未再结晶区的总压下率越大，应变累积效果越好，奥氏体本身的晶内缺陷、形变硬化及残余应变所诱发的奥氏体/铁素体相变细晶机制越强，在精轧后的冷却过程中越容易形成细晶的铁素体+珠光体组织。

3.5.6.3 两相区控制轧制

在 A_{r3}以下的（γ+α）两相区轧制时，一方面，未相变的 γ 晶粒更加伸长，在晶内形成形变带；另一方面，已相变后的 α 晶粒在受到压下时，在晶粒内形成亚结构。在轧后的冷却过程中，前者发生相变形成微细的多边形晶粒，而后者因回复变成内部含有亚晶粒的 α 晶粒。

因此，两相区轧制材料的组织为大倾角晶粒和亚晶粒的混合组织，由于亚晶的出现可使钢材的强度升高，脆性转变温度下降。

在控制轧制实践中常常把这三种轧制方式联系在一起而进行连续轧制，并称之为控制轧制的三阶段，图 3.56 为控制轧制三阶段中轧材的组织变化。

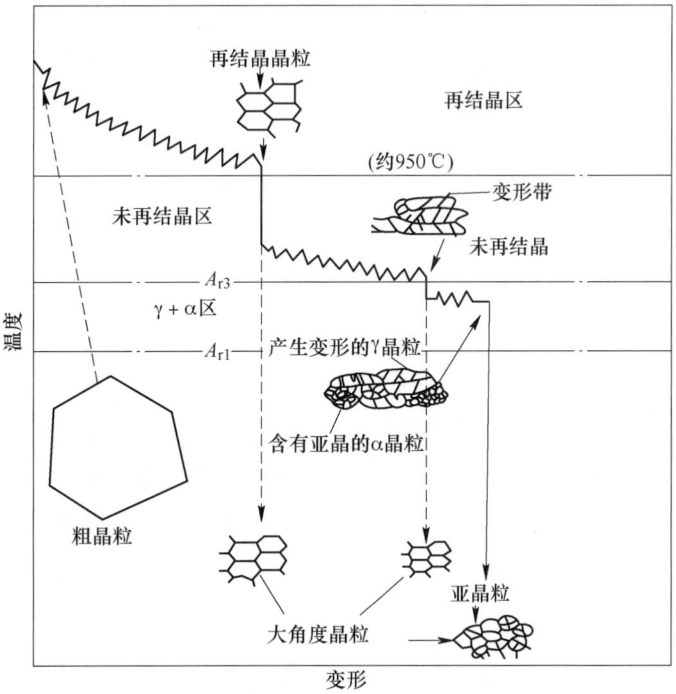

图 3.56 控制轧制三阶段示意图和各阶段的组织变化

有的文献中把 α 区轧制也列入控制轧制的第三阶段内，即第三阶段为（γ+α）两相区和 α 区轧制。从图 3.56 可以看出，一般随着最终轧制道次的温度降低，强度单调地上升，而脆性转变温度在（γ+α）两相区或在以下的 α 区为最低，在更低温度区域轧制时再次升高。终轧温度对屈服强度（σ_y）和脆性转变温度（VT_{rs}）的影响见图 3.57。这些变化可以说明铁素体亚结构的变化情况。随着温度的降低，发生如下的变化：通常的位错密度→轧制中动态的或轧制后静态的回复亚晶粒组织→冷加工组织。生成亚晶粒组织时脆性转变温度较低。但是，在 α 区轧制时产生的织构影响较大。因此，在分析屈服强度和脆性转变温度的变化时也必须考虑这一点。

3.5.7　控轧控冷的发展

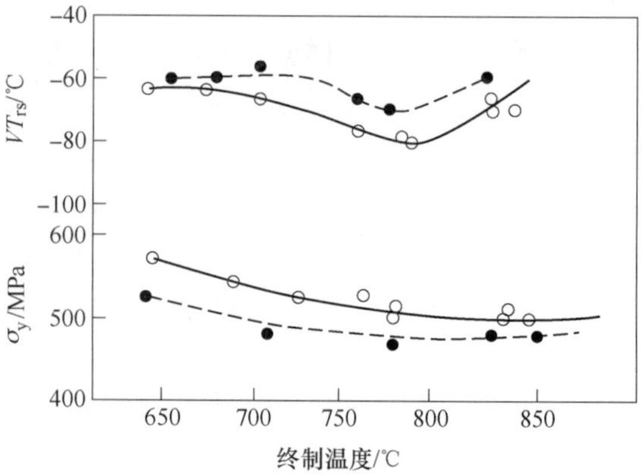

图 3.57　终轧温度对屈服强度（σ_y）和脆性转变温度（VT_{rs}）的影响
●—铁素体+珠光体钢；○—低碳贝氏体钢

控制轧制和控制冷却相结合的钢材生产工艺称为控轧控冷工艺（TMCP）。通过采用合理的控制轧制和控制冷却工艺，可以实现材料的细晶强化、相变强化和析出强化，因此可以在采用较少合金元素含量的情况下，仍然能够获得产品要求力学性能，这不仅节省了生产成本，同时也提高了钢材的焊接性能和韧性。控制轧制和控制冷却工艺作为生产高级别高强度钢板的成熟技术已被收入国标、ASTM 和 JIS 等标准。国内外经验表明，绝大多数中厚板产品都可以采用 TMCP 工艺组织生产。

20 世纪末至 21 世纪初我国开始广泛应用 TMCP，其中采用的控冷工艺是以层流冷却为主导的传统加速冷却工艺，通常称为 ACC。虽然目前不少企业仍在采用 ACC，但它的局限性已凸现。2006 年开始被采用的新一代超快速冷却工艺已显示了它的优势。

控制冷却是利用加速冷却系统，对轧后钢板在线进行加速冷却，以控制钢铁材料在冷却过程中的相变，获得需要的相变组织和优异的力学性能。控制冷却是中厚板轧机提高产品质量、开发高附加值产品重要的手段。

3.5.7.1　传统加速冷却工艺的局限性

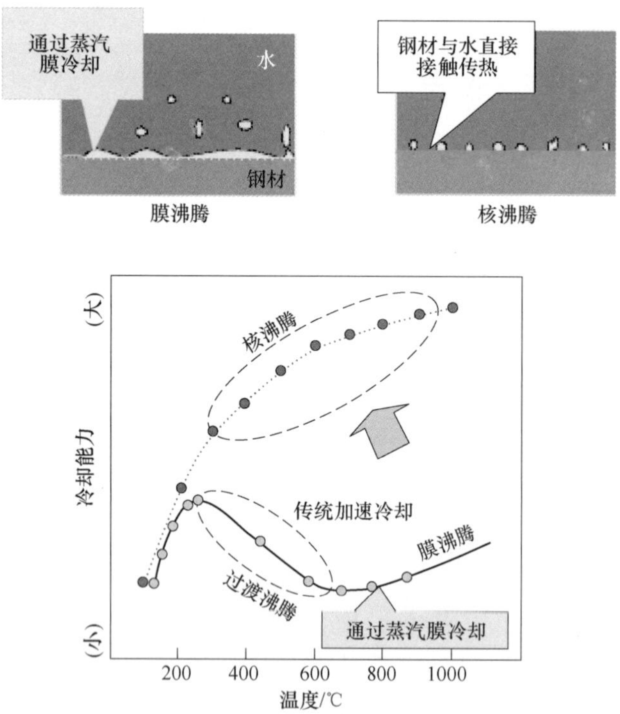

图 3.58　不同冷却系统沸腾方式与温度的关系

高温钢板与冷却水接触后会发生沸腾现象，依据钢板温度的不同，出现 3 种不同的沸腾冷却方式，见图 3.58。在高温阶段（高于 500℃）发生膜沸腾，即钢板和冷却水之间存在一层蒸汽膜。这层蒸汽膜造成的热阻大大降低了钢板和冷却水之间的热交换，所以膜沸腾条件下冷却水的冷却效率很低。在低温阶段（100～300℃）发生核沸腾，钢板和水之间不存在蒸汽膜，直接发生热交换，所以冷却效率高，冷却速率快。在膜沸腾和核沸腾之间存在一个过渡沸腾阶段（300～500℃），在这一阶段，钢板表面的不同部位，可以并存两种冷却速率不同的沸腾冷却方式。

在过渡沸腾情况下，板面上有的部位钢板和冷却水之间处于膜沸腾状态，冷却速率较低；有的部位处于核沸腾状态，冷却速率较高。结果由于钢板的不同部位处于不同的冷却状态，发生了极为不均匀的冷却，极易造成钢板的翘曲，形成表观的或者潜在的板形缺陷。所以，在钢板冷却过程中，应当避免出现过渡沸腾。

在钢板冷却过程中，虽然钢板的平均温度多数情况下不会低于 500℃，但是传统的加速冷却方式中，不论是喷射冷却还是层流冷却，由于以大水量进行冷却，很快会进入到核沸腾和膜沸腾共存的过渡沸腾，冷却过程是不稳定的。此外落在钢板上的冷却水滞留在钢板表面，会在很宽的范围内引起钢板二次冷却。这种由于滞留水引起的二次冷却，极易变成不稳定的过渡沸腾状态。在这种不稳定的条件下，随着冷却的进行，温度的偏差会不断增大，成为引起不均匀冷却的主要原因，同时也恶化了钢板的质量。所以如何避免出现膜沸腾和过渡沸腾，尽力实现核沸腾，对于保证冷却的均匀性、提高冷却强度极为重要。

3.5.7.2 超快冷却工艺的产生

日本 JFE 钢铁公司 1988 年在原 NKK 公司福山厂对加速冷却系统改造时，采用了全新概念的快速冷却系统，命名为 Super-OLAC，意即超级在线加速冷却系统。

基于对中厚板上侧冷却的研究，采取了带压力的冷却水、倾斜布置、喷嘴尽可能靠近中厚板、冷却水朝钢板运动方向实施射流冲击的方法。喷射出的压力水并不反溅，而是沿着钢板运动方向在板面流动，彻底清除钢板表面形成的水膜，实现钢板和新冷却水的全面接触，达到了很高的冷却速率和冷却均匀性。

中厚板下侧的冷却采用的是所谓“随伴流式”冷却，其特点是在钢板下方布置水槽，沉没在水槽中的喷嘴在向钢板喷射水流时，将水槽中的水一同带出，提高了下冷却装置的冷却水量和冷却能力。

这种冷却方法可以避免出现瞬时沸腾现象，实现了在中厚板上下两侧具有高冷却能力的核沸腾。这一方法对于钢板实现了非常高的冷却速率，可以接近各个冷却速率的冷却极限。同时由于消除了过渡沸腾，实现了全面的核沸腾，所以冷却均匀性极高。

东北大学提出了一种超快冷+层流冷却的新设计概念，并申请了发明专利。该系统借鉴辊式淬火机实施淬火过程的基本原理，采用斜喷缝隙式喷嘴+高密管式喷嘴的混合布置，将上述两种冷却方式的优点结合起来，极其均匀地将板面残存水与钢板之间形成的气膜清除，从而达到钢板和冷却水之间的完全接触，实现钢板和冷却水均匀接触的全面的核沸腾。这不仅提高了钢板和冷却水之间的热交换，达到较高的冷却速率，而且可以实现钢板的均匀冷却，大大抑制了钢板由于冷却不均引起的翘曲。2007 年已在河北敬业中厚板厂试用，并将其超快冷技术命名为 UFC。

这种新型的冷却系统既可以对钢板实施超快速冷却，也可以进行直接淬火。采用这种新型冷却装置，企业的新产品开发能力大为加强。在高强度级别管线钢、高层建筑用钢、工程机械用钢、高强船板、高强容器板等高附加值产品的开发方面，将极大地增强企业的核心竞争力。

3.5.7.3 超快冷工艺在新一代 TMCP 中的优势

热轧钢板的相变主要在轧后冷却过程中完成，它是调控组织结构并最终控制性能的主要手段，即使成分简单的钢铁材料也能够具备满足多样化要求的性能指标。为弥补传统加速冷却技术的不足，超快速冷却技术可对热轧钢板进行高效率、高均匀性的冷却，并可避免因冷却不均匀而产生的残余应力。

图 3.59 所示的是轧后采用传统加速冷却和“UFC+ACC”对相变产物控制效果的对比。采用传统加速冷却易形成等轴晶铁素体，其形成机制多为合金元素扩散与界面反应二者混合控制的“形核长大”机制。

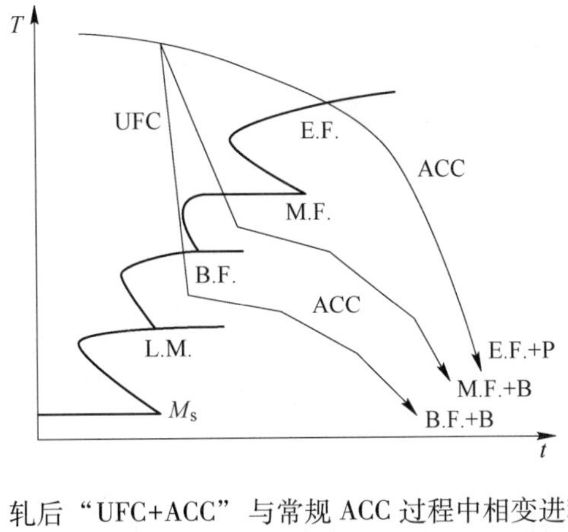

图 3.59 轧后“UFC+ACC”与常规 ACC 过程中相变进程的比较

E. F. —等轴晶铁素体；M. F. —块状铁素体；B. F. —贝氏体铁素体；

L. M. —板条马氏体；M_s—孪晶马氏体转变开始温度

采用 UFC 则使奥氏体/铁素体相变在更大过冷度条件下发生，不仅会产生大量铁素体晶核，而且造成碳和其他合金元素在相变过程中的扩散受到抑制而更容易形成晶格切变控制的块状铁素体甚至贝氏体型铁素体。这种非等轴晶铁素体中存在过饱和的碳和其他合金元素，它们仅在 γ/α 界面处进行短程扩散而富集在母相奥氏体之中，因此有望提高钢材的强韧性并降低屈强比。另外，与传统加速冷却相比，采用 UFC 技术可以将奥氏体向铁素体相变控制在更低温度区间，有利于产生铁素体晶粒的细化，更好地实现细晶强化。

图 3.60 示出的是采用超快速冷却的新一代 TMCP 与传统 TMCP 生产工艺过程中微合金元素析出行为的比较。与传统 TMCP 工艺相比，采用轧后 UFC 技术除了使相变在较低温度区间进行外，更突出的一个冶金学特点是：它可以很大程度上减少微合金元素在奥氏体相中的析出和已形成的析出相的粗化，从而促进了随后 ACC 过程中 γ/α 相变中的析出。传统 TMCP 工艺的主要目的是促进微合金元素在奥氏体中发生应变诱导析出，这一过程发生在较高温度区间，沉淀相尺寸一般在 20~60nm；而 γ/α 相变过程中形成的沉淀析出发生在更低温度区间，沉淀相尺寸会在 1~10nm 之间，这样可使沉淀强化效果提高 3 倍以上。由此可见，采用轧后 UFC 在提高强度、塑性和韧性的同时可有效降低微合金元素用量。

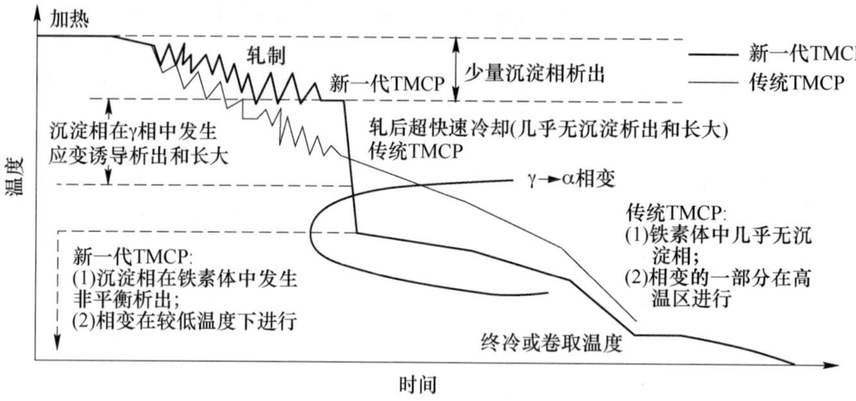

图 3.60　新一代 TMCP 与传统 TMCP 沉淀析出过程的对比

3.5.8　超快速冷却装置关键控制技术

3.5.8.1　压力-流量耦合快速高精度控制

喷射单元的水流密度作为超快速冷却系统的核心控制参数，其决定因素是供水压力和集管流量。为此，超快速冷却系统采用高压变频供水泵供给冷却装置所需的大流量中压水，并采用相应的控制单元和模块对供水压力和集管流量进行快速高精度控制。

如图 3.61 所示，超快速冷却装置的供水系统由高压变频供水泵、分流集水管、流量气动调节阀、旁通阀、流量计、温度计以及水压计等组成。

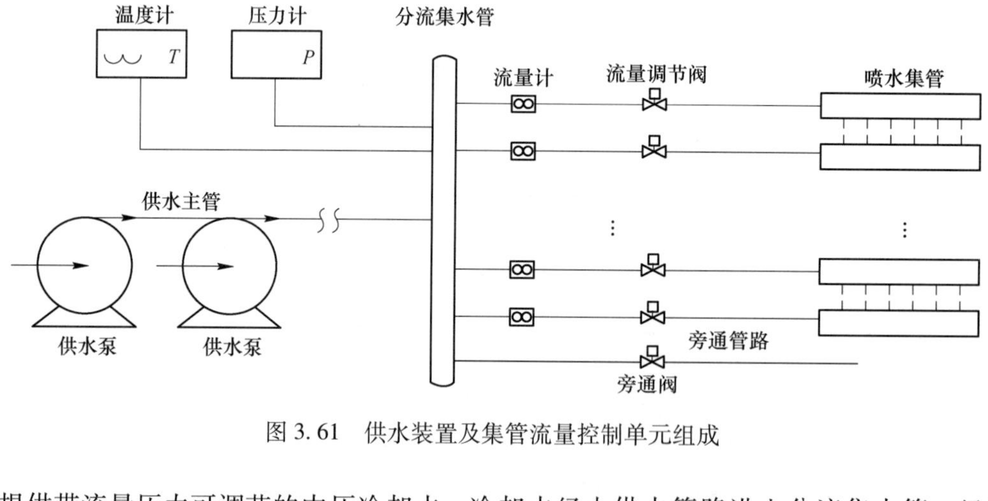

图 3.61　供水装置及集管流量控制单元组成

供水泵提供带流量压力可调节的中压冷却水。冷却水经由供水管路进入分流集水管，经过均流后由集管供水管路分配至喷水集管，在集管内部受到阻尼装置整流、均流作用，均匀地喷射至钢板表面对钢板进行冷却。

在分流集水管上安装温度计和压力计，所采集到的压力和温度值将用于控制模型进行冷却规程的计算。同时，水压将用于供水系统的压力闭环控制。集管供水管路上依次布置流量计、流量调节阀，用于集管水量调节、检测和控制。

在供水压力和集管流量调节过程中二者相互影响。为了实现供水压力和集管流量的快速高精度控制，控制系统针对供水压力和集管流量进行快速高精度耦合控制，如图 3.62 所示。

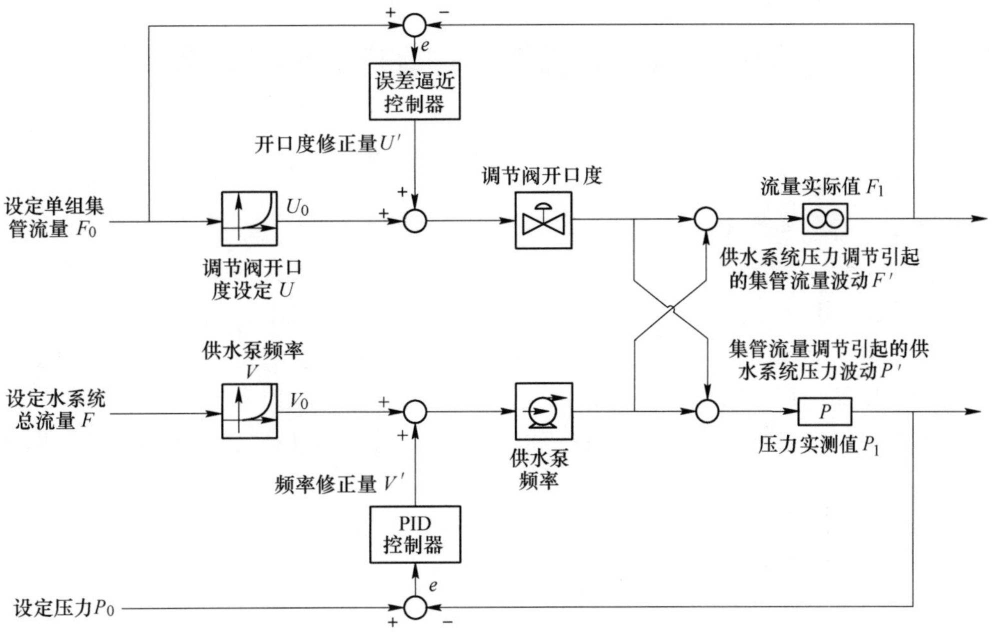

图 3.62 供水压力-集管流量耦合控制方法

3.5.8.2 纵向均匀性自动控制技术

A 钢板纵向样本控制技术

在轧后钢板长度方向上，存在着温度分布不均匀的现象。通常情况下，钢板头尾温度较低，中间温度较高，同时，实际生产中推钢式加热炉仍有应用，容易导致钢板板身存在两段温度较低的水印。

此外，由于钢板从头到尾顺序进入冷却区域，板身上各点进入冷却区域时温度不同，这些因素都将造成钢板长度方向上的冷却不均匀。冷却后钢板长度方向上温差较大，必然导致钢板长度方向上的组织性能不均，严重时会导致钢板出现板形问题，影响产品成材率。

为了保证钢板长度方向上的冷却均匀性，就必须采取有效的均匀性冷却策略。为了实现钢板长度方向上的温度均匀性控制，模型将钢板在长度方向上划分为多个样本，如图 3.63 所示，在此基础上模型针对各个样本进行速度最优化计算。

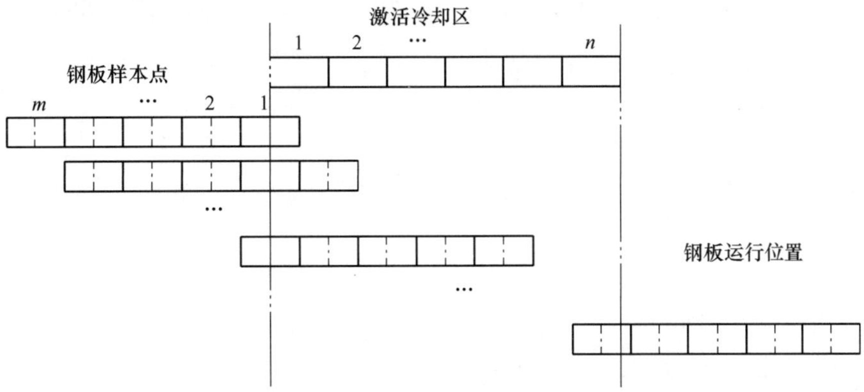

图 3.63 钢板长度方向上的样本划分

由于水印造成钢板低温或由于现场其他因素造成钢板温度波动，需要从控冷区入口开始对钢板实施分段微跟踪控制。即把钢板从头部到尾部进行物理分段，对水印及温度波动对应的区段依据测温仪测定的温度分布信号和跟踪信号采取开闭集管或调节集管水量的措施。根据目标温度偏差进行模型计算，控制变量为冷却水的水量或集管开启数目，然后对各段实施前馈控制，以消除钢板长度方向的温度波动，使对应的终冷温度和其他部分一致。钢板物理分段示意图见图 3.64。

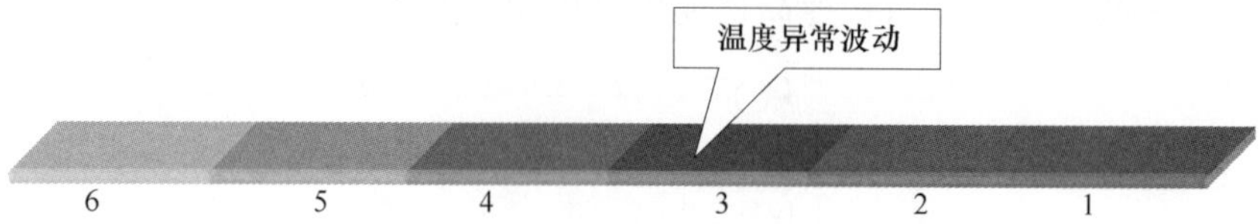

图 3.64　钢板物理分段示意图

B　调整辊道速度的头尾遮蔽控制

为了消除钢板进入冷却区时沿长度方向存在“头高尾低”温度分布以及钢板形成的水印，将钢板沿着长度方向上按照一定长度划分为若干样本，当钢板进入冷却区域之后，控制模型根据钢板纵向温度测量值以及目标终冷温度工艺要求，对每个样本建立关于速度的优化方程，获得每个样本的最优运行速度趋势。

对于钢板头部和尾部存在的低温区，当钢板头部进入超快冷区域或者尾部离开超快冷区域时，适当增加辊道速度以减小冷却水对钢板头尾的过度冷却。控制系统设定的最优辊道速度趋势如图 3.65 所示。

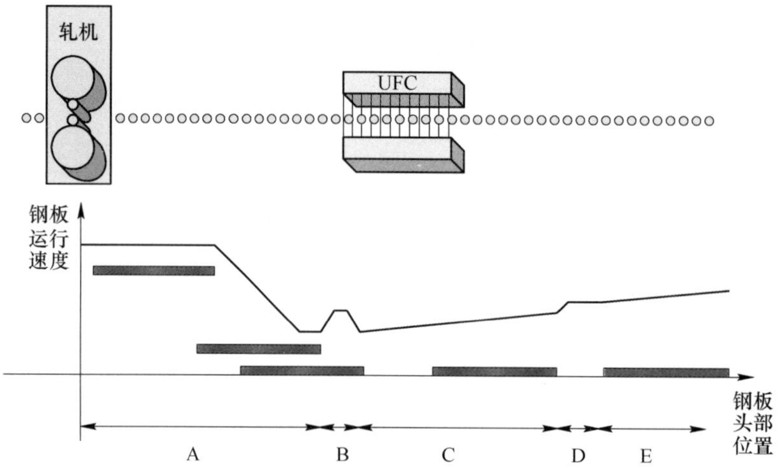

图 3.65　辊道速度特殊控制

A—轧后抛钢过程；B—钢板头部低温区速度特殊控制；C—钢板冷却过程中微加速控制；D—钢板尾部低温区速度特殊控制；E—冷后速度趋势

C　调整喷嘴流量的头尾遮蔽控制

轧后钢板的头部和尾部往往存在低温段，超快冷装置采用流量变化或集管开闭实现钢板头尾低温段的特殊控制，减小冷却水对钢板头尾的过度冷却。钢板头尾流量遮蔽控制如图 3.66 所示。

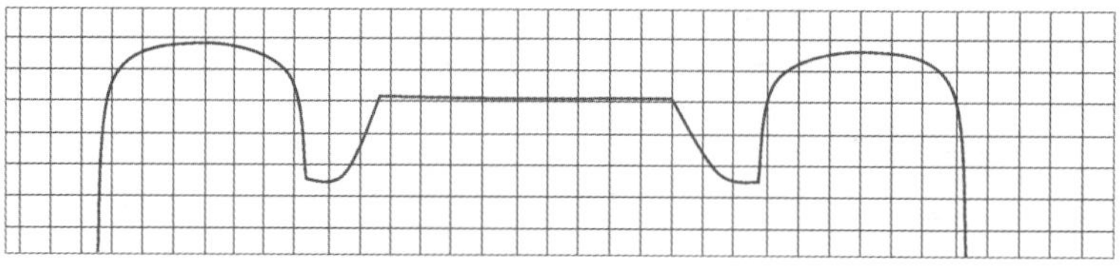

图 3.66　钢板头尾流量遮蔽控制

3.5.8.3　横向均匀性自动控制技术

A　边部遮蔽控制

在冷却过程中，钢板边部容易产生过冷现象，为实现对钢板宽度方向上的冷却均匀性，采用边部遮蔽装置对钢板边部过冷区域进行控制。最优边部遮蔽量采用下式给出的关于钢板宽度、厚度以及冷却水量的函数计算：

$$M_B = 57 - 0.92H + 12.850W + 0.12Q \tag{3.5}$$

式中　M_B——遮蔽量基本值，mm；

H——钢板厚度，mm；

W——钢板宽度，m；

Q——水流密度，L/(m^2·min)。

在此基础上，可以采用正弦模型计算各组集管的遮蔽量，以凸度形式实现集管遮蔽控制。

B　集管水凸度控制

在冷却过程中，钢板边部容易产生过冷现象，容易造成钢板边浪、性能不均等产品缺陷。

为实现对钢板宽度方向上的冷却均匀性，对钢板边部过冷区采用水流量的凸度控制，如图3.67所示，通过对钢板边部水量进行大、小水量的调整，实现对钢板边部冷却强度的特殊控制。

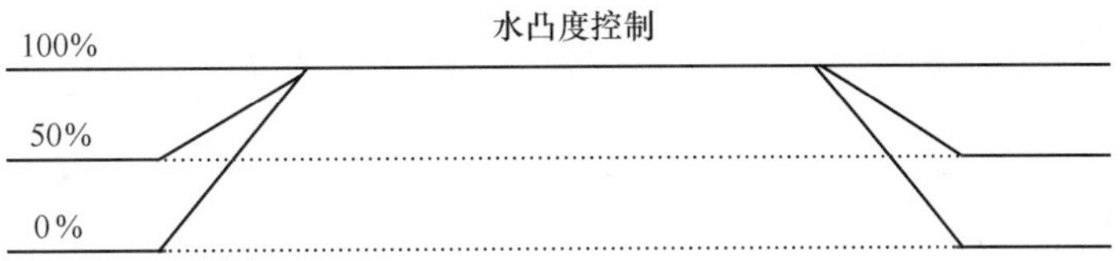

图3.67　水凸度控制

当水凸度控制阀调整到100%开口度时，边部区域与集管横向主冷区域具有相同的水流密度，相当于不对钢板边部进行水凸度控制。

当水凸度控制阀调整到0%开口度时，边部区域进行水凸度控制量最大，控制阀在0%~100%的调整，进行水凸度控制。

将集管横向设计为三个内腔，中间腔与边部腔分别进行流量控制，从而实现对钢板边部过冷区域进行冷却强度调节的控制方式。

采用中间一路供水管路供水、两侧一路管路供水的设计方式，为实现对各个区域的流量进行精确的控制，每一路供水管路均安装控制阀和流量计。

3.5.8.4　冷却路径控制

轧后冷却过程是奥氏体转变为铁素体、珠光体、贝氏体、马氏体等组织的相变过程。

以超快速冷却为核心的新一代TMCP技术相变强化、细晶强化和析出强化作用得到进一步增强。

前段超快速冷却与后段加速冷却相结合的超快速冷却装置可满足前段超快速冷却和后段加速冷却多级冷却工艺控制的需求。

通过充分发挥布置在输出辊道上各种冷却设备的技术特点，综合利用不同的冷却方式，充分发挥各种强化机制的作用，在实现冷却均匀化的同时，满足产品最终组织性能的控制要求。

超快速冷却装置与层流冷却装置简单联合布置的设备形式并未削弱冷却系统的功能，相反，凭借射流集管具有水流密度大范围调整及灵活开启和关闭的能力，超快冷装置突破传统冷却控制系统仅对终冷温度进行简单一元控制的瓶颈，实现对冷却速率和终冷温度的二元耦合控制。

同时，通过调整激活集管位置、集管形式和组态、流量、压力、辊道运行速度等参数，在实现传统加速冷却、超快速冷却、直接淬火等基本功能的同时，实现了灵活的冷却路径控制，从而满足更多产品进行柔性化冷却工艺生产的需求。图3.68为中厚板轧后多级冷却路径工艺控制示意图。

冷却速率是温度控制的关键，控制系统根据轧件厚度、温度的不同，利用冷却方式、集管形式、集管水流密度以及集管交错排布来大范围调整冷却速率，实现冷却速率的全范围高精度调整。图3.69中曲线的斜率表示冷却速率。

射流冲击冷却换热和层流冷却换热的选择、缝隙喷嘴和高密快冷集管的选择、集管流量的大范围连续化调整以及激活集管的交错排布，保障了冷却速率的调整范围和控制精度。在此基础上，控制系统根据实际瞬时冷却速率和阶段目标终冷温度要求，确定冷却区长度，从而确定出激活集管的组数。

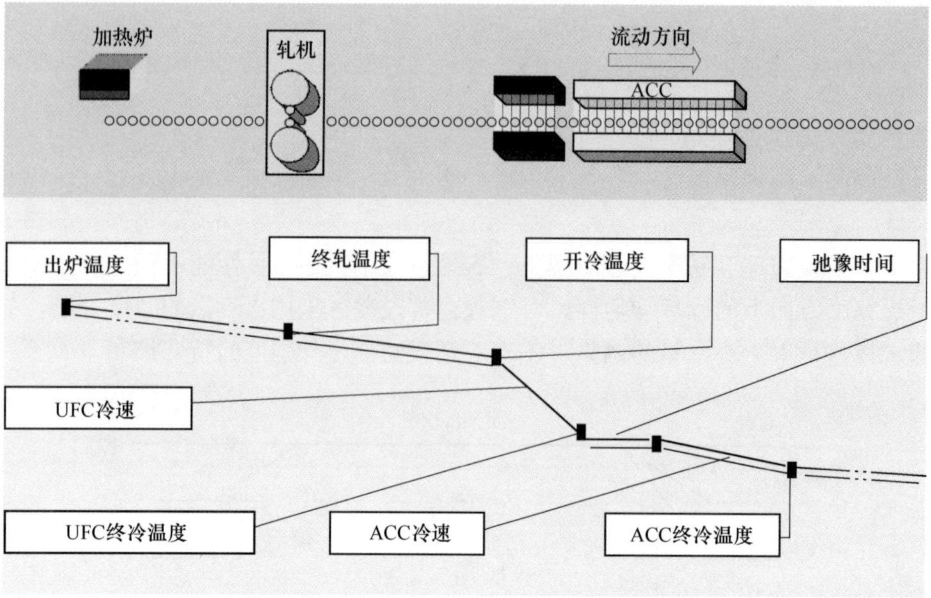

图 3.68　中厚板轧后多级冷却路径工艺控制图

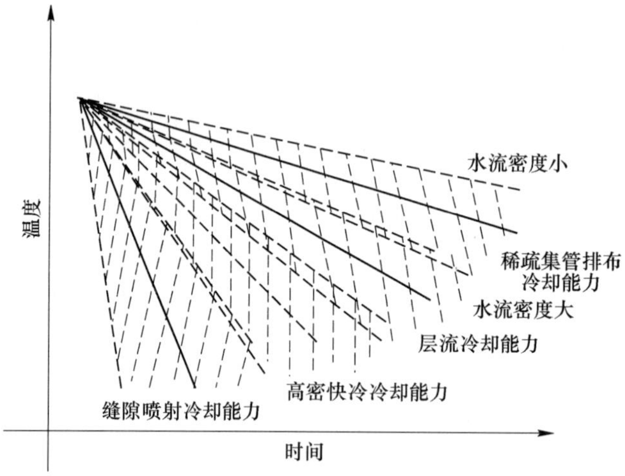

图 3.69　冷却速率与集管形式以及水流密度的关系

3.5.9　企业的应用实践简介

3.5.9.1　终冷温度的高精度控制

终冷温度是衡量超快冷系统性能的重要指标，其控制精度直接决定中厚板产品性能的稳定性和成材率。某企业在采用工艺模型和自动化控制系统进行产品冷却工艺控制的状态下，10～50mm 厚度规格钢板 95%以上异板返红温度控制精度达到±25℃，同板板身温度控制精度达到±25℃，图 3.70 所示为某生产企业终冷温度控制精度。

3.5.9.2　装置冷却速率的大范围无级调节

倾斜式射流冲击换热形式具有很高的冷却强度，接近水冷理论极限，同时，由于超快冷系统所采用的缝隙喷嘴、高密快冷喷嘴在大压力范围、流量调节条件下均可保持射流流体形状良好，因此，钢板的瞬时冷却速率能够实现大范围无级调节。

如图 3.71 所示，某企业对于板厚为 10mm 的钢板最大冷速不小于 100℃/s，最小冷速约 10℃/s；对于板厚为 20mm 的钢板最大冷速不小于 50℃/s，最小冷速约 5℃/s；对于板厚为 30mm 的钢板最大冷速不小于 30℃/s，最小冷速约 4℃/s；对于板厚为 50mm 的钢板最大冷速不小于 10℃/s，最小冷速约 2℃/s，满足了不同产品冷却工艺需求。

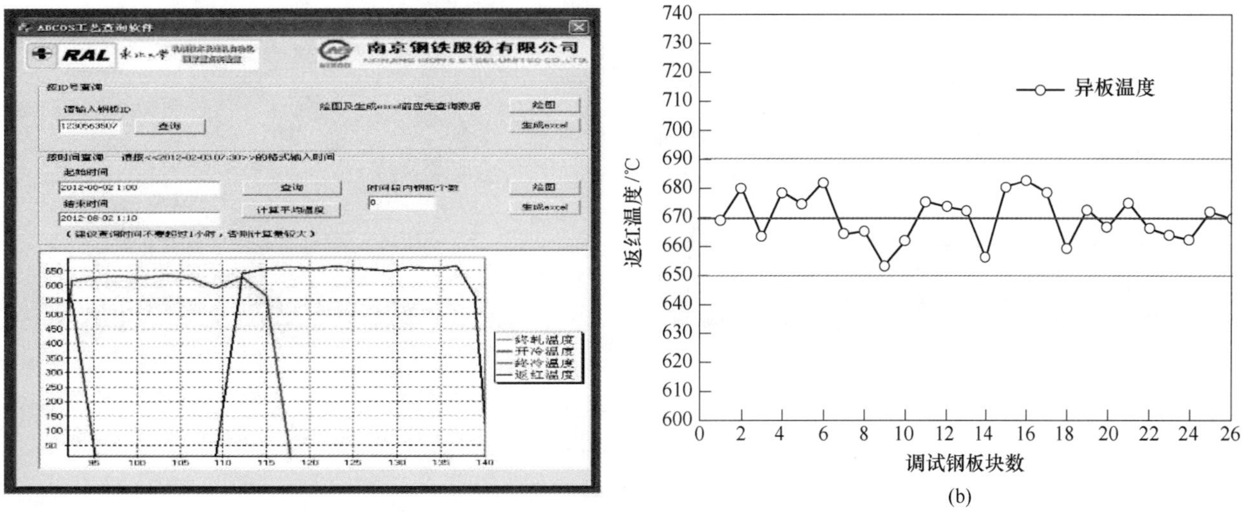

图 3.70 某生产企业超快冷工艺下终冷温度控制精度

（a）同板温差；（b）异板温差

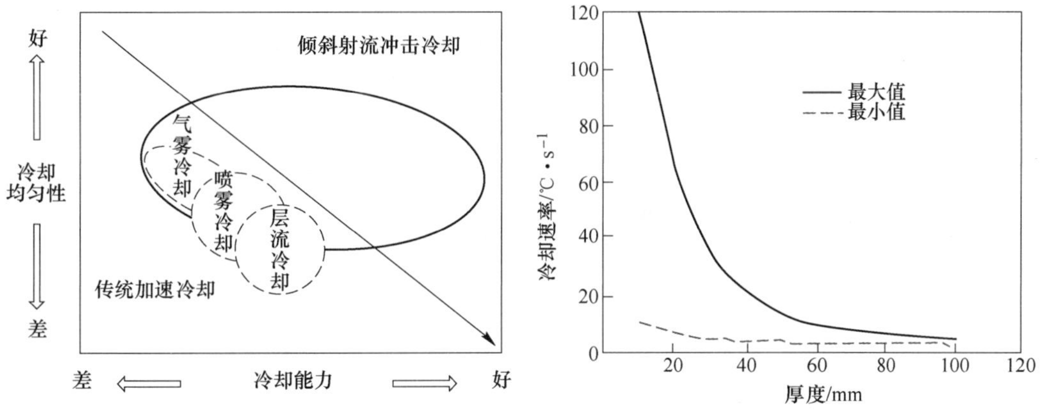

图 3.71 某企业超快冷冷速调整范围

3.5.9.3 板形控制

倾斜射流冲击换热技术以及高均匀性缝隙喷嘴、高密快冷喷嘴设计，使得超快冷系统有效避免了传统层流冷却方式下多种换热方式并存、换热不均、冷却均匀性差的缺点。

同时，预矫直机极大改善了入水钢板的初始板形，结合以挡水辊为核心的系列冷却均匀性控制技术，钢板冷却过程具备高的均匀性。

对于容易产生板形缺陷的低碳贝氏体钢板，如高级别管线钢、高强度结构钢等，采用超快冷系统，并通过优化冷却工艺，精准冷却终止温度，可以有效抑制产品在冷床上不均匀相变的发生，减小板形恶化倾向，降低残余应力。某企业超快冷工艺下的板形控制见图 3.72。

图 3.72 某企业超快冷工艺下钢板的板形控制

3.5.9.4 表面质量控制

在射流冲击流体作用下，冲击换热区域和核沸腾区域得到扩展，不稳定的膜沸腾区域和过渡沸腾区域得到抑制，冷却水与高温钢板表面形成的换热区域分布更为均匀，钢板表面各个部位温差减小，从而使得表面的氧化铁皮生长变得更加均匀致密，获得良好的钢板表面质量。图 3.73 所示为某企业不同产品在超快冷工艺下钢板表面质量。

(a)　(b)

图 3.73　某企业超快冷工艺下钢板表面质量
（a）17.2mm 厚 X70 钢板表面质量；（b）Q345R 钢板表面质量（UFC）

3.5.9.5　丰富而多样的在线热处理工艺

以超快冷为核心的新一代 TMCP 技术，极大丰富了产品轧后冷却路径控制手段，可最大限度地发挥析出强化、细晶强化、相变强化等各项钢材强韧化机制的综合作用。

依托具有大范围冷却速率控制、冷却起止点温度高精确控制、冷却路径控制特点的超快冷系统，可实现加速冷却 ACC、分段冷却 DC、间断淬火 IDQ、直接淬火 DQ、直接淬火碳配分 DQP（先淬火，得到马氏体组织，再回火，促使碳自马氏体分配到奥氏体，促进碳化物析出，然后水淬到室温）等多种功能，实现铁素体/珠光体、贝氏体、贝氏体/马氏体及马氏体等各类产品的相变过程控制需要。图 3.74 所示为超快冷工艺下丰富多彩的柔性化在线热处理工艺。

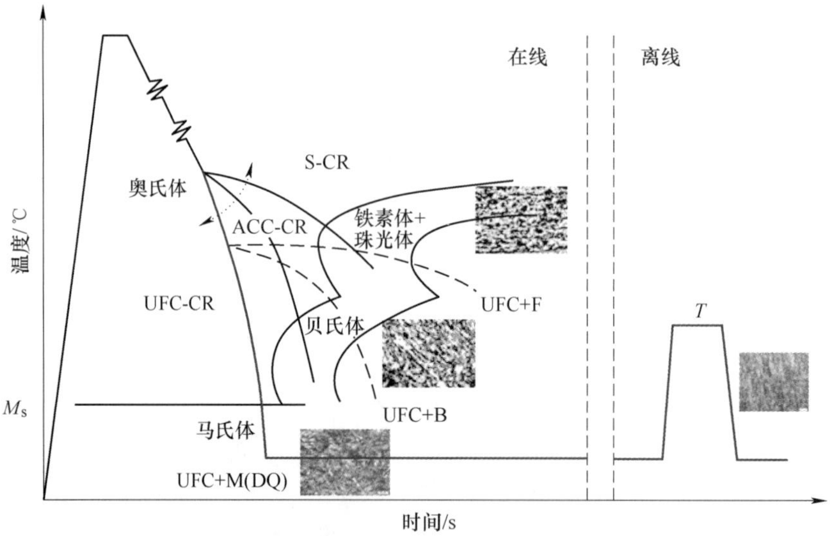

图 3.74　超快冷工艺下多彩的热处理工艺

3.6　轧线计算机控制与自动化轧钢

3.6.1　计算机控制技术的演进

20 世纪 60 年代初期，美国首先尝试在热连轧生产中使用计算机设定控制，提高了产量、质量和成材率，使人们开始认识到计算机控制的作用。20 世纪 60 年代末期，国外先进中厚板企业已开始逐步采用计算机控制技术。20 世纪 70 年代，日本、美国、德国等国家的先进企业开始推广和应用全轧线计算机控制，实现了全自动轧钢。

20 世纪 90 年代中期前，我国真正用于计算机过程控制的中厚板企业尚没有出现。但用于轧线上的单体设备或单一系统的还是较为普遍的，其中用得较多的是加热炉的炉温自动控制，其次是压下控制、传动系统控制、过载保护系统控制等。

按目前对一级控制的功能解释：它承担着单机设备及其辅助设备自动化的连锁控制任务。所以当时只能建立基础控制的雏形。

20 世纪 90 年代中后期，我国少数企业开始应用电动 APC 和液压 AGC 联动压下、数字化传动、液压弯辊、故障自诊断等当时的先进技术，并且计算机进入了轧机的数字显示和控制，为日后计算机二级控制打下了基础。

20 世纪 90 年代后期，少数企业开始全套引进德国西门子的二级系统，为其他一些企业起到了示范作用，使得计算机控制技术应用在全国范围内逐渐兴起。

3.6.2　21 世纪的计算机控制

进入 21 世纪，我国大部分中厚板企业实现了三级计算机控制系统，先进企业实现了四级控制，每级的任务和所具备的主要功能为：基础控制自动化 L1，过程控制自动化 L2，生产控制自动化 L3，管理系统自动化 L4。

3.6.2.1　基础自动化控制

（1）基础自动化面向机组，面向设备。随着电气传动的数字化以及液压传动的广泛应用，数字传动已逐步与基础自动化成为一个整体。

（2）它是各级自动化控制的基础，承担着单机设备及其辅助设备自动化的连锁控制任务。

（3）为了能根据工艺要求对生产线上多块轧件进行运送及顺序控制，基础自动化控制器需要知道每一个轧件在轧线的位置及其位置的变化，因此轧件跟踪实质上是协调各程序并获取“事件”的重要程序。

（4）轧件跟踪将在基础自动化、过程自动化中分别进行，但各级的要求不同并都以基础自动化的位置跟踪结果为依据。

（5）基础自动化的位置跟踪结果将上送过程自动化。

（6）通常情况由设备制造商提供硬件和软件，生产企业只能在设备规定的性能范围内发挥其功能。某厂基础自动化控制图见图 3.75。

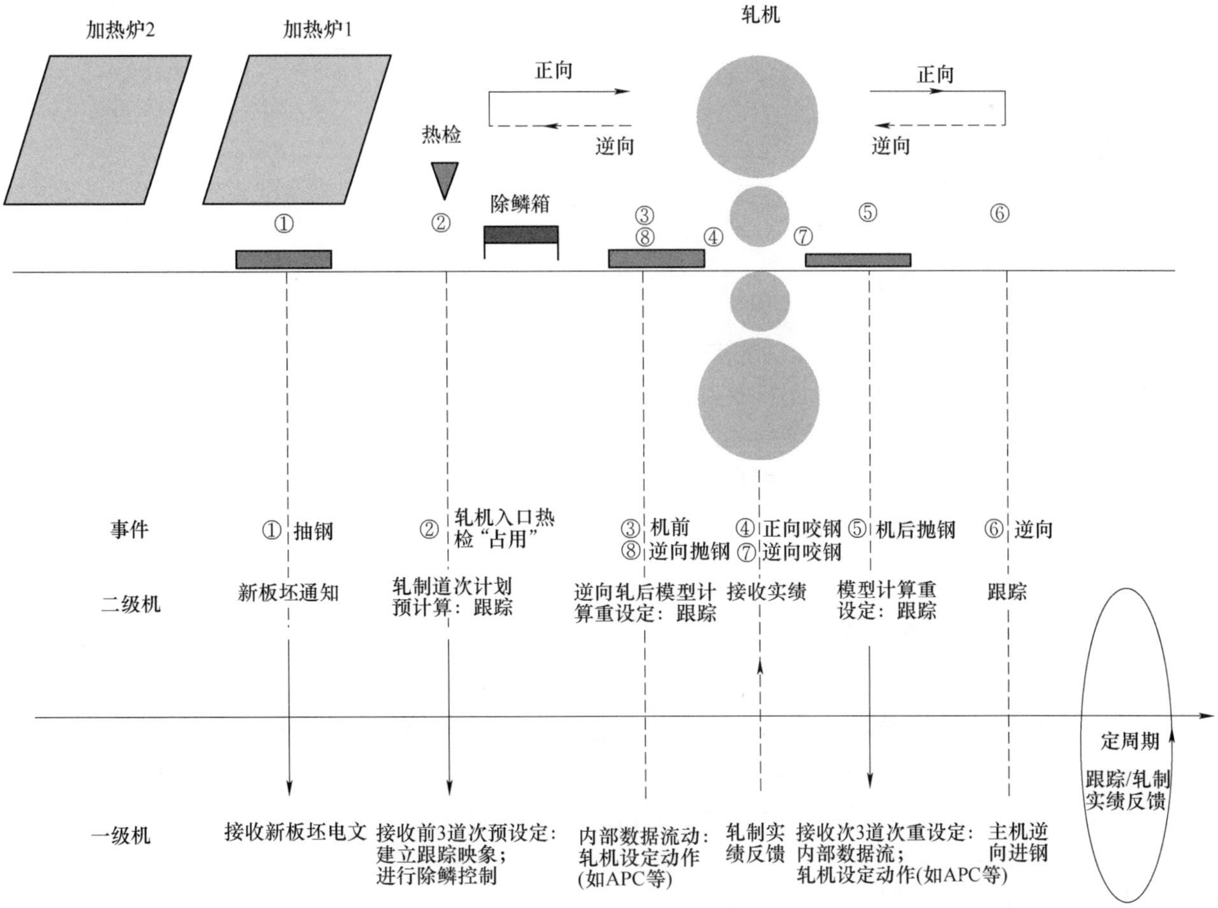

图 3.75　某厂基础自动化控制图

3.6.2.2　过程自动化控制

（1）过程自动化控制一般包括工艺闭环系统、钢板厚度、凸度、平面形状及温度控制环、预设程序、记忆操作数据存储、人机信息、测量数据收集等。

（2）过程自动化控制用于从原料上料至打印喷字为止各个生产过程的监视与控制，并进行实时处理。

（3）该控制是结合具体生产任务，将基础自动化单项设备及其前后辅助设备、一部分生产过程或全厂生产过程进行连锁、跟踪，并进行实时处理。同时为某项设备根据生产任务的要求，及时编制出一套过程机的程序软件。

过程自动化控制图见图 3.76。

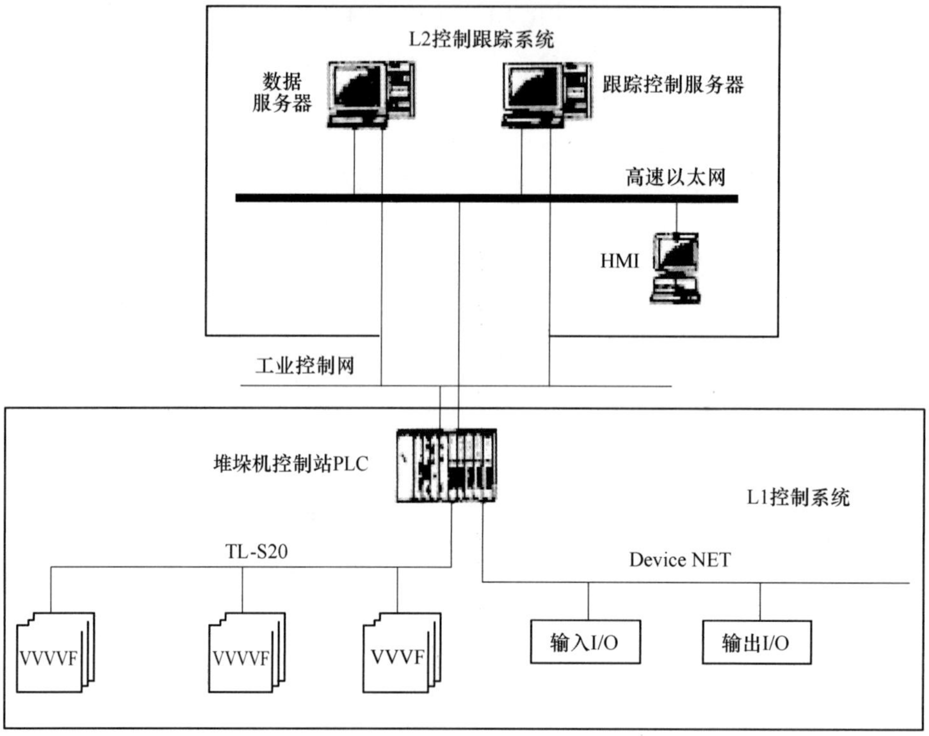

图 3.76　过程自动化控制图

3.6.2.3　生产自动化控制

（1）主要负责全厂生产计划安排、指令发放、中间库与成品堆存、所有操作台生产协调工作，并进行生产分析，编制生产报表，轧辊、工具及备品备件管理，满足钢板检验的要求。

（2）一般包括轧机调整系统和设备匹配支撑系统。前者有自动自适应过程模型、高级跟踪、生产机器逻辑、过程分析、长期质量保证及离线模拟等。后者有生产计划与程序、产品跟踪、订单控制及数据选择分析等。

生产自动化控制图见图 3.77。

3.6.2.4　管理系统自动化控制

（1）管理系统用于实现全厂生产计算机管理。这是现代化中厚板厂自动化不可或缺的重要组成部分。一般包括接受订单、合同分解组合与执行、原料、产品、质量及生产计划等设计。

（2）产量、质量、检验、成本、财务、设备状况、合同、发货计划及生产技术标准等管理，生产实际采集、物流跟踪、质量判定、全厂生产协调、通信交流及周边厂联络等。

管理系统自动化控制图见图 3.78。

某企业全流程计算机自动化控制图见图 3.79。

中厚板生产四级计算机自动化控制功能见表 3.6。

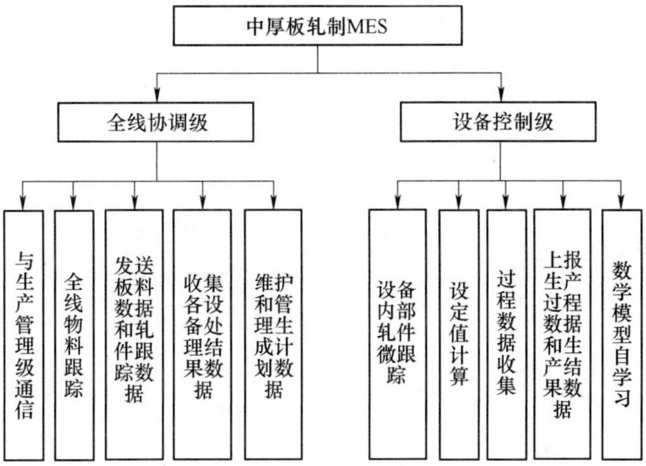

图 3.77 生产自动化控制图

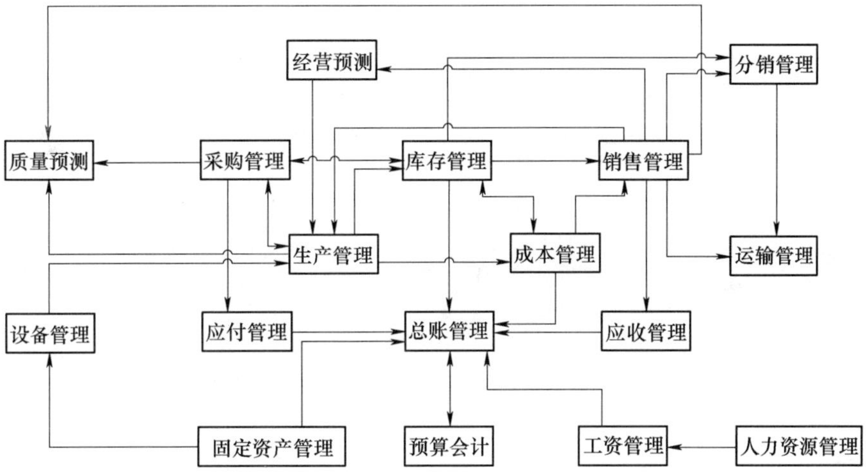

图 3.78 管理系统自动化控制图

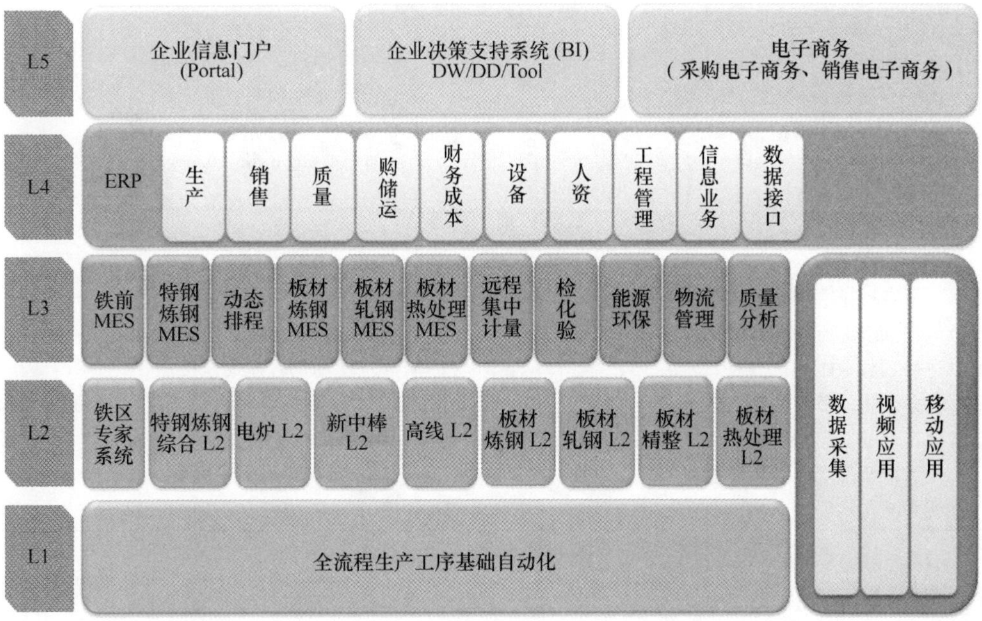

图 3.79 某企业全流程计算机自动化控制图

表 3.6　中厚板生产四级计算机自动化控制功能

序号	内容	基础自动化	过程控制计算机	生产控制计算机	管理系统
1	控制主题	单项设备	工序监视	生产协调与安排	计划管理
2	控制目标	单项设备自动化，直接监视运行状态	结合具体生产任务，对BA单项设备或其前后辅助设备、一段生产流程或全厂生产过程进行跟踪，并实时处理	生产计划编制下达、协调、分析、报表、原料与成品库管理、轧辊工具及备品备件管理、检验的要求	接收订单、合同分解组合与执行；原料、产品、质量及生产计划等设计；检验、产量、质量、成本、财务及生产技术标准等管理；生产实绩、收集、报表编制、质量判定、物流跟踪、全厂生产协调、通信交流、与周边厂际联络
3	控制项目	加热炉、除鳞箱、立辊轧机、粗轧机、精轧机、快冷装置、热矫直机、冷床、超声波探伤装置、切头剪、双边剪、定尺剪、废边收集装置、标记装置、冷矫直机、常化炉、淬火炉、辊式淬火机、抛丸涂漆线等各台设备，又可细分若干项目，同时设有各自计算机，另有设备故障诊断	坯料跟踪、加热炉装出炉控制、轧机轧制程序、AGC、APC、板形控制、CR、TM - CP、ACC、AWC、同步轧制、自动换辊、热矫辊型控制、剪刃间隙调整、换剪刃、划线机控制	根据具体任务分区，按区设1台或多台计算机，另外，原料、成品库、轧辊、工具、备品备件、检验等地段单独设置	订货合同、生产计划、成本财务、生产技术标准、生产实绩、报表编制、物流跟踪、中央管理
4	控制范围	每台设备PLC/DCS控制，并设监视系统	原料上料至打印、喷字、收集等全过程监视与控制，实时处理	原料入库至成品发货的全生产范围	全厂生产、质量、财务、合同管理，并协调各区生产与周边厂关系
5	系统分析内容	程序位置、速度、温度、热工、尺寸等控制与采集	跟踪、加工参数、质量等	原料、轧制计划、质量、磨辊、生产指令、库存、统计、履历、报告、实绩等	订货合同、生产安排、调度、发货等控制，并与公司联网
6	系统功能	信号采集、材料性能、板坯称重、测长、定位、顺序、位置、高压水除鳞、轧制速度主令、宽度、厚度、板形、快冷、矫直、冷却、剪切、标记、热处理、设备监视、MMI、介质系统等	材料跟踪、板坯核对、加热控制、轧制节奏、设定计算、平面板形、凸度、平直度、宽度、调温、冷却、质量分类、热矫、剪切、划线、喷字、打印、模拟轧制、板子流向、热处理、冷矫、数据采集、操作指导、画面报表、数据通信、数学模型、自适应控制	初始数据处理、数据库、生产合同跟踪、材料分配、生产能力平衡、轧制计划编制、调整与执行、确定装出料方式、全厂物料跟踪、库存管理与控制、质量管理、发货计划、标签打印、实绩采集、分析统计、画面显示与报表数据通信	轧制计划编制
7	硬件系统	网络拓扑结构为分段总线式，用现场总线或直接连接远程I/O进行分布式数据采集，字式传动装置通过专用的传动总线与BA主系统相连，设置设备监视系统	用多处理器，按cluster方式连接磁盘用镜像盘或陈列盘，网络拓扑结构为星形网	客户机/服务器结构ORACLE数据库采用多处理器，按cluster方式连接磁盘用镜像盘或陈列盘，网络拓扑结构为星形网，与炼钢用以太网连接，通信用TCP/IP协议	与PCC接口

3.6.3　中厚板轧制的计算机控制

由于本节内容涉及全自动轧钢，全自动轧钢主要靠计算机中的基础自动化和过程自动化实现，故以下侧重对这两方面的内容作介绍。

3.6.3.1 主要控制对象

（1）加热炉、粗轧机、精轧机、冷却设备、热矫直机等是主要的控制对象。

（2）控制系统的构成如图 3.80 所示。从加热炉入口到热矫直机出口都是跟踪的范围。当加热炉装炉完毕时，由中央管理机送来的轧制信息与板坯互相对应，控制便开始了。

（3）加热炉燃烧控制的主要目的是决定板坯的在炉时间，并对炉温进行控制，使板坯在炉内这段时间内能以最少的燃料加热到既定的温度，以达到目标出炉温度及给定的板坯内外温度差。

（4）当板坯出炉后，检测板坯温度的实测值，然后进行粗轧机的设定计算。为进行可逆轧制，每道次辊缝及速度模式要作为设定值设定。

（5）轧制中，要基于每道次的实测数据，对设定误差进行修正，以给出下一道次的设定值，这就是道次间的修正控制。其次对轧件同一道次的模型进行修正，这就是板坯间的修正控制。

（6）粗轧结束后，输入实测数据，进行精轧设定计算。为进行精轧温度控制，可取待轧状态，此时其他轧件可先进行轧制。因此，跟踪是非常重要的，板坯与板坯信息的对应使系统变得复杂。精轧后，在热矫直机上进行热矫。

某厂中厚板轧制控制系统结构见图 3.80。

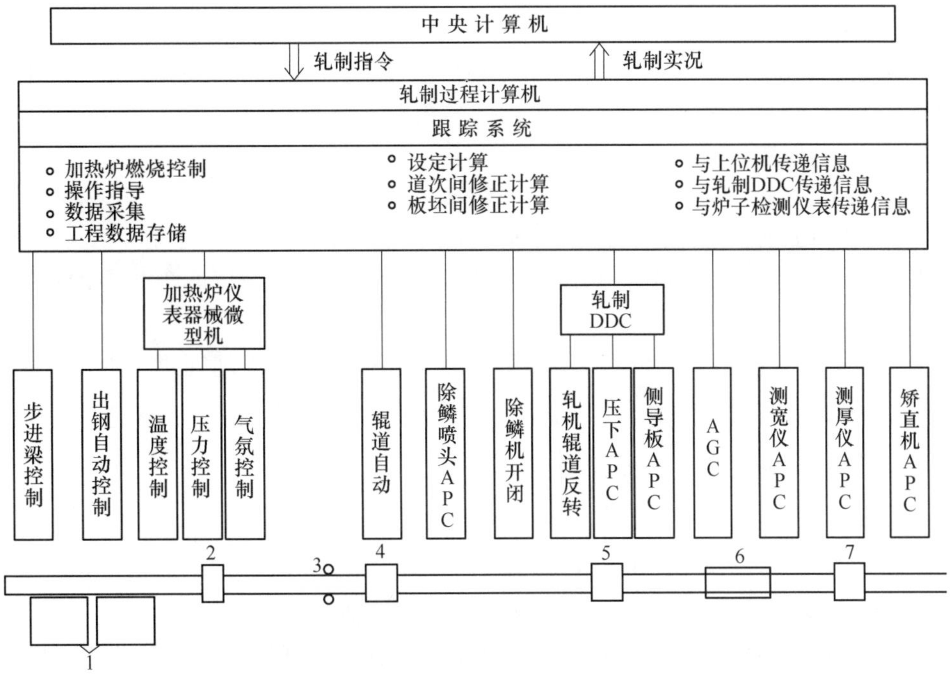

图 3.80 某厂中厚板轧制控制系统结构图

1—加热炉；2—除鳞机；3—立辊；4—粗轧机；5—精轧机；6—喷水冷却；7—矫直

3.6.3.2 基础和过程控制的主要任务

（1）轧制过程中，轧件运送是整个工艺过程最基本的要求，在保证快速运送的同时，还要保证前后轧件不相碰撞。为根据工艺要求对多块轧件进行有顺序的控制运输，基础自动化控制器需要知道每一块轧件所在的位置和位置的变化。

（2）轧件的跟踪在基础自动化、过程自动化中分别进行，各自的任务有所不同，但都以基础自动化的位置跟踪结果为依据。

（3）基础自动化在轧件跟踪中承担协调各程序并获取“事件”的重要信息，将跟踪结果报告给过程自动化。

（4）过程自动化的中心任务是对生产线上各个设备进行设定计算，核心功能为对粗轧、精轧道次负荷进行分配（包括最优化计算）及数学模型的计算。为了实现此核心功能，过程控制计算机必须设有板坯（数据）跟踪、初始数据输入、在线数据采集以及模型自学习等为设定模型服务及配套的功能。设定值计算后下送基础自动化，由设备控制功能执行。

（5）设备控制包括设备的位置控制和速度控制，包括轧机辊缝定位、推床定位、窜辊位置控制、主传动速度控制等，还包括弯辊装置的弯辊力控制。

设备控制接受过程自动化级数学模型计算所得的各项设定值（辊缝、速度、弯辊力等），对各执行机构进行位置和速度设定，在半自动状态下则接受操作人员通过人机界面（MMI）输入的设定值并进行位置和速度设定。

随着电气及液压传动的数字化，设备控制目前主要由数字传动控制承担。

3.6.4　全自动轧钢

3.6.4.1　概述

21 世纪初，我国绝大部分中厚板企业装备了二级计算机管理系统，即基础自动化控制系统和过程自动化控制系统，这使得实现全自动轧钢成为可能。

3.6.4.2　过程控制系统承担主导任务

（1）如何根据基础自动化传递来的检测仪表信号和实际控制信号判断当前的轧线状况，准确的轧件跟踪是全自动轧钢控制实现的前提。

（2）在轧件跟踪的基础上，可以进行全自动轧钢控制的逻辑判断，得到相应的控制信息。考虑到这些逻辑判断与轧件跟踪功能紧密联系，并可以在相应的跟踪事件处理过程中一起完成，所以将全自动轧钢控制的逻辑判断放在过程控制系统内实现。

（3）在跟踪事件的处理过程中，如果当前的跟踪事件需要产生全自动轧钢控制信息，对相应的控制信息进行赋值，并调用数据通信功能，将控制信息发送到基础自动化，用于控制过程。

（4）也就是由过程控制系统将与轧件跟踪相关的控制过程程序化，以实现相应的逻辑判断，得到全自动控制信息。

（5）这样的任务分配也是建立在基础自动化系统和过程控制系统之间通过工业以太网进行通信的速度可以满足实时控制要求的条件下进行的。

3.6.4.3　基础控制承担辅助和干预控制任务

（1）基础自动化负责全自动轧钢控制的具体执行过程，根据过程控制系统产生的控制信息，执行相应的功能操作，该控制过程应该实现全自动控制和手动控制的统一化。即在手动控制模式下，控制信号来源于操作台，在全自动控制模式下，控制信号来源于过程控制系统。

（2）根据控制模式的选择，只是控制信号的来源不同，具体控制模块内部的功能实现过程是统一的。如辊道控制、道次数设定控制、轧制过程中速度制度的执行控制等功能模块都应该作为统一化控制模块。

（3）基础自动化在全自动轧钢控制的实现过程中，还必须完成一些对实时性要求比较严格，但与轧件跟踪关系不太密切的辅助控制功能。如待温辊道摆动时的往返方向控制、道次抛钢信号的判断、普通道次的道次自动转换、平面形状控制道次的速度制度与辊缝变化的协调控制等功能。

（4）在全自动轧钢控制过程中，可能会有一些异常情况发生，操作工为了处理这些异常情况而进行的实时干预控制必须由基础自动化完成。

基础自动化还必须完成检测信号和控制信号的采集和处理，并传递到过程控制系统。

过程控制系统和基础自动化系统在全自动轧钢控制过程中的任务分配如图 3.81 所示。

3.6.4.4　全自动轧钢控制信息定义及逻辑判断

信息由过程控制系统经过逻辑判断得到，并传递到基础自动化用于全自动轧钢的控制过程。全自动轧钢控制信息主要包括三部分：水平方向的辊道控制信息、垂直方向道次数设定控制信息、轧制道次的控制信息。

A　水平方向的辊道控制信息

运输过程：轧件运输过程的辊道控制应根据轧件状态，启动轧件所在的跟踪区和下一个跟踪区的辊

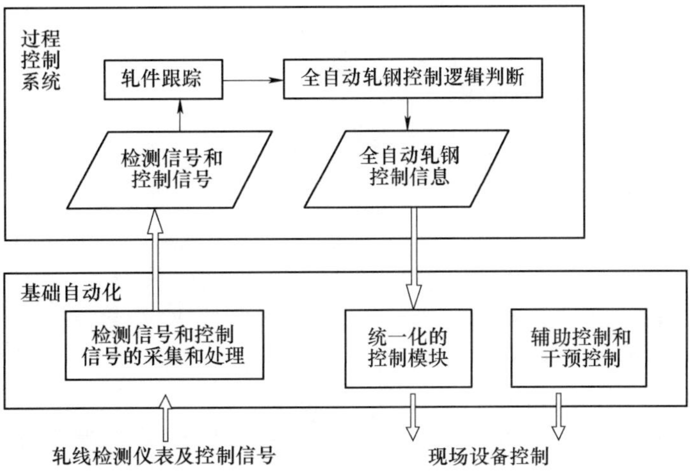

图 3.81 全自动轧钢控制的任务分配

道，并停止已经经过的跟踪区辊道，在轧件运输到目标跟踪区时，停止所有辊道。图 3.82 是轧件运输过程的辊道控制示意图，假设轧件状态是从跟踪 1 区运输到跟踪 4 区，随着轧件跟踪的变化，相应的辊道控制信息如图 3.83 所示。

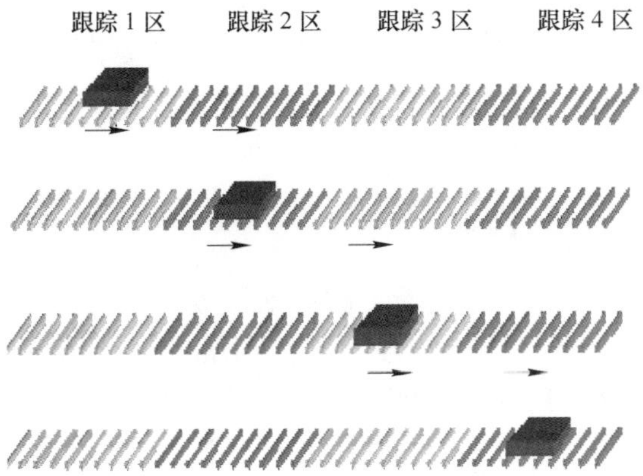

图 3.82 轧件运输过程的辊道控制

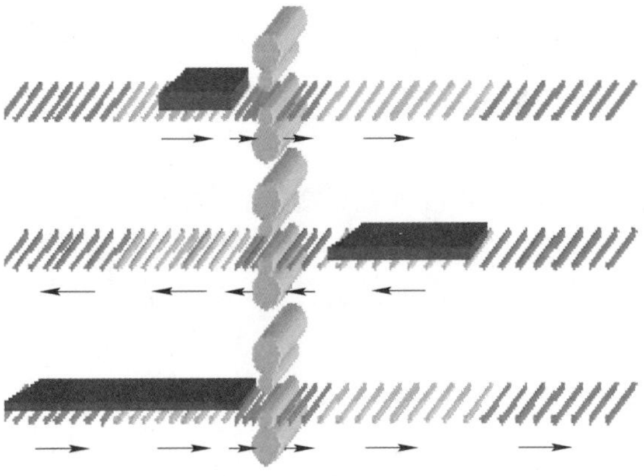

图 3.83 轧制过程的随动辊道控制

轧制过程：轧件轧制过程的辊道控制，应该根据每一道次的轧件长度确定随动辊道的组数，并根据轧件位置设置咬钢方向标志。

待温过程：针对轧件待温过程的辊道控制，应根据待温轧件的长度进行判断：如果待温轧件只需要占用一个待温区进行待温摆动，则把该待温区的待温状态设置为 1；如果待温轧件较长，需要将相邻的两个待温区合并，则把相应的待温一二辊道联摆状态或待温三四辊道联摆状态设置为 1。

B 垂直方向道次数设定控制信息

道次数的自动设定是全自动轧钢控制的一项重要内容。普通道次轧制完成后的道次自动下移由基础自动化直接根据判断得到的抛钢信号并考虑道次状态进行控制；而对于特殊道次的控制，必须由过程控制系统根据轧件跟踪状态进行设定。

需要重新设定道次数的时刻包括：

（1）坯料运输到机前，将道次数复位到第 1 道次。

（2）轧件待温结束运输到机前开始第二阶段轧制，将道次数设定到再次开轧道次。

（3）轧件运输空过机架时，需要将道次数设定到轧件轧制完成道次的上一个道次。

C 轧制道次的控制信息

针对每个道次的全自动轧钢控制信息，辊缝、道次状态、轧制力及弯辊力的设定值是其中重要的部分，考虑基础自动化控制功能的统一化，将这几组设定值发送到人机界面相应的标签，在全自动控制模式下，基础自动化仍通过人机界面获得相应的设定值。

其中速度制度的控制是道次控制的关键内容，通过咬钢速度、稳定轧制速度、抛钢速度、加速时间、稳定轧制时间、减速时间几个控制变量，给出如图 3.84 所示的速度制度。

在轧件进入轧区后，过程控制系统根据设定计算的结果对轧制道次控制信息进行赋值并发送到基础自动化。

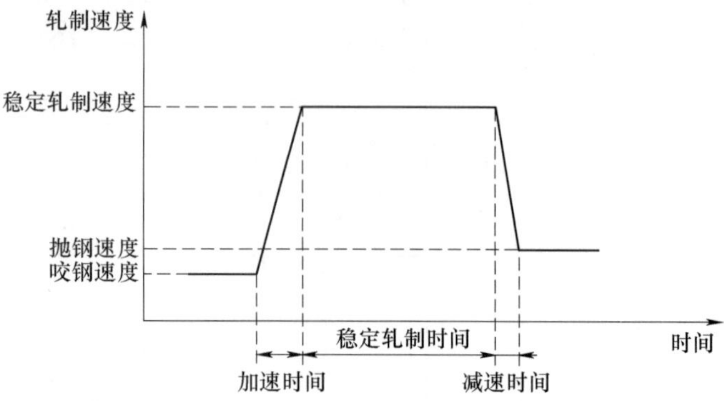

图 3.84　轧制道次的速度制度

3.6.4.5　基础自动化辅助和干预的具体事项

A　统一化的控制模块

这些统一化的控制模块是指不论在全自动控制模式还是在手动控制模式下，都需要由基础自动化控制完成，只是控制信号的来源不同。

(1) 水平方向的辊道控制。全自动控制模式下根据过程控制系统传递来的辊道控制信息进行控制；手动模式下由操作台上的操作手柄产生控制信息。

(2) 垂直方向道次数设定控制。全自动控制模式下根据过程控制系统传递来的道次数设定控制信息进行控制；手动控制模式下由操作台上的操作按钮产生控制信息。

(3) 轧制道次控制。全自动控制模式下根据过程控制系统传递来的轧制道次控制信息进行控制，包括由过程控制系统传递到人机界面的辊缝、道次状态、轧制力和弯辊力等设定信息；手动控制模式下，由操作台上的主传动控制手柄和操作工设置人机界面产生控制信息。

B　辅助控制

(1) 轧件在待温区自动待温摆动控制。轧件在待温区摆动待温时，基础自动化根据设置在待温区两端的热检信号，当轧件摆动到边界时，自动控制待温辊道反向运转。

(2) 普通道次的道次自动下移。在道次轧制过程中，基础自动化判断道次抛钢信号，并根据道次状态，如果为普通道次，自动将道次数下移一个道次。道次抛钢信号的判断过程必须非常严格，考虑的条件包括：轧制力低于抛钢标准；抛钢方向与咬钢方向一致；机前、机后的热检信号合理。

(3) 平面形状控制道次的控制。根据过程控制系统设定计算得到的平面形状控制参数，对该道次轧制过程中的轧制速度和辊缝变化进行控制。

C　干预控制

全自动控制模式下，当一些异常情况发生时，基础自动化必须有相应的控制功能保证生产过程的安全性。这些干预控制主要是保证在全自动控制模式下，操作工仍然可以通过操作台的操作手柄和操作按钮来完成相应的操作，即保证控制过程中手动优先的原则。比如，如果由于跟踪错误，造成错误的辊道控制，操作工可以操作辊道控制手柄进行干预；如果自动设定的道次数有误，操作工可以操作相应的道次上移按钮和道次下移按钮进行干预控制。

3.6.4.6　全自动轧钢控制的模拟过程

通过过程控制系统的跟踪功能画面可以完成全自动轧钢控制的模拟过程，模拟画面如图 3.85 所示：通过左下角按钮区的按钮操作可以模拟生产过程的坯料出炉、轧件运输以及轧制过程，并根据画面显示的相关信息检验控制过程的准确性。另外在模拟过程中可以将控制信息发送到基础自动化，通过轧线的实际运行状态检验全自动轧钢功能的控制效果。在正常生产过程中，该画面用来显示轧线跟踪及实际的检测仪表信号和控制信号。

A　轧制节奏控制

轧制节奏控制是全自动轧钢功能重要的组成部分，包括交叉轧制模式的判断和出炉时间控制两部分功能。交叉轧制模式判断是在考虑几块轧件轧制时间和待温时间的匹配关系以及轧件长度限制条件的基础上，给出轧件待温区域的选择，为全自动轧钢水平方向辊道控制提供依据。

通过出炉时间控制，保证轧件在轧制过程中不会发生时间和空间上的冲突，为全自动轧钢控制的顺利执行提供保证。

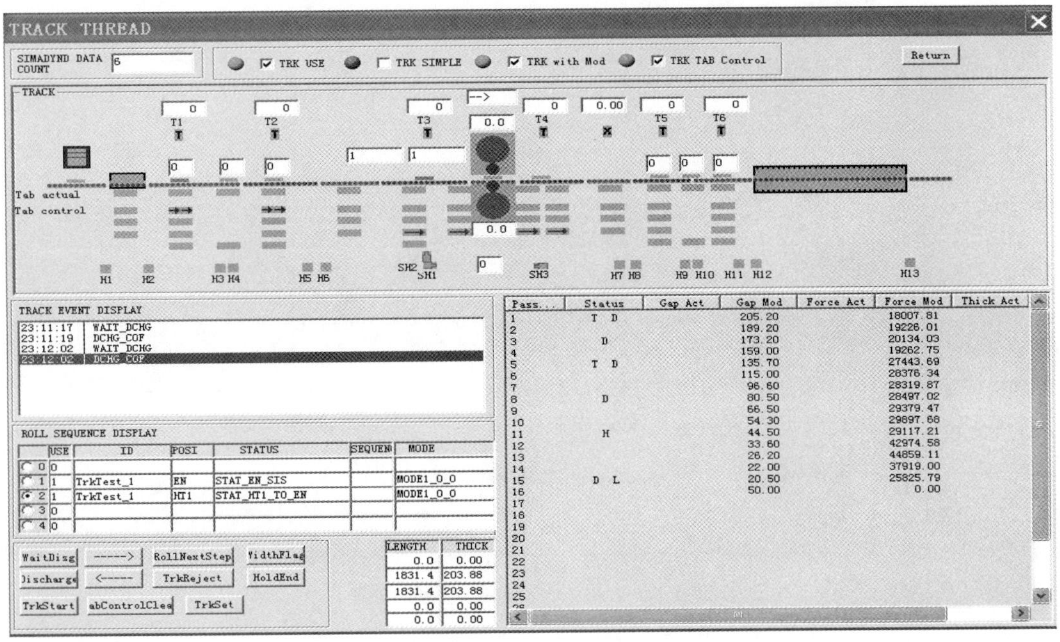

图 3.85　过程控制系统跟踪功能及全自动轧钢模拟画面

B　时位图

轧制节奏控制必须考虑轧制过程的时间条件和空间条件，如果能将生产过程中的时间和空间情况清晰地表达出来，就可以清楚地表达轧制节奏控制的情况，为此提出了时位图的概念。

时位图是为了描述中厚板轧机多坯交叉轧制过程的时间及位置情况，清晰表达轧制节奏控制情况而设计的图表。

时位图由时序区和位序区两个区域组成，在时序区中显示每块轧件轧制过程中各个阶段的时间长度，如果轧线上同时有多块轧件交叉轧制，可以表示出同时在线几块轧件的轧制时间和待温时间的匹配关系。

位序区显示与各时间段对应的轧件在轧线上的位置情况。位序区与轧线的逻辑跟踪分区对应分成多个区，以带数字的小矩形块表示该序号轧件的位置，同一轧件不同位置间以虚线连接，表示轧件的运输过程。

时序区和位序区的横轴都表示时间序列，该时间序列不用来表示确切的时刻，但可以定性地表示出各段时间的相对长度，以表达轧件的时间匹配关系。

位序区的纵轴表示从加热炉到成品库的逻辑顺序位置，时序区的纵轴表示轧件序列，时序区和位序区的时间轴是对应的。

图 3.86 是某中厚板轧线的一个典型时位图，时序区列出了轧件的各阶段时间，以不同形式的线段表示该块轧件各阶段时间。其中：

（1）T_{roll1} 为轧件待温前的第一阶段轧制时间；

（2）T_{hold} 为轧件的空冷待温时间；

（3）T_{roll2} 为轧件待温后的第二阶段轧制时间。

生产实践中会采用多种轧制模式，通常会根据轧件控制轧制过程的两阶段轧制时间 T_{roll1} 、T_{roll2} 和待温时间 T_{hold} 的匹配关系确定相应的轧制模式。

C　单坯无待温轧制模式

当轧制工艺规程要求一个阶段轧制时，没有中间的待温过程，即 $T_{hold}=0$、$T_{roll2}=0$。在这样的时间条件下，谈不上交叉轧制，生产过程只能是前一块轧件轧制完成，再进行下一块轧件的轧制，其时位图见图 3.87。

D　单坯有待温轧制模式

当轧制工艺规程要求两阶段轧制时，有中间待温过程，但待温时间短，待温前后两阶段轧制时间里至少有一段时间比待温时间长。条件表示为：$\max(T_{roll1}, T_{roll2}) \geq T_{hold}$，其中 $\max(T_{roll1}, T_{roll2})$ 表示两段轧制时间中较长的一段。

在这样的时间条件下，轧件不能交叉轧制，只能单块轧制：第一块轧件轧制完成第一阶段，在机前

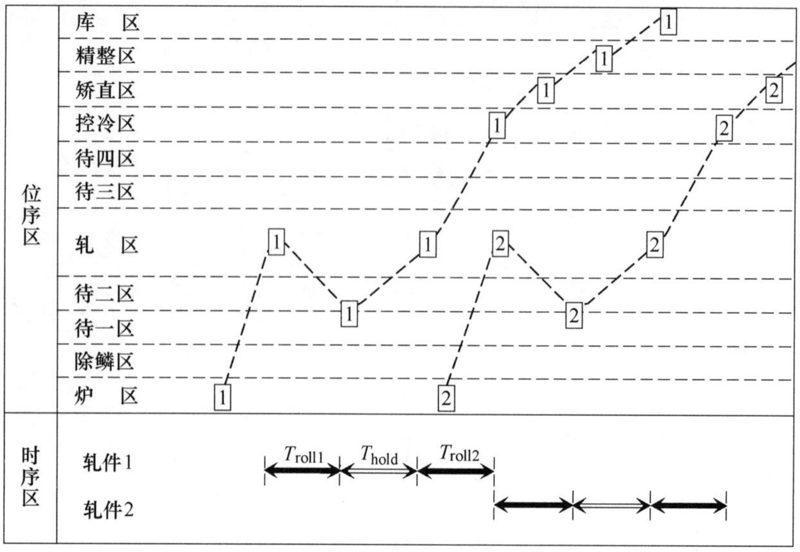

图 3.86　某中厚板轧线典型时位图

待温区待温，空冷到第二阶段开轧温度，重新运回到轧区开始第二阶段轧制，轧制终了，开始下块轧件的第一阶段轧制，其时位图如图 3.88 所示。

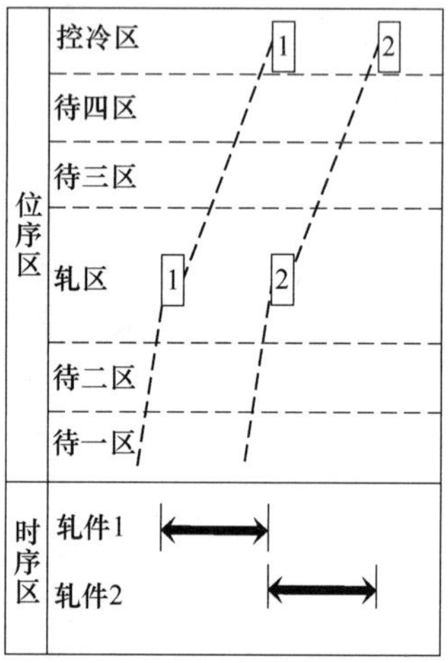

图 3.87　单坯无待温轧制模式时位图

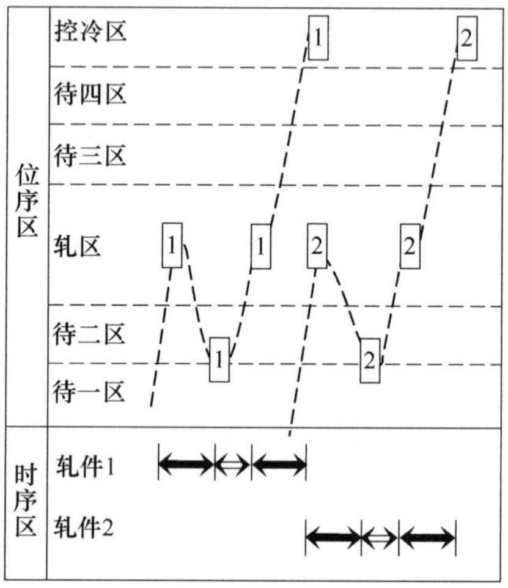

图 3.88　单坯有待温轧制模式时位图

E　双坯一待一轧模式

双坯一待一轧模式是指在轧机区有一块轧件进行轧制的同时，在机前或机后的待温辊道上有一块轧件在进行待温摆动的两块轧件交叉轧制的控制模式，即轧线上最多可以同时有两块轧件。

双坯一待一轧模式要求的时间条件为：轧制工艺规程要求两阶段轧制，且中间待温时间大于两阶段轧制时间中较长的一段，但小于两倍较长轧制时间。

这种情况下，能够实现双坯一待一轧模式，在具体的控制实现过程中，还需要再划分为两种情况进行讨论：

(1) 普通双坯一待一轧模式。该交叉轧制模式是只能两块轧件一组实现一待一轧的控制模式。

在该控制模式下需要考虑两阶段轧制时间 T_{roll1} 和 T_{roll2} 的比较对第二块轧件开轧时刻的影响，用 T_{space} 表示第一块轧件首阶段轧制完成到第二块轧件首阶段开轧的时间间隔。通俗表达为，第一块轧件首阶段轧制完成后，应间隔 T_{space} 进行第二块轧件的首阶段轧制，否则就会出现如图 3.89 中虚线所示的前后两块轧件轧制时间发生冲突的情况。间隔时间 T_{space} 越短，轧机的空闲

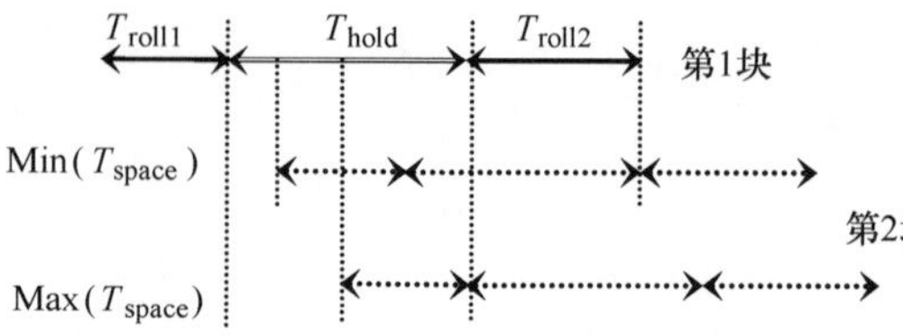

图 3.89　时间匹配关系

时间越短，生产率就越高。

该控制模式的实际控制情况见图 3.90，第一块轧件轧制完成第一阶段后，放到机后的待温区进行待温，待温区的选择根据轧件待温时的长度判断；控制 T_{space} ，开始第二块轧件的第一阶段轧制，并在完成后放在机前的待温区待温，第一块轧件在待温到第二阶段开轧温度后，运回轧区开始第二阶段轧制，轧制完成后运走；第二块轧件达到开轧温度后开始第二阶段轧制。

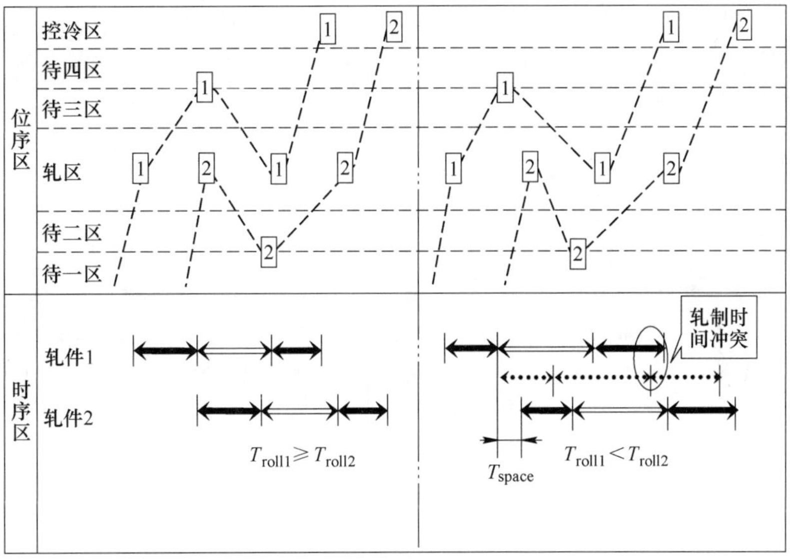

图 3.90 普通双坯一待一轧模式

（2）特殊双坯一待一轧模式。这种控制模式的条件是第一块轧件的第二阶段轧制完成后，第二块轧件仍有较长的待温时间，足以完成下块轧件的第一阶段轧制，将第二块轧件由机前待温辊道运输到机后待温辊道，同时第三块轧件出炉开始第一阶段轧制。也就是说第二块轧件首先和第一块轧件组成一组，第一块轧件轧制完成后，再和第三块轧件组成一组，实现一待一轧。生产过程中，始终是两块轧件在线，一块处于待温状态，一块处于轧制状态，故该情况仍为双坯一待一轧的控制模式。特殊双坯一待一轧模式见图 3.91。

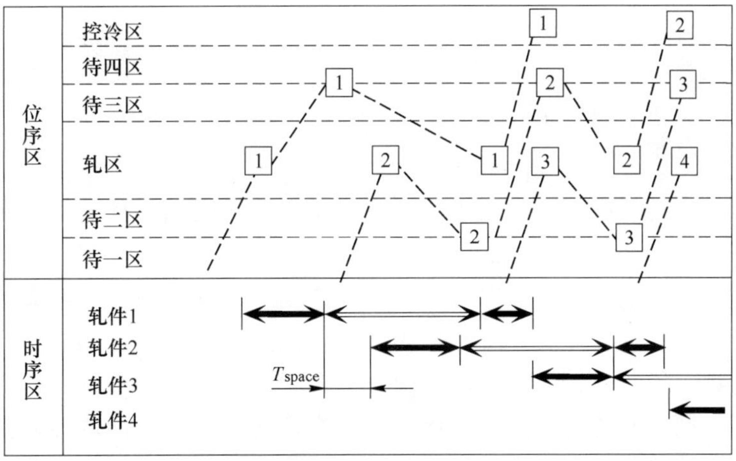

图 3.91 特殊双坯一待一轧模式

为了保证轧制时间不发生冲突，需要控制第二块轧件的开轧时间。

F 三坯两待一轧模式

该控制模式是指在一块轧件进行轧制的同时，机前或机后的待温区可以有另外的两块轧件进行摆动待温的交叉轧制控制模式，即轧线上最多可以同时有三块轧件。

三坯两待一轧控制模式的实际控制过程如图 3.92 所示：第一块轧件首阶段轧制结束，运送到机后待温四区待温；第二块轧件首阶段轧制结束，运送到机后待温三区待温；第三块轧件首阶段轧制结束运送到机前待温一区待温，同时将第二块轧件由机后待温三区运送到机前待温二区待温；每块轧件待温到第二阶段开轧温度后，从各自的待温区运回轧区开始第二阶段轧制。在第三块轧件完成后，接续下批的首块轧件开始轧制。

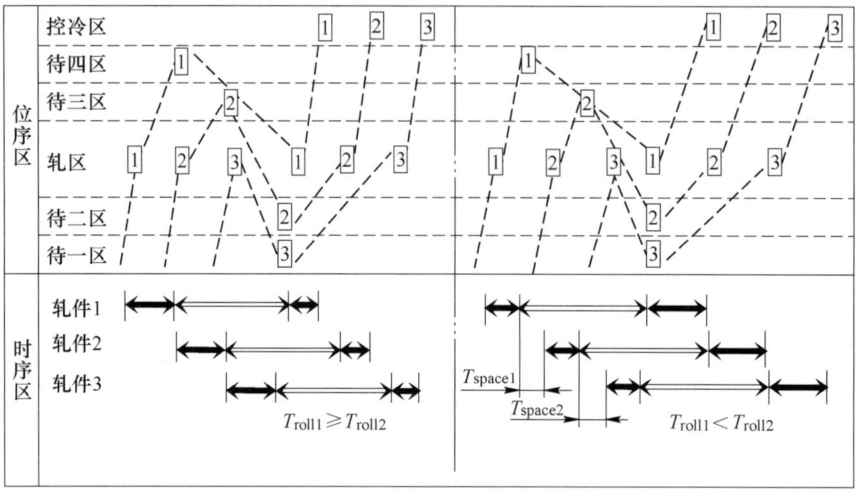

图 3.92　三坯两待一轧模式

3.7　板形控制

3.7.1　板形的含义

板形是钢板平直度的简称。板形的控制是包括钢板长与宽两个方向而言的，两者是有区别的。

钢板沿宽度方向的厚度偏差，即钢板中部与边部厚度之差称厚度凸度，它决定了钢板的横截面形状。

钢板长度方向板形是指钢板长边（纵向）的平直性（侧弯、大小头）、钢板的头尾形态和边部的浪形。

横向厚差与板形有着内在的关系，横向厚差大小是影响板形好坏的直接因素，通过辊缝形状的控制，减少横向厚差就能有效地改善板形。

影响板形的因素除来料的原始形状、坯料的加热质量外，工作辊的辊缝断面形状是决定板形的首要因素。

3.7.2　21 世纪前的板形控制

20 世纪 60~90 年代末期，我国大部分中厚板企业没有 HAGC 装置，没有液压弯辊，没有实行 MAS 法控制，没有 VC 辊控制。

由此不难看出，在没有液压厚控技术应用之前，无论压下控制还是板凸控制只能是利用轧辊的原始凸度配置、通过轧辊冷却水沿辊身长度方向流量的分段控制形成的热凸度的叠合进行辊缝形状，或者说进行钢板的横向板凸度控制的。

纵向的板形主要是控制钢板长度方向平直度、镰刀弯，边部长度方向的波浪。主要方法是依靠轧机两侧的压下量的调整和钢板的轧制对中调整来控制的。

钢板的浪形有单一边浪，双边浪、中间浪形这三种形态。单一边浪的形成与轧机的两侧压下不均等有关；双边浪主要是板凸过小；中间浪形主要是板凸过大。

在轧机上没有采用液压压下、液压弯辊、窜辊等板形控制技术（动态辊型补偿技术）之前，板形的控制方法主要有：

（1）调温控制，合理设定轧辊凸度。

（2）合理地制定轧制规程。

（3）合理地安排不同规格产品的轧制顺序。

（4）根据纵向板形形态调整轧机两侧的压下量的调整和钢板的对中控制。

3.7.2.1 调温控制

调温控制就是通过改变轧辊的辊温分布，从而达到控制辊型的目的。如发现辊身温度过高，则适当增大轧辊中段或边部冷却水的流量来控制热辊型：如发现辊身温度偏低，则适当减小轧辊中段或边部冷却水的流量来控制热辊型。

实际生产中，大多由人工根据料形与厚差的实际情况进行辊温调节。由于轧辊本身热容量大，升温或降温需要较长的过渡时间，辊型调节的反应很慢，最终造成次品多，轧制过程中急冷急热很容易损坏轧辊。

实践证明，对于较高速度的轧机，仅仅靠调节轧辊来控制辊型很难达到优良板形的目标。

3.7.2.2 制定合理的轧制规程

轧制负荷的变化导致了辊缝凸度的变化。为了保证轧件板形良好，当时的普遍做法是首先对轧机各道次的负荷进行合理分配：

（1）前面的道次主要考虑轧机能力和电机能力等设备条件的现状和限制。

（2）后面道次考虑如何才能得到较良好的板形。

（3）这种方法制定轧制规程时，一般只考虑到压下量大小（或轧制力大小）对板形的影响，而未足够估计轧制过程中轧辊热膨胀和磨损等变化因素对板形的影响。所以不能保证每一张钢板都能得到良好的板形。

针对以上情况，有些企业采用动态负荷分配法计算轧机预设定值。实际计算过程中主要根据每一张钢板轧制时的实际状况，从板形条件出发，充分考虑轧辊辊型的实时变化，这种方法比较适合于生产中经常变换规格的情况。

3.7.2.3 设定合理的轧辊凸度

设计轧制规程时，辊型设计的内容一般包括：确定轧辊的总凸度值、总凸度值在一套轧辊上的分配，以及确定辊面磨削曲线。

根据经验，四辊轧机轧辊磨削凸度有以下两种分配原则：

（1）两个工作辊平均分配磨削凸度，两个支撑辊为圆柱形。

（2）磨削凸度集中在一个工作辊上，其余3个轧辊都为圆柱形；一般认为后一种方法便于磨削轧辊。

根据生产实践，有些企业后来又采取增加轧机刚度，减少轧辊挠度，进一步完善辊系或采用附设主辊轧机等方法，使板形控制效果得到改善。

3.7.3 21世纪的板形控制

进入21世纪以来，企业普遍采用了计算机控制，AGC控制，MAS法控制，VC辊控制，板形和板厚联合控制，板形锁定法控制等，将中厚板板形控制技术提高到了一个新的高度。

3.7.3.1 目前对板形的定义

板形是板凸度和板不平度的统称，是指钢板浪形、瓢曲或镰刀弯的有无以及存在的严重程度。板形可以分为视在板形和潜在板形两种。视在板形是指轧后用肉眼直接观察到的，又称为显在板形；潜在板形是在轧后不能立即发现，而要在后部加工工序中才会暴露的板形。

在实际中厚板生产中，常见的不良板形为镰刀弯，浪形和瓢曲。

轧后板形和平直度不好主要是由于轧制时板宽内沿长度方向的延伸不均匀造成的。一般平直度用翘曲度表示，定义为浪高与浪长的比值，如式（3.6）所示。

翘曲度：
$$\lambda = R / L \times 100\% \tag{3.6}$$

浪高和浪长如图 3.93 中 R 和 L 所示。

板形的另外一种表示方法是用相对延伸率表示，定义如式（3.7）所示。

相对延伸率：
$$(L_1-L_o)/L_o\times100\% \tag{3.7}$$

式中的定义如图 3.94 所示。

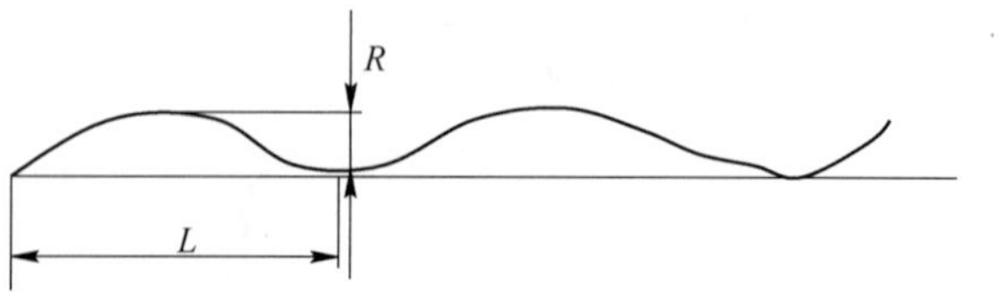

图 3.93　浪高和浪长示意图

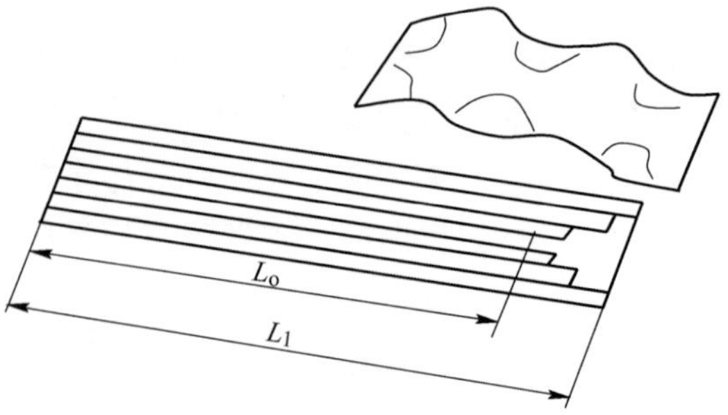

图 3.94　L_1 和 L_0 示意

3.7.3.2　良好板形条件：

在轧制过程中，若板坯横向上的各部分有不均匀的压下变形，则必然产生不均匀的纵向延伸。由于板坯是一个整体，各部分之间相互作用，在板坯内部产生内应力，当内应力足够大时，就破坏了板坯的平直稳定条件，从而产生浪形。所以，要使板坯轧制过程中保持平直，就必须保证板坯沿宽度方向上各处纵向延伸一致。用公式定义此条件需首先定义板凸度和比例凸度。

板凸度：h_c-h_e

比例凸度：$(h_c-h_e)/h_c$（单位凸度）h_c 和 h_e 的定义如图 3.95 所示。其中 h_e 为测量点的厚度。

良好板形的条件为比例凸度恒定，比例凸度与平直度的关系见图 3.96、图 3.97；出口厚度与比例凸度变化的关系见图 3.98。

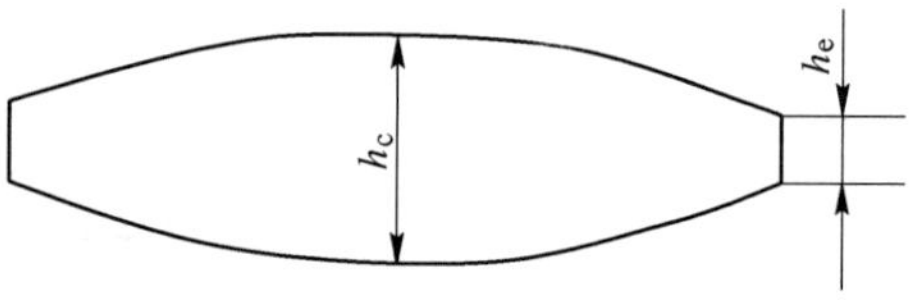

图 3.95　比例凸度示意

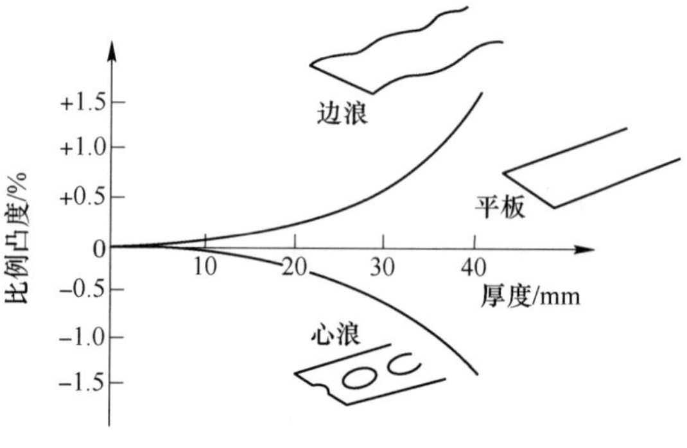

图 3.96　比例凸度与平直度的关系

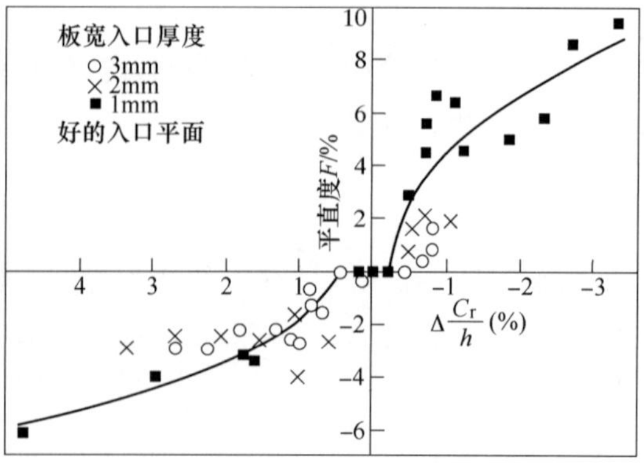

图 3.97　比例凸度变化与平直度的关系

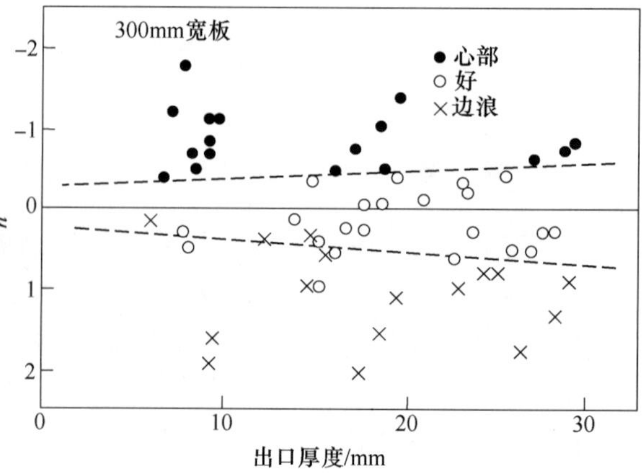

图 3.98　出口厚度与比例凸度变化的关系

3.7.3.3 影响板形的因素

A 原料对板形的影响

生产实践证明，只有当原料的断面形状和承载辊辊逢形状相匹配时，才能获得良好的板形。在其他条件不变时，若原料断面形状发生变化，必然引起板形的变化。保证原料的断面厚度差及外形控制在一定的范围内，是获得良好板形的前提。

B 承载辊辊缝的断面形状对板形的影响

当入口钢板一定时，工作辊的承载辊辊缝断面形状是决定板形的首要因素。它取决于三方面：

（1）工作辊、支撑辊的弯曲挠度和剪切挠度。

（2）支撑辊、工作辊和钢板的压扁。

（3）工作辊空载凸度。

凡是能影响上述三方面的因素均会影响板形，其中主要影响因素有：（1）设备因素，包括工作辊直径、工作辊原始凸度以及支撑辊直径和原始凸度。（2）工艺因素，包括钢板宽度、轧制压力、张力、轧制速度、轧辊热凸度、轧辊磨损等。

C 压下规程的变化对板形的影响

当压下规程变化时，压下量、速度等均发生变化，因而影响到压力、热凸度等。这些因素的变化，使承载辊逢形状变化，从而引起板形变化。

此外，轧件本身力学性能的均匀程度也对板形有影响。这种不均匀性主要来源于内部组织不均。

3.7.4 目前板形控制内容及指标

当前，业界对板形控制的内容有一个大致的共识，即中厚钢板板形控制内容见表 3.7。一般划分为纵向、横向及平面板形 3 项控制内容。三者互相配合与影响，只有统一运筹板形控制技术，才能生产出最佳板形和最经济的钢板。目前水平较高的轧机板形控制后应能达到以下最佳指标：

（1）纵向厚度偏差，不大于±0.08mm。

（2）横向厚度偏差，不大于±0.05mm。

（3）不平直度，不大于 0.04mm。

（4）头尾异形总长，不大于 50mm。

（5）边部裕量，不大于 20mm。

（6）镰刀弯，不大于 1.5mm/全长。

（7）宽度偏差，为 0~+2mm。

（8）长度偏差，不大于+0.02%全长。

（9）成材率，达 94%以上。

表 3.7 中厚板板形控制内容

序号	控制名称	控制原因	造成缺陷	控制方法	应用内容
1	纵向板形（长度）	（1）板长方向温度； （2）黑印； （3）辊跳； （4）轧制速度变化； （5）轧制力变化； （6）轧辊偏心	（1）纵向板厚超标； （2）同板、异板差大	（1）HAGC； （2）DAGC； （3）高刚度轧机	生产锥形板
2	横向板形（凸度）	（1）轧辊挠度； （2）轧辊偏心； （3）轧辊不均匀磨损； （4）轧辊辊型； （5）轧辊温度变化； （6）轧机刚度； （7）轧件温度； （8）压下精度及左右不均	（1）凸度； （2）超差板； （3）浪形、飘曲； （4）不平直； （5）部分板成梯形	（1）PC 轧机； （2）HCW 轧机； （3）CVC 轧机； （4）WRB BURB； （5）辊型； （6）阶梯辊； （7）高刚度轧机 （8）HAGC	生产梯形板

续表 3.7

序号	控制名称	控制原因	造成缺陷	控制方法	应用内容
3	平面板形	（1）展宽； （2）原料形状、尺寸及黑印； （3）轧件温度不均； （4）轧辊辊型及挠度； （5）压下精度及左右不均	（1）两边桶形与枕（凹）形； （2）头尾舌头与燕尾； （3）边部折叠； （4）镰刀弯	（1）合理的轧制（压下）程度； （2）规整、温度均匀的原料； （3）MAS 轧制法； （4）立辊轧边； （5）HOR 法； （6）差厚展宽法； （7）ATALAS 法； （8）HAGC 法； （9）高刚度轧机	生产锥形、梯形、圆形 异形宽度、异形厚度 带肋及防挠等异形钢板

3.7.4.1　纵向板厚控制

20 世纪 70 年代末到 90 年中后期，我国中厚板企业大部分单纯采用电动 APC 来控制纵向板厚。进入 21 世纪以来，随着用户对板形精度的要求越来越高，电动 APC 已很难满足轧制速度提高后负载情况下快速调整厚差的需要，主要面临以下几个方面的客观因素：

（1）轧制速度大幅提高。

（2）生产过程中各种坯料的厚度偏差，轧制出现的黑印与头尾温差。

（3）坯料的强度与硬度有差异，以及轧机刚度的变化。

（4）轧辊磨损、偏心、压下装置的调整与检测等。

以上几个因素造成纵向板厚偏差控制精度会不断变化，单靠电动 APC 难以达到高精度控制的目标。

21 世纪以来，随着液压 AGC 的广泛应用，使纵向板厚控制进入了新的高度。

液压 AGC 是根据材料变形的抗力或入口侧厚度偏差从而控制压下量的变化，使长度方向厚度极少变化甚至恒定。作为基础厚度计，液压 AGC 是以板厚计算公式算出轧件厚度来进行控制的。厚度计有前馈 AGC 和反馈 AGC 之分。

前馈 AGC 是从前一道次长度方向板厚、实际轧制力来预测下一道次轧制模型，用下一道次板厚偏差为零进行控制。用它调整辊缝，可随时跟踪纵向板厚的变化状况，可实现对全长板厚的高精度控制。

反馈 AGC 可随时反馈实际轧制参数，根据反馈的结果进行控制。有相对值（锁定）和绝对值（目标）之分，相对值是以设定轧制力与开始轧制时实际轧制力相对，采用锁定头部厚度方法来补偿、调整厚度变化。实际生产中，大都在开始道次用反馈 AGC，最后道次则用绝对值 AGC，它是应对轧制力变化引起板厚度变化而加以补偿最终达到目标厚度的。

目前有些先进企业将响应性快的直动型伺服阀直接安置在液压缸上，以提高其响应性。对压下系统直接进行数字控制，液压缸位置由数字信息处理机来完成，被认为这样做可提高其控制精度。

AGC 的控制目标是减少轧件长度方向的厚度偏差。由于 AGC 调节的是纵向厚度，所以弹跳方程的系统误差不会产生严重的不良影响。在轧制过程中直接用于控制的参数为实测辊缝 S 和压力 F，忽略次要因素，弹跳方程可以简单地用式（3.8）表示。

$$S = h - \frac{F}{K} \tag{3.8}$$

式中　h——轧件出口厚度；

　　K——轧机刚度。

实践告知，在轧制过程中，轧件温度计算误差，来料厚度波动以及黑印的影响等都会造成轧制力的变化。

以来料厚度波动的影响为例，如图 3.99 所示，假定轧件的入口厚度有一个波动，即从 H_0 变化到 H_1，如果设定辊缝值保持 S_0 不变，则轧件的出口厚度从 h_0 变成 h_1，轧制力从 F_0 变成 F_2。

当设定辊缝从 S_0 逐步变为 S_1，则轧制力 F_0 变成 F_1，显然这种调节方法可以提高轧件出口厚度精度，这种调节方法也就是 AGC 系统的基本工作原理。

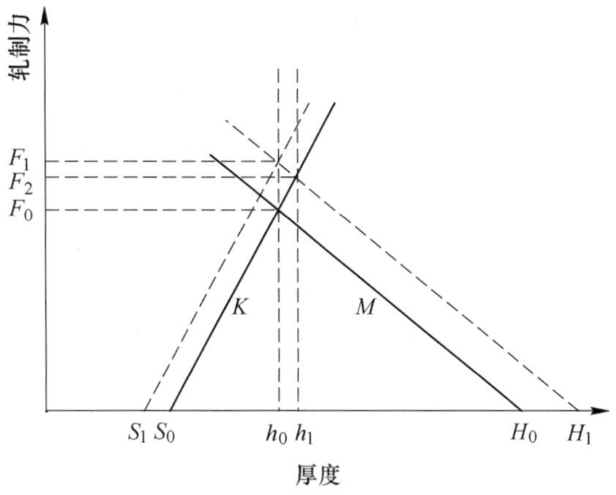

图 3.99 AGC 控制的基本原理

这种调节方法对板形的影响通过图 3.100 可以看出来。在轧制过程中如果轧件越厚，则温度越高，这意味着轧件的变形抗力和轧件的塑性系数 M 也越小。随着轧件厚度减小，温度下降，轧件的塑性系数会越来越大，所以在不同的厚度条件下同样的来料厚度波动造成的轧制力波动不一样。

由此可以得出，轧件越厚，温度越高，AGC 对板形的影响越小；轧件越薄，温度越低，AGC 对板形的影响越大。如果在轧制宽薄板时，忽略 AGC 对板形的影响，就会使得轧件的板形恶化。

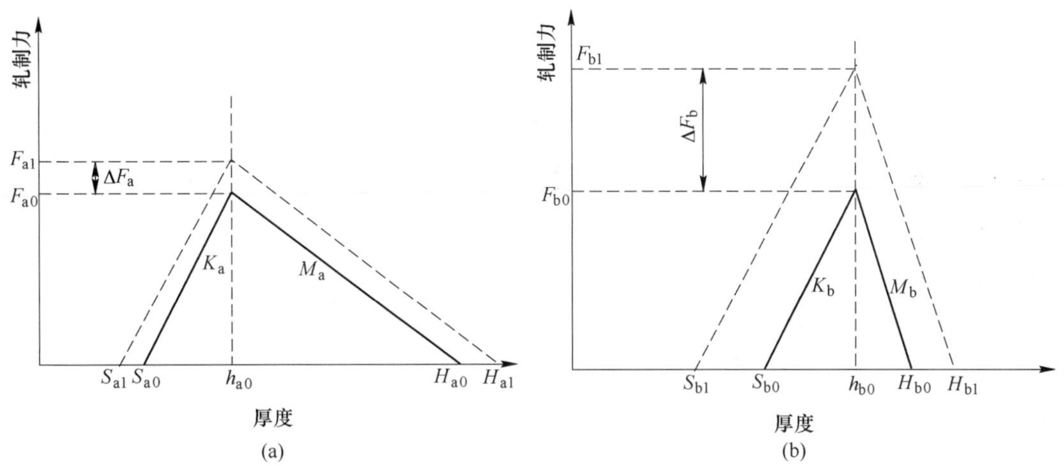

图 3.100 AGC 对板形的影响
（a）窄厚板；（b）宽薄板

3.7.4.2 横向板形控制

所谓横向板形也称凸度板形，由于凸度的存在会使板厚偏差值增大，对任何用处的构件都有不良的影响。

软件的凸度是由轧辊的挠度、磨损的不均匀性及辊型、轧辊偏心、轧件温度变化等因素而形成的，其中轧辊产生的挠度对其影响最明显。

针对此实际情况，目前生产实际中补偿和修正时采取的主要措施：

（1）合理设计机架与辊系及原始辊型。

（2）加大支撑辊及机架立柱断面。

（3）轧制作业时按先宽板后窄板的程序。

（4）采用弯工作辊、支撑辊。

（5）有条件的企业配以 VC 辊、HCW 轧机、PC 轧机以及 CVC 轧机。

有的企业认为，单一应用弯辊装置来控制，控制范围较窄且不稳定，实际生产中随着钢板块数增加，轧辊不均匀磨损的程度也在加大，导致控制能力也在减弱。

至于理论上弯辊后可减少换辊次数，延长换辊周期的观点，被认为因换辊周期还取决于轧辊表面的粗糙度，所以弯辊后的实际效果不明显。

据文献介绍，德国和日本多年前在研制一种可灵活控制横向板形的新型轧机，其实际使用效果不得而知，且国内目前还没有此类轧机。

3.7.4.3　平面板形控制

平面板形控制的实质就是减少头与尾的舌形和鱼尾形、边部的鼓肚、塌边、重叠以及镰刀弯等不规整变形的损失，使之接近于矩形钢板。

妨碍中厚板矩形化的主要原因是展宽工序。另外板坯形状尺寸及黑印、轧机刚度、轧辊挠度、辊型磨损及偏心和轧件温差等因素的影响也很大。

目前，中厚板平面板形控制方式从理论层面及国外先进企业的实践见表3.8，此外一些企业有自家的专利技术，很多都是从一项技术衍生与发展起来的，各种方式都有自己的功能。其中以日本水岛厂的MAS法使用比较普遍。1989年我国舞阳钢厂4200mm轧机创造返回咬入法对钢锭轧制成钢板也起到了很好的作用。

表3.8　国外先进企业中厚板平面板形控制方法

序号	内容	MAS	ATLAS	DBR	TFP	BB
1	中文名	水岛自动平面板形控制法	道次间自动平整法	狗骨轧制法	无切边钢板（立辊轧边法）	返回咬入法
2	操作内容	预计好轧制成钢板的平面尺寸，在轧制开始阶段给坯料厚度断面以不同的变化来控制其平面板形	因轧机刚度与坯厚左右偏差、轧机正反转之差产生有镰刀弯，以HAGC将预测到的轧制力在道次间自动进行调整，以达到横向平整钢板的目的	预测长宽方向断面板形变化，展宽后在宽向截面轧制成两边大、中间小、似狗骨的形状，补偿舌头缺肉，以轧制成近似矩形钢板	采用立辊轧机轧制钢板侧边，使平面板形矩形化，以减少切边或免除切边	在成形阶段最后一道次将坯料头尾各压下一小段，转90°轧制成近似矩形钢板
3	采用年月、厂名	1975年日本水岛厂5490mm	1982年日本福山厂4700mm	1982年日本福山厂4700mm	1975年日本水岛厂5490mm	1989年中国舞钢4200mm
4	效果	提高成材率4.4%	提高成材率0.35%，镰刀弯由20mm/m减至5mm/m	提高成材率2%	提高成材率1%～3%，降低产量10%～20%	提高成材率3%以上
5	适用范围	还可轧制锥形、梯形、异宽、异厚及圆形钢板	消除镰刀弯	可轧制近似矩形、无舌头与鱼尾板、锥形板	可轧制近似矩形，无切边板	适合于以钢锭和锻坯为原料轧制成钢板时

20世纪80年代中期到90年代中期板坯连铸技术的迅速发展，使钢锭的使用急剧减少。当时，中厚板轧机生产能力重于收得率，曾提出过“立辊无用论”。但20世纪90年代后期开始，提高收得率，降低成本又成为新的主题。之后，中厚板轧机上附设立辊轧机又重新重视起来，一些原先预留有立辊轧机的中厚板轧机纷纷安装上新的立辊轧机，有的新建轧机也上了立辊轧机，取得了应有的效益。但中厚板轧机附设立辊轧机后轧机产能会有所下降，一般下降达10%～20%，而成材率可提高1%～3%，取舍时必有所权衡。

此外，在精轧机上附设立辊轧机时，由于存在宽厚比不得大于100的横向刚性的限制，虽然采用压辊等方法来补救此限制，但企业反映实际操作时不很理想。

总之，中厚板板形控制过程中由于面临展宽多道次往复轧制，需要转钢操作，所以控制难度要比冷热带大，虽然这些技术已发展多年，但目前尚未达到理想状态，需要中厚板技术和生产工作者坚持不懈地努力。

3.7.5　目前企业对凸度和板形控制的另一些手段

在中厚板在线生产过程中，板形受多种因素的影响，如工作辊和支撑辊的磨损辊型、热辊型的变换、轧制力的波动和轧制计划的编排等等。

（1）对于普通四辊中厚板轧机的板形控制手段主要就是工作辊与支撑辊初始辊型设计和轧机压下负荷的动态分配。压下负荷动态分配通过调节各个道次的压下量改变其轧制力，从而使得钢板的出口凸度发生改变。

(2) 随着工作辊和支撑辊磨损的增加，如果压下负荷分配已经不能使钢板的出口凸度满足目标时，一般企业采用改变工作辊或支撑辊的辊型，即换辊。在支撑辊服役后期，换工作辊也不能够达到控制板形目标的时候，则更换支撑辊，以有效地控制钢板的板形。

(3) 21 世纪新建的中厚板轧机一般都设有弯辊或窜辊装置，如现已搬到曹妃甸的首钢 3500mm 中厚板轧机设有最大弯辊力为 2000kN 的弯辊系统，舞钢新 4100mm 宽厚板轧机设有弯辊、窜辊装置，宝钢 5000mm 宽厚板轧机不仅有弯辊、窜辊装置，还采用了 CVC ^{plus}技术的工作辊和支撑辊辊型。这些装置给板形控制提供了自由度，它们的控制策略一般是前几个道次以控制板凸度为主，后几个道次以控制平直度为主。

3.7.5.1 考虑板形的最优负荷分配

在中厚板生产中，能够调节板形、板凸度的手段有：轧制力、弯辊力和可控辊型。对于 CVC、PC 等具有可调辊型手段和弯辊系统的轧机，则可以通过板形-板厚协调控制来提高最后几个道次的轧制力，并根据实际轧制力的波动来动态调整弯辊力，保证轧件的最终出口凸度。

对于没有弯辊装置的普通四辊中厚板轧机，在线板形的调整只能靠负荷的动态分配来完成。负荷的动态分配实质上就是在线动态调整每个道次的出入口厚度，改变各道次的轧制力，进而影响辊系的弯曲和剪切变形，改变辊缝形状，对轧件的凸度和平直度进行控制。

3.7.5.2 液压弯辊

液压弯辊是开发与应用最早的板形控制技术，其应用效果早已获得一致公认。作为一种基本板形控制手段，液压弯辊在各种板形控制轧机中获得广泛应用。

其工作原理就是通过弯辊装置来提高或降低轧辊平衡力，改变轧辊间压力分布和轧辊弯曲变形。人们根据液压弯辊原理先后开发了单轴承座工作辊液压弯辊（WRB），双轴承座工作辊液压弯辊（DCB）以及支撑辊液压弯辊（BURB）等轧机。

液压弯辊装置具有响应快，在轧制过程中，液压正弯辊力有减小板凸度、改善板平直度、提高生产率及降低能耗等优点，所以在中厚板轧机上也得到了比较广泛的应用，另外，它可以作为一种基本设置与 CVC、PC 或 WRS 技术联合应用。

中厚板轧机一般安装正弯辊系统，通过弯辊来改变辊凸度。板形设定时可将弯辊力设定到 50%～60%，见图 3.101。

分析中厚板轧制过程可知，对轧件板形和板凸度起决定性影响的道次主要是后三、四个道次，前面道次轧件厚度比较厚，凸度遗传效应小，所以生产企业认为不必对一块钢所有轧制道次采用弯辊进行板形控制，只需要在后几个关键道次采用弯辊进行板形和板凸度调整即可满足精度要求。

轧件的板凸度不仅与弯辊力相关，而且与轧制力密切相关，虽然弯辊设定策略给出了弯辊力的初始设定值，但是由于模型计算误差和轧制过程的各种干扰，轧制力会产生偏差，这使得出口板凸度产生偏差，为了消除该偏差，需要动态设定弯辊力来消除这种偏差。

根据有载轧辊凸度计算模型，为了保证有载轧辊凸度保持不变，轧制力波动 ΔF 和弯辊力波动 ΔF_B 之间需要满足式（3.9）。

$$\frac{\Delta F_B}{\Delta F}=\frac{K_F}{K_B}=\frac{K_{F0}+K_{F1}\cdot\left(\dfrac{width}{2000}\right)+K_{F2}\cdot\left(\dfrac{width}{2000}\right)^2}{K_{B0}+K_{B1}\cdot\left(\dfrac{width}{2000}\right)+K_{B2}\cdot\left(\dfrac{width}{2000}\right)^2} \tag{3.9}$$

图 3.102 是针对某 3500mm 中厚板轧机的参数，计算在弯辊力为 1200kN 时，轧制力凸度影响因子与弯辊力凸度影响因子的比值和轧件宽度的关系。从图中可以看出，轧件宽度越大，影响因子比值越小；轧辊直径越大，则影响因子比值越小。因为中厚板轧制过程是多道次反复轧制，所以采集到道次实测轧制参数后，即可进行轧制力自学习计算，并重新设定后面道次的轧制力和辊缝值。为了动态设定后几个道次弯辊力，需要求出最新设定轧制力与预测轧制力的偏差，然后利用公式求出弯辊力修正量。

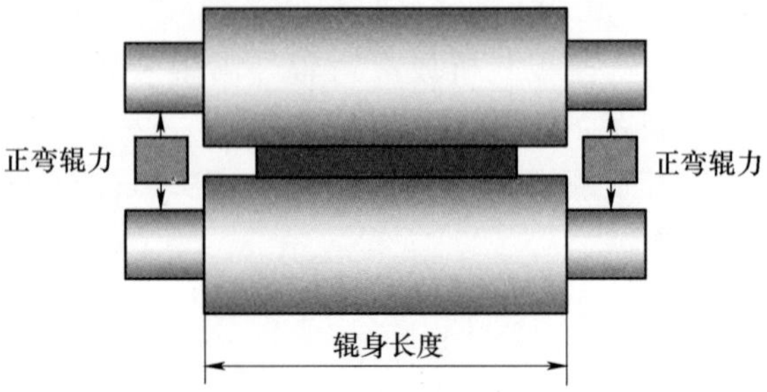

图 3.101　正弯辊系统

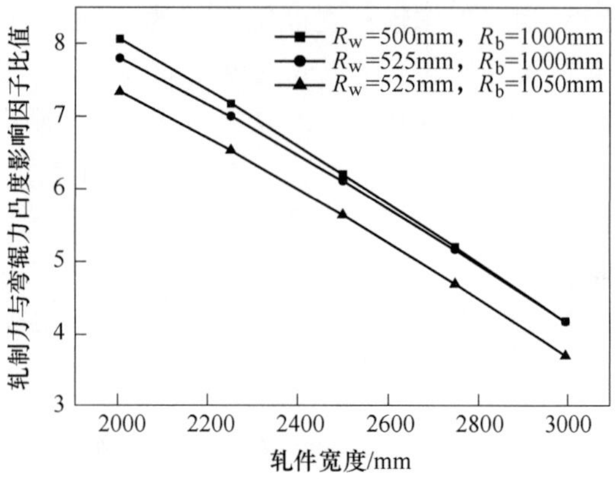

图 3.102　轧制力与弯辊力凸度影响因子比值和轧件宽度的关系

3.8　平面形状控制

3.8.1　平面形状控制的含义

中厚板轧制中不但原料长度方向要轧制，而且宽度方向也要轧制，造成四个板边都会有不均匀变形。中厚板长度比冷热带钢短得多，切头尾和切边占比大，成材率低。

为了减少头尾的鱼尾形、舌形，边部的鼓肚、塌边、重叠以及镰刀弯等不规整变形的损失，使之接近于矩形钢板，中厚板平面板形控制已成为提高成材率极为有效的措施。

影响中厚板矩形化的主要原因在展宽工序。其次，原料形状尺寸及黑印、轧机刚度、轧辊挠度、辊形磨损及偏心、轧件温差等因素的影响也很大。

3.8.2　21 世纪前的平面形状控制

21 世纪前液压 AGC 尚未普及，日本开发的厚边展宽轧制法、狗骨轧制法、薄边展宽轧制法等在我国还未广泛应用时，我国平面形状的控制方法以工艺为主，主要有：

（1）合理地设定轧辊凸度。

（2）合理地安排不同规格产品的轧制顺序。

（3）合理地制定轧制规程。

（4）对轧辊进行局部加热以改变轧辊的热凸度。

由于手段不多、方法较单一，当时的平面形状水平很难达到理想的水平。

1989 年，我国舞钢 4200mm 轧机创造了返回咬入法和留尾轧制法，对钢锭轧制成钢板的平面形状控制起到了较好作用。这种方法解决了由于原料为钢锭，锭身有锥度，尾部有圆角，所以成品钢板尾部较窄，增大了切边量。

在成形阶段最后一个道次，将钢锭沿长度方向轧制，快到尾部时，快速抬起轧辊，留一段尾部不轧，然后将轧件转过 90°进行展宽轧制，增大尾部宽展量，使切边损失减小。采用咬边返回轧制法和留尾轧制法可使中厚板成材率提高 2%～4%。

不难看出，这种方法非常类似于狗骨轧制法（DBR 法–日本钢管富田研究所开发的一种平面形状控制轧制技术），所以有人将舞钢的这种方法也称狗骨轧制法，其实这两种就其实质而言虽有区别，但其效果是一样的。

钢坯转钢轧制前都会形成头尾厚、中间薄，也就是转钢 90°后成为了两边厚、中间薄的狗骨形态，这样轧制延伸后就会有效地消除“舌头”现象，使钢板的头部趋于平直。

这种操作的不足就是操作复杂，压下量的大小控制受到限制，尾部段的抬辊操作把握的难度很大，单一的电动压下方式很难实现（电动压下基本上不带载调整的），需要液压压下系统的支持，但那时很少有企业设置液压压下装置。

3.8.3 钢板非矩形化的影响因素

典型的中厚板轧制过程一般都包括成形轧制、展宽轧制和精轧三个阶段，如图 3.103 所示。但实践证明，经此三阶段后，钢板仍然达不到矩形的目标。

在成形轧制和展宽轧制阶段，轧件厚度大、宽厚比不大，所以轧制过程中轧件横向也会发生变形，尤其是轧件的头尾尤为明显。这就是发生了不均匀的塑性变形，钢板形状不会是矩形。也会使钢板头、尾和侧边切损增大，成材率低。

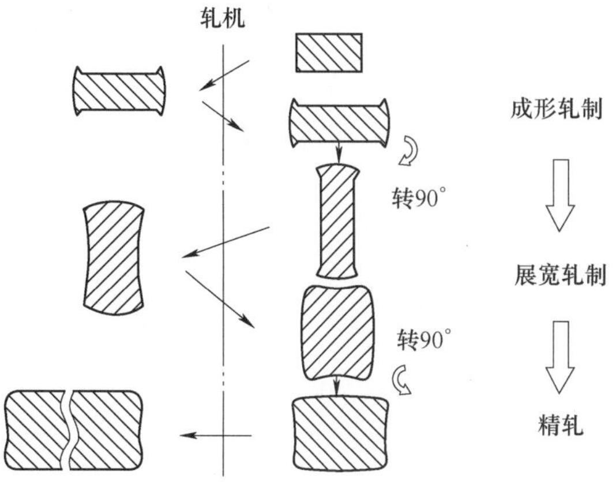

图 3.103 中厚板轧制过程

3.8.3.1 成形轧制阶段

成形轧制阶段即沿板坯长度方向（纵向）轧制 1~4 道次。目的是消除板坯表面的凹凸不平和由于剪切引起的端部压扁，改善坯料表面条件。但实际生产中，往往经过几个道次后，钢板头、尾出现舌状、侧边出现凹形，这种现象的程度随压下量大小而变化。

3.8.3.2 展宽轧制阶段

展宽前后轧件与宽度之比，称为展宽比。随展宽比不同，一般进行 4~8 道次展宽轧制。一般都需要转钢 90°后进行。一是使板坯宽度达到钢板毛宽；二是使板坯在纵、横两个方向性能均匀，改善各向异性。

过程中，由于成形轧制后的板坯平面形状不是真正的矩形，而且轧制方向与成形轧制方向又互相垂直，所以往往展宽比小而伸长轧制相对大，使钢板头尾呈现凸形（即舌形），而边部呈现凹形。反之，则钢板头尾呈现凹形（即鱼尾）而边部呈现凸形。

展宽轧制后，再将板坯转 90°，沿板坯原长度方向进行伸长轧制到中间坯厚度，完成粗轧。

3.8.3.3 精轧阶段

将粗轧后的中间坯沿原坯料长度方向按指定工艺轧制到成品厚度，完成精轧。

传统轧制理论以平面应变条件为基础，认为在宽厚比较大的变形过程中，不发生横向变形。

但在实际变形过程中板坯沿轧制方向延伸的同时，往往宽度方向也发生宽展，已不满足平面应变条件。

此时，板坯头尾端由于缺少外端的牵制，宽展更加明显，不均匀塑性变形严重。

在板坯厚度较厚的成形和展宽轧制阶段，这种不均匀变形尤为明显。成型和展宽轧制后板坯平面形状如图 3.104 所示。

由图 3.104 可以看出，成形和展宽轧制后板坯的平面形状已不再是矩形。

图 3.104 中 C_1 和 C_3 部分的凹形是板坯头尾端发生局部宽展造成的，C_2 和 C_4 部分的凸形是成形轧制时板坯宽度方向的边部比宽度中部的宽展大，转钢进行展宽轧制时，产生延伸差，并与 C_1 和 C_3 部分的局部展宽累加而成。

除了横向轧制比（即展宽比）和长度方向轧制比之外，还有压下率、变形区接触弧长等因素。

一般来说，在展宽比大和长度方向轧制比小的情况下，轧件头尾端部显凸形，而边部显凹形，变形结果如图 3.105（a）所示；在展宽比小和长度方向轧制比大的情况下，轧件头尾端部显凹形，而边部显凸形，结果见图 3.105（b）所示。

以上分析可以认为，中厚板轧制过程中，轧制完成后的钢板平面形状，是成形轧制、展宽轧制及精轧轧制各个过程中平面形状变化量叠加的结果，轧制结束时的平面形状是由板坯尺寸、成品尺寸及影响展宽的诸多因素决定的。

成形和展宽轧制阶段头尾端产生的不均匀变形合成起来，导致轧后钢板的平面形状不是真正的矩形。

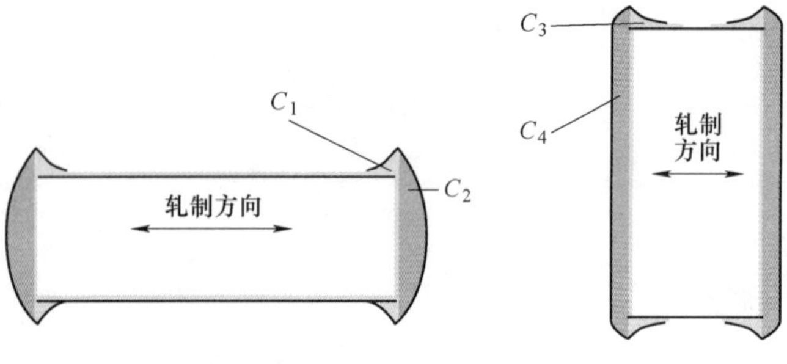

图 3.104　轧制过程中的平面形状改变

（a）成型轧制后；（b）展宽轧制后

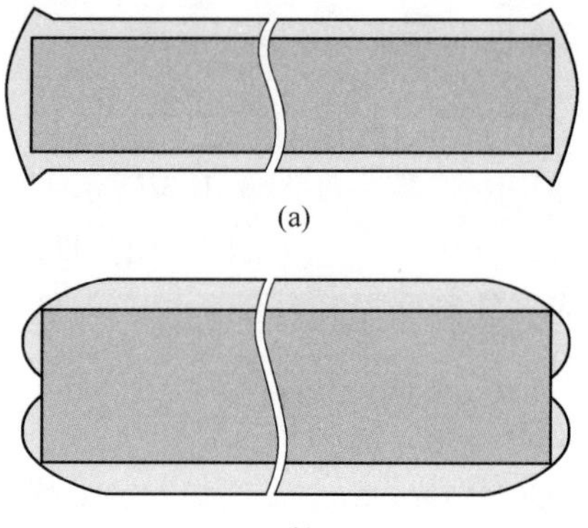

图 3.105　轧制结束时的钢板平面形状

（a）展宽比大，长度方向轧制比小；

（b）展宽比小，长度方向轧制比大

3.8.4　国外企业的平面形状控制

为了使轧成的钢板能成矩形化，20 世纪 70 年代中后期开始，以日本为代表的研究者首先对轧制过程中的平面形状控制方法进行了深入广泛的研究，至今形成了一套完整的控制理论和实践方法。

通过在中间变形道次进行板坯变厚度轧制，及利用附设的立辊轧机。川崎制铁、住友金属、日本钢管等著名钢铁企业相继开发出各种平面形状控制轧制技术。

如厚边展宽轧制法（简称 MAS 轧制法）、“狗骨”轧制法（简称 DBR 轧制法）、差厚展宽轧制法、立辊轧边法，及将 MAS 轧制法加以变动和组合派生出的不等宽轧制法、圆形轧制法、锥形轧制法、无切边轧制等多种控制方法。

根据沿轧件宽度方向润滑油供给不同，其相应各点伸长率分布不同的原理，神户制钢加古川制铁所开发出了部分润滑法。这些方法应用原理和变形特点虽然不同，但均可以达到控制钢板平面形状的目的，有效地提高了中厚板成材率。中厚板平面形状控制技术简图见图 3.106。

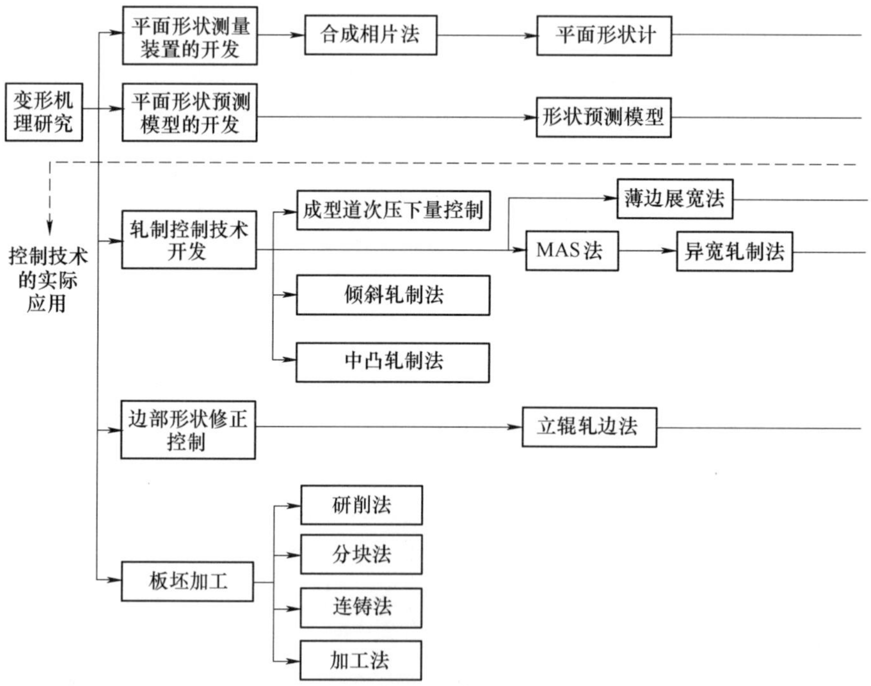

图 3.106　中厚板平面形状控制技术简图

通过应用这些先进的轧制方法，日本中厚板的平均成材率由 20 世纪 70 年代的 80.4%提高到 80 年代的 91.5%，90 年代的 92.5%，而目前已稳定在 94%左右。典型中厚板平面形状控制方法见表 3.9。

表 3.9 日本平面形状控制方法和效果

原 理	控制方法	代表厂家	提高成材率/%
动态变压下	MAS 轧制法	川崎制铁水岛厂	4
	变宽度 MAS 法		0.4
	DBR 轧制法	日本钢管福山制铁所	2.0
立辊侧压	立辊轧边法	新日铁名古屋制铁所	3.0
预摆辊缝	不等厚展宽轧制法	川崎制铁千叶厂	1
局部润滑	部分润滑法	神户制钢加古川制铁所	—
动态变压下+立辊齐边	MAS 加立辊轧边法	川崎制铁水岛厂	6

3.8.5 目前国内中厚板企业的平面形状控制

进入 21 世纪我国中厚板企业普遍认为，平面形状控制的实质是实现中间道次的变断面轧制。在长期的摸索、研究、学习、实践和改进后，当今已经开发出多种平面形状控制手段，如 MAS 法、狗骨轧制法 (DBR 法)、薄边展宽轧制法、立辊轧边法等。虽然方法和效果与日本相比尚有一些欠缺，但在我国中厚板生产中发挥了行之有效的作用。目前，高响应的液压 AGC 系统和配有自动宽度控制的近置式立辊轧边机，在我国中厚板骨干企业的广泛应用，丰富了平面形状控制的内涵。

3.8.5.1 厚边展宽轧制法（MAS 法）

该技术由日本川崎制铁公司水岛厚板厂开发，并于 1978 年开始应用于平面形状控制。该技术通过预测每块钢板轧制终了的平面形状变化量，给出相应的压下量来控制辊缝的开口度以改变轧材的厚度，最终使钢板的平面形状成为矩形。目前我国中厚板平面形状控制过程中经常应用此方法，该技术的控制过程如下：

(1) 由预报模型求得边部和端部形状的变化量，把它换算成成形轧制最终道次的板厚分布。

(2) 在成形轧制的最后一个道次中，给沿长度方向相应各点以规定的厚度差。

(3) 将板坯回转 90°进行展宽轧制，由于宽度方向的厚度有所不同，从板边到板中心的压下率也不同，从而使平面形状得以改善。

厚边展宽轧制法的原理如图 3.107 所示。实线表示采用厚边展宽轧制法轧后的钢板形状，虚线为采用传统轧制法轧后的钢板形状。

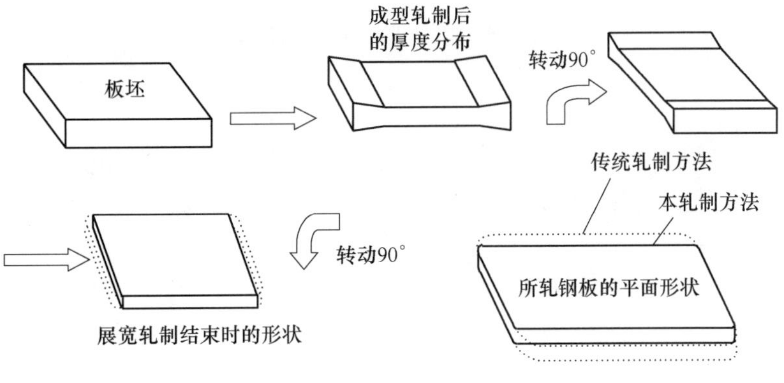

图 3.107 厚边展宽法（MAS）轧制原理

厚边展宽轧制法的要点是正确预报终轧后的形状，定量取得轧制过程中阶段的平面形状变化。同时在控制方面，为了实现在轧制中板坯的厚度变化，不仅需要大负荷响应性能良好的液压 AGC 控制，而且需要对厚度变化模型偏移的设定和厚度变化量的高精度控制系统。

3.8.5.2 狗骨轧制法（DBR 法）

狗骨轧制法是日本钢管福山厚板厂开发的一种平面形状控制技术，该技术是将预测到的长度方向的平面形状变化量都补偿到宽度方向的厚度截面上，将轧件先轧成两边厚、中间薄的“狗骨”形状，然后再沿坯料的长度方向一直作延伸轧制，直到轧出所需的成品钢板，该方法在我国也已得到应用。

该方法与 MAS 法的补偿原理基本相同，不同之处在于：狗骨轧制法只能解决轧件头尾的“舌形”，不能补偿轧件边部的不均匀变形。

此外，DBR 法在确定“狗骨”量时，考虑了“狗骨”部分在压下时的宽展。图 3.108 为 DBR 法原理示意图。

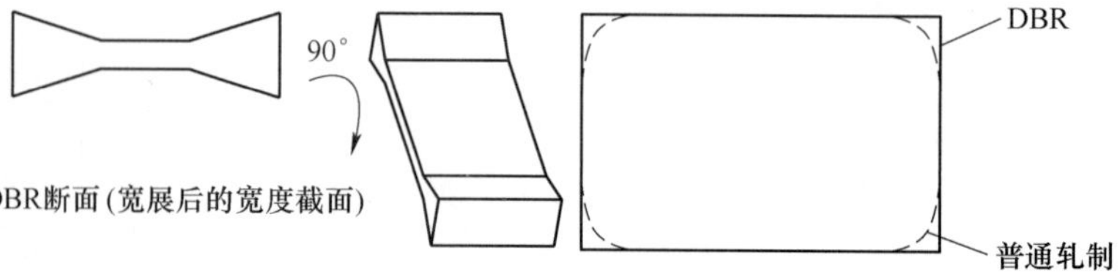

图 3.108　DBR 法轧制原理

3.8.5.3　薄边展宽轧制法

薄边展宽轧制法也称差厚展宽轧制法，是日本川崎制铁公司千叶厚板厂采用的平面形状控制技术。

该技术是将展宽轧制后的不均匀变形量折算成轧辊水平倾斜的角度，在展宽轧制后，紧接着倾斜轧辊，追加两道次变形，对板坯的两边进行轧制，使薄边展宽轧制后的板坯形状接近矩形，以消除成形轧制与展宽轧制阶段不均匀变形而形成的头尾凸形。

然后将轧件转动 90°，再延伸轧制为平面形状较好的成品钢板。

薄边展宽轧制法的生产过程见图 3.109，虚线为未实施该技术时成品钢板的平面形状。

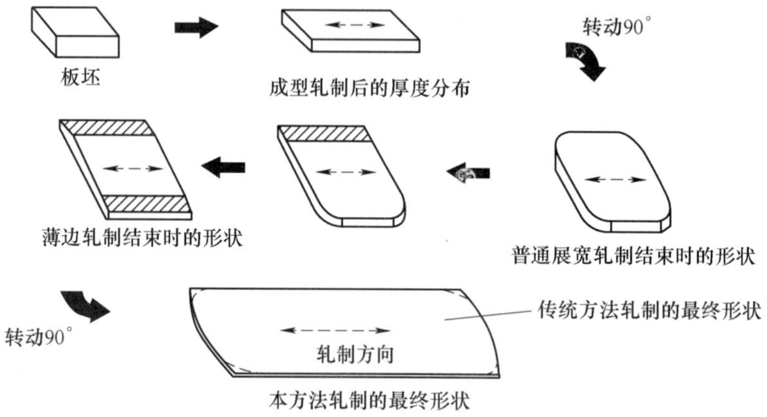

图 3.109　薄边展宽轧制法的原理

3.8.5.4　立辊轧边法

立辊轧边法是日本新日铁名古屋厚板厂开发的技术，是在采用 MAS 轧制法的基础上，辅之以立辊轧边。立辊轧边法控制平面形状的过程见图 3.110，该方法利用立辊的侧压来消除边部的局部展宽和端部的不均匀变形。同时，对钢板的宽度进行控制，以生产出齐边的钢板。我国目前也已在配有立棍轧机的中厚板厂得到应用。

3.8.5.5　无切边轧制法（TFP 法）

川崎制铁水岛厚板厂在开发了 MAS 轧制法之后，又开发出了不切边生产厚板的 TFP 新技术，达到了省去剪切工序的效果。利用该技术生产的无切边钢板有整齐和直角边部形状及精确轧件宽度，减少头尾剪切长度，轧后钢板外形见图 3.111。

TFP 轧制技术的实现依赖于功率强大的铣削设备、立辊轧机的高精度板宽控制及与 MAS 轧制法的优化组合。轧制过程包括：在成形、展宽阶段分别应用 MAS 轧制来控制板坯头、尾及边部形状；在成形、展宽阶段应用立辊轧机控制侧边折叠，在精轧阶段利用立辊轧机的 AWC（Automatic Width Control）功能与水平辊配合，控制成品宽度；在轧后进行在线铣削，消除成品宽度变化，使板坯侧面及平面形状矩形化。TFP 法生产流程见图 3.112，该方法目前在我国未得到广泛应用。

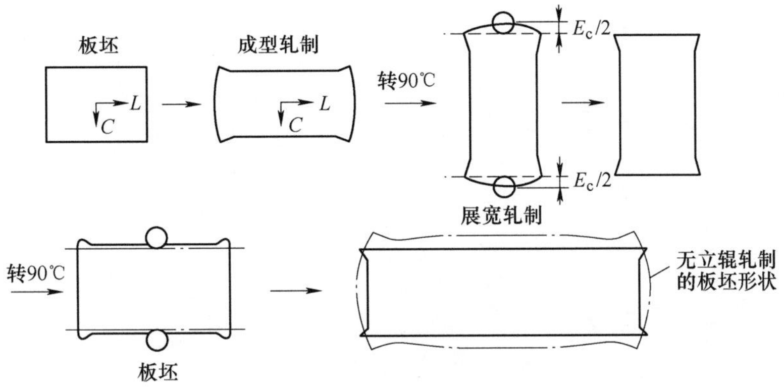

图 3.110　立辊轧边法的原理

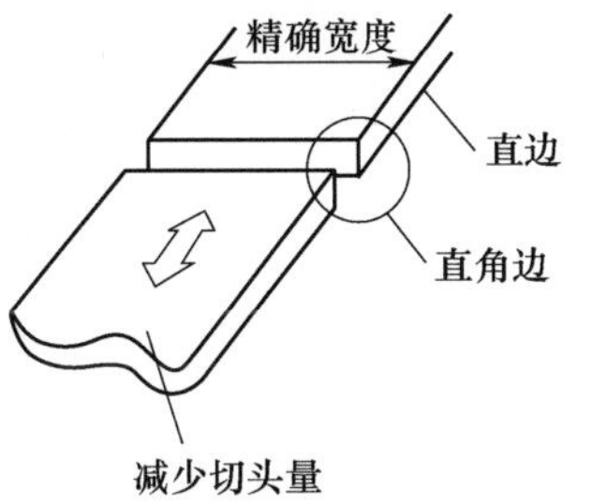

图 3.111　利用 TFP 法生产的无切边板外形

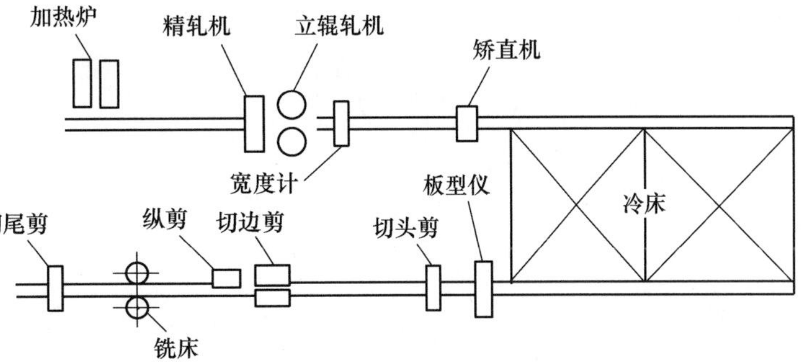

图 3.112　TFP 法生产流程

3.8.6 平面形状控制参数的确定

3.8.6.1 控制参数初始值的确定

平面形状控制道次为了保证轧件头尾楔形的对称，以一个稳定的轧辊转速进行轧制，不进行轧制过程的升速、稳定轧制和减速的速度控制。在轧制平面形状控制道次时，根据设定的轧辊转速 n 、轧辊半径 R 可以得到轧辊的线速度 v_R，计算得到轧制楔形段的时间 t'和中间稳定段轧制时间 t。辊缝的设定计算利用弹跳方程，根据轧件出口厚度的变化计算得到相应的辊缝设定：对应中间正常出口厚度处的辊缝设定值为 S，楔形顶点的辊缝设定值为 S'。在轧制楔形段过程中，在 t'时间内，辊缝由 S'变化到 S。

3.8.6.2 控制参数的极限值检查

在确定了以上的控制参数初始值后，必须对液压的压下速度进行极限值检查。液压的压下速度计算如下：

$$v_s = \frac{S' - S}{t'} \tag{3.10}$$

如果 v_s 小于液压压下速度的最大值 v_{smax} ，则该控制过程是可行的；否则应该按照液压压下速度的最大值 v_{smax} ，计算轧辊转速 n ，降低轧辊转速，以增加楔形段的轧制时间 t' 。如果调整后的轧辊转速 n 大于轧辊转速的最小值 n_{min} ，则该控制过程可行；否则令轧辊转速 $n = n_{min}$ ，计算厚度改变量 $\Delta h'$，减小厚度改变量，重新计算控制参数，直到液压压下速度和轧辊转速都在极限值范围以内。该过程的流程图如图 3.113 所示。

通过极限值检查和修正后，确定最终的平面形状控制参数，控制过程的参数分别见图 3.114 中的(a)、(b)。

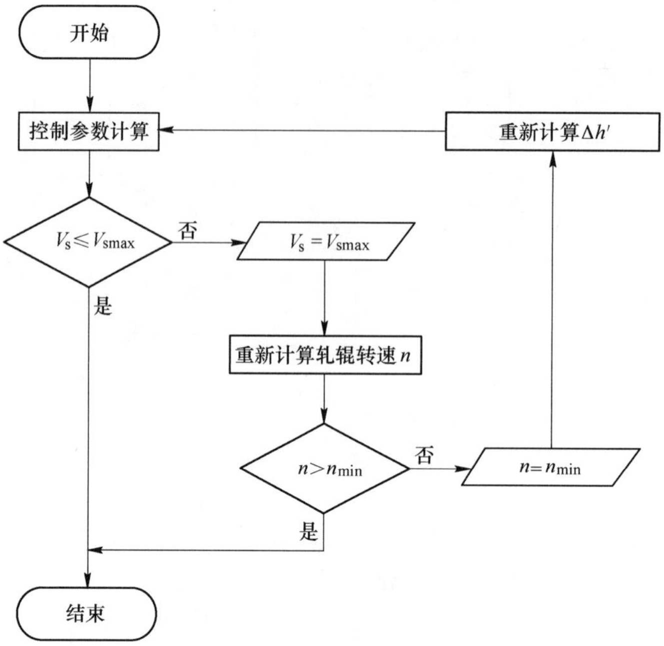

图 3.113　平面形状控制参数的检查修正流程图

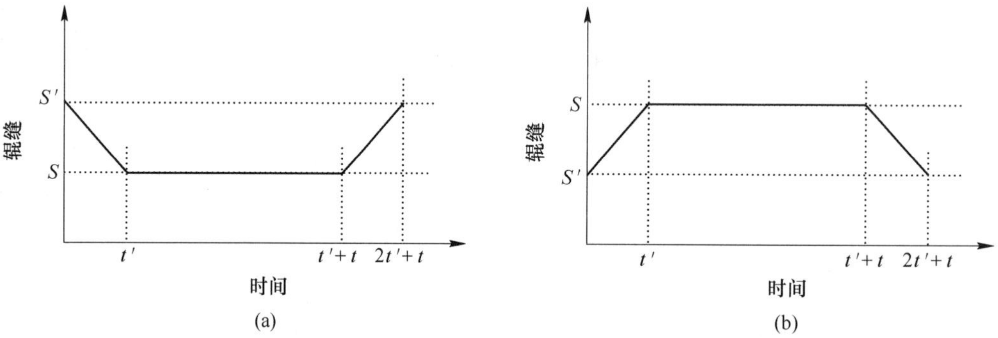

图 3.114　平面形状控制过程

3.9　厚度自动控制

3.9.1　轧件厚度波动的原因

生产实践可知，凡是影响轧制力、原始辊缝和油膜厚度的因素都将对实际轧出的厚度产生影响，概括起来有如下几个方面：

（1）轧机机械和液压压下装置的干扰因素。轧机液压装置本身的缺点及某个参数的变化将会使轧机的刚度及空载下的辊缝产生人们所不希望的变化。而这种无载荷下的辊缝变化通常是以下因素作用的结果：轧辊偏心、轧辊磨损、轧辊的热胀冷缩、轧辊平衡力的波动、轧机的振动、轧辊润滑剂膜层厚度的变化。

当轧机开始承受载荷时，传递载荷的轧机构件将发生挠曲和变形，从而使辊缝产生额外的变化，其变化程度的大小取决于轧机刚度的大小。

刚度可以表述为下列参数的函数：轧辊直径、轧辊凸度、轧辊压扁、压下螺丝及附件、液压缸及附件、轴承油膜的厚度、辊缝润滑剂膜层厚度、轧件宽度等。

（2）自动控制系统的干扰因素。这些因素主要是由于下列控制系统本身的不完善引起的，如轧制速度的控制，辊缝的控制，轧制力的控制，弯辊的控制，轧辊平衡的控制，轧辊的冷却及润滑控制，钢板张力的控制，厚度监控器的控制等。

（3）轧件方面的干扰因素。轧件轧制时出口厚度也受到轧件入口状态的影响，例如：厚度的变化，硬度的变化，宽度的变化，断面的变化，平直度的变化等。

3.9.2　当前厚度自动控制的理论基础

自动厚度控制简称 AGC，此项技术广泛应用于中厚板和热连轧生产中，是轧钢基础自动化的重要组成部分，主要的作用是消除轧制过程中所产生的板坯纵向的厚度偏差，是一种精调整的控制系统。

当板坯来料厚度 H，板坯轧制厚度为 h，轧制压下量为 Δh，轧制压力为 P，轧辊辊缝值为 S_0，轧机弹跳 ΔS 时，板坯轧制厚度与轧制力的关系如图 3.115 所示。

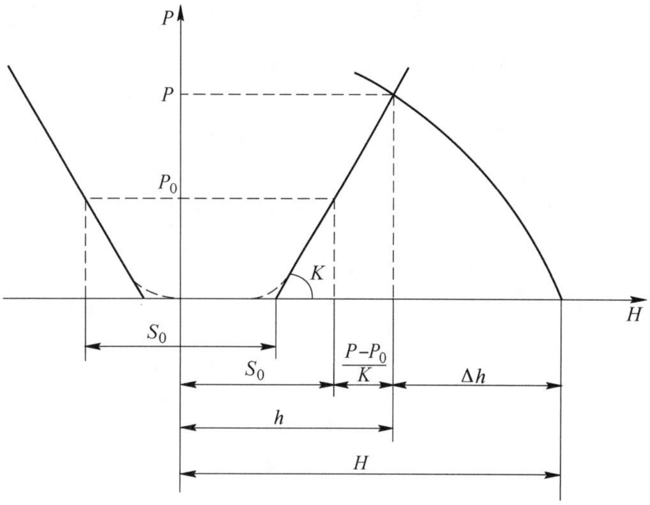

图 3.115　轧制厚度与轧制力的关系

从图可以看出：

$$h = S_0 + (P - P_0)/K \qquad (3.11)$$

式中　K——轧机刚度；

P——轧制压力；

P_0——零调压力；

h——轧制后厚度；

S_0——抬辊结束后，零调时，在零调压力下将辊缝显示值置零。

从式中可知，影响板坯实际轧制厚度的主要因素为辊缝值 S_0、轧制力 P 和轧机刚度 K。由于轧机刚度难以改变，所以轧制厚度主要受辊缝值和轧制力影响。

3.9.3　控制技术的演变

同其他技术发展一样，钢板厚度自动控制技术也经历了由粗到精、由简单到复杂的发展过程。

（1）手动压下调节板厚。最早的轧机是靠手动调节压下螺丝来进行辊缝调节的，目前这种方式已不在中厚板轧机上采用。

（2）电动压下调节板厚。这种调节方式只能用于摆辊缝。而不能用于钢板的动态厚度控制。目前中厚板轧机采用较多电动压下是用于粗轧机压下控制的。

（3）双电动压下系统调节板厚。为了进一步提高板厚控制能力，一些轧机的板厚调节装置分为粗调和精调两个部分，其中粗调用于设定原始辊缝，精调用于轧制过程的动态微调。它是由高速和低速两套电动压下系统组成，但由于精调响应较慢，调节滞后较为严重，所以应用性不强。

（4）头部锁定方式。20 世纪末到 21 世纪初的一个时期，普遍采用相对 AGC 控制（即俗称头部锁定方式 AGC）来实现厚度控制。这种控制方法是以某一厚度作为锁定厚度（基准厚度），然后在轧制过程中检测出口的轧制力和辊缝的增量信号来控制厚度，使整张钢板的厚度都被控制在基准厚度的某一范围内。锁定厚度是以模型为基础预报辊缝，在轧件进入轧机一定时间后采集出轧制力、辊缝、速度等参数后求得。其优点是由于轧制力从偏差信号进行处理，使偏差信号的变化范围可以拉开，从而使轧制力的检测能力有所增加，最终可以提高板厚的控制精度。

这种控制方法的缺点和局限在于所得到的板厚精度取决于预设定模型的精度，并且主要取决于轧制力模型的精度，而 AGC 的作用只是改善同板差。由于轧件变形抗力等参数的变化，轧制力的预报精度很难达到较高的水平。翻阅那个年代调研结果的有关数据，当时轧制力预报模型精度有偏差，全国中厚板企业的偏差平均值在 8%~12%左右，难以获得高精度的目标板厚。

（5）电-液双压下系统调节板厚。电-液双压下系统也是由粗调和精调两部分组成。电动粗调用于辊缝的摆定，液压压下精调用于轧制过程的动态微调。这种调节方式目前被广泛用于中厚板轧机的厚度控制技术改造。

（6）全部液压压下调节装置控制厚度。全部液压压下系统取消了传统的压下螺丝，用液压缸直接压下。这种调节方式结构简单、响应快、控制精度高。但这种方式多用于现代化的热连轧轧机，不很适用于中厚板轧机压下的大行程的压下工作方式，但中厚板轧机有加大液压缸压下行程的趋势，当轧件厚度达到一定厚度时，辊缝的摆定与厚度调节由液压缸全部承担。

3.9.4　目前厚度自动控制的主要技术

板厚自动控制 AGC 系统是指为使钢板厚度达到设定目标偏差范围而对轧机进行在线调节的一种控制手段。AGC 系统的基本功能是采用测厚仪直接或间接的测厚手段对轧制过程中钢板的厚度进行检测，判断出实测值与设定值的偏差；根据偏差的大小计算出调节量，向执行机构发出调节信号。通常 AGC 主要包括：辊缝控制系统、轧制速度控制系统。

随着对中厚板精度要求的提高及负公偏轧制工艺的要求，中厚板的绝对厚度也受到逐步重视，使得绝对 AGC 得到广泛应用。

在厚度自动控制系统发展的过程中，经历了进步较大的 3 个阶段：液压 AGC 的采用；绝对 AGC 的采用；近置式 γ 射线测厚仪的监控 AGC 或反馈 AGC 系统的应用。

由图 3.116 可见，随着 AGC 技术的不断进步，中厚板的厚度偏差在逐渐减小。目前，中厚板的厚度精度最好可达 50μm。

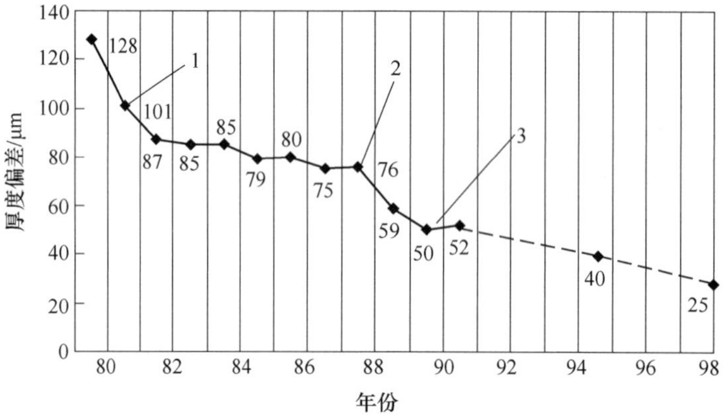

图 3-116　各种 AGC 系统的厚度精度比较

1—液压 AGC 的采用；2—绝对 AGC 的采用；3—近置式 γ 射线测厚仪的监控 AGC

绝对值 AGC(HAGC) 作用除了轧前辊缝设定、控制纵向板厚变化、黑印修正及头部锁定等功能以外，还用于 MAS、ATLAS、DBR 及返回咬入法等板形控制和锥形、梯形、圆形，异宽、异厚、带肋及防挠等异形板轧制。因此，要求绝对值 AGC 应具有较高的性能，可将响应性高的直动型伺服阀直接安装在液压缸上，以提高响应性。而压下系统由直接数字控制负责，液压缸位置控制由数字信息处理机来执行，大大提高其控制精度。

目前来看，绝对值 AGC(HAGC) 是中厚板轧机厚控应用较多的液压自动厚调方式，它非常适合中厚板轧机的往返交替的轧制要求，它既可以进行道次间厚度动态补偿，亦可以用于下一块同钢种、同规格钢板的修正，重要的还可以进行 MAS 方式的轧制控制，其控制方式比较灵活。

目前还有弯曲支撑辊的厚度调节方式和工作辊轴向移动的调节方式。

3.9.5　厚度控制中几种方式

3.9.5.1　压力 AGC

压力 AGC 是通过检测轧制力和辊缝位置信号，根据轧机弹跳方程计算负载辊缝中轧件厚度的自动厚度控制的方法。压力 AGC 系统是位置控制系统 APC 与厚度控制系统 AGC 构成内、外双闭环系统。由于厚度偏差与位置调节量成比例关系，AGC 外环调节器一般采用比例调节，能够有效的控制板厚和板凸度。

3.9.5.2　相对 AGC

相对 AGC（锁定 AGC）是以咬钢后某一时刻的轧制力及辊缝值作为锁定值，在轧制过程中，根据检测到的轧制力及辊缝相对于锁定值的增量信号来控制轧机辊缝，在轧机 AGC 系统中，选择相对 AGC 之后，每个轧制道次的板厚设定值是轧机咬钢一定时间后，压力和位移采样，负载辊缝计算值的厚度平均值，AGC 的控制功能也在轧机咬钢一定时间后参与辊缝调节。相对 AGC 的优势在于算法简单，在绝对 AGC 中所必需的精确的轧机刚度、轧辊热膨胀等模型，在相对 AGC 中都可以省略。相对 AGC 控制系统框图见图 3.117。

20 世纪 90 年代后期，相对 AGC 在国内应用较多，有优点，但有较多的局限。主要体现在所得的板厚精度主要取决于预设定模型的精度且主要取决于轧制力模型的精度，而相对 AGC 的作用只是改善同板差。

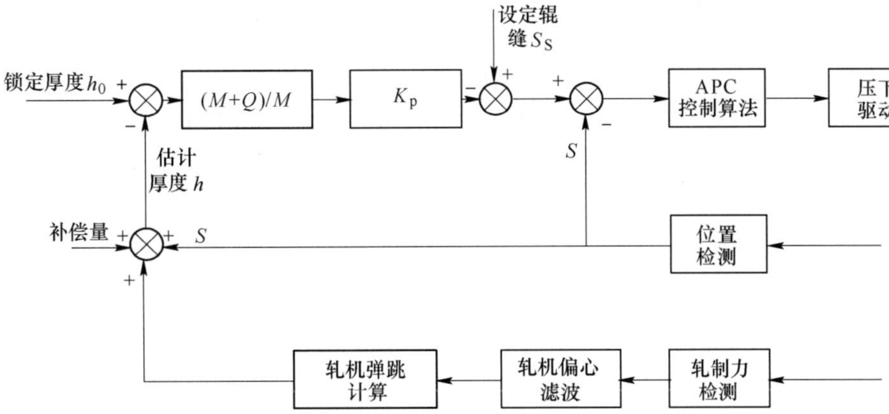

图 3.117 相对 AGC 控制系统框图

3.9.5.3 绝对 AGC

绝对 AGC 是在相对 AGC 之后开发并应用的厚度控制技术。

实际生产中，绝对 AGC 系统所得到的板厚精度只取决于厚度计模型的精度，通过不断地提高厚度计模型的精度（如对轧辊偏心、油膜厚度、轧辊热膨胀和磨损等进行补偿）厚度计模型为基础，在控制中实测出轧制力和辊缝信号，间接求出轧件厚度与目标厚度之差，再去改变辊缝值而使出口厚度恒定。可见这种厚度控制策略是以目标厚度为基准值，因此从理论上可以精准达到目标厚度，既可改善同板差又可改善异板差，这也是这种控制方式与相对 AGC 相比的优越之处。

在当今对质量要求越来越严格的形势下尤有实际意义，并被广泛地应用到生产实践中。在系统中，绝对 AGC 就是每个轧制道次的板厚设定值 h 为轧机咬钢特定时间后通过过程机的预测轧制力计算出的负载辊缝设定值，AGC 的控制功能也是在轧机咬钢稳定后参与辊缝调节。绝对 AGC 的控制模型的系统框图见图 3.118。

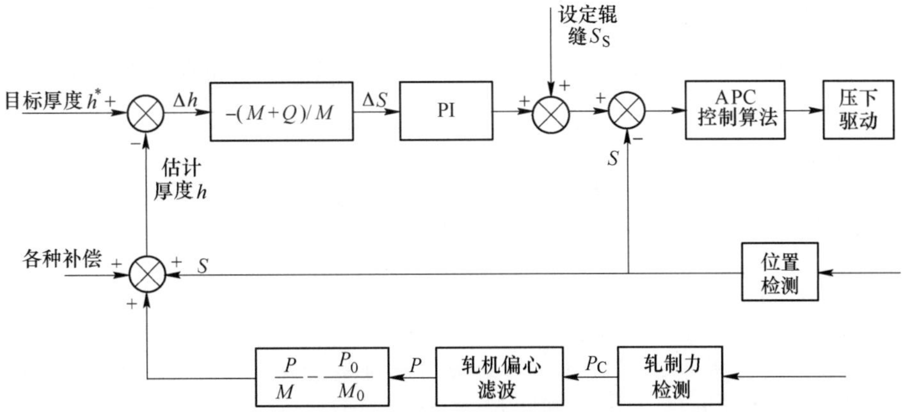

图 3.118 绝对 AGC 控制系统框图

在绝对 AGC 控制过程中，当轧制力设定不准时，会使调整时间过长，同板差增大，还可能引起正反馈使系统达到饱和值。而且在实际生产中，由于受设备能力限制，绝对 AGC 的调整量不可能很大。一旦设定轧制力与实际轧制力偏差过大，绝对 AGC 将被限幅，失去进一步的调整能力，同板差和异板差都无法保证。因此，计算机自动判断轧制力的设定精度，当轧制力的设定达不到精度要求时，计算机自动改为相对 AGC 工作，以尽可能地保证同板差。

3.9.5.4　反馈式 AGC

这种厚度的控制方式是利用安装在轧机出口侧的测厚仪测定轧件的厚度 h，并与给定的厚度值 h_0 进行比较后得出厚度偏差 δh。然后将偏差值 δh 反馈给厚度自动控制装置，经过运算把厚度偏差信号转换为辊缝调节量的控制信号，并将此信号输送给执行机构，使压下装置移动至一个相应的调整值 δh 以达到消除这一厚度偏差值 δh 的目的。直接测厚反馈式 AGC 的优点是控制系统较为简单，但其控制精度不高，因为在检测信号时，有较大的时间滞后性，特别是厚度波动较大时影响厚度控制精度。图 3.119 为反馈式 AGC 控制系统示意图。

3.9.5.5　前馈式 AGC

测厚仪和厚度计 AGC 从理论上讲，都是反馈式的。在生产实践中，控制作用几乎总是落后于扰动作用，所以，从扰动作用产生致使被控制回复到给定值，调整量需要较长时间。为克服反馈式在实绩应用中的滞后现象，所以生产实际中应用了前馈式 AGC。

前馈式 AGC 从理论上讲是直接按照扰动来进行控制，只要测量精确、模型准确、调整及时到位、即可以完全消除扰动引起的偏差。

但前馈式 AGC 一般用来克服入口厚度波动引起的轧件厚度偏差，其控制量一般是压下量或是轧制速度。

前馈式 AGC 的控制模型见图 3.120。

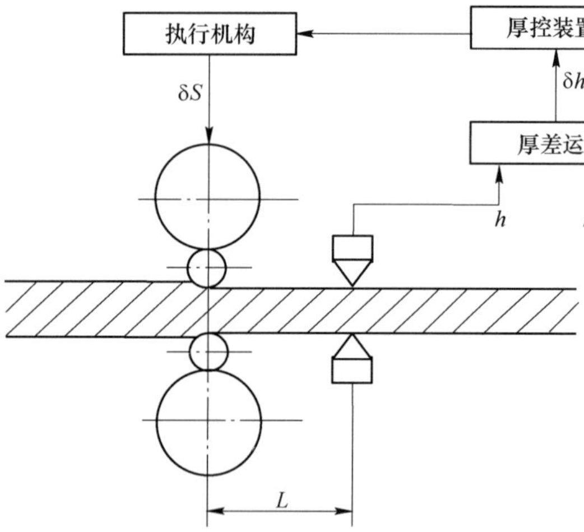

图 3.119　反馈式 AGC 控制系统示意图

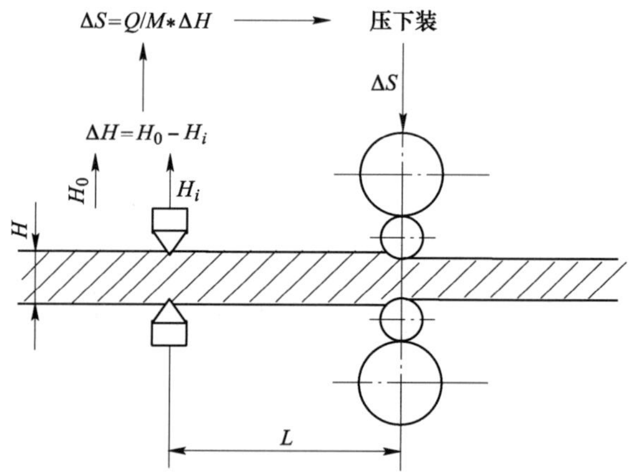

图 3.120　前馈式 AGC 控制系统示意图

3.9.6　AGC 在企业应用的案例

3.9.6.1　概述

以某企业为例，在轧制过程中，厚度自动控制主要是由电动 APC 和液压 AGC 共同完成，先用电动压下进行粗设定，然后用液压压下进行精设定。

该企业为了获得良好的异板差和同板差，认为必须进行基于高精度 AGC 模型的液压压下位置控制。在控制过程中，该企业主要有五种 AGC：测厚仪式 AGC、绝对值 AGC、监控 AGC、前馈 AGC 和快速 AGC。该企业各种 AGC 的目标厚度、控制范围和所使用的传感器如表 3.10 所示。AGC 的系统构成如图 3.121 所示。

表 3.10　某企业 AGC 的目标厚度、控制范围和所使用的传感器

功　能	目标厚度	控制范围	传　感　器
BISRA AGC	锁定厚度（头部）	全长	压头
ABS AGC	设定厚度	全长	压头，辊缝位置
Monitor AGC	设定厚度	全长	γ-射线测厚仪
FF AGC	锁定厚度（头部）	全长	γ-射线测厚仪

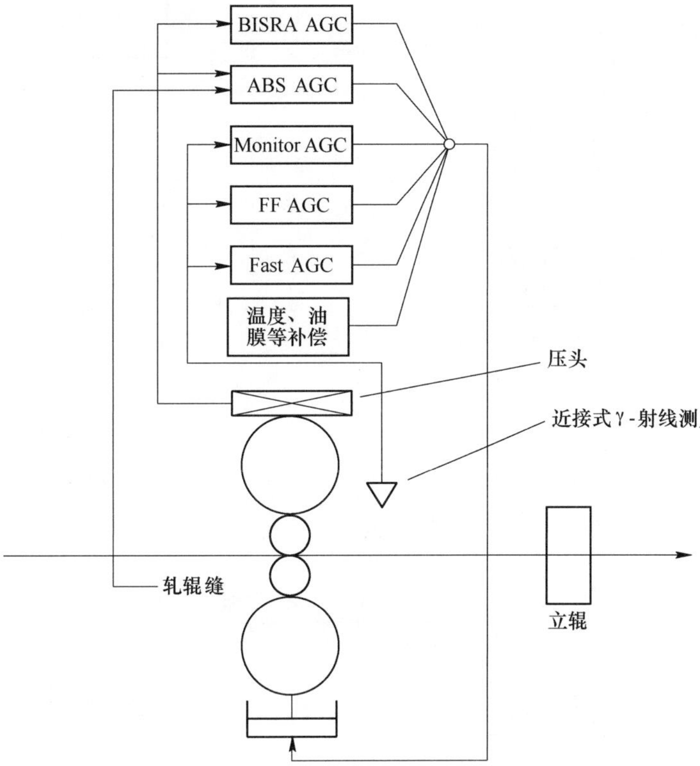

图 3.121　某企业 AGC 的系统构成

3.9.6.2　各种 AGC 的工作原理

A　测厚仪式 AGC

测厚仪式 AGC 见图 3.122。在轧件咬入后，将轧件的头部厚度锁定，钢板的其余部分通过调整辊缝使出口厚度与锁定的值保持一致。

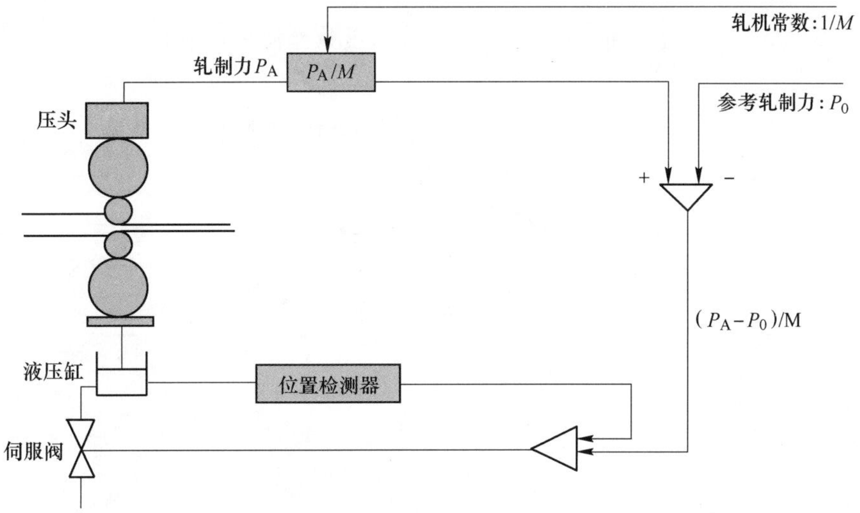

图 3.122　某企业测厚仪式 AGC 原理

B　绝对值 AGC

绝对值 AGC 见图 3.123。在轧制前，要把这些值预测出来传给 AGC 系统。如果设定计算是正确的，则从头部开始就可以得到要求的厚度。所以为了提高轧制产品的厚度精度，需要采用绝对值 AGC。其中，关键的环节是高精度的预测各道次的轧制力。在轧制过程中，绝对值 AGC 存储板厚和轧制力的实测值。

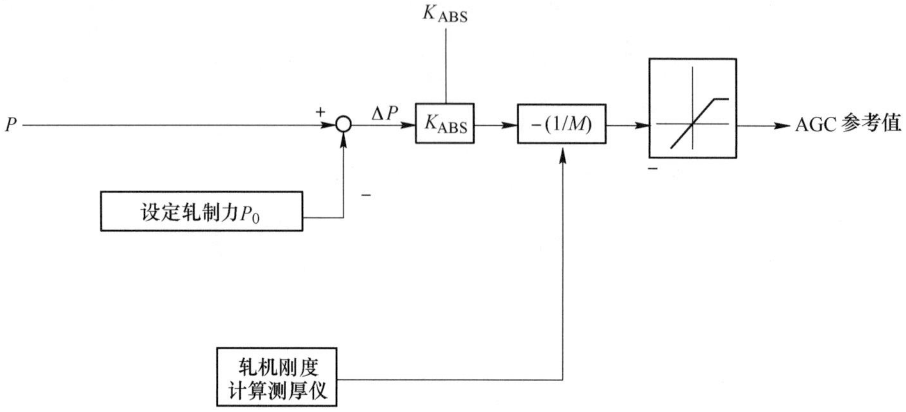

图 3.123　某企业绝对值 AGC 原理

C　监控 AGC

监控 AGC 见图 3.124。在轧制的过程中，当辊缝和轧制速度设定出现偏差时，轧件的出口板厚的绝对值和目标值产生偏差，当轧件到达 γ 射线厚度仪处，板厚偏差反馈给轧机对板厚进行修正。

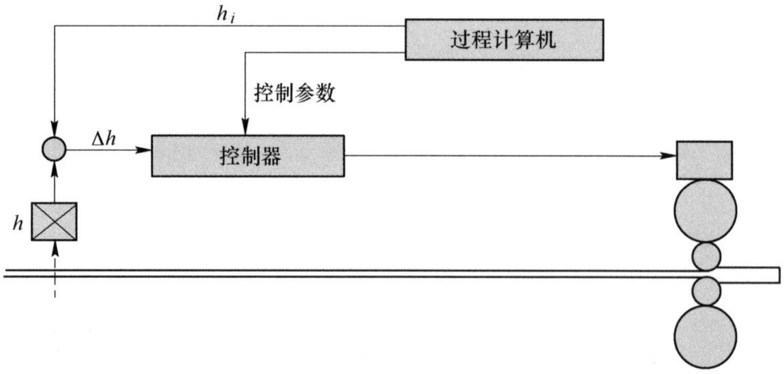

图 3.124　某企业监控 AGC 原理

D　前馈 AGC

前馈 AGC 见图 3.125。AGC 通过前馈控制由 γ 射线厚度仪检测的厚度偏差。

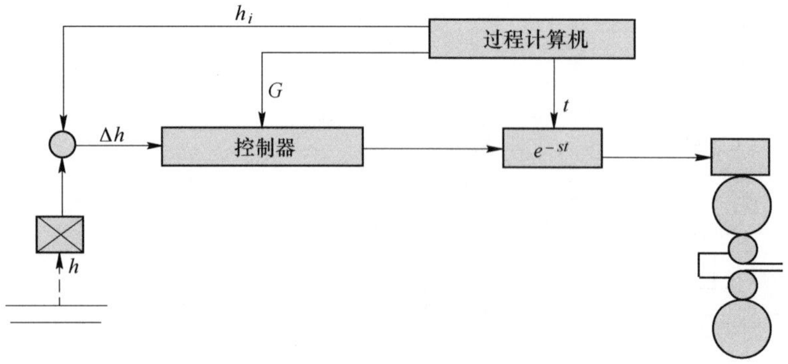

图 3.125　某企业前馈 AGC 原理

该企业在 AGC 控制实践中需要对轴承油膜厚度、轧辊偏心、轧辊热膨胀及磨损、轧件宽度、轧件头部及尾部等进行精确的动态补偿。

3.9.7 某3000mm中厚板轧机厚度控制实践和效果

3.9.7.1 该轧机AGC系统精度

（1）电动APC定位精度：±50μm；单向压下，无往复调整。
（2）液压AGC定位精度：±5μm。
（3）伺服阀的响应时间：≤4ms。
（4）两侧（操作侧和传动侧）伺服阀的响应时间差：≤0.4ms。
（5）液压AGC带载响应时间：≤30ms（给定0.1mm的阶跃，从0~90%的响应时间）。

3.9.7.2 坯料给定条件

出炉时刻，坯料的平均温度应不小于冶金物理工艺要求的最小温度；坯料沿长度和宽度方向的化学成分均一，且其质量能够得到保证。

坯料的尺寸精度满足以下要求：

宽度精度：±15mm　　厚度精度：±5mm
长度精度：±25mm　　横向楔形度：<3mm
纵向楔形度：<3mm　　侧弯度：<3mm/m

出炉时刻坯料温度的变化范围应满足如下条件：

出炉温度范围：1050~1250℃（根据钢种和产品要求确定）
黑印处温度与其他处温度差值：<30℃
宽度方向的温度均匀性：<20℃
厚度方向温度均匀性：上下表面温差<20℃，表面和芯部温差<30℃

3.9.7.3 头尾给定条件

钢板头尾部去掉后的测量数据为有效值，钢板头尾部长度定义如表3.11所示。

表3.11　头尾长度定义

厚度范围/mm	头部长度/mm	尾部长度/mm
≤30	500	500
>30	300	300

3.9.7.4 测量方法

采用X射线测厚仪测量钢板厚度，所得样本点采用数理统计方法处理，厚度偏差在（-2σ，2σ）内的样本点占总样本数的百分比大于95.4%（σ为厚度指标）。

3.9.7.5 最终厚度精度

最终厚度精度指标见表3.12。

表3.12　最终厚度精度指标（95.4%）

厚度范围/mm	同板差（$\pm2\sigma$）/mm	异板差（$\pm2\sigma$）/mm
5~8	±0.100	±0.110
8~15	±0.120	±0.135
15~25	±0.160	±0.155
25~40	±0.200	±0.210
40~60	±0.300	±0.350

3.10　热处理工艺

3.10.1　热处理工艺的定义

热处理工艺能使钢板的性能得以改善。其主要原因是钢在固态时，随着加热温度和冷却速度的变化，其内部组织结构也会发生相应的变化。所以，利用不同的加热温度与冷却速度来控制或改变钢的组织结构，就可以得到不同的性能。

通俗地说，热处理工艺是温度与时间相互配合的一项工艺，如图 3.126 以坐标来表示。

横坐标为时间 t，纵坐标为温度 T，t_1为加热时间，t_2为保温时间，t_3为冷却时间。因此，热处理是通过不同的加热温度、保温时间及冷却速度，使钢的组织发生转变，以期达到所要求的各种性能。

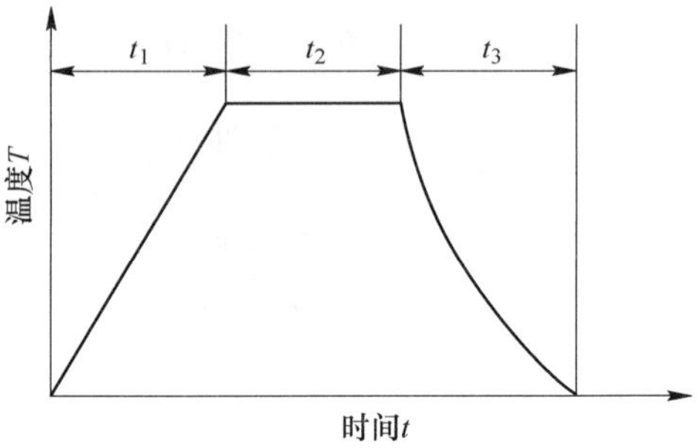

图 3.126　热处理温度与时间曲线

3.10.2　热处理工艺的发展

表述热处理设备（炉）形式的变化过程中，已用演变表示。演变后的物体（形式）往往被新的物体（形式）所代替，或是趋势将被代替。

例如 20 世纪 60~90 年代中期，我国采用直焰式燃烧的辊底式热处理炉逐渐被氮气保护无氧化辐射管加热的辊底式热处理炉所代替，另外，压力淬火机的发展趋势也被辊式淬火机所代替。

本节表述热处理工艺，应该用发展来表述。原因是早期的几种主要热处理工艺仍然存在且一直在起着重要的作用，如正火工艺、退火工艺、淬火工艺、回火工艺等。目前丰富多彩的热处理工艺大多是在传统的、成熟的老工艺上逐步发展起来的，发展过程中没有淘汰老的工艺而是丰富了它的内涵。发展的过程和主要内容简述如下。

3.10.2.1　人工操作为主，发展到全程自动化

（1）20 世纪 60 年代，我国仅武钢轧板厂有两座连续辊底式热处理炉（明火燃烧直焰式），虽然有最基本的自动控制手段，但完全没有达到全自动化。如温度控制、钢板运动、在炉时间、进出炉均靠人工控制。炉子的阀门不能自动调节，阀门的开闭不是靠自动调节而是全靠人工操作等。

（2）由于靠人工操作，因此难以避免出现处理后的钢板平直度问题，温度控制不稳定，难以达到预期的要求。20 世纪 80 年代舞钢、重钢以及原上钢三厂建的热处理炉都存在着以上问题。

（3）目前绝大多数国内的热处理炉都配有全程的计算机控制系统，不仅有高精度的温度控制技术，还有精确的物料跟踪技术，使热处理工艺水平有了长足的进步。

3.10.2.2　TMCP 工艺极大丰富了热处理工艺

（1）早期，我国热处理工艺的实现都是离线完成的。

（2）由于 TMCP 工艺的广泛应用，目前我国骨干企业均可以在线实现直接淬火（DQ）、间断淬火和直接淬火后的碳分配（DQT）工艺。直接淬火后的碳分配工艺即先淬火，得马氏体组织，再回火促进碳自马氏体分配至奥氏体，促进碳化物析出，再水淬至室温，可大大提高抗拉强度。

（3）传统常化炉（正火），一般都采用空冷的热处理方法，目前在淬火控冷技术基础上开发了常化炉炉后快冷工艺。

（4）由于塑料模具钢（如 P20、718 等）淬火要求的冷却速率低，强冷容易造成淬裂，所以又开发了在线弱冷淬火设备与工艺。

（5）日本几家企业已可在线实现淬火+回火的工艺（HOP），目前我国尚在摸索中。

3.10.3　目前我国热处理工艺的种类与特点

经过几十年的不断发展，热处理装备水平得到很大的提高，热处理工艺的种类从本质上讲基本保留

了原有的种类，如：正火、退火、淬火、回火等，但伴随TMCP工艺的应用，使热处理工艺的内涵更加丰富，应用的范围更加广泛。就中厚板而言，用得较多的是正火（常化处理）、淬火+高温回火（调质处理），而退火主要是武钢、鞍钢、济钢、舞钢等企业在应用。目前我国中厚板热处理工艺见图3.127。

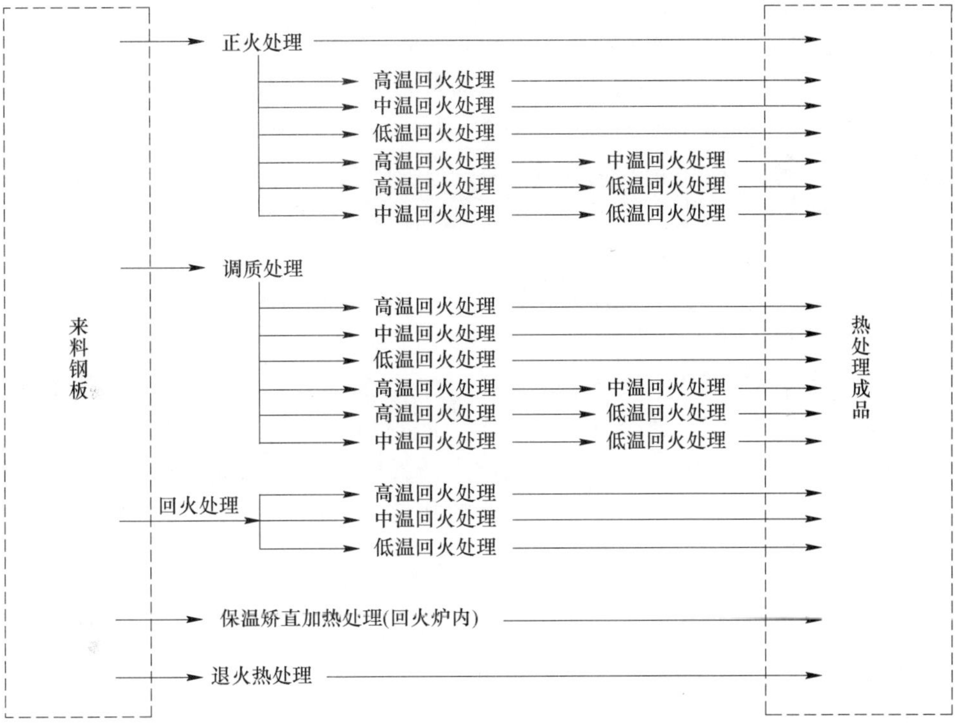

图3.127　中厚板的热处理工艺

3.10.3.1　正火工艺

将钢板加热至A_{c3}以上30~50℃，以一定速度冷却至常温。板厚20mm以下空冷，板厚20~50mm需加速冷却，而板厚50mm以上正火效果差。

碳含量小于0.3%的钢板正火类似于退火，只是晶粒更小。碳含量大于等于0.3%的钢板正火的屈服强度和抗拉强度比退火高。碳越高，正火后屈服强度和抗拉强度提高越多，而韧性和断面收缩率则降低。含Cr、Ni低合金钢的正火效果更明显。因此，正火是中厚板改善性能经济有效的措施。采用的炉型以保护气氛辐射管加热辊底式炉为主，在欧洲采用外部机械化室式炉也不少。

目前，大部分正火板都可采用TMCP工艺来生产，而且晶粒更细，韧性更好，特别是船、管用板的焊接性能更能满足用户的要求。

正火是一种能得到珠光体组织的热处理工艺，一般而言，正火的冷却速度比退火稍快。所以，正火后得到的珠光体比退火后得到的更细。钢板正火后能细化晶粒，能提高冲击功和延伸性。

正火是将钢加热保温后工件再出炉冷却，炉子的利用率比退火高，生产周期也比退火短，工艺较简单、应用广。

另外，钢板在热轧过程中，加热温度如掌握不好，可能导致晶粒粗大，而终轧温度不均匀会使晶粒大小不一致并造成碳化物的局部聚集粗化，夹杂物引起的带状组织等。这些都可以通过正火予以改善或消除。正火曲线见图3.128。

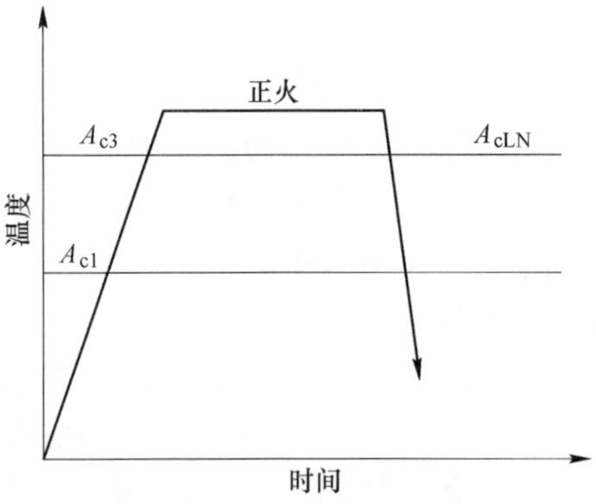

图3.128　正火曲线示意图

正火工艺随着炉型结构的不同而有差异，早期通常采用摆动操作制度，也就是在整个正火热处理过程中，从加热到保温，钢板在炉内前后摆动，然后以较高的速度进行出料，在大气中自然冷却，这种操作制度多见于辊底式热处理炉。

另一种则是循环步进的方式，在炉子各段进行加热和保温，然后出炉自然冷却。这种操作制度多见于步进式热处理炉，目前已不常用。

辊底式炉连续操作时，根据热处理时间来确定速度的调节范围，以满足热处理规范的要求。

辊子摆动操作速度通常为6～12m/min。辊子摆动角度为180°～540°，即辊子转动半圈到一圈半。快速出料速度一般达60m/min。

炉底辊在高温下不能停止转动，不然会使辊身弯曲变形。

通常正火热处理以低合金钢为主。锅炉和造船用钢板的正火温度在850～930℃之间，加热所需时间按钢板厚度来计算，约为1.25～2mm/min。

正火应将钢板在自由流通空气中很均匀地冷却，如限制了空气的流通，则降低其冷却的速度，达不到正火的目的，有可能变成为退火工艺。如强化空气冷却速度时，有可能变成风淬的性能。

含有钒、铌、钛等元素的钢，通常采用高于A_{c3}以上120～150℃温度进行正火处理，其中一些碳化物在保温中能较快地溶入奥氏体中。如15MnTi钢板，厚度大于10mm时，也可施行正火处理，能取得较理想的使用性能。

操作过程中，一般均由吊车将钢板吊至进炉辊道上，然后送入正火炉内。炉底辊缓慢转动或摆动，经预热、加热、保温后钢板被送至炉外冷却辊道，经热矫直机热矫，最后在冷床上冷至常温收集入库。

通常钢板在炉内时间由摆动速度与次数来控制。炉子各段均有测温装置测量炉温，并确定炉气温度与板温之差，以控制炉气温度来控制板温，碳含量低的和具有碳化物形成元素的钢板及较厚钢板的正火处理温度通常要高一些。

3.10.3.2　退火工艺

退火的目的是使钢板软化便于切削加工，消除内应力以防工件加工后形状变化，其目的还有细化晶粒，使钢的成分均匀，为之后的进一步热处理做准备。

退火工艺是将钢板加热与保温，使其内部组织形成均匀奥氏体，然后缓慢冷却。

一般经过轧制缓冷的钢板，其显微组织多为铁素体和碳化物的混合组织。将热轧钢板加热到临界点（A_{c1}或A_{c3}）或再结晶温度以上，保持一定的时间，除形成奥氏体外，还有一部分铁素体或者是碳化物。

对于亚共析钢，碳化物将迅速地固溶于奥氏体内，而保留一部分铁素体。奥氏体在高温下的均匀程度、晶粒的大小以及是否存在碳化物颗粒，对钢板的退火组织有决定性的影响。

单相均匀奥氏体缓冷后，除在晶界上出现共析物（铁素体和碳化物）外，晶粒内将是粗细不一的珠光体。

退火加热温度高低和冷却速度快慢是极为重要的，随着钢中碳与合金含量及板厚的增加，其加热速度通常应减慢，保温时间应增长。

退火分为完全退火、不完全退火、等温退火、球化退火、扩散退火、消除应力退火（软化）及再结晶退火等。图3.129为退火和正火加热区域示意图。

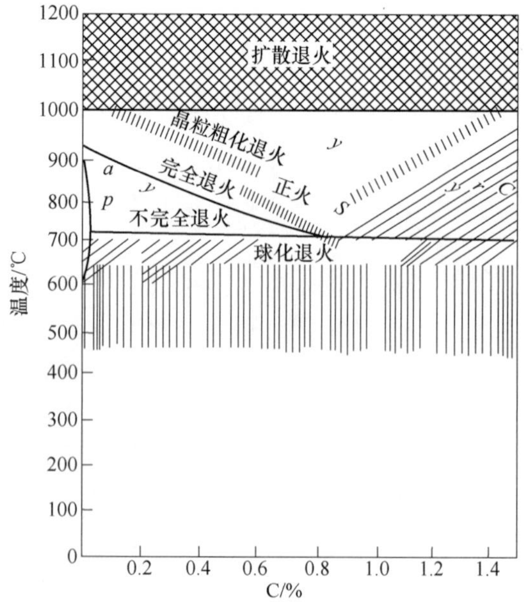

图3.129　退火和正火加热区域示意图

完全退火是将亚共析钢（0.02%～0.8%C）加热到A_{c3}以上30℃左右，给予足够的保温时间，使之基本上完全奥氏体均匀化，然后缓慢在炉冷却，使钢板晶粒细化和应力消除。其内部如含有钼、钒等强碳化物元素时，其加热温度通常适当地提高，使形成的碳化物能较快地溶于奥氏体内。一般亚共析钢完全退火后，其组织为铁素体和珠光体。

不完全退火的加热温度是在上下临界温度之间，一般稍高于下临界温度。

亚共析钢不完全退火的加热温度多在A_{c1}与A_{c3}之间，珠光体重结晶相变形成奥氏体，而铁素体则仍然存在。

在缓冷过程中铁素体或碳化物被保留，奥氏体转变为珠光体，而珠光体的层片厚度由于冷却速度不同而有所变化，冷得快的层片较薄，慢的层片则较厚。其硬度则是层片薄的硬，厚的软。

不完全退火和完全退火的不同之处是不完全退火是部分结晶形成奥氏体，而完全退火则是全部结晶形成奥氏体。但两者较近似，但不完全退火的晶粒细化不如完全退火好。

3.10.3.3 淬火工艺

钢板淬火能获得马氏体组织，能提高钢的强度、硬度和耐磨性。但淬火工艺后钢板的塑性有所降低。所以淬火工艺往往和回火工艺紧密结合才能得到理想的钢板内部组织。

把钢板加热到 A_{c3} 以上 30~50℃，保温后要大于临界冷却速度进行快速冷却，使过冷奥氏体转变为马氏体组织。对过共析钢需加热到 A_{c1} 与 A_{ccm} 之间保温，然后快冷。

目前把奥氏体化后快冷强化也称为淬火。淬火后为得到良好的综合性能，往往配以回火工艺。淬火后钢组织不一定都是马氏体组织，也可能是贝氏体、珠光体以及不同含量的残余奥氏体组织。淬火还有防止某些固溶物质在冷却时析出的作用。

根据加热温度的不同，可分为完全淬火和不完全淬火两种；按冷却方式的不同，又可分为连续冷却淬火、等温淬火及分级淬火三种。

完全淬火。把钢加热到 A_{c3} 以上 30~50℃，经保温使组织完全奥氏体化，之后以大于临界冷却速度快速冷至 M_s 点（奥氏体转变为马氏体温度）温度以下，使过冷奥氏体转变为马氏体组织。此工艺适用于亚过共析钢，而过共析钢淬火将使钢中渗碳体溶解、增加组织应力，并使奥氏体晶粒长大。

不完全淬火。把钢加热到 A_{c1} 与 A_{c3} 之间，保温后用大于临界冷却速度快冷至 M_s 点以下，使过冷奥氏体转变为马氏体。此工艺用于亚共析钢，因有铁素体的存在，组织不很均匀，降低了疲劳性能。

等温淬火。把钢加热到奥氏体化后保温，在略高于 M_s 点温度中淬火，等温一定时间后，使过冷奥氏体等温转变为贝氏体组织，而后在空气中冷却。如合金结构钢和防弹钢板等。

分级淬火。把钢加热到奥氏体化温度后，在高于或低于 M_s 点温度淬火冷却，等温停留一定时间，使钢基本上转变到奥氏体，只存在微量的马氏体，然后再缓冷，使过冷奥氏体转变为马氏体。通常分级淬火只用于处理小件钢板。

几种淬火曲线见图 3.130。

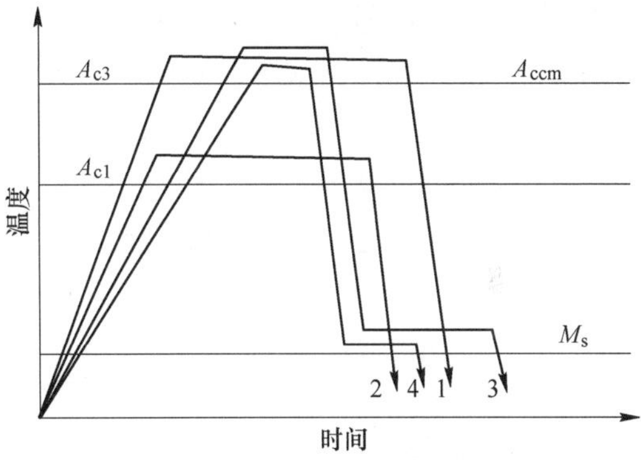

图 3.130 几种淬火示意图

1—完全淬火；2—不完全淬火；3—等温淬火；4—分级淬火

A 淬火冷却介质的选择

淬火时为了获得马氏体组织，必须选用合适的冷却介质，使奥氏体组织的工件以超过临界冷却速度的冷却速度进行冷却。但并不是冷却速度越大越好，因为冷却速度越大，工件的内应力越大变形也越大，甚至开裂。因此选用合适的冷却介质必须考虑到以上两点。

奥氏体最不稳定的区域是在曲鼻部，即 650~500℃的范围内。为了得到马氏体组织，并不是在任何温度范围内都需要快冷，从淬火温度到 650℃之间和鼻部温度 500℃以下不希望冷速太大，尤其在 M_s 点以下发生马氏体转变时，更不希望冷速太快，否则容易引起变形和开裂。

B 钢的淬透性

钢的淬透性是每种钢所应有的特性，它表示钢在一定的淬火条件下淬火时，获得淬硬层深度的能力。淬火的目的是获得马氏体，通常是以一定的条件下淬火后获得马氏体组织的深度来表示淬透性的好坏程度。

钢的淬透性主要取决于化学成分。含碳量低于 0.8%的碳钢，随含碳量的增加，淬透性略有增加。

合金钢中的 Mn、Cr、Mo、Si、Ni 都能提高淬透性。除此之外，奥氏体化温度对淬透性也有一定的影响。奥氏体化温度越高，保温时间越长，则奥氏体的成分越均匀，残余渗碳体或碳化物的溶解也越彻底，使过冷奥氏体越稳定，C 曲线越右移，淬火临界冷却速度越小，故淬透性越好。

必须指出：钢的淬透性与具体工件的实际淬硬层深度是有区别的。淬火后淬硬层深度，不仅取决于钢的淬透性，还受工件尺寸大小和冷却介质的影响。

C　淬火的实际工艺要点

（1）将钢板装入炉内，加热到奥氏体区使之成为单一的奥氏体，保温后达到奥氏体均匀化。亚共析钢加热到A_{c3}以上20~30℃，而共析钢则加热到A_{c1}以上20~30℃。

（2）如果没有完全转变为奥氏体时，便成为不完全淬火，未溶解的渗碳体在淬火后呈粒状分布于马氏体基体上，可提高钢的耐磨性，故过共析钢往往采用不完全淬火工艺。

（3）高锰钢的淬火温度不能太高，以防止晶粒粗化和淬火后残余奥氏体含量过多。

（4）钢晶粒度的粗细对淬火温度的要求也不一样，晶粒度细的钢则淬火温度高，粗的钢则低，以防粗化。

（5）加热时间包括升温和保温的时间，升温时间是由低温到淬火温度所需的加热时间，升温的速度通常要注意钢板厚度方向的温度均匀性，加热速度过快，则厚钢板的内外温差大。

（6）保温是使内外温度一致，某些元素有充分的扩散时间和奥氏体均匀化。因此，加热速度与保温时间的控制很重要。

（7）一般的中厚钢板热处理都采用分段加热法，即预热、加热及保温三段。为了得到马氏体组织，淬火冷却速度必须大于临界冷却速度。

（8）过冷奥氏体有三个转变区域，即高、中及低温转变区。高、中温转变的共同特点是在转变前需有一个孕育期。图3.131为钢的合理淬火冷却曲线。从图中可看出孕育期的最短处，俗称为“鼻子”。此处过冷奥氏体最不稳定，通常在400~650℃之间，因此要尽快越过它，避免发生珠光体与贝氏体的转变。

（9）高于650℃时过冷奥氏体稳定，在此温度以上可以缓冷。低于400℃时奥氏体也比较稳定，可以缓冷，但需注意亚共析钢铁素体析出。

（10）通俗地说就是，淬火时在400~650℃之间应迅速冷却，而在400℃以下通过马氏体转变区间后，可以缓慢冷却。

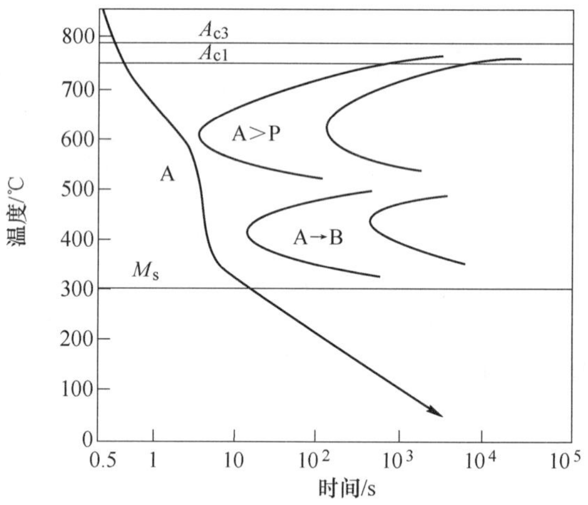

图3.131　钢的合理淬火冷却曲线

3.10.3.4　回火工艺

回火是将淬火后的钢加热到A_{c1}点以下的某一温度，保温一段时间后冷却到室温的热处理工艺称为回火。回火的目的是获得所需的综合性能，稳定淬火后的组织和尺寸；降低和消除淬火应力。

低温回火。是在150~250℃温度范围内进行回火，可降低工件的内应力和脆性，回火后的组织是回火马氏体，硬度没有下降，有保持高的硬度和高耐磨性的特点。

中温回火。是在350~500℃范围内进行回火，得到回火屈氏体。强度和硬度均明显下降，韧性提高，淬火应力已基本消除。

高温回火。是在500~650℃范围内进行的回火，得到回火索氏体组织。淬火后再进行高温回火习惯上称为调质处理。调质处理后既有足够高的强度，并有良好的塑性和韧性，即具有良好的综合机械性能。

回火稳定性。淬火后的钢在回火过程中抵抗硬度下降的能力称为钢的回火稳定性。

3.10.3.5　淬火与回火

（1）淬火与回火是生产上广泛应用的两种热处理工艺。通常都是联在一起进行，就是淬火后紧接着回火，淬火+回火是强化钢材最重要的热处理方法，通常淬火+高温回火称为调质工艺。

（2）它可以改变钢的内部组织，使钢获得高的强度，更好地发挥它的潜力。淬火后配以不同温度的回火，能调整钢的性能，使其满足不同的性能要求。

（3）调质处理多用于中碳钢和低合金结构钢板，实际操作时通常对一些淬火后应力比较大的钢板，做到尽量及时回火，防止产生裂纹。调质处理进行高温回火时，对工件尽量做到精准控制冷却速度，防止产生回火脆性。

3.10.4　直接淬火工艺的应用与技术要点

(1) 进入21世纪，作为节能技术之一的轧后直接淬火工艺随着控冷技术的发展而成熟，逐步被引入我国高强度中厚板的生产中。

(2) 目前，东北大学开发的具有自主知识产权的在鞍钢、南钢、首秦、新余、唐山、三明等13套中厚板轧机中应用的超快冷装置（UFC）都具备直接在线淬火功能。引进自SMSD的宝钢、鲅鱼圈、包钢、营口宽厚板厂的快冷装置以及引进自VAI的沙钢、鄂钢、济钢、莱钢、舞钢第二宽厚板厂的快冷装置（MULPIC）也都具备直接在线淬火的功能。

(3) 所谓轧后直接淬火技术是指利用轧制后的余热，当钢板组织处于完全奥氏体状态时，由布置在轧制线内、精轧机后的淬火设施对其加以大于临界冷却速度急剧冷却，从而获得马氏体和（或）贝氏体组织的工艺技术。

(4) 与传统的离线再加热淬火工艺相比，轧后直接淬火工艺由于省去了钢板的再加热过程，简化了工艺流程，降低了生产成本，提高了在线热处理设备的利用率。

(5) 通过优化钢板的化学成分以及控制直接淬火前的轧制条件，将变形和热处理工艺有机结合起来，可有效改善钢板的综合性能，获得传统再加热淬火工艺所得不到的强韧性能组合。生产现场在线直接淬火工艺见图3.132。

图3.132　生产现场在线直接淬火工艺

3.10.4.1　直接淬火的强韧化机理

(1) 直接淬火后钢板的组织主要由微细的马氏体或贝氏体组织及析出的碳化物等组成。如果为马氏体组织，则其主要构成是马氏体束、马氏体晶包和其内部所包含的大量高密度位错；如果为贝氏体组织，则其主要构成为贝氏体共析铁素体等，并且在晶界、变形带边界和原奥氏体边界处可观察到有碳化物析出。

(2) 经直接淬火后的调质钢强度主要由位错密度和析出强化等因素决定，而韧性则一般由相对于断裂的实际组织的微细程度决定，即与大角度晶界所包含的结晶单位尺寸大小有关。如果是马氏体组织，则由马氏体晶包尺寸决定。如果是贝氏体组织，则由贝氏体、铁素体晶粒的尺寸决定。

(3) 根据轧后钢板的奥氏体再结晶状态的不同，轧后直接淬火工艺分为奥氏体再结晶区直接淬火、奥氏体未结晶区直接淬火。所采用直接淬火工艺的不同，淬火后钢板的强韧效果亦有所不同。

(4) 对在奥氏体再结晶温度区间终轧的钢板进行淬火时，合金元素尤其是碳氮化合物因轧制温度高而均匀地固溶于奥氏体中，使钢板淬透性提高，因此淬火后能增加钢板的强度和韧性。

(5) 对在奥氏体未再结晶温度区间终轧的钢板进行淬火时，钢板的性能是由其自身的合金元素和金相组织决定的，其固有的淬火能力对直接淬火后的钢板性能有决定性的影响。

(6) 对于高淬火性能钢板，经直接淬火的调质钢板的强度和韧性得到明显提高。钢板强度提高原因有二，一为加工强化奥氏体相变后产生的马氏体板条中含有大量高密度位错，位错的强化效果明显提高了强度；二为含有大量晶体缺陷的板条马氏体在回火后析出微细的合金碳化物，起到了沉淀强化的作用，从而提高了强度。钢板韧性提高原因则为被加工强化的未再结晶奥氏体包含有大量的晶体缺陷，如位错、变形带等，使得相变后的马氏体板条利于包块组织得到细化。

(7) 对于低淬火性能的钢板，由于奥氏体未再结晶区的变形促进了铁素体在变形奥氏体的晶界和晶粒内变形带处的相变，降低了钢材的淬透性，使钢板强度有所下降；对于钢板的韧性，则要视钢种情况区分，有的有所改善，而有的将稍有下降。

3.10.4.2　直接淬火的关键技术

(1) 作为控制冷却的极限结果，直接淬火的作用已被人们所认识。但由于存在高强度冷却速率下的钢板冷却均匀性和板形控制等问题，其潜在能力目前仍在不断地挖掘。

（2）钢板直接淬火时，如果对板温控制不均，不仅会造成钢板内部组织的不均匀，而且会出现可视或潜在的不良板型缺陷，如横向 C 形翘曲、边部或尾部翘起来的 L 形翘曲、切成条状后发生的切条状翘曲等。因此，控制好钢板的冷却均匀性，保证直接淬火后钢板的板形平直、组织性能一致、残余应力小将是决定直接淬火装置能否推广应用的关键。

（3）国内外钢铁企业和冶金设备提供商在钢板的冷却均匀性方面作了大量的实验和应用研究，一批提高直接淬火钢板冷却均匀性的新技术相继应用到新型高强度冷却设备上。对于钢板宽度方向的冷却控制，采用了多级阻尼横向集管，强适应的上集管冷却曲线，边部遮蔽机构和集管交叉布置等方式，对钢板头尾部的冷却控制，采用延时开启、提前关闭冷却集管及进行前后遮蔽控制的方式，对钢板纵向方向的冷却控制，采用对辊道速度进行微加速控制的方式；对钢板厚度方向的冷却控制，采用改变钢板上下表面水量比的方式。

（4）另外，保证淬火前来料钢板的轧制板形和钢板温度均匀性对直接淬火来说也同样至关重要。如果来料钢板的板形不好，将直接导致淬火钢板冷却均匀性降低，板形进一步恶化。进入 21 世纪以来，不少骨干中厚板企业在淬火装置前设置预矫设备，对来料板形不好的钢板进行预矫直，这将有效改善淬火后的钢板板形。

（5）如果来料钢板的温度均匀性不好，将直接导致淬火钢板冷却均匀性进一步降低。目前已有些科研和设计单位的学者提出在淬火前设置感应加热装置的方案，用以改善和提高来料钢板的温度纵向和横向均匀性。

轧后直接淬火工艺常见于抗拉强度超过 580MPa 的低合金建筑结构用钢、桥梁用结构板、锅炉和压力容器用钢、工程机械用钢等钢种的生产中。目前国内利用轧后直接淬火工艺生产的不同强度级别高强度钢板见表 3. 13。

表 3. 13　利用轧后淬火工艺生产的不同强度级别高强度钢板

钢　种	抗拉强度级别			
	590MPa 级	690MPa 级	780MPa 级	980MPa 级
船体用结构钢	√	—	—	—
低合金结构钢	√	√	√	—
桥梁用结构钢	√	√	√	—
锅炉和压力容器用钢	√	√	—	—
工程机械用钢	√	√	√	√
海洋结构钢	√	√	√	√
耐磨钢	√	√	√	√

3. 10. 5　辊式淬火机淬火过程的冷却机理

辊式淬火机是中厚板现代化热处理线的核心设备，是高附加值高强度板材产品开发的关键热处理工艺手段。由于辊式淬火机冷却强度大，淬火工艺复杂，国内曾长期以来依赖进口。进入 21 世纪，东北大学等高等院校联合国内多家中厚板企业，对辊式淬火机的原理、淬火过程冷却机理及实际生产中的应用进行了深入研究与开发，解决了诸多的技术难题，实现了辊式淬火机的国产化。将其淬火过程的冷却机理介绍于下。

3. 10. 5. 1　淬火过程的热交换机理及换热特性

辊式淬火机淬火冷却系统通常由两个淬火冷却区组成，分别为高压淬火冷却区和低压淬火冷却区，通过配置不同形式的喷嘴、供水配置以及不同的冷却介质压力，获得高、低不同的冷却强度。高压淬火区冷却水压力为 0. 8MPa，依次为缝隙喷嘴、高密喷嘴和快冷喷嘴布置；低压区冷却水压力为 0. 4MPa，由多组低压喷嘴组成。淬火过程中，淬火钢板连续通过辊式淬火机冷却强度不同的高、低压淬火区，完成板材淬火工艺过程。

在喷嘴设计及布置上，淬火机缝隙喷嘴采用特殊的喷嘴结构设计，在喷嘴出口形成缝隙射流，与淬火钢板运行方向成一定角度喷射至淬火钢板表面，实现钢板的高强度冷却。高密喷嘴、快冷喷嘴及低压喷嘴采用小喷嘴出流结构，同样与淬火钢板运行方向成一定角度喷射至热钢板表面，实现淬火钢板冷却。

淬火过程中喷嘴射流速度较高，流动形态为湍流射流，以一定压力和速度喷射至高温钢板表面形成冲击射流，具有射流冲击换热的特性。射流冲击换热特性与其流动结构特点密切相关。为便于分析其换热特性，下面以辊式淬火机缝隙喷嘴为例，通过有限元分析工具 ANSYS 流体动力学模块 FLOTRAN 流体分析（CFD）功能，采用湍流分析的标准 k-ε 模型，模拟了实际工况下缝隙喷嘴射流冲击到钢板上表面的流场结构特点。

3.10.5.2 淬火冷却系统射流流场结构

建模过程中，单元类型采用三维流体热单元分析（FLUID142），流体特性为常温水的性质，自由网格划分单元，采用三维实体模型建立有限元分析模型，如图 3.133 所示。

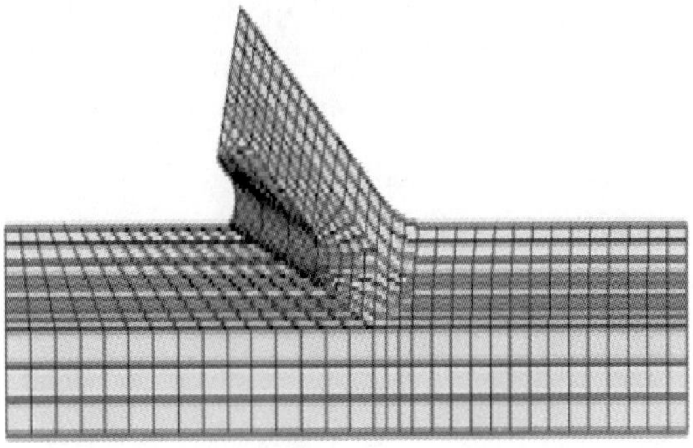

图 3.133 缝隙射流冲击钢板上表面的有限元模型

边界条件及载荷施加：缝隙喷嘴入口施加压力边界条件，出口边界设定相对压力为零；对称断面上施加对称约束，壁面设定零速度；环境条件为 $g=9.8\mathrm{m/s^2}$，大气压 $P_0=1.013\times10^5\mathrm{Pa}$。

缝隙射流喷射至钢板上表面的射流流场结构分布如图 3.134 所示。

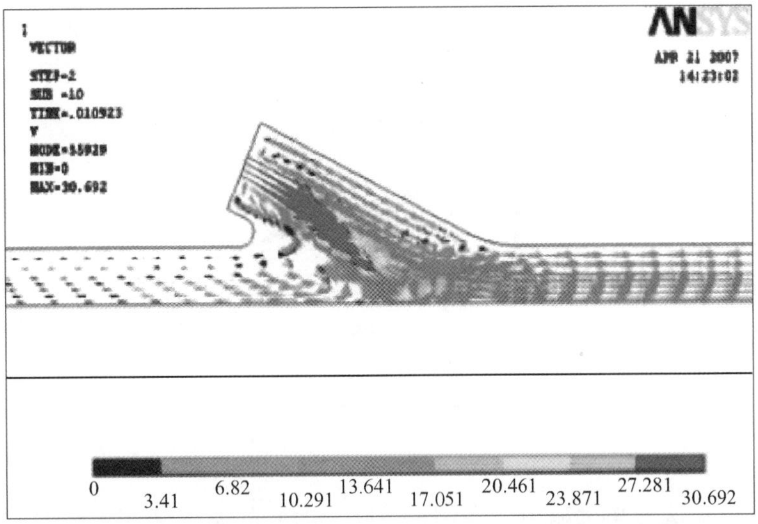

图 3.134 淬火钢板上表面缝隙射流的流场结构

由图 3.136 可见，射流在钢板表面上的冲击落点（即最大冲击压力区）偏离几何驻点而向射流倾斜的上游方向移动（表现为图示中流线向左弯曲偏移）。冲击至钢板表面的射流受钢板表面阻挡而向右上方表现出明显的反弹，且大部分沿喷嘴射流方向形成壁面射流区，部分流体产生于射流方向相反的回流，回流流体速度相对较小，这与现场实际情况一致。

3.10.5.3 淬火冷却过程的热交换机理

根据对射流冲击换热的研究，当流体冲击换热钢板表面时，射流冲击区钢板表面流动边界层和热边界层大为减薄，大大提高了热/质传递效率，其换热能力值的大小，表征了传热能力的强弱。热交换在射流冲击点出现最大值，然后沿径向距离的增大而逐渐减小。基于辊式淬火机射流流动结构特点，在淬火过程中，随着倾斜射流最大冲击压力区向射流倾斜的上游方向移动，淬火钢板最大热交换系数的几何位置将向射流倾斜的上游方向偏移。此外，壁面射流与周围介质之间的剪切所产生的湍流，被输送到传热表面的边界层中，使得壁面射流也具有很强的传热效果。

辊式淬火机采用高低不同的冷却水压力，得到高低不同的射流冲击速度，从而可获得不同的冷却强度。同时，在淬火喷水系统喷嘴布置上，通过减小喷嘴间距（约≤410mm），在淬火钢板表面形成大范围的射流冲击换热，减小热交换过程的沸腾换热过程，从而实现钢板淬火过程的高强度冷却及微观换热过程的稳定性和均匀性。

3.10.5.4　中厚板淬火过程的温度场

钢板淬火过程的温度场是淬火钢板冷却行为的直接体现。这里通过采用表征钢板淬火过程冷却强度的热交换系数，东北大学模拟了不同淬火方式下钢板冷却过程的温度场，研究了对流换热边界条件对钢板温度场的影响规律。

辊式淬火机淬火过程的实际换热系数大小与喷嘴的参数、间距、辊道运行速度有关，是综合作用的体现，这里采用基于实测温度反算求解得到平均换热系数表征。结合辊式淬火机实际淬火过程的冷却强度，模拟过程中设定高、低压淬火区淬火过程中的平均换热系数值分别为 15000W/(m^2·K) 和 3500W/(m^2·K)。钢板开冷温度为900℃，冷却水温为15℃。在淬火方式上，设定两种淬火方式：即一种设定在淬火机高压淬火区将钢板淬冷至室温；第二种淬火方式模拟辊式淬火机高低压连续淬火过程，即采用高压淬火区将钢板温度冷却至500℃以下，随后采用低压淬火区继续将钢板冷却至室温。分析对比了分别为15mm，70mm，100mm 厚度钢板两种不同淬火方式下钢板厚度方向不同截面的温降曲线变化规律。如图3.135 所示。

图 3.135 中淬火方式 1 表示钢板以高压淬火方式淬火冷却至室温；淬火方式 2 表示采用高、低压连续淬火方式完成板材淬火冷却过程。

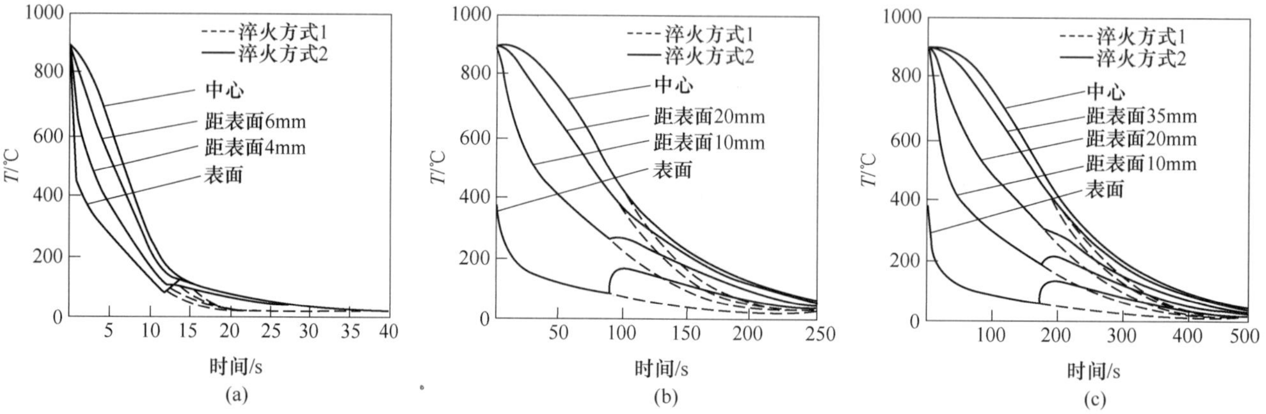

图 3.135　不同淬火方式下钢板厚度节点的温降曲线
(a) 15mm 厚度钢板；(b) 70mm 厚度钢板；(c) 100mm 厚度钢板

可以看出，在高压淬火区冷却过程中，在钢板 800~500℃的温度区间，厚度方向保持较大的温度梯度。对于淬火工艺，较大的温度梯度有利于钢板内部获得大于临界淬火速度的冷却速度，是获得一定的淬硬层深度所必需的。在500℃以下的温度区间，同比高压淬火方式，采用冷却能力较低的低压淬火区完成冷却过程，板材内部存在一定的返温现象，钢板温降曲线稍有延长，说明随着钢板表面换热系数的减小，钢板内部冷却速度随之减小，导致冷却时间延长，但钢板心部与表面之间的温差明显减小，即厚度方向的温度梯度减小。

3.10.5.5　中厚板淬火过程的应力分析

淬火钢板的内应力主要有热应力和组织应力。两种应力形式在淬火钢板内应力的表现，与钢的化学成分、尺寸、淬透性以及淬火介质和冷却方法等多种因素有关。为便于研究板材辊式淬火过程的应力特点，下面结合中厚钢板淬火工艺，首先将辊式淬火机淬火过程的主导应力形式予以分析说明。

淬火钢板的内应力分布与钢中碳和合金元素的含量有关。钢的含碳量增加，马氏体的比容增大，钢件淬火后的组织应力增加。但奥氏体中碳的含量增加，使 M_s点下降，淬火后的残留奥氏体量增多，又使组织应力降低。二者综合作用的结果是低碳钢淬火，热应力起主导作用。随着碳含量增加，热应力减弱，但组织应力逐渐增大，从中碳钢至高碳钢，逐渐转为以组织应力为主。

淬火过程钢板的冷却特性不同，其应力主导形式也不同。在 M_s 点以上高温区冷却速度快，则钢件热应力显著；若在 M_s点以下冷速较快，则钢淬火的组织应力较大。应当指出的是，钢件在淬火过程中，在组织转变前往往只有热应力产生，但到 M_s点以下则热应力与组织应力同时产生。最终钢件内实际存在的内应力，是两种应力综合作用的结果。实际上，碳素钢水淬，以热应力为主；在完全淬透的情况下，淬火冷速愈大，则热应力作用越占据主导地位。

对于中厚板辊式淬火机高低压淬火区连续淬火过程，高压淬火区使钢板在 M_s 点以上的高温区实现高强度冷却，冷却速度很快；M_s点以下，采用较低冷却强度的低压淬火区，冷却速度较慢，减小了马氏体转变过程的组织应力。因此，中厚板辊式淬火机淬火过程的主导应力形式应以热应力为主。

3.10.5.6　不同淬火方式下的等效应力

在上述定性分析淬火过程钢板内部应力变化规律的基础上，采用有限元热力耦合数值计算方法，通过设定淬火过程的边界条件，东北大学研究了不同淬火方式对淬火钢板主导应力形式——热应力的影响。

淬火过程中的中厚板热应力属于热弹塑性问题，采取如下假设：

（1）钢板淬火开始时，内部各点不受应力作用。

（2）塑性变形不引起体积改变，材料服从 Mises 屈服准则，显示为各向同性强化。

（3）塑性区内的行为，服从流动法则。

（4）淬火钢板的机械性能、应力应变随温度变化而变化。

模拟计算采用有限元 ANSYS 软件，采用间接耦合法对钢板淬火过程进行了热力耦合瞬态分析。单元类型采用三维实体单元。定义边界条件为第三类边界条件，即淬火介质温度及钢板表面的换热系数已知。这里，采用等效应力作为衡量应力水平的主要指标。

载荷及边界条件：在 900~500℃和 500~50℃两个温度区间内，钢板上下表面施加对称载荷，热交换系数分别取为 15000W/(m^2·K) 和 3500W/(m^2·K)。淬火温度设定为 900℃，水温为 15℃，计算得到了 50mm 厚度钢板两种淬火方式（即分别为高压淬火区淬火和高低压淬火区连续淬火方式）下淬火过程中厚度方向中心及表层位置的等效应力变化情况，如图 3.136 所示。

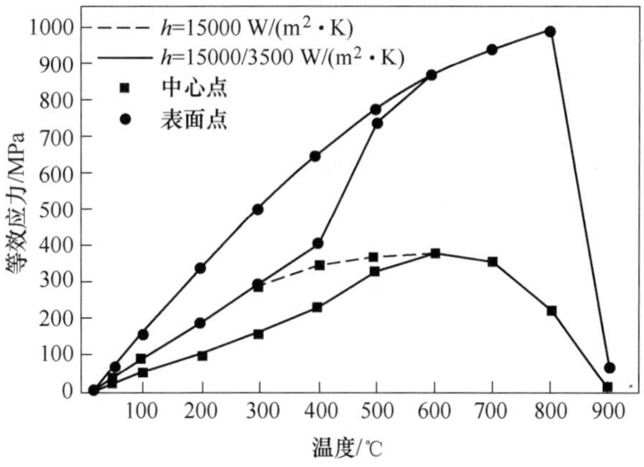

图 3.136　不同淬火方式下钢板的等效应力变化情况

由图 3.136 可见，在淬火过程开始的一段时间内，表面对流边界条件对钢板温度场的变化起到决定性作用，两种淬火方式下钢板表层的等效应力急剧增大。钢板心部受材料内部热传导影响，温降相对较缓，热应力相对表层较小。在低于 500℃的温度区间，钢板心部和表层的热应力均有明显的降低。同比高压连续淬火方式，采用较低冷却强度低压淬火区冷却，钢板心部和表层的热应力均降低明显。

3.10.5.7　辊式淬火机高低压连续淬火冷却机理

辊式淬火机冷却强度很大，淬火过程中钢板冷却速度很高，温度变化剧烈。淬火钢板的内应力将急剧放大淬火板材内部的冷却不均，进而导致钢板板形的翘曲变形，以及潜在的板形不良情况，使淬后钢板表现为严重的硬度不均和翘曲变形。因此，中厚板淬火工艺生产既要获得所需的淬火组织，还需保证淬火后的板材平直度。

通过研究分析两种淬火方式对钢板淬火冷却过程温度场和应力场的影响规律，可以看出，辊式淬火机采用高、低压连续淬火的冷却机理在于：在淬火钢板 800~500℃的温度区间内，钢板通过冷却强度很大的高压淬火区冷却，板材内部保持较大的温度梯度，有利于钢板获得大于临界淬火速度的高冷却速率，以避免发生其他类型的组织转变；在 500℃以下淬火组织转变的温度区间内，采用冷却强度较低的低压淬火区慢冷，在满足淬火工艺温度要求的前提下，有利于减小淬火钢板在马氏体转变过程中的内应力，减小钢板变形倾向，从而满足淬火工艺的组织性能及板形平直度要求。

3.10.6　日本的在线调质热处理介绍

日本 JFE 在厚板生产上具有世界领先水平，它在厚板生产线上应用的 Super-OLAC 超快冷却技术和 HOP 在线加热技术都是其独有的厚板生产技术。JFE 通过这两种技术的组合，开发出了多种应用于造船、建筑、桥梁、机械、压力容器和管线的新钢种。

虽然这两种技术经常组合使用，但是对于 Super-OLAC 超快冷却技术，国内介绍和研究的有很多；而对于 HOP 技术，国内介绍的较少。JFE 的 HOP 技术不仅仅是将热处理过程从离线变成了在线，还通过这种技术延伸出了一些新的组织控制方法。

3.10.6.1　HOP 技术

JFE 的 HOP 技术是应用于厚板生产的一种在线热处理技术，全称是：Heat-treatment Online Process。该技术最早于 2004 年 9 月应用在 JFE 西日本制铁福山厂的厚板生产线上。

调质钢板需要进行淬火+高温回火热处理，以往这些是通过离线热处理设备进行的。JFE 的 HOP 技术在热矫直机后配置在线感应加热设备，配置在这里的目的，是为了有效利用快速冷却后钢板的余热，实现高效率加热。JFE 的在线热处理平面布置见图 3.137。

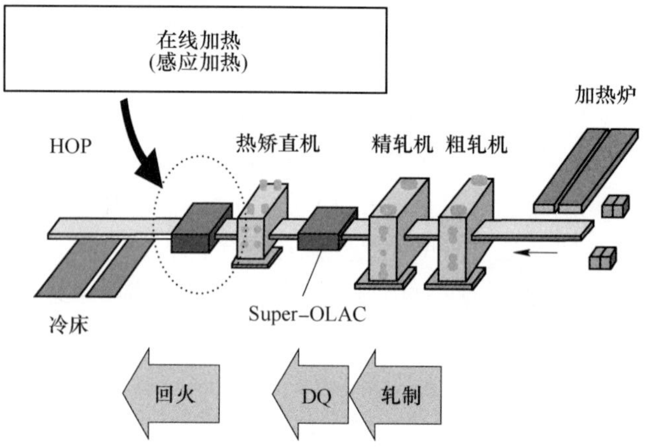

图 3.137　在线热处理平面布置图

HOP 技术是以应用在热连轧产线上的宽度为 2m 的感应加热设备为基础开发的，几台高频电源同时并列驱动，是世界上最先在厚板生产上实现的感应加热技术。

该技术利用电磁线圈（感应线圈），使钢板产生感应电流，并由此来加热钢板。从加热效率和装置简单的角度出发，电磁线圈采用了螺旋管式电磁线圈。发热是在钢板内部产生的热量的大小可以通过投入的电力来严格控制。感应加热能够实现极大的能量密度，发热量如果换算成气体加热时的热流密度，相当于 $10^5 \sim 10^7 W/m^2$ 的程度；这个值相当于气体加热时的 100 倍。

该技术在生产厚板时有以下两个优点：

（1）实现了与轧制同步的完全在线热处理，能够应对超短交货期和大批量生产。JFE 的实践表明高强度厚板从合同到交货的生产周期缩短了 20%以上。

（2）能够实现新的厚板组织控制。JFE 通过 HOP 与 Super-OLAC（日本的超级冷却工艺）组合，能够自由控制相变组织和碳氮化物的析出。

该技术在组织控制上有两大特点：

（1）与日本的超级冷却工艺组合，可以选择淬火结束温度和回火开始温度，从而具有更多的相变组织控制手段。

（2）采用极快的回火速度（接近普通回火加热速度的 100 倍），可以形成与普通回火不同的碳氮化物析出形态。

3.10.6.2　利用 HOP 控制相变组织开发新钢种

控制 M-A 组织形成的热履历及组织变化见图 3.138。

该技术生产的钢可应用于超高层建筑的高强钢，通过特殊的热履历，形成了马奥岛（M-A）组织弥散在回火贝氏体中的复合组织。

具体工艺如下：

（1）通过控轧使奥氏体晶粒细化，然后用 Super-OLAC 快速冷却到高于贝氏体相变结束温度的过冷奥氏体区域。恒温保温时，形成等温相变的细小贝氏体和残余奥氏体。

（2）使用 HOP 从保温温度加热到接近 A_{c1} 的高温区域。该过程使碳从贝氏体扩散到残余奥氏体中，残余奥氏体中碳浓度增加。另一方面，贝氏体中的过饱和碳减少，形成低密度位错的回火组织。

（3）HOP 加热后的冷却过程。由于经过 HOP 处理后，残余奥氏体中碳浓度非常高，此时即使是空冷也能形成细小的马奥岛（M-A）组织。

通过这个特殊的热处理过程，形成了马奥岛组织弥散在回火贝氏体中的复合组织。JFE 开发的这种新钢种的思路是，软相采用比铁素体强度更高的贝氏体组织，硬相采用弥散的马奥岛组织，期望得到低屈强比的 780MPa 级高强度厚钢板。

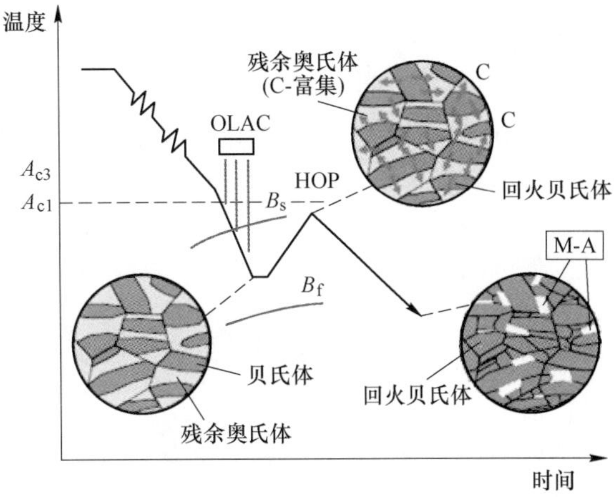

图 3.138　控制 M-A 组织形成的热履历及组织变化

这种马奥岛弥散组织是刻意形成的，与普通 TMCP 钢中的马奥岛组织不同。马奥岛组织一般能够在部分高强钢的基材或焊接部分中被观察到，TMCP 高强钢的贝氏体组织中也会产生这种组织。随着 TMCP 钢中马奥岛体积分数的增加，钢的韧性显著恶化；因此，以往的 TMCP 钢要尽量抑制马奥岛的生成。而 HOP 工艺弥散形态的马奥岛组织，并不会显著损害韧性，从而解决了高强度和低屈强比之间的矛盾。

根据 JFE 的实验结果，随着马奥岛比例增加，钢的抗拉强度直线上升，屈服强度不断降低。研究认为，这是由于随着马奥岛比例的增加，马奥岛周边的可移动位错增加，以及回火贝氏体软化造成的。当马奥岛比例从 1%增加到 25%，屈强比从 90%大幅降低到 65%。韧性方面，由于贝氏体和马奥岛细化，因此在各种条件下都可以确保 0℃时的夏比冲击能在 70J 以上。但是，随着马奥岛比例的增加，韧性有缓慢降低的倾向。将马奥岛比例控制在 5%～15%范围内，能够适当控制强度与韧性之间的平衡。

JFE 在控轧、快速冷却后实施了 HOP，才使控制形成马奥岛弥散形态成为了可能。这是由于，以往的淬火回火处理时，回火前的钢板温度基本上都是常温，不能进行控制；而使用了 HOP 后，钢板加热前的温度能够在终轧温度和常温之间的区域内进行控制。

JFE 实际生产了板厚为 12mm、25mm 和 40mm 的低屈强比 780MPa 级钢板。化学成分主要为 0.06%C、0.2%Si、2%Mn，为了得到贝氏体和弥散马奥岛的复相组织，另外还添加了 Cu、Ni、Cr、Nb、V 和 Ti，其 Ceq 为 0.54%、Pcm 为 0.24%。结果该钢种的抗拉强度在 780MPa 以上、屈强比在 85%以下、总伸长率在 16%以上、0℃夏比冲击能在 150J 以上。

3.10.6.3　利用 HOP 控制碳氮化物析出开发新钢种

下面是一个典型的利用 HOP 急速回火能力生产的水电用高韧性 610MPa 级高强钢的例子。急速回火时渗碳体弥散效果见图 3.139。

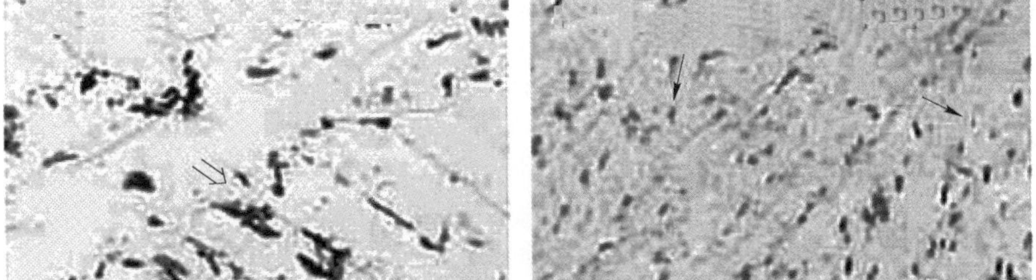

(a)　　(b)

图 3.139　急速回火时渗碳体弥散效果图

（a）加热速度：0.3℃/s；（b）加热速度：100℃/s

⇒—板条边界；→—板条内

该钢种的化学成分为碳含量 0.09%以下，Pcm0.20%以下，未添加 B。所采取的工艺是：用 Super-OLAC 进行直接淬火（DQ），然后用 HOP 进行在线急速回火。通过此工艺，在马氏体板条内部出现了大量并且均匀弥散的渗碳体组织。

JFE 使用微观组织为马氏体和贝氏体混合组织的 780MPa 级低碳钢进行对比实验，研究了回火时升温速度和升温过程对渗碳体析出形态的影响。

研究结论是，用正常升温速度回火时，渗碳体主要在板条界面处生成、长大，渗碳体较粗大。急速回火时，低温时主要在板条界面处生成渗碳体，温度变高时在板条内部的细微渗碳体析出变多，并且均匀弥散。

JFE 技术人员认为，在升温过程的低温侧，渗碳体主要优先在板条界面处开始析出。在升温速度较慢的时候，板条界面处的渗碳体就在此长大，并形成了沿板条界面的粗大形态。而当升温速度非常快的时候，板条界面处生成的渗碳体没有充裕的长大时间，到达高温时位错的回复也不能充分进行，则板条内部在位错处形核生成了渗碳体，进而能得到大量均匀细小的渗碳体。因此，使渗碳体弥散的要点是：作为析出形核的位错要尽可能多的残留；抑制板条界面处的渗碳体的长大；在确保板条内固溶碳含量尽量多的同时，要达到使板条内部碳原子能够扩散的温度。特别要注意渗碳体在板条界面上开始析出的温度和在板条内部开始析出的温度，在这两个温度之间的急速升温非常重要。另外，不仅升温速度对渗碳体的生成、长大过程有影响，合金元素也起到重要作用。只有包含了合金设计、升温过程在内的最佳回火工艺，用 HOP 实现，才能生产出有均匀、细小、弥散的渗碳体组织的高强度厚钢板。

JFE 利用 DQ-HOP 工艺生产的高韧性 610MPa 级高强钢，由于在马氏体板条内部得到了大量并且均匀弥散的渗碳体组织，因此在成分设计的时候降低了碳含量和 Pcm，并且没有添加 B。与对比钢（ASTM A537-2）相比，降低了焊接预热温度、降低了焊接热影响区的硬度，并得到了良好的焊接热影响区性能。该钢种通过渗碳体的细小弥散化，以及微合金元素回火时的析出强化和碳氮化物的析出强化，从而获得了优良的强度和韧性。

3.10.7　热处理过程中钢的组织转变

钢的热处理目的在于改变或改善钢的性能，而这一目的是通过钢在热处理过程中的组织转变来实现的。原因是一定的内部组织对应着一定的性能，组织不同性能也不相同，因此，热处理过程中的组织转变必然带来钢的性能变化。

3.10.7.1　钢的奥氏体转变

奥氏体是钢在高温状态时的组织。在许多热处理工艺中，通过将钢加热获得奥氏体组织，奥氏体的晶粒大小、成分及其均匀程度，对钢冷却后的组织和性能有着重要影响。制定热处理工艺时，加热温度的选定是保证奥氏体转变的先决条件。从铁碳相图得知，任何成分的碳素钢加热到 Ac_1 以上时，珠光体就向奥氏体转变；但只有当温度升高至 Ac_3 或 Ac_{cm} 以上时，钢中的铁素体或二次渗碳体才全部溶入奥氏体。

（1）共析钢的奥氏体转变。共析钢的室温平衡组织为珠光体。珠光体是铁素体和渗碳体的两相混合物。其中铁素体是基体相，具有体心立方晶格，只含有极少量的碳，而渗碳体是分散相，具有复杂斜方晶格，含碳量很高。

奥氏体的形成是通过形核和长大两个过程完成的。首先在铁素体和渗碳体的相界面上形成奥氏体晶核，然后晶核向铁素体和渗碳体两方面长大，随着时间延长，奥氏体晶核的不断增多和逐渐长大，直到珠光体全部消失，奥氏体转变便告完成。

（2）非共析钢的奥氏体转变。亚共析钢在加热到 A_{c1} 以上温度，完成珠光体向奥氏体转变后，继续升高温度，便在铁素体晶界处形成奥氏体晶核，同时进行长大，当加热温度达到 A_{c3} 以上，铁素体全部消失，得到单相奥氏体。过共析钢与亚共析钢的奥氏体转变相似，加热到 A_{c1} 以上，完成珠光体的奥氏体转变，随着温度继续升高，二次渗碳体不断溶于奥氏体，当加热温度到达 A_{ccm} 以上，致使二次渗碳体全部溶解，单相奥氏体形成。

由于奥氏体的形成是依靠原子的扩散，通过形核和长大过程完成的，凡是影响扩散，影响形核与长大的因素，都会影响奥氏体的转变速度。其主要有以下几个因素：

（1）加热温度的影响。加热温度剧烈地影响奥氏体的形成速度。温度越高，珠光体向奥氏体转变的孕育期越短，且转变温度越高，奥氏体的形成速度越快，转变所需的时间越短。这是因为温度越高，奥氏体与珠光体的自由能差越大；又由于温度越高，原子扩散越快，奥氏体的形核与长大、渗碳体的溶解及奥氏体的均匀化都进行得越快。

（2）加热速度的影响。在连续加热时，加热速度对奥氏体形成过程也有重要影响。加热速度越快，则珠光体的过热速度越大，转变是在一个温度范围内完成的，且加热速度越快，转变的孕育期越短，转变所需的时间也越短。

（3）钢成分的影响。钢中含碳量对奥氏体的形成速度有很大影响。钢中含碳量越高，则奥氏体的转变速度越快。这是因为含碳量越高，钢中碳化物数量越多，这必然导致铁素体与碳化物的相界面越大，则奥氏体的形核机会便越大。同时，奥氏体中碳浓度越高，原子的扩散速度越快，因而奥氏体形成就越快。

此外，钢中合金元素对奥氏体的形核与长大、碳化物的溶解以及奥氏体均匀化都有很大影响。

（4）原始组织的影响。原始组织对奥氏体形成速度影响也很大。奥氏体转变速度最快的是原始组织为淬火状态的，其次是正火状态的，最慢的是球化退火的。这是因为转变的快慢与原始组织的稳定程度有关。淬火状态的组织最不稳定，其次是正火状态的组织，球化退火的组织最稳定。尤其是淬火状态的组织在 A_{c1} 以下升温过程中已经分解出大量细微的碳化物，且弥散度相当大，界面最多，最有利于奥氏体的形核与长大，所以转变最快。正火状态的片状珠光体界面也很大，所以转变也较快。而球化退火的粒状珠光体，相界面最小，因此奥氏体转变最慢。总之，原始组织界面越多，奥氏体化速度越快。

钢加热到临界点以上，奥氏体形成刚结束时的晶粒是非常细小的，但是随着加热温度升高或时间延长就会出现晶粒长大的现象。奥氏体的晶粒长大是一个自发过程，这是因为晶界处原子排列不规则，因而能量较高，所以晶粒就相互吞并使晶界面减少，晶粒便不断长大。

尽管奥氏体长大是个自发过程，但是不同的外界条件，却又不同程度的抑制或促进其长大。影响奥氏体晶粒长大的因素主要有：

（1）加热温度和保温时间的影响。加热温度越高，晶粒长大越快，最终晶粒的尺寸也越大。反之，加热温度越低，晶粒就越细小。在一定加热温度下，随着保温时间的延长，晶粒不断长大，但长到一定尺寸后便几乎不再长大。从而认为，保温时间对晶粒长大的作用不如加热温度的作用大。

（2）加热速度的影响。在加热温度相同时，加热速度越快，奥氏体晶粒越细小，因为加热速度越快，则过热度越大，形核率大，奥氏体的起始晶粒越小；又因为加热速度越快，则加热时间越短，晶粒来不及长大。所以快速短时加热可获得细小的晶粒，感应加热和激光加热的热处理都是应用这一原理的实例。

（3）钢成分的影响。含碳量对奥氏体晶粒度的影响。当加热温度相同时，含碳量越低，则奥氏体晶粒越细小，相反，含碳量越高，越增加碳原子和铁原子的扩散速度，促使奥氏体的晶粒长大。

（4）合金元素对奥氏体晶粒长大的影响是显著的，几乎所有合金元素都不同程度的阻碍奥氏体的晶粒长大。

3.10.7.2 钢的珠光体转变

热处理将钢加热获得奥氏体组织并不是最终的目的，而最终的目的是在于让奥氏体组织通过不同的冷却得到所需要的组织和性能。奥氏体向珠光体转变是奥氏体冷却转变的重要理论之一，钢的退火和正火就是充分利用这一理论来实现的。

从铁碳相图得知，共析钢加热获得单相奥氏体以后，缓慢冷却下来，将发生共析转变，形成珠光体。不难看出，奥氏体向珠光体转变必须进行碳的重新分布和铁的晶格重组，需要碳原子和铁原子的扩散来完成，因此，珠光体的转变是个扩散型转变。

根据共析渗碳体的形状，珠光体分为片状珠光体和球化体两种。根据共析渗碳体的粗细，又可分为珠光体、索氏体（细珠光体）和屈氏体（极细珠光体）三种。就其实质而言，它们都是同一种组织，只是渗碳体的形状和分散度不同而已。

片状珠光体的性能主要取决于层间距，而层间距的大小又取决于过冷奥氏体的转变温度，转变温度越低，即过冷度越大，则形成的珠光体组织越细，层间距越小，珠光体的强度和硬度越高，同时塑性和韧性越好。

在相同硬度下，球化体比片状珠光体的拉伸性能好得多，此外，球化体的切削加工性能、冷变形性能以及淬火工艺性能都比片状珠光体好。而且，钢中含碳量越高，片状珠光体的工艺性能越差，球化体相对越好。所以碳素工具钢都必须具有粒状珠光体组织，才便于机械加工和淬火。

3.10.7.3　钢的马氏体转变

淬火是使钢强化的主要方法，其主要原因是获得了马氏体组织。将淬火后得到的马氏体组织在不同温度下回火，改变马氏体的组织和结构，可以在很大范围内改变钢的性能，以适应各种零件的不同性能要求。

（1）马氏体的晶体结构：

马氏体是碳在 α-Fe 中的过饱和固溶体，具有体心正方晶格，马氏体的晶体结构中，c 轴比其他两个 a 轴长一些，轴比 c/a 称为马氏体的正方度。在平衡条件下，α-Fe 的体心立方晶格中溶碳极微。而马氏体转变时，奥氏体的碳原子将全部“固定”在马氏体中，而且这些过饱和固溶的碳原子分布在沿 c 轴的扁六面体间隙中，因而使 α-Fe 的体心立方晶格发生正方畸变，c 轴伸长，而其余两 a 轴缩短。马氏体的碳浓度越高，则晶格常数 c 越大，而 a 越小，因而正方度越大。

（2）马氏体的组织形态：

淬火钢中的马氏体有两种形态，一种是条状马氏体，另一种是片状马氏体。

1）条状马氏体。条状马氏体为长条状晶格，其立体形态为细长的板条状。在低碳钢中长度约几微米，横截面近似椭圆形，宽度通常为 0.1~0.2μm，在显微镜下表现为一束束细条状的组织，条状马氏体又叫作位错马氏体。条状马氏体有一个重要特点，就是在形成之后立即发生不同程度的分解，称为自回火。条状马氏体的自回火对提高马氏体的强韧性，对于防止变形和开裂，起着重要作用。

2）片状马氏体。片状马氏体的立体形态呈双凸透镜状。通常在金相显微镜下所看到的仅是其界面的形态，呈针状或竹叶状，片与片之间相互成一定角度相交。在一个奥氏体晶粒中，最先形成的马氏体片贯穿整个晶粒，后形成的马氏体片不能穿过先形成的马氏体片，所以越是后形成的马氏体片，尺寸越小。马氏体片的最大尺寸主要取决于原奥氏体的晶粒度。马氏体片越细小越好，由于热处理过热导致的粗大马氏体会使钢的强度和韧性降低。因此，在生产中要务必防止过热现象的发生。由于片状马氏体具有微细孪晶的亚结构，所以又称为孪晶马氏体。显微裂纹只出现在片状马氏体中，而且钢的过热程度越大，淬火后的显微裂纹越多。这种显微裂纹在应力作用下会逐渐扩展，相互连通，导致工件开裂。

（3）马氏体的性能：

马氏体的强度和硬度主要取决于马氏体的碳浓度，马氏体的强度和硬度随着碳浓度的增高而增高。马氏体中的合金元素对其硬度影响不大，但可提高强度。马氏体的塑性和韧性主要取决于它的亚结构。条状马氏体具有高的强韧性。片状马氏体的性能是硬度高而脆性大。

3.10.7.4　钢的贝氏体转变

从 C 曲线得知，在珠光体相变温度区以下，马氏体相变温度区以上的温度范围内，过冷奥氏体转变的产物为贝氏体组织。通过热处理方法获得贝氏体的过程称为贝氏体淬火。为更好地利用贝氏体淬火法，深入认识贝氏体转变的规律是必要的。

（1）贝氏体的组织：

贝氏体是过冷奥氏体在中温区的转变产物，是由过饱和的铁素体与碳化物组成的两相混合物，有上贝氏体、下贝氏体和粒状贝氏体。

1）上贝氏体。在普通的中、高碳钢中，上贝氏体的形成温度范围约为 350~550℃，在低碳钢中它的形成温度要高些。在光学显微镜下，当转变量不多时，所观察到的上贝氏体，呈羽毛状。

2）下贝氏体。对于一般中、高碳钢来说，下贝氏体的形成温度约为 350℃ ~ M_s 之间。典型的下贝氏体是由片状铁素体和其内部沉淀碳化物所组成的混合组织。在光学显微镜下铁素体呈针状或片状。下贝氏体的铁素体含有高度过饱和的碳原子。其亚结构中位错密度比上贝氏体高，并在试样表面呈现浮凸现象。

3）粒状贝氏体。在低碳钢和低、中碳合金钢中，会出现粒状贝氏体。它形成于中温区的最上部大约500℃以上的范围内。在粒状贝氏体中，铁素体呈不规则的大块状，上面分布着许多粒状或条状“小岛”，它们原是富碳的小区，随后有的分解为铁素体和渗碳体，有的转变成马氏体，也有的不变化而残存下来。所以，粒状贝氏体形态多变，很不规则。

（2）贝氏体的性能：

不同的贝氏体组织，其性能也不相同。下贝氏体的性能最好，具有高的强度、高的韧性和高的耐磨性。上贝氏体则韧性较差。

3.10.7.5 钢在回火时的转变

淬火钢的组织主要由马氏体和部分残余奥氏体组成。马氏体处于碳的过饱和状态，残余奥氏体处于过冷状态，淬火钢的组织是不稳定的。此外，淬火组织中存在大量的高密度位错、过饱和空位、大量相界面和亚晶界等晶体缺陷及较大的内应力，具有自发地向稳定状态转化的倾向。但是，这种转变必须依靠原子扩散才能实现，而室温下原子扩散困难，所以淬火组织在室温很难变化。只有提高温度，增大原子的活动能力，才能促进淬火组织的转变。

A 淬火钢回火时的组织转变

（1）碳原子的偏聚。在100℃以下温度范围内回火时，马氏体晶体内将进行碳原子的偏聚。由于在此温度范围内，碳原子只能作短距离的扩散迁移，向晶体缺陷中或马氏体的一定晶面上偏聚。在低碳板条状马氏体中，碳原子绝大部分都偏聚到高密度的位错线上。在高碳片状马氏体中，碳原子多偏聚在马氏体的一定晶面上，过饱和碳原子的偏聚过程可看成马氏体分解的准备阶段。

（2）马氏体的分解。在100℃以上回火时，马氏体便发生分解，析出碳化物，导致马氏体中碳浓度降低和正方度减少。随回火温度的升高，马氏体分解得越快，析出的碳化物越多，马氏体的浓度也降低得越多。同时，随回火温度的升高马氏体正方度越来越小，其晶格常数也逐渐趋近于α-Fe的晶格常数。

回火时间对马氏体分解的影响，在回火的初期，马氏体碳浓度降低较快，即回火最初马氏体分解较快，回火超过2h以后，则分解就不明显了。但是，经同样温度回火后，原始碳浓度高的，回火后的马氏体碳浓度仍较高。

（3）残余奥氏体的转变。在200~300℃回火时，除马氏体继续分解外，还要发生残余奥氏体的转变。残余奥氏体转变的产物与过冷奥氏体在相同温度的转变产物是一致的，即残余奥氏体具有和过冷奥氏体相似的C曲线。在200~300℃回火时，残余奥氏体可转变为马氏体，随后马氏体再分解。

（4）渗碳体的形成。当回火温度在250~400℃范围时，碳原子已能进行较长距离的扩散，碳化物将会随温度的升高逐渐转变为渗碳体。

（5）铁素体的回复、再结晶与渗碳体球化、粗化。当回火温度升高到400℃以上，由于铁原子扩散能力增强，铁素体细小的亚晶逐渐长大，同时晶体内位错密度下降，晶格畸变逐渐消失，即发生铁素体的回复过程。回复后的铁素体仍具有条状或片状的特征。回火温度升高到600℃以上，铁素体便发生再结晶，由位错密度低的等轴晶粒的铁素体取代回复组织。在此阶段还将发生渗碳体的球化和粗化。当回火温度高于400℃时，渗碳体已开始球化和聚集。继续升高回火温度，渗碳体球化和聚集长大的速度随之增加。当回火温度超过600℃以后，细粒状渗碳体将迅速粗化。渗碳体聚集长大是有小颗粒渗碳体的溶解，经过碳原子扩散，然后使大颗粒渗碳体长大的过程。

B 回火转变产物的组织和性能

（1）回火过程中性能的变化。回火时，由于组织发生了变化，因而其性能也将随之改变。力学性能的变化规律是随着回火温度升高，强度、硬度下降，而塑性、韧性提高。

（2）回火转变产物。回火转变产物通常分为以下4种：1）回火马氏体。淬火钢经150~250℃回火后，其组织称为回火马氏体。2）回火屈氏体。淬火钢经350~450℃回火后获得回火屈氏体组织。3）回火索氏体。淬火钢在500~650℃回火后，获得回火索氏体组织。4）回火珠光体。淬火钢在650℃~Ac_1温度范围回火后，获得回火珠光体组织。

C 回火脆性

淬火钢回火时，淬火钢在某一温度段回火及回火缓冷后，其室温冲击韧性普遍降低的特性，这种现象称为回火脆性。常见的回火脆性有低温回火脆性和高温回火脆性两类。

（1）低温回火脆性。低温回火脆性又称为第一类回火脆性或不可逆回火脆性。这类回火脆性发生在 250～400℃回火以后，无论碳钢还是合金钢，只要在这一回火脆性区内回火，都会不同程度地出现脆性。低温回火脆性具有不可逆性。

（2）高温回火脆性。高温回火脆性又称为第二类回火脆性或可逆回火脆性。这类回火脆性是在 450～575℃之间回火并缓慢冷却后出现的，若快冷则不出现脆性。高温回火脆性具有可逆性，如果把已出现回火脆性的钢，重新加热到脆性温度区回火，然后快冷，其脆性即可消除。

3.11　超声波探伤工艺

3.11.1　超声波探伤工艺的演变

我国 20 世纪 70 年代就出现了利用超声波原理进行探伤的工艺。到如今，经历了完全离线人工手动探伤→尝试将人工探伤中“Z”字形扫测改进为机械式往复移动扫测→自动离线探伤→自动离线复探→半离线自动探伤→在线自动探伤等几个阶段。

3.11.2　目前在线超声波自动探伤工艺流程

伴随我国 21 世纪在线超声波自动探伤的出现，新的探伤工艺流程也随之产生。板厚≤50mm 钢板经冷床和检查修磨台架后进入剪切线，经过相关仪器测量钢板形状后进入在线超声波探伤设备对其内部质量进行检查。

探伤检查合格的钢板经中间喷印机喷印后进入切头剪，并按计划进行剪切。而探伤后存在可疑缺陷无法立即判定的钢板则下线由人工进行复探，并最终作出是否合格的判定。不合格的钢板根据生产指令进行处理（继续进行剪切或更改合同或更改交货标准）。对于一些需要下线缓冷的管线钢板，在缓冷结束后可直接上线进行检查修磨和探伤。在线超声波探伤工艺流程见图 3.140。

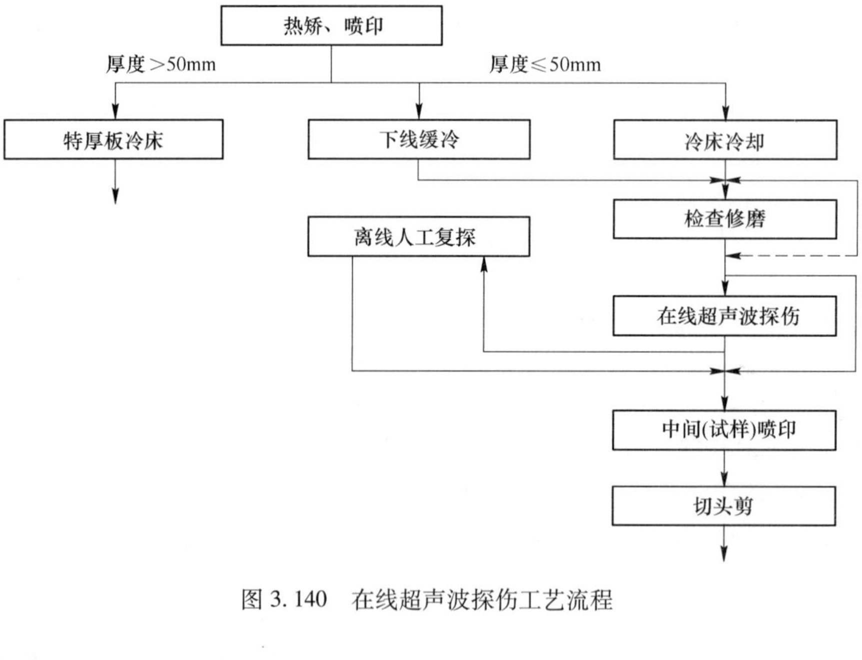

图 3.140　在线超声波探伤工艺流程

3.11.3　热处理钢板超声波探伤工艺流程

热处理钢板的超声波探伤工艺流程如图 3.141 所示，需要人工探伤的钢板下线进入探伤区域，由探伤人员按照探伤指令的规定进行探伤。探伤不合格的钢板按照生产指令进行处理。

3.11.4　特厚钢板超声波探伤工艺流程

板厚大于 50mm 的特厚板由特厚板冷床下线，经地上翻板机检查修磨后，需要进行探伤的钢板由行车吊入探伤区域，由探伤人员根据探伤指令的规定进行探伤检查。如图 3.142 所示。

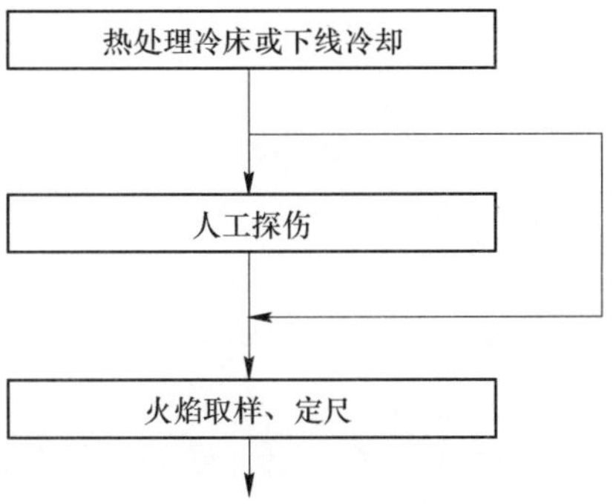

图 3.141 热处理钢板探伤工艺流程

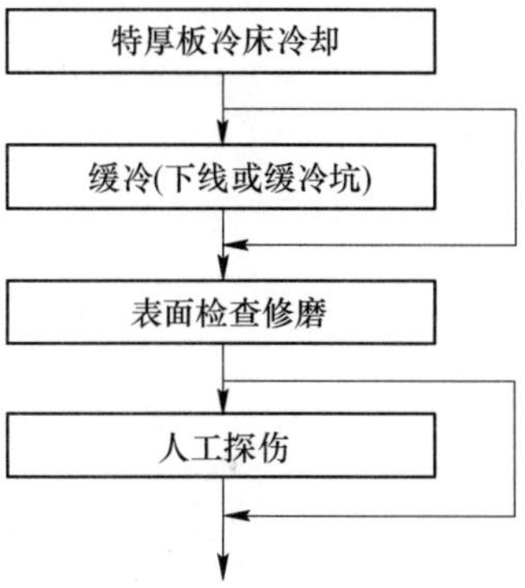

图 3.142 特厚板探伤工艺流程

3.11.5 在线探伤的工艺类别

3.11.5.1 探伤的任务

超声波探伤的实质是首先将工件被检部位处于一个超声场中，工件如无不连续分布，则超声场在连续介质中的分布是正常的。若工件中存在不连续分布，则超声波将在异质界面产生反射、折射和透射，使超声场的正常分布受到影响，再使用一种方法测出这种异常分布相对于正常分布的变化，并找出它们之间变化的规律就是超声波探伤的任务。目前我国在线探伤有以下几种工艺方法。

3.11.5.2 脉冲反射法和穿透法

超声波在传播过程中遇到缺陷会产生反射、透射及缺陷后侧声影，照此不同检测原理分类可分为脉冲反射法和穿透法（又称阴影法）。前者以缺陷的反射声压（或声能）大小来确定缺陷量值，而后者以测定缺陷对超声波的正常传播的遮挡所造成的声影大小来确定缺陷的量值。在板材探伤中这两种方法都得到了使用，但通常使用的还是脉冲反射法。穿透法主要用于200mm以上特厚钢板的探伤。

脉冲反射法的主要特点：

（1）灵敏度高。对于穿透法，只有当超声声压变化大于20%以上时才有可能检测到，它相当于声压只降低2dB。由于探头晶片尺寸有一定大小及缺陷本身的声衍射现象，要获得20%声压变化，缺陷对声传播遮挡面积已相当大了。而对于脉冲反射法，缺陷反射声压仅是入射声压的1%时，探伤仪就已经能够检出，此时与缺陷反射声压相应的反射面积是很小的。

（2）缺陷定位精度高。脉冲反射法可利用缺陷反射波的传播时间，通过扫描速度调节，对缺陷进行正确的厚度方向定位。而穿透法只能确定缺陷面积，无法确定缺陷在厚度方向的位置。

（3）不需要专门的扫查装置，现场手工操作方便。穿透法中为保持收发两个探头的相对位置，往往需要专用扫查装置，而脉冲反射法单探头工作时就不需要任何扫查装置，从而为各种场合的现场作业带来了方便。

穿透法的主要特点：

（1）几乎不存在表面盲区。

（2）穿透法声程较脉冲反射法短，适于检测衰减系数较大的材料或尺寸较大的工件，比如对于特厚板的超声波探伤，在很多场合可以采用穿透法。

（3）对于取向不良的缺陷（反射面不与声束垂直），脉冲反射法将可能得不到反射信号，而穿透法只要缺陷能遮挡声场就能检测出缺陷。

3.11.5.3 脉冲反射法的工艺类别

板材的探伤大多采用脉冲反射法，就这种方法本身来说还可细分为许多种类：

直接接触纵波脉冲反射法，又可分为一次脉冲反射法、多次脉冲反射法和组合双晶探头脉冲反射法。这是板材探伤中较为常用的一种方法，特别是在自动中厚板探伤中用得非常广泛。

一次脉冲反射法。当工件中无缺陷时，荧光屏上只有始波 T 和一次底面回波 B。当工件中有小缺陷时，始波与底波之间出现缺陷波 F，缺陷波高与其反射面积有关，此时底波幅度会有下降。当工件中缺陷大于声束直径时，底波消失，荧光屏上只有始波和缺陷波。

这是自动板材超声波探伤最常用的方法，我国目前中厚板企业在线自动超声波探伤设备大都采用了这种方法。

组合双晶探头脉冲反射法。组合双晶探头由一发一收两个晶片和延迟块组成，可以减少表面盲区，提高表面缺陷检测灵敏度。在薄板和中板（板厚<20mm）的超声波探伤中大都使用这种方法。由于探头研制技术的发展，近年这种探头可以检测的最大板厚已经可以达到 40mm 左右。

液浸法探伤。适用于大批量的工件探伤，直接接触法虽然具有方便灵活、耦合层薄、声能损失少等优点，但实际探伤时由于探头上所施压力大小、耦合层厚度变化、接触面积大小、工件表面粗糙度变化等均难以控制，因此其综合影响难以估算。再则直接接触法探头易磨损、检测速度慢。因此在工件批量在线探伤或自动探伤中常使用液浸法探伤。

3.11.6　检测灵敏度的校准

检测灵敏度的校准是探伤工艺过程中非常重要的一环，应当按照有关探伤标准的要求和技术规范的规定等，选择合适的试样、基准反射体和基准波高，然后再按标准和技术要求对设备进行校准调节。

基准反射体。基准反射体可以是标准中明确规定的一定尺寸人工缺陷的试块，也可以是按照技术要求所选定的有人工缺陷的试块。也可直接利用工件完好部位的大平底面或试块大平底作为调节探测灵敏度的基准反射体。

基准波高。基准波高 H 是人为规定的相对比较基准，如示波屏垂直满幅度的 50%、80%等，与探测灵敏度相应的人工试块基准反射体回波高度应与所确定的基准高度相同，以检测灵敏度检出的缺陷超标 dB 数应是缺陷波高与此基准波高相比较后得到的 dB 差值。

检测灵敏度的调节。检测灵敏度的一般调节方法是：先将探头置于校准基准上，调节增益使基准反射体最高回波达基准高度，此时得到了调节基准。再根据计算所得的调节基准与检测灵敏度基准之间 dB 差，使用衰减器调整该 dB 数，就能达到所需的检测灵敏度。

探头的布置。钢板进入超声波系统前，设置有钢板头尾及边部检测组件，对钢板的头尾和边部进行检测，确定测定面积，消除测定盲区，实现钢板的面积 100%测定（探伤）。头尾检测组件由两个探头组成。边部检测组件由布置在钢板两边的两个探头组成。探头选的是有效宽度为 50mm 的“一发四收”探头。对钢板头尾及边检测示意见图 3.143。

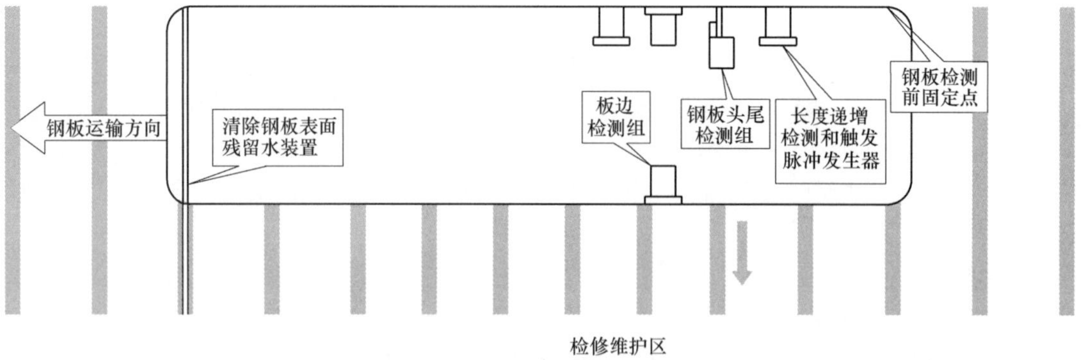

图 3.143　钢板头尾及边检测示意图

在每一组探测模块中安装有与钢板垂直面 45°的波束入射的探头，用于钢板纵向裂纹的检测，见图 3.144。

3.11.7　探头在工件表面的扫查过程

以探头在工件探测面上的相对位置和运动轨迹来表示，探头的运动过程就是工件被检部位受到声束（主要是主声束）扫查的过程。扫查方式多种多样，没有一定的限制，其选择原则有两条：一是保证工件

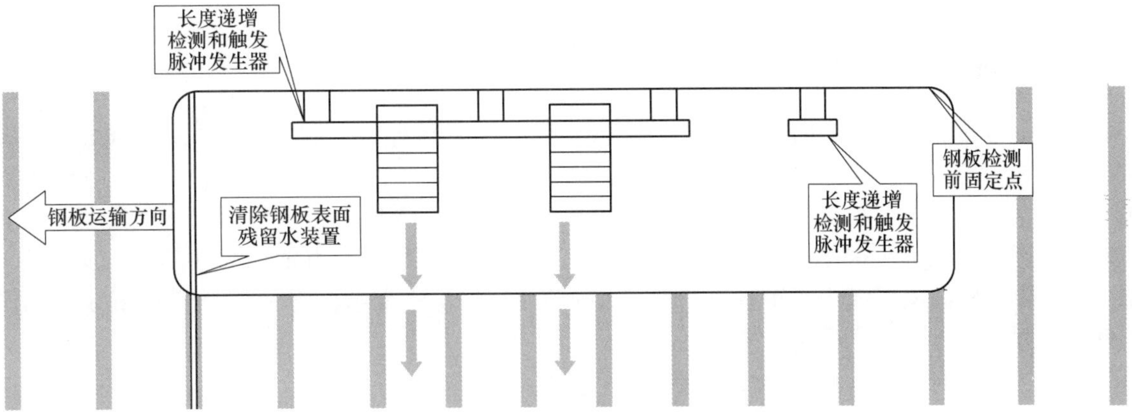

图 3.144 检测探头的布置示意图

的整个被检区域有足够的声束覆盖，避免漏检；二是探头的移动应使其入射声束尽可能与工件中缺陷反射面垂直，以便获得最佳检测效果。常见的扫查方式有：

全面扫查。就是探头在整个探测面上无一遗漏地循序移动，要求相邻扫查间距不大于探头直径，常用于要求较高的工件探伤。

局部扫查。就是探头在整个探测面上按规定要求有一定间距地规则移动，相邻扫查线的间距往往大于探头直径。这种扫查方式往往用于探伤要求不太高的工件，例如钢板探伤常采用这种方式。局部扫查方式又可分为：

直线扫查。探头在平板类工件的探测面上以一定的间距作直线移动或斜直线移动，如图 3.145 所示。

格子线扫查。探头按预先划好的格子线（格子线间距由有关标准规定）先循一个方向作直线移动，然后再转 90°，沿与原方向垂直的方向作直线移动，如图 3.146 所示。

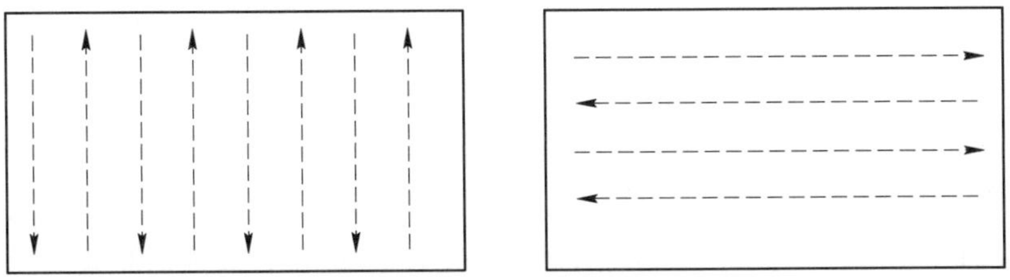

图 3.145 直线扫查

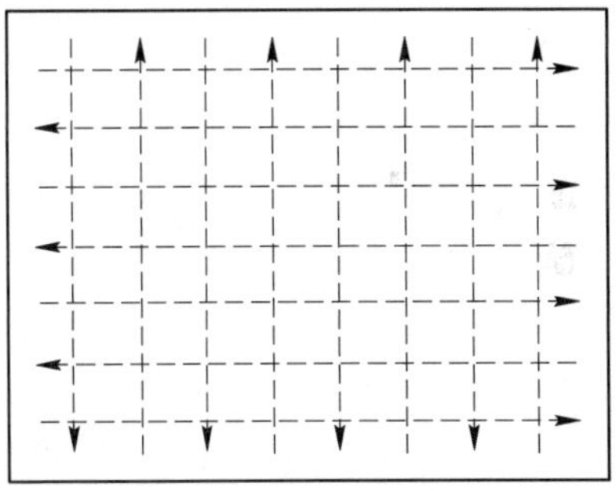

图 3.146 格子线扫查

点扫查。点扫查时探头不作移动，仅作跳跃式地与工件指定点接触，或不作定点只是根据需要在适当部位上抽检。

3.11.8 缺陷状况对缺陷波高的影响

使用脉冲反射法探伤时，通常是根据缺陷回波高度来确定其当量大小的，而当量大小与缺陷的实际尺寸往往不尽一致，甚至有很大差距。因此超声波探伤的误报或漏检情况在实践中不可避免。为了减少误报或漏检，了解缺陷状况对于缺陷波高的影响十分必要。

3.11.8.1 缺陷形状的影响

工件的实际缺陷形状是多种多样的，具体形状与工件的制造工艺和运行情况有关，为了简化研究，通常将缺陷简化为圆片形、球形和圆柱形三种。比如轧制钢板中的缺陷一般可以简化为圆片形。

一般来说，在缺陷直径和探测条件相同的情况下，缺陷波高为圆柱形最高，圆片形次之，球形最低。特别是对于尺寸小于超声波波长的点状缺陷，检测灵敏度将急剧下降，因此点状小缺陷非常容易漏检。

3.11.8.2　缺陷方位和指向性

缺陷所处的方位包含两个方面的含义，一是指缺陷反射面相对于入射声束轴线的位置；二是指缺陷本身与探头的相对位置。

缺陷反射面与入射声束轴线的相对位置：实际缺陷反射面与入射声束轴线垂直的情况是少见的，而互相不垂直的情况是多数。这样对实际缺陷尺寸的测定往往就偏小。声束轴线与缺陷反射面垂直时缺陷波最高，当声束与缺陷反射面法线间夹角变大时，缺陷波高将急剧变小，当夹角增至 12°时，波高降至原来的千分之一左右，已经很难检测出来。

缺陷与探头的相对位置：缺陷的最大反射面与探头声束不在同一轴线上时，也将造成缺陷回波高度降低。

3.11.8.3　缺陷表面粗糙度的影响

缺陷表面光滑与否，是用它的粗糙度与波长的比值来衡量的，表面不平度达到波长的 1/3 时，可认为该表面是粗糙的，不是镜面。

对于表面粗糙的缺陷，入射声波被乱反射；同时各部分反射波由于相位差而产生相互干涉。当声束垂直入射时，缺陷波高随粗糙度的增大而下降，当声波斜入射时，缺陷波高随着粗糙度与波长比值的增大而上升。

3.11.8.4　缺陷性质的影响

缺陷波高还受缺陷性质的影响。入射声波在界面上的反射率取决于界面两边介质的声阻抗；声阻抗差异越大，反射率越高，缺陷回波也越高。

通常含气体的缺陷，如钢中的白点、气孔，钢板中的氢裂纹等，其声阻抗与钢声阻抗相差很大，可以近似地认为声波在这类缺陷表面产生全反射，故检测灵敏度较高；但是对于由于非金属夹杂物引起的缺陷，例如钢中夹杂、夹渣等，因其声阻抗与钢声阻抗相差较小，透射的声能不能忽略，缺陷回波相应也就较低。

3.11.9　板材中常见的缺陷

与钢板的质量与冶炼过程和轧制工艺过程有关，因冶炼和轧制不当常会产生一些缺陷。外部缺陷一般在轧制过程中产生，有重皮、折叠、裂缝、麻点等。内部缺陷则在冶炼过程中产生，主要有以下几种：

（1）分层。钢锭头部收缩产生的缩孔，在成材过程中未切除干净，留下的缩孔在轧制后形成夹层，如图 3.147（a）所示。

（2）层状非金属夹杂物。主要是铝、硅、锰之类的氧化物，当它集中在一起时，变成夹层，如图 3.147（b）所示。

（3）白点（氢裂纹）。是轧制后发生的缺陷，由溶解在钢中的氢原子在非金属夹杂物某交界处作为氢分子析出而致。因为断裂面是白色的，故称为白点，如图 3.147（c）所示。白点一般在含 Mn、Ni、Cr 元素的合金钢板中存在。

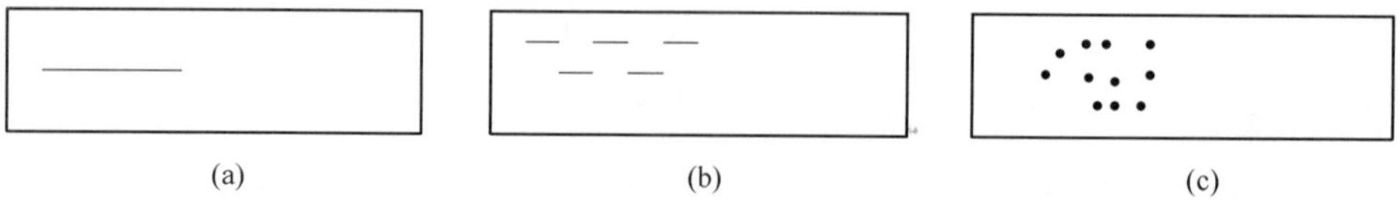

图 3.147　钢板中常见缺陷

（a）分层；（b）夹杂物；（c）白点

根据现场经验，上述三种缺陷的延伸方向均与轧制方向基本一致，因此在钢板探伤中，在轧制面上采用直探头检测最为有效。

板材探伤方法的选用主要以板的厚度来划分，一般可以分为：

薄板：板厚 6mm 以下（也有以 10mm 为分界线的）；

中厚板：板厚 6~60mm；

特厚板：板厚 60mm 以上。

薄板采用板波探伤，中厚板则采用纵波垂直探伤。这里仅介绍中厚板的探伤方法。

3.11.10 各种探伤方法的优缺点

3.11.10.1 单探头直接接触多次反射法

多次反射法波形图如图 3.148 所示。

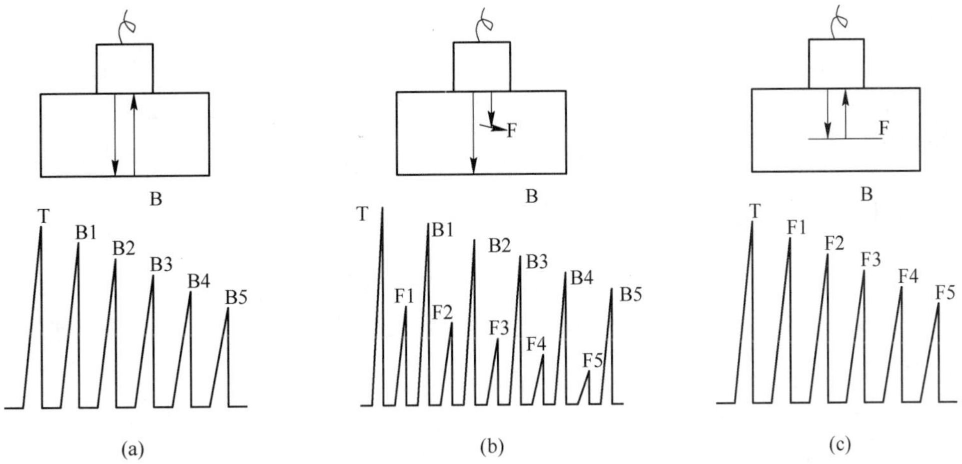

图 3.148 多次反射法波形图

（a）无缺陷；（b）中缺陷；（c）大缺陷

此法的优点：比较简单方便，探伤灵敏度可用底波次数来定（如将 B8 波高调至 80%），小缺陷也不易漏检。

缺点：钢板表面需加工平整，探伤时劳动强度大，探测速度慢，故适用于小面积或抽查探伤。同时应注意：当缺陷较小时，缺陷回波从第一次开始，会出现第二次、第三次逐渐升高的现象，这是由于叠加效应而引起的。

一般来说，叠加效应只有在小缺陷、板厚小于 20mm、底面回波次数多而衰减很小的情况下产生。这是因为当缺陷处于板厚中心时，声波的传播路径就会增多。所有板材探伤时，一般应以第一次缺陷回波作为评定缺陷的基准。当板厚较薄时，也可以采用第二次缺陷回波。

3.11.10.2 单探头直接接触一次或二次反射法

此法的优缺点基本上与多次反射法相同，但小缺陷有时在探伤波形上显示不出。

3.11.10.3 双晶探头直接接触和双晶探头间隙法

由于双晶探头的角度不同（一般在 0°与 30°之间），有效探测区（又称聚焦区）也不同，探伤图形随之不同。双晶 0°探头的探伤图形与单直探头基本相同。有角度的双晶探头，其探伤图形根据板厚和角度的变化而变化，探伤时应注意分析。

双晶探头由于有延迟块，改善了近场声场分布，同时阻塞现象减少，晶片倾斜时可探测近表面缺陷，几乎没有盲区。缺点是，在有效探测区以外灵敏度显著下降，使用时应根据工件厚度选择相应的探头。

双晶探头间隙法的水层厚度为 $\lambda/2$ 的整数倍，λ 一般取 0.3~0.8mm。使用间隙法探伤不易磨损，接触稳定，探伤图形清晰，配上机械装置可减轻劳动强度，提高工作效率，适用于批量探伤。间隙法的探伤图形与直接接触法基本相同。

3.11.10.4　单探头水浸法

为减少水槽设备，一般均采用局部水浸法，其探伤图形如图 3.149 所示，水层高度 l 由所求的重合次数决定。

$$l = 重合次数 \times 板厚(T) \times \frac{C_{L水}}{C_{L钢}}$$

由于水中纵波声速约为钢中纵波声速的四分之一，因此当采用四次重合法时，水层高度 $l \approx$ 板厚 T。

优点：对钢板表面要求比直接接触法低，探伤速度快，劳动强度低，适用于大批量探伤。

缺点：精确定位、定量比较困难、一般在发现缺陷后用直接接触法精确测定。

多通道自动探伤一般在企业生产线上应用。

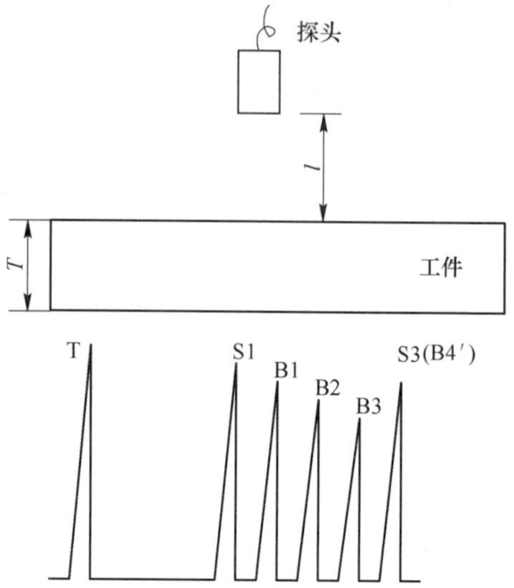

图 3.149　局部水浸法探伤图形（四次重合）

3.11.11　板材探伤的检测条件

探头尺寸和频率：钢板探伤频率用得较高，主要考虑指向性，以获得良好的分辨率，一般选用的探测频率为 2~5MHz。探头直径一般在 10~30mm 之间，使用大尺寸探头有利于加快探伤速度。探头频率和尺寸在标准中均有具体规定。

探测灵敏度和试块：探测灵敏度的调节有两种方法。一种方法是在人工对比试块上调节，例如在 GB 2970—91 和 JIS G0801 标准中规定的试块及灵敏度。探伤灵敏度为试块上 ϕ5.0 平底孔的反射波在荧光屏上的第一次反射，要求达到满幅度的 50%。或将最大板厚的底波高度调至 50%，再提高 10dB 灵敏度作为检测灵敏度。另一方法是以工件本身的底波反射高度（例如 100%）作为探测灵敏度。

3.11.12　板材探伤缺陷的测定

（1）按缺陷判定标准测定。

（2）缺陷的判定，不同的标准规定不一，探伤时应务必注意各标准的具体规定。例如 GB 2970—91 标准规定了以下三种情况，并应标记缺陷面积。

1）缺陷的第一次缺陷回波大于或等于满刻度的 50%；

2）当第一次底面回波高度未达到满刻度，此时，缺陷第一次反射波波高与第一次底面回波高度之比大于或等于 50%；

3）当第一次底面回波消失或等于 50%。

（3）缺陷指示长度的测定。评定缺陷不仅要根据缺陷波的大小，还要考虑缺陷的范围，测定缺陷的长、宽。测定方法一般在标准中有明确规定。

由于钢板中的缺陷大多为较为平整的夹层缺陷，且大于声束截面，因此在 GB 2970—91 标准中规定采用 6dB 法（又称半波高度法）测定，所得的结果与实际缺陷长度比较接近。

而在日本 JIS 标准中采用的方法与 6dB 法比较相似，它采用了三个基准电平，利用它们将缺陷分为小缺陷、中缺陷和大缺陷。

对于双晶探头，有 X 向扫查和 Y 向扫查。扫查方法由隔声面配置方向与主压延方向平行或垂直来决定。X 向扫查：其隔声面与压延方向平行，探头作垂直于压延方向扫查。Y 向扫查：其隔声面与主压延方向垂直，探头作平行于压延方向扫查。不管是 X 向扫查还是 Y 向扫查，探头隔声面总是与扫查方向相垂直。X 向扫查和 Y 向扫查的检测灵敏度有明显不同，对于细长缺陷，一般 X 方向的探测灵敏度要比 Y 方向的探测灵敏度高 4~6dB 左右。

两个相邻的缺陷，如果它们间的距离小于等于小缺陷的尺寸时，应看作是一个缺陷，并将两个缺陷面积之和作为一个缺陷面积。当然标准不同，具体的算法也不相同。

3.11.13　在线工艺过程

以某典型企业的在线工艺过程为例：

（1）在线探伤设备的检测对象主要是未经剪切的母板，钢板从检查修磨台架进入出口辊道，并由下料装置确保钢板靠D列线一侧对齐（对于缓冷钢板等需要行车上料的钢板则由人工对齐钢板）。

（2）当UST计算机接收到发自剪切线L2计算机的相关探伤指令数据后，将自动启动探伤过程，通过联锁控制要求辊道传送钢板。

（3）钢板向前运送经过PSG和测温仪，由测温仪直接将板温信号送至UST。如果钢板温度超过150℃，则UST设备将发出报警信号，同时停止辊道运输，要求钢板下线冷却后再上线探伤；若板温低于150℃，钢板将继续向前运送进入预湿及预冷装置。

（4）如果钢板超过90℃，UST设备将自动开启预冷装置，同时从上下两个表面向钢板喷水冷却，开启的喷嘴数量将根据从L2计算机处得到的板宽数据设定。工艺过程进行中见图3.150。

图3.150　工艺过程进行中

（5）如果钢板温度低于90℃，UST设备将开启预湿装置，仅在钢板下表面喷水，达到润湿钢板下表面、改善耦合效果的目的。

（6）经过预冷处理的钢板上表面会残留有一部分水，由于探头位于钢板下表面，这样超声波到达底面（也就是钢板上表面）时会受到这些残留水的透射、折射和乱反射影响，出现干扰信号，并影响底面回波的高度，因此在探伤设备本体之前安装了上表面橡皮刮水器，去除上表面的残留水。

（7）钢板的最前端由安装在探伤本体之前的横向光栅识别检测，并以此作为长度测量、子板识别的参考零点。得到钢板来料信号后，探伤系统将进行一次自诊断，这样可以在探伤过程开始前就及时发现设备中存在的隐患或异常。

（8）钢板的来料信号同时使测长装置的辊轮提升与钢板接触，系统将根据脉冲发生器的信号全程跟踪钢板的运动和位置，并以此确定缺陷的纵向位置。

（9）同时钢板将降速至0.3m/s，进入第一个板体探伤单元（小车）。降速的目的是为了减少头部的不可探区域长度。如果是5000mm左右的宽厚板轧机，通常每个板体探伤单元（小车）均安装了32个探头支架，每个支架内安装有一个探头，在每个探头支架前还安装有光栅金属检测器，只有当金属检测器检测到了钢板时，相应的探头支架才会上升，与钢板接触，并开启耦合水供应和探伤仪表系统。这样当钢板实际宽度与设定值不同时或者在检测过程中由于钢板走偏及镰刀弯而使探头不能始终与钢板接触时，系统就能根据钢板的实际位置控制探头支架的起落，确保探伤的覆盖率和探头支架不被钢板损坏。

（10）由于这些金属检测器将控制探头是否工作，如果有铁屑或杂物堆积在传感器上，将造成传感器无法正常检测到钢板而导致漏检，反之如果传感器有故障也有可能使探头一直升起导致探头支架被损坏。因此这些传感器将定期采用压缩空气吹扫和水束清洗。

（11）仪表系统开启后首先检测底面回波，以确定耦合状态是否正常。若耦合正常则仪表系统将立即开始收集探伤数据及相应的数据处理工作。

（12）探头上升时将对钢板施加较大的提升力，较薄的钢板可能会被顶起而影响耦合效果，因此探伤设备本体的上方设有三组压下辊，对于10mm以下的薄钢板由压下辊保证钢板不被顶起。

（13）随后钢板以相同的方式低速进入下一个板体探伤单元（小车），此时位于板体探伤单元（小车）之后的板边探伤单元（小车）已经根据PSG的实际板宽测量信号和板体探伤小车所得到的钢板位置信号进行了预定位，钢板以低速进入板边探伤区域，在得到钢板进入识别信号后，板边探伤单元（小车）将迅速向板边移动靠拢直至与板边接触，随后在整个探伤过程中板边探伤单元（小车）将在板边位置传感器和伺服电机的共同作用下跟随板边形状的变化，保持与钢板边缘距离的恒定。

（14）钢板头部通过板边探伤单元（小车）后将升速至正常探伤速度（即1m/s），该速度将一直保持到整张钢板检测结束，也就是说在钢板尾部不需要降速。整个探伤周期图如图 3. 151 所示。

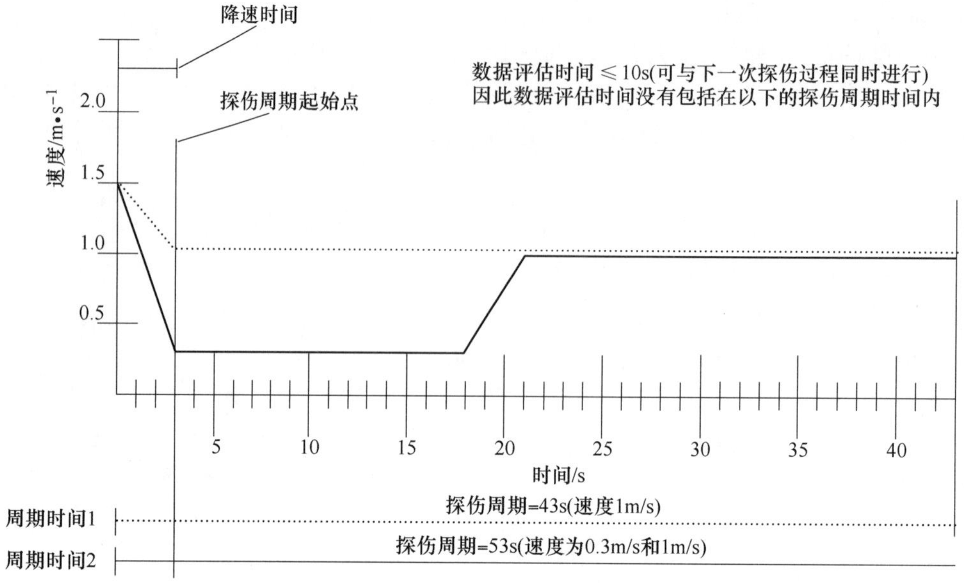

图 3. 151　探伤周期图

（15）钢板的探伤信号将在 VMUS 仪表系统和数据处理计算机（DEU）内实时处理和分析，并以 C-扫描图和 A-扫描图的形式实时显示，所有超过门限灵敏度的信号都将作为缺陷在实时 C-扫描图中用醒目的颜色标示出来。这些探伤数据将在计算机中保存并发送到质量评估计算机（AES）。

（16）探伤过程结束后，质量评估计算机（AES）将根据 L2 发送过来的子板剪切计划，利用收集到的数据对母板中的每块子板进行质量评估。该计算机将相邻探头的缺陷面积进行组合后与交货标准中规定的要求进行比较，最终得出每张子板是否合格的判定结果。

（17）UST 的判定结果可以作为剪切优化的参考，但必须注意的是，一旦根据探伤结果对剪切计划进行了优化或更改，一般来讲必须要求在线 UST 根据更改后的剪切计划对母板内的各子板重新进行评估。为保证整个剪切线物流的顺畅，这种返回判定的过程只进行一次。之后如果钢板仍然不能按计划剪切出全部合格的子板，则可能需要将整块母块下线等待降级或重新分配合同或者在母板剪切后将带有缺陷的子板脱合同处理。

（18）在线 UST 还具有离线评估能力，下线后的母板可按照成材率最大的原则更改剪切计划，而 UST 则利用其内部保存的原始探伤数据离线进行评估。

（19）对于探伤后判定结果为有疑问需要人工复探确认的钢板，可以在切头剪前将母板下线至剪切线旁的人工复探区域，也可以将有疑问的子板经剪切后转送至热处理人工探伤区域进行人工复探。复探后的结果由 L3 终端输入。

（20）每张子板的缺陷列表（包括缺陷位置和缺陷面积等信息）、判定结果等都可以用探伤报告的形式加以记录，同时也可以将这些记录上传至 L2 和 L3 计算机作为质量记录长期保存。

（21）探伤完的钢板将由探伤后除水装置去除下表面的残留水，防止这些水分造成钢板生锈以及对后续工序可能产生的影响。

（22）探伤设备设有缺陷喷标装置，在钢板边部标记出缺陷在长度方向的位置，方便人工复探时缺陷的定位工作。

3. 11. 13. 1　探伤结果确认

21 世纪以来板材自动探伤的精度已有了较大的提高，特别是 100% 覆盖扫查的自动化探伤设备已经能够较为准确地对钢板探伤结果进行自动评判，但是在一定情况下仍需要操作人员的经验协助对缺陷状况和钢板质量作出判断。

探伤设备提供了多种探伤结果输出功能，包括 A-扫描图、B-扫描图、C-扫描图和缺陷列表等，同时也为每块子板作出合格与否的判定。

操作人员可以根据这些信息，结合探伤设备自动作出的评判结果对钢板质量进行确认，是合格钢板、不合格钢板，还是需要人工复探的可疑材。

3.11.13.2 人工复探确认

对于那些自动探伤设备很难判断是否合格的钢板，主要是那些缺陷的大小和分布处于合格与不合格判定的临界线附近的钢板，需要下线进行人工复探。

人工复探与后节所述的人工探伤略有不同，一般不需要对钢板进行划线全面探伤，只需针对有缺陷的部位周围进行全面扫查，精确测定缺陷的形状和大小，并据此对钢板是否合格进行判定。

人工复探通常采用单通道便携式超声波探伤仪和手持式直探头，可采用水、机油、甘油等作耦合剂或专用耦合剂，但一般不采用探伤小车。在母板上复探时应首先标出其中各子板的位置。

若复探的钢板后道没有抛丸、热处理工序，则必须将钢板表面的耦合剂去除。

3.11.14 手动探伤工艺过程

手动探伤应至少包括以下过程。

3.11.14.1 生产准备

检查手动探伤设备的完好性、准备好相应的电池、探头、对比试块和耦合剂等；在被检钢板表面用水预淋有助于提高探伤面的耦合性能，同时对于板温较高的钢板也可以起到一定的降温作用。

一般采用水作为人工探伤耦合剂，但是如果被检钢板具有防锈要求，那么应加入适当的防锈剂。对于漆过底漆的钢板不必使用防锈剂。

在探伤以前应对钢板表面温度进行确认，一般要求板温<50℃才能进行探伤。测定方法一般是用手直接触摸钢板表面，不烫手的即可进行探伤。

对母板进行探伤时，应用钢印标记出母板的切割零点，同时用粉笔标记出母板的预定切割线。

3.11.14.2 灵敏度校准

不同的探伤标准采用的灵敏度校准方法有着较大的不同，总体而言可分为两种，采用对比试块和采用被检钢板本身校准设备。

对于 JIS 标准和 GB 标准，采用双晶探头时将使用阶梯形试块，而采用单晶探头时则使用平底孔试块；对于 ASTM 和 EN 标准，则采用被检钢板本身的底面回波校准设备。

超声波探伤设备的灵敏度校准是一个非常重要的步骤，每个探伤标准对此都有着细致的规定，操作人员应当严格按照这些规定选用对比试块和调整设备。在校准灵敏度的同时，还应对探伤仪的时间基线比例进行精确调整，以便迅速准确地测算出缺陷的埋藏深度。

探伤设备在校准过程中如果发现其性能不佳或无法工作，应及时填写设备异常报告单，并进行适当的处理。

在以下情况下应重新对设备的灵敏度进行校准设定：

(1) 探伤开始、结束时。

(2) 探伤人员更换时。

(3) 更换探伤仪、探头、探头靴时，注意对于带有探伤保护膜和探头靴的探伤设备进行灵敏度校准时，应在保护膜和探头靴全部安装完成后才能进行。

(4) 钢板材质和交货标准等发生变化时。

(5) 设备工作中每隔 4~8h 应重新校准灵敏度。

(6) 在用户的要求和其他探伤要求中对灵敏度调整的频度有规定时。

作为原则，探伤灵敏度应在探伤标准的基础上，再提高一倍，即增加 6dB 增益。

3.11.14.3 扫查方法

钢板探伤的扫查方法主要采用直线扫查、格子线扫查和全面扫查三种，对于扫查方式和扫查线间隔不同的标准有着不同的规定，操作人员应按探伤标准的规定和用户的要求执行。

探伤前，应当根据规定的探伤扫查间隙在钢板边部作好相应的标记。对于母板探伤，应先划出今后的取板位置再进行探伤。当要求全面探伤时，应以 100mm 为间隔进行划线。

当发现缺陷回波超标时，应当在其附近区域进行 100%覆盖扫查，以便用合适的方法确定缺陷的边界，并估算出缺陷的指示长度和指示面积。

对于扫查速度，一般要求不得大于 200mm/s，但是如果采用带有缺陷报警装置的探伤仪，扫查速度可以适当增加。

另外板边 50~100mm 区域内通常要求进行全面扫查，在工作中应当特别注意。

3.11.14.4　缺陷判定

对于超过一定报警电平的信号或底面回波一定程度的下降即作为缺陷信号处理，在有缺陷信号的区域周围应补充进行全面探伤，采用 6dB 法或其他方法确定单个缺陷的边界和面积，同时记录缺陷的位置、指示面积、指示长度、回波高度和深度等内容。

对密集分布的多个缺陷，即任意两个埋藏深度相同的缺陷，若其最小间距小于其中较小缺陷的指示长度时，应首先进行组合，将其面积或长度累加后作为单个缺陷处理。

不同的探伤标准对于缺陷的指示面积、指示长度的估算有着不同的规定，主要区别见表 3.14。

表 3.14　中厚板超声波探伤标准缺陷估算方法对比表

标准名称	指示面积计算	指示长度计算	备　注
ASTM（美国材料与试验协会），ASME（美国机械工程师学会）标准	不用计算面积，检测出的缺陷如果不能被直径为 75mm 的圆容纳，钢板就不合格	不用计算指示长度，方法同前	这种方法实际上是将缺陷的最大长度作为指示长度
JIS（日本工业标准）标准	用缺陷区间的概念，板体部分 200mm×200mm 或更小，板边部分 50mm×50mm 或更小，用带有缺陷的区间代表面积	沿 Y 向或 X 向扫查，直至波高降至规定的参比线，此时探头中心的移动距离就是指示长度	这种方法测量的长度实际上是缺陷在 X 轴和 Y 轴方向上的投影长度。而且在日本标准中对缺陷面积的概念较淡
GB（国家标准）标准	精确确定缺陷边界，并据此计算缺陷面积	确定缺陷的精确边界，其表现的最大长度即为指示长度	这是一种最为精确的方法
EN（欧洲标准）标准	用半波高度法确定缺陷边界，用能容纳该缺陷的最小矩形面积作为指示面积	容纳缺陷的最小矩形中尺度较大的作为指示长度	指示长度的计算方法与日本标准相近，面积的确定也比较方便
ISO（国际标准化组织）标准	用半波高度法确定缺陷的纵向尺寸和横向尺寸，两者的乘积作为指示面积	将两个尺寸分别称为纵向长度和横向长度	与 EN 标准非常相似

对由于表面粗糙而造成的缺陷判定困难，操作人员暂时无法作出明确判定时，可以请相关的探伤技术主管部门进行处置。

3.11.14.5　钢板质量判定

在板材探伤标准中，钢板质量通常分为若干个等级，各等级对于单个缺陷的最大允许面积、最大允许长度、最小缺陷面积、最小缺陷长度和允许缺陷数量等有着具体的规定，在整张钢板探伤结束后应按照这些规定对钢板质量进行判定。

板边区域的质量等级规定和质量判定有许多特殊之处，而且比板体区域的要求更为严格。

3.11.14.6　出具探伤报告

探伤报告有固定的格式，其中包括钢板情况、探伤条件、探伤结果、检验日期、探伤人员姓名、证书等级和签名等内容，操作人员应如实填写。

必要时可以采用辅助记录纸画出缺陷在钢板内的分布情况，此时应注意分清钢板的头部和尾部，通常在以纸张的左侧作为钢板的头部。

3.11.14.7 探伤后的处理

探伤完成后，如果该钢板的后工序中没有热处理、抛丸工序，那么应当去除钢板表面的水分再进入后道工序。

探伤合格板、不合格板以及需要再探伤验证的可疑板必须分开放置，并在钢板边部用明显的颜色标记。有些探伤标准（主要是 ASTM 标准和 ASME 标准）和用户要求对探伤合格的钢板喷上专门的标记或打刻专门的钢印，操作人员应当按照这些要求手工打印。

如 ASTM A435 标准要求在紧邻钢板其他标印内容的附近用钢印标上“UT 435”字样，而 ASTM A578 标准由要求在钢板的一角冲印“UT A 578-A”、“UT A 578-B”或“UT A 578-C”字样。适用于横波探伤的 ASTM A577 标准则要求在炉号附近 150mm 以内打印“UT A 577”字样。

3.11.15 中厚板超声波探伤标准

探伤标准是超声波探伤不可或缺的内容，板材探伤是超声波应用最早的探伤领域，因此对于中厚板的超声波探伤国际和国内都有一系列完整的探伤标准。对于操作人员，了解探伤标准中有关设备调整、扫查方式、缺陷判定和探伤报告等方面的有关具体规定有着非常重要的意义。

3.11.15.1 国内中厚板超声波探伤标准

国内中厚板探伤标准主要有专业标准 ZB J74 003—88 压力容器用钢板超声波探伤标准（用于取代 JB1150—73 标准）和国家推荐标准 GB/T 2970—91 两种。目前国内的大部分钢板产品标准都引用了 GB/T 2970 标准，相关的行业标准和专业标准相比差别也不大，因此这里以该标准为范例作简要介绍，具体的规定和数据可以查阅相关标准。

一般规定，从事钢板超声波检验的人员须经过培训，并取得由国家各部委颁发的超声检验人员资格证书。签发报告者，必须持有Ⅱ级或Ⅱ级以上超声波检验资格证书。

钢板质量评定。根据钢板缺陷的指示长度、指示面积、缺陷数量、缺陷占积率等，对钢板质量进行分级。

检验报告内容：

（1）工件情况。钢板材质、钢板厚度等。

（2）检验条件。探伤仪型号、探头形式、检验频率、晶片尺寸、耦合剂和对比试块等。

（3）检验结果。包括缺陷位置、缺陷分布示意图、缺陷等级及其他。

（4）检验人员、报告签发人员的姓名及资格级别、检验日期等。

3.11.15.2 国际中厚板超声波探伤标准

国际钢板探伤标准主要包括 ASTM A435（美国材料与试验协会：钢板的直射束纵向超声波检验的标准规范）、ASTM A578（美国材料与试验协会：平钢板和复合钢板直声束超声波检查）、JIS G0801（日本工业标准：压力容器用钢板的超声检验）、JIS G0901（日本工业标准：建筑用钢板及平钢板的超声波探伤检验等级分类及判定标准）、DIN SEL-072（德国标准化学会：厚钢板超声检验技术性交货条件）、EN 10160（欧洲标准：厚度等于或大于 6mm 的平钢板制品的超声波检验）、ISO 12094（国际标准化组织：压力容器用焊接钢管——焊接钢管制造中用的条钢/钢板上层状缺陷的超声波探测试验）等，这些标准各具特点，对于探伤方法、对比试块、灵敏度校准、扫查方式、缺陷评定和质量判定等方面都有各自规定。

参 考 文 献

[1] 金兹伯格 V B. 高精度板带材轧制理论与实践 [M]. 王国栋，等译. 北京：冶金工业出版社，2000.

[2] 赵忠诚. 中厚板精轧压下量逐步逼近优化法 [J]. 钢铁，1986，21.

[3] 中国金属学会中厚板学术委员会. 中国中厚板轧制技术与装备 [M]. 北京：冶金工业出版社，2009.

[4] 王国栋，等．我国中厚板生产技术进步 20 年［J］．轧钢，2004，(6)．
[5] 崔风平，孙玮，等．中厚板生产与质量控制［M］．北京：冶金工业出版社，2008.
[6] 袁国，等．中厚板辊式淬火机淬火过程的冷却机理［J］．材料热处理学报，2010，(12)．
[7] 楠原佑司．日本厚板生产技术的进步［C］//世界中厚板技术进步译文集．中国金属学会轧钢分会中厚板学术委员会，1999.
[8] 张殿华，等．中厚板平面形状计算机控制系统［J］．钢铁，2000，35 (5)．
[9] 戴连生．D 级造船板热轧工艺的改进［J］．轧钢，1993，(5)．
[10] 鞍钢、宝钢、武钢、舞钢、济钢、南钢、湘钢、首秦、首钢、新余、营钢、柳钢、莱钢等 30 家中厚板企业调研交流的非保密性资料数据，2002～2016.
[11] 孙决定，等．与国外对比中我国中厚板品种开发的演进状况［R］. 2011.
[12] 沙孝春．中厚钢板轧制中平面形状控制的研究［D］．沈阳：东北大学，1998.
[13] 王生朝．中厚板生产实用技术［M］．北京：冶金工业出版社，2009.
[14] 王国栋．超快速冷却技术研究的新进展［R］．第四届宝钢学术年会，2010，11.
[15] 王占学．控制轧制与控制冷却［M］．北京：冶金工业出版社，2002.
[16] 王国栋．新一代 TMCP 的实践和工业应用［J］．上海金属，2008，3.
[17] 谢仕柜．我国宽厚板轧机现状及品种需求［J］．轧钢，1996，(3)．
[18] 张景进．中厚板生产［M］．北京：冶金工业出版社，2005.
[19] 黎景全，等．采用咬边返回轧制法提高锭到材的厚板成材率［J］．轧钢，1989，(3)．
[20] 陈瑛．宽厚钢板轧机概论［M］．北京：冶金工业出版社，2011.
[21] 孙决定．国外宽厚板轧机发展状况研究［R］. 2005.
[22] 孙决定．控制冷却技术在中厚板生产中的应用［J］．钢铁研究，2005，(2)．
[23] 邱红雷．中厚板轧机板形与板凸度控制技术的研究［D］．沈阳：东北大学，2005.

4 中国中厚板企业的技术改造

和钢铁其他产品的生产装备一样，中厚板品种的轧机和相关设备在漫长的生命周期内都会进行技术改造的过程。就中厚板而言，装备改造是为了适合市场对品种升级的需要，持续地保持竞争优势。硬件改造主要体现在装备的升级，以适应新工艺、新技术和新产品的需求。软件改造主要体现在不断地使自动化、信息化水平更高。

4.1 20 世纪 70~80 年代中期

这个时期的技术改造力度、规模、范围都不大，主要原因是期间我国中厚板企业少，需改造后继续上台阶生产的也少；另一方面，至 20 世纪 80 年代末，新投产五年以内进行改造的企业几乎没有。故总体而言，上述年代技术改造的力度较小。

4.1.1 1964 年重钢改造

抗日战争时期，汉阳铁厂和上海制造局部分旧设备内迁至陪都重庆，新中国成立后由重钢接管。1951 年经重钢对旧设备进行改造，建成一套旧的 2440mm 二辊中板轧机放在重钢大轧厂进行生产（重钢大轧厂还同时有生产长材的轧机）。

1943 年，日本在辽宁鞍山的昭和制铁所从德国克虏伯又购进一套三辊劳特式轧机，到 1945 年日本投降时还未正式生产。新中国成立后，其 1937 年投用的三辊劳特式轧机由鞍钢第一中板厂接管，1943 年购进的尚未生产的三辊劳特式轧机由鞍钢第二中板厂接管。

由于重钢大轧厂二辊轧机生产极不顺利，于是 1964 年由当时的冶金工业部将鞍钢二中板厂的三辊劳特轧机调拨给重钢。重钢在大渡口区另择厂址，将原大轧厂可利用的旧设备拆过来经改造后与三辊劳特配套，成立重钢五轧厂专门生产中板（大轧厂原厂址未动，1986 年将原大轧厂改造为生产型钢的专业厂）。

4.1.2 1970 年原上钢三厂改造

1959 年原上钢三厂 2300mm 三辊劳特式轧机投产，见图 4.1。1970 年即进行轧机改造，形成三辊 2300mm+四辊 2300mm 的双机架布置形式。该厂是我国最早将三辊单机架改成三辊+四辊双机架形式的企业。三辊+四辊双机架配置见图 4.2。

图 4.1 1959 年上钢三厂建成三辊劳特式粗轧机

图 4.2 1970 年上钢三厂改造后增建四辊精轧机

4.1.3 1982 年上钢一厂改造

1982 年由冶金部钢铁研究总院牵头，对上钢一厂中板轧机进行厚度控制改造，这是我国在中板轧机上首次成功采用液压压下厚度自动控制技术（当时简称液压微调），为我国中板轧机采用液压 AGC 技术提供了科学依据和经验。改造完成后该控制系统的液压压下油缸见图 4.3。

图 4.3　1983 年上钢一厂改造后增建的液压压下油缸

油缸的有关参数：

缸体直径：900mm	活塞杆直径：800mm
最大轧制力：2800t	空载压下速度：4.7mm/s
空载抬起速度：≥6mm/s	系统压力：24.5MPa
系统流量：250L/min	系统过滤精度：NAS6～7 级
电液伺服阀：QDY10～H125	

4.1.4　20 世纪 80 年代营口中板改造

1987 年 9 月 28 日，营口中板投产 2450mm 四辊可逆式轧机，同时拆除三辊劳特式轧机。20 世纪 80 年代末期，对加热炉进行了以节能为目标的技术改造，改造后的加热炉被原冶金部命名为“节能特等炉”，并获得冶金部颁发的银牌奖。改造后的节能加热炉见图 4.4。1987 年 9 月新投产的 2450mm 四辊轧机见图 4.5。

图 4.4　1989 年营口中板厂改造后的“节能特等炉”

4.1.5　20 世纪 80 年代重钢五轧厂改造

20 世纪 80 年代末期，为了冷却钢板的需要自主开发了简易的喷淋装置，为以后改造成正规的控冷装置积累了经验，简易的喷淋装置见图 4.6。

图 4.5　1987 年营口中板新投产 2450mm 四辊轧机

图 4.6　1988 年重钢五轧厂自主开发的简易喷淋装置

4.1.6　20 世纪 80 年代舞钢改造

1978 年投产的舞钢 4200mm 宽厚板生产线于 80 年代中期对模铸生产线进行了改造。为了与模铸炉相匹配，1986年新投用了75吨电弧炉（变压器容量2.5万千伏安，是当时的国产电炉王）；与此同时，80年代末已将90吨超高功率电炉投用列入技改项目（1991年正式投用），1986年投用的75吨高功率电弧炉，见图4.7。1986年实施模铸线改造，改造后的模铸线见图4.8。

图4.7　1986年投用的舞钢75吨高功率电弧炉

图4.8　1986年舞钢改造后的模铸线

4.1.7　1986年原上钢三厂改造

1986年，该厂和丹东电子研究所共同合作，对2350mm四辊中板轧机进行液压AGC微调技术改造。针对该厂厂房矮、通风条件差、环境恶劣、灰尘多，以及因生产除碳钢低合金产品之外，还生产不锈钢和耐热高合金钢等产品，具有轧制道次多的特点，改造过程中又有不能影响生产的要求，采用了油缸特殊冷却措施、增设了位置随机补偿修正和钢板头部拯救措施，并可快速进行电、液操作切换。整个改造系统考虑周全，满足了该厂不停产的要求。

1987年4月，改造项目通过了冶金部鉴定，被有关鉴定专家一致认为是一项成功的实用技术，有推广价值。

4.2　20世纪90年代

4.2.1　改造内容综述

改造的背景：20世纪90年代，国民经济建设进入快车道，基础设施建设全面铺开，用钢量大增。但由于国内中厚板企业装备水平普遍不高，阻碍了中高端产品的生产，大量品种靠进口解决。在这种情形下，为了改变局面，倒逼老企业进行装备为主的技术改造。

改造的规模大小不同。大则更换轧机、更换牌坊，并增大轧制力，为控制轧制创造条件，单机架改造成双机架；小则改推钢式加热炉为步进式；改小喷嘴压力的除鳞机为大喷嘴压力；改二重式矫直机为四重式；改铡刀剪为滚切剪；改拉钢式、滑轨式冷床为步进式、滚盘式等。

这一切首先是为了提高产量和提升产品档次，其次，不少企业开始在改造时考虑增加热处理设备，增设液压AGC以提高产品精度、丰富轧线检测手段以达到使这些检测手段在生产中起到“侦察兵”的作用。另外，计算机全线控制技术已开始逐步推广，为21世纪的基础自动化、过程自动化、生产自动化、管理自动化打下良好的基础，为实现计算机编程、全自动轧钢和数学模型的应用奠定了基础。

但应当指出，20世纪90年代的老企业改造还只停留在序幕刚拉开的阶段，多数企业都处于第一轮的改造，大规模的改造发生在21世纪初。

4.2.2　改造具体内容简述

（1）中厚板企业的前工序改造。在冶金部领导下，平炉改转炉已全面推开，不少企业加速了连铸坯替代模铸钢锭初轧坯的进程，为提高成材率创造了条件。20世纪90年代末，不少企业已完全告别用初轧坯作原料的时代，骨干企业已开始运用炉外精炼手段，为生产高质量的坯料创造了必不可少的条件。

（2）1991年，原上钢三厂淘汰三辊劳特式轧机后（以下简称三辊劳特），从德国哈延根引进二手设备，随后进行翻新改造，改造后成为4290mm+3500mm双机架双四辊配置，并增设液压AGC。

（3）2001 年，昆钢拆除 1971 年建的三辊劳特后改造成连轧双机架炉卷。

（4）1993 年，鞍钢对从日本和歌山引进的旧设备进行翻新改造建成鞍钢厚板厂，轧机为单机架 4300mm，是 20 世纪我国最宽的一套轧机，与此同时，建成现代意义上的辊底式无氧化热处理炉。

（5）1992 年，马钢中板在第一轮技术改造时，不仅对主设备进行了改造，还增设了液压 AGC。1993 年，首钢秦皇岛中板引进西班牙的旧设备进行翻新改造，不仅提高了产量还扩大了产品大纲。

（6）1994 年，南钢中板在第一轮改造中将原三辊劳特改为粗轧，增设了 2500mm 精轧，成为双机架配置，较大程度上提高了产量。

（7）1993 年，新余中板在三辊劳特轧机后增设 2500mm 精轧，1999 年改造时增设了液压 AGC，提高了产量和产品精度。

（8）21 世纪 90 年代中期，武钢轧板在近 5 年的改造中，将一座推钢式炉改为步进式炉。1996 年从德国引进当时最先进的辊底式热处理炉（含淬火设备）。1998 年改造精轧机，将原有的 2800mm 改成 3000mm，将原有的 20000kN 轧制力改成 45000kN 并增设了液压 AGC。1998 年改造时并以较小的投入在拉钢式冷床上创新性地增加被动辊轮以减少钢板下表面划伤，增设了强力型十一辊矫直机。

（9）20 世纪 90 年代，济钢在第一轮改造中对控制系统进行了有效的升级，对推钢式加热炉进行了改造，对精整线进行了改造。

（10）1995 年，舞钢在第二轮改造时引进了国外先进的液压 AGC，并对剪切机进行了彻底更新，采用先进的滚切剪。

（11）20 世纪 90 年代中期，首钢本部中板对从美国引进的二手设备进行翻新改造，提高了旧轧机的轧制力，更新了热矫直机和冷床。

（12）1997 年，柳钢的三辊劳特继续生产的同时，在另一跨建 2800mm 精轧机。1998 年，建成后淘汰三辊劳特，改用新建成的 2800mm 轧机作单机架运行。另外值得一提的是 20 世纪 90 年代我国中厚板超声波探伤作业尚处于离线人工手动时期，柳钢中板在改造时成功研制出 60 通道自动探伤设备，解决了这一国内技术难题，探测厚度 6~60mm，并获国家专利。

（13）1998 年，济钢为了扩大产能从荷兰霍哥文引进一套二手设备进行翻新改造，改造后新增一套 3200mm+3500mm 双机架轧机并成立济钢中厚板厂。

总之，20 世纪 90 年代中厚板的技术改造虽然规模不大，力度不大，但改造的厂家众多，对提高产量和产品质量起到了直接的促进作用，更为 21 世纪老企业大力度、大范围的改造积累了经验。

另外，针对那个时期我国中厚板生产线缺少控冷装置，仍被称为“最干旱”轧机生产线。为了改变此局面，20 世纪 90 年代中后期，东北大学、北京科技大学等已开始研究第一代传统的加速冷却装置，并在 90 年代末期，开始在一些企业试用，为 21 世纪初的大范围推广作了技术上的储备。

4.2.3　老企业轧机改造的几种模式

（1）不停产改造。如鞍钢中板、柳钢中板、临钢中板等（指这些企业的第一轮改造）。改造方式为避开主轧跨（让主轧跨老轧机继续作业）在新增的跨内建新轧机，待新轧机投产后再拆除老轧机，达到了改造不停产的效果。

（2）增设精轧机。老轧机原地或移位改为粗轧机。如济钢中板、鞍钢中板、南钢中板、天津中板、原上钢三厂中板（此年代这些企业的第一轮改造）精轧机建成后再与老轧机相匹配。这样做也可达到不停产的目的。

（3）直接淘汰老轧机，采用新轧机作单机架作业。如邯钢中板、营口中板、韶钢中板等，见图 4.9 和图 4.10。

（4）就地改造以提高轧机性能为目标。如鞍钢厚板、南钢中板、济钢中厚板、新余厚板、武钢轧板、湘钢厚板、柳钢中板、安阳中板等。经过几轮大规模的改造，将旧轧机换成新轧机，使轧机刚度和主轧机功率和轧制力加大，可以实现控制轧制工艺，为生产更高品质的中厚板奠定基础。鞍钢厚板改造后的 4300mm 轧机见图 4.11，南钢中板改造后的 2800mm 粗轧机见图 4.12。

图 4.9 淘汰旧轧机后单机架作业的邯钢中板四辊轧机

图 4.10 淘汰旧轧机后单机架作业的韶钢中板四辊轧机

图 4.11 更换主电机后鞍钢厚板轧机

图 4.12 2006 年 1 月投用的南钢中板 2800mm 粗轧机

4.3 21 世纪技术改造综述

进入 21 世纪，下游用钢行业对产品的档次（含内外质量、精度）要求越来越高。20 世纪 90 年代的装备水平已难以支撑现实对工艺技术的要求。再则，我国 21 世纪新建的近 30 套中厚板轧机的整体装备水平已与先进国家在同一水平线上，4000mm 级及以上轧机的整体装备水平则已居世界前列。两个客观因素的叠加又进一步倒逼老企业 20 世纪 90 年代改造后又进行新一轮的技术改造，如：

（1）鞍钢厚板 2002 年更换了牌坊，向大牌坊、大扭矩、大轧制力、强力轧机靠近，不仅增设了液压 AGC，还将轧制力提高到 80000kN。

（2）重钢五轧 2003 年增设了液压 AGC，还改造了剪切机。

（3）济钢中板、营口中板 2003 年对精轧机进行改造时还增设了液压 AGC。

（4）鞍钢中板 2003 年开始了新一轮的大规模改造，大的改造项目共 8 项，其中包括提高精轧机轧制力以及使控冷装置扩大到 20 组直管层流冷却，目前新一代的超快速冷却系统也已成功应用。

（5）南钢中板进入 21 世纪以来，又进行了新的共 3 轮改造，使企业装备的面貌发生了根本性的变化，达到同类轧机的先进水平。从 1986 年投产时的年产量 20 多万吨到 2011 年的 200 多万吨。此外，代表当代最优化结构型的超快冷装置及其工艺已成功在该厂应用。

（6）武钢轧板厂从 2002 年至 2012 年改造的项目共 9 项，从建厂时的二辊+四辊轧制力各 20000kN 的配置，变成 3000mm+3000mm 轧制力均为 45000kN，均有液压 AGC 的新企业。此外，即使从目前的眼光审视，武钢轧板的热处理装备也是全国一流的。

（7）济钢中板 2003~2005 年又进行了加热炉、轧机、精轧机、液压 AGC 等改造，实现了精轧机成品厚度的高精度控制，可进行钢板头尾部厚度补偿，在准确计算轧制力和成品厚度的基础上给精轧操作岗位提供了精确的操作方向指示。改造结束时，该厂 2005 年当年产量为 150.79 万吨，2008 年提高到 168.92 万吨。此外，改造后该厂新生产的极薄板在业内一直享有高的知名度。

（8）太钢临汾中板 2003 年启动新一轮改造，一期改造淘汰了三辊劳特，换成四辊 3000mm 轧机及先进的配套装备。2006 年二期改造后完成了 3000mm+3300mm 双机架配置，新增了步进式加热炉、改造了冷床，具备了 3 座冷床，新增滚切剪，具有双边定尺、切头的能力。二期改造完成后，ACC 控冷系统得到应用，该厂具备了生产锅炉板、压力容器板、工程机械板、建筑结构板、管线板、耐候板的能力。

(9) 柳钢中板 2003~2004 年进行了新一轮的较大规模改造项目，项目共 5 个。1978 年投产的三辊劳特于 1998 年改造后淘汰，改用 2800mm 四辊单机架，目前已是 3000mm+2800mm 双机架配置，粗轧机轧制力达到 50000kN。改造完成后热矫直机为十一辊强力型，冷床为滚盘式+步进式，剪切机为滚切式，在同类企业中该厂装备水平也属前列。改造完成后的第 4 年（2010 年）年产量达到 175.73 万吨。

(10) 新余中板 2007 年进行了新一轮较大规模的改造。改造项目共 4 个。1993 年改造时，在三辊劳特后面增建 2500mm 四辊。1997 年改造时淘汰三辊劳特，改建 2690mm 四辊、轧制力为 40000kN。2007 年再次改造时增建 3000mm 精轧机，轧制力 60000kN，变为 2690mm+3000mm 双轧机配置。2007 年第二次改造时增建了 ACC 控冷系统，强力型十一辊热矫直机，改造了加热炉，增建了步进式常规燃烧、蓄热体加热燃烧加热炉各 1 座，改造结束后该厂的产量和品种结构均发生了量和质的变化。

(11) 进入 21 世纪，经改造和推广应用，绝大多数老企业都实现了生产中的全线计算机控制。控制主要对象为加热炉、除鳞系统、轧机系统、冷却系统、各类矫直机、剪切机、切割机、超声波探伤、钢板标识系统等。

(12) 几乎全部老企业都实现了基础自动化、过程自动化，不少企业还实现了生产自动化、管理自动化等四级计算机管理。

(13) 控冷系统的重要性已被各企业所认知，得到了广泛应用。70 多套轧机中，60 多套在改造中安装了以层流为主（含水幕、汽雾）的第一代加速冷却装置。从 2006 年开始，各企业逐步认识到传统（第一代）控冷的局限性。目前已有 16 套更换成东北大学研发、实践证明效果显著的超快冷装置，使我国的第一代 TMCP 技术工艺上升到一个新阶段。21 世纪新建的企业也有从西马克、奥钢联引进的超快速冷却装置，同样发挥了应有的作用。

(14) 21 世纪以来，各企业在改造中都注重了轧线的检测手段的完善。目前，我国中厚板生产过程中的检测手段有了质的改变和量的提升，对促进中厚板内外质量和精度的提高起到了“侦察兵”的作用。大部分企业都设置了相应的传感器和众多的检测仪表。在计算机技术的支撑下，可对重量、温度、压力、宽、长、厚度、板形、板外轮廓、平直度以及速度、位置等进行准确的检测。

(15) 21 世纪以来，各企业在改造中都重视计算机过程控制技术的应用，以多种优化方法为前提的轧制规程在线自动计算和编制方法，结合了不同方式的压下定位技术、厚度控制技术等应用在中厚板轧机上。实现了轧制规程的实时设定，使规程编制摆脱了以前主要靠人工经验编制的方法。

4.4　21 世纪新建中厚板企业的改造

4.4.1　改造内容简述

(1) 宝钢宽厚板 2005 年投产时单机架作业，2007 年初启动 5000mm 粗轧机建设，2008 年完成。新增设的 5000mm 粗轧机见图 4.13。同年新投用 1 座车底式加热炉用作厚铸坯或钢锭加热，投用二次火焰切割机 2 号去毛刺机。2009 年增建 2 号剪切线有关设备及配电设施和计算机控制系统。新增的车底式炉见图 4.14。

图 4.13　2008 年宝钢新增设的 5000mm 粗轧机

图 4.14　2008 年宝钢新增设的车底式加热炉

（2）南钢板卷2004年投产，2007年新建2号步进式加热炉，加热炉冷装时产能130t/h；新建热处理线一条，年热处理能力16万吨；新增滚切式分段剪1台；为增大层流冷却能力及解决钢板瓢曲，对控冷系统进行了改造；对粗除鳞箱和卷取炉的夹送辊进行了改造。新建的2号加热炉见图4.15，新建的热处理线见图4.16。

图4.15　2007年南钢板卷新建的2号加热炉

图4.16　2007年南钢板卷新建的热处理线

（3）沙钢1号宽厚板2006年投产。投产之初无热处理生产线，2007年底开始另选地方建三条热处理线和2008年新投产的2号宽厚板共用。目前沙钢有采用无锡拓邦公司的热处理线两条，引进德国LOI的一条，1号和2号宽厚板共用。2008年6月安装了新的超声波探伤设备。新增的超声波探伤设备见图4.17。

图4.17　2008年沙钢新增的超声波探伤设备

（4）舞钢新宽厚板2007年5月20日投产。2008年增建一条新热处理线，其中常化炉已于2008年5月正式投用。舞钢新宽厚板新建的热处理炉见图4.18。

（5）2005年湘钢3800mm双机架宽厚板投产。2007年新建成一座步进式加热炉，加热能力160t/h装炉坯料厚度达300mm；增设了2号剪切线，包括圆盘剪、定尺剪、标志机、堆垛机。湘钢新建的加热炉见图4.19。

图4.18　2008年舞钢新宽厚板新建热处理炉

图4.19　2007年湘钢3800mm宽厚板新建加热炉

（6）首秦4300mm宽厚板2006年投产，2008年1月新投用了3号四段式连续推钢式加热炉，由于场地限制采用了“下滑段”出钢方式。

（7）河北普阳中厚板2005年投产，2007年改轧机在锥辊道为平辊道增加了辊道抗冲击能力，也延长了轴承寿命，改压下气动抱闸为双面气动抱闸。

（8）韶钢新厚板2006年投产，2008年新建蓄热式推钢加热炉1座，有效长度26.8m，宽8.1m；轧机横轧工艺改造，新增一套转钢辊道以拓宽坯料及产品规格。

4.4.2　控制冷却系统的应用与改造

我国20世纪60年代中期至90年代只有重钢五厂等企业自主研发了简易的喷淋装置系统之外，我国其他的中厚板轧机基本上都没有真正意义上的控制冷却系统，曾被世界称为“最干旱”的中厚板轧机。

21世纪初到2017年，发生了根本性的变化，70多套中厚板轧机中，绝大多数都建有或改造时增设控冷系统，此情况可大致分为三种类型。

4.4.2.1　利用国内技术建设传统的控冷系统

主要依靠东北大学和北京科技大学等技术增设传统的控冷系统（统称ACC，含层流冷却、水幕冷却、汽雾冷却等）。

至今，绝大部分老企业仍在沿用这类传统控冷系统，其存在的不足与局限性已在第2章节中作了描述。在此不再赘述，也免去列表对每个企业的传统冷却系统一一表述。

4.4.2.2　引进国外技术建设多功能的控冷系统

引进主要来自SMSD EMAG及VAI。SMSD EMAG的都具有在线淬火和控制冷却功能与控制轧制结合均可实施TMCP工艺。VAI的被称为MULPIC，同样具有以上功能。目前使用的厂家见表4.1。

表4.1　我国引进国外控冷系统的企业

序号	企业名称	轧机规格及机架/mm	投用年份	冷却功能	年产能/万吨	备注
1	宝钢宽厚板	5000双机架	2008	DQ+ACC	180	引进自SMSD
2	原宝钢罗泾宽厚板	4290双机架	2008	DQ+ACC	160	引进自SMSD
3	沙钢1号宽厚板	5000单机架	2006	MULPIC DQ+ACC	140	引进自VAI
4	沙钢2号宽厚板	5000单机架	2009	MULPIC DQ+ACC	140	引进自VAI
5	鄂钢宽厚板	4300单机架	2008	MULPIC DQ+ACC	120	引进自VAI
6	鲅鱼圈宽厚板	5500+5000双机架	2008	DQ+ACC	200	引进自SMSD
7	营口宽厚板	5000双机架	2010	DQ+ACC	200	引进自SMSD
8	济钢宽厚板	4300双机架	2010	MULPIC DQ+ACC	160	引进自VAI
9	莱钢宽厚板	4300双机架	2009	MULPIC DQ+ACC	160	引进自VAI
10	舞钢新宽厚板	4100双机架	2009	MULPIC DQ+ACC	160	引进自VAI
11	包钢宽厚板	4100双机架	2007	DQ+ACC	160	引进自SMSD
12	济钢中厚板	3200+3500双机架	2008	DQ+ACC	120	引进自日本

注：DQ为直接淬火；ACC为常规加速冷却。

4.4.2.3　利用东北大学自主开发的新一代超快冷技术改造控冷系统

新一代超快冷技术源于日本，但其核心技术不输出。东北大学经过多年的研究，约在2006年左右已经国家级鉴定，认定为具有自主知识产权值得大力推广的一项高效技术。东北大学的超快冷技术的先进性以及在有关企业应用效果的介绍在第2章中作详细描述。目前已在有关中厚板企业投用情况见表4.2。

表 4.2　东北大学研发具有自主产权的超快冷系统在中厚板企业应用概况

序号	企业名称	轧机规格/mm	超快冷装置长度/m	冷却功能	建设年份	备　注
1	敬业中厚板	3000	4（前置式）	DQ、UFC、ACC	2007	最早使用，原型装置 4m 长 UFC 由东北大学出资，后段保留原有的简易 ACC
2	普阳中厚板 1 号	3500	7.2（前置式）	DQ、UFC、ACC	2007	UFC 长 7.2m 后段为原有 ACC
3	首秦宽厚板	4300	7.2（前置式）	DQ、UFC	2009	保留了 2006 年投用的 ACC
4	鞍钢厚板	4300	7.2（前置式）	DQ、UFC、ACC	2009	UFC 长 7.2m 后段为原有 ACC
5	南钢中板	2800	18	DQ、UFC、ACC	2011	拆除了原有的 ACC，预矫后建 UFC 兼具 ACC
6	三钢中厚板	3000	12（前置式）	DQ、UFC、ACC	2011	拆除了原有的 ACC
7	新余厚板	3800	20	DQ、UFC、ACC	2013	拆除了原有的 ACC
8	韶钢厚板	3450	24	DQ、UFC、ACC	2014	拆除了原有的 ACC
9	南钢宽厚板	5000	20	DQ、UFC、ACC	2014	在预矫后面有 20m 长度的超快冷
10	南钢宽厚板	5000	6（机前） +6（机后）	IC	2015	在轧机前与后布置了长度各 6m 的即时冷却装置
11	唐山中厚板	3500	24.6（粗轧） +6（精轧）	DQ、UFC、ACC、IC	2016	增建
12	沙钢中厚板	3500	24.6（粗轧） +6（精轧）	DQ、UFC、ACC、IC	2016	从河南永兴搬来的中厚板轧机
13	普阳中厚板 2 号	3500	24	DQ、UFC、ACC	2016	增建
14	山钢日照板卷	3500	28	DQ、UFC、ACC、IC	2017	正在建设中

注：IC 为即时冷却；DQ 为直接淬火；UFC 为超快冷；ACC 为常规冷却。

4.4.2.4　老企业改造中增设液压 AGC 的举例

中厚板作业时，为实现最终产品的高精度控制需有各种手段。多功能厚度控制技术主要依靠高响应的 HAGC。20 世纪 90 年代中期之前，中厚板企业很少设置真正意义上的 HAGC。控制手段原始且单一。20 世纪 90 年代起，骨干企业开始重视此技术。将老企业 20 世纪 90 年代及 21 世纪初增设的情况列于表 4.3。21 世纪新建的 3500mm 及以上级宽厚板都配有高响应的 HAGC，在此不作列表介绍。

表 4.3　老企业 20 世纪 90 年代及 21 世纪增设 HAGC 的情况

序号	企业名称	初始投产年份	改造时增设 HAGC 情况
1	舞钢老厚板	1978	1995 年第二次改造时，引进了 HAGC，并采用滚切剪
2	原上钢三厂	1989	1990 年增设了精轧机 HAGC
3	武钢轧板厂	1966	1998 年精轧机原地改造时，增设了精轧机 HAGC
4	鞍钢厚板	1993	2002 年四辊轧机更换牌坊、增设了 HAGC
5	首秦中板	1993	1995 年改造时增设了 HAGC
6	鞍钢中板	1950 年接管 伪满洲国中板	2003 年精轧机更换辊系时改造了 HAGC
7	南钢中板	1986（初始）	2003 年较大规模改造时增设了 HAGC
8	新余中板	1978（初始）	1996 年改造时采用了 HAGC，2002 年改造了 HAGC
9	重钢五轧厂	1957（初始）	2003 年增设了 HAGC，1993 年改用滚切剪
10	营口中板	1978	2003 年改造时精轧机增设了 HAGC
11	济钢中板	1962（初始）	2004 年改造了 HAGC
12	马钢中板	1975	1992 年增设 HAGC，1999 年改造 HAGC

4.5　8家老企业多轮改造的详细描述

之所以选择以下8家企业的改造过程作详细描述，原因一是其中7家最初投产轧机均为最落后的三辊劳特式轧机，年产能仅10多万吨，经多轮改造后，装备级别提高了几个档次，目前在同类型企业中具有较高的整体水平，是目前3000mm级轧机中的主力军。所以作详细描述。原因二是另一家（武钢轧板）是我国最早引进的双机架轧机，具有一定的代表性，建厂之初，粗、精轧机轧制力都只有20000kN，目前粗、精轧机均为45000kN，在3000mm级企业中也属主力军，尤其是热处理装备居全国领先水平。改造内容详细描述，反映出不断提高的全过程。

4.5.1　鞍钢中板

4.5.1.1　2003年大规模改造前的基本情况

始建于1937年，1938年投产，当时属日本昭和制铁所有。建厂初始设计产能为5万吨，轧机为三辊劳特式，解放后归鞍钢中板厂。2003年改造时正在服役的三辊劳特式轧机见图4.20。

新中国成立后经多次改造，1982年在劳特式三辊轧机后面加了2350mm四辊轧机，完成双机架配置。至20世纪90年代初，年设计能力50万吨。

20世纪70年代末~80年代末技术改造的内容主要集中在提高加热生产力，适当扩大冷床面积及小规模的精整线改造。未见有脱胎换骨式的改造内容。1981年鞍钢中板技术改造的现场见图4.21。

图4.20　至2003年改造时，鞍钢中板已服役了65年的三辊劳特式轧机

图4.21　1981年鞍钢中板技术改造的现场

4.5.1.2　2003年大规模改造内容

（1）加大原有的2座加热炉的生产能力，增建1座新加热炉（仍为推钢式）；

（2）拆除已服役65年的三辊劳特式轧机；

（3）新建二辊2500mm粗轧机；

（4）新建四辊2500mm精轧机；

（5）拆除2台铡刀式切边剪，新建一台圆盘剪；

（6）拆除2台铡刀式切头剪，新建一台滚切式切头剪；

（7）改造冷却系统，由原10组直管加大到20组直管；

（8）移来鞍钢4300mm厚板厂的旧矫直机1台。

鞍钢中板厂2003年改造前后对比见图4.22，改造现场情况见图4.23。

4.5.1.3　改造后的结果

形成“二辊+四辊”轧机布局，实现了全过程自动化，年生产能力增至80万吨。产品大纲中增加了模具钢、桥梁钢、低温压力容器钢、管线钢、高强度机械工程用钢、焊瓶钢等品种。

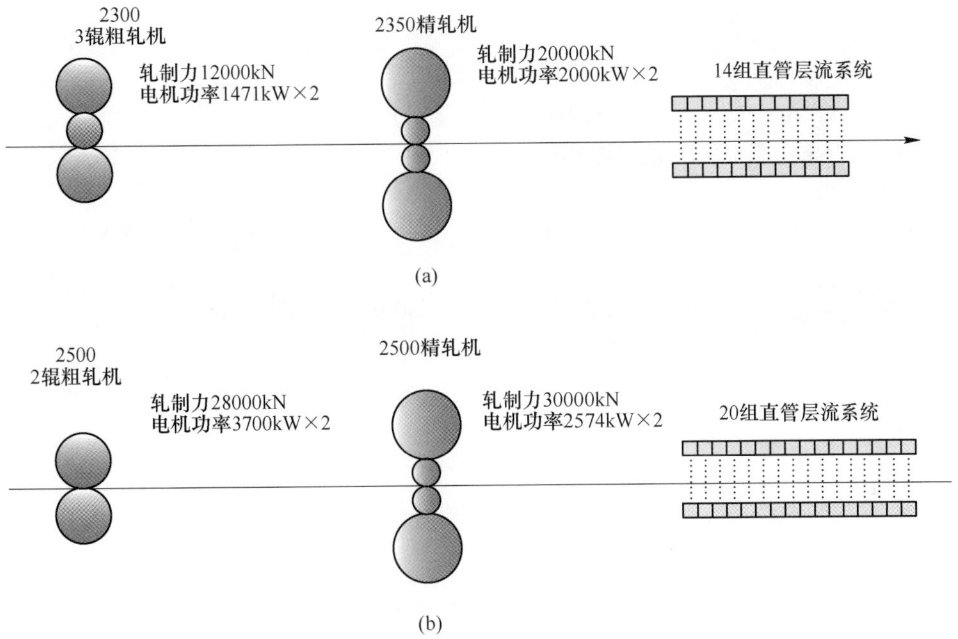

图 4.22　鞍钢中板改造前后的对比
（a）改造前；（b）改造后

图 4.23　2003 年鞍钢中板改造现场

4.5.1.4　改造后有关装备的工艺参数

A　加热炉

改造后的加热炉见图 4.24。

加热炉参数：

加热能力：3×65t/h　　推钢能力：90t

上料端安装火焰切割机

B　轧机

改造后的粗轧机和精轧机见图 4.25。

二辊粗轧机参数：

最大轧制力：28000kN　　最大轧制力矩：2×2029kN·m

开口度：320mm　　轧辊尺寸：ϕ1440/ϕ1290mm×2500mm

轧制速度：0~3.0~6m/s　　主传动电压：2×DC3700kW

四辊精轧机参数：

最大轧制力：30000kN　　最大轧制力矩：2×1220kN·m

开口度：230mm　　支撑辊尺寸：ϕ(1280~1400)mm×2350mm

工作辊尺寸：ϕ(800~850)mm×2450mm　　轧制速度：0~1.45~4.45m/s

图 4.24　2003 年鞍钢中板改造后的加热炉

图 4.25　2003 年鞍钢中板改造后粗轧机和精轧机

C　矫直机

改造后的热矫直机见图 4.26。

热矫直机参数：

总重：约 2000t

矫直规格：(4～60)mm×(1440～4300)mm×33000mm

矫直温度：500～800℃

矫直速度：20～60m/min

主电动机：280kW 直流电机 1 台

压下电机：26kW 直流电机 2 台

图 4.26　鞍钢中板改造后的热矫直机

D　圆盘剪参数

改造后的圆盘剪见图 4.27。

圆盘剪参数：

剪料材质：普碳钢、低合金钢

剪切厚度：5～25mm

单边切边量：35（向内 15、向外 20）

剪切成品板宽：1300～2400mm

(a)

(b)

图 4.27　2003 年鞍钢中板改造后的圆盘剪和滚切式定尺剪

(a) 圆盘剪；(b) 定尺剪

E　滚切剪

改造后的滚切式定尺剪见图4.27。

滚切剪参数：

剪切钢种：普碳钢、锯片钢、低合金钢

剪切厚度：4~30mm

剪切温度：500℃

剪切力：48000kN

钢板定尺长度：4~12m

实际剪切次数：6次/min

鞍钢中板经过2003年较大规模的技术改造后，无论是主轧机还是与之相配的设备水平都上了一个新的台阶，为工艺技术水平的提高及品种档次的攀升奠定了坚实可靠的基础。2004年改造完成后的次年全年产量即上升到98万吨（改造前每年的产量在50万吨左右浮动）。图4.28所示为鞍钢已拆除的三辊劳特式轧机。

至2010年，每年平均产量在88万吨水平。近几年由于市场的极度低迷，年产量已呈现下降态势。

图4.28　鞍钢服役65年，现已拆除的三辊劳特式轧机

（被视为"功勋轧机"现存放在鞍钢博物馆内）

4.5.1.5　改造后的产量变化

改造后2005~2016年鞍钢中板厂的年产量变化情况见图4.29。

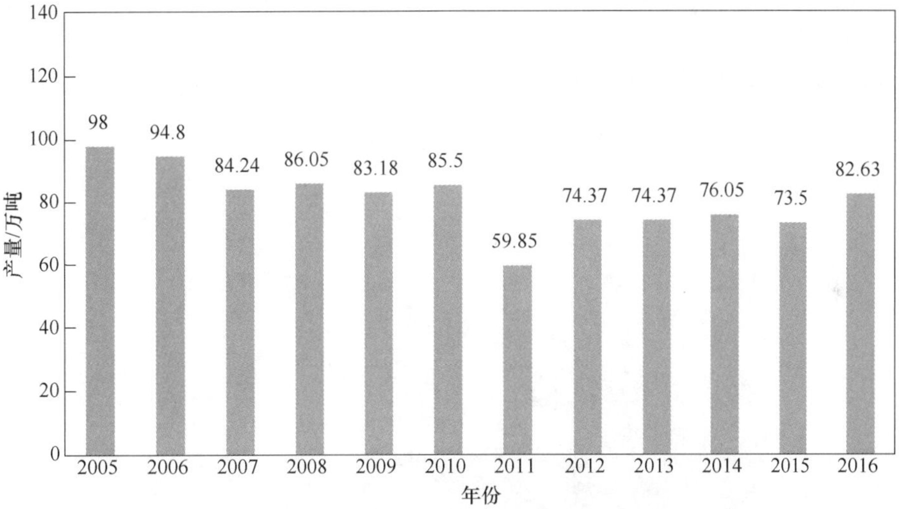

图4.29　2005~2016年鞍钢中板厂的年产量变化情况

4.5.2　南钢中板

4.5.2.1　改造前概况

投产于1986年6月，投产时为三辊2300mm劳特式单机架轧机，设计能力年12万吨，1993年筹划改造。

改造前的7年生产活动中，平均年产量均在23万吨左右，品种结构为普碳钢。三辊劳特轧机见图4.30。

4.5.2.2　历年的改造内容

（1）1994年，经改造后将原劳特轧机作粗轧机，新增一台四辊2500mm精轧机。设计能力增至40万吨。同年新增十一辊热矫直机，高压水除鳞系统等。1994年南钢中板厂改造时的施工现场见图4.31。

改造后的三辊劳特式轧机+四辊精轧机配置见图4.32，改造时的设备布置方式见图4.33。

图 4.30　南钢中板改造前生产中的三辊劳特轧机

图 4.31　1994 年南钢中板改造现场

图 4.32　1994 年南钢中板改造后的双机架配置

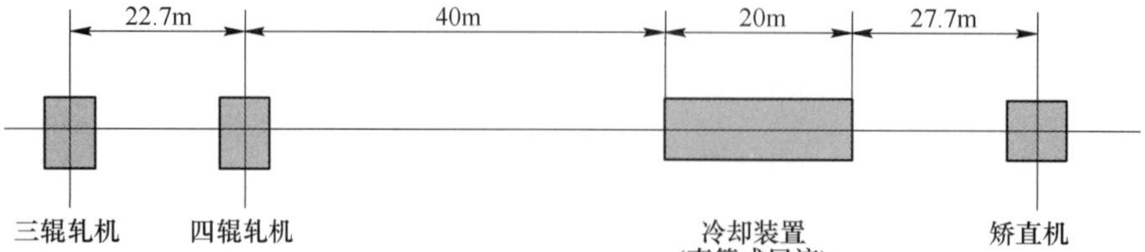

上直管式、下喷射式冷却装置，20 组

泵站能力：$2500m^3/h$，Max. $5500m^3/h$

图 4.33　1994 年南钢中板改造时的设备布置方式

（2）2001年11月采用蓄热式燃烧技术对1号加热炉进行改造，改造后增产、节能效果较好。但大四通换向阀的阀位、空气防爆膜、自控仪表系统等方面不理想。

（3）当时，全国中厚板企业普遍效益好，实际生产中3座加热炉长时间高强度运转影响正常检修。于是又决定建4号加热炉。

（4）4号加热炉于2003年6月建成投产，针对1号加热炉改造中存在的不足，采用蜂窝蓄热体的蓄热式加热燃烧技术，使小三通换向阀分散换向并在均热段采用骑卡式耐热的热滑块。

（5）针对1994年新增四辊可逆式轧机控制系统只有一级控制功能，只能实现对轧机机械部分的自动控制而轧制过程及规程编排仍然依赖人工凭经验进行控制的事实，于20世纪90年代末，进行了过程控制软件的开发。总体结构为六大模块：通讯模块（COM），数据库控制模块（DAT），跟踪管理模块（TRK），数学模型调用管理模块（PRT），人机界面模块（HMI）和警告信号管理模块（ALM）。六大模块相互间的调用关系见图4.34。

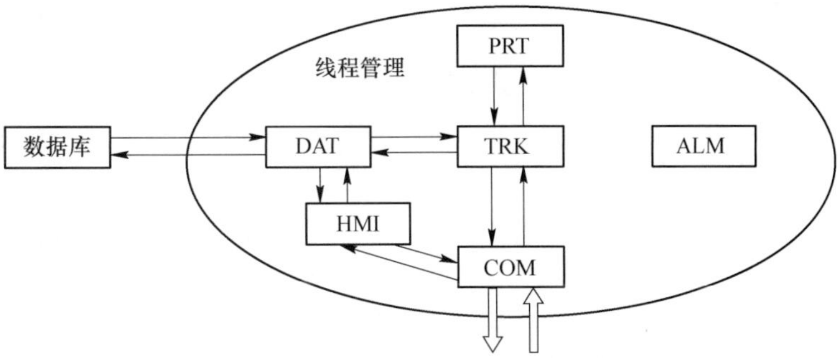

图4.34 20世纪末期，改造后的南钢中板四辊轧机控制系统六大模块相互间的调用关系

（6）通过以上改造，年产量快速提高。2000年全年产量65万吨，2001年74万吨，2002年82万吨。控制系统轧线区域部分组成见图4.35。

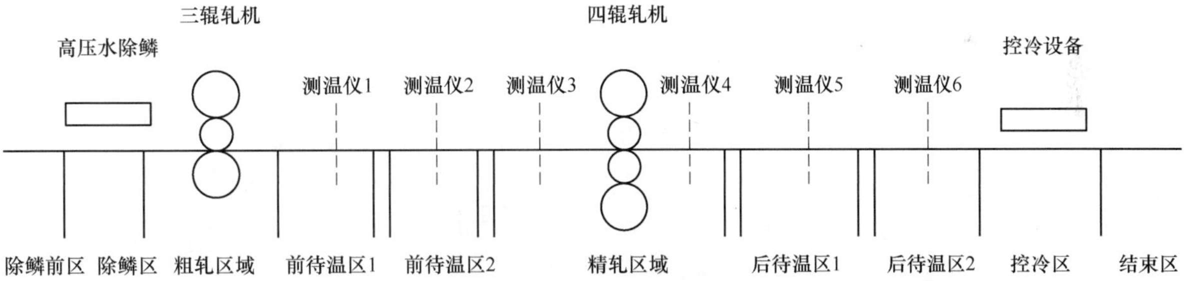

图4.35 20世纪末期南钢中板厂控制系统轧线区域部分组成

（7）2002年，2号精整线新增圆盘剪和侧刀剪。

（8）2003年，在东北大学支持下增设直管式层流冷却和精轧机HAGC。南钢中板四辊轧机液压AGC改造后的自控系统见图4.36。高密度直管式冷却装置见图4.37。

（9）2005年完成粗轧机改造，淘汰三辊劳特式轧机，新上四辊粗轧机，新上高压水离心泵2台，新建步进式加热炉2座，淘汰原推钢式加热炉2座。

（10）2006年1月正式投用2800mm四辊粗轧机，摆放位置从原三辊劳特轧机的位置上往前移。至此，使南钢中板形成了四辊+四辊的现代型中板轧机配置。

（11）2008年实施精轧机改造，其主电机功率由原2500kW改造为4200kW，工作辊尺寸由原来2500mm改造为2690mm，此外还对热矫直机实施了改造。改造后的精轧机见图4.38。

（12）2010年新建3号冷床，厚板冷床和热处理专用炉。

（13）2012年新增预矫直机（在精轧机出口处），拆除了2003年建的ACC冷却装置。在东北大学的支持下，新上一套超快冷系统，经多次反复调试，获得较好效果。超快冷装置的照片见图4.39。

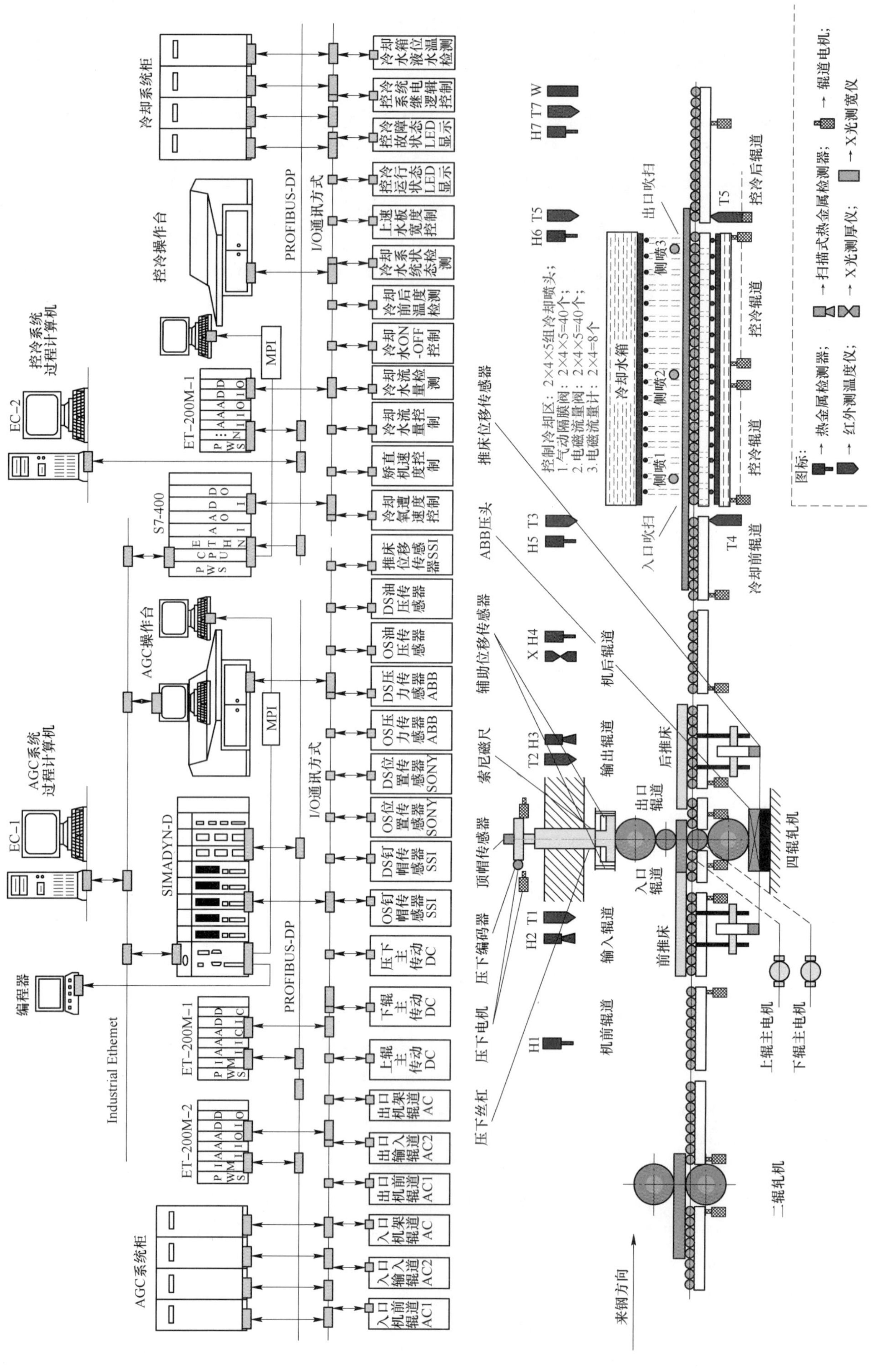

图 4.36　2003 年南钢中板四辊轧机液压 AGC 改造后的自控系统

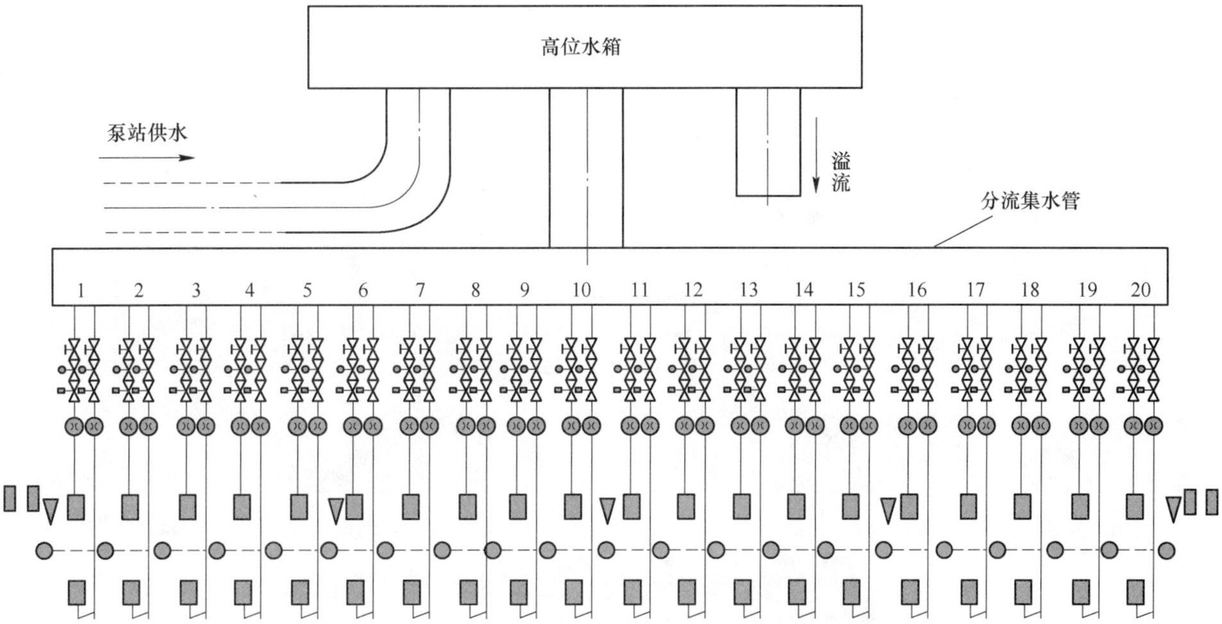

图4.37 2003年南钢中板新增的冷却装置示意图

图4.38 2008年南钢中板改造后的2690mm精轧机

图4.39 2012年南钢中板新增的超快冷装置

4.5.2.3 改造后目前装备水平和参数

A 加热炉

目前加热炉见图4.40。

加热炉参数：

形式：步进梁式	数量：3台，7条加热道
规格：最厚320mm，最薄150mm	尺寸：最长5650mm，最短2050mm

B 轧机

目前的粗轧机见图4.41。

粗轧机参数：

2800mm可逆式粗轧机	最大轧制压力：50000kN
最大轧制宽度：2700mm	最大轧制力矩：2×1700kN·m
轧辊最大开口度：320mm	轧制速度：0~2.36m/s
工作辊：ϕ900/850mm×2800mm	支承辊：ϕ1800/1700mm×2740mm
压下速率：0~20m/s	高压水压力：>18MPa

目前的精轧机见图4.42。

精轧机参数：

2690mm可逆式精轧机	最大轧制压力：40000kN

最大轧制宽度：2600mm
轧辊最大开口度：180mm
工作辊：ϕ850/800mm×2690mm
最大轧制力矩：2×1470kN · m
轧制速度：0~6m/s
支承辊：ϕ1600/1500mm×2590mm

图 4.40　南钢中板改造后的加热炉

图 4.41　目前南钢中板的 2800mm 粗轧机

图 4.42　目前南钢中板的 2690mm 精轧机

C　预矫直机

目前南钢中板的预矫直机见图 4.43。

预矫直机特点：

五辊预矫直机
全液压辊缝
中国太重制造
自动控制

D　四重式十一辊强力矫直机

目前南钢中板的四重式十一辊强力矫直机见图 4.44。

四重式十一辊强力矫直机参数：

矫直钢板的厚度范围：5~60mm
矫直机的最大矫直力：30000kN
矫直辊尺寸：ϕ285mm×2950mm
钢板矫直温度范围：500~900℃
矫直辊数量：11 根

图 4.43　目前南钢中板的预矫直机

图 4.44　目前南钢中板的十一辊矫直机

E　超快冷设备

南钢中板改造后的超快冷设备见图 4.45。

超快冷设备参数：

中国东北大学研造

10 组集管：缝隙 2 组、快冷 3 组、弱冷 5 组

可实现 DQ、UFC、ACC

钢板冷却方式：连续通过式

控制冷却开始温度：1000～750℃

控制冷却返红温度：750～300℃

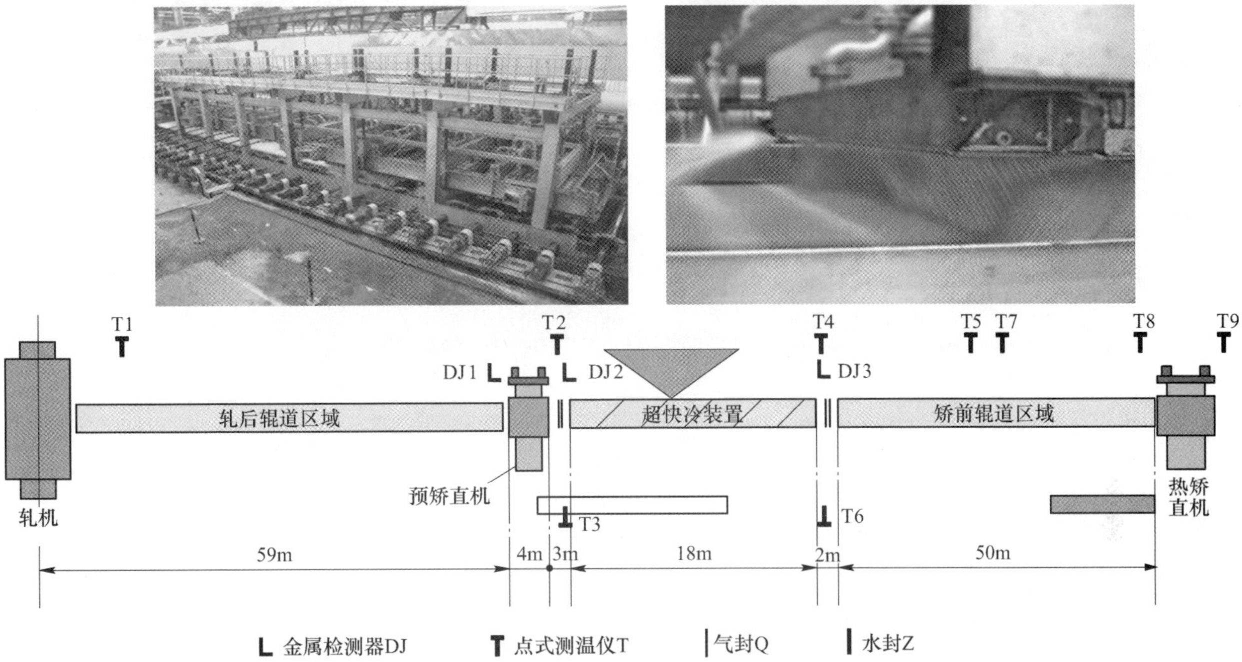

图 4.45　目前南钢中板的超快冷设备

（优化型结构：全部集管为倾斜式，兼有超快冷和层冷功能，
从空冷到极限冷速无级调节，柔性化的冷却路径控制能力，全长 18m）

F　热处理炉

南钢中板新增的热处理炉见图 4.46。

热处理炉参数：

中国北京神雾公司辊底式炉

用途：钢板的正火、回火

炉型：辐射管加热氮气保护气氛辊底式

钢板规格：

厚度：6～100mm

宽度：1400～3250mm

长度：6000～18000mm

热处理能力：

正火：34.58t/h

高温回火：18.51t/h

中温回火：12.88t/h

燃料种类：混合煤气

燃料低发热值：2200×4.18kJ/m^3

G　淬火机

南钢中板新增的淬火机见图 4.47。

淬火机参数：

中国东北大学研造

厚度规格：最薄 6mm

最大宽度：3500mm

4.5.2.4　多轮改造后的总体效果

目前南钢中板厂的平面布置见图 4.48。

南钢中板厂由于不断地进行改造，体现在装备水平方面：目前已位居国内同级别中板企业的首位，

体现在年产量方面：2011 年该厂年产量突破 200 万吨，在全球同类轧机中高居首位，近几年产量有所下降，不是生产能力的问题而是适度限产的结果。

图 4.46　目前南钢中板的热处理炉

图 4.47　目前南钢中板的淬火机

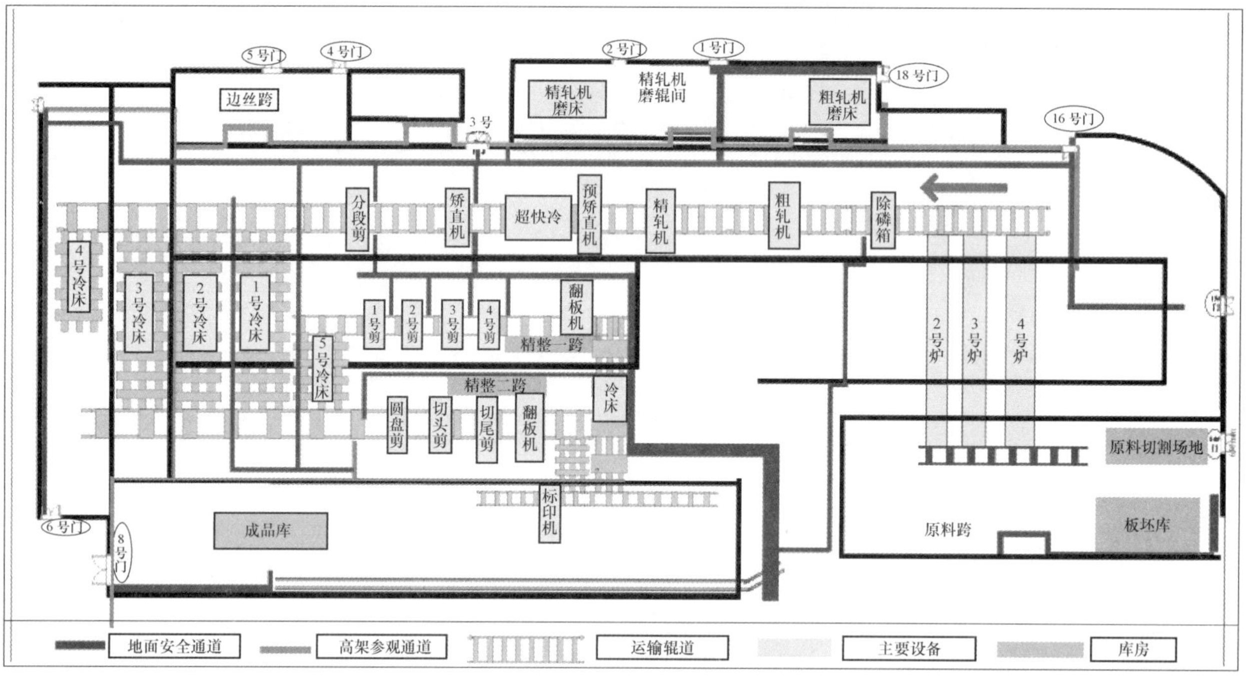

图 4.48　目前南钢中板厂的平面布置

该厂 1986 年投产后，至 20 世纪 90 年代初中期、品种结构以普碳板为主。经过四轮大规模的改造，品种结构发生了根本性的变化。以近五年为例，各类专用板、品种板占其总量的 70%以上，普碳板占量不到 30%。近几年的主要品种为船用板、桥梁板、高建板、专用出口板、风塔板、容器板、复合板、管线板、耐磨板、工程机械板、特用钢板等、窄幅品种板材绝大部分可以做到全覆盖。非计划率控制在 3.5%～4%之间，板材原品种综合合格率大幅提升。

2005～2016 年南钢中板厂的年产量变化情况见图 4.49。

4.5.3　武钢轧板厂

4.5.3.1　改造前概况

1966 年 8 月 27 日建成投产，全套装备从苏联引进，投产之初，主轧机为二辊 2800mm+四辊 2800mm 配置主轧机架，辅助设备有三段六点连续式推钢式加热炉、热矫直机、冷矫直机拉钢式冷床、铡刀剪、圆盘剪、直焰式热处理炉、罩式炉等。

投产时年设计能力为 56.8 万吨，二辊粗轧机轧制能力 2000t，四辊精轧机轧制力为 2000t。1965 年该厂建设时施工现场照片见图 4.50。1966 年，投产后轧机照片见图 4.51。

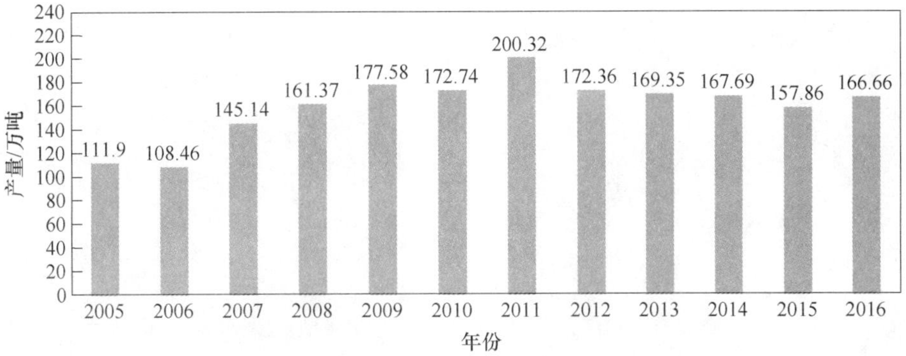

图4.49　2005~2016年南钢中板的年产量变化情况

图4.50　1965年武钢轧板建设时的现场

图4.51　1966年武钢轧板投产后的轧机

4.5.3.2　20世纪70年代中期~90年代后期改造内容

进行了5次较大规模的技术改造，改造内容主要围绕增大精轧机轧制力，扩大加热炉生产能力，增大矫直能力和剪切能力及新增热处理设备。1975年第一次改造现场见图4.52。

图4.52　1975年武钢轧板第一次改造现场

（1）1990年及1995年改造2座加热炉，改造后1号、3号加热炉为三段式推钢式，有效炉长内宽30.2m×6.15m，生产能力108t/h，2号为步进式加热炉，有效炉长内宽29.5m×6.2m，生产能力110t/h。

（2）1998年改造精轧机，改2800mm为3000mm，轧制力为45000kN，增设液压AGC，改造后的精轧机见图4.53。

（3）1995年改建2号热处理炉（从德国LOI公司引进），1996年投用，见图4.54。

（4）1998年新投用与3000mm精轧机配套的十一辊热矫直机，见图4.55。

（5）1998年改造冷床，在拉钢式冷床上增加了辊轮，见图4.56。

4.5.3.3　21世纪的改造内容

（1）2006年增建德国LOI 3号热处理炉（工艺参数见后）。

图 4.53　1998 年武钢轧板改造后的精轧机

图 4.54　1996 年武钢轧板新建的 2 号热处理炉

图 4.55　1998 年武钢轧板改造后的矫直机

图 4.56　1998 年武钢轧板改造后的冷床

（2）2003 年增建北科大的控冷设备，见图 4.57。

（3）2002 年新建的板坯修磨机见图 4.58。

图 4.57　2003 年武钢轧板增建的控冷设备

图 4.58　2002 年武钢轧板新建的板坯修磨机

（4）2006 年新增 3 号热处理炉（含淬火机、抛丸机，工艺参数见后）。

（5）2006 年新增滚切式横剪及强力矫直机（矫直机为奥钢联技术九辊，工艺参数见后）。

（6）2009 年改造 1 号常化炉。

（7）2010 年拆除 1 号加热炉，新建 4 号步进式蓄热烧嘴加热炉（工艺参数见后）。

（8）2012 年改造粗轧机，改造后为四辊 3000mm，轧制力为 45000kN 并增设液压 AGC。

A　几轮改造后的装备组成

（1）板坯修磨机 1 台；加热炉共 3 座，均为步进式加热炉，其中 2 座为双蓄热式步进式加热，1 座为常规式加热。

（2）形成 3000mm 粗轧机+3000mm 精轧机的双机架配置，其中粗、精轧机的轧制力均为 45000kN，设有高响应的液压 AGC。

（3）控冷装置一组，为北科大设计（2003 年增建，至今未进行改造）。

（4）矫直机 4 台，其中轧制线 2 台，热处理车间 2 台（含 1 台冷矫）。
（5）滚盘式冷床 1 座，步进式 1 座。
（6）圆盘剪 1 台、滚切式双边剪 1 台，铡刀式横剪 3 台、滚切式横剪 1 台。
（7）热处理炉 7 座，其中氮气保护无氧化辊底式 2 座，明火热处理炉 1 座，罩式炉 4 座。
改造后设计产能为年 100 万吨。

B　改造后的装备参数

a　加热炉

于 2012 年进行最后一轮改造，2 号加热炉由中冶赛迪于 2010 年改建完成、4 号加热炉由中冶赛迪于 2010 年新建完成，3 号加热炉由中冶赛迪于 2012 年改建完成，同时拆除 1 号加热炉。

3 号加热炉具体参数如下：

设备数量：3
炉子内宽：6200mm　　炉子外宽：7128mm
有效炉底面积：6.2×29.5＝182.9m^2　　板坯宽度：1050～1900mm
板坯长度：2100～2900mm　　板坯最大重量：13000kg/块
炉内最大载重量：700000kg　　步进周期：50s
固定梁：2 组 4 排　　活动梁：2 组 4 排
推钢机速度：前进 0.15m/s，后退 0.25m/s
出钢机速度：前进 1.2m/s，后退 0.6m/s
推钢机推力：220kN

2010 年新建的 3 号加热炉见图 4.59。

b　立辊轧机

立辊轧机由中国一重于 2012 年重新设计制造安装。

形式：下传动式　　轧制温度：Max.1150℃
轧制压力：4000kN　　轧制速度：0 ±1.22/3.04m/s
最大开口度：3000mm　　最小开口度：1000mm
最大压下量（单侧）：25mm　　轧辊规格：ϕ930/850mm（锥辊）
侧压方式：液压 AWC

c　粗轧机

粗轧机由中国一重于 2012 年重新设计制造安装。
2012 年改造后的粗轧机见图 4.60。
具体参数如下：

形式：四辊 3000mm 可逆式粗轧机
最大轧制力矩：2×2388kN · m　　最大轧制力：45000kN
工作辊最大开口度：350mm　　轧制速度：0 ±1.74/3.73m/s
工作辊规格：ϕ950/890mm×3000mm　　支承辊规格：ϕ1700/1560mm×2840mm
压下速度：0～20～40mm/s　　压下总速比：i＝31.08
弯辊系统方式：上下弯辊　　弯辊系统工作压力：20MPa

图 4.59　2010 年武钢轧板新建的步进式加热炉

图 4.60　2012 年武钢轧板改造后的粗轧机

d　精轧机

具体参数如下：

设备数量：1 台
形式：四辊 3000mm
工作辊尺寸：910/860mm×3000mm
支承辊尺寸：1700/1560mm×2840mm
新辊最大开口度：280mm
最大轧制压力：45000kN
主电机功率/转数：2×4000kW
最大轧制力矩：2×1625kN · m
最大轧制速度：5.65m/s
压下电机功率/转数：2×246kW
弯辊系统方式：上下弯辊
弯辊系统工作压力：16MPa

e　强力矫直机

具体参数如下：

矫直钢板宽度：1200~2800mm
矫直钢板厚度：8~80mm
屈服强度：<1000MPa
温度：200~800℃
工作辊直径：350~360mm
工作辊数量：上四下五
矫直力：31000kN
驱动电机：470kW，0/800/1800r/min

f　1 号冷床

由中冶京诚设计，于 2012 年投入使用。

具体参数如下：

横移电机基本型号：YZP250M2-8
额定功率：37kW；
液压缸行程：510mm
电机转速：735r/min
液压缸缸径/杆径：160/110mm
工作压力：20MPa
上料小车移送速度：Max. ~700mm/s
下料小车移送速度：Max. ~700mm/s
小车抬升/下降行程：~70/+80mm

2012 年改造后的冷床见图 4.61。

g　双边剪

双边剪由达涅利设计制造，于 2012 年投入使用。

具体参数如下：

设备数量：1 台
板厚：8~50mm
板宽：1150~2800mm
板长：5000~37000mm
剪切温度：<200℃
功率：四台 400kW
转速：0/1000/2000r/min
刀具夹紧缸：ϕ70 行程 4.7mm
刀具数量：2

2012 年改造后的双边剪见图 4.62。

图 4.61　2012 年武钢轧板厂改造后的冷床

图 4.62　2012 年武钢轧板厂改造后的双边剪

h　圆盘剪

于 2015 年对其又进行了改造，增加夹送辊。

具体参数如下：

设备数量：1 台
剪切钢板强度极限：800N/mm^2
剪切速度：0.415～0.383m/s
剪刃间距：1000～920mm
主轴剪切速比：2.63
移动机架速度：9.5mm/s
切割边的最大宽度：150mm
剪切钢板厚度与宽度：25×(1000～2600)mm
剪切直径：1000～920mm
主传动减速机速比：23.92
移动机架行程：1900mm
剪切力：400kN

i　热处理炉

1 号热处理炉的具体参数如下：

形式：明火加热辊底式炉
炉底强度：280kg/(m^2·h)
煤气压力：10000～20000Pa
废气：865m^3/h（标态）
耗水量：235m^3/h
炉子用途：钢板正火、NAC 和回火
炉子生产能力：正火 32～42t/h
　　　　　　　回火 12～20t/h
炉底尺寸：2800mm×65844mm
使用燃料：混合煤气
辊子数量和材质：120 根，$Cr_{25}Ni_{20}Si_2$
煤气耗量：正火 12500m^3/h，回火 2000m^3/h
加热温度：正火 850～950℃，回火 600～720℃
回火钢板厚度：最大 100mm

2 号热处理炉的具体参数如下：

形式：氮气保护无氧化辊底式炉
炉内最高温度：1000℃
淬火，正火温度：920～950℃
回火温度：550～650℃
生产能力：正火 17.45～31.24t/h
　　　　　淬火 17.45～33.26t/h
　　　　　回火 8.59～16.5t/h
装炉钢板厚度：10～50mm
装炉钢板宽度：1000～2500mm
装炉钢板长度：2400～16000mm
使用燃料：焦炉煤气
保护性氮气：额定值 1200m^3/h
冷却水：流量 4.5m^3/h，压力 40000Pa

3 号热处理炉的具体参数如下：

形式：氮气保护辐射管加热辊底式炉
功能：钢板奥氏体化、常化和回火
作业模式：连续或摆动
烧嘴形式：自身预热烧嘴
温控范围：300～950（1000）℃
产能：正火 32.5t/h，回火 19t/h
炉底尺寸：83580mm ×3025mm
输送速度：0.3～40(60)m/min
温度控制区数量：20 区、上下分布
辐射管数量：139 套

改造后的 1 号和 3 号热处理炉见图 4.63 和图 4.64。

图 4.63　2009 年武钢轧板改造后 1 号热处理炉

图 4.64　2006 年武钢轧板新建的 3 号热处理炉

j　十一辊矫直机

由中国一重制造。具体参数如下：

设备数量：1 台
最大总矫直力：46100kN
工作辊数量：9
工作辊最大开口度：200mm

支撑辊排数：上下各 5 排
矫直钢板厚度：4~50mm
矫直钢板长度：≤4000~16000mm
矫直钢板宽度：900~2800mm
矫直板材温度：550~900℃
矫直钢板热态强度：132~186MPa
工作辊直径：250mm
支撑辊直径：250mm

由于宝武集团组建后出于战略新布局的考虑，已有 50 年生产历史的武钢轧板已于 2017 年 3 月关闭，但是其 50 年生产历史中彰显的业绩不会被业界所忘却。

武钢轧板是我国最早生产船板的企业之一，20 世纪 70~80 年代中期，其船板在市场中的占有率占 70%左右；是最早开发和生产国家石油储备大罐钢的企业；是最早开发高性能耐火耐候建筑用钢的企业之一；是最早生产公铁两用桥梁板的企业之一。

此外，武钢轧板还是全国最早拥有三条热处理线的企业并且和鞍钢一起为我国早期、近期军工钢的研发和生产做出了很大的贡献。

4.5.4　济钢中板

4.5.4.1　改造前概况

始建于 1958 年，1961 年正式投产，建厂之初主要设备有三辊劳特式轧机，与之配套的有两座加热能力仅为 45t/h 的推钢式加热炉。二重式热矫直机，小面积冷床和在剪切线上布置了铡刀剪，设计年生产能力为 12 万吨，投产以后近 10 年平均年产量在 30 万吨左右，1958 年济钢中板建设时的现场见图 4.65。

图 4.65　1958 年济钢中板厂建设时的现场

4.5.4.2　1989~1991 年的改造

1989 年进行了不停产的技术改造，生产时仍然依靠三辊劳特轧机作业，同时在其后部新增一台四辊 2500mm 可逆轧机作为精轧机。精轧机建好后与三辊劳特匹配形成了三辊+四辊的作业配置，年设计能力增至 50 万吨。

1990 年的改造主要内容为加热炉改造，控制系统升级，冷却系统改造，精整作业线改造等。经 3 年改造后该厂的主要装备和参数：

（1）3 座微观自动控制的短滑坡扼流连续式加热炉，参数为：

加热炉有效长度：26.7m
加热炉形式：推钢式
加热炉有效宽度：3.94m
加热能力：50t/h

（2）2300mm 三辊劳特+四辊 2500mm 轧机，参数为：

最大轧制压力：30000kN
工作辊尺寸：ϕ(780~730)mm×2500mm
轧线配有：电功 APC 和液压 AGC
主电机功率：2×2500kW
支撑辊尺寸：ϕ(1550~1450)mm×2500mm
机前配有：出口压力 18MPa 的除鳞装置

（3）水幕冷却装置工艺参数：

冷却长度：12000mm×24000mm
冷却速度：5~20℃/s
冷却水温：<60℃

济钢中板改造后的水幕冷却见图 4.66。

（4）1 号矫直机工艺参数：

形式：十一辊矫直机
矫直钢板规格：(4~25)mm×2000mm
矫直温度：600~800℃

2 号热矫直机工艺参数：

矫直钢板规格：(4~16)mm×2100mm
矫直温度：>400℃

（5）冷床工艺参数：

形式：1号滚轮式，2号和3号大轮盘水冷式
1号冷床面积：4.16m×14.5m
2号冷床面积：7.26m×17.0m
3号冷床面积：7.26m×16.4m

（6）汽雾冷却装置工艺参数：

面积：18000mm×2200mm（3组）
冷却速度：1～4℃/s
冷却水温：<35℃
水压 P：0.2MPa

济钢中板改造后的汽雾冷却装置见图4.67。

图4.66　1991年济钢中板改造后水幕冷却

图4.67　1991年济钢中板改造后汽雾冷却装置

（7）剪切机工艺参数：

1号、3号为3.8m纵剪剪切钢板厚度：碳钢4～20mm，普通低合金钢4～18mm
2号为2.3m横剪剪切钢板厚度：碳钢4～20mm，普通低合金钢4～18mm
4号为2.6m横剪剪切钢板厚度：4.5～30mm，剪切力 P=3500kN
钢板压紧力：6×32.17kN
自身剪刀间隙调整范围：±2mm

4.5.4.3　2003～2005年的改造

A　加热炉

拆除1座，改造1座，增加1座。改造和增建的都采用蓄热式加热，采用了四段两单位炉型设计与燃烧控制技术、一体化新型蓄热式烧嘴和计算机网络自动化温度控制等技术，使板坯加热能力得到明显提高，燃耗明显降低。

改造后加热炉工艺参数：

加热炉尺寸：34336mm×6496mm
有效尺寸：33640mm×5104mm
加热能力：热坯（≥650℃）135t/h
常用钢坯单重：2.3～5.08t
常用钢坯规格：厚180mm，宽1050mm
常用钢坯长度：1500～2320mm

济钢中板厂改造后的加热炉见图4.68。

B　轧机

2004年6月启动，2005年4月完成。改造方式：用1989年新增的2500mm四辊轧机作单机架运行，同时拆除三辊劳特式轧机，新建一套新2400mm四辊轧机，安装在原三辊劳特轧机所在的位置作粗轧机，使济钢中板进入了双四辊轧机的生产时期，使其产量和品种质量进入了一个新阶段，改造中的粗轧机见图4.69，改造前的精轧机见图4.70。

新四辊轧机主要参数：

最大轧制力：45000kN
最大力矩：2×1700kN·m
主电机功率：AC3500kW×2
轧制速度：0～2.49～4.97m/s
工作辊尺寸：ϕ1600/1450mm×2400mm

C　新增精轧机液压AGC

2004年正式投用。

主要技术参数：

系统设计压力：32MPa

系统工作压力：24MPa

液压压下速度：>8mm/s

系统恒定输出量：≥360L/min

油缸形式：档案活塞式

工作行程：60mm（最大）

最高试压压力：28MPa

额定工作压力：21MPa

额定承载能力：15000kN（单缸）

油缸响应速度：<50ms/0.1mm

新增HAGC后的效果：

实现了精轧机对成品厚度的高精度控制，可进行钢板的头尾部厚度补偿；在可以准确计算轧制力和成品厚度的基础上给精轧操作岗位提供了精确操作方向。液压AGC的投用，大大减轻了工人的劳动强度，提高了钢板的成材率和正品率。实现了对轧机轧制精度和运行状况的实时掌控与安全运行，更好地发挥轧机潜力。

图4.68　2013年济钢中板改造后加热炉

图4.69　2003年济钢中板改造中的粗轧机

图4.70　2003年济钢中板改造前的精轧机

改造后的粗轧机和精轧机分别见图4.71和图4.72。

图4.71　2005年济钢中板改造后的粗轧机

图4.72　2005年济钢中板改造后的精轧机

D　新增一条精整线

2005年启动，在其厂内北侧新上一条精整线，2006年3月投用。改造后济钢中板的工艺流程见图4.73。

新精整线中的装备及工艺参数：

(1) 1号矫直机

形式：十一辊矫直机

主电机功率：315kW

主电机数量：2 台

矫直速度：0~±(75~120)m/min

矫直钢板厚度：6~30mm

主电机型号：YTSP400L-6

主电机转速：1000r/min

主减速机传动比：10.916

压下速度：0~±2mm/s

矫直钢板宽度：1200~2500mm

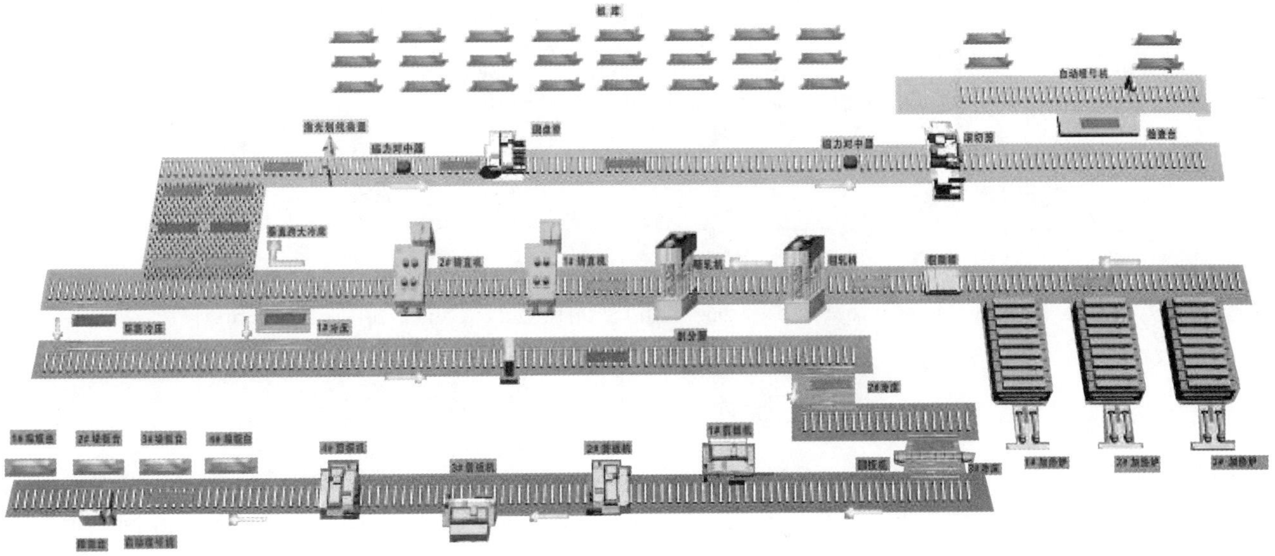

图 4.73　改造后济钢中板的工艺流程图

（2）圆盘剪

技术参数：

夹送辊辊数：4 件

剪切厚度：4.5~25mm

剪切长度：最大 33.5m

刀片尺寸：最大 ϕ1000mm×70mm

　　　　　最小 ϕ900mm×60mm

剪切速度：0~1.0/2.0m/s

夹送辊开口度：最大 100mm

剪切宽度：1300~2300mm

剪切温度：≤200℃

圆盘剪主电机：$P=2\times180$kW

碎边剪主电机：$P=2\times200$kW

（3）双边定尺剪

技术参数：

剪切力：~30000kN

钢板剪切长度：5~13.5m

每次剪切时间：~4.5s（包括夹紧时间）

钢板厚度：4.5~25.0mm

钢板剪切宽度：最大 2300mm/最小 1200mm

钢板温度：≤200℃

改造后济钢中板的滚切式双边剪和圆盘剪见图 4.74 和图 4.75。

图 4.74　2006 年济钢中板改造后的滚切式双边剪

图 4.75　2006 年济钢中板改造后的圆盘剪

4.5.4.4　改造后的效果

经过几轮较大规模的改造该厂轧制时增大了压下量，轧制节奏加快，控制能力增强，可顺利实行控制轧机及 TMCP 工艺，轧制后钢板的晶粒度组织细化，中间坯尺寸精度提高，使钢板的尺寸限制和性能限制明显减少，钢板矫直能力和精度及剪切能力和精度都得到了提升，促进了成品各项性能指标的提高。2005~2016 年济钢中板厂改造后的产量如图 4.76 所示。

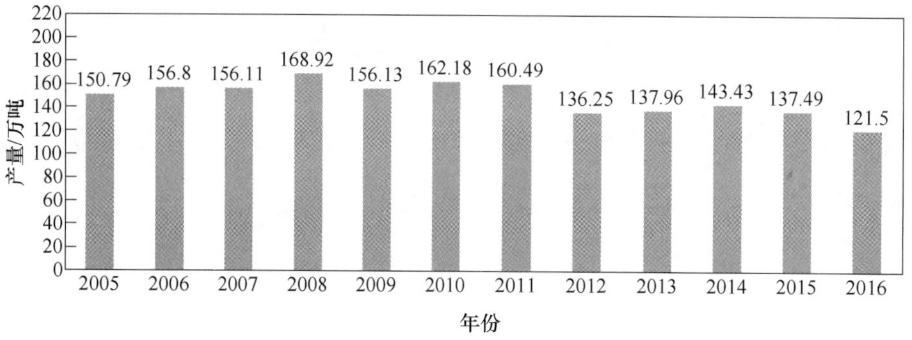

图 4.76　济钢中板 2005~2016 年产量

济钢中板厂，已于 2017 年 6 月底停产。但由于生产 50 多年的历史中不断地进行改造，近 10 年来，碳钢产量占 40%，各类中档次的品种板、专用板占 60%，55 年来共生产了 3300 万吨中板，在同类企业中居于领先地位。

近 10 年来，该企业最大的特点是从自身条件出发，作业中很好的运用手动加自动化控制的手段，在如何适应市场用户的个性化需求，多样性服务方面实现了高效率生产，得到了市场的广泛认可。

另外，该企业在生产极薄规格（4.5~5mm）方面有较突出的业绩，尤其是在实际操作中如何合理分配轧制负荷，优化压下规程，摸索最佳轧制工艺，如何减少温降，控制负荷以及头部咬入稳定性条件的建立，AGC 参数和轧辊辊型的优化等，总结了一套行之有效的技术诀窍，得到业界的普遍好评。

4.5.5　首钢本部中厚板

4.5.5.1　改造前的概况

投产于 1987 年，投产之初为三辊劳特 2300mm+四辊 3200mm 配置，设计年生产力为 45 万吨。

进行两次规模不大的技术改造，如轧机改造曾尝试增设炉卷轧机，改造后觉得不适合，又恢复原样。对矫直机、冷床区和精整区进行了改造，效果较好。

4.5.5.2　2001 ~2002 年的大规模改造

经 20 世纪 90 年代的改造，该厂认为矫直机、冷床等较适用外，因其主体装备均是美国购进的二手设备，都是 20 世纪 40~50 年代的装备水平，已相当落后。如不再次大规模改造，则主轧机轧制力偏小，无法实现 TMCP 工艺，自动化控制水平低，不能实现全过程自动控制。由于其他主体辅助装备配置也落后且严重老化，造成实物内在质量、外观质量距用户需求有较大差距，所以认为再次改造势在必行。2001 年 5 月首钢中厚板改造的现场见图 4.77。

4.5.5.3　改造的主要内容

A　轧机改造

拆除三辊劳特式轧机，改造 3200mm 精轧机（改成 3500mm 作单机架运行），3500mm 单机架轧机的参数：

最大轧制力：74000kN　　最大轧制力矩：2×3070kN · m

刚度：10MN/mm　　主电机功率：2×7000kW

工作辊尺寸：ϕ1050/950mm×3500mm　　支撑辊尺寸：ϕ2100/1900mm×3300mm

最大开口度：330mm（新辊）
轧制速度：0~2.75~6.6m/s
工作辊弯辊力：2000kN（单侧）
配备相应的液压 AGC 系统
电动压下速度：0~35m/s

改造后的 3500mm 单机架精轧机见图 4.78。

图 4.77 2001 年首钢中厚板改造的现场

图 4.78 2002 年首钢本部中厚板改造后的 3500mm 单机架精轧机

B 新增轧机液压 AGC 系统

外形尺寸：1780mm×1780mm×650mm
活塞杆直径/行程：1350mm/50mm
最大流量：5747L/min
相应频率：≥18Hz
内径：1450mm
液压系统压力：30MPa
最大压下速度：2.9m/s

系统所有阀件及关键接头采用进口件，每个液压缸分别由两个伺服阀并联供油。

C 加热炉改造

原有 1 号炉加热能力 75t/h，2 号炉 80t/h，技术装备落后，能耗大。对 2 号炉进行了空气蓄热式燃烧、全长热滑轨、汽化冷却等先进技术改造。改造内容：在 2 号旧址上改造，坯料长度由 2500mm 增至 3000mm，钢坯出炉方式由滑道式改为托出式。选择蓄热式烧嘴来实现高温空气低氧燃烧。改造后的 2 号炉共设有 26 个上烧嘴，24 个下烧嘴，点火烧嘴 10 个。均安装于侧墙内，全炉共有预热段、加热段、均热段。球状和蜂窝状蓄热体特点对比见表 4.4，蓄热式烧嘴的结构简图见图 4.79。

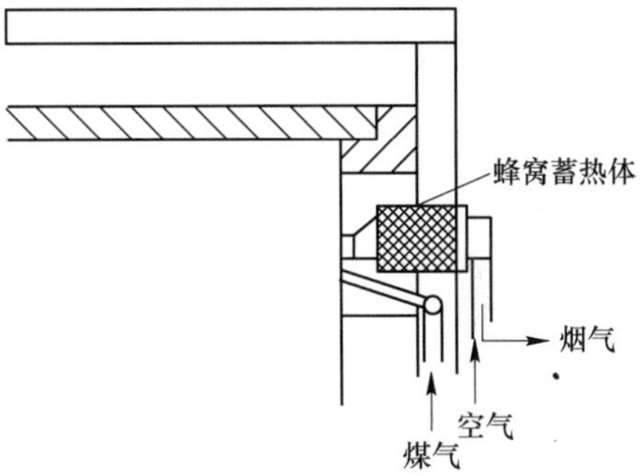

图 4.79 2002 年首钢中厚板改造后的蓄热式烧嘴结构简图

表 4.4 球状和蜂窝状蓄热体特点对比

形　式	重量比	比表面积/$m^2 \cdot m^{-3}$	切换时间/s	压力损失/Pa
球状蓄热体	约 10	240	约 120	3000
蜂窝蓄热体	1（基本单位）	1340	30	1000

采用烧嘴独立供热方式，上下一对均安装一套空气、烟气、换向三通阀，煤气快切阀。吸收烟气余热时，煤气快切阀关闭，然后换向动作进行，预热空气时，换向动作进行，然后煤气快切阀打开。该厂采用的换向系统结构见图 4.80。

改造后 2 号炉有效长度 29278mm，有效内宽 6960mm，加热能力 120t/h，加热钢种：普碳钢、低合金、燃料为高、焦、转混合煤气，单位热耗 1254kJ/m^3。

D 新增 1 台去毛刺机

改造前由于坯料端部存在切割氧化熔渣，加热后经高压水无法清除干净，极易压入钢板造成结疤或轧辊压废，所以这次改造在两炉之间新增 1 台去毛刺机，在钢板运动过程中刮去端部结渣，新增的去毛刺机见图 4.81。

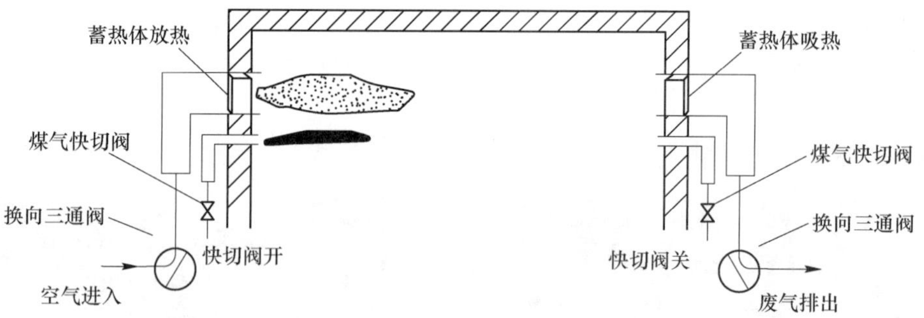

图 4.80　2002 年首钢中厚板改造后的加热炉烧嘴换向系统结构

E　高压水除鳞装置改造

改造前系统压力仅为 12MPa，水量不足，除鳞效果差。改造时采用了新式高压水喷嘴，快速喷射阀、耦合器节能离心泵，集管升降装置等。改造后系统压力 15~20MPa，流量 6.48m/min。新增的高压水除鳞装置见图 4.82。

图 4.81　2002 年首钢中厚板改造后的去毛刺机

图 4.82　2002 年首钢中厚板改造后高压水除鳞装置

F　改造控冷设备

该厂控冷设备改造依靠东北大学的技术。改造后成为 28 组集管冷却，最大流量为 8000m^3/h，为保证系统最大流量，配置两个水箱，一次水箱为高位水箱，容积 150m^2，起到稳流、稳压作用。二次水箱为直径 1.2m 的中间水管与集管相连，起中间过渡作用。每组集管安装气动薄膜阀，电磁流量阀进行控制。改造后的控冷设备见图 4.83。

图 4.83　2002 年首钢中厚板改造后的控制冷却装置

改造后的控冷设备参数：

设备尺寸：3200mm×2800mm　　轨道间距：1.0m

冷却速度：1.5~50℃/s　　冷却钢板尺寸：(6~50)mm×1500mm×3200mm

冷却方式：通过式　　上下水量比：1∶1.5~3

G　矫直机改造

原有矫直机低温矫直能力不足，规格范围受限。改造后采用电动 APC 压下及液压平衡技术，矫直机能进行软件分析，压下规程计算设定及二级自动化控制，充分发挥矫直机潜力。

改造后的矫直设备参数：

最大矫直力：20000kN　　矫直温度：450~800℃

矫直速度：≤1.5m/s　　最大开口度：180mm

矫直钢板尺寸：(6~60)mm×(1500~3200)mm　　矫直辊尺寸：ϕ300mm×3300mm

APC 定位精度：0.01mm

改造后的矫直机见图 4.84 。

图 4.84 2002 年首钢中厚板改造后的矫直机

H 冷床改造

原有 1 座冷床，面积为 730m^2，新建 1 座滚盘式面积为 1440m^{2}宽度为 36m，冷床为双排料，滚盘间距 1000mm。辊盘轴承泵采用干油润滑，钢在上下料台架液压滚动。改造后的冷床见图 4.85。

I 剪切线改造

新增 1 台圆盘剪，采用磁力对中，激光定位划线。剪刀间隙自动调整。二级自动化控制，剪切钢板规格厚度为 6~30mm，最大剪切强度 100N/mm^2。改造后的滚切式切头剪见图 4.86。新增的基于图像识别技术的钢板平面尺寸测量仪见图 4.87。

图 4.85 2002 年首钢中厚板改造后的冷床

图 4.86 2002 年首钢中厚板改造后滚切式切头剪

经过这一轮大规模系统性的改造。首钢本部中厚板厂的装备和工艺水平得到很大的提高，随之其产品结构也发生很大变化。改造从 2001 年开始，历经近一年半于 2002 年 10 月恢复生产。2008 年奥运会前一年停产，既未拆除也未搬迁。2016 年已启动往首钢曹妃甸基地搬迁。

4.5.6 太钢临汾中板

4.5.6.1 改造概况

1974 年建成投产，主要由 2300mm 三辊单机架劳特式轧机及其辅助设备组成，投产之初年设计能力为 12 万吨。投产 29 年后，于 2003 年启动改造工程。改造分二期进行，一期于 2003 年 5 月启动，2005 年 10 月完成。一期工艺平面布置见图 4.88。

4.5.6.2 一期项目主体装备及参数

一期改造完成后，年设计能力 70 万吨，主要改造内容为建成 3000mm 四辊可逆式轧机，拆除三辊劳特式轧机。

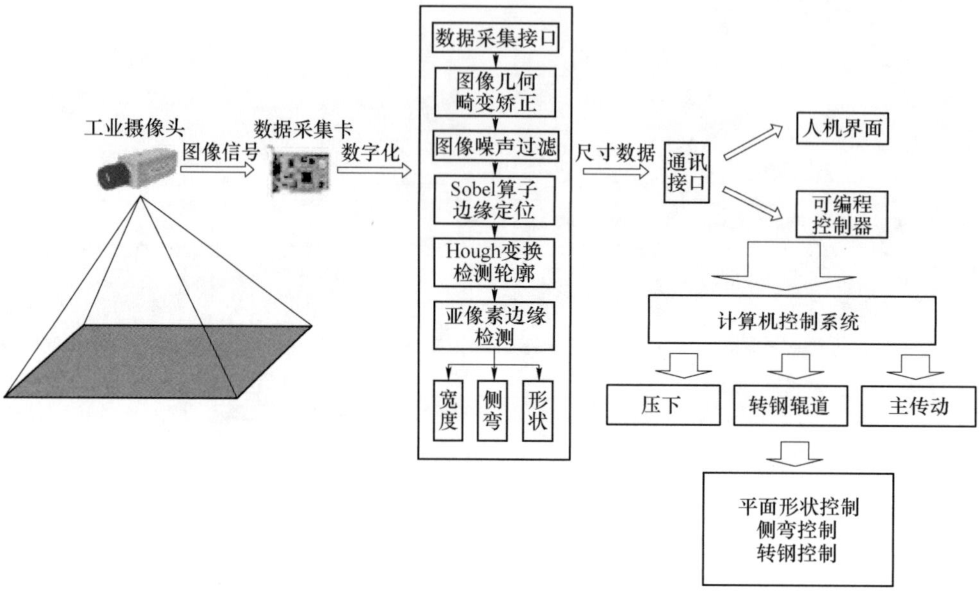

图 4.87 2002 年首钢中厚板改造后新增的基于图像识别技术的钢板平面尺寸测量仪

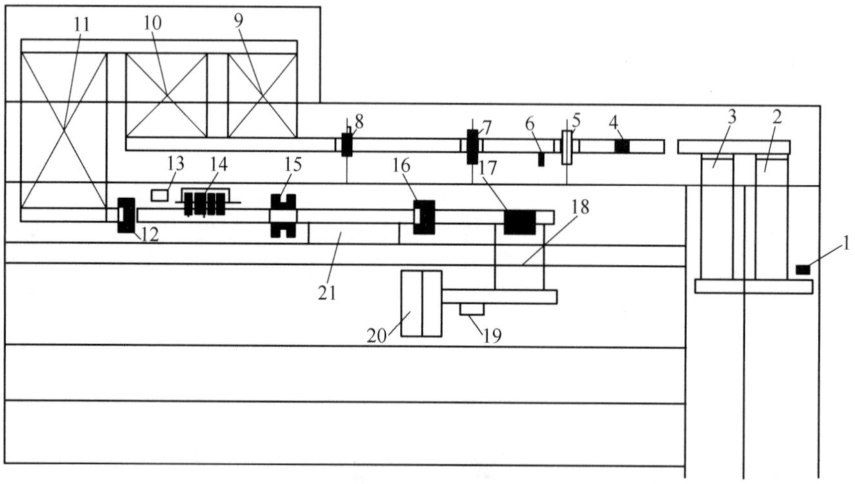

图 4.88 2003 年太钢临汾中板启动一期工程时的工艺平面布置简图

1—上料垛板台；2—1 号加热炉；3—预留 2 号加热炉；4—高压水除鳞箱；5—粗轧机；6—测厚仪；7—预留精轧机；8—矫直机；9—预留 1 号冷床；10—2 号冷床；11—3 号冷床；12—预留切头剪；13—下表检查；14—检查台架；15—双边剪；16—定尺剪；17—翻板机；18—横移台架；19—标印机；20—垛板台架；21—火焰切割机

A 新轧机主要技术参数

形式与尺寸：四辊可逆式 3000mm 单机架
最大轧制力：50000kN
工作辊尺寸：ϕ1000/940mm×3000mm
轧制力矩：2×2000kN · m
主传动电机功率：2×5000kW
轧制速度：±5.76m/s（最大）
支撑辊尺寸：ϕ1800/1600mm×2800m
轧机刚度：9000N/mm
轧机开口度：300mm

改造的现场见图 4.89，新建成的轧机见图 4.90。

B 新建一座与轧机配套的推钢式加热炉

主要技术参数：

加热炉产量：额定 156t/h，最大 170t/h
燃料：高炉煤气
板坯规格：200mm×1250mm×2700mm
加热炉有效长度：35m
加热炉有效宽度：9.1m

图 4.89　2003 年太钢临汾中板一期改造工程

图 4.90　2005 年太钢临汾中板新建轧机

新建成的推钢式加热炉见图 4.91。

C　高压水除鳞装置参数

除鳞压力：18MPa
喷嘴高度可调节
上下喷水集管：上下各两排
除鳞装置后设置去毛刺机

D　新增矫直机及主要技术参数

形式：四重式十一辊热矫直机
矫直辊直径：ϕ300mm
矫直钢板屈服强度：≤400MPa
矫直速度：0～±(0.6～1.6)m/s
最大矫直力：24000kN

新增强力矫直机见图 4.92。

图 4.91　2004 年临汾中板新建推钢式加热炉

图 4.92　2005 年临汾中板改造后的强力矫直机

E　新增剪切线主要技术参数

形式：滚切式三轴三偏心双边剪
剪切钢板厚度：6～50mm
剪切钢板最高温度：200℃
剪切钢板宽度：1500～2800mm
剪切次数：14～24 次/min

新增的三轴三偏心双边剪见图 4.93。

形式：滚切式二轴二偏心定尺剪
剪切钢板厚度：6～50mm
钢板屈服强度极限：≤800MPa
最大剪切力：14500kN
剪切钢板宽度：1500～2800mm
剪切次数：15～30 次/min

新增的二轴二偏心定尺剪见图 4.94。

F　新增 2 号、3 号冷床采用滚盘式

3 号冷床输出辊道后预留切头剪，检查合格后的钢板进行标记处理，在收集跨里预留了火焰切割机。

G　一期改造的自动化控制内容

采用两级控制，由计算机技术自动控制技术、检测技术，液压 AGC 技术完成轧钢基础自动化及过程自动化的轧钢工艺过程。两级控制系统采用西门子 ST-400，ST-300 系列 PLC 惠普服务器。阿尔法 ES40 服务器。

图 4.93　2005 年临汾中板新增三轴三偏心双边剪

图 4.94　2005 年临汾中板新增二轴二偏心定尺剪

4.5.6.3　二期改造工程简述

（1）新增建 3300mm 四辊可逆式精轧机。

（2）新增 2 号步进式加热炉，形成了推钢式+步进式配置的传统炉型+现代炉型的配置。

改造了 1 号冷床，新增了一套滚切式切头剪，使临钢具备了 3 座冷床能力，具有双边、定尺、切头的剪切能力且均是现代意义上的滚切式。

（3）二期改造完成后，临钢中板厂具备了生产碳板、锅炉板、压力容器板、工程机械板、建筑结构板、管线板、耐候板的能力。

（4）二期工程于 2007 年上半年完成。

至此，太钢临汾中板厂形成了 3000mm 四辊粗轧+3300mm 四辊精轧，具有现代意义的四辊双机架配置见图 4.95。

图 4.95　2007 年临汾中板二期改造完成后的双机架配置

4.5.7　柳钢中板

4.5.7.1　改造前概况

1978 年 10 月 15 日投产，投产之初为 2300mm 三辊劳特式轧机单机架运行，与轧机配套的装备有推钢式加热炉、二重式矫直机、拉钢式冷床、铡刀剪等，年设计产能为 12 万吨。

4.5.7.2　1998 年新增建精轧机

1998 年三辊劳特式轧机继续运行，在另一跨中建 2800mm 四辊可逆式精机，建好后拆除了三辊劳特式轧机，作四辊 2800mm 单机架运行，具体参数：

形式：四辊可逆式
轧制压力：42000kN
主电机：DC 2×3500kW，0～±(50～120) r/min
工作辊尺寸：ϕ(920 ～860) mm ×3000mm
新辊开口度：260mm
最大轧制速度：5.65m/s
支承辊尺寸：ϕ(1800～1660) mm×2800mm

4.5.7.3　2003 年改造 3 号加热炉

改造完成后 3 号加热炉的具体参数：

单座加热炉最大额定生产率：1 号、3 号炉：90t/h；2 号炉：110t/h
炉底有效面积：1 号、3 号炉：30×6.00 = 180m^2；2 号炉：30×7.00 = 210m^2
燃料种类：焦炉煤气，高-焦炉混合煤气
正常煤气工作压力：3000～8500Pa
加热炉单位热耗：1.758GJ/t 坯

4.5.7.4 2004年改造2号矫直机

改造完成后2号热矫直机的具体参数：

形式：四重式可倾动十一辊可逆热矫
最大矫直压力：21000kN
最大开口度：250mm
矫直辊数：11个
矫直速度：0.5~1.5m/s

改造后的矫直机见图4.96。

图4.96 2004年柳钢中板改造后的矫直机

4.5.7.5 2004年增建粗轧机

增建后粗轧机的具体参数：

形式：四辊可逆式
轧制力：50000kN
工作辊尺寸：ϕ(920~860)mm×3000mm
主电机：DC 2×4200kW，0±(50~100)r/min
开口度：300(新辊)/500(旧辊)mm
支承辊尺寸：ϕ(1800~1660)mm×2800mm
轧制速度：0~2.75~5.2m/s

改造后的粗、精轧机见图4.97。

图4.97 2004年柳钢中板改造后双机架四辊运行的轧机

4.5.7.6 2004年改造冷床

完成改造后冷床的具体参数：

1号冷床

形式：滚盘式
滚盘轴距：600mm
冷床面积：37.3×16.2=604.26m^2
滚盘直径：ϕ650mm

2号冷床

形式：步进式
尺寸：33500mm×28000mm

改造后的冷床见图4.98和图4.99。

图 4.98　2004 年柳钢中板改造后的滚盘式冷床

图 4.99　2004 年柳钢中板改造后的步进式冷床

4.5.7.7　2004 年改造剪切机

完成改造后剪切机参数：

主刃最大剪切压力：530MPa

剪切厚度：普通碳素钢系列、普通船板、Q245R 钢板：5~40mm
AH32、AH36、Q345R、Q345 系列：5~36mm
Q390 及 Q390 级别以上：5~34mm
40、45、50、55 等优质碳素钢：5~30mm

剪切宽度：剪前：900~3400mm　剪后：900~3100mm

剪切长度：6000~28000mm　最大剪边量：单边 150mm

剪切厚度：普通碳素钢系列、普通船板、Q245R 钢板：5~40mm
AH32、AH36、Q345R、Q345 系列：5~36mm
Q390 及 Q390 级别以上：5~34mm
40、45、50、55 等优质碳素钢：5~30mm
当剪切温度≥300℃时，Q345 系列：5~40mm；40、45、50、55 等优质碳素钢：5~36mm；允许蓝边

最大剪切宽度：3200mm　定尺范围：4000~18000mm

最大剪切力矩：100000kg · m

改造后的双边剪和定尺剪见图 4.100。

图 4.100　2004 年柳钢中板改造后的双边剪和定尺剪

2005~2016 年柳钢中板的年产量变化情况见图 4.101。

4.5.8　新余中板

4.5.8.1　目前该厂的概况

1978 年 10 月投产，2300mm 三辊劳特式轧机单机架运行，从 1993~2007 年先后经过两次技术改造，目前生产设备主要为三座加热炉、2690mm 粗轧机、3000mm 精轧机、ACC 水冷装置、矫直机、两条收集作业线等。

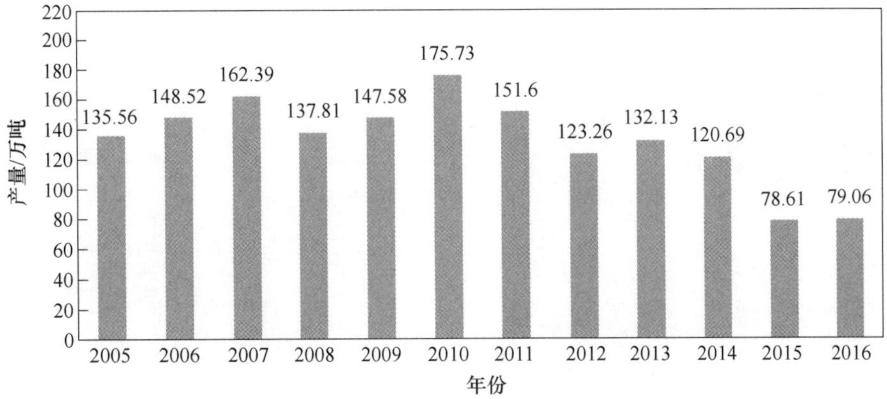

图 4.101　柳钢中板 2005~2016 年产量

4.5.8.2　1993~2009 年改造的主要内容

A　加热炉

2 号加热炉建于 1993 年，分别于 2007 年、2016 年进行过两次改造，改造后为三段连续推钢式加热炉，炉膛有效尺寸 26740mm×4640mm，主要采用焦炉、高炉、转炉混合煤气加热，额定生产能力 60t/h。

4 号、5 号加热炉为步进梁式加热炉，炉膛有效尺寸 32820mm×6700mm，主要采用焦炉、高炉、转炉混合煤气加热，每台额定生产能力 100t/h。其中，4 号炉采用蓄热体式加热，于 2007 年 7 月投产；5 号为常规加热步进式炉，于 2009 年 10 月开始投产。

2007 年改造后投用的步进式加热炉见图 4.102。

图 4.102　2007 年 7 月改造后投用的 4 号蓄热式步进加热炉

B　轧机

1993 年 8 月至 1994 年 9 月进行了第一次技术改造在三辊劳特式轧机后部增设一架 2500mm 四辊可逆式轧机。

2007 年第二次技术改造拆除三辊劳特式轧机，2500mm 四辊可逆式轧机改为 2690mm 四辊可逆式轧机，用于粗轧开坯，四辊可逆式粗轧机主要性能参数有：

最大轧制力：40000kN

主电机：2×4500kW

最大开口度：250mm（辊径最大时）

工作辊尺寸：ϕ900/830mm×2690mm

轧制力矩：2×1430kN · m

轧制速度：0~2.12~4.95m/s

液压压下缸最大行程：80mm

支承辊直径：ϕ1560/1460mm×2400mm

改造后的 2690mm 粗轧机见图 4.103。

2007 年第二次技术改造时，增设一架 3000mm 四辊可逆式轧机，用于精轧。新增的 3000mm 精轧机见图 4.104。

精轧机主要性能参数：

形式：四辊可逆

最大轧制压力：60000kN

主传动电机：AC 2×7000kW

轧辊最大开口度：300mm

工作辊最大弯辊力：2500kN/每侧

工作辊规格：ϕ980/900mm×3000mm

电动压下速度：0~35mm/s

压下精度：0.01mm

轧制额定力矩：2×1820kN · m

轧制速度：0~2.82~6.67m/s

轧机刚度：≥8500kN/mm

压下方式：电动 APC+液压 APC+液压 AGC

支承辊规格：ϕ2000/1800mm×2900mm

液压 AGC 压下行程：80mm

C　ACC 控制冷却

2007 年第二次技术改造时，增设 ACC 冷却装置，其相关技术参数：

长度：26000mm　　最大供水能力：2800m³/h

辊速：0~2m/s

图 4.103　1994 年新余中板改造后 2690mm 粗轧机

图 4.104　2007 年新余中板新增 3000mm 精轧机

改造后的 ACC 冷却装置见图 4.105。

D　矫直机

2007 年至 2008 年 10 月进行了二次改造，淘汰旧的十一辊矫直机，增设四重式十一辊强力矫直机，新增矫直机主要性能参数：

矫直钢板厚度：5~60(100)mm　　矫直钢板宽度：1500~2900mm

矫直钢板屈服极限：≤800N/mm²　　最大矫直力：25000kN

最大开口度：220mm

改造后新增的四重式十一辊强力矫直机见图 4.106。

图 4.105　2007 年新余中板改造后 ACC 冷却装置

图 4.106　2008 年新余中板改造后新增强力矫直机

2005~2016 年新余中板厂的年产量变化情况见图 4.107。

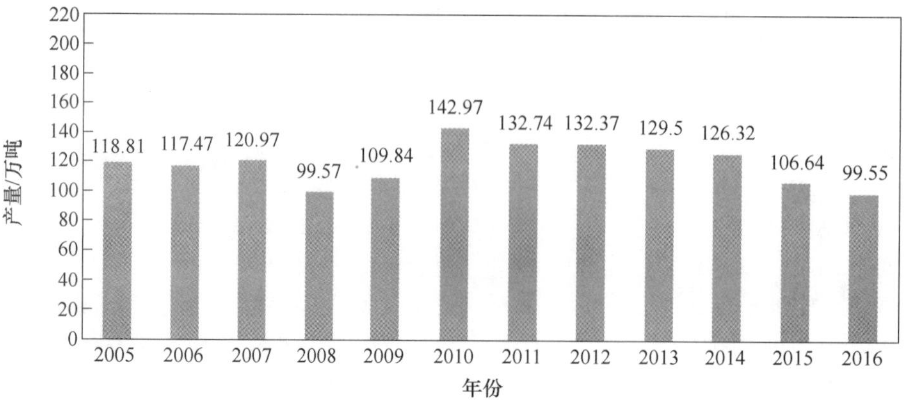

图 4.107　新余中板 2005~2016 年产量

参 考 文 献

[1] 龙春满，等. 中国轧钢技术的发展［J］. 轧钢，1989（4）.

[2] 高豫. 对老式初轧，中厚板大型轧机技术改造的看法［J］. 轧钢，1986（2）.

[3] 鞍钢、宝钢、武钢、舞钢、济钢、南钢、湘钢、首秦、首钢、新余、柳钢、营钢、莱钢等30家中厚板企业调研交流得到的非保密性资料数据，2002~2016.

[4] 龙春满. 对我国轧钢技术发展方向的探讨［J］. 轧钢，1991（1）.

[5] 王国栋，等. 日本中厚板生产技术的发展和现状［J］. 轧钢，2007.

[6] 孙浩. 济钢中板厂技术改造方向的探讨［J］. 轧钢，1991（4）.

[7] 陈瑛. 中厚板发展与技术装备进步的分析［J］. 冶金管理，2005（8）.

[8] 陈瑛. 我国中厚钢板轧机的改造与发展［J］. 轧钢，1990（3）.

[9] 李文惠. 2300mm三辊劳特式轧机刚度测定研究［J］. 轧钢，1989（5）.

[10] 罗先德. 浅谈我国中厚板生产现状及其技术改造［J］. 轧钢，1997（1）.

[11] 孙决定，等. 中厚板生产技术的进步与不足［J］. 冶金管理，2006（10）.

[12] 杨国川. 中厚板生产设备概述［J］. 轧钢，2004（1）.

[13] 全国中厚板生产技术信息交流会论文集［C］. 2002.

5 质量控制与检查

5.1 质量设计与检查内容

进入21世纪，用户对中厚板产品的内外质量要求进一步提高，中厚板的生产合同除了要满足国内外各类标准外，有些合同还附加了用户的个性化需求和特殊要求。

质量是在各制造工序中叠加产生的，所以质量管理（控制）就是通过管理和检查，能够经济、稳定地生产出满足用户质量要求的产品。

质量检查，就是根据标准、用户、工序的要求等对钢板进行质量检查。中厚板由于规格厚、产品种类复杂、使用领域重要，因此对产品的质量要求较高。

由于中厚板有许多与热轧薄板不同的生产工艺，可能使中厚板在各个不同的生产工序的中间产品和最终产品上出现一些与热轧薄板不同的质量缺陷，使中厚板的缺陷变得更加复杂，对质量检查的工艺要求更高。

本章重点介绍质量检查流程及各检查点的检查内容、过程工序的质量缺陷、产品的质量检查等内容。考虑到超声波探伤在中厚板质量检查中占有较重要的地位，因此，在第2章第11节和第3章第11节中详细介绍了自动超声波探伤的设备和工艺。

5.1.1 质量设计的要点

中厚板是船舶、海洋平台、桥梁、建筑、工程机械、输油管线、压力容器等制造的主要原料，其用途因构件的规模、所用部位及施工方法而异，对钢材要求的特性也有差别，所以质量设计时也有所区别。

另外，各类品种的生产方法也应考虑炼钢、连铸、加热、轧制、冷却、热处理等生产条件，由于经过若干个工艺过程进行连续生产，所以质量设计时也应考虑各种工艺条件。

所谓质量设计就是对于每个订单，准确地把握标准要求，以及用户的个性化需求，事先对全工序的质量控制进行设计。

5.1.2 中厚板的主要特性

中厚板的质量设计是根据其特性而进行的，通常情况下其特性包括材质、内部质量、尺寸、平直度、外观等，特殊情况时还要求具备特殊的焊接性能和加工性能等。

材质包括强度、重要的使用性能、韧性、抗层状撕裂性、耐磨性、耐HIC(SCC)性能、高温蠕变特性、破坏韧性。内部质量包括内部缺陷、夹杂物、偏析。尺寸包括厚、宽、长的精度。平直度有浪高。外观包括表面缺陷、修磨痕迹。焊接性包括焊接硬度、焊裂性、强度、韧性、破坏韧性。加工性能包括冷弯性能。耐环境条件性能包括耐腐蚀性、耐镀裂性。其他还有电磁特性、防振性、易切削性、抗疲劳性、热脆性、氢脆化、辐射脆化等。

5.1.3 中厚板的生产标准

中厚板的生产标准通常可分成三大类。首先是像GB、JIS、ASTM、DIN等国家标准，其次是像行业协会制定的行业标准，如各船级社标准等，还有中厚板企业自己制定的企业标准如武钢、舞钢的首字母为W，南钢为N，宝钢为B，济钢为J等。除标准外，中厚板使用与工程项目有关，大多在标准基础上还附加技术条件。标准中规定的项目和主要内容主要如下。

（1）生产方法：如炼钢（脱氧、精炼）法。

（2）交货状态：如热轧状态、控轧状态、热处理状态等。

（3）化学成分要求。

（4）机械性能：拉伸试验、硬度试验、冲击试验、高温拉伸试验等。

（5）实用试验：如弯曲试验、焊接性。

（6）尺寸公差要求。

（7）特殊试验：如钢质试验（非金属夹杂物、内裂、组织）。

（8）表面检查。

（9）无损检验。

主要国家及有关行业协会的标准见表 5.1。

表 5.1 主要国家、协会标准（船级社除外）

国名（地区）	符号	名　称
中国	GB	中国国家标准
	YB	中国冶金标准
日本	JIS	日本工业标准
	WES	日本焊接协会
美国	ASTM	美国材料试验协会
	ASME	美国机械协会
	API	美国石油协会
	AISI	美国钢铁协会
	MIL	美国军事标准
	AWS	美国焊接协会
英国	BS	英国标准协会
德国	DIN	德国标准协会
法国	NF	法国国家标准
欧洲	EN	欧洲标准
国际	ISO	国际标准化组织

5.1.4 钢板取样的技术与要求

（1）试样表面、侧面不得有肉眼可见的铁皮、折叠、结疤、麻点、裂纹、气泡及分层等缺陷存在，试样要平直，所取试样不准用水激，不准用锤打，必须保证尺寸。

（2）切取样坯时，应防止受热及变形硬化对钢板力学性能和工艺性能的影响。

（3）用火焰切割取样时，从样坯切割线至样坯边缘必须留有足够的加工余量，一般留有的加工余量不小于钢板厚度，最少不得小于 20mm。厚度在 40～60mm 时，留有的加工余量最少不得小于钢板厚度之半。对厚度大于 60mm 的钢板，留有的加工余量可执行需方的要求或技术协议。

（4）冷剪切切取的样坯所留的加工余量通常按表 5.2 选取。

表 5.2 冷剪切样坯边部加工余量选取

厚度/mm	加工余量/mm	厚度/mm	加工余量/mm
≤4	4	>20～35	>15
>4～10	钢板厚度	>35	>20
>10～20	>10		

5.1.4.1 取样部位

（1）应在钢板端部垂直于轧制方向切取拉伸、冷弯、冲击样坯。对于纵轧钢板应在距边缘至宽度 1/4 处截取。对于横轧钢板则可在宽度的任意位置截取。

（2）从厚度≤25mm 的钢板取下的样坯应加工成保留原表面层的矩形拉力试样。当试验机能力不能满足要求时（全厚度试样拉伸），应加工成一个表层的矩形试样。当厚度大于 25mm，应根据钢板的厚度，加工成符合国标 GB 228《金属拉伸试验方法》中相应的圆形比例试样，试样中心线应尽可能接近钢板表面。

（3）在钢板上切取冲击样坯时，应在一侧保留表面层，冲击试样缺口轴线应垂直于表面层。

（4）测定应变时效冲击时，切取样坯的位置应与一般冲击样坯位置相同。

（5）钢板厚度小于或等于30mm时，弯曲样坯厚度应为钢板厚度；大于30mm时，样坯应加工成厚度为20mm的试样，并保留一个表层。

（6）硬度样坯在与拉伸样坯相同的位置同时切取。

5.1.4.2　取样要求

（1）取样数量。通常情况下，每批钢板取初试样一组，再验样两组，以备复验，再验试样从每批中除切取初验试样的那张钢板以外的任意两张钢板上各取一组。

（2）所取试样应立即用钢字头在试样上打上批号，位置应打在宽度方向上的1/2、长度的端部。

（3）试样委托单要填写清楚钢号、炉号、批号、厚度、试验项目，初验或复验、班别、送样者、日期等，并与试样一起送检验部门。

（4）初验不合格的钢板要及时送交复验样。

（5）在未接到初验样合格的报告单之前，要妥善保存复验样。

（6）取样工需严格执行按炉送钢制度，对试样的准确性负责。

（7）需要缓冷和热处理后取样的钢板直接通过，待缓冷到规定温度或热处理后再取样。

5.1.5　质量检查内容简述

质量检查的内容主要包括钢板的化学成分、力学及工艺性能、外形尺寸、表面及内部质量等，有些产品还要根据订货要求进行焊接性能和加工性能等检验。通常技术标准要求的检验内容及检验方法见表5.3。

表5.3　中厚板产品主要检验内容及方法

<table>
<tr><th>检验内容</th><th>检验分类</th><th>检　验　方　法</th></tr>
<tr><td rowspan="8">材质</td><td>强度</td><td>抗拉试验（JIS Z2241）</td></tr>
<tr><td>延伸性能</td><td>抗拉试验：延伸和收缩（GB 6397）</td></tr>
<tr><td>韧性</td><td>落锤冲击试验、落锤试验和NRL落锤试验</td></tr>
<tr><td>抗层状撕裂性</td><td>Z向抗拉试验、十字拉伸试验、裂纹试验</td></tr>
<tr><td>耐磨性</td><td>表面硬度试验（GB 231）</td></tr>
<tr><td>耐HIC、SCC性能</td><td>BP式HIC试验、NACZ式HIC试验（HACET-1F-20）、
SCC试验（NACE TM-01-77）</td></tr>
<tr><td>高强度、蠕变性能</td><td>高温拉伸试验（JIS G0567）、蠕变试验（JIS Z2271）</td></tr>
<tr><td>破坏韧性</td><td>COD试验（BS 5762）、深切口试验、KIC试验（ASTM E399）、JIC试验、
ESSO试验、双重拉伸试验、CCA试验、SCA试验、CDT试验</td></tr>
<tr><td rowspan="3">内部质量</td><td>内部缺陷</td><td>超声波探伤（自动、手动）</td></tr>
<tr><td>夹杂物</td><td>纯净度试验、表面缺陷检查（JIS G0555、JIS G0556）、侧弯试验（JIS Z31323）</td></tr>
<tr><td>偏析</td><td>硫印、宏观腐蚀试验（JIS G0560、JIS G0553）</td></tr>
<tr><td rowspan="5">尺寸</td><td>板厚精度</td><td>测微仪、Y射线测厚仪、X射线测厚仪、成品测量装置（GB 709）</td></tr>
<tr><td>板宽精度</td><td>定尺机、卷尺、测宽仪、成品测量装置（GB 709）</td></tr>
<tr><td>板长精度</td><td>定尺机、卷尺、激光测长仪、成品测量装置（GB 709）</td></tr>
<tr><td>直角度</td><td>直角尺</td></tr>
<tr><td>镰刀弯</td><td>水平线绳</td></tr>
<tr><td rowspan="4">焊接性</td><td>焊接韧性</td><td>对焊接部位进行的硬度试验（JIS Z3101）、斜度韧性试验（JIS Z3115）</td></tr>
<tr><td>焊裂性</td><td>斜Y形焊裂性（JIS Z3158）、CTS试验（JIS Z3154）、
插销冷裂试验、十字焊裂纹试验</td></tr>
<tr><td>强度、韧性</td><td>基本与钢板试验相同</td></tr>
<tr><td>破坏韧性</td><td>基本与钢板试验相同</td></tr>
</table>

续表 5.3

检验内容	检验分类	检 验 方 法
加工性		弯曲试验（JIS Z2204/GB 232）、宽向弯曲试验
环境性	耐腐蚀性	大气暴露试验
	耐镀裂性	热镀锌浸裂试验
平直度	浪高	平直度仪、横木、水平线绳、拉伸
外观	表面缺陷、修磨痕迹	目视检查（JIS G0556）、涡流探伤
	剪切面	目视检查
其他		电磁特性、防振性、切削性、疲劳等

（1）化学成分检查。在中厚板生产厂，一般不进行化学成分检验。有特殊要求的钢板，可以在钢坯上取样，或在轧制后钢板上取样，进行化学成分的检验。检验的主要元素是碳、锰、硅、硫、磷、铝，有特定要求时还要检验铬、镍、铜、钛、钒等元素。

（2）力学性能和工艺性能。力学性能主要指静负荷试验中的屈服强度、抗拉强度、伸长率、断面收缩率、硬度和动负荷试验中的常温冲击、时效冲击和低温冲击等，工艺性能主要指冷弯性能。

（3）钢板的焊接性包括焊接硬度、焊裂性、强度、韧性和破坏韧性。

（4）耐环境条件性主要有耐腐蚀性和耐镀裂性。此外还有电磁特性、防振性、易切削性、疲劳、腐蚀疲劳、热脆性、氢脆化和辐射脆化等。

（5）外形尺寸指钢板的断面尺寸和外形尺寸，具体包括厚度、宽度、长度、切斜度和不平度等。

（6）钢板的板形检查包括钢板的镰刀弯、平直度和直角度。

（7）钢板表面质量的检验是指用肉眼检查钢板表面缺陷。例如修磨痕迹和剪切面的毛刺、分层、塌边等。钢板表面质量是以表面、断面以及外形的缺陷程度来表示。这些缺陷基本上可分为允许存在和必须处理两大类：

1）允许存在的表面缺陷：指缺陷的程度轻微，或者说在产品标准的规定范围内。如钢板表面局部的小凸块和表面的轻微划伤等，这些缺陷的深度或高度都在标准规定的范围之内。

2）必须处理的表面缺陷：指气泡、结疤、裂纹、折叠、夹层、分层和因氧化铁皮压入或轧辊掉皮而在表面产生的凹坑、凸块等，这些缺陷已超出技术标准规定所允许的范围。这种缺陷一般允许清理，清理的深度应保证钢板的厚度在公差规定的范围之内。

（8）内部质量检验包括内部组织和内部缺陷的检查。内部组织检验按需要可采用低倍组织（宏观）检验或高倍组织（微观）检验方法确定钢板质量等级。内部缺陷检验采用低倍组织检验方法，通常采用酸浸法检验钢板内部疏松、裂纹、白点、偏折和脱碳层；或采用断口法评定内部疏松、夹杂、分层、白点和岩状断口；或采用硫印法检测硫元素的分布情况。

以上概括了钢板的检验要求，但并不要求所有钢板都必须进行上述各项检验，而应根据钢板具体用途，用户的要求，按照相关标准规定的项目执行。有些钢板尚需进行一些特殊项目检验，例如，对于压力容器钢板，为满足低温韧性要求，需做夏比（V 型缺口）低温冲击检验。

为满足焊接性要求，需采用碳当量法、硬度法或斜 Y 型坡口焊接裂纹试验测定焊接性能，有时甚至可做模拟容器爆破试验。对于核电站锅炉用钢板（如 15MnNi6-3），除进行一般的常温力学性能与工艺性能检验外，尚需进行落锤试验（板厚>16mm），用于确定钢板的塑性转变温度（NDTT）。另外还要进行高温（100~350℃）拉伸实验，测定不同温度的屈服强度和抗拉强度。

对于桥梁钢板，除常规力学性能检验外，尚需做断口组织检验。

采油平台用钢板则需进行抗层状撕裂、斜 Y 型坡口焊接裂纹试验。

耐大气腐蚀钢板还应进行各种腐蚀（大气加速、盐雾、动态挂片暴露、恒温恒湿）试验。

工程机械用钢板根据用途不同需附加磨损试验、弯曲抗度试验和淬透性试验。不锈钢另需进行晶间腐蚀试验等。

5.1.6 检查手段

由于中厚板产品的质量要求严格，因此质量管理采用以各工序质量管理为基础，涉及从炼钢到产品出厂全工序的一贯制质量管理方式，这就需要在中厚板各个生产工序中对坯料或钢板进行质量检查和跟踪。

质量检查主要手段：

(1) 板坯的外形尺寸检查一般通过测量装置或人工测量方式进行测量，高等级钢种还需要对板坯进行人工表面检查。

(2) 轧后钢板的外形尺寸检查一般借助测厚仪、测宽仪和钢板外形仪等自动化仪表完成测量。

(3) 在生产线冷床或检修修磨台架处，对于厚度超差的钢板用千分尺、游标卡尺或超声波测厚仪进行测厚检查。

(4) 在精整区域，要用自动或手动超声波探伤仪，采用离线或在线方式进行内部质量检测。

(5) 对于剪切或切割后的钢板，要进行钢板外形尺寸的检测，一般采用人工或三点式测厚仪、测长仪等成品检测仪表。

(6) 对于入库前的成品钢板，在良好的照明条件下，人工对上下表面、边部、平直度和标记质量等进行目视检查。

(7) 对于厚板的修磨补焊，根据需要进行磁粉探伤或者渗透探伤。

(8) 精整剪切或切割后的钢板需取样并送入检验中心（或检验室等处）进行试样检化验。

(9) 屈服强度、抗拉强度、伸长率和断面收缩率等均采用拉力试验机检测。

(10) 锅炉钢板的高温屈服强度和抗拉强度用高温抗力机测定。

(11) 抗层状撕裂的检测需将试样经摩擦焊机焊接后用专用拉力试验机进行。

(12) 冲击试验在冲击试验机上完成，试样可为V型或U型缺口（常用为V型），有温度技术要求时试样应在专用器件内加热、保温。

(13) 冷弯试验在弯曲试验机上进行，硬度用硬度计测定。

5.1.7　各生产工序质量管理（控制）的主要内容

按照现代质量管理体系的要求，需对中厚板各生产工序进行质量管理（控制）。管理与控制的前提是每个工序均事先制定操作性强、目标明确的有关作业标准（以下简称基准）。对各工序的质量管理（控制）内容简述如下。

5.1.7.1　炼钢及连铸

根据不同品种的特性，对主原料（废钢成分、铁水成分），副原料（铁合金、脱氧剂等）进行工序质量管理。

根据不同品种的内质特性，对氧含量、出钢温度、吹止成分、吹止温度、脱气条件等进行质量管理。对强度等根据成分材质基准进行判定。对P、S、Al等进行基准质量目标控制与检查。

根据不同品种的内质特性，对中间包保护渣、结晶器保护渣、铸型尺寸、拉速、操作模式、冷却水比、浇注温度等进行基准质量检查与管理，必要时对有关设备进行点检或调整。

5.1.7.2　加热

对不同品种的装炉顺序、设定温度、加热模式、升温速度、均热时间、炉压、空气比率、出钢温度、特殊品种加热方法、加热炉缺陷发生源等，按质量管理要求和设定的基准进行管理与检查。

5.1.7.3　除鳞

按设定的标准进行质量管理与检查，对不同的钢种制定一次除鳞或二次或多点除鳞的基准，要对高压水嘴实施点检，防止水嘴磨损或堵塞，必要时更换标准。

5.1.7.4　轧制

为了达到理想的平面形状、板厚精度、板凸度等。对设定的道次计划、压下量调整基准、展宽压下量基准、最大压下量基准、形状控制基准等实施管理与检查。

为了达到板厚精度、长度方向板厚偏差精度等，对 HAGC 使用方法和设定的 HAGC 基准实施管理与检查。

为了达到钢板韧性、强度的目标值，对设定的轧制温度、控制轧制基准、轧机温度计管理基准实施管理与检查。

为了精确控制板厚偏差、平面形状、板厚精度等，对轧辊凸度设定的基准、轧辊磨削基准、轧辊异常时更换的基准进行管理与检查。

为了消除钢板翘曲引起的宽度、长度不足，对轧辊轴承座衬板调平基准实施管理与检查。

5.1.7.5 热矫直

为了达到理想的矫直状态，对设定的矫直机矫直温度、矫直压下量基准实施管理与检查，对矫直辊点检与修磨实施管理。

5.1.7.6 控制冷却

为了达到控冷作业时能保持钢板的冷却均匀性和钢板不翘曲，对事先设定的冷却制度、路径、方法等基准实施管理与检查。

5.1.7.7 剪切

为了达到定尺精度，对事先设定的头尾部切除量基准进行管理与检查；为了达到钢板剪断的精度，对事先设定的尺寸量、直角度、热尺寸补偿、尺寸基准、定线基准进行管理与检查；为了防止剪塌边，端部弯曲，对事先设定的防剪塌边、端部弯曲管理基准，剪刃更换基准进行管理与检查；为了防止镰刀弯，对夹紧辊导卫板进行点检；为了防止由辊道引起的擦伤、划伤，对夹紧辊下剪刃托架及运送设备进行点检。

5.1.7.8 切割

对于>50mm 的钢板，通常要进行离线切割处理，切割方式有火焰切割、等离子切割等。为了达到切割面的目标形状，对设定的切割速度基准、烧嘴选定基准、切割精度中的尺寸基准等进行目标质量管理。为了防止表面缺陷发生（如渣压入缺陷），还需事先制定缺陷防止基准。

5.1.7.9 抛丸涂漆

为了达到抛丸涂漆工序后钢板能防锈、防腐蚀的效果。对事先设定的通板速度基准、膜厚基准、丸粒补给基准进行质量目标管理与检查。为防止擦伤、划伤、抛丸粒压痕等表面缺陷发生，对相关运送设备进行点检。

5.1.7.10 热处理

为了准确地针对不同钢种而设定正火工艺的温度及时间，淬火工艺的温度及时间和水冷条件，回火工艺的温度及时间。需要对事先设定的温度、时间、水冷条件、温度计等基准实行目标质量管理与检查。

为了防止表面缺陷发生（如辊印），还需事先制订结瘤预防基准，清理面积深度基准，清理方法如砂轮粒度基准、清理方向基准等并实行目标质量管理与检查。

5.1.8 生产工序中常见的质量缺陷

（1）炼钢方面，钢锭有缩孔、偏析、气泡、气孔、分层、裂纹及结疤等；连铸板坯有表面裂纹、内部裂纹、夹杂、皮下气泡、偏析、疏松、毛刺及尺寸偏差不合格等；二次开坯有裂纹、折叠及结疤等。

（2）加热工序容易出现过热、过烧、脱碳、划伤及氧化铁皮过厚等。

（3）除鳞主要是一次铁皮未除尽，压入后产生凹坑或形成麻点。

（4）轧制工序形成的缺陷包括尺寸偏差、镰刀弯、瓢曲、波浪、不平直、麻点、残余应力及组织缺陷等。

（5）快冷过程中出现瓢曲、波浪、不平直、组织与力学性能不均匀及残余应力等。

（6）热矫缺陷有压痕及不平直等。

（7）进冷床冷却时会划伤及平直度不合格等。

（8）剪切有剪弯、塌边、毛边、剪裂、凸肩、尺寸不合与偏差过大、错牙及板形不正等。

（9）火焰切割一般只出现切不齐与尺寸偏差超差等缺陷。

（10）抛丸涂漆工序有时会产生漆层划伤、铁皮除不尽等。

（11）热处理容易板面划伤、斑马纹、性能不合格及不平直等。

（12）超声波探伤作业时，会发现钢板内部缺陷。

（13）冷矫直会出现不平直、划伤及压痕等。

（14）标记会出现不规范，数字不清及贴标脱落等。

（15）吊运有板边损伤、吊后板弯等。

常见质量缺陷的原因及预防措施简述：

（1）不平度

中厚板平放状态下高出厚度部分为不平直部分。平直度建立在横断面均匀延伸的基础上，不均匀延伸引起内应力，当超出屈服限时，便形成板浪。

不平度单位为 I（埃），即：

$$I = \Delta L/L \times 10^5$$

式中，ΔL 为伸长量；L 为原板长。

伸长值（ΔL）与厚板长（L）之比，即每米伸长 10μm，乘上 10^5称为一个“I”。

翘曲 10/1000 为 100I。中厚板不平度应小于 20~40I。

减小不平度应减小最后一道压下量，或者增加最后一道次平整，加强热矫直机能力，最后还须注意钢板吊运和堆存安放位置。

（2）瓢曲

中厚板纵横向出现瓢状弯曲的缺陷，通常用不平度标定单位判定。形成原因是辊形不合适，板子上下温差与弯形不一样。补救办法是事前加强板形控制与事后加以矫直处理。

（3）麻点

板材呈现凹凸不平的粗糙面，也叫麻面。主要是铁皮压入和轧辊磨蚀所造成。一般麻点不影响使用，但有失美观，严重麻点可能报废处理。主要防止措施是加强铁皮的冲除和轧辊保养工作。局部麻点必要时也可加以修磨清理。

（4）结疤

板面出现舌形、块及鳞状的薄片。形成原因是原料表面不洁，轧材刮伤轧入及外部带入金属。

防止措施是把好原料关。补救办法是小结疤可修磨清理，而严重结疤只好报废。

（5）镰刀弯

又称侧面弯，板材沿其平面向一侧弯成镰刀形，形成原因主要是板材两侧压下不一，延伸不等，两侧温度不同，厚度及硬度有差异，操作推床不对中，轧制线偏移等。

以每米凹侧偏差毫米表示，即 mm/m。与弯曲度表示相同。

纠正的方法是调整两侧压下和推床操作。

镰刀弯是中厚板生产中常见的缺陷，不但会增加切损率和剪切操作上的麻烦，严重时会影响钢板尺寸。

（6）折叠

钢板表面的折合分层，形似裂纹。形成原因是原料不合格或轧辊设置不合理，操作不当及轧制中出现耳子和棱子等。防止措施是把好原料关，严格执行操作管理工作。小折叠尽量清理掉，而严重折叠可能会报废。

（7）划伤

轧制与输送过程中，轧件被设备和其他东西刮出的凹痕。主要在轧机、辊道、推钢机、移送机等处被刮伤。生产工序中应尽量减少轧件相对滑动及减少碰撞。

（8）氧化铁皮压入

板面黏附有一层块状或条状灰黑色或红棕色氧化铁皮。产生主因是轧制时一次铁皮或再生铁皮没有冲除而被轧入钢板内，其深度较麻点浅。避免办法是加强除鳞工作。补救措施是局部修磨清理，面积大的可以改尺或报废。

（9）缩孔

缩孔是锭坯缺陷之一，钢水凝固收缩时残留下空间，浇铸应尽可能减小缩孔，一旦形成过后极难补救，一般均需割除。

厚板以钢锭作为原料时，缩孔有轧制前后两种处理方式，都会给生产工序带来额外的负担，也大大降低其成材率。

（10）偏析

钢水凝固过程中所形成化学成分分布不均的缺陷。钢水成分和凝固条件不一，偏析程度差别也很大，其中硫、碳、磷等元素所产生偏析较严重。

特别是海上平台用厚板要求有 Z 向性能，最怕是硫化物偏析出现层状撕裂，因此，必须做好原料的脱硫工作。

（11）气泡

钢水中含有大量气体，凝固中排出而形成气泡。内部气泡经加工有焊合的可能，而皮下气泡一经氧化，容易形成表面裂纹缺陷。

（12）气孔

坯内呈圆、椭圆、蜂窝状的空洞，不同于气泡，为泡状，加工后为平行于延伸方向一黑线条的细管状，似针头小孔。形成原因是去气不净及浇铸不善。补救办法是真空处理，保护浇铸及充分脱气。经加工后多数气孔有焊合的可能，表面气孔形成缺陷也容易被清除。

（13）分层

板材边缘出现两层以上有夹杂物明显的金属结构分离。形成原因是原料中气泡、夹杂物、偏析所造成。因它破坏基体的完整性，严重的判废，轻微的用修磨加以清除。

（14）过热

原料加热时一般温度过高，超过 A_{c3} 较多，加热时间太长时，会使奥氏体晶粒显著长大，晶间结合力减弱，因此使钢的力学性能下降，加工时易生成裂纹。轻微过热尚可使用，严重的只有判废。

（15）过烧

原料加热时，加热温度比要求的最高加热高出 100℃以上，而且在高温段停留时间又过长时极容易使晶粒边界熔化，且出现晶粒急剧粗大和氧化熔化。结果破坏了钢的整体性，有可能在加工中就破碎。过烧钢无法补救，只能判废回炉。

（16）压痕

板面被异物压出的局部凹坑。轧辊及矫直辊上粘有异物被压入后脱落成坑。堆垛板材在垫块上也会压成坑。生产中应勤检查，防止异物掉入，堆存中垫块加大，防止单位压力过大。

（17）裂纹

原料与板面呈直线开裂。横向叫横裂，纵向称纵裂。网状称龟裂，短而浅的发状叫发裂。多数是炼钢造成，加工中变形与冷却不当也会出现。应从炼钢着手，轧制中也应控制好压下量，温度及冷却速度等，多数可以清理补救。

（18）残余应力

板内因变形与温度冷却不均所引起内部应力。使用时强度会受影响，一旦应力释放时，平直度也变化。一般多发生在轧制、冷却、矫直及热处理等工序，特别是结构、船舶、桥梁等高强厚板应多加关注。严重的可施以消除应力热处理。

（19）晶粒粗大

板材生产不顺时奥氏体或室温组织均能出现粗大晶粒，使板材强度、塑性及韧性降低。一般可以通过控轧与热处理细化晶粒。

晶粒大小是用晶粒的平均体积、平均直径或单位体积内晶粒数评定。一般晶粒级别标准由大至小划分为-3到+12共16级，晶粒平均直径由-3级的1.000mm到12级的0.0055mm。1~4级为粗晶，5~8级为细晶，低于1级为晶粒粗大，高于8级的为超细晶。

轧制中加大道次压下，降低终轧温度及控制冷却速度也能改善晶粒大小。

中厚板大部分产品均希望取得细晶粒组织，以满足用户对钢板强韧性更高的要求。

（20）白点

钢中有微量氢气时，当氢气析出产生压力及钢中内应力作用形成内裂纹呈白色，称之为白点，不同于银白色其他内裂。一般多出现在马氏体和贝氏体高碳高合金钢中。白点会破坏板材的完整性与致密性，大大降低其力学性能，只要白点处承受轻微载荷，便能突然使板材断裂。因此，白点是中厚板中绝不允许存在的严重缺陷。

要避免出现白点，除炼钢中脱氢至3ppm以下外，最好将易出现白点原料在热加工之前进行氢的扩散热处理，加工后根据板材尺寸、含氢量及钢种的不同进行必要缓冷与退火等热处理，以确保不出现白点。

中厚板容易出现白点缺陷，别无挽救余地，只能按报废来处理。

5.1.9　质量检查流程及各检查点的检查内容

5.1.9.1　质量检查流程

原料的质量检查（通常由炼钢厂执行）→轧制后的尺寸检查→冷床后检查修磨台架处的尺寸和表面质量的检查修磨→自动超声波检查及人工超声波复探等质量检查。

5.1.9.2　质量的主要检查点

中厚板综合质量检查修磨。

矫直机处板形检查。

压平机处板形检查。

中厚板的人工超声波探伤。

火焰切割后的质量检查。

热处理板的人工超声波探伤。

横移修磨台架处的检查修磨。

抛丸后的表面质量检查。

涂漆后的表面质量检查。

A　轧制后尺寸的检查

（1）轧制后尺寸的检查主要指对厚度的检查。由测厚仪完成。

通常测厚仪采用铯-137同位素为放射源，如某企业利用γ射线穿过不同厚度钢板时的不同衰减来测量厚度。三个独立的放射源发出的γ射线分别由安装在轧制中心线及工作侧、传动侧的三个独立探测器接收。

（2）三点的厚度值通过合金补偿、温度补偿和辊道速度补偿，经过计算分别得到。

（3）由于工作侧、传动侧的探测器是可以移动的，所以经过测厚仪的一次扫描即可得到钢板的宽度方向的凸度信息。如某企业在轧线上设置测量小房。仪表控制柜放置在主电室中。该测厚仪可输出厚度的绝对值和厚度偏差（中心点、工作侧、传动侧）及凸度值（宽度方向、长度方向）。

B　冷床冷却后的检查

（1）经在冷床上冷却后的钢板，由辊道送至检查台输入辊道，由横移设备送入检查台。检查台的中部设有翻板机，可根据需要对钢板的下表面进行翻板检查。

（2）在检查修磨台上，通常对于厚度超差的钢板要用千分尺、游标卡尺或超声波测厚仪进行测厚检查。

（3）在检查修磨台上，钢板由人工直接进行表面检查。先进行上表面的检查，再经翻板机翻转180°，检查下表面。检查中对板面缺陷以手推砂轮小车或手提砂轮机进行修磨。

（4）钢板在检查修磨台架上由链条托载，可在静止状态，也可在慢速移送时进行修磨作业。钢板在检查修磨台架上的通过节奏应与剪切线的加工和冷床的冷却节奏相适应，当出现因修磨量大而影响上下游的生产节奏时，应及时将修磨钢板下线，在线下修磨完毕后，当条件许可时返回生产线。

C 压平机、矫直机的板形检查

对板形不合的钢板需进行压平或矫直处理。

（1）对于厚度大于35mm的钢板，当平直度达不到订货要求时，需在中厚板压平机上进行压平处理。

（2）一般情况下，钢板的压平处理是在定尺切割后进行。

（3）处理厚度35~100mm的钢板时，如采用冷矫直机矫直效果达不到要求或冷矫直机无法矫直的那部分钢板。根据需要，压力矫平机可以对钢板在200~400℃之间进行带温矫平。

（4）车间吊车将钢板吊到压平机的上料台架上，人工确定翘曲部位后，利用输送装置将钢板的翘曲部位送至压平机工作台上。钢板在工作台上由抬升机构托起，根据弯曲程度，人工在工作台上垫以适当高度的垫块，然后钢板放下，压头压下并逐渐加压，将弯曲部位压平。其他翘曲部位的压平操作依次进行。处理后的钢板通过送板装置移至下料台架上，再通过吊车吊至特厚板发货区。

（5）剪后钢板经人工检测平直度达不到要求的，由剪后的横移修磨台架或横移吊车送至冷矫直机上进行冷矫直。热处理后需要矫直的钢板，厚度小于35mm的，送至冷矫直机矫直。

（6）根据订货钢板的要求，对需要温矫的钢板，可在200~400℃温度内进行带温矫直。

（7）通过冷矫直能最大限度地消除钢板在冷却和剪切过程中可能出现的各种板形缺陷。冷矫直机入口和出口处设有吸尘装置，可在矫直前和矫直过程中清除钢板上表面的氧化铁皮。

D 热处理后钢板的质量检查

（1）在良好的照明条件下，人工对上下表面、边部、平直度等进行目视检查。如发现质量不合的钢板，根据缺陷类别及严重程度，决定对钢板进行修磨处理、矫直或其他处理。

（2）热处理后需要探伤的钢板，进行人工探伤或自动探伤。

E 自动超声波检查及人工超声波复探检查

（1）经检查修磨后的钢板由辊道输送到自动超声波探伤仪处。对标准规定或用户要求探伤的钢板，检查修磨后即可进行在线连续式的超声波探伤。超声波探伤装置一般采用多通道宽束脉冲反射式探头，探伤频率5MHz，可对厚度60mm的钢板进行全板面（100%）自动连续探伤。

（2）可采用在线布置方式，以减少钢板在此工序前后的储存及上下线操作，大大缩短了探伤周期时间，从而大幅度地提高了探伤的劳动生产效率。采用这种在线探伤的另一个优点是节省了探伤场地，使精整区物流通畅，但在线探伤的主要瓶颈在于如何使钢板受探温度达到所需的温度范围。

（3）探伤缺陷可根据相关标准或用户要求进行自动评判，所有探测缺陷均自动记录在C型扫描图上。探伤装置控制系统与剪切线计算机系统相连，探伤执行标准及要求由上位机下达，探伤结果自动传送至剪切线过程机系统，为优化剪切服务。

（4）当探伤结果不能明确判定时，需将钢板吊至线下的探伤区，由人工根据C扫描图示出的缺陷位置进行复探。当缺陷超标时，应视其所处部位和具体情况，决定是否可予以切除或改尺交货，必要时降级处理。

（5）由特厚板冷床输出的钢板以及热处理后的钢板，如需探伤，通常采用人工方式。

F 剪后成品钢板的质量检查

（1）尺寸检查指对钢板的厚度和长度进行检查，由三点式测厚仪、测长仪完成。测量结果传到操作台处，供检查人员进行检查、判定。

（2）钢板表面质量检查指对钢板的外观形状进行综合的质量检查。钢板在输送过程中通过表面检查站时，在良好的照明条件下，人工对上下表面、边部、平直度和标记质量等进行目视检查。如发现质量不合的钢板，利用剪后横移台架或横移吊车送至中转跨，根据缺陷类别及严重程度，决定对钢板进行修磨处理、矫直或其他处理。需要修磨的钢板，可在剪后的横移修磨台架上进行修磨，必要时可在剪切跨或中转跨下线修磨。

G 横移修磨台架处的检查和修磨

（1）剪切后的钢板和热处理后的钢板都可以通过辊道送至横移修磨台架进行检查修磨处理。通常横移修磨台架的中部设有翻板机，可根据需要对钢板的下表面进行翻板检查。

（2）由于到横移修磨台架处的钢板通常已同时经过 1 号或 2 号操作台检查，因此在横移修磨台架可以根据 1 号或 2 号操作台检查的内容有针对性地进行仔细检查、修磨和补焊等。

H　磁粉探伤检查

（1）在做中厚板的修磨补焊时，有时需要做磁粉探伤。磁粉探伤方法可用于探测铁磁性材料表面上或近表面的裂纹、折叠、夹层和夹杂等缺陷。磁粉探伤对表面缺陷灵敏度最大，表面以下的缺陷随着埋藏深度的增加而迅速降低。因而，磁粉探伤属于表面探伤。

（2）磁粉探伤首先是对被检钢板加外磁场进行磁化。外加磁化场可以通过磁粉探伤仪获得。钢板被磁化后，在钢板表面上均匀喷洒细微颗粒的磁粉。具有较高的导磁性细小磁粉，可以被微弱的磁场所吸引。

（3）如果被检钢板不存在缺陷，磁化后可视为磁导率无变化的均匀体，则磁粉在钢板表面上也均匀分布。

（4）当被检钢板有缺陷时，缺陷内含有空气或非金属，其磁导率接近 1，远远小于钢板的磁导率的值。由于磁阻的变化，位于钢板表面或近表面的缺陷产生漏磁场，形成一个小 NS 磁极。磁粉就会被小磁极吸引，缺陷处由于堆积较多磁粉而被显示出来，形成肉眼可以看到的缺陷图像。

（5）为了使磁粉图像便于观察，磁粉可以采用与钢板表面有较大反衬的颜色。常用的磁粉有黑色、红色及白色。还可以采用荧光磁粉，在紫外线照射下更容易观察。

I　渗透探伤检查

在做中厚板的修磨补焊时，有时需要做渗透探伤。液体渗透探伤是检查钢板表面缺陷的一种方法，适用于检查开口暴露于表面的缺陷，对埋藏于表层以下的缺陷无能为力。

液体渗透探伤法，是依据液体对固体的润湿能力和毛细现象为基础的（包括渗透和上升现象）。首先将被探钢板浸涂具有高度渗透能力的渗透液，由于液体的润湿作用和毛细现象，渗透液便渗入钢板表面缺陷中，然后将钢板缺陷以外的多余浸透液清洗干净，再涂一层亲和吸附力很强的白色显像剂，将渗入裂缝中的渗透液吸出来，在白色涂层上便显示出缺陷的形状和位置的鲜明图案，从而达到对钢板表面进行无损探伤的目的。

J　抛丸钢板的检查

（1）抛丸的目的是为了去除钢板表面的氧化铁皮。抛丸后的钢板有三个主要去向，一是到热处理机组去进行热处理，二是到涂漆机组去进行涂漆处理，三是直接发往用户。

（2）对于抛丸后的钢板的质量检查，主要是依据抛丸钢板的去向和相关标准检查表面的去除氧化铁皮的程度等内容。依据表面去除氧化铁皮的程度不同及去除氧化铁皮后钢板表面暴露出的缺陷，来决定是进行再次抛丸处理，还是要进行修磨补焊等处理工作。

K　涂漆钢板的检查

钢板涂漆线通常设在涂漆跨内。轧制钢板和热处理钢板由成品库上料，经抛丸、表面检查和修磨，再经预热、涂漆、烘干、检查和标记处理，送入成品库。

5.2　钢板主要力学性能的试验

钢板的力学性能是材料承受外载荷（外力）而不发生失效的能力。

其中主要由强度、刚度、弹性、塑性、韧性、硬度等。也包括在高低温、腐蚀、磨损、粒子照射等力学或机械能不同程度结合作用下的性能。

目前我国进行力学性能试验的项目有拉伸试验（抗拉强度、屈服强度、伸长率）、冲击试验（常温冲击、低温冲击、时效冲击、应变时效冲击）、硬度试验、弯曲试验等。在特定用途时还需进行疲劳试验、蠕变试验、断裂韧性试验、焊接试验等。

有些钢板尚需进行一些特殊项目检验，例如，对于压力容器钢板，为满足低温使用韧性要求，需做夏比（V 型缺口）低温冲击检验；为满足焊接制作要求，需采用碳当量法、硬度法或斜 Y 型坡口焊接裂纹试验检测焊接性能，有时甚至可做模拟容器爆破试验。

对于核电站锅炉用钢板，除进行一般的常温力学性能与工艺性能检验外，尚需进行落锤试验（板厚>16mm），用于确定钢板的塑性转变温度（NDTT）。另外还要进行高温（100~350℃）拉伸实验，测定不同温度的屈服强度和抗拉强度。

对于桥梁钢板，除常规力学性能检验外，还需做断口组织检验。采油平台用钢板则需进行抗层状撕裂、斜 Y 型坡口焊接裂纹试验。耐大气腐蚀钢板还应进行各种腐蚀（大气加速、盐雾、动态挂片暴露、恒温恒湿）试验。工程机械用钢板根据用途不同需附加磨损试验、弯曲抗度试验和淬透性试验。不锈钢板另需进行晶间腐蚀试验等。

通常情况下有关钢种需要进行力学试验的内容见表 5.4。

表 5.4　桥梁板、建筑结构板、管线板、船板、高强结构板、锅炉压力容器板等代表性力学检验项目

序号	标准	检验项目										
		抗拉试验	弯曲试验	冲击试验	金相检验	硬度试验	NRL试验	高温拉伸	DT试验	DWTT	Z 向拉伸	腐蚀试验
1	桥梁板											
1.1	ASTM A572	●	●	●	●							
1.2	ASTM A709	●	●	●	●	●						●
1.3	JIS G3106	●		●								
2	建筑结构板											
2.1	ASTM A572	●	●	●	●							
2.2	ASTM A573	●	●	●	●		●	●				
2.3	ASTM A633	●	●	●	●							
2.4	JIS G3136	●		●							●	
3	管线板											
3.1	API 5L	●		●	●					●		●
4	船板											
4.1	各类船级社	●	●	●			●		●		●	
5	普通结构板											
5.1	ASTM A36	●	●	●	●							
5.2	ASTM A283	●	●	●								
5.3	ASTM A529	●	●									
5.4	JIS G3101	●	●									
6	高强结构板											
6.1	ASTM A572	●	●	●	●							
6.2	ASTM A573	●	●	●	●		●	●				
6.3	ASTM A678	●	●		●							
6.4	ASTM A710	●		●	●							
6.5	JIS G3128	●	●	●								
7	锅炉钢板											
7.1	ASTM A202	●	●	●			●	●				
7.2	ASTM A299	●	●	●			●	●				
7.3	ASTM A302	●	●	●			●	●				
7.4	ASTM A387	●	●	●	●		●	●				

续表 5.4

序号	标准	检验项目										
		抗拉试验	弯曲试验	冲击试验	金相检验	硬度试验	NRL试验	高温拉伸	DT试验	DWTT	*Z*向拉伸	腐蚀试验
7.5	ASTM A515	●	●	●	●		●	●				
7.6	ASTM A516	●	●	●	●		●	●				
7.7	ASTM A537	●	●	●			●	●				
7.8	DIN EN10028-2	●		●				●				
7.9	JIS G3103	●	●									
7.10	JIS G3119	●	●	●								
8	容器钢板											
8.1	ASTM A203	●	●	●			●	●				
8.2	ASTM A302	●	●	●			●	●				
8.3	ASTM A353	●	●	●			●					
8.4	ASTM A517	●	●	●	●		●	●				
8.5	ASTM A533	●	●	●	●		●	●				
8.6	ASTM A537	●	●	●	●		●	●				
8.7	ASTM A662	●	●	●			●					
8.8	JIS G3115	●	●	●								
8.9	JIS G3118	●	●		●			●				
8.10	JIS G3120	●	●	●								
8.11	JIS G4109	●	●		●							
8.12	JIS G3126	●	●	●				●				
8.13	JIS G3127	●	●	●								
9	耐大气腐蚀板											
9.1	ASTM A242	●	●	●								●
9.2	ASTM A588	●		●			●					
9.3	ASTM A572	●	●	●	●							
9.4	ASTM A709	●	●	●	●	●						●
9.5	JIS G3114	●		●								
9.6	JIS G3125	●	●									
10	工程机械用板											
10.1	JIS G4051	●		●	●	●						
11	耐磨板											
11.1	SAB HARDOX 500				●	●						
12	模具钢板											
12.1	ASTM A681				●	●						

5.2.1 拉伸试验

通常工程材料受力后都会产生变形，变形过程大体可以划分成弹性、塑性、断裂三个基本阶段，拉伸试验能清楚地反映出这三个阶段的基本特征，所以目前各个国家和国际组织都制定了完善的拉伸试验标准。通过拉伸试验可以评定钢板材料弹性性能、强度性能、延展（延伸）性能等方面的性能。

国际标准（ISO）和国家标准（GB）对拉伸试验原理叙述为：用拉伸力拉伸试样，一般拉伸至断裂，测定一项或几项力学性能。拉伸试验机见图 5.1。

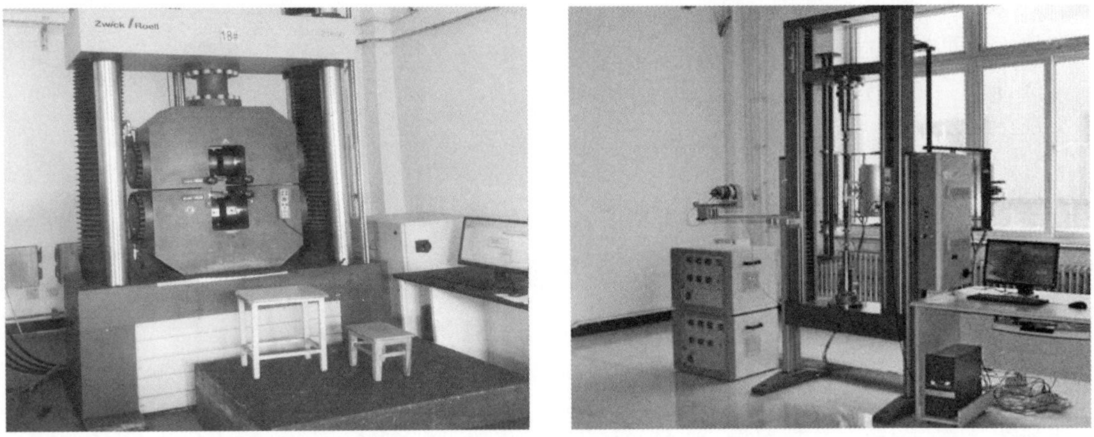

图 5.1 拉伸试验机

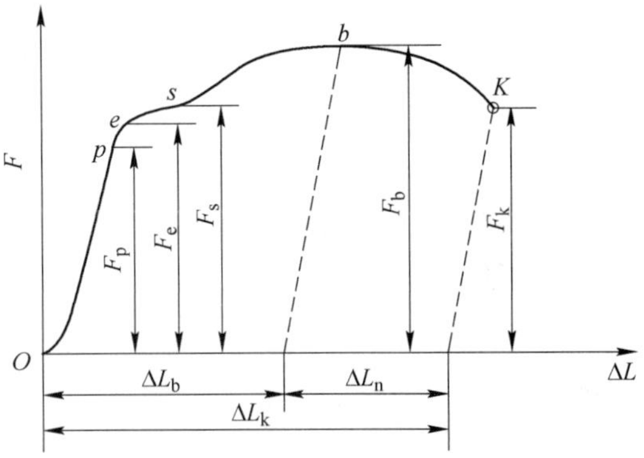

图 5.2 低碳钢拉伸曲线

5.2.1.1 拉伸曲线及应力

拉伸试验过程中，对试样所施加的拉力与试样相应的伸长，按直角坐标绘成曲线，这曲线就叫作拉伸曲线（或称应力应变曲线），纵坐标表示拉伸应力（MPa），横坐标表示试样的拉伸量（mm）。对于拉伸曲线，通常也称此曲线为试样的拉伸图。以低碳钢拉伸为例，拉伸曲线见图 5.2。

一般情况下，拉伸曲线有三种类型见图 5.3（a）、（b）、（c）。退火或正火的低碳钢和中碳钢拉伸试验时，拉伸曲线为（a）曲线，表明钢材有良好的塑性；含碳量在 0.1%左右，含锰量不超过 2.0%的结构钢，经正火处理的钢材、低合金结构钢的拉伸曲线为（b）曲线，表明钢材有较好的塑性；淬火后低温回火的钢材、高碳钢、高锰钢、高强度的合金结构钢材拉伸曲线为（c）曲线，表明钢材塑性较低。

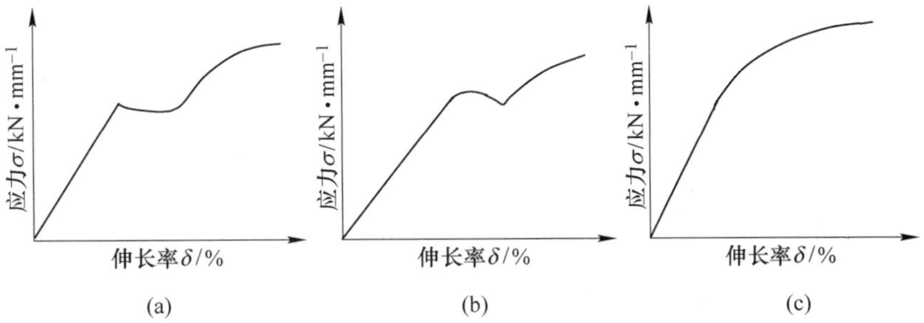

图 5.3 拉伸曲线的三种类型

5.2.1.2 拉伸性能

钢板在外力作用下产生形状和尺寸的变化叫作变形，其根据外力去除后变形恢复与否可分为弹性变形和塑性变形，能恢复的变形叫作弹性变形，不能恢复的变形叫作塑性变形。

钢板在外力作用下首先发生弹性变形，当外力超过弹性极限后就会发生塑性变形，同时还伴有弹性的变形和变形强化。因此，钢板具有弹性变形、塑性变形和变形强化三种情况。

拉伸力学性能一般分为弹性性能、强度性能、延伸性能等三种。弹性性能包括弹性模量（拉伸杨氏模量）、泊松比等；强度性能包括屈服点（屈服强度）、抗拉强度和断裂强度等；延伸性能包括屈服点伸长率、最大力下的总伸长率和非比例伸长率、断后伸长率、断面收缩率等。

5.2.1.3　抗拉强度 R_m

钢板试样在拉伸时，在拉断前所承受的最大应力，称为抗拉强度。在拉伸试验方法中通常采用工程应力表示强度性能，单位为 MPa，用公式（5.1）表示：

$$R_m = \frac{F}{S_0} \tag{5.1}$$

式中　F——试样在断裂前的最大拉伸力，kN；

S_0——试样原始横截面积，mm^2。

5.2.1.4　屈服强度 R_e

试样在拉伸过程过程中，负荷保持恒定，而试样仍继续伸长的现象，称为“屈服”。发生屈服现象时的应力，即开始出现塑性变形时的应力，称为屈服点或屈服极限，用 σ_s 表示，单位为 MPa，用公式（5.2）表示：

$$R_e = \frac{p_s}{F_0} \tag{5.2}$$

式中　p_s——材料屈服时的负荷（拉力），kN；

F_0——试样原始横截面积，mm^2。

上屈服点 R_{ett}：

拉伸时，试样发生屈服而拉力首次下降前的最大应力称为上屈服点 R_{ett}。

下屈服点 R_{eL}：

拉伸时，当不计初始瞬时效应时屈服阶段中的最小应力称为下屈服点 R_{eL}。

锯齿起始应力 R_{eL}：

在应力-应变曲线上出现的锯齿形形变第一谷点的应力称作锯齿起始应力 R_{eL}。

5.2.1.5　伸长（延伸）率 δ

试样在拉伸时被拉断后，其标距部分所增加的长度（ΔL）与原标距长度的百分比，称为伸长率，以 δ 表示，单位为%，用公式（5.3）表示：

$$\delta = \frac{L_0 - L_1}{L_0} = \frac{\Delta L}{L_0} \times 100\% \tag{5.3}$$

式中　L_1——拉断后试样标距长度，mm；

L_0——试样原标距长度，mm。

5.2.1.6　断面收缩率 ψ

试样拉断后，缩颈处截面积的相对收缩量，它等于界面的绝对收缩 $\Delta S_k = S_0 - S_k$ 除以试样的原始截面积 S_k，以 ψ 表示，单位为%，用公式（5.4）表示：

$$\psi = \frac{S_0 - S_k}{S_0} \times 100\% \tag{5.4}$$

式中　S_k——试样颈缩断裂处的最小面积；

S_0——试样原始截面积。

5.2.1.7　屈强比 R_e/R_m

屈服强度 R_e 与抗拉强度 R_m 之比，称之为屈强比。屈强比越小，材料的可靠性越高，也就是说，即使超载，也可能由于塑性变形产生材料硬化，使强度提高。但如果屈强比太低，则材料强度的有效利用率就会太低，即材料没有得到有效利用。因此，一般希望 σ_s/σ_b 稍高一点。对不同材质，屈强比有不同的要求，碳素结构通常为 0.5；一般低合金结构钢为 0.65～0.75；中、高合金结构钢为 0.85 左右，抗震钢则要求有低的屈强比。

5.2.1.8 拉伸用试样

正确取样是准确评定产品质量的重要环节，取样的部位、取样的方向和取样的数量是取样的三要素。为使实验结果具有科学性和精确性，拉伸试样应遵循有关钢材力学性能及工艺性能取样规定及拉伸试样和其他有关标准规定执行，GB 2975—1998《钢材力学及工艺性能试验取样规定》对试样的截取、加工等做了一般性的规定。

5.2.1.9 取样部位

由于诸多客观因素，可能同一批次的钢板，甚至同一产品的不同部位其力学性能出现差异。因此，在不同部位取样试验，其结果可能有所不同。表5.5为某企业45号钢中心部位取样与其他部位拉伸性能值。可以看出，中心部位拉伸强度低于其他部位拉伸强度，而伸长率差别不十分明显。

表5.5 45号钢取样部位对拉伸性能的影响

尺寸	轧 d=40mm		轧 d=40mm		轧 d=40mm		轧 d=40mm	
部位	中心	1/4	中心	1/4	中心	1/4	中心	1/4
R_m/MPa	649	671	679	702	785	801	584	603
δ/%	26	24.4	12.8	10.2	6.2	8.0	27.1	25.7

因此，通常在具有代表性的部位取样，在分析结果时还应考虑各种因素，作出合理的数值判断。

5.2.1.10 取样数量

一般情况下是根据要进行的试验种类，产品和材料的性能和主要用途，性能的分散程度以及试验的经济因素确定最小试验数目。对于检验和验收试验的拉伸试样，一般是一批做一个试验。美国ASTM E21方法也规定每批进行一个拉伸试验，但是为了得到较可靠的试验结果，或对于重要用途的材料，每批作一个拉伸试验可能不足为信时，最小试验数目应具体分析后确定。

5.2.1.11 板材用试样

一般采用矩形试样，图5.4（b）和表5.6规定了宽度为10mm、12.5mm、13mm、20mm、25mm和30mm的比例试样，应优先采用K=5.65的短比例试样。厚板材可以通过机加工一侧减薄，或四面机加工成矩形试样，宽厚比一般不大于8∶1。若厚度尺寸较小，取K=5.65计算的短比例试样的标距小于25mm，可采用定标距试样（非比例试样）或采用长比例（K=11.3）试样，这是国际上通用性很强的试样。厚度大于25mm的板材，应按有关标准的规定制备Z向拉伸试样，如无规定时，可制成（Z向）直径d_0=6mm或10mm，L_0=1.5d_0或比例试样。如宽度不足以制备宽度大于10mm的试样，可以制取宽度为4mm、6mm、8mm或10mm的试样。钢板的棒状拉伸试样见图5.4（a），板状拉伸试样见图5.4（b）。

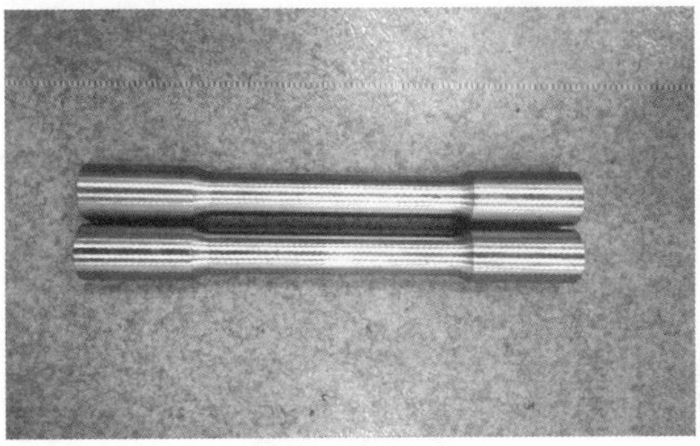
(a) 钢板棒状拉伸试样

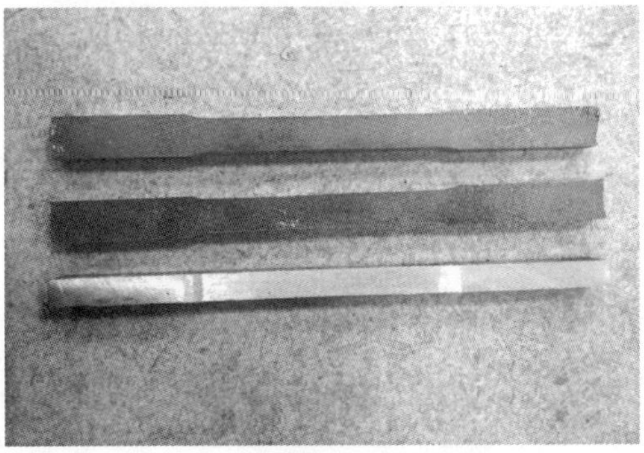
(b) 钢板板状拉伸试样

图5.4 钢板拉伸试样

矩形试样分带头和不带头两种，仲裁试验采用前者。试样头部的形状和尺寸应按照试验机夹头设计，过渡半径是试样的重要尺寸参数，应不低于图5.5和表5.6中相应的规定。对于强度高或用普通楔形夹头夹持困难的材料，可以采用头部带销孔的试样。矩形试样头部长度不应小于夹具夹持长度的3/4。

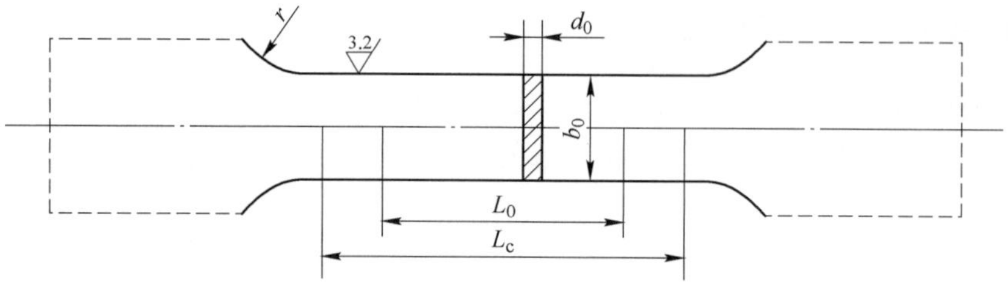

图 5.5　矩形试样

表 5.6　矩形试样的外形尺寸规定　(mm)

一般尺寸			短试样		长试样	
d_0	b_0	r	L_0	L_c	L_0	L_c
>4.0~12	20	25~40	$5.65\sqrt{S_0}$ 取最接近 5 的整数倍	$L_0+\frac{b_0}{2}$	$11.3\sqrt{S_0}$ 取最接近 10 的整数倍	$L_0+\frac{b_0}{2}$
4.5~25	30					
0.1~<6 4.5~25	12.5 20					

5.2.1.12　**试验室的温度**

试验时，试验室的温度应保持在 10~35℃。

5.2.1.13　**试验速度**

试验速度的控制应根据材质和试验项目确定，除有关标准和协议特别规定外，拉伸试验应符合下列要求：

(1) 测定屈服点 R_e 、上屈服点 R_{eH} 、规定非比例伸长应力 σ_p 、规定残余伸长应力 σ_r 、规定总伸长应力 σ_{tr} 时，弹性范围内应力速率应符合表 5.7 规定。保持试验机的这一加载速度直到性能测出为止。

(2) 测定下屈服点 R_{eL} 时，试样平行长度内的应变速率应在 0.00025~0.0025s^{-1}之间，并应尽可能保持恒定，如果不能直接控制这一速率，应在弹性范围内控制应力增加速率不超过表所允许的最大速率。

(3) 测定抗拉强度 R_m 时，在材料屈服后试验机两夹头在力的作用下分离速度不应超过 0.5L_0(mm/min)，直至试样断裂。

表 5.7　不同钢板材料的应力速率

钢板材料的弹性模量/MPa	应力速率/MPa · s^{-1}	
	最小	最大
<150000	1	10
≥150000	3	30

5.2.1.14　**试样的夹持**

根据试样的类型、头部形状可选择合适的试验机夹持，夹持装置一般有楔形夹头、带螺纹夹头、套环夹头等，其中带螺纹夹头最好。试验机和夹头装置应能在拉伸方向自由定位和轴向施力。对于楔形夹头，试样头部被夹持的长度，一般至少为夹头长度的 3/4。

5.2.2　屈服强度的测定

5.2.2.1　**屈服点**

在实际应用中，绝大多数金属工件在其服役过程中都处于弹性变形状态仅希望不产生有微量的塑性变形，而实际中则常因过量的塑性变形而失效，所以在设计时把屈服作为一项重要的强度指标。

钢板的物理屈服现象在低碳钢拉伸时见图 5.6，在光滑的试验表面可以看到约成 45°方向的细滑移线称为屈服线。屈服线在试样表面是逐步出现的，开始只在局部区域出现，其余部分仍处于弹性状态，随后已屈服的部分应变不再增加，未屈服的部分陆续产生滑移线，这说明了屈服变形的不均匀性和不同时性。当整个试样都屈服之后，就开始进入均匀塑性变形阶段，并伴有形变强化。

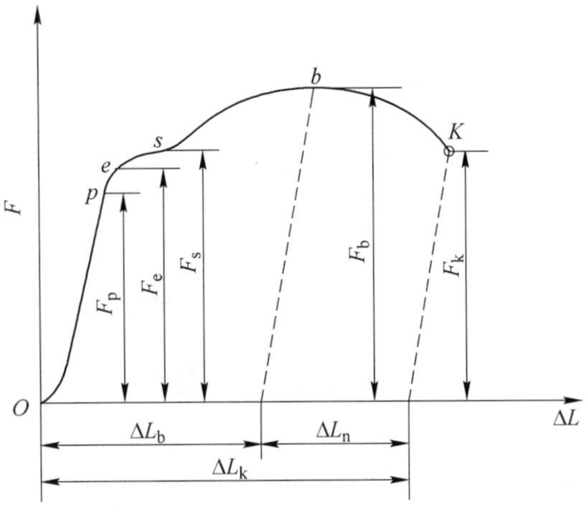

图 5.6　低碳钢的拉伸图

屈服点是钢板材料开始塑性变形的抗力，就单晶体而言，它是第一条滑移线开始出现的抗力，就多晶体而言，由于第一条滑移线无法观察，所以不能用滑移线的方法，而是用产生微量塑性变形的应力定义屈服点，因而屈服点物理意义上可以表征为钢板开始产生明显塑性变形抗力。从变形程度上看屈服点和比例极限 σ_p（规定残余变形约为 0.001~0.01%）、弹性极限 σ_e（规定残余变形约为 0.02%），它们之间的关系可用图 5.7 表示。这三个强度指标都是钢板塑性变形的抗力指标，从工程技术和标准中定义来说，它们之间并无原则差别，只是规定的塑性变形的大小不同。

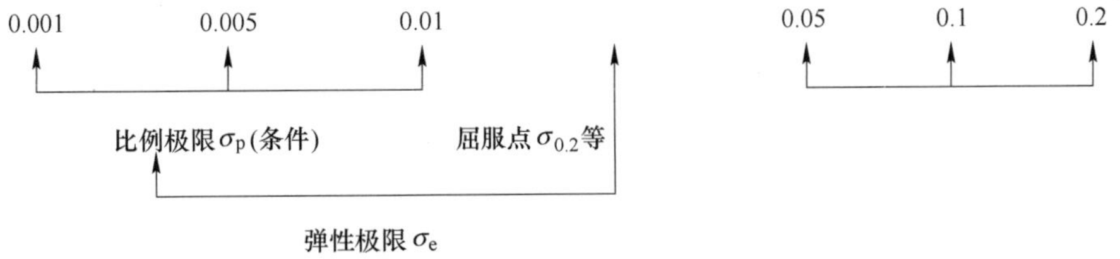

图 5.7　比例极限、弹性极限与屈服极限点的规定残余变形

5.2.2.2　屈服性能的测试

钢板的塑性变形首先应区分明显屈服和无明显屈服两种现象。呈现明显屈服（不连续屈服）现象的钢板材料测定其屈服点或上屈服点 R_{eH}、下屈服点 R_{eL}；产品标准或协议无具体说明时，一般测定屈服点或下屈服点，并均以 R_e 报告；呈现无明显屈服（连续屈服）现象的钢板材料，应测定规定非比例伸长应力 $\sigma_{p0.2}$ 或规定残余伸长应力 $\sigma_{r0.2}$。测定时可采用图示法和指针法两种。正在进行的拉伸试验见图 5.8。

图 5.8　正在进行的拉伸试验

5.2.2.3　影响屈服的主要因素

（1）决定屈服点的内在因素主要有：屈服点是一个对结构组织敏感的性能指标，取决于钢板本性及晶格类型、晶粒大小，受合金化的作用、变形强化、热处理等的影响非常显著。从钢板屈服的物理过程来看屈服现象主要通过位错理论解释，与阻碍位错运动有关。

（2）决定屈服点的外在因素主要由：温度、变形速度。一般地说温度升高，屈服点降低；反之屈服点升高。但钢板的晶格结构不同，屈服点的变化趋势也不一样。提高屈服前的应力速率或屈服前期的应变速率使屈服点、上屈服点和下屈服点升高。变形速度与温度对屈服点的影响是等效的，变形速度增加相当于降低温度，反之则结果相反。

（3）试验机拉力的同轴度也对屈服点的测定有一定的影响。由于试验时拉力中心与试样轴线不同轴而引入弯矩，使试样受弯曲应力。这样会造成屈服点或上下屈服点不明确，甚至无法测出屈服点或上下屈服点，因此，试样的正确夹持操作十分重要。

5.2.3　抗拉强度的测定

抗拉强度是试样在拉断前所承受的最大负荷除以试样原始截面积的应力值，用 R_m 表示。从拉伸曲线图 5.3 可知，对于一般塑性材料，屈服以后到 F_b 以前试样的变形是均匀的，在 F_b 以后变形将集中于某一部分发生集中变形，产生“缩颈”以至断裂。这是由于钢板具有变形强化能力。

在均匀变形阶段，开始变形的地方就立刻产生硬化，强化以后再变形就需要更大的应力，于是变形开始“转移”，变形不是集中于某一局部区域而是在时刻转移，即哪里先发生变形它就在那里阻止变形的继续发展，并将变形转移到别的部位。这样变形和强化的交替结果构成钢板的均匀塑性变形，直至随着变形量的增加，变形强化的能力逐渐减小而出现缩颈。因此，抗拉强度 R_m 的物理意义是表征材料对最大均匀变形的抗力，是材料在拉伸条件下所能承受的最大截面应力值，是材料的重要力学性能指标。

测定的方法主要有：图示方法和指针法测定抗拉强度和断裂强度。

5.2.3.1　图示方法

试验时，用自动记录方法记录力-位移曲线，直至试样断裂见图 5.9。在记录得到的曲线上读出曲线最高点对应的力 F_b 和试样拉断时和断裂点对应的力 F_K，分别按公式（5.5）和式（5.6）计算抗拉强度和断裂强度。

$$R_m = \frac{F_b}{S_0} \tag{5.5}$$

$$\sigma_K = \frac{F_K}{S_0} \tag{5.6}$$

因为测定抗拉强度和断裂强度仅仅与测力的准确性相关，而与伸长或位移的准确性不是密切相关。因此，在用图示方法时，对于试验机或传感器测力的精确度应符合 1 级试验机的误差规定。

5.2.3.2　指针方法

采用指针方法测定抗拉强度和断裂强度是较为简便的。试样装卡在试验机上，对其连续施加拉力，直至拉断。读出拉断过程中由随动指针指示的最大拉力和试样断裂时刻指针指示的拉力。分别按式（5.5）和式（5.6）计算抗拉强度和断裂强度。

有一些材料其拉伸曲线见图 5.10，其上屈服力高于随后的塑性变形阶段的最大力。这种情况，取 A、B 中哪一点的力计算抗拉强度，按照国家标准试验方法对于抗拉强度的定义“试样拉断过程中最大力所对应的应力”，应取图中 B 点的力计算抗拉强度，目前多数国家的拉伸试验方法标准也是这样规定的。

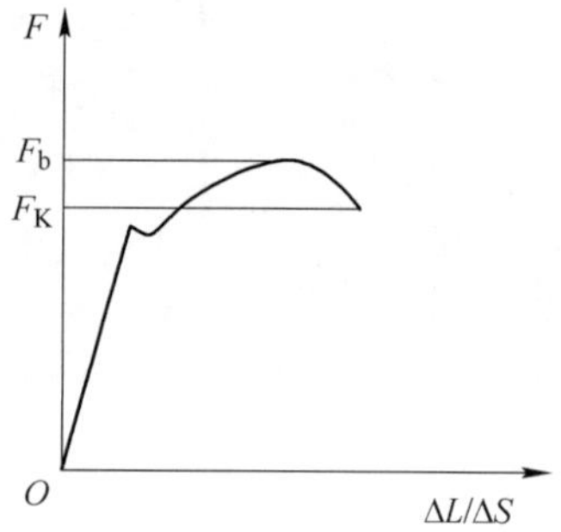

图 5.9　图示法测定最大力和断裂力

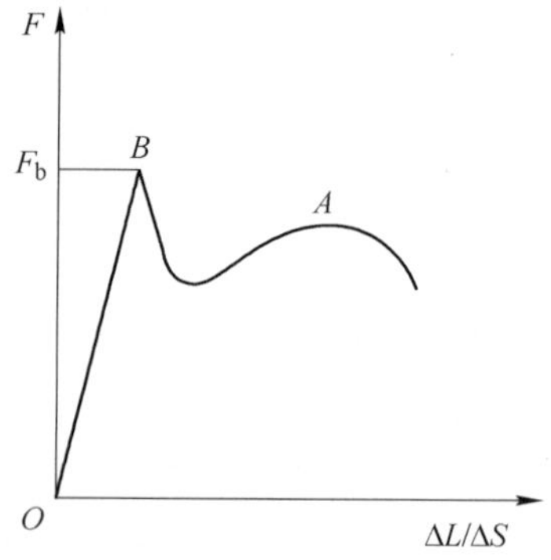

图 5.10　特殊材料的拉伸曲线（取 F_B 计算抗拉强度）

5.2.4　断后伸长（延伸）率 δ 和断面收缩率的测定

5.2.4.1　伸长（延伸）率 δ 的测定

为了准确测定伸长率，需在试验前在试样的平行长度上标出试样的原始标距 L_0 和在 L_0 上标出 10 个等分格标记，标记的精确度在±0.5%以内，试样冲点标点机见图 5.11。试样断裂后，测量标记的间距作为断后标距 L_1，用最小分度值不大于 0.1mm 的量具测量。

图 5.11 冲点标点机

A 直接测量法

将试样断裂后，将断裂部分在断裂处紧密对接在一起，尽量使其轴线位于一直线。如拉断处形成缝隙，则此缝应计入该试样断裂后的标距内。如拉断处至最邻近标距端点距离大于 $1/3L_0$，应直接测量标距两端点间的距离。此距离为断后标距 L_1。

B 位移法

按“直接测量方法”将试样对接在一起后，如断裂处至最邻近标距端点距离小于或等于 $1/3L_0$ 时，按如下方法测定 L_1。

在长段上从拉断处 O 取基本等于短段格数，得 B 点，接着取等于长段所余格数（偶数，见图 5.12），分别减 1 与加 1 的一半，得 C 和 D 点，位移后的 L_1 分别为：AB+2BC 和 AB+BD，测量时断裂处的缝隙应计入 L_1 内。

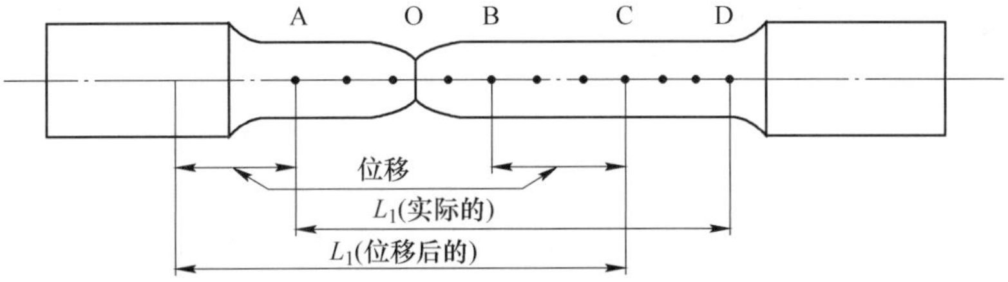

图 5.12 位移方法测定断后标距

由上述“1”或“2”测定 L_1 后，按公式（5.7）计算断后伸长率：

$$\delta = \frac{L_1 - L_0}{L_0} \times 100\% \tag{5.7}$$

C 断后伸长率的符号

短比例试样（K=5.65）的断后伸长率用符号 δ_5 表示。

长比例试样（K=11.3）的断后伸长率用符号 δ_{10} 表示。

非比例试样（定标距试样）的断后伸长率用符号 δ_{xxmm} 表示。例如 δ_{100mm}，即表示固定标距为 100mm 的试样的断后伸长率。

用直接测量法求的断后伸长率为达到有关标准规定的最小值，可以不用位移法。但仲裁试验时，用位移法测得断后伸长率未达到有关标准或协议规定的最小值，则为无效。

5.2.4.2 断面收缩率 ψ 的测定

通常应在试验前测定试样原始截面积 S_0，测定精确度应在±1%以内。试验拉断试样后，在其缩颈最小处测定最小截面积 S_1，用最小分度值不大于 0.02mm 的量具测量横截面尺寸。S_1 的测定方法如下：

5.2.5　试样截面的测量

5.2.5.1　圆形试样截面的测量

圆形截面试样应在缩颈最小处两个相互垂直的方向上测量其直径（需要时，应在试样断裂部分在断裂处对接在一起），取其算术平均值按公式（5.8）计算圆形横截面积：

$$S_1 = \frac{1}{4}\pi d_1^2 \tag{5.8}$$

式中　d_1——平均直径。

5.2.5.2　矩形试样截面的测量

矩形截面试样应在缩颈处测量最大宽度 b_1 和最小厚度 a_1，见图 5.13，按公式（5.9）计算 S_1：

$$S_1 = a_1 b_1 \tag{5.9}$$

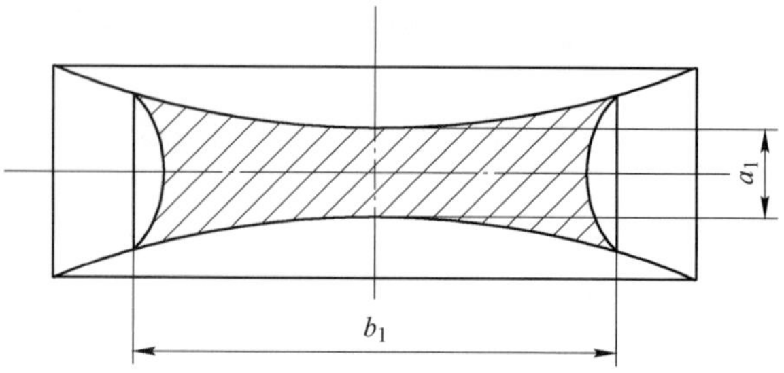

图 5.13　矩形截面积试样拉断后最小截面积的测定

按公式（5.10）计算断面收缩率：

$$\psi = \frac{S_0 - S_1}{S_0} \times 100\% \tag{5.10}$$

对于矩形截面试样，以缩颈处最大宽度和最小厚度测出的最小横截面积仅对于宽厚比不大的试样有一定的近似性，但对于宽厚比大的试样，则近似性极差，甚至无法测出最大宽度和最小厚度，所以这种 S_1 的方法存在局限性。国外有一标准把矩形截面试样缩颈处最小截面积的四边看成抛物线型，按图 5.14、图 5.15 测量三处厚度，分别按公式（5.11）和式（5.12）计算厚度和宽度，然后按公式（5.13）计算最小面积。

$$t = \frac{t_1 + 4t_2 + L_3}{6} \tag{5.11}$$

$$W = \frac{W_1 + 4W + W_2 + W_3}{6} \tag{5.12}$$

$$S = W \times t \tag{5.13}$$

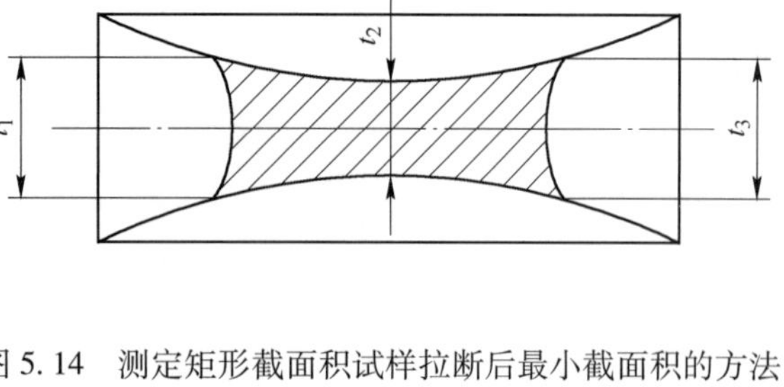

图 5.14　测定矩形截面积试样拉断后最小截面积的方法

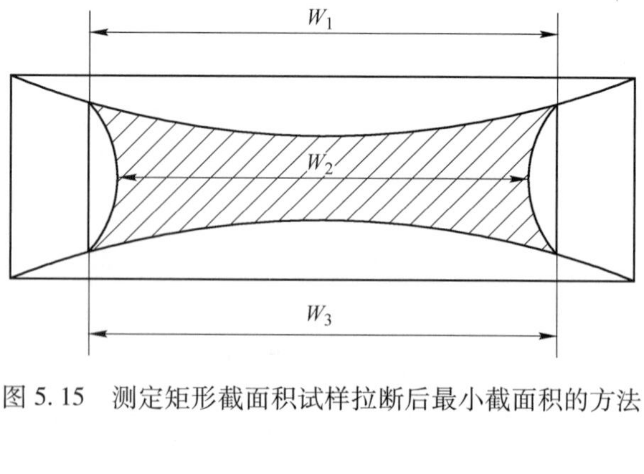

图 5.15　测定矩形截面积试样拉断后最小截面积的方法

5.2.6　拉伸试样的断口

拉伸试样的断口见图 5.16。

钢板拉伸试样出现分层。一般钢板拉伸试样出现分层多在 20mm 以上规格的中高合金量的钢板，其分层的表现形式也是多种多样的，有出现在断口内的，有出现在断口内外的，有出现端口外侧的，有出现端口外侧颈缩区以内或以外的等等，分层有显著的也有不显著的，有一道的也有多道的。为了便于检验时观察和判定，在这里我们对在实验中获取的试样分析后，将拉伸试样的断口分层分为断口界面内出现

图 5.16 拉伸试样断口

的分层、断口侧面出现分层（或褶皱）、缩颈区域与接近缩颈区域的分层、断口面内出现的多条分层、贯穿断口截面的分层、在断口截面异常组织中出现的分层。钢板拉伸试样分层的几种典型状态，如断口界面、侧面、颈缩区断口截面分层等，断口界面内出现的分层见图 5.17。

图 5.17 断口界面内出现的分层

拉伸断口截面出现的异常组织，是指钢板中心处出现的亮白色脆性断裂区。图 5.18 为某企业生产的 Q345D 和 Q460C 钢板拉伸断口组织形貌和断口扫描照片，断口中心处出现椭圆形亮白色脆性区，表 5.8 为对应主要力学性能。

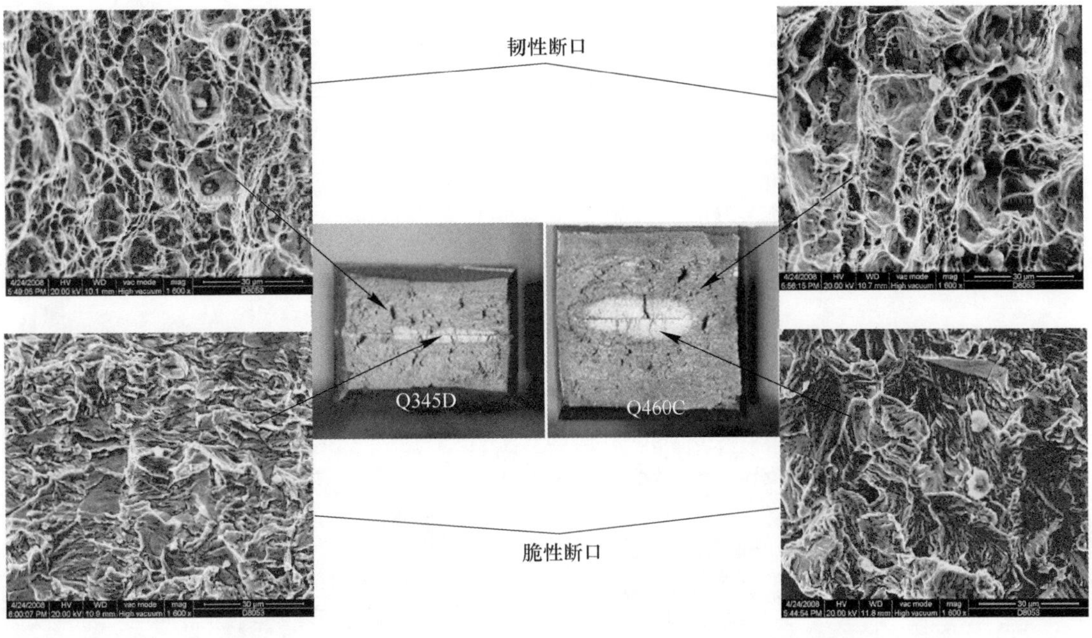

图 5.18 某企业生产的 Q345D 和 Q460C 钢板拉伸断口组织形貌
（断口中心处为椭圆形亮白脆性区）

表 5.8　某企业出现断口异常组织的 Q345D 和 Q460C 钢板主要力学性能

钢级	厚度/mm	屈服强度/MPa	抗拉强度/MPa	延伸率/%	0 或-20℃A_{KV}/J			冷弯
Q345D	20	400	515	19（不合格）	251	265	225	合格
Q460C	30	385（不合格）	580	21	79	113	119	合格

拉伸试样的异常断口主要是由于在拉应力作用下钢板心部严重“分层”造成的，而造成拉应力作用下钢板“分层”现象的主要因素是呈带（链）状分布的夹杂物和魏氏组织。除了采取措施减轻夹杂物带状分布以外，还要制定合适的加热制度，使钢中合金元素在加热过程中充分扩散均匀化，减小合金元素在心部的偏析，降低奥氏体稳定程度，促进等轴铁素体生长，抑制心部魏氏组织的形成。

试样断口可以粗略分为脆性断口和韧性断口两种。韧性断口有杯锥状、半杯锥状、星芒状、斜角状、层状或木纹状以及其他不规则形状类型。

典型的试样断口示意图见图 5.19。

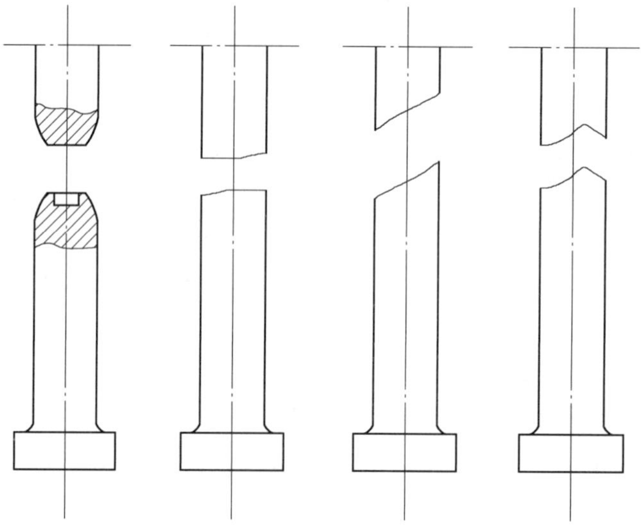

(a)　　(b)　　(c)　　(d)

图 5.19　典型的试样断口示意图

（a）杯锥状；（b）脆性齐平状；（c）斜角状；（d）不规则状

5.2.7　冷弯试验

钢板弯曲试验是工艺性能试验的一种，是定性检验在指定试验条件下，钢板材料承受弯曲塑性变形的能力，并暴露其缺陷。通过这种试验可以定性的评价钢板材料弯曲变形不发生裂纹的极限延伸能力。通过用这种实验检验冶金产品是否符合标准或协议的规定要求，作为一种验收试验，也可以通过这种试验比对材料的塑性变形能力。弯曲疲劳试验机见图 5.20。三点弯曲断裂韧性实验机见图 5.21。

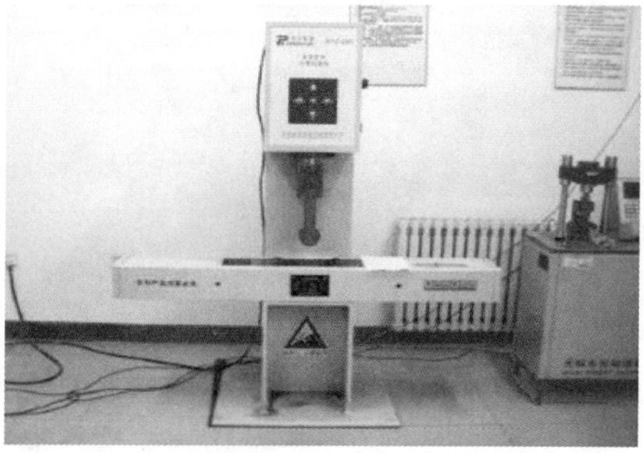

图 5.20　弯曲疲劳试验机

图 5.21　三点弯曲断裂韧性实验机

5.2.7.1　试验原理

将一定形状和尺寸的试样放置于弯曲试验装置上，以规定直径的弯心将试样弯曲到所要求的角度后，卸除试验力，检查试样承受变形的能力（重点是检查试样弯曲后，试样的外弧面和角部有无裂纹、开裂、起皮分层等缺陷出现）。图 5.22 为弯曲后的试样。

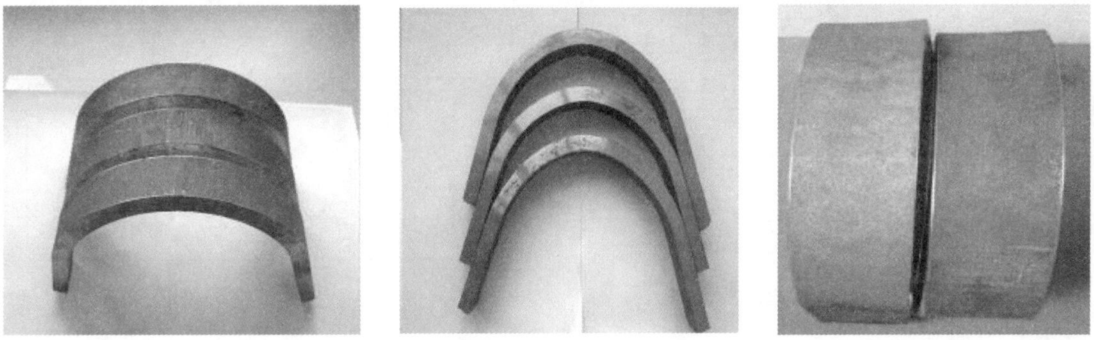

图 5.22　弯曲后的试样

5.2.7.2　试样的形状和尺寸

弯曲试验试样的截面形状可以为圆形、矩形和多边形，但应有产品标准或技术协议规定。

试样横截面尺寸应根据材料的种类、特性和试验机能力决定。钢板截面厚度不大于 25mm 时，试样厚度与材料厚度相同，试样宽度为试样厚度的 2 倍，但不得小于 10mm；当钢板厚度大于 25mm 时，试样厚度应减薄至 25mm 并保留一个原表面，其宽度为 30mm，当试验机能力允许时，厚度大于 25mm 的钢板，可以全厚度进行试验，其宽厚比为 2：1。但仲裁情况，按厚度减薄至 25mm，保留一个原表面，宽度为 30mm 的试样进行试验，试验时，试样保留原表面一侧应为于弯曲外侧（受拉伸一侧）。

弯曲试样的长度主要根据试样的厚度、弯曲试验装置的尺寸而定，通常按式（5.14）确定试样长度，但弯头的高度应大于 1/2 被试样长度。

$$L \approx 5\alpha + 150\text{mm} \tag{5.14}$$

试样标记的要求：试样的端部应打印或用其他方法标记试样代号。

5.2.7.3　试验步骤

根据产品标准或技术协议的规定，选择适当的弯心直径和弯心长度（弯心长度必须大于试样宽度）。弯曲方式分为半导向弯曲和导向弯曲两种。带两支点和弯心的弯曲装置见图 5.23（a）、（b）。

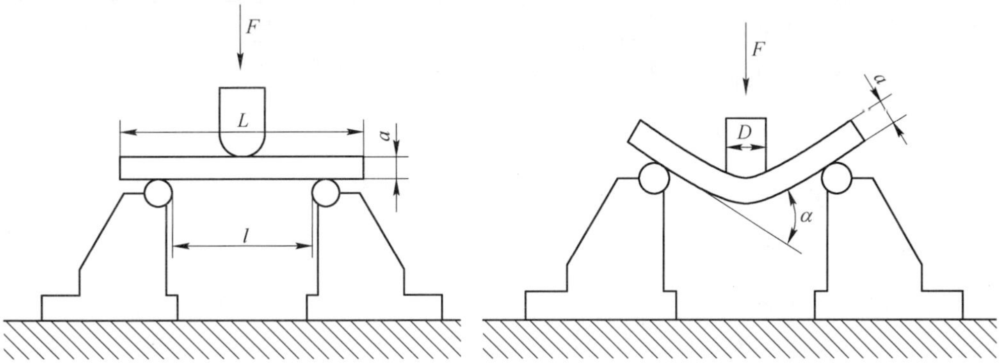

(a)　　(b)

图 5.23　带两支点和弯心的弯曲装置

（1）半导向试验

将试样一端用老虎钳固定，对试样施加横向力使其绕弯心进行弯曲，如图 5.24 所示，根据产品标准或技术协议的规定，试样弯曲至规定的弯曲角，或出现裂纹、裂缝或断裂为止。

（2）导向弯曲

将试样放置于两支点上，以规定直径的弯心在试验两支点中间施加压力，根据产品标准或技术协议的规定，使试样弯曲到规定的角度，如图 5.25 所示，或出现裂纹、裂缝或断裂为止。

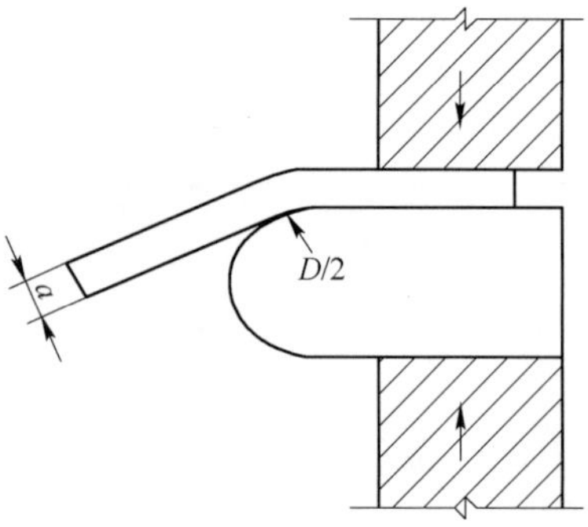

图 5.24　带虎钳和弯心的弯曲装置

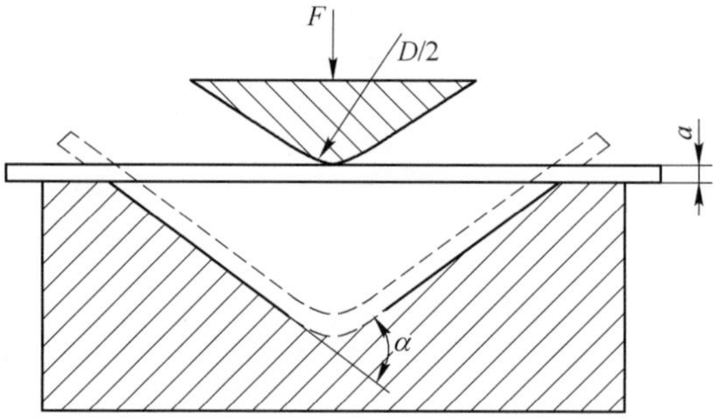

图 5.25　带 V 形模块和弯心的弯曲装置

当要求将试样弯曲到弯曲角 180°其内侧半径为规定值且两臂平行时，可以将试样放于两支点上按规定的弯心直径进行弯曲，然后放于试验机两平行压板之间施加压力，将它压至两臂平行，见图 5.26。此时也就可以加入与弯心直径相同尺寸的衬垫（垫块）再施加压力压至两臂平行。

当要求试样弯曲至两臂接触（即弯曲角为 180°，内侧弯曲半径为 0 的状态）时，首先将试样弯曲到如图 5.23（b）所示。然后置于试验机两平行压板之间继续施加压力，直至试样两臂接触，见图 5.27。

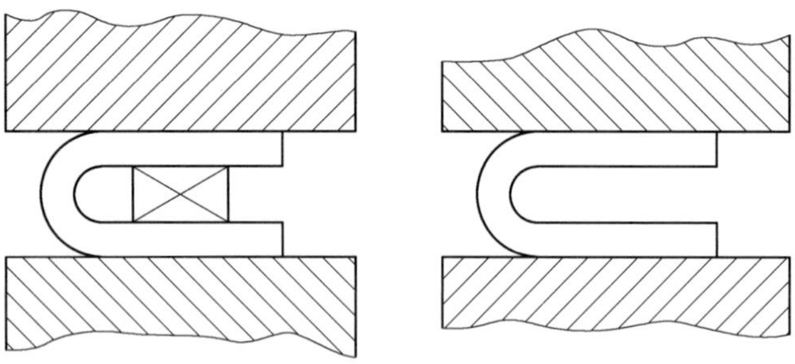

图 5.26　弯曲至两臂平行

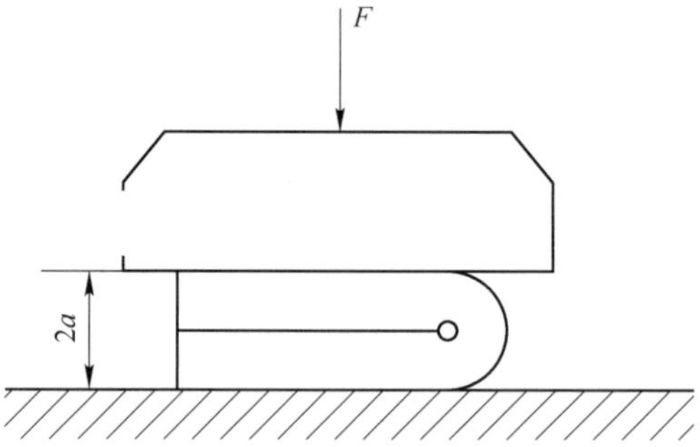

图 5.27　弯曲至两臂相接触

当要求弯曲至一个指定的弯曲角时，也可以将试样置于 V 形模块上，用规定弯心对试样施加压力，直至试样与弯曲至与 V 形槽壁相吻合，此式弯曲角为 180°−α。

试验时，弯头轴线应平行于两支辊轴线且与试样垂直，以免受力点发生改变而影响试验结果。试验应在平稳力的作用下，加力要平稳连续无冲击，特别注意压头刚接触到试样时不能有冲击现象，建议在仲裁试验中应以不大于 1mm/s 的速率进行，严禁用手锤敲打试样进行弯曲。

5.2.7.4　影响弯曲试验结果的主要因素

对钢板弯曲试验结果影响的主要因素如下。

A　宽厚比（b/a）的影响

（1）宽厚比影响力学约束条件

宽厚比的大小直接影响弯曲力学约束条件的变化，宽厚比大，力学约束条件趋于平面应变状态。

由于拉应力和拉应变有利产生裂纹，即不利于塑性变形，因而造成大宽度试样中央区域的塑性变形约束条件比宽厚比小的试样苛刻得多，也就是说：用宽厚比小的试样进行弯曲出现裂纹的可能性小；用宽厚比大的试样进行弯曲出现裂纹的可能性高。

（2）宽厚比的确定

试验结果表明，试样弯曲变形（塑性变形）能力与试样的宽度有密切的关系。当试样宽厚比小的时候，只能在一定程度上反映钢板的质量。当试样宽厚比达到 5：1~8：1 时冷弯的合格率急剧下降，表明该宽厚比的范围对冷弯试验结果非常敏感。因此，要严格考查钢板的变形阻力，试样的宽厚比应增加到一个适当的数值。美国 ASTM E290 标准明确指出，要获得可比较的试验结果，试样的宽厚比应在 8∶1 以上。

B　弯曲角

弯曲角对试验结果的影响是，在一定弯曲角度以下，弯曲后所达到的最大纵向应变量 ε_{max} 随弯曲角度的增加而增加，但达到某一角度后，弯曲角进一步增加其纵向最大应变增加很慢，而只是最大纵向应变（ε_{max}）区域向弯曲轴两侧扩展而已。

弯曲角对横向应变的影响是，当弯曲角增加时，试样宽度中央无横向变形区的宽度趋向减小。

C　弯心直径

弯心直径对弯曲时的纵向应变有明显的影响，在其他条件相同时，弯心直径增加引起纵向应变所达到的最大应变值减小。也就是说，随着弯心直径的增加，冷弯合格率也会随之提高。

5.2.8　冲击试验

钢板在工程项目使用过程中除应具有足够的强度和塑性，还要求具有一定的韧性，即具有塑性变形和断裂过程中吸收足够能量的能力，在服役条件下韧性足够的钢板构件及零件才不会发生脆性断裂，从而保证了其使用的安全性。

夏比冲击试验是用于评定钢板材料韧性应用最广泛的一种传统力学性能试验，试验中通过一次施加载荷显示试样的断口特性，其试验数据 A_K 是对钢板材料的组织结构，冶金缺陷敏感性，特别是测定钢的缺口敏感性的重要方法之一。摆锤冲击试验机见图 5.28。

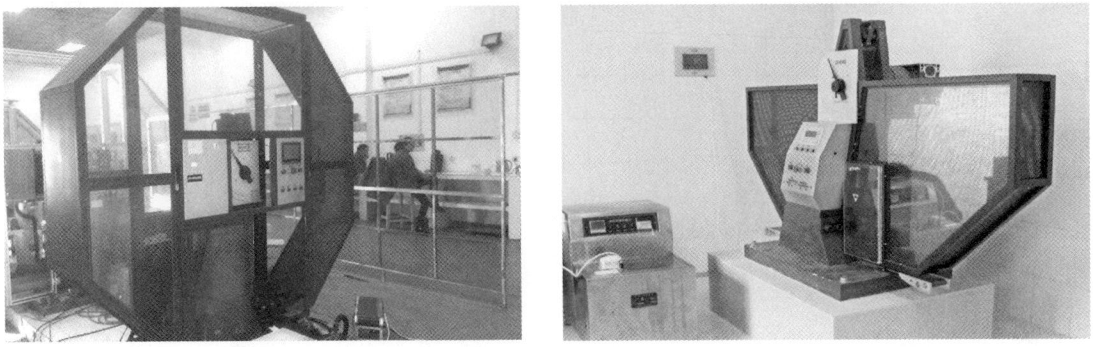

图 5.28　摆锤冲击试验机

5.2.8.1　夏比冲击试验的主要作用

（1）设计选材或研制新材料，通常必须提出对材料冲击韧性指标的要求。这是由于不同材料对缺口敏感程度不同，用拉伸试验中测定的强度及塑性指标往往不能评定材料对缺口是否敏感，夏比冲击试验是必不可少的力学性能试验。

（2）冲击试验可以检查和控制钢材质量

由于冲击试样对材料的化学成分、冶炼方式、工艺流程、轧制方式、成品的组织、取样方向都非常敏感，由此其可以用来作为控制这些因素的有效手段。当钢铁产品中出现成分偏析、各种非金属夹杂物、内部组织不良等冶金和轧制缺陷时，都能从冲击试验中的冲击吸收功的数值明显地反映出来，以此可以指导产品质量的控制。

（3）评定钢材在高、低温条件下的韧性

用系列冲击试验可以测定材料在低温下韧性转变温度（FATT）。工程中有许多材料是在高温下工作的，用高温冲击试验可以评定这些材料在服役温度下的韧性特性。夏比冲击试验可在很宽的温度范围内进行，一般最高可达 1000℃，这个温度对各种高温合金（如镍基合金、铸造合金）进行试验，最低温度可以在-196℃进行试验。这温度范围适用于绝大部分钢板材料的服役温度范围。

冲击试样见图 5.29。

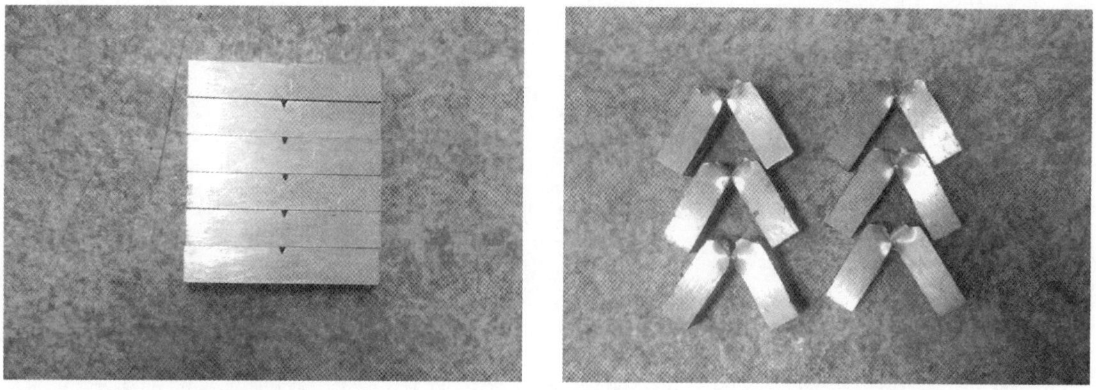

(a) 冲击前的试样　　(b) 冲击后的试样

图 5.29　冲击试样

5.2.8.2　夏比冲击试验原理

标准试验方法中对夏比冲击试验按规定要求如下：

用规定高度的摆锤对放置在简支架梁上的试样进行一次打击，测量试样折断时的冲击吸收功。

试样的冲击吸收功在试验中用摆锤冲击前后的位能差测定（见图 5.30）。

$$A_K = A + A_1 \tag{5.15}$$

A 是摆锤起始位能：

$$A = FH_1 = FL(1 - \cos\alpha)$$

A_1 是摆锤打击试样后的位能：

$$A_1 = FH_2 = FL(1 - \cos\beta) \tag{5.16}$$

如果不考虑空气阻力和摩擦力学等能量损失，冲击试样的吸收功为：

$$A_K = FL(\cos\beta - \cos\alpha) \tag{5.17}$$

式中　F——摆锤的重力，N；

L——摆长（摆轴至摆锤中心之间的距离），mm；

α——冲击前摆锤扬起的最大角度；

β——冲击后摆锤扬起的最大角度。

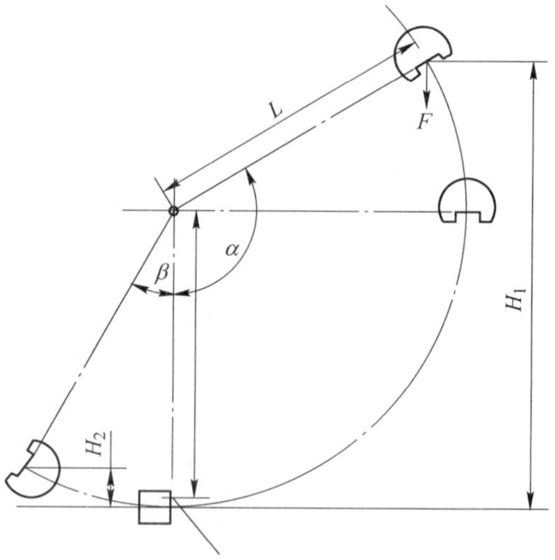

图 5.30　夏比冲击试验原理

A_K 值是试样在冲击试验力作用下折断时所吸收的功，但是 A_K 值相同的材料，韧性和脆性程度却不一定相同，因为冲击吸收功 A_K 还可以细分为三个部分，即消耗于弹性变形的弹性功、消耗于塑性变形至产生裂纹前的塑性功和消耗于裂纹萌生、扩展直至断裂的撕裂功。这三部分所占的比例随材料的特性、试样形状尺寸和缺口的类型而有所差异。

5.2.8.3　夏比冲击试样的类型

夏比冲击试样根据其缺口的形状可分为 V 型缺口试样和 U 型深 2mm、5mm 缺口试样，常用的主要是 V 型缺口试样和 U 型深 2mm 缺口试样，两种试样的形状及尺寸见图 5.31、图 5.32。

试样类型的选择主要根据试样材料的力学特性和产品的技术条件，通常 V 型缺口和深缺口试样（U 型深 5mm 缺口试样），适用于韧性较好的材料。

当钢板产品厚度在 10mm 以下无法制备标准冲击试样时，也可以加工成宽度较小的试样。通常，试样宽度可选择 7.5mm 或 5mm，这两种试样称为小尺寸试样。这种小尺寸试样的缺口深度、缺口根部半径和角度一般与相应的夏比 V 型缺口和 U 型缺口相同。

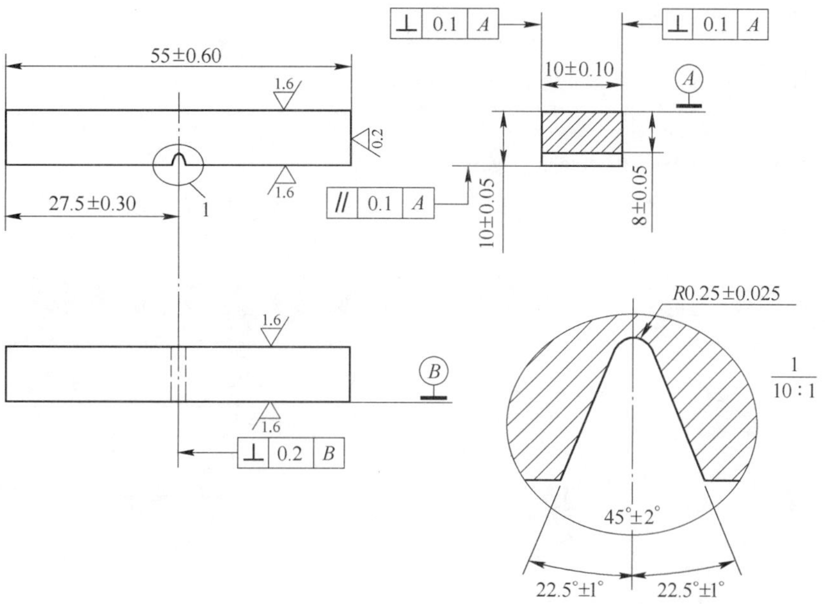

图 5.31 标准夏比 V 型缺口冲击试样

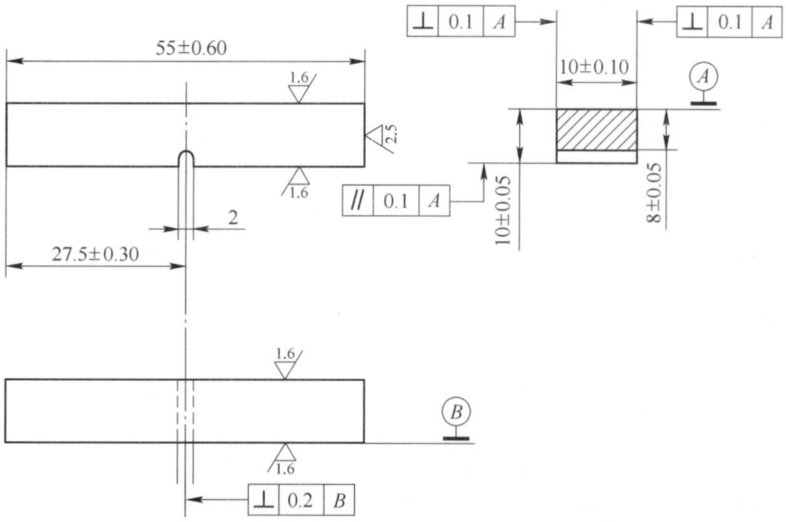

图 5.32 标准夏比 U 型缺口冲击试样

通常标准夏比缺口冲击试样的尺寸为 10mm×10mm×55mm，试样的厚度、宽度和长度应控制在一定的公差内，目前大部分国家标准的规定基本是一致的，对试样宽度尺寸的公差规定为±(0.1~0.11)mm，对试样厚度尺寸的公差规定为±0.05mm，对试样长度尺寸的公差规定为±0.6mm，但对于断面定位的试样，长度的公差控制较严格，此时试样长度尺寸的公差规定为±0.1mm，缺口中心线至端面距离控制为(27.5±0.05)mm。

5.2.8.4 冲击试样的缺口

冲击试样的缺口深度、缺口的曲率半径及缺口角度决定着缺口附近的应力集中程度，从而影响到该试样的缺口冲击吸收功，因此对标准试样缺口的尺寸及形位公差应严格规定。

缺口的表面质量对试验也很重要，缺口的表面应光滑，尤其是缺口的底部不能出现与缺口轴线平行的痕迹和划痕，对于重要的试验或判定质量是否合格的仲裁试验，缺口底部的表面粗糙度应小于 1.6μm。

当试验热处理材料时，一般应在最终热处理后对试样的缺口进行精加工，如果已证实热处理前后加工的缺口对试验结果没有影响，也可以在热处理前进行缺口的加工。

5.2.8.5　超低温冲击性能测试

夏比冲击试验也广泛应用于评价材料在系列温度下的韧-脆转变特性。常见的酒精介质+压缩机制冷方式可冷却的最低温度为-80℃，采取液氮制冷技术和特殊的保温技术，可进行-180～-90℃低温环境下的冲击试验，系统控温精度±1℃，恒温时间≥20min，制冷室可容纳24个标准试样。

该技术成功应用于各类低温容器用钢的超低温冲击性能试验。低温冲击冷却装置见图5.33。超低温冷却的试样见图5.34。

图5.33　低温冲击冷却装置

图5.34　超低温冷却的试样

5.2.8.6　脆性断面率的测定

用冲击断口特征评定钢板的韧性指标已得到广泛的应用，为了在标准中准确地测定冲击断口的脆性断面率，以便于确定韧脆性转变温度，我国已制定了标准方法，即国家标准GB/T 12778—1994《钢板夏比冲击断口测定方法》。

脆性断口也称为晶状断口，是指在试样断裂后出现开裂或晶界破坏的有光泽的断口，断口中晶状区的面积与断口原始面积的百分比则为脆性断面率。有对比法、尺寸测量法、放大测量法三种方法进行脆性断面率的测定，在这里只介绍对比法。

对比法就是对冲击试样断口与断面图谱进行比较，算出纤维断面率，然后计算脆性断面率，此种方法直观简便。冲击试样断口纤维断面率示意图见图5.35。

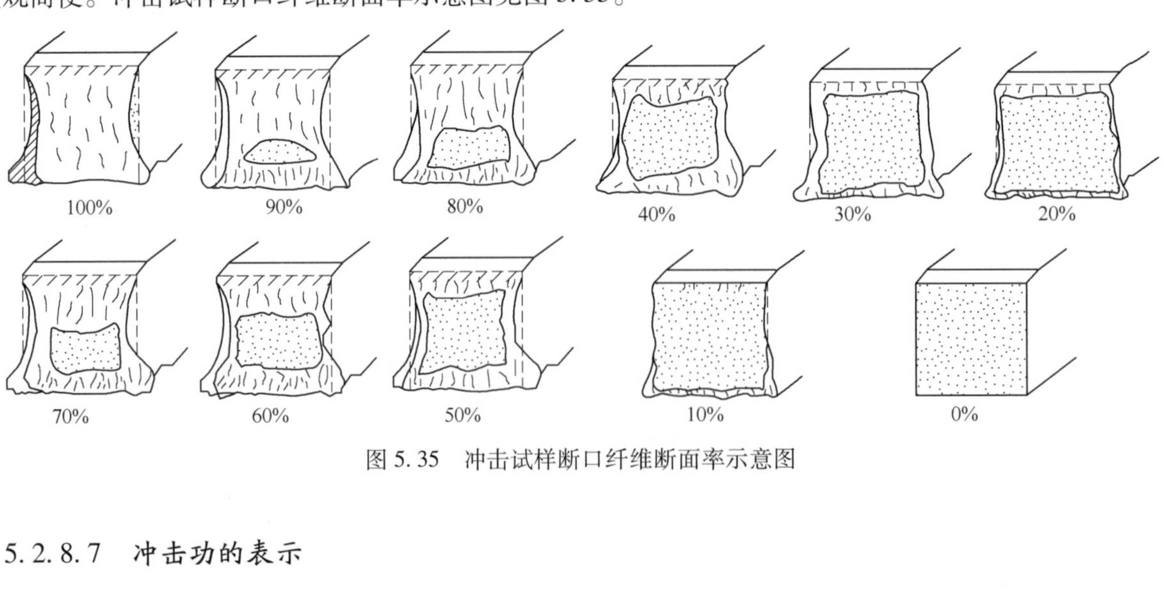

图5.35　冲击试样断口纤维断面率示意图

5.2.8.7　冲击功的表示

夏比缺口冲击试验方法标准规定了三种标准类型的试样，为了表示出不同类型冲击试样的试验结果，三种类型试样的冲击吸收功用如下符号表示，以示区别：

用 V 型缺口试样测定的冲击吸收功，表示为 A_{KV}；

用深度 2mm 的 U 型缺口试样测定的冲击吸收功，表示为 A_{KU2}；

用深度 5mm 的 U 型缺口试样测定的冲击吸收功，表示为 A_{KU5}。

5.2.8.8 试样结果对比

只有相同类型和尺寸试样在同一试验条件下的试验结果才能进行比较，当试样缺口形状和尺寸不同时，或厚度及宽度不同时，其试验结果不能直接对比和换算。

就缺口类型而言，由于缺口附近是三个方向不等的拉伸应力状态，在缺口附近变形体积内由于应力分布不等，所以变形也不均匀，当缺口深度和尖锐程度不同时，试样变形的体积有很大差异，它们之间不存在正比例的关系。因此，冲击试样缺口类型不同时，得到的冲击吸收功不能相互比较和换算。

对于厚度小于 10mm 的钢板试样，由于尺寸受到限制，不能加工成标准试样，一般加工成宽度为 7.5mm 或 5mm 的冲击试样，这些试样得出的试验结果同样不能与标准试样的结果进行比较和换算。

5.2.9 硬度试验

硬度是衡量钢板软硬的一种性能指标，是指钢板抵抗局部变形、压入或刻划的能力，它是材料研究和质量控制必不可少的手段。

硬度试验方法可分为压入法和划刻法，在压入法中又分为静态力试验法和动态力试验法。压入法测得的硬度值可以综合反映材料的压痕附近局部体积内的弹性、微量变形抗力应变硬化能力等物理量大小。目前中厚板企业广泛使用的试验方法是静态力压入法，即布氏硬度试验法、洛氏硬度试验法、维氏硬度试验法和显微硬度试验法。

在这些标准试验方法中，对影响试验结果准确性的主要因素如下规定：

（1）试样、样坯的切取和加工、表面质量、厚度等。

（2）试样装置：试验力误差、压头参数、压辊尺寸或深度测量仪器、硬度及综合误差及重复性等。

（3）操作：试验条件选择、试验力保持时间、压痕间距、测量技术等。

（4）结果处理：数据的表示、取面修正、硬度换算。

通常，生产厂在大批量生产检验时都采用布氏硬度试验法和洛氏硬度试验法。材料硬度 HB<450 时，一般采用布氏硬度试验法，HB>450 则必须采用洛氏硬度试验法，显微试验法主要用于生产研究。这几种硬度试验方法的应用范围见表 5.9。

表 5.9 几种硬度测量方法的适用范围

硬度测量方法	适 用 范 围
布氏硬度试验	测量晶粒粗大且组织不均的零件，对成品件不易采用。钢铁材料的硬度试验中，现已逐步采用硬质合金球压头测量退火件、正火件、调质件以及铸件和锻件的硬度
洛氏硬度试验	批量件、成品件及半成品件的硬度检验。对于晶粒粗大且组织不均的零件不宜采用。A 标尺适于测量高硬度淬火件、较小与较薄件的硬度。B 标尺适于测量硬度较低的退火件及调质件。C 标尺适于测量经淬火回火等处理零件的硬度，以及具有较厚硬化层零件的表面硬度
表面洛氏硬度试验	测量小件、薄件的硬度以及具有浅或中等硬化层零件表面硬度。钢铁件的硬度检验中，一般不用 N 标尺
维氏硬度试验	钢铁件的硬度检验中，试验力一般不超过 294.2N。主要用于测量小件、薄件的硬度以及具有浅或中等厚度硬化层零件的表面硬度
显微维氏硬度试验	测量微小件、极薄件或显微组织的硬度，以及具有极薄或极硬硬化层零件的表面硬度
锤击布氏硬度试验	正火、退火或调质处理大型工件及原材料的现场硬度检验

5.2.9.1 布氏硬度试验

钢板布氏硬度试验方法是应用较广泛的静压硬度试验方法，其特点是：用较大直径的球体压头可压出面积较大的压痕，适合于铸铁等晶粒粗大的钢板材料硬度的测定。由于可以测定钢板各组成部分的综合硬度，因此很少受到个别组织的影响，用大直径球体测定的硬度值比较稳定，精度高，而且实验方法简单。布氏硬度计见图5.36。

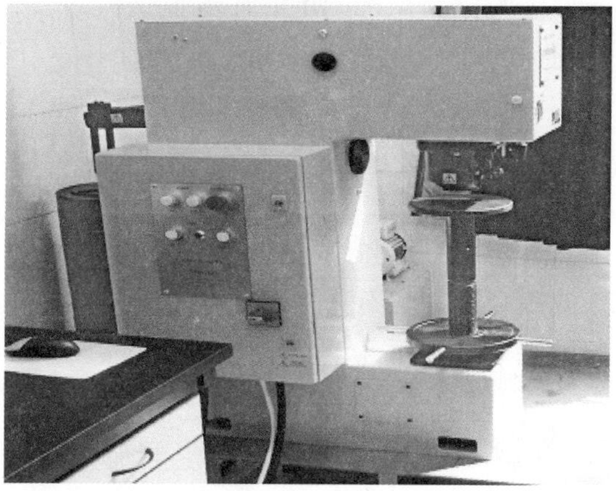

图5.36　布氏硬度计

A　试验原理

将具有一定直径的钢球或者硬质合金球，以相应的试验力压入试样表面，按规定保持一定的时间后，卸除试验力，测量试样表面的压痕直径，用试验力除以压痕表面积计算出硬度值，用HB表示。计算方法见图5.37和公式(5.18)。

$$HB = \frac{F}{S} \tag{5.18}$$

式中　F——试验力，N(kgf)；

S——压痕表面积，mm^2。

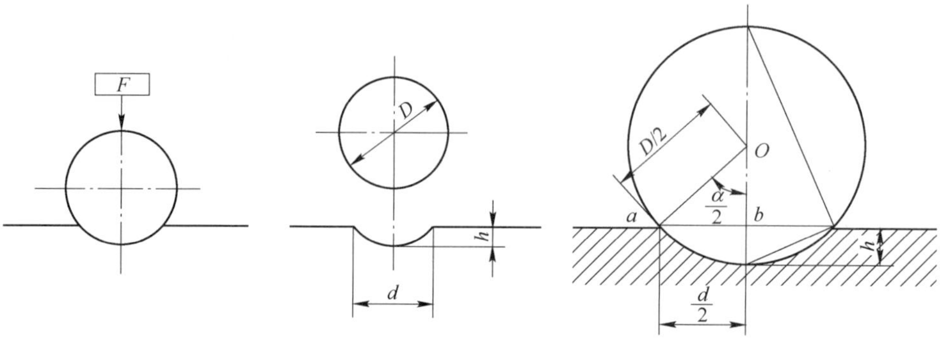

图5.37　布氏硬度试验原理

根据立体几何可知，压痕球形表面积为：

$$S = \pi Dh = \pi D\left(\frac{D}{2} - ab\right) \tag{5.19}$$

$$S = \frac{1}{2}\pi D(D - \sqrt{D^2 - d^2}) \tag{5.20}$$

代入式（5.18）得：

$$HB = \frac{2F}{\pi D(D - \sqrt{D^2 - d^2})} \tag{5.21}$$

当试验力单位为牛顿时：

$$HB = 0.102 \times \frac{2F}{\pi D(D - \sqrt{D^2 - d^2})} \tag{5.22}$$

式中　F——试验力，N(kgf)；

D——钢球直径，mm；

d——压痕直径，mm；

h——压痕深度，mm。

对于布氏硬度值，当压头为钢球时用HBS表示，压头为硬质合金时用HBW表示。

布氏硬度试验的基本条件为试验力F与钢球直径D恒定时，所产生的压痕必须满足$0.2D<d<0.6D$的条件，这时所测的硬度值才能进行比较。但实际上，由于钢板有硬有软、有厚有薄、有窄有宽，因此，如果只用一种试验力和一种钢球，那么往往会对厚的材料合适而对薄的材料可能出现压透现象，对硬的材料合适而对软的材料会发生钢球陷入材料内的现象。为了避免出现这些现象，需要更换试验力和钢球直径。梅耶尔的研究指出：当改变试验力和钢球直径时，要想在同一材料得到相同硬度值，则必须满足

下列条件：

（1）压痕的几何形状相似。

（2）压入角 φ 相等（见图 5.38）。

（3）压痕表面积所承受的平均压入相等。

这就是相似原理，可用下式表达：

$$\frac{d}{D}=\frac{d_1}{D_1}=\sin\frac{\varphi}{2}=\text{常数} \tag{5.23}$$

$$\mathrm{HB}=\frac{F}{D^2}\left[-\frac{2}{\pi\left(1-\sqrt{1-\frac{d^2}{D^2}}\right)}\right] \tag{5.24}$$

整理后可得：

$$\mathrm{HB}=\frac{F}{D}\left[\frac{2}{\pi\left(1-\cos\frac{\varphi}{2}\right)}\right] \tag{5.25}$$

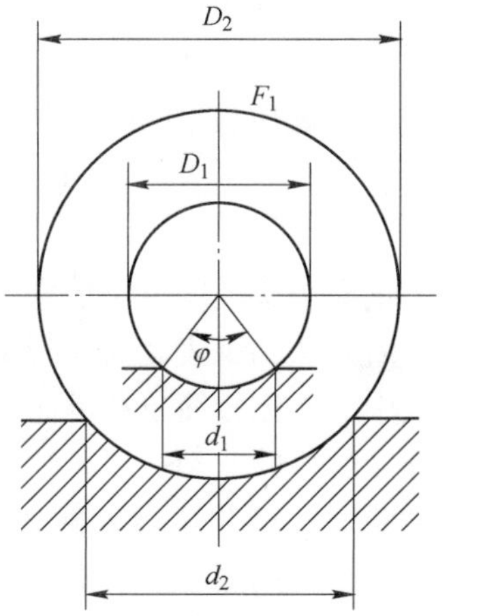

图 5.38 相似原理的应用

由上式可知，当采用大小不同的试验力和不同直径的钢球进行布氏硬度试验时，要保证同一材料的布氏硬度值相同，压入角 φ 应为常数，同时 F/D^2 也应保持常数，即满足：

$$F_1/D_1^2=F_2/D_2^2=F/D^2=K(\text{常数}) \tag{5.26}$$

国家标准中，规定的常数 K 值为 30、15、10、5、2.5、1.25、1。

只要试验力和钢球直径满足上述关系，则对于同一材料来说布氏硬度值是相同的，而对于不同材料所得的布氏硬度值也可进行比较。

B 试验条件

主要有以下几方面：

（1）试样应在 10~35℃温度下进行，对温度有较高要求的试验，应控制在（23 ± 5）℃之内。

（2）试验时，压头轴线必须与试样的被测面垂直。试验过程中，加载要平稳、均匀，应避免振动和冲击。

（3）压痕中心距试样边缘距离应不小于压痕直径的 2.5 倍；相邻两压痕中心距离应不小于压痕直径的 4 倍。当试样的布氏硬度小于 35 时，上述距离分别为 3 倍和 6 倍。

（4）根据材料的布氏硬度范围选择规定中的 F/D^2 值。当实验条件允许时，应尽量避免选用 10mm 钢球。

（5）试样支撑面、压头表面及试验台面应清洁。试样应稳固地放在试台上，保证试验中试样不发生挠曲。

C 影响布氏硬度试验结果的主要因素

（1）试验力和钢球直径的影响

当钢球直径一定而改变试验力时，由于产生了不相似的压痕形状和应变状态不同，导致所测量的硬度值有较大的差别。试验表明，对于 HBS > 140 的情况，F/D^2 在 5~30 范围内，硬度值随负荷的增加而增加；F/D^2 在 30~60 范围内，其硬度值变化很小。

当负荷一定时，钢球直径大小对布氏硬度值也有影响。试验结果表明，用小钢球直径测出的 HBS 值大于用大钢球直径测的 HBS 值。

（2）钢球表面粗糙度的影响

钢球表面粗糙度 R_a 应大于 0.2μm，否则对低硬度试样影响较大。如 HBS < 130 的试样分别用抛光或侵蚀的钢球进行试验时，后者要比前者硬度高，其差值约在 4%左右。但对 HBS > 130 的试样，两者无明显差异。

（3）试样表面不洁净的影响

如果试样表面有油污，将为压头压入试样提供料润滑条件，则会降低压头和试样表面的接触摩擦力，扩大变形，从而使试样的测试时的硬度值降低。

布氏硬度的优点具有很高的测量精度，因此再现性好。一方面它采用大的试验力，钢球直径也大，因而压痕也大，它能真实地反映出多晶体钢板材料的平均性能；另一方面布氏硬度值与其他力学性能之间存在着较好的对应关系，因而在工程上得到广泛的应用。

布氏硬度的缺点是操作时间长，压痕较大，压痕测量也较费时间。在进行高硬度材料试验时，由于本身的变形使测量结果不准确，当材料的布氏硬度值大于450时，必须用硬质合金球作压头。

5.2.9.2　洛氏硬度试验

钢板洛氏硬度方法是采用测量压痕深度的方法，通过放大后，从知识表盘或投影屏上直接显示出试样的硬度。试验中操作比较简单和迅速，工组效率高，对于成批生产中硬度的检验非常适用。试验中使用三种压头，配合不同的试验力，可测量较硬或较软材料的硬度，使用范围较广。由于采用测量压痕深度的方法表示试样的硬度，因而影响洛氏硬度准确的因素较多，测量结果的准确性较布氏和维氏硬度试验稍差。洛氏硬度计见图5.39。

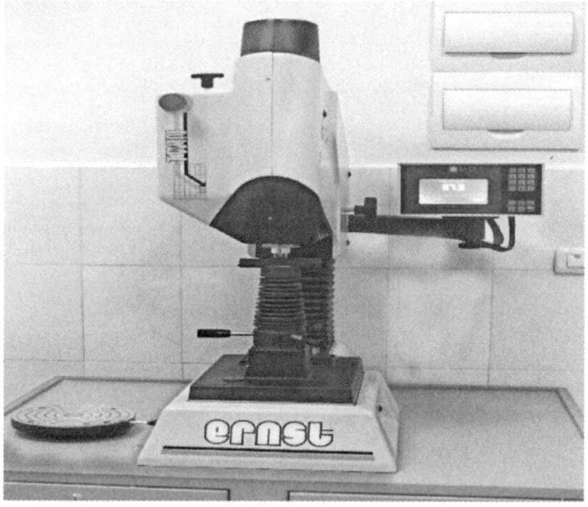

图5.39　洛氏硬度计

A　试验原理

洛氏硬度试验使用金刚石锥体或一定直径的淬火钢球作压头，试验时，先对压头施加初试验力 F_0，是其压入试样表面一定深度 h_0，以此作为测量压痕深度的基础。然后再施加主试验力 F_1，压痕深度增量为 h_1。钢板在 F_1 作用下产生的总变形量 h_1 中包括弹性变形和塑性变形量。经过规定的保持时间后将 F_1 卸除，于是在试样上得到由主试验力所产生的压痕深度的残余增量 e，用测量出的 e 来计算洛氏硬度，如图5.40和图5.41所示，e 值愈大，则硬度值愈低，反之硬度愈高。

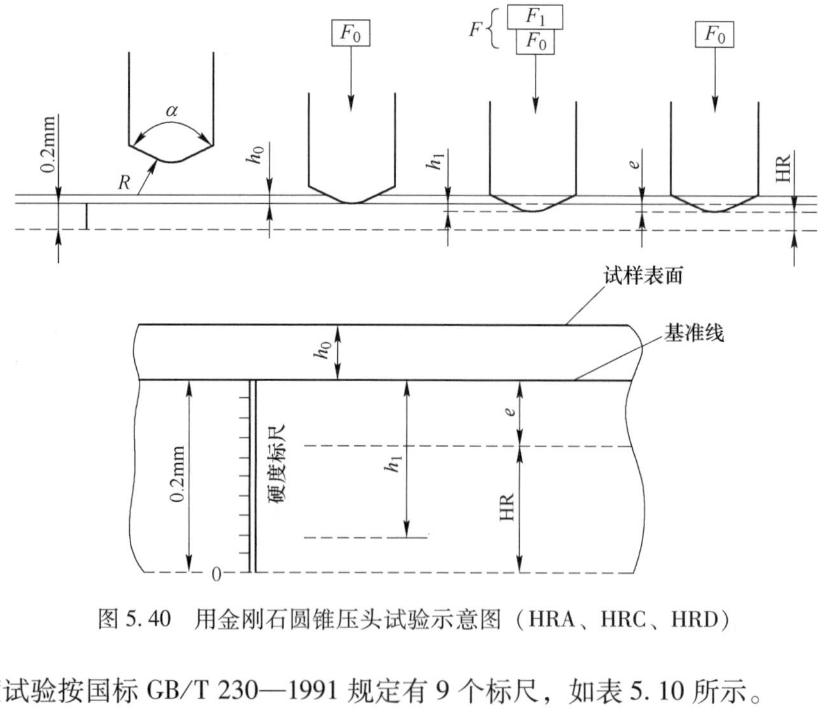

图5.40　用金刚石圆锥压头试验示意图（HRA、HRC、HRD）

钢板洛氏硬度试验按国标GB/T 230—1991规定有9个标尺，如表5.10所示。

B　试验条件与要求

（1）试验温度

试样应在10~35℃温度范围内进行，对于精度要求较高的试验，试验温度要控制在（23±5）℃。

（2）试验力的施加

试验时，必须保持试验力主轴轴线与试验面垂直。在施加试验力时必须平稳、均衡，不得有附加振动和冲击现象。在施加初试验力过程中，指针或指示线不得超过硬度及规定的标准。

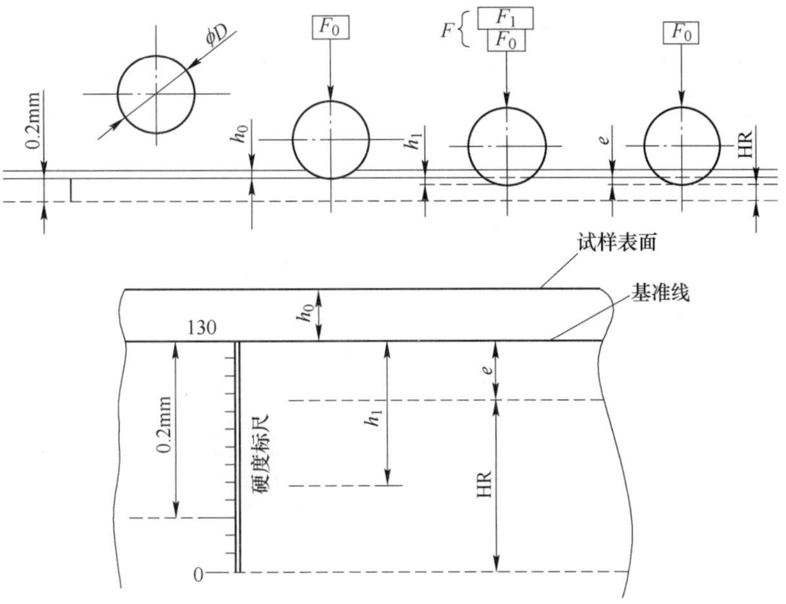

图 5.41 用钢球压头试验示意图（HRB、HRE、HRF、HRG、HRH、HRK）

表 5.10 洛氏硬度试验标尺

标尺及符号	采用压头	初试验力 /N	总试验力 /N	硬度范围	应用举例
HRA	金刚石圆锥，锥体角 120°，顶部半径 0.200mm	98.07	588.4	20~88	碳化物、硬质合金、表面淬火钢等
HRC			1471	20~70	淬火钢、调质钢
HRD			980.7	40~77	中等厚度的表面硬化工件等
HRB	直径为 1.5875mm 的钢球	98.07	980.7	20~100	铸钢、退火钢、铜合金
HRF			588.4	60~100	薄软钢板、退火铜合金
HRG			1471	30~94	磷青铜、铍青铜
HRE	直径为 3.175mm 的钢球	980.7	980.7	70~100	铸铁铝镁合金、轴承合金
HRH			588.4	80~100	铝、铅、锌
HRK			1471	40~100	轴承合金、极软及极薄钢板材料

C 影响试验结果的主要因素

(1) 试样表面粗糙度

试样表面粗糙度的影响是，当试样表面粗糙度大于 0.8μm 时，随着粗糙度的增加，洛氏硬度示值与标准试块名义之差逐渐增大，硬度值下降。试验表明，表面粗糙度在 0.63μm 以上时，对硬度的影响较大。当表面粗糙度在 0.8μm 以下时，即使表面粗糙度减小，洛氏硬度示值变化很小，表明表面粗糙度在 0.8μm 时符合实验要求。

(2) 试样的组织不均

试样组织不均的影响是，如果试样表面有淬火软点、局部过冷、局部脱碳、气孔、夹杂等缺陷，会使试验结果分散性扩大。

(3) 试验温度

试验温度不仅会使试样内部结构微小变化，而且还能引起硬度及内部构造的变化。当温度升高时，硬度值降低，反之硬度值增高，影响见表 5.11。

(4) 加载速度影响

实验证明，加载速度对硬度值有影响，当主试验力所施加时间由 2s 变为 12s，硬度值影响如下：低硬度值 0.2HRC；中硬度值 0.4HRC；高硬度值 0.6HRC。

(5) 试验力保持时间影响

试验力保持时间越长，测出的硬度值就越低，对低硬度材料影响大，对高硬度材料影响较小。试验力保持时间对硬度的影响，见表 5.12。

表 5.11　温度变化对硬度的影响

温度/℃	HRC（20℃）							
	20.95	31.10	41.40	48.25	55.05	61.40	65.20	平均值
	ΔHRC							
7	+0.32	+0.25	+0.22	+0.30	+0.15	+0.20	+0.20	+0.23
35	−0.22	−0.32	−0.30	−0.38	−0.30	−0.15	−0.27	−0.27
47	−0.48	−0.58	−0.60	−0.53	−0.55	−0.38	−0.45	−0.53

表 5.12　试验力保持时间对硬度的影响

硬度值（HRC）	试验力保持时间/s		
	2	10	30
	影响值（ΔHRC）		
65	0.3	0	−0.1
40	0.5	0	−0.2
20	0.6	0	−0.3

D　应用范围及优缺点

洛氏硬度试验操作简便，工作效率高，适用于成批生产检验；由于使用负荷小，压痕也较小，因而对试样表面没有明显损伤，可用于半成品或成品检验；不同压头和总试验力所组成的标尺，使它可以测量从较软到较硬材料以及较薄的材料表面的硬度，使用范围广泛。

洛氏硬度试验的缺点是不同标尺检测的数值无法进行比较，其测量误差与布氏、维氏硬度相比稍大。

5.2.10　国内某宽厚板企业检验室及检测流程

该企业检验室的设备配置能满足 ASTM、JIS、DIN 等标准对于厚板产品的检验要求，其内部工艺设备配置合理、检验项目和检验手段多、设备自动化程度高，同时具备了试验数据的计算机系统自动处理和数据传输功能，因此该检验室不仅在厚板检验领域具有很强的代表性，而且还具有世界先进水平。因此，对其做简要介绍。

依照 ASTM、JIS、DIN、GB 等标准，该企业检验室将来自各生产厂的各种试样坯加工成试样，而后进行所有必检项目的测试。最后，各项试验数据全部由计算机系统处理后传送到相应生产厂及相关部门。

该检验室主要承担的检验项目包括：

（1）厚板的拉伸试验（包括高温拉伸、*Z* 向拉伸）。

（2）厚板的冲击试验（包括低温冲击）。

（3）厚板的动态撕裂试验，即 DT 试验。

（4）厚板的落锤撕裂试验，即 DWTT 试验。

（5）厚板的弯曲试验。

（6）硬度试验。

（7）厚板的金相组织分析。

（8）厚板的无塑性转变温度落锤试验，即 NDT 试验。

（9）厚板的 H_2S 腐蚀试验。

（10）厚板成品的化学成分分析试样的制备。

(11) 厚板的机械性能试验、物理性能试验和部分工艺性能试验所需试样的加工。该企业检验室主要检验工艺流程简图如图 5.42~图 5.44 所示。

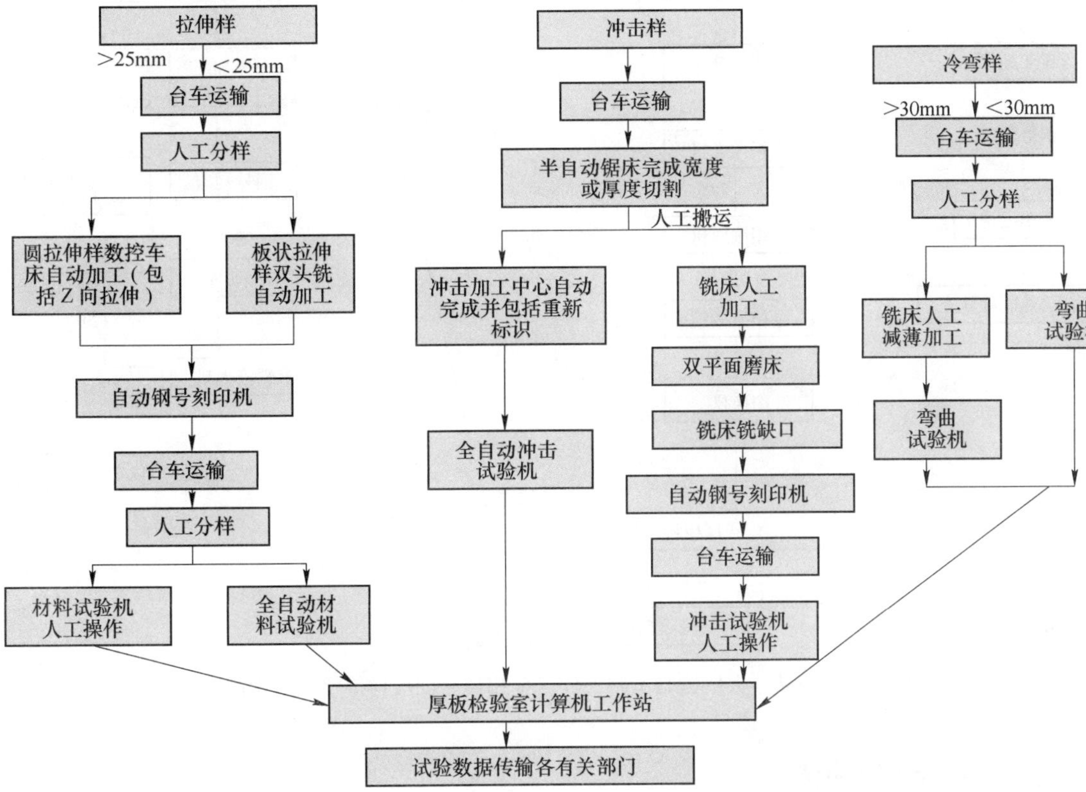

图 5.42 国内某厚板厂检验室拉伸样、冲击样和冷弯样的检验流程简图

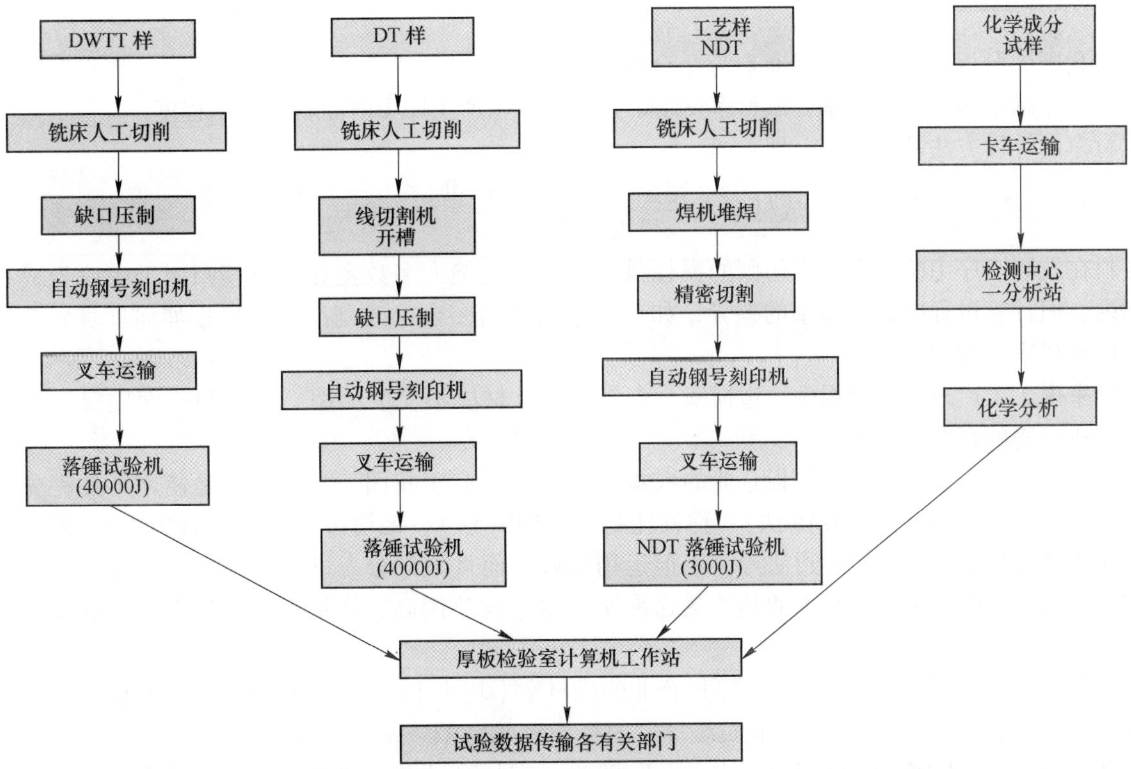

图 5.43 国内某宽厚板厂检验室 DWTT 样、DT 样和工艺样以及化学成分的检验流程简图

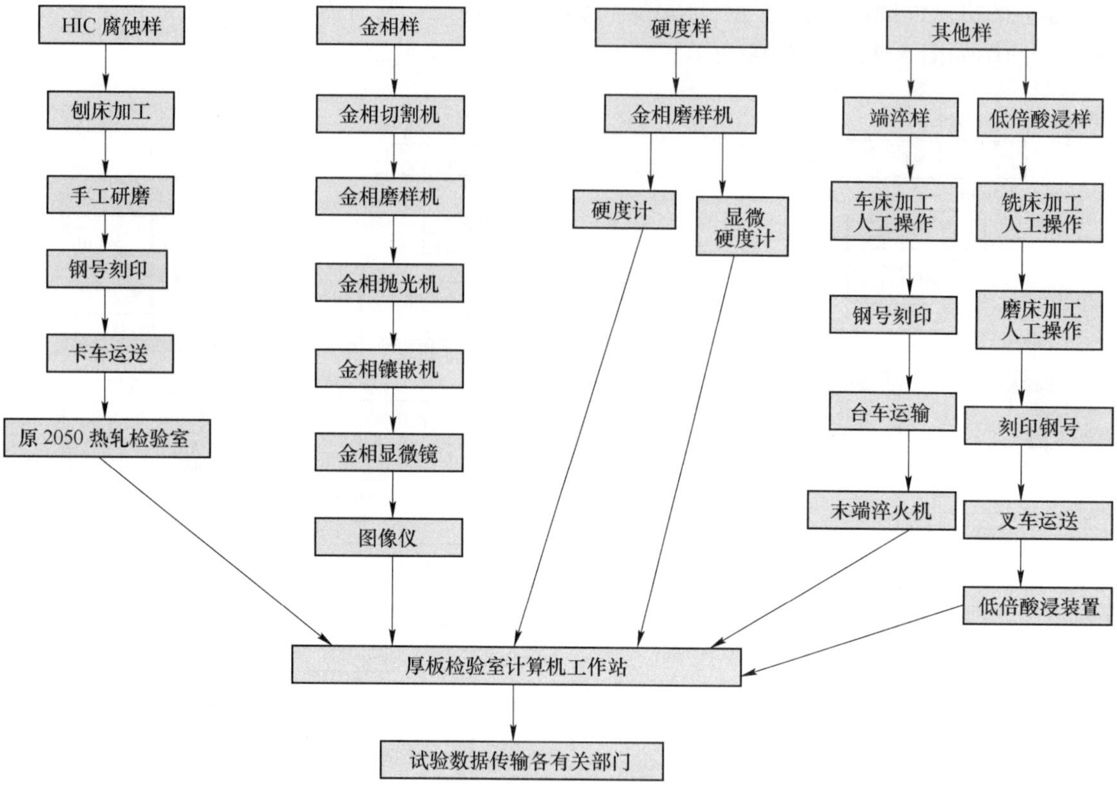

图 5.44　国内某厚板厂检验室腐蚀样、金相样、硬度样等检验流程简图

5.3　中厚板企业经济技术指标

目前我国中厚板企业的经济技术指标所包含的内容为：成材率、合格率、正品率、定尺率、轧机作业率、轧机日历作业率、负偏差轧制利用率各类消耗等。

5.3.1　成材率的组成

目前我国中厚板企业的成材率通常为综合成材率，是指产品从第一道生产工序投入坯料起直到最后一道生产工序结束为止的成材率，成材率反映了企业整个生产工序中对原料的利用程度。

成材率的计算方法基本相同，即：

$$成材率 = \frac{完全合格的钢板产量}{投入坯料的重量} \times 100\% \qquad (5.27)$$

坯料在轧制工序中的修磨与再切割的损耗虽然很小，但绝大多数企业也将其归属于中厚板成材率计算范围内，但计算过程中也有些小的差异，如交付给用户后多余的改制品、短尺板如何计算，各企业的统计方法不尽完全相同。

一般来说，生产过程中烧损率、边损率、头尾损率、材质不良废品率、尺寸和表面质量废品率的总和决定了成材率的高低。

就目前情况来看，日本的中厚板企业的成材率平均水平高于我国。主要原因是使用了几种先进的轧制方法，如厚边展宽轧制法（MAS 法）、狗骨轧制法（DBR 法）、无切边轧制法（TFP 法）、差厚宽展轧制法、薄边展宽轧制法、立辊轧边法等，不但运用得好，而且大部分先进方法都是日本首先开发并应用的，有着丰富的经验。另外，日本的热装热送率平均水平比我国高，烧损率、废品率等则低于我国的平均水平。

统计资料显示，近 5 年来日本各中厚板企业的成材率平均水平在 94%~95%之间；我国近 5 年的平均水平在 92%左右，2015 年对近 70 套轧机统计后的平均水平是 92.2%。

统计资料显示，1995~1999 年的平均水平为 89%，进入 21 世纪，随着装备水平的大幅提高，先进工艺技术的广泛应用，连铸坯在生产中成为绝对的主角等因素影响，促进了我国中厚板品种成材率的逐步提高。

5.3.2 影响中厚板成材率的主要因素

使用坯料的不同对成材率影响较大，钢锭与连铸板坯的成材率相差达 10 多个百分点，如连铸坯成材率按 90%计算，模铸钢锭成材率不足 80%。如要求二次开坯，则成材率又要减少。另外，原料尺寸与单重不合理，多余料的损失也很大。原料内部质量、化学成分不合，有害元素含量过高等造成钢板力学性能超标，往往是钢板报废的主要起因，对成材率也有较大影响。

轧机形式与性能对成材率也有直接影响。三辊劳特式轧机有斜轧工艺，成材率比二辊式轧机还低，而二辊式轧机刚度本来就不高，影响成材率。高刚度轧机比低刚度轧机成材率高。附设有立辊轧机的比没有立辊轧机的成材率可提高 1%左右。轧机尺寸大的与尺寸小的相比，尺寸大的成材率会提高一些。

薄的钢板比厚的成材率高，特厚板的成材率更低。品种不同，成材率差别也大。品种强度低、变形抗力小、容易轧的成材率较高。变形抗力大、比较难轧的成材率较低。

中厚板采用板形控制后成材率会有所提高。另外，同一种坯料如用砂轮研磨清理的损耗较小，而用火焰清理的损耗要高一些，这些都会影响成材率。

此外，轧制方式对成材率也有影响。

一直纵轧到底方式如图 5.45 所示。板坯宽等于板宽，不转钢，不展宽，长向伸长，成材率会高一些。

一直横轧到底方式如图 5.46 所示。板坯长等于板宽，转钢，不展宽，宽向伸长，成材率也会高一些。

图 5.45 一直纵轧到底

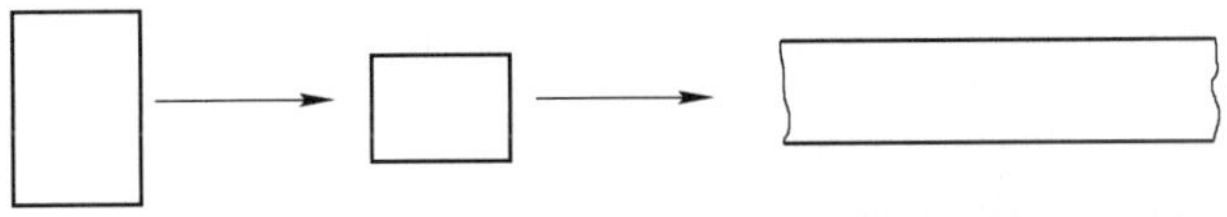

图 5.46 一直横轧到底

宽展纵轧方式如图 5.47 所示。板坯宽向展宽至板宽后伸长轧制，需转两次钢，坯长宽均不限制，坯长为板长，成材率会低一些。

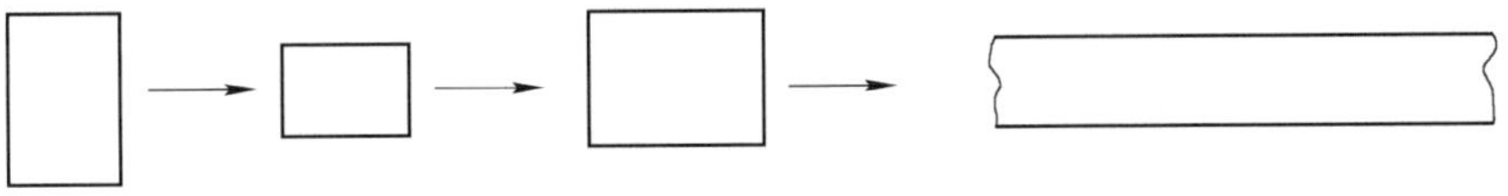

图 5.47 宽展纵轧

宽展横轧方式如图 5.48 所示。板坯长度轧至板宽，转钢横轧伸长轧制成板，转一次钢，板坯长度为板宽，成材率也会低一些。

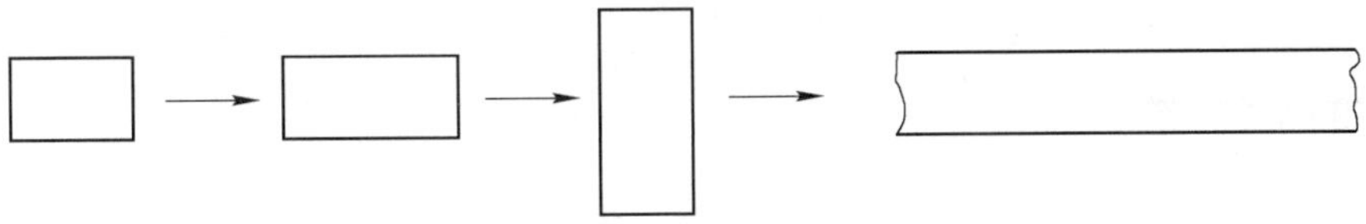

图 5.48 宽展横轧

5.3.3 提高成材率的措施

（1）实施精料方针：把住原料验收关，堵塞漏洞，减少金属损失。凡入厂的钢坯严格按有关标准严格验收。在验收处理过程中，凡表面质量和规格不合、钢质不合的废品和亏重等，都要严格把关，按规定做好退料工作。

（2）选用合理的板坯规格：在现有供坯条件下，增加大规格板坯的数量，使原料的选择更有利于提高成材率。

（3）提高钢坯处理质量：切料、配尺和火焰切割等作业程序的工作质量，直接影响产品质量和钢板成材率。

（4）提高加热质量：钢坯加热温度均匀，达到轧制要求，可提高钢板厚度的精确性，可降低麻点、过热、过烧等废品。因此，应当严格执行加热技术操作规程，实践采用计算机控制烧钢，对降低烧损、减少麻点、提高加热质量有很大益处。另外，尽量推广热装热送技术。

（5）减少切边：附设立辊轧机，采用轧边工艺，板宽双倍尺轧制，剖分剪剖分，减少切边裕量，减少镰刀弯，有镰刀弯时采用分段后切边。

（6）减少切头尾：加大坯料，多倍尺长度轧制，矩形板轧制，减少鱼尾与舌头。

（7）试样方面：根据标准要求采集试样板，特殊军工板取样较多，如需每块板取样且要求取样部位的，切损会大大增加。

（8）轧机大型化、刚度大：轧机大时原料长且宽，单重大，可采用宽度双倍尺、长度多倍尺轧制，减少了切边与切头尾量。

（9）加大冷床长度。

（10）尺寸检测装置完善，操作自动化，生产管理一贯制。

（11）从源头抓起，竭力降低废品、次品及改尺率。

（12）切实认真地贯彻科学合理的轧制工艺制度，尽量推行负偏差轧制。

（13）进一步提高生产现场的综合管理水平和操作人员的责任心和准确的操作能力也是提高成材率的重要措施。

5.3.4　钢板的合格率

成品钢板的质量是用内在质量，即化学成分、力学性能、金相组织、夹杂物评定、内部缺陷测定；外观质量，即钢板表面（包括剪切面）光洁度和色泽、钢板的平直度、钢板的矩形化、各种表面缺陷；尺寸精度，即钢板的长、宽、厚尺寸精度三个方面来评价。钢板的质量的形成与钢板的生产的各个过程是密切相关的，钢板的质量是制造出来的，是生产过程中工艺装备水平、技术水平、技术操作水平、管理水平的综合体现。

钢板的合格率是反映产品质量的指标，它是指合格钢板产量占钢材总检验量的百分比。其计算公式为：

$$\text{钢板合格率}(\%) = \frac{\text{钢板检验合格量}}{\text{钢板检验总量}} \times 100\% \qquad (5.28)$$

式中，钢板检验合格量是指轧制的钢板经检验合格后入库的数量；钢板检验总量是指经过检验台架检验的轧制钢板的总量，它包括合格品量和检验判废量，不包括判定责任归属冶炼的轧后废品量。

目前不少中厚板企业统计的是综合合格率，即对不合格（或称欠合格）的产品经热处理一次挽救或多次挽救后达到交付的要求，也计算在合格率内。从经济效益考虑，挽救的次数越多，成本就越高，但总比报废要好。

5.3.5　钢板质量的评定标准

（1）判定钢板质量的依据是国际标准、国家标准、行业标准、经上级主管部门批准的企业内控标准或订货合同中的技术规定。

（2）产品经判定，可分为合格品、改判品、不合格品。

1）合格品：凡按合同、计划生产，并经检查判定符合国际标准、国标、行业标以及不低于国标、行业标水平的企业内控标准和技术协议的钢材。

2）改判品：凡不符合原计划产品标准，但符合其他产品标准的钢板。改判应遵循高改低的原则（如优质碳素钢改普碳钢、专用钢改一般用途钢）。

3）不合格品：经技术监督部门最终检验判定，达不到质量标准和技术协议的钢材。

（3）钢材检验合格量是指生产的钢板经检验部门检验，质量完全符合标准或订货合同中的技术条件或协议规定的合格品重量。它包括合格品和改判品的产量。

1）合格钢板产量的计算口径应和钢板产量的计算口径基本相符。但合格钢板产量中不包括新试制和科研产品。

2）如发生用户退废时，应在退废发生月的当月及累计合格钢材产量中扣减用户退货量。

（4）钢材检验总量是指钢板轧出后送到检验台的总重量，包括合格品和不合格品。但不包括轧后判定属于原料质量不良造成的废品，这部分废品应返回上工序（炼钢车间、开坯车间或热轧车间）参加计算；也不包括中间废品。即从坯料入炉起（如工艺规定坯料需经剪切入炉的从剪切起）直至钢板送检前的一切废品，包括烧坏的坯料，轧制、矫直、剪切、热处理等废品以及“掉队”后不明炉号、钢种的废品。

（5）原料质量不良造成的废品是指上道工序产品来料质量不良，经过轧制生产后造成产品不符合标准规定，又不能精整成合格品而致废的产品，在扣除这类废品量时，必须先由检验人员判定，并通知供方。

（6）外来坯（锭）料委托加工成钢材的，应单独计算合格率。

目前有的中厚板厂在质量管理方面以综合合格率考核（评价）为主的前提下，结合各自的具体情况，分别制定了部分品种板、专用板的内控标准合格率、性能合格率、尺寸合格率等分项合格率指标。旨在提升实物质量控制和保障水平，提高操作和管理能力，有针对性地开展质量改进工作。

5.3.6 提高产品合格率的措施

提高合格率应分析影响产品质量的各种因素，从质量要求的目标入手，抓住主要矛盾，进行工序分析，找出影响合格率的关键因素，制定提高产品合格率的措施并狠抓具体落实。

从 2015 年某中厚板企业废品统计资料可知：原料中结疤、明显裂纹等占了 59%，厚度不合占 8%，轧废占 2%，麻点废品占 2.7%，刮框废品占 3%，浪形板废品占 1.8%，剪废占 15%，其他废品 0.2%。由此可见，应将钢坯质量和钢坯处理质量作为重点来抓。实行精料方针是提高合格率的主要措施之一。

（1）贯彻精料方针。必须从原料准备开始，加强质量管理，提高原料处理质量。减少结疤等轧后缺陷。在原料验收和清理过程中，对检查出的各种缺陷进行认真清理。

（2）严格工艺制度。中厚板生产的品种较多，不同品种有不同的生产工艺制度。为了提高各品种钢板的表面合格率和性能合格率，对各品种生产过程中各节点的特殊规定一定要认真执行，从严把关。

（3）落实经济责任制，坚持废品归户制度。为了消除各种废品，增加职工质量意识，把产生废品的责任落到车间、工序、机组（班组）、个人，实行废品归户，由有关部门落实废品归户责任。

（4）加强工序质量检查和技术监督。目前，21 世纪新建的中厚板企业的轧线自动检测手段都较完善，而一些老的企业自动检测手段则欠完善，因此有必要加强对钢板生产过程的技术监督和质量检查。尤其是生产现场的质量检查，不仅要做好事后判断检查把关工作，而且要做好生产的中间工序、环节的技术监督和检查工作，制止不合理操作出现，预防不合格品的产生。

5.3.7 各类消耗

5.3.7.1 金属消耗

金属消耗是中厚板生产中的一项重要指标。它直接影响企业的产品制造成本。因此，降低金属消耗是降低制造成本的重要环节。通常金属消耗包括清理缺陷损失、烧损、切损、轧废和取样、检验等损失。金属消耗指标通常以金属系数 K 来表示，如式（5.29）所示。

$$K = \frac{W}{Q} \tag{5.29}$$

式中 W——投入的坯料重量，t；

Q——合格品重量，t。

（1）清理表面损失

表面清理损失在生产中主要是指坯料表面缺陷的清理过程造成的金属损失。由于钢种和清理方法的不同，以及坯料种类，坯料表面缺陷的种类、分布的面积、缺陷面深度多少的不同，造成的金属清理损失也不同。一般情况下，目前我国中厚板企业火焰清理的金属损失平均在 2%左右。

（2）烧损

烧损是指金属在高温受热状态下的氧化损失。它包括坯料在加热过程的氧化铁皮和轧制过程中形成的二次氧化铁皮，加热过程中的烧损是主要的。烧损与加热温度、加热时间、特别是在高温条件下的停留时间、炉内气氛、钢的化学成分等因素有关。事实表明，加热温度越高、在加热炉内停留时间越长、炉内氧化气氛越浓，坯料的烧损就越多。据测算板坯（扁锭）的在加热过程形成的烧损在1.5%~2.0%，轧制过程形成的二次氧化损失0.1%~0.20%左右，并与钢板是否热处理有关。

（3）切损

切损是指钢板切头、切尾、切边和由钢板表面质量影响造成的改尺造成的金属损失。切损与坯材的匹配、选用的料型、板形的控制、钢板的定尺要求、钢板的边部质量、剪切设备的形式和剪切精度等状况有关。目前中厚板的实际切损的多少主要取决于板形控制好坏和钢板的倍尺轧制长度，国内大部分中厚板厂两倍尺以上轧制的钢板切损基本在4%~8%之间。

（4）轧废损失

轧废损失是指由于操作不当、各种设备故障（或事故）、生产管理不当以及外部条件的影响产生的轧废钢板，主要有卡钢、刮框、瓢曲、波浪、尺寸不合等废品。

5.3.7.2　物料消耗

物料消耗是指生产1t合格钢板所耗用的如煤气、电力、蒸汽等的数量。单位消耗量越低，说明物料利用程度越高。在中厚板生产中，通常统计以下几种物料消耗：

（1）燃料消耗：燃料消耗主要在于坯料的加热。燃料的消耗与加热炉的炉型、加热制度、加热炉的产能、燃料和空气有无预热、加热的坯料的种类、品种、尺寸（主要与厚度有关）、坯料的入炉状态等因素有关。常用的燃料有煤、煤粉、重油、煤气和天然气，目前中厚板企业使用的燃料主要为混合煤气（焦炉、高炉、转炉）为主。其消耗量是指每吨钢材加热区要的热量消耗值。使用混合煤气的则换算为焦炉煤气消耗量（m^3/t）来表示。各种燃料折算标准煤的参考系数见表5.13。

表5.13　常用能源折算标准煤参考系数

能源名称	平均低位发热量	折标煤系数及单位
原煤	20.9344兆焦/千克	0.7143千克标准煤/千克
无烟煤	21.7872兆焦/千克	0.7434千克标准煤/千克
重油	41.8688兆焦/千克	1.4286千克标准煤/千克
电力（当量值）	3.6019兆焦/千克	0.1229千克标准煤/千瓦小时
发生炉煤气	5.2343兆焦/立方米	0.1786千克标准煤/立方米
天然气	32.2383~38.9791兆焦/立方米	1.1~1.3300千克标准煤/立方米
焦炉煤气	16.7463~18.0037兆焦/立方米	0.5714~0.6143千克标准煤/立方米
高炉煤气	3.4319兆焦/立方米	0.1171千克标准煤/立方米
转炉煤气	6.8686兆焦/立方米	0.2343千克标准煤/立方米

注：1. 此表常用能源折算标准煤参考系数，企业如能实测，以实测的平均低位发热量为准。
2. 蒸汽折标煤系数按热值计。
3. 此表立方米为标准立方米。

各种燃料的表示和计算方法如下：

1）煤炭消耗，指每生产1t合格钢材需用的煤炭量。其计算公式为：

$$煤炭消耗=\frac{煤炭消耗量(kg)}{合格钢材产量(t)} \tag{5.30}$$

2）重油消耗，指每生产1t合格钢材需用的重油量。其计算公式为：

$$重油消耗=\frac{重油消耗量(kg)}{合格钢材产量(t)} \tag{5.31}$$

3）燃气消耗，指每生产1t合格钢材需用的可燃气（如高炉煤气、焦炉煤气、天然气等）量。其计算公式为：

$$燃气消耗 = \frac{燃气消耗量(GJ)}{合格钢材产量(t)} \tag{5.32}$$

（2）轧钢工序单位能耗：是指每生产 1t 合格钢材需耗用的各种燃料及动力（电力）折合为标煤的数量。其计算公式为：

$$轧钢工序单位能耗折标煤量 = \frac{全厂燃料及动力等耗能总量 - 余热回收外销量}{合格钢材产量} \tag{5.33}$$

当前的企业管理已进入精细化管理时代，企业的发展也从单纯的规模扩张向高附加值深加工和资源综合有效利用等方面发展，产品结构呈复杂多样性。通过分析轧钢工序单位能耗构成，可以对本企业和本行业的能源消耗状况和管理水平有一个客观的、系统的、准确的评价和认识，这样有利于在能源结构优化和对标挖潜，制订出科学、合理的能源消耗定额。

（3）电力消耗：轧制线整个工序中重要的能源消耗之一，主要用于驱动轧机主电机和车间内各类辅助设备的电机和其他用电系统与设备的正常运行。是指每生产 1t 合格钢材需耗用的电量。其消耗的大小与生产的品种、规格、轧制方式、生产工艺密切相关。其计算公式为：

$$电力消耗 = \frac{电力消耗(kW \cdot h)}{合格钢材产量(t)} \tag{5.34}$$

（4）轧辊消耗：指每生产 1t 合格钢板需要的轧辊消耗量。其消耗的多少与生产过程诸多因素有关。主要有：轧机的型式、机架的数量、轧辊的制造方式和材质、轧制方式、品种和规格、轧辊的冷却方式和效果、辊形的控制方式、轧辊修磨的次数以及每次修磨量的大小有关。其计算公式为：

$$轧辊消耗 = \frac{轧辊消耗量(kg)}{合格钢材产量(t)} \tag{5.35}$$

（5）水的消耗：指每生产 1t 合格钢板所需的水量。轧钢用水分为新水、循环水（也称浊环水）、软水（软化水，主要用于加热炉的炉筋管的汽化冷却）。轧钢车间用水量的高低主要取决于用水设备的多少，每台设备的耗水量。

5.3.7.3 物料消耗计算

（1）各种能源耗用量包括加热、轧制、切割、热处理等各个生产环节最终产品的燃料、动力耗用量。

（2）原油、重油、煤、煤气、天然气等各种燃料有实测数据的，按实测系数折合成标煤；无实测数据的按规定系数折合成标煤。

（3）电力消耗，是指钢材生产过程的全部用电量，其中包括热处理、压缩空气、氮气、蒸汽、冷却水等介质系统的用电，但不包括大修理及非生产用电。

（4）轧辊消耗是以新辊（即加工前的轧辊）重量按车削分摊耗用量分摊计算。例如：某中厚板企业轧钢车间领用新辊，其新辊重 27.54t，按工艺规定可车削使用 6 次，则每车削 1 次就要计算消耗 4.59t（即 27.54t/6）；若中途断辊，则应将尚待分摊的数量在断辊月一并计算，如轧辊在使用到第 4 次时，发生断辊，除应分摊的本次消耗 4.59t 外，还要加上后两次待摊的 9.18t（即 4.59t×2）；反之，超过工艺定额次数继续使用时，则超定额使用部分不再计算消耗。为正确计算轧辊消耗，必须建立健全轧辊的管理制度。

（5）各企业在汇总计算标煤消耗、煤耗、油耗、电耗时，均应以最终产品产量作为计算依据，而不能以轧制量或加热量来计算，这样可以和产量计算保持口径一致。如某中厚板企业向有关行业协会统计单位上报数据时，如报告期钢材产量为 20 万吨，其中 12 万吨钢材耗重油 6000t，单耗为 50kg/t，统计单位在计算行业平均油耗时，应以该企业产量作为计算母项，其平均单耗应为 30kg/t（即 6000t ÷ 200000t）。

（6）计算单耗的产品，只限于正式投产的产品。试制阶段的新产品、科研产品以及正式投产以前试验生产的产品，不计算单耗指标。

5.3.8 品种的正品率、定尺率和厚度合格率

通常中厚板企业对以上几个率进行规定或考核，目的在于尽可能生产出能完成满足用户在规格和数量、等级方面订货的要求，最终也是使企业的经济效益最大化。

5.3.8.1 定尺率

是造船板等品种要求定尺交货钢板的宽、长指标。其定义为：凡是钢板厚度、宽度、长度符合生产作业计划要求的合格产品量与总产量之比率称为定尺率。其计算公式为：

$$定尺率 = \frac{合乎定尺的钢板产量}{合格产品的数量} \times 100\% \tag{5.36}$$

定尺量即符合定尺的钢板产量，也就是符合生产计划规定的厚度、宽度、长度的钢板数量。

提高定尺率可以保证用定尺钢坯轧出合乎合同要求的钢板数量，减少补轧和重复要料，提高经济效益。提高定尺率的措施：

（1）提高技术操作水平。各操作岗位应密切配合，协调一致。特别是对宽展道次，要求压下及其他岗位要互相配合，保证钢板不轧窄，不超宽，板形要正，减少斜角、刮框，提高钢板尺寸达标水平。

（2）如发现宽度不合及时通知操作人员纠正。

（3）合理组织生产。每罐钢中所轧产品规格应根据订货要求进行合理搭配，如轧大梁板时，除主要规格外，应搭配稍短一点规格的大梁板，减少表面改轧品量。

（4）精整要提高划线和剪切质量。严防切废、剪坏，不许将够宽长的钢板改尺。

5.3.8.2 厚度合格率

合格产品的总数量减去厚度非计划的合格产品的量与合格产品总数量的比率数，叫厚度合格率，其计算公式为：

$$厚度合格率 = \frac{合格产品数量 - 厚度非计划的合格产品的量}{合格产品数量} \times 100\% \tag{5.37}$$

厚度非计划的合格产品的量是指轧制成品厚度不符合生产作业计划要求厚度的合格产品数量。

厚度合格率是衡量机组操作人员技术水平的重要指标，提高厚度合格率的主要途径是：

（1）充分发挥当今先进的 HAGC 厚度自动控制技术，做到熟练应用。

（2）提高轧钢压下工的技术操作水平。压下工的技术过硬，轧出的钢板厚度合格率就高。

（3）提高轧辊安装质量。换工作辊或检修后，在开轧前或换品种前都要检查调整轧辊辊缝，保证轧辊两侧辊缝差符合要求，防止厚度连续不合格现象的发生。

（4）加强厚度热卡量工作。要及时向压下工反馈厚度测量信号，通常正常生产时每隔五块钢板卡量一次，在生产特殊品种时，应两侧同时卡量。

（5）及时检查调整。发现影响厚度因素的零件发生异常或损坏时，应及时调整更换，及时排除压下系统机械和电气方面的隐患。

5.3.8.3 正品率

正品率是产品正品量占原料数量的百分比率，其表达式为：

$$正品率 = \frac{正品量}{原料数量} \times 100\% \tag{5.38}$$

正品量是指符合产品标准要求钢板的数量。

厚度合格率、定尺率、正品率这三项指标，都是为了提高轧制原品种合格率而制定的考核指标，有的是专为考核难轧品种而制定的，各企业要求不尽相同，不应强求一致，应根据自己生产特点为提高企业的经济效益而制定相关规定。

5.3.9 轧机作业率

轧钢作业率是反映中厚板轧机正常利用程度的一个指标，它的高低直接从一个侧面决定了企业的经济效益的好与不好。

轧机的日历作业率是反映轧机设备在日历时间内利用程度的一个指标。

（1）日历作业时间

日历作业时间是指日历上全年、全季或全月的小时数。

平均全年日历作业时间为： $24 \times 365 = 8760\text{h}$

平均每季日历作业时间为： $8760 \div 4 = 2190\text{h}$

平均每月日历作业时间为： $8760 \div 12 = 780\text{h}$

（2）计划工作时间

任何一台轧机和一套机组，实际上都不可能实现全年连续作业，都要根据具体情况安排计划大、中修、定期的中修和小修，换辊及交接班检查等停机时间。对于实行连续工作制的轧机或机组，其计划工作时间用下式计算：

$$T_{计划} = (365 - T_{大修} - T_{中、小修} - T_{换辊})(24 - T_{交接班}) \tag{5.39}$$

式中 $T_{计划}$——全年计划工作时间，h；

$T_{大修}$——年计划大修时间，d；

$T_{中、小修}$——年计划定期中、小修时间，h；

$T_{换辊}$——年计划换辊时间，h；

$T_{交接班}$——每天规定的交接班时间，h。

对于实行非连续工作制的轧机或机组，年计划工作时间用下式计算：

$$T_{计划} = (365 - T_{大修} - T_{中、小修} - T_{节假日})(24 - T_{交接班}) \tag{5.40}$$

上述 $T_{计划}$ 为轧机一年最大可能的工作小时数，但实际上由于技术上和生产管理上的原因，如设备发生事故、断辊、非计划换辊、待热、待料、停电等，往往造成轧机非计划停工。上述原因造成的时间损失很难准确计算，通常用时间利用系数表示，这样，轧机一年实际工作时间往往小于年计划工作时间，两者之间的关系如下式：

$$T_{实际} = T_{计划} \cdot K_{有效} \tag{5.41}$$

式中 $T_{实际}$——全年实际工作时间，h；

$K_{有效}$——轧机的时间利用系数，即轧机有效作业率。一般为 0.79~0.95。

（3）轧机日历作业率

轧机日历作业率是参与行业管理交流对比的重要指标，它表示了轧机的日历时间的利用程度。

任何一个机组或轧机，在实际上都要有一定的停轧时间，如处理故障时间，定期检修时间，交接班时间，换辊时间等，不可能全年连续不断地工作。这样就使轧机的实际工作时间小于日历时间。实际工作时间是指轧机实际运转时间，其中包括试轧料时间和生产过程中轧机空转时间，以实际工作时间为分子，以日历时间减去计划大修时间为分母，求得的百分数叫做轧机的日历作业率，即

$$轧机日历作业率 = \frac{实际生产作业时间(\text{h})}{日历时间(\text{h}) - 计划大修时间(\text{h})} \times 100\% \tag{5.42}$$

计划大修时间因情况不同而各不相同。加之各种轧机的技术操作水平和生产管理水平不一样，其日历作业率相差是较大的。

轧机日历作业率是衡量企业的日历时间利用程度的指标。轧机的日历作业率越高，轧机的年产量也越高。

实际作业时间是指设备的实际运转（开动）时间，包括试小料和设备在生产过程中的间隙、空转时间。

日历时间是指统计期全部日历时间，不论设备是否开满三班，也不论公休、假日是否开动，均按报告期的日历天数×24 小时计算。

5.3.10 轧机有效作业率

通常，各企业的轧机的工作制度不尽相同，有节假日不休息的连续工作制，也有节假日休息的不连续工作制，在作业班次上主要有三班工作制、四班工作制之分。因此按日历作业率考核就不能充分地说明轧机有效的工作状况。为了便于分析和研究轧机的生产效率，各企业内部一般用轧机有效作业率来评价轧机实际生产作业的程度。

轧机有效作业率是指轧钢机实际工作时间与计划工作时间的百分比。其计算公式为：

$$轧机有效作业率 = \frac{轧机实际工作时间(\text{h})}{计划工作时间(\text{h})} \times 100\% \tag{5.43}$$

5.3.11　负偏差轧制

负偏差轧制的含义及其对成材率的影响。

实际作业中，即使操作水平很高，设备很先进，精度很高，也难以生产出规定公称尺寸的钢板。所以，国家标准中规定了允许的正负偏差值。负偏差轧制，即将钢板的实际尺寸，控制在它的负偏差范围内，这不仅不降低其使用功能，而且能节约金属，降低钢板重量。由于钢板厚度控制在负偏差范围内轧制，在原料单重不变的条件下，轧出的钢板长度加长，从而增加成品钢的数量，提高了钢板成材率，对提高经济效益有好处。

我们将单张钢板成材率设定为 X；按负偏差轧制所提高的成材率的值为 ΔX，可按如下公式计算：

$$\Delta X = \frac{\text{该张钢板负偏差轧制增产钢板量}}{\text{原料量}} \times 100\% \tag{5.44}$$

如果原料为常数 H_0 为钢板公称厚度（名义尺寸）；H_1 为负偏差轧制轧出钢板厚度，则 $(H_0 - H_1)/H_0$ 为负偏差轧制节约系数。因此单张钢板负偏差轧制后提高成材率的值等于该张钢板设定成材率值 X 与负偏差轧制节约系数的乘积：

$$\Delta X = X \times \frac{H_0 - H_1}{H_0} \tag{5.45}$$

如果 $H_0-H_1=0$，说明该钢板正好按公称厚度轧制，如果 $H_0-H_1<0$，说明该钢板按正偏差轧制，成材率下降。只有 $H_0-H_1>0$，钢板才是按负偏差轧制。

以上公式是单张钢板负偏差轧制后提高成材率的计算公式，此公式普遍适用于厚度尺寸按负偏差轧制后，所提高的成材率计算方法。

了解了单张钢板按负偏差轧制提高成材率计算方法，对于不同规格、数量的钢板用叠加的办法，把它们归纳如下：

如果设定 ΔX_n 为不同规格钢板负偏差轧制提高的成材率，那么：

$$\Delta X_n = \frac{\text{增产钢板量的总和}}{\text{总的原料量}} \times 100\%$$
$$= \sum_{i=1}^{n} \frac{\frac{H_0 - H_1}{H_0} \times \text{钢板理论合格量}}{\text{总的原料量}} \times 100\% \tag{5.46}$$

以上公式就是按负偏差轧制不同规格钢板时计算提高成材率的公式，是计算负偏差轧制经济效益的重要工具。

5.3.11.1　负偏差的利用率

推行负偏差轧制，提高负偏差的利用率，即提高钢板的实际负偏差值与它的极限负偏差值之比。

$$PH = \frac{H_0 - H_1}{H_0 - H_{min}} \times 100\% \tag{5.47}$$

式中　PH——负偏差利用率。

当钢板实际厚度达到极小值时，也就是钢板实际厚度 $H_1 \rightarrow H_{min}$ 时，$(H_0 - H_{min})/H_0$ 为负偏差轧制节约系数的极限值，用 $\delta(\%)$ 表示。

5.3.11.2　负偏差轧制应注意的事项

（1）生产实践经验可知：如果原始辊型不合要求，如上下工作辊同向锥度较大，则很容易引起造成板形不好，同时增加轴向窜动的趋势。同轴度未达到要求，则增加钢板纵向同板差。

（2）当中凸量过大时，钢板横向同板差明显增大很难实现负偏差轧制，此时应根据辊型变化和轧辊磨损情况，及时调整轧制钢板的宽度与厚度规格直至更换工作辊。

（3）为保证负偏差轧制顺利实现，量具精度一定要保证，各种测量仪器要处于好的使用状态，以便取得准确及时的厚度反馈信息。如果轧辊两侧辊缝显示差值过大时，应予及时调整。

（4）当同一块坯料温度严重不均时，轧出的钢板同板差大，这样很不利于负偏差轧制。同样，不同坯料的开轧温度差异较大对实现负偏差轧制控制也会产生较大影响。因此不仅要保证单块坯料温度的均匀性，而且要保持每块坯料温度均在一个较小的范围内波动。

（5）为保证轧辊磨损均匀，以利于在较长时间内实现负偏差轧制，有条件的情况下应当适当调整横向冷却水的水流量，保证辊身冷却的均匀性。

（6）轧制作业中如果板形不好，会导致切损增加，实现负偏差轧制的钢板很大一部分被切成废钢，其效果无法体现。因此要改善板形状况，减少切损，提高负偏差轧制效果。

（7）实现负偏差轧制不能仅靠最后一道来实现，压下量的给定应采用在最后三道均进行适当调整的方法，以保证负差厚度目标的命中。

参 考 文 献

[1] 赵昆，等．现代宽厚板的生产工艺及技术装备特征［C］//世界中厚板技术进步译文集，1999.

[2] 崔风平，孙玮，等．中厚板生产与质量控制［M］．北京：冶金工业出版社，2008.

[3] GB 713—2014 锅炉和压力容器用钢板，2014.

[4] GB/T 1591—2008 低合金高强度结构钢，2008.

[5] 陈瑛．中厚板发展与技术装备进步的分析［J］．冶金管理，2005（8）.

[6] 中国金属学会中厚板学术委员会．中国中厚板轧制技术与装备［M］．北京：冶金工业出版社，2009.

[7] 南文秀．对中厚板负偏差轧制中几个问题的探讨［J］．轧钢，1991（2）.

[8] 张景进．中厚板生产［M］．北京：冶金工业出版社，2005.

[9] 罗先德．浅谈我国中厚板生产现状及其技术改造［J］．轧钢，1997（1）.

[10] 贺达伦，等．国外厚板厂获取高成材率采用的新技术［J］．轧钢，2001（1）.

[11] 王国栋，刘相华，王君．我国中厚板生产技术进步20年［J］．轧钢，2004（6）.

[12] 孙决定．新建中厚板轧机的先进性和值得关注的几个问题［J］．轧钢，2011（6）.

[13] 孙决定．中国中厚板生产与发展状况研究［R］．2006.

[14] 鞍钢、宝钢、武钢、济钢、南钢、湘钢、舞钢、柳钢、首秦、新余等20家中厚板企业调研交流活动中收集的非保密性资料数据，2006—2012.

[15] 孙决定．中厚板生产技术的进步与不足［J］．冶金管理，2006（10）.